H U M A N

R E S O U R C E

M A N A G E M E N T

人力资源管理译丛

战略性员工配置

第3版

[美] 吉恩·菲利普斯（Jean M. Phillips）
斯坦·格利（Stan M. Gully）著
刘昕 译

Strategic Staffing

(Third Edition)

中国人民大学出版社
·北京·

总序

自我和我的同事们于1993年在中国人民大学创办中国的第一个人力资源管理本科专业以来，已经过去了很多年，在这期间，无论是中国的人力资源管理教学与研究，还是中国的人力资源管理实践，都有了长足的发展。全国越来越多的高校开始开设人力资源管理方面的本科专业和研究生专业或方向，与此同时，与人力资源管理有关的各种译著、论著以及教材可以说层出不穷。此外，中国企业对于人力资源在企业中的重要性以及人力资源管理对于企业竞争力的影响也有了越来越深刻的认识。可以说，中国已经开始进入一个真正重视人的价值的时代。

1999年，鉴于当时国内的人力资源管理教学用书还比较匮乏，人力资源管理本身对于绝大多数中国人来说还是一个新生事物，甚至很多从事相关课程教学的学者也知之甚少，因此，在一批美国学者，特别是在美留学和工作的人力资源管理专业博士的帮助下，我们精心挑选了涉及人力资源管理各主要领域的比较成熟的图书，作为一套译丛介绍到中国来。在几位译者的辛勤努力下，这套丛书终于自2001年开始在国内陆续面世，成为国内第一套比较完整的、成体系的、原汁原味的人力资源管理教学用书。这套丛书对于从事人力资源管理教学、科研以及实践的中国读者系统地了解人力资源管理的概念、体系、框架以及理念、技术和工具等产生了很大的影响，获得了一致的好评，一再重印。在2005年前后，我们对这套丛书进行了第二次大规模的全面再版更新，得到了广大读者的认可。很多大学的本科生、硕士生甚至博士生，以及企业的人力资源管理从业人员，都将这套译丛作为学习人力资源管理知识的教学用书或参考书。

在这套丛书上一版出版时，大家广泛讨论的还是新经济、网络泡沫、"9·11"恐怖袭击以及中国加入WTO等重大事件，如今，以美国金融危机为起源的全球经济不景气以及由此引发的一系列政治、经济和社会问题，对于人力资源管理领域中的很多问题都产生了深远的影响，在这种情况下，本套丛书的原著大都重新修订，将这些新的内容和主题纳入新的版本之中。原著的新版本增加了人力资源管理领域中的一些新的理论、工具和方法，同时调整了原来的很多案例，从而使这些人力资源管理图书既保持了理论、框架、体系等的连贯性，又使得原本就来自实践的人力资源管理理论和教学体系得以保持一种鲜活的时代特色。

我们在这些新版的重译过程中，一方面，立足于吸收中国学术界近年在人力资源管理领域的许多新认识以及中国人力资源管理实践的新发展，对原版本中的个别译法进行全面的修正；另一方面，将新版本所要传达的理念、方法和工具等忠实地传达给广大中国读者。

很多人对我们花费如此巨大的力量做这种翻译工作感到不理解，他们认为，中国已经跨过了知识引进阶段，完全可以创建自己的人力资源管理体系了。然而，我们却并不这样认为。人力资源管理作为一门科学，在西方国家已经有几十年的发展历史，而在中国，无论是人力资源管理研究还是人力资源管理实践，都还处于发展的初期阶段。我国企业中的很多人力资源管理者对于人力资源管理的理解都还不是很到位，尽管他们已经能够说出很多人力资源管理的概念、理论甚至工具和方法，但是在实际运用时，却由于对这些概念、理论、工具和方法的理解不深，结果导致无法达到西方很多企业的人力资源管理职能所能够达到的那种状态。因此，我们认为，在没有真正从根本上理解西方人力资源管理的理论起源、发展以及核心内涵之前，我们最好不要武断地说，西方的东西已经没有用了。就好比是一位没有任何武功基础的外国年轻人，仅仅看了两本少林寺的拳术图谱，跟着少林寺的和尚偷学了一招半式，便觉得自己可以创立美式或英式少林拳一样幼稚可笑。如果不进行反复的练习和长期的揣摩，没有扎实的基本功和一定程度的悟性，人们学到的任何武功都只能是花拳绣腿，中看不中用。同样道理，中国企业及其人力资源管理人员要想真正掌握人力资源管理的精髓，就必须继续加强自己的理论基础和综合修养，充分领悟人力资源管理的核心精神，从而在练就扎实基本功的基础上真正做到“形变而神不变”，只有这样，才能找到通过人力资源管理来帮助中国企业赢得竞争优势的机遇。在这一点上，我们非常欣赏深圳华为技术有限公司总裁任正非先生在引进西方管理系统和管理技术时所持的一种观点：要先僵化，再固化，最后再优化。也就是说，在没有真正学懂别人的管理系统和管理方法之前，先不要随意改动，否则会把人家有用的东西变成没用的东西，反过来还骂人家的东西没有用。总之，我们认为，对待西方的管理理论、管理思想、管理工具以及技术等应当坚持这样一个基本态度：既不妄自菲薄，也不盲目追随，但首先要做到充分理解，只有这样才能做到取舍有道，真正实现洋为中用。

翻译工作无疑是艰苦的，但也是充满乐趣的，我们愿意为中国人力资源管理事业的发展贡献我们的心血和汗水，同时也衷心地希望广大读者能够从中汲取对自己有用的知识，培养专业化的技能，从而使本套丛书能够为广大读者个人的职业发展以及中国企业人力资源管理水平的提高产生应有的作用。

最后，感谢广大读者长期以来对本套丛书的热情支持和厚爱，我们有信心让这套丛书成为一套人力资源管理领域中的经典译丛。如果您有什么样的要求和意见，请随时与我们联系。

我的联系方式：
中国人民大学公共管理学院
北京市海淀区中关村大街59号
100872
电子信箱：dongkeyong@mparuc. edu. cn

董克用
中国人民大学公共管理学院院长、教授、博士生导师
中国人民大学人力资源开发与管理中心主任

译者序

20 世纪 90 年代，中国企业对人力资源管理的需求大幅上升，而高校的人力资源管理专业领域仍处于初创阶段，本人受中国人民大学出版社的邀请，开始翻译和引进国外的人力资源管理著作，先后翻译了《人力资源管理》《绩效管理》《薪酬管理》《劳动经济学》等多部在国外有影响力的著作，对中国人力资源管理学科的建设和发展做出了一定的贡献。因为我个人的兴趣主要在战略性人力资源、绩效管理和薪酬管理这些领域，过去对招募和甄选这个主题投入的时间和精力不是很多。但近年来，我越来越深刻地认识到，员工招募和甄选已经变得非常重要，因此欣然接受中国人民大学出版社的邀请，决定翻译一本比较经典的员工配置著作，也算是给自己一个再次夯实专业基础的机会。

员工招募和甄选工作之所以应当受到所有组织的高度重视，主要有以下三个方面的原因：一是选对人比激励人更重要。很多组织愿意在培训、绩效考核、薪酬设计、文化建设方面投入时间和金钱，却不大愿意在新员工的招募和甄选方面进行更多的投入。然而，诸多研究表明，选对人实际上可以在相当大程度上提高后续各种人力资源管理职能所承受的压力。比如，如果选择了能力和动力都不足的员工，则依靠绩效考核甚至薪酬激励都无法达到激发员工实现更高绩效的目的。再比如，对能力明显存在缺陷的员工实施培训，不仅可能成本更高，而且培训效果很差。因此，谷歌公司就明确提出，企业的人力资本投资要前置，要舍得把钱花在前期的员工招募和甄选方面，而不是总把大量的钱花在后期的培训上。二是优秀人才将会长期处于稀缺状态。随着互联网、人工智能等新技术的发展，很多企业会发现，自己需要用的人越来越少，对人的质量的要求却越来越高。在这种情况下，选对人对于企业业绩的影响就会非常明显，而且企业的资本投入越多，人均资本装备率越高，则员工对于组织绩效尤其是财务绩效的影响就会越明显。因为高技能员工是确保资本得到合理投资回报率的关键，员工的生产率越高，就越能带动资本生产率达到更高的水平，反之，低生产率的员工则会拉低资本生产率。在人才短缺将会长期存在的情况下，各类组织之间的人才争夺必然更加激烈，企业的员工招募和甄选工作所能够达到的水平及产生的效果，对于组织在正确的时间将正确的人配置到正确的岗位上具有更为明显的价值。三是新生代的价值观和追求更加多元化。当前，80 后、90 后已经成为职场主力军，而 00 后也开始进入职场，作为互联网时代成长起来的新型员工，90 后和 00 后与此前的几代人相比，在生活价值观、工作价值观以及希望追求的工作方式和生活方式方面呈现出多样化的特征，对离职、升职等很多问题的看法也不同以往。因此，要想吸引这些新型劳动者中的优秀候选人加入自己的组织，就必须在招募和甄选以及员工的后续使用、留任等诸多方面做好适应性的调整，在组织的需要和候选人的需要之间实现恰当的动态匹配。

本书的两位原作者不仅做研究很出色，发表了很多学术论文，而且在员工招募和甄选实践方面也有很多咨询甚至企业实际管理经验。因此，本书的写作是理论和实践高度结合的产物，既引用和介绍了很多员工配置方面的实证研究成果，也穿插了很多企业的具体案例，尤其是在全书最后，还提供了一个模拟企业的整体性员工配置大案例，将全书各章的内容完美地贯穿在一起，向学生展示了在真实场景中需要完成的员工配置工作的核心要点，并提供了完成作业或实际演练的机会。

三位硕士研究生在校期间参与了本书的初译工作，其中谢威负责第 3、10、11、12、13 章，刘超凡负责第 4、5、8、9 章，戴睿负责第 1、2、6、7 章，他们目前已经毕业进入职场，或许当初通过翻译领会到的一些知识已经被他们运用到人力资源管理实践之中。本书内容最终由本人全面进行再译和审校。但因此前手头工作太多，翻译工作的进展受到一定影响。2020 年初突然爆发的新冠肺炎疫情使得本人原定的其他一些工作被推迟或取消，从而让我有了充分的时间完成本书的收尾工作，这也算是在疫情期间坚持工作取得了一些成绩的一个纪念吧。

读者在使用或阅读过程中发现任何问题或有任何好的建议，请跟我联系：lxin@ruc. edu. cn。另外，也可以通过关注我的新浪实名认证微博（刘昕 RUC）与我联系。

刘　昕

序 言

人才是竞争优势的来源之一，这一观点已被广为接受。员工是使组织在竞争中脱颖而出并驱动绩效提升的重要动力。在当今这种竞争激烈的商业环境中，一个组织执行其经营战略并保持竞争优势的能力更加依靠员工的质量。而一家公司员工的质量又会直接受到其员工配置系统质量的影响。因为用人部门经理要参与员工配置过程，所以，用人部门经理和人力资源专业人员都需要熟悉战略性员工配置技术。

在过去的10～15年中，员工配置实践发生了显著的变化。很多组织越来越清醒地意识到，它们的员工是经营战略得以执行的关键。人才争夺战已经使识别和吸引高绩效员工成为各家公司在竞争中获胜以及赢得市场的关键所在。互联网和其他一些技术的出现也改变了公司识别、吸引、雇用以及使用人才的方式。

我们编写《战略性员工配置》的目的就是要编写一本具有以下三个方面特征的教材：一是以研究为基础；二是传递实用的员工配置理念，使大家理解员工配置对于组织绩效的作用；三是能够吸引大家阅读。《战略性员工配置（第3版）》将继续以有趣、引人入胜且易于阅读的形式向读者展现当前的员工配置理论和实践。我们在修订此版本时尽可能地回应本书的审阅者和读者的反馈意见。本版中一些比较重要的变化如下：

- 用脸书（Facebook）、迈塔（MITRE）和迈克菲（McAfee）等公司的新案例替换了大多数章节中的开篇案例。
- 在整本书中扩展了关于全球性员工配置问题的讨论。
- 对“员工配置的法律环境”一章（第3章）进行了修订，以反映当前在立法以及法院判决方面发生的变化，其中包括薪酬歧视、公平就业机会委员会提起的诉讼、《反基因信息歧视法》等方面的内容，同时拓展了关于使用集中统计数据可能会造成不利影响方面的讨论。
- 在“测量”一章（第8章）中增加了一些数据以及一些关于更高级的处理方法的补充材料。
- 全书增加了一些新的练习。
- 更新了引文、统计数据和各种公司案例，其中包括谷歌（Google）、宝洁（P&G）、QVC、苹果（Apple）、百事（PepsiCo）、德勤（Deloitte）以及西南航空（Southwest Airlines）等公司。
- 增加了作为人才搜寻选项之一的外包方面的补充材料。
- 在整个员工配置过程中扩展了关于技术使用问题的讨论。
- 增加了关于当前的人才搜寻、招募工具及其技术方面的一些信息，其中包括移动职业介绍网站、互联网人才搜寻网站以及社交媒体和社交网站，比如领英（LinkedIn）、推特

（Twitter）和脸书。

以上仅是关于此版本中的更改内容的部分列表，其他内容请详见教材。

我们将员工配置视为一个整体过程，首先要了解一家公司的经营战略，然后再进入规划、确定招募来源、招募、甄选、谈判、社会化、职业规划、留用以及员工队伍调动等各个阶段。这些阶段使一个组织能够实现自己的雇用目标，并且确保能够在正确的时间将人才配置到正确的位置。本书是基于多项研究编写而成的，我们还引用了很多公司的例子对相关资料加以说明。本书介绍了企业应当如何进行下列工作：

- 制定有助于经营战略达成的员工配置战略。
- 预测人才需求和劳动力供给情况，并制定相应的计划。
- 进行职位分析或胜任素质分析以及工作报酬分析。
- 战略性地搜寻潜在的招募对象。
- 招募并甄选出正确的人。
- 与最优候选人进行谈判并加以雇用。
- 人才的组织社会化、使用以及保留。
- 管理员工流动。
- 使用员工配置矩阵并进行员工配置系统评价。
- 在员工配置系统中运用各种技术。
- 将员工配置系统与培训、薪酬管理和绩效管理等其他人力资源管理职能加以整合。
- 确保员工配置系统合法合规。

本书特色

- 我们在每章的开头列出了学习目标，对各章内容提前做一个概述。
- 每章开篇都有一个情景案例，这些案例描述的是组织在现实中面临的某种特定员工配置挑战。在每章的结尾，还会用这个小案例来总结和整合企业用来应对员工配置挑战的相关原理。
- 每章都有一个“技能开发”专栏，专栏扩展了每章的主题，并且有助于对与员工配置相关的个人技能进行开发。
- 每章末尾的讨论题为读者提供了一个检查自己对该章讲授的内容是否理解的机会。
- 每章末尾的案例分析通过激发课堂讨论或集中探讨个人的解决方案，来鼓励大家解决问题以及应用各章中讲授的内容。
- 附录提供了一个贯穿本书全部内容的长篇案例研究，该案例对一家虚拟的高档零售商店切恩公司雇用销售代表的员工配置战略和员工配置系统进行了完整的评估。该案例还提供了规划、预算编制以及对员工配置选择的投资回报进行评价等方面的实战演练。

本书安排

本书的内容主要分为四篇。

第1篇是“员工配置环境”，包括第1～4章。

第1章“战略性员工配置概述”讲授了员工配置对于组织成功的重要性。我们界定了战略性员工配置，考察了战略性员工配置的流程，讨论了员工配置取得的关键成果和达成的目标。描述并说明了传统的员工配置与战略性员工配置之间的区别，并且探讨了员工配置对其他人力资源管理职能可能产生的影响。

第 2 章“经营战略与员工配置战略”探讨了组织的经营战略和竞争优势将会如何影响组织的人力资源战略以及组织的人才战略和人才理念。我们讨论了经营战略和竞争优势是如何与组织的人力资源战略以及组织的人才战略和人才理念联系在一起的。本章还说明了员工配置是如何为一家公司创造价值的，并且介绍了在任何员工配置工作中都必须做出的相关战略性员工配置决策。

第 3 章“员工配置的法律环境”介绍了员工配置工作所处的法律环境。一方面法律法规正在发生变化，另一方面它们在决定组织应当如何招募、雇用、晋升和解雇员工方面又起着重要作用。我们讨论了一些特定的雇用关系，例如独立承包商和临时工，并且总结了一些相关的法律法规。描述了与过失推荐和过失雇用相关的法律理论，讨论了在实施员工配置合法化时可能会遇到的一些障碍。这一章还讨论了一些当前比较热门的话题，比如在互联网的世界中应当如何定义求职者。

第 4 章“战略性职位分析与胜任素质模型构建”讲述了职位分析、面向未来的职位分析、工作报酬分析以及胜任素质模型构建等方面的问题。我们讨论了经营战略与员工的胜任素质、风格和特质之间的联系，展示了适用于大多数职位的基本职位分析技术。

第 2 篇“员工配置规划、招募来源锁定以及招募”除了讲授员工配置规划，还介绍了识别、吸引和招募求职者的问题。因为从未到组织来求职的人是无法成为组织的员工的，所以搜寻和招募高质量且对本组织感兴趣的求职者是战略性员工配置过程中非常关键的一个步骤。这一篇包含第 5～7 章。

第 5 章“员工队伍预测与规划”讲述了组织应当如何进行经营预测，然后将其转换为对未来劳动力需求的估计。组织同时还要进行劳动力供给预测，并将其与劳动力需求估计结合使用，从而确定自己需要在哪些地方集中精力，以确保组织能够在正确的时间将正确的人配置到正确的岗位上去。讲授了进行劳动力供给预测和劳动力需求预测以及采取行动计划的技术，并且讨论了与招募和雇用活动有关的一些问题。

第 6 章“确定招募来源：找到招募对象”讨论了求职者搜寻或识别和吸引招募对象的主题，其中包括使用不同类型的互联网搜索引擎。描述了许多不同的招募来源，并且讨论了应当如何制定搜寻计划以及对招募来源的有效性进行评价。

第 7 章“招募”讨论了如何树立雇主品牌和雇主形象以及对求职者的反应做出回应的重要性。同时还描述了锁定招募对象、策划有效的招募信息以及说服候选人求职的各种方法。还讨论了为传递招募信息而选择适当的形式和内容时需要注意的一些事项。

第 3 篇“甄选”讲述了对求职者进行评价以及对他们与职位和组织之间的匹配度进行评价的问题。全篇包含第 8～10 章。

第 8 章“测量”介绍了关于候选人评估方面的问题。引入了集中趋势、变异性、散点图、相关关系、回归、实际显著性和统计显著性等概念，同时还介绍了信度、效度以及效度概化的概念。本章中的内容为第 9～13 章的内容提供了重要基础。

第 9 章“外部候选人评价”讨论了对外部候选人的任职资格进行评价的方法。我们分别考察了面试、工作样本测试、人格测试、认知能力测试和其他一些方法，并且讨论了这些方法的有效性。

第 10 章“内部候选人评价”讨论了对在公司内担任其他职位的员工的任职资格进行评价的方法。绩效审议、通用电气公司的九宫格法、同级和上级主管评价都是可用的一些方法。

战略性员工配置还涉及员工进出组织的过程。第 4 篇“员工配置系统管理”主要讨论了最终做出的新员工选择及其组织社会化问题，其中包括谈判和雇用过程。本篇还讨论了运用职业生涯规划和继任计划以及临时解雇、解雇和裁员等手段管理人才在整个组织内流动的问题。我们描述了员工配置、管理员工的留任以及对员工配置过程的技术应用问题。本篇包含第 11～13 章。

第 11 章“候选人选择与雇用”介绍了最终应当给哪些候选人发入职邀请函、就入职邀请函展开谈判以及对新雇用员工进行组织社会化的过程。这一章还描述了可以用来将候选人得到的各种评价分数合并成一个能够用于对不同候选人加以比较的单项分数的方法。在这一章中描述的方法包括划定分数段法、分数排序法、最低分数线法以及分组法。这一章还讨论了就雇用协议进行谈判以及说服拿到入职邀请函的候选人加入公司的策略和诱导方法。在这一章中，我们同时考虑了候选人和组织双方在谈判过程中的不同视角。

第 12 章“员工流动管理”讨论了人才在组织内流动的管理，其中包括新员工的组织社会化、职业规划、继任计划以及领导力开发。同时，本章还讨论了诸如临时解雇、解雇以及裁员等分流决策。本章还介绍了各种不同类型的离职、离职原因以及留住有价值人才的方法。

第 13 章“员工配置系统评价及技术”讨论了对一套员工配置系统的有效性进行评价的重要性。在恰当的地方，也会谈到在其他章节中介绍过的一些评价指标和评价方法。这一章描述了员工配置系统的评价过程，并介绍了一些具体的员工配置系统评价指标。本章还讨论了技术变革及其影响战略性员工配置系统的方式。技术可以帮助战略得到执行，许多组织都在利用诸如求职者跟踪系统之类的技术手段来助力自己的招募和甄选工作。本章还讨论了互联网招募、公司官网、简历筛选软件和人力资源信息系统的作用，以及如何使用技术手段协助组织收集可用于对员工配置系统有效性进行评价的相关数据。

目 录

第1篇 员工配置环境

第1章 战略性员工配置概述 …… 003
员工配置的环境背景…… 005
战略性员工配置的定义…… 006
战略性员工配置与传统员工配置的区别…… 006
战略性员工配置的要素…… 010
战略性员工配置的目标…… 014
人力资源管理职能的整合…… 017
本书结构…… 020

第2章 经营战略与员工配置战略 …… 024
企业资源基础观…… 025
企业的经营战略…… 028
公司的人才理念…… 033
企业员工配置战略的制定…… 038
企业的战略性员工配置决策…… 040
获得人才竞争优势…… 047

第3章 员工配置的法律环境 …… 051
雇用关系的类型…… 053
相关法律和规章…… 058
公平就业机会、积极的反歧视行动与配员定额…… 065
执法机构…… 069
雇用诉讼的类型…… 073
公平就业机会委员会的最佳实践…… 082
员工配置合法化的障碍…… 082

第4章 战略性职位分析与胜任素质模型构建 …… 088
职位分析及其背后的战略…… 090

职位描述和人员描述 093
常见的职位分析方法 095
规划职位分析 099
实施职位分析 101
其他方法：胜任素质模型构建和工作报酬分析 111

第2篇　员工配置规划、招募来源锁定以及招募

第5章　员工队伍预测与规划 121
员工队伍规划过程 123
劳动力需求预测 125
劳动力供给预测 132
劳动力供求差距的解决 138
员工配置规划 141

第6章　确定招募来源：找到招募对象 149
什么是招募来源？ 150
哪些因素会让一种招募来源更为有效？ 151
招募来源有哪些？ 152
制定招募计划 171
非常规候选人才库招募 175
全球招募和地区定位 177

第7章　招　募 182
什么是招募？ 183
求职者如何对招募做出反应？ 183
哪些因素会让招募官变得有效？ 185
培训和开发招募官 193
招募衡量指标 195
全球招募 197
制定求职者吸引战略 197
安排信息披露的时间 206
实现招募的一致性 207

第3篇　甄　选

第8章　测　量 215
什么是测量？ 216
描述和解释数据 217

战略性使用数据……223
有效测量的特征……229
创建评价体系并进行效度检验……243
附　录……249

第 9 章　外部候选人评价……255
外部候选人评价目标……257
外部候选人评价方法……266
同时使用多种评价方法……291
减少歧视性负面影响……292
评价计划……293

第 10 章　内部候选人评价……297
内部候选人评价目标……298
内部候选人评价方法……304
继任管理……310
职业规划……313
继任管理与职业规划的整合……317

第 4 篇　员工配置系统管理

第 11 章　候选人选择与雇用……323
挑选候选人……324
制作和发出入职邀请函的策略……330
雇用合同……335
发出入职邀请函……339
谈　判……339
达成协议……343
公平感与拒绝……344

第 12 章　员工流动管理……350
新员工入职引导及其社会化……351
全球流动……359
员工离职管理……360
员工非自愿离职……370

第 13 章　员工配置系统评价及技术……381
员工配置结果……383
员工配置体系评价……384
技术与员工配置评价……396

附录　案例研究：切恩公司的战略性员工配置……………………………… 407
切恩公司的历史及其组织情况…………………………………………………… 407
切恩公司的财务状况……………………………………………………………… 408
切恩公司的人力资源状况………………………………………………………… 409
切恩公司面临的竞争……………………………………………………………… 410
切恩公司的战略性员工配置：各章案例作业安排……………………………… 411
求职者简历………………………………………………………………………… 421

第1篇

员工配置环境

第 1 章　战略性员工配置概述
第 2 章　经营战略与员工配置战略
第 3 章　员工配置的法律环境
第 4 章　战略性职位分析与胜任素质模型构建

第 1 章
战略性员工配置概述

学习目标

学习本章之后，你应该能够：

1. 理解为什么员工配置对于组织的绩效至关重要。
2. 对战略性员工配置和非战略性员工配置加以对比。
3. 描述战略性员工配置的七个要素。
4. 理解员工配置需要实现的目标。
5. 描述员工配置如何影响其他人力资源管理职能领域，同时如何受到其他人力资源管理职能领域的影响。

开篇案例

改进驯鹿咖啡公司的绩效

驯鹿咖啡公司（Caribou Coffee Company）在 1992 年开办了第一家咖啡店之后，公司联合创始人约翰·帕克特（John Puckett）和金·帕克特（Kim Puckett）就迅速实现了公司的扩张。该公司的总部位于明尼苏达州的明尼阿波利斯，现在是美国第二大专业咖啡公司，拥有大约 500 家咖啡店和 6 000 名员工。[1] * 公司还通过驯鹿咖啡公司网站和零售合作伙伴来销售咖啡、相关设备以及其他商品。

驯鹿咖啡公司的领导者基于常规逻辑做出的一个基本假设是，客户服务是吸引顾客再次到店的原因。这种假设是明智的，特别是该公司特别重视全体员工（其中包括需要负责 8～14 个分店的区域经理）的客户服务能力。然而，不同的区域经理管理的咖啡店在经营业绩方面存在的差异，却大于同一位区域经理负责的各咖啡店之间的业绩差异，这就产生了一个谜：如果整个公司都很重视客户服务，那么，为什么同一位区域经理管理的几家咖啡店之间的绩效是相似的，但不同区域经理的业绩之间却存在如此大的差异呢？这是因为高绩效的区域经理能够与顾客和员工进行更为有效的沟通吗？还是说他们更擅长开发自己的员工？到底哪些因素能够准确地解释这方面的差异？[2]

假如驯鹿咖啡公司现在向你请教一个问题，即那些绩效最好的区域经理到底是因为做了

---

* 本书注释放至中国人民大学出版社网站（www.crup.com.cn），读者可免费下载。——译者

哪些事情或者提供了哪些东西才使他们的绩效持续不断地超过其他区域经理。在读完本章内容之后，你应该会找到答案。

员工的努力、才智、知识和技能对于组织来说是极其重要的。假如你不相信这是事实，你可以炒掉全体员工，然后用更廉价的劳动力来取代他们。极少成功的组织会接受这种挑战，因为他们明白员工对于自己的绩效和生存是至关重要的。所谓竞争优势，就是指一家公司能够做得与竞争对手有所不同，使自己在行业内的业绩更好、能够生存下来并取得成功的那些东西。有时候，一个组织的竞争优势就是它的技术。另外一些情况下，创新性的产品生产线、低成本的产品或者卓越的客户服务都能形成企业的竞争优势。在上述任何一种情况下，公司的员工都创造、强化或实现了公司的竞争优势。

那么，员工是如何使一家公司变得与众不同的呢？在像脸书（Facebook）和谷歌（Google）这样的公司中，关键性的技术都是由创造和使用这些技术的人来设计、实施和更新的。在苹果电脑公司（Apple Computer）、辉瑞制药公司（Pfizer）以及3M公司，同样是由它们的员工来创造和销售新的创新性产品线。在现代汽车公司（Hyundai），也是由员工来确认和实施能够制造出低成本和高质量汽车的制造系统的改进。最后，星巴克（Starbucks）的服务本身就是员工和客户之间的互动及体验。在上述每一家公司中，员工都影响和实施着对企业经营成功具有重要推动作用的因素。虽然在不同的企业中，市场营销部门、财务部门、研发部门或者其他部门所做的决策对于一家公司产生的影响也许是最大的，但所有的决策都是由员工做出的。因此，雇用和留住中等水平的人才可能会得到中等水平的决策和绩效。此外，糟糕的员工雇用对于组织来说可能是代价高昂的，其中包括收入或生产率方面的损失、法律问题以及较低的员工士气和不良的客户关系。[3]

有效的员工配置是成功实施人力资源管理的重要基石——它为一个组织的未来绩效和生存奠定了基础。为什么说员工配置如此重要呢？原因就在于，员工配置的结果直接决定了什么样的人为公司工作并且代表公司，还决定了它们的员工愿意做和能做什么。因此，员工配置会影响未来的培训、绩效管理、薪酬管理取得成功的可能性，还会影响企业实施其战略的能力。在对员工的能力、行为和绩效产生影响方面，可能没有任何一项其他的单一人力资源管理活动能够与识别和获取被组织用于生产产品或服务的人才相媲美。对于有些工作来说，一位普通员工和一位杰出员工之间的绩效差异可能非常大。例如，正是由于谷歌公司了解到一位杰出技术人员的绩效要比一位普通技术人员的绩效高出300倍，所以它才愿意在搜寻、招募以及雇用顶级技术人才方面投入重金。[4]许多成功的公司对员工的招募、保留和激励与对其他核心经营职能，比如市场营销、财务以及研发等，给予同样的关注。研究表明，企业的员工配置实践与它们的盈利能力以及利润的增长确实是相关的。[5]有效的员工配置也能够强化公司股票在股票市场上的绩效表现。一家大咨询公司的调查发现，强大的员工配置功能会带来更高的股东回报。那些对于自己需要雇用什么样的员工有清晰的概念，同时还能基于明确的标准对求职者进行判断的公司，往往比员工配置功能较弱的公司有更好的业绩。[6]

通过与用人部门经理进行合作以及对人才在组织中的进入、内部流动和退出产生影响，员工配置专业人员在组织中扮演着重要的战略角色。有效的员工配置需要用人部门经理和公司人力资源部的员工配置专业人员之间的良好合作。员工配置专业人员会在员工队伍规划以及员工配置流程方面提供专家意见，其中包括评价一个职位的任职资格要求，确认在一个职位上取得成功需要哪些方面的胜任能力、技能以及人格特点，评价在求职者身上是否具备这些特征，等等。而作为本职位专家的用人部门经理则负责提供整个流程的输入，并且在员工配置专业人员获得并筛选了一大批求职者之后做出最后的雇用决策。除了促进公司目标的达成，员工配置专业人员还通过帮助劳动者实现与能够使他们取得成功并且感到快乐的职位以及组织之间的匹配，来促进社会目标的实现。

本章首先从解释员工配置所处的环境因素入手，接着讲述战略性员工配置的定义。然后，我们将讨论战略性员工配置与非战略性员工配置之间的差异、战略性员工配置的内容以及为什么这些内容很重要。接下去，将讨论把员工配置和人力资源管理中的其他职能领域（例如培训、薪酬管理、绩效管理、职业开发以及继任管理等）整合在一起的重要性。最后，将解释对本书后面的内容所做的规划以及在每一章中将要讨论的核心观点。在阅读完本章之后，你应该理解为什么说如果一个组织希望自己的员工配置实践能够支持更大组织目标的实现，那么必须与其组织战略以及其他人力资源管理领域保持一致。

员工配置的环境背景

美国大约有 600 万家雇主[7]，它们从来自各地的成千上万的人当中雇用员工。2013 年 5 月，美国有 1.43 亿个工作岗位。[8]每个月都有数百万员工得到雇用或者离职，这就使得员工配置成为一项金额达到数十亿美元的业务。[9]

在一个组织所处的环境中，有许多力量都在影响其员工配置活动。例如，随着组织的全球化扩张，就需要越来越多地到全世界去寻找人才。而这导致了对顶尖人才更为激烈的竞争，企业更难雇用到最好的员工。一家公司的产品和服务的全球化竞争也会影响员工配置，这是因为日益激烈的竞争会降低公司的利润水平，企业在员工配置方面可用的资源更少了。

技术变革也对公司雇用和管理员工关系的方式产生了巨大的影响。技术的发展使企业更容易跟踪和开发员工的技能以及招募和雇用新的员工。互联网和移动技术改变了组织招募和雇用员工的方式，也改变了许多人寻找工作的方式。类似地，数据库软件系统为员工配置的评价过程提供了极大的便利，对员工配置系统进行评估以及解决任何表现不佳部分的问题都变得更容易。

许多不同的法律和社会力量也会对企业的员工配置活动产生影响。例如，企业需要面临各种反歧视的法律，如果企业在雇用员工时没有采取合理的措施，则还需要对员工产生的破坏行为承担法律责任。其他一些可能会对一家企业的员工配置选择产生影响的因素还包括：求职者对公司的招募或甄选办法做出负面的反应，员工要求得到更好的工作和生活平衡，客户拒绝购买一家在国内解雇员工而去到海外雇用更廉价劳动力的公司的产品，等等。

这些力量共同驱动着一家企业识别、吸引、评价以及将人才整合进员工队伍的方式。**人才管理**（talent management）是指通过实施一套综合性的战略或系统，能够吸引、开发、保留和利用那些具备满足企业当前和未来经营需要的技能和资质的员工，从而提高工作场所的生产率。[10]正如一位专家指出的那样："实施企业战略的能力扎根于吸引、保留和开发核心人才的能力。成功的人才管理创造了最持久的竞争优势。无论是在最好的时期，还是在最糟糕的时期，任何公司都无法承受在这方面准备不足的后果。"[11]本书恰恰强调了员工配置在人才管理的过程中能够扮演的角色。

战略性员工配置的定义

战略性员工配置（strategic staffing）是指一个组织以未来为导向、以目标为指引，努力为组织的经营战略提供支持并增强其有效性的员工配置过程。[12]这一过程涉及员工的进入、内部流动以及退出。

这个定义不同于很多公司通常的员工配置方式。例如，很多组织在填补一个岗位空缺时仍然沿用它们使用了多年的做法，仅仅通过一两个招募来源（比如求职平台或报纸）发布相同的招募公告，并且在决定是否雇用求职者时也是基于在面试中产生的直觉。换言之，它们并没有在雇用方面进行足够的思考或规划，从而未能以最有利于公司战略执行的、面向未来的方式实施员工配置。[13]战略性员工配置关注的重点是如何通过员工配置活动与公司战略以及其他人力资源管理领域的整合来强化组织绩效。

战略性员工配置与传统员工配置的区别

战略（strategy）是为了实现一个特定的目标而制定的一项长期的行动计划。传统的员工配置倾向于关注如何迅速和方便地填补职位空缺，而不是把员工配置活动与组织的长期战略需求结合在一起。相反，战略性员工配置则包含了短期和长期两个方面的规划。这一过程通过获取、利用以及保留适当数量的、拥有合适才干的员工来有效地执行企业战略，它关注的重点是实现投资回报的最大化，而不是简单地实现成本最小化。战略性员工配置能让一家公司获得有助于其成功履行使命和实现目标的可持续的竞争优势。为了说明战略性员工配置以及它与那些“非战略性”的员工配置之间的差异，我们不妨来看一看两个虚拟的组织是如何填补职位空缺的。第一家公司名为特莱德斯，其员工配置过程的战略性稍差一些。

特莱德斯公司是一家在当地购物中心中很受欢迎的鞋店，作为店长的罗恩知道，在即将到来的假期中人手不够的问题一定会给他带来大麻烦。因此，当他的助理桑迪跟他提出辞职的时候，罗恩就从他的文件柜中抽出了他两年前在招聘桑迪时使用的那份职位描述（对工作要求的描述）和任职资格要求（对承担职位描述中列举的工作职责所需的资格和胜任能力的描述）。他快速浏览了一眼上述文件，决定不做任何修改就再次使用这份职位描述和任职资格要求完全没有问题，于是他把这份文件连同一份请求雇用一位替代者的申请一起发给了他的地区经理。

特莱德斯公司人力资源部员工李收到了经罗恩的上级批准过的那份招聘需求以及职位描述，她核实了一下公司过去通常是如何寻找店长助理的。她发现公司在上次雇用店长助理时，在当地的报纸上刊登了一份招聘启事。李从公司过去的记录中找不到当时有多少人在看了这则启事后提出求职申请。尽管如此，她认为，如果这种做法以前是有效的，那么它现在应该也是行得通的。因此，她在这家商店所在地的报纸上刊登了一份相同的招聘启事。

两周以后，有七个人对公司的招募广告做出了回应并提交了简历。李发现，其中有三个人达不到这个职位的最低任职资格要求，即曾经有过零售行业的工作经验。在看了其他四份简历后，李为这四个人安排了电话面试。对于缺乏零售经历的那三位求职者，李就没有再与他们取得联系，没告诉他们已经被淘汰了。

在通过电话面试确认了这四位候选人对该职位感兴趣的程度，并且确认了他们具有合格的教育背景和工作经历之后，李决定让其中的三个人参加面试，并且安排到商店与罗恩见面的时间。此时，李也没有让这个环节的落选者知道自己已经被淘汰了。

罗恩在分别询问了这三位候选人的工作经历以及他们想要从工作中得到什么等方面的问题之后，最后决定雇用亚历克斯。亚历克斯似乎急于尽快开展工作。尽管他并没有太多的零售行业工作经验，罗恩还是希望他能够在工作中快速完成学习，尽管特莱德斯公司并没有建立正式的培训项目。公司发出了只要亚历克斯能够通过毒品测试和背景调查就能入职的邀请。在背景调查报告和毒品测试报告结果显示没有问题之后，亚历克斯就接受了这个工作邀请。

罗恩发给亚历克斯一份特莱德斯公司的员工手册和工作日程表，让他下周一就上班。而另外两位进入最后一轮的候选人也是在打电话给罗恩询问进展情况之后才知道，那个职位已经招到人了。

另外一家名为索莱斯的公司的做法则说明了一个更好的战略性员工配置过程是怎样的。

埃米是一家很受欢迎的鞋店——索莱斯公司的店长，她必须再招一个人来取代准备离职的店长助理凯恩。为了准备迎接即将到来的假期，埃米打算尽快招到一个合适的人。在这非常忙碌的一天中，她还是抽出了一些时间来思考自己对店长助理的要求。

埃米在电脑上查了一下两年前她招聘凯恩时使用的职位描述。“这份职位描述还是很不错的，”她认为，“但是其中好像漏掉了些什么。”埃米思考了一下在过去的几年里，鞋店的竞争格局已经发生的一些变化。四年前，当她刚开始到索莱斯公司工作时，本店所在的这个购物中心里只有另外一家零售鞋店。而现在已经有五家了，并且其中两家的鞋子以更低的价格与索莱斯公司的一些主打产品竞争。埃米知道公司不会降低产品价格，但是她觉得，如果她的商店能够提供优质的客户服务，则顾客是会愿意为她的商店的鞋子支付更高价格的。此外，索莱斯公司正计划把所有商店中的交易都转到平板电脑上去，而不是在固定的收银台完成，因此，雇用一位具有一定技术能力的店长助理就会很有用。

埃米给她的人力资源代表迈克打了个电话，请他在分析新店长助理应该能做哪些事情方面给自己提供一些帮助。埃米在做完职位分析之后，把修改好的职位描述和一份要求雇人的申请发给了她的区域经理，以获得雇用许可。

在获得雇用许可之后，迈克对埃米列举的关于这个职位的任职资格以及胜任能力做了一番考虑。他首先设法搞清楚具备这些任职资格条件的人可能在哪里，这样他就能找到一个让这些人知道有这样一个工作机会的方法。迈克认识到，本公司的薪酬与购物中心里的其他几家鞋店相比还是有竞争力的，但还没有高到足以吸引求职者的地步。他考虑了一下这个职位所具有的可能会对潜在的高水平求职者产生吸引力的其他一些特征。公司有很好的福利、有良好的绩效评价和培训项目，而且立足于从内部提拔员工。虽然当前能够提供的薪酬水平还不足以使他招到一位经验丰富的店长助理，但应该还是能够吸引来一些至少具有一些经验的员工的——那些愿意在索莱斯公司的管理序列中取得进步的员工。

迈克审查了一下公司过去在雇用店长助理方面做得最为成功的一些实践数据。然后和埃米进行了一次头脑风暴会议，讨论他们可能在哪里找到那些合格且对这个职位感兴趣的人。他还准备到这个购物中心里的其他一些商店去做做现场访问，考察一下有没有哪些店员可能适合这个职位。在这些店里的时候，他特别注意这些店长助理是如何与客户进行交流的，对他们在客户服务方面的技能强项做出评估。此外，迈克还在当地一所拥有服装设计专业的大学的求职平台上刊登了招聘广告。招聘广告强调索莱斯公司正在寻找具有管理经验、时尚知识、技术能力以及优秀的客户服务能力的员工。

在两周之内，迈克已经招募了5位在购物中心工作的有希望的员工申请这个职位，还收到了来自大学求职平台的15份求职申请。他根据零售经验和管理经验条件对简历进行了筛选，确定了比较理想的候选人，其中3位是购物中心的工作人员，7位来自大学。他立即与这10个人进行了电话联系，对他们提问了一系列问题，以评估他们的零售管理知识以及客户服务能力。在对这10个人的答案进行评估之后，他邀请其中的5位来参加笔试，以评估他们的管理能力和好奇心（公司认为这些特征与更好的客户交流、服务绩效以及在职的持续学习是相关的）。而被淘汰的那5位求职者都收到了一份感谢信，感谢他们对本公司的这个职位感兴趣，并且说明他们已经不在被考虑之列了。

在测试阶段，这5位候选人得到了相关的指令，要求他们在互联网上完成几项计时的任务。迈克随后带他们参观了公司的区域总部，回答了他们提出的关于公司和工作机会的一些问题。然后他安排得分处于前三名的候选人和埃米在商店见面，并且电话通知另外两位已经落选。

埃米登录公司的网上雇用资源中心，下载了公司开发的用来评估职位要求的各种胜任能力以及客户服务能力的一系列问题。她完成了一项简短的关于如何实施面试并打分的在线复训模块之后，对三位候选人进行了面试。她发现这三位候选人都让人印象深刻，但感觉乔斯是这个职位的最佳人选。在通过了毒品测试和背景调查以及其他一些筛选之后，乔斯接受了这份工作。

在乔斯到店里来上班之前，他到网上在线阅读了公司的各项政策，并且收到了一份商店的政策手册。公司还把他介绍给了索莱斯公司的其他一些商店的店长助理，大家都跟他留下了联系方式，鼓励他在有任何关于这个工作的问题时给他们打电话。埃米和乔斯也见了面，向他澄清公司的绩效期望，并且回答了他提出的各种问题。她还安排乔斯和自己一起工作几个班次，帮助他尽快熟悉新的工作。

迈克则与另外两位最终入围者进行了联系，告诉他们，尽管这次他们没有得到这个职位，但他认为他们应聘其他店长助理职位是非常具有竞争力的。然后询问他们是否有兴趣考虑本公司在接下来的几个月中会出现的其他一些工作机会。迈克知道，店长助理的年度离职率通常是20%。因此，他预计在接下来的一两个月之内，公司在附近的其他几家商店会有三个以上的职位空缺。这两位入围者表示对未来的职位感兴趣，这就为迈克接下来的招聘工作储备了两位强力的候选人。

迈克最后还确保每位求职者的信息数据都成功进入索莱斯公司的员工配置评价数据库，其中包括产生这些求职者的招募来源以及他们是否被录用。他知道这将有助于未来招募工作的开展。

在上面两家公司中，哪一家的员工配置流程会使其有可能实现更好的经营绩效？良好的战略性员工配置系统应当包括以下几种要素：

- 长期规划。
- 与公司的经营战略保持一致。
- 与公司的其他人力资源管理职能保持一致。
- 与劳动力市场保持一致。
- 有针对性的招募。
- 根据在职位上取得成功所需的各种要素以及长期发展潜力对候选人进行合理评价。
- 根据事先确定的目标对员工配置的成果加以评价。

很明显，上述这些要素对于描述索莱斯公司的员工配置过程更为贴切。

上面的两家公司都会说自己采用了图 1－1 中描绘的这种员工配置流程。两家公司都做了计划，都决定了到哪里去发布招聘广告，都招募了求职者，也都筛选出了哪些人应当获得入职邀请，但很显然它们做这些事情的方式是不同的。迈克决定在当地的大学中去寻找求职者的做法是与他的雇用需要相一致的：掌握时尚知识，有学习意愿，并且可能有零售工作经验。给被淘汰的求职者提供反馈，让他们知道自己被拒了，这样的做法会让被拒者对公司产生较为积极的感受，从而使他们愿意到索莱斯公司的鞋店来购物，并且以后再次到公司来应聘。

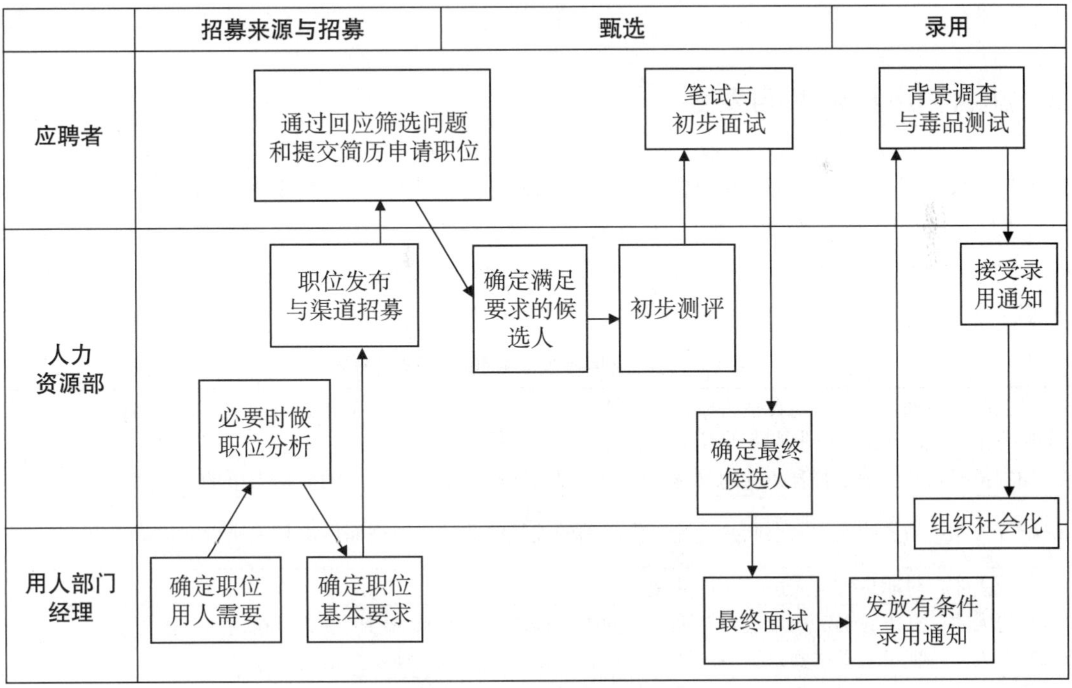

图 1－1　员工配置流程图

图 1－1 描述了总体的员工配置流程，确认了求职者、人力资源部或用人部门经理在每一个步骤上是否需要负责。当一位用人部门经理认为有一个职位需要招聘人员时，员工配置流程就开始了，而招聘人员的需要则是由于出现了员工离职或者有新的工作岗位产生。在有必要的情况下，人力资源部需要组织一次职位分析，然后用人部门经理就会收到一份授权他

去招聘的这个职位的任职资格要求。人力资源部门的员工则需要通过发布招聘广告去招募合适的求职者。求职者提出职位申请之后，人力资源部首先对求职申请进行筛选，确定可以进一步考虑的人选。人力资源部门通过进一步对剩下的候选人进行评估，将那些与职位的匹配度较差的求职者筛选掉，确定最终的入围候选人。之后由用人部门经理对最终候选人进行面试，并决定谁应该得到入职邀请。然后公司就可以发出有条件的录用通知，一旦候选人通过了背景调查、毒品测试或其他一些测试便可以入职。如果这位候选人拒绝接受公司的录用，或者是没有通过此后的各项评估，则会给另外一位候选人发出有条件录用通知，直到有一个人得到雇用。此后，人力资源部门负责这位新员工的组织社会化过程，帮助其熟悉工作和组织的一些情况，帮助新员工尽快提高生产率。

不同的公司在管理自己的现有员工队伍方面的主动程度也是不同的。从事软件开发的SAS公司制定了一项员工保留计划，该计划搜集并分析在过去五年中离职的那些员工的相关数据，包括他们的技能、个性特征、学习情况以及朋友关系等，然后找出当前员工中哪些人与这些模式相吻合。SAS公司的另外一个项目则可以识别出那些最可能发生意外事故的员工。[14]

本书旨在帮助读者理解如何更好地设计以及实施战略性员工配置流程，从而做出更好的员工配置决策并增强组织绩效。我们将不仅描述战略性员工配置的流程，同时也讨论如何让它更为有效地帮助公司实现目标。当我们在本书中使用“员工配置”一词时，就是指战略性员工配置。

战略性员工配置的要素

七项战略性员工配置活动构成了支持企业战略和组织绩效的员工配置体系。这七项活动是员工队伍规划、确定招募来源、招募人才、甄选人才、获得人才、配置人才以及留住人才。表1-1总结了为什么其中的每一项都具有战略重要性。接下来我们详细讨论其中的每一项。

表1-1 战略性员工配置的七大组成要素

1. 员工队伍规划：战略性地评估公司当前的业务线、将要开展的新业务线、将要放弃的业务线，以及组织中现有的技能与执行企业战略所需要的技能之间的差距
2. 确定招募来源：确定符合条件的候选人的定位以及准备从中招募人才的劳动力市场
3. 招募人才：为影响愿意来求职并接受工作邀请的人员的数量或类型而做出相关决策并付诸实施
4. 甄选人才：对职位候选人进行评价并做出雇用决定
5. 获得人才：发出对选定的候选人有吸引力的工作邀请函，说服他们接受工作邀请
6. 配置人才：把员工安排到组织中的适当职位和工作中以便最好地发挥他们的才能
7. 留住人才：留住工作出色的员工并维持他们的敬业度和忠诚度

员工队伍规划

员工队伍规划（workforce planning）是预测一个组织未来的雇用需求，并且通过对其当前员工和劳动力市场进行评估来满足这种需求的过程。这意味着一家公司的管理者和人力资源专业人员必须对以下情况进行评估：公司现有的业务线、即将开展的新业务线、即将放弃的生产线以及当前员工队伍具备的技能与员工队伍在未来需要具备的技能之间存在的差距。例如，假如一家制造企业计划扩张，那么它很可能需要招聘更多的销售和生产领域的员工。假如该公司计划对一些生产活动进行自动化改造，那么它可能需要更少的员工，现有的员工可能也需要掌握和新技术相关的新技能。

员工队伍规划通常需要用人部门经理和员工配置专业人员的共同努力。员工配置专业人员需要根据组织将要开展的业务活动来决定组织需要使用的员工数量和类型。接着，员工配置专业人员还需要根据组织的经营战略进一步细化出实施组织战略所需要的那些胜任能力和才干。为了做好未来职位空缺的计划，员工配置专业人员还需要对组织现有员工的情况以及将来可以去雇用新员工的外部劳动力市场的情况进行评估，以判断获得所需人才的可能性。接下来，员工配置专业人员需要获得开展适当的员工配置活动所需的各种资源。在与用人部门经理共同确认了最适合空缺职位的人才应当具有的各种特点之后，员工配置专业人员就可以开始制定获得理想人才的招募和甄选战略。

如果不首先确认一家企业实施自己的经营战略需要什么样的胜任能力和行为，将很难制定出能够满足这些需要的有效招募、配置和保留计划。识别和获取必要的资源以及创建一张时间表等，也是计划阶段的一些重要成果。计划活动可以是短期的，即关注当前的人员雇用需要；也可以是长期的，即关注组织未来的雇用需要。如果员工队伍规划能够更好地兼顾公司的短期和长期需要，则就更具有战略性。员工队伍规划还可以明确一家企业将如何解决员工队伍结构问题，例如员工队伍老化以及多元化的问题。

确定招募来源和招募人才

确定招募来源（sourcing）是招募的构成要素之一，它主要关注的是找到合格的候选人以及确定可以进行招募的劳动力市场。例如，一位需要为医药销售代表职位确定潜在求职者的招募来源专员可能知道，那些有经验的护士往往有潜力成为优秀的医药销售代表，这是因为她们具有与医生沟通的能力，能够劝说他们给病人开本公司生产的药物。然后，招募来源专员就可以明确在哪里能够找到护士以及如何联系她们，如到护理期刊刊登招聘广告。

招募（recruiting）是指影响愿意求职并接受组织提供的工作机会的劳动者的数量或类型的所有组织行为以及相关决策。[15]招募是各种规模的公司形成足够大的求职者人群，从而可以从中挑选合格的人填补职位空缺的过程。[16]在确定招募来源时，组织关注的是如何确认合适的人选以及找到接触他们的途径；招募则是把这些人实实在在地转化为实际的求职者。许多组织认为，确定招募来源与实施招募所需要的技能是存在差异的。因此，他们会同时雇用招募来源专业人员和招聘专业人员。因为人们不会去申请不可能得到聘用的岗位，所以招募来源的选取和招募对于有效的员工配置活动来说是非常关键的。

招募工作还包括评估通过哪些招募来源获得的员工在上岗以后的绩效表现好[17]且为公司带来绩效提升的[18]比例更高。一家公司的招募官的行为、传递的信号以及招募来源等都会影响人们是否会选择成为或持续成为这家公司的应聘者并接受工作邀请。[19]招募的首要目标是为组织或特定的职位获得对其感兴趣的正确的人，说服他们提出求职申请，并且在得到工作邀请的情况下愿意接受下来。

如果招募工作做得很糟糕，就只有很少的人会申请这个职位，即使是已经提出申请的求职者也会退出雇用过程。换言之，对求职者不够尊重的组织或者在招募过程中未能满足求职者的信息搜集需求的组织能够雇用他们的可能性会很小。因此，这种公司发出的工作邀请被拒绝的数量更多，与经过良好的招募过程进入公司的情况相比，甚至那些最终得到雇用的人也不会对本职工作或公司那么忠诚。而且那些经历过公司糟糕的招募过程的求职者也有可能把自己的经历告诉其他人，从而让组织以后的招募工作变得更加困难。因为这些人以后也不可能再申请公司的岗位，所以这种公司在未来出现职位空缺时很可能失去雇用现在这些失望的求职者的机会。

在形成雇用关系的时候，很多组织和个人都使用了甄选程序。由于求职者可以在此期间的任何时候自己退出这个过程，因此很重要的一点就是，招募活动应当始终贯穿于候选人评估和甄选的整个过程之中，以维持候选人对相关职位和组织的兴趣。

招募活动的另一个要素是雇主品牌，或者是在理想的求职者心目中创造一种有利的形象，让他们感觉到本组织是一个理想的工作场所。例如，皇家飞利浦电子公司（Royal Philips Electronics）就告诉潜在的员工，公司给他们提供一个在“每天都可以触摸生活”的环境中工作的机会。[20]当潜在的求职者考虑是否到一个组织求职的时候，他们会对很多因素做出评估，其中包括这个组织是不是他们愿意去工作的地方。因为大多数求职者并不知道作为雇主的不同组织的好坏，因此很多公司都力图通过市场营销和做广告来主动塑造自己的雇主形象。例如，联邦百货公司（Federated Department Stores）就创建了自己的雇主品牌和一个名为 Retailology. com 的招募网站；星巴克则雇用了一位雇主品牌项目经理，这个职位的工作就是宣传星巴克是一个很好的工作场所。

甄选人才

甄选（selection）过程涉及让求职者参加像技能测试和面谈等这样一些对他们的能力和任职资格进行评估的活动，其目的是让组织从中选定准备雇用的对象。一个组织使用的候选人评估和甄选方法决定了这家公司新雇用的员工的工作情况，从而决定了这个工作的绩效。[21]

当然，甄选程序的有效性部分取决于前期的招募工作。如果一家公司的招募活动产生了1 000 名求职者，但只有很少一部分人是合格的，就会使甄选程序陷入困境。

对求职者进行预先筛选的有针对性招募活动会产生人数更少但质量更高的求职者。例如，一个医药销售代表职位要求任职者具备一定的医学知识，而获得了特定证书的护士就具备这样的医学知识，那么招募阶段就可以通过要求求职者具有特定的证书来对他们进行预先筛选。预筛选环节能够为组织节省时间和金钱，因为在甄选环节企业就不需要再去筛选那些不合格的求职者。

相反，如果在招募阶段未能产生合格的求职者，那么任何甄选系统也无法识别出合格的候选人。正是由于不同的公司在招募活动中的有效性不同，所以才导致各种甄选方法（比如面试和技能测试等）在不同的公司中产生的效果差别很大。[22]从历史上看，那些努力最大限度地提高新雇用员工质量的企业，都会首先专注于招募大量的求职者，然后依靠各种求职者评价方法来识别最优秀的候选人。然而，需要提醒的非常重要的一点是，无论候选人的人数有多少，都无法保证组织一定能从这些候选人中找到具备相应资质的求职者。

因此，战略性招募的目标是尽可能吸引更大比例的能够满足最低招募条件的求职者，同时减少甄选系统的负担。即使最初的招募系统支出的成本很高，企业仍然有可能通过降低行政管理负担以及雇用单个员工的平均成本而获得雇用收益。当我们从这些角度去审视员工配置和保留工作时，就很容易明白为什么很多公司都把寻找合适的人才作为工作的重中之重。正如一家高科技公司的经理人员所说的那样："我们的人才质量和我们的技术一样重要。我们的人才质量决定了我们如何在经营中取得胜利。"[23]这种说法对于大多数非技术行业的企业来说也同样成立。

获得人才

获得人才涉及准备好对选定的人才有吸引力的工作邀请并说服这些人接受工作邀请入职。虽然许多工作邀请为接收者提供的选择只有两个，即要么接受，要么放弃，但有时候，有的组织也会与自己想要雇用的候选人就一些就业条件进行谈判。这份工作邀请中应涉及的信息包括薪资、医疗福利、退休金缴费、休假时间、工作调动搬家费、住房补贴以及其他一些福利。谈判的最终结果就是雇用合同或者给候选人发出的书面工作邀请。雇用合同中除了具体说明该职位的薪酬，例如薪资、奖金、长期奖励以及以股票形式发放的薪酬等，还会明确在员工和公司之间的关系方面涉及的其他事宜，例如，退休金或遣散费、解决冲突的争议处理程序以及对员工参与其他一些活动（例如同时在其他公司从事类似工作）的限制等。

虽然一份雇用合同的条款有助于一位新员工的行为和公司的经营战略保持一致，但许多公司并没有一份很具综合性的明文雇用合同，或者尽管有书面的雇用合同，但其中也只是涵盖了雇用关系中有限的几个方面的问题。这里有一个例子，在 2005 年时，位列标准普尔 500（S&P 500）上市公司中的企业，只有不到一半的公司与它们的首席执行官签订了书面雇用合同。[24]用来代替这种书面合同的是这些公司与它们的首席执行官之间达成的一种隐含契约，这种隐含契约表明了公司是基于"自由雇用"的方式雇用首席执行官的。我们将在第 3 章和第 11 章更详细地讨论雇用合同。

配置人才

配置（deployment）人才涉及将人才安排到组织中的适当职位和工作角色之中。新雇用人才的配置以及现有员工的重新配置都与对组织的人才加以最优利用相关。例如，将一位在技术方面很有才干却不喜欢跟人打交道的程序员安排到一个销售职位上去就是人才配置的错误。

组织社会化是一个让新雇用的员工以及得到晋升的员工熟悉他们的新工作岗位、工作集体以及整个组织的过程。这是让员工迅速熟悉工作的重要一步。[25]一些公司仅仅是给新员工发一本公司的政策手册，然后把他们带到工位上去就完了。其实，在这个时候应当花时间帮助他们对公司的企业文化形成合理的预期，为他们适应新的工作岗位以及完成工作提供一些建议，通过为他们提供情感支持来提高他们的满意度、在工作中取得成功的可能性以及对公司的忠诚度。[26]

随着时间的推移，企业可以对员工的技能和能力进行进一步开发，而这会带来更多的配置选择。员工可以通过组织的继任管理和职业开发活动获得新的技能，为承担组织中的其他职位或更高级别的职位做好准备。组织内部的人才开发有时候能够比从外部雇用人才更快地实现转化，达成更高的绩效水平，这是因为，现有的员工熟悉组织的文化、客户，知道怎样才能以最高的效率完成工作（例如，他们知道组织的内部体系是如何运作的，也了解在关键岗位上的那些员工的优点和缺点）。

留住人才

继任管理和职业开发同样也是留住高绩效员工的有效工具。如果企业找到并且雇用了高质量的人才，他们却在短时间内就离职了，那无疑是一件令人沮丧的事情。员工流失对于企业来说成本高昂，尤其是当最好的员工准备离职的时候。低绩效员工离职对企业是有益的，关键员工的离开对企业却是具有破坏性的。而当自己的优秀员工跑到竞争对手那里去的时候，损失会更大。成功地留住员工也意味着组织在未来将需要用更少的时间和更少的资源来填补职位空缺。

匹配过程

战略性员工配置是一个匹配过程，但它并不仅仅局限于简单地为空缺职位提供求职者。招募和甄选是一个相互依赖的双向过程，雇主和被招募者一方面都会尽可能地努力使自己在对方眼里看起来更有吸引力，另一方面也会努力更多地了解双方之间的潜在匹配度。尽管求职者选择组织和组织选择求职者的程度是一样的，但很多企业常常是只关心甄选，而以牺牲有效的招募为代价。因为求职者可以随时退出雇用程序，所以在求职者提出了求职申请之后，招募工作并没有结束。当企业和求职者双方中的任何一方都不再对达成雇用关系感兴趣的时候，求职者就不再是一位被招募者了。招募工作会持续到后面的甄选和获取的整个过程之中，一直到求职者不再是一个可行的候选人为止，或者是直到求职者接受了企业发出的工作邀请并来报到上班。有些公司甚至还会持续性地努力“招募”员工，以维持他们作为一个雇主的吸引力并强化对员工的保留。

战略性员工配置的目标

确定员工配置的目标

首先需要制定与组织战略和中长期目标具有清晰联系的雇用目标来引导战略性员工配置流程。过程性目标与雇用过程本身有关，其中包括合格求职者的数量、需要吸引的多元化求职者的适当数量以及雇用时限目标的要求，例如在两周内完成面试，在最终面试结束后的一周内发出工作邀请函。结果性目标是指对雇用努力所产生的结果的衡量，其中包括雇用来的员工的数量和质量、员工配置投资的经济回报以及员工配置工作是否提高了组织的有效性。表 1－2 展示了一份关于各种员工配置目标的样本。

表 1-2　员工配置目标示例[27]

过程性目标
● 吸引足够数量的合格求职者 ● 遵守相关法律以及组织的雇用政策 ● 满足积极的反歧视义务的要求 ● 满足雇用的时限目标 ● 高效率地完成员工配置
结果性目标
● 雇用能够在工作中取得成功的员工 ● 雇用最终能够得到晋升的员工 ● 降低高绩效员工的离职率 ● 雇用组织的其他人力资源管理职能能够对其产生积极影响的员工（例如能够从培训中受益的员工、将会受到公司的薪酬包激励的员工） ● 满足利益相关者的要求 ● 实现组织的员工配置投资的经济回报最大化 ● 增强组织的多元化 ● 增强组织的灵活性 ● 加强组织的经营战略执行

并不是所有这些目标在每一次雇用工作中都会被用到。在不同的时候，不同的目标被优先考虑的情况是不同的。几种不同的员工配置目标之间发生冲突也是常见的现象。例如，既希望能够雇用到可以为公司工作很多年的绩效优秀者，同时又希望以最低的成本迅速填补职位空缺，这样的目标显然是非常具有挑战性的。

那些没有实施战略性员工配置的公司常常关注诸如需要花多长时间填补职位空缺、每一位招募官在一段时间里能够雇用来的新员工人数以及每雇用一位员工所付出的成本等。虽然这些目标对于提高员工配置流程的效率是有意义的，但它们并不一定与提高组织员工配置体系的战略绩效相一致。例如，如果公司实施的战略要求雇用顶级人才，那么公司的招募目标就应该强调求职者的质量，而不是雇用的速度。对于有些职位来说，雇用能够在组织中长期工作的顶级人才可能是非常关键的（这些岗位或许是在管理部门中，或许需要长期参与研发项目，也可能是在销售领域）。对于其他一些职位来说，一般的人才以及适中的流动率都是可以接受的。

员工配置的关键目标[28]可能会随着时间的推移而发生变化，并且对于不同的职位也是不同的。这是因为，随着时间的推移，职位会发生一些变化，也可能会出现一些不同的技术。今天能够把工作做得最好的员工可能在几年后工作干得就不怎么样了。此外，由于不同的组织采用的经营战略不同，每个组织的员工配置目标也可能不同。最后，即使是在同一个组织的不同职位之间和不同时间，员工配置目标也可能不同，这是因为随着时间的流逝，岗位本身在发生变化，岗位对人的要求也会出现变化。

每个组织都需要明确针对每一个职位的员工配置目标是什么，认识到这些目标可能会随时间推移而发生改变，因为组织可能会改变自己的战略，或者是劳动力市场或产品市场发生了变化。这些目标应该建立在组织的重点工作以及用人部门经理的需求之上。表 1-3 中列举了管理人员和人力资源管理专业人员在制定战略性员工配置目标之前需要问自己的一些关键问题。

表 1-3　在制定员工配置目标时需要问的问题

- 是快速填补职位空缺更重要，还是为这个职位找到一个匹配度特别高的特定人才更重要？
- 候选人的胜任能力、工作风格、价值观和个人特征达到何种水平才是在岗位上取得成功以及执行企业战略真正需要的？
- 从今以后的 1 年、5 年和 10 年，企业的经营战略是什么？这种战略需要什么类型的人才？
- 新雇用来的员工必须具备哪些才干，而不是还需要进行培训开发？
- 组织长期的人才需要是什么？雇用来的员工具有在未来承担领导角色的潜力很重要吗？

无论你是否相信，做好员工“搅动”规划也可能成为组织的一个目标。在有些情况下，特别是当技术发生快速变化的情况下，很多企业更愿意要掌握最新技能的新雇用员工，而不是对现有的员工持续进行培训。如果在公司中工作了几年的员工所掌握的技术确实不如新雇用来的员工，那么，做好常规的员工更替规划就是一种比较好的战略选择。例如，一家没有太多的钱投资到培训上去的小型软件开发公司可能会计划每两到四年就替换掉自己的大多数程序员，因此就与员工签订两年的雇用合同。其他一些企业，例如，全世界最大的私营软件公司 SAS 则非常重视员工长期留任，因此倾向于在员工开发方面进行持续的投资。如果建立和维护客户关系非常重要，如果特有的组织知识对于做好公司的工作是非常关键的，或者企业计划自己从内部选拔未来的领导者，更为合适的员工配置目标可能就是降低离职率了。

一家企业的员工配置工作的目标还应该与其他利益相关者的目标保持一致，其中包括新雇用的员工需要对其汇报工作的用人部门经理。不同的工作群体以及不同的上级对于想要填补职位空缺的员工类型都会有不同的想法。认清这些方面的差异很重要。招募专业人员扮演的关键角色之一就是充当用人部门经理的合作伙伴，协助他们对这些方面的潜在需求进行评估。例如，如果一家公司的网站开发职能是外包的，那么雇用一位具有网站开发技术的员工可能并不是用人部门经理真正需要的——即使一位掌握这种技术的员工刚刚离职。正如我们已经说过的，职位发生了变化，则相关工作群体小组的人才组合也会发生变化。用人部门经理并不能总是意识到已经发生了变化的人才需求，或者知道他们在新雇用员工时有何需要，因此，他们应当会在雇用新员工的过程中把招募专业人员视为自己的合作伙伴。

员工配置体系的终极目标是雇用那些能很好地完成工作，从而对公司经营战略的实施以及提高利润有帮助的员工。当然，尽可能快地雇用到这样的员工，同时在员工配置方面投入的时间和资源能够得到良好的回报也很重要。员工配置目标应该在制定员工配置计划的早期阶段就确定下来，同时还应当对员工配置体系做出评估，以确保它能够满足实现这些目标的要求。（关于对员工配置体系进行评估的问题，我们在下一节中加以讨论。）

有许多资源可以帮助员工配置专业人员得到最新的知识和信息。下面的“技能开发”专栏列举了与员工配置有关的一些互联网资源。

➡ 技能开发

网络员工配置资源

平等就业机会委员会（www.eeoc.gov）——提供平等就业机会委员会执行的法律方面的信息和指导

电子招募交流网（www. ere. net）——有招募和雇主品牌相关的信息和文章

人力资源规划学会（http://hrps. org）——提供关于员工配置和人才管理方面的信息、出版物和各种资源

职位信息中心（O* Net Center）（http://online. onetcenter. org）——一个提供对于职位分析有用的关于劳动力和职业市场信息的政府网站

公司董事会招募领导委员会（www. recruitingroundtable. com）——为招募高层管理人员提供信息、最佳实践、工具、指标以及网络的网站

人力资源管理协会（www. shrm. org）——提供员工配置方面的文章和其他资源，其中包括《员工配置管理》杂志中的文章

员工配置组织（www. staffing. org）——有关于员工配置的流程、实践、工具和指标的信息和资源

员工队伍管理（http://workforce. com）——包含关于员工配置和涉及员工配置的法律问题的文章和资源

总报酬协会（www. worldatwork. org）——一个关注吸引、激励和留住员工的非营利专业协会

评估员工配置体系

将员工配置努力的目标和公司用来评估员工配置体系的标准直接联系起来是成功的关键。例如，如果迅速填补职位是一个重要的目标，那么应该记录填补每个岗位的时间和评估每个招聘渠道。尽管如此，应该认识到迅速填补岗位可能要求招募专员权衡迅速可得的人才库的质量。假如招聘高素质的申请者是一个重要的目标，那么也应该记录和评估来自不同的招聘渠道的新成员的素质。因为一个公司的员工配置目标应该和组织的企业战略高度一致，所以评估员工配置体系是否满足这些目标是重要的。

人力资源管理职能的整合

员工配置除了为公司的战略执行打下基础，还会影响公司其他人力资源管理实践的有效性。这是因为，人力资源管理的各种职能（例如员工配置、培训、绩效管理以及薪酬管理等）是互相影响的[29]，让足够多的具备恰当的任职资格和胜任能力的人到本组织来申请这些职位会首先对其他人力资源管理职能产生影响。也就是说，公司培训、激励和留住员工的能力会受到影响。因此，所有的人力资源管理职能之间互相保持一致非常重要。[30]

当罗伯特·埃克特（Robert Eckert）就任玩具巨头美泰公司（Mattel）的首席执行官时，他制定了一项员工配置和员工队伍管理战略来支持公司提出的新的战略目标，即提高生产率、继续全球化、提高公司品牌知名度以及创造新的品牌。他的目标是通过改变美泰公司的文化来激励员工共同工作，纪律更为严明，提高技能，促进他们在组织内部的流动以及留住员工。埃克特的具体措施包括通过制定实施员工开发项目来帮助组织培养更多技能水平更

高的、富有竞争力的员工，通过创建衡量指标来了解员工的工作绩效，通过开发一项系统的继任战略来帮助公司留住自己开发出来的有价值的人才。[31]“我很乐意看到员工开发工作的制度化能够成为我的‘遗产’，”埃克特说，“将来可以没有人记得我是谁，但这套员工开发的机制将永存。”[32]今天，美泰公司的员工配置、绩效管理和培训项目都是彼此支持的，同时也强化了公司目标的实现。

即使人力资源管理中的某个单一职能强化了某些与其他人力资源管理职能关注的不同的目标，实施公司战略也同样会更为困难。现在让我们来看看其他一些人力资源管理职能以及它们是如何受到公司的员工配置体系影响的。

培训

战略性员工配置要确保新雇用的员工有能力从组织的培训和开发项目中获益。培训的成本通常是很高的。因此，在制定员工配置战略时，首先要考虑的事情之一是要确定新雇用的员工是否应当在被雇用时就已经具备特定的胜任能力，还是说公司准备通过培训来帮助他们开发这些方面的胜任能力。假如员工配置功能没有雇用到拥有适当任职资格条件的候选人，那么培训可能就是组织的唯一选择。即使公司选择对新雇用的员工进行培训，他们至少也必须具备最低水平的任职资格条件以及在培训中取得成功的动机，否则培训的努力很可能是无效的。[33]确定员工在公司可能工作多长时间也很重要。如果员工在弥补公司对他们进行培训的成本之前就离开了，那么培训很可能就不是一个正确的选择。例如，一些零售商店的员工离职率接近 200%。因此，如果一家零售商希望在培训员工方面投入大量的时间和资源，它就应该重点关注如何识别和雇用那些在组织中工作的时间足够长，从而能够使企业收回培训投资的员工。

薪酬

一个组织愿意提供的薪酬水平以及能够在薪资方面进行的投资，一方面决定了它雇用到能够满足必要的任职资格条件的员工的能力，另一方面也取决于其雇用满足这种要求的员工的能力。假如一个组织愿意支付高水平的薪酬，那么它的员工配置工作就可以关注在识别和吸引最胜任的候选人方面。如果一个组织支付的薪酬水平较低，它就不大可能在这种薪酬水平上雇用到合格的候选人，它就必须通过上调工资来使自己在劳动力市场上更具竞争力，或者是在培训和开发方面增加投资。当劳动力供给很紧张时，企业可能需要增加工资才能雇用到具备最低技能水平和任职资格条件的候选人。例如，工程和工商管理领域的教授在当今的劳动力市场上可以要求得到更高水平的工资，因为具有他们所拥有的这种能力的人在劳动力市场上是短缺的。如果提供更高的薪酬对于企业来说不是一个选择，那么到一些非传统渠道去进行招募也有可能使组织能够应对自己面临的薪酬挑战。例如，连锁超市 ShopRite 就雇用了成千上万的福利救济领取者，他们通过参加一个为期 16 周的学习项目获得在连锁店中的不同岗位上工作所需的技能。[34]如果从非传统的劳动力来源招募也不成功，还可以提高工作的自动化水平，增加对员工的培训，降低对新雇用员工的任职资格要求也可能是唯一的选择。

奖励性薪酬项目取得成功的程度也会受到雇用结果的影响。如果一家企业的员工缺乏必要的技能，即使这家企业愿意通过支付绩效薪酬或实施绩效加薪计划来激励员工达成更高生产率，这些计划的效果也无法得到充分的发挥。只有当员工首先具有很好地完成工作的潜力的前提下，绩效奖励才会是有效的。确保新雇用的员工具有在工作中取得成功的潜力是员工配置的主要目标之一。

现在假定有一家企业已经建立了一套综合性的绩效薪酬体系。这家企业向员工支付的基本薪资是高于市场水平的，如果员工达到或超过了预定的绩效目标，则可以再额外获得高达20％的奖金。现在假定劳动力市场很紧张，企业雇用了几位技能或经验并不足以达成预期绩效水平的新员工。在这种情况下，他们的绩效水平就与他们获得的高于市场水平的基本薪酬不一致。他们也不会得到奖金，这会导致他们的绩效表现更差。为了避免出现这种情况，企业就需要对在劳动力市场上找到的这些劳动者是否具备相应的胜任能力进行评估，同时采用招募和有效的甄选措施来确保这些新雇用的员工具有职位所要求的技能、背景以及工作动机，只有这样，企业的薪酬体系才能像预想的那样正常运行。还需要指出的是，如果企业并不真正需要顶尖的人才或者在一个职位上的一般员工和明星员工之间的绩效差距并不是那么明显，支付最高的薪酬来雇用最优秀的候选人也未必总是最佳策略。换句话说，有时候最优秀的求职者尽管有更高的生产率，但并不足以补偿他们的高工资。例如，在一家研究单位中的每一位员工真的都需要有博士学位吗？

绩效管理

绩效管理的内容包括设定目标、对过去和现在的绩效进行考核和评价以及提出绩效改进方面的建议。如果没有这些方面的信息，员工就无法调整自己的行为。员工配置通过提供绩效管理系统将要管理的初始人才，对绩效管理的有效性产生影响。即使最好的绩效管理体系也无法替代员工为了做好自己的本职工作而需要具备的那些重要能力。

反过来，绩效管理体系也会影响一个员工配置体系的有效性。在没有绩效目标的情况下，员工无法知道应当关注工作中的哪些方面，也不知道组织对他们的绩效水平有何种期望。结果，他们的工作绩效就会达不到预期，一些人会离职，还有一些人可能要被替换，这就会使员工配置体系陷入困境。即使企业雇用到了优秀的员工，但如果他们没有得到绩效反馈，或是得到不准确的绩效反馈，他们也不会尽全力工作。如果发现自己得到的绩效反馈是不公平的，他们也不会因为受到激励而尽全力为组织做贡献。

职业开发和继任管理

任何组织在未来的成功都取决于它的下一代领导者。如果一家企业在现任领导者不可避免地会离开之后不能找到合格的继任者来管理企业，则这家企业很可能会遇到困难或者甚至停业。当雅虎公司的首席技术官法扎德·纳泽姆宣布自己将要离开公司的时候，投资者立即就开始担心公司可能无法留住关键人才。[35]当继任者出人意料地退休而又没有新的继任者时，雷富礼不得不在退休以后重新出任宝洁公司的首席执行官。[36]继任管理和职业开发有助于确保组织有做好出任领导岗位准备的候选人。

员工配置活动会对一个组织的职业开发活动以及职业进步机会产生影响，同时又会反过来受到后者的影响。一个组织如果不能为员工提供富有挑战性的工作和职业发展的机会，那么可能就只能得到较低的工作邀请接受率。此外，即使那些被雇用后确实到公司来工作的高潜质员工，也很可能会由于被大材小用而很快离职。这种情况可能促使员工配置人员去招募那些并不怎么胜任的员工，这些人的离职可能性虽然比较小，但很可能也是绩效较差的人。很显然，如果企业为当前职位雇用的这些人恰恰是企业准备作为继任人选的人，这就是一个更大的问题。因此，如果企业当前的雇用努力并没有培养出具有晋升潜力的人员，那么，组织未来的领导能力就很可能受到损害。因此，那些将内部招募和晋升作为自己的继任计划的组成部分之一的企业，不仅要考虑自己从外部雇用的这些候选人是否具有胜任当前职位的能力，同时还要考虑他们的长期发展潜力。

本书结构

本书一共分为 4 篇。

第 1 篇是“员工配置环境”，包括第 1～4 章。第 2 章“经营战略与员工配置战略”讨论组织的经营战略和竞争优势会如何对组织的人力资源战略和员工配置战略产生影响，以及如何设计企业的员工配置战略以使其强化企业的经营战略。第 3 章“员工配置的法律环境”描述了员工配置所处的法律环境。法律法规在决定一个组织如何招募、雇用、晋升和解雇员工方面起着非常重要的作用。本章还讨论了实施符合法律要求的招募和雇用可能遇到的一些障碍。第 4 章“战略性职位分析与胜任素质模型构建”涵盖了职位分析、职位报酬分析以及胜任能力模型。为了确保能够雇用到最佳的候选人，企业必须首先能够理解职位及其在实施企业战略过程中扮演的角色。

本书的第 2 篇“员工配置规划、招募来源锁定以及招募”解释了如何确认、吸引以及招募求职者。规划是战略性员工配置流程的第一步。它包括根据企业的经营战略估计需要雇用的员工类型及其数量、招募的时限要求以及企业允许支出的员工配置预算。因为从来就没有提出过工作申请的人是不可能成为公司员工的，所以确定招募来源以及招募合格且对职位感兴趣的求职者是战略性员工配置流程中的下一个重要步骤。第 5 章“员工队伍预测与规划”描述了组织如何把对组织的业务预测转换成对劳动力需求的估计。然后就可以通过将劳动力供给预测和劳动力需求估计加以比较，来明确组织必须把注意力放在哪里，从而保证自己能够在正确的时间和正确的地点拥有正确的人才。关于劳动力供给和劳动力需求预测的技术会在本章中讲述。我们还会讨论与招募和初试雇用行动的计划有关的一些问题。第 6 章“确定招募来源：找到招募对象”讨论确定求职者来源的问题，或者是确认或锁定招募对象的问题。第 7 章“招募”关注如何让那些在渠道识别阶段确认的人才来企业求职以及一旦得到工作邀请就会来工作的问题。

第 3 篇“甄选”涵盖了对职位候选人的评估以及对他们与职位和组织之间的匹配度进行评估的问题。第 8 章“测量”描述了与候选人评估有关的一些问题。我们还会用一种比较容易理解的方式介绍一些与员工配置有关的统计学概念。第 9 章“外部候选人评价”主要讨论对目前没有在公司工作的那些候选人的任职资格进行评估的一些方法。第 10 章“内部候选人评价”则讨论了对当前已经在本企业工作的员工承担其他职位的任职资格进行评估的方法，其中包括职业规划和绩效评价。

战略性员工配置还涉及员工进入以及离开组织的问题。第 4 篇“员工配置系统管理”主要讨论了选择雇用对象、就雇用合同进行谈判以及新员工的社会化等方面的问题。第 11 章“候选人选择与雇用”描述了决定哪些职位候选人应该得到雇用以及随后对雇用合同进行谈判的程序。说服拿到录用通知的候选人加入公司以及就雇用合同与他们进行谈判是获取人才的一个重要组成部分。如果符合条件的人确实到企业来求职了，最终却拒绝了企业发出的工作邀请，则企业在员工配置方面付出的努力就不能被认为是有效的。第 12 章“员工流动管理”主要讨论了新员工的组织社会化问题、员工离职的不同原因和类型以及留住重要人才的方法等。这一章还讨论了员工的解雇、裁员以及临时解雇等问题。第 13 章“员工配置系统评价及技术”讨论了许多组织在利用技术的力量强化员工配置体系时使用的方法、对员工配置体系的有效性进行评估的重要性、对员工配置体系进行评价的流程以及一些对员工配置体系进行评价的具体指标等。

提高驯鹿咖啡公司的绩效[37]

驯鹿咖啡公司很想知道导致不同的区域经理在平均店面绩效方面存在差异的根本原因。公司认为客户服务与这种绩效差异肯定是有关系的，但是只有客观地对业绩最好的区域经理所做的工作进行评估，才能确切地知道原因，才能运用这些信息去改进其未来针对区域经理职位的员工配置工作。

驯鹿咖啡公司发现，它的区域经理之间确实存在技能差异。有些区域经理是真的像公司期望的那样关注客户，但是这些咖啡店的销售额并不总是最佳的。公司发现，区域经理的最重要的胜任能力是有效配置店长职位的能力。如果一位区域经理花些时间去寻找店长的替代人选，而不是简单地提拔任职时间最长的轮班主管担任店长，则会对咖啡店的经营收益产生强烈的影响。

驯鹿咖啡公司能够让它的区域经理明白，雇用正确的店长会对咖啡店的销售额产生积极的影响是很重要的，因为只有这样，才能使它的区域经理认真为店长这个职位进行员工配置。后来的结果表明，不仅那些过去绩效较低的咖啡店的销售额增长了，这些区域经理也同样感谢公司提供的这一信息以及在提高他们的个人绩效方面提供的帮助。

本章总结

战略性员工配置是一个为了使企业达成雇用目标以及实施经营战略而进行的规划、获取、配置以及留住人才的复杂过程。这个过程以一种有利于组织在市场上成功进行竞争的方式来支持人才进入组织、在组织内流动以及离开组织。因为一个组织的员工对于其竞争优势的确立以及经营战略的执行是极为重要的，所以战略性招募和员工配置活动就是组织有效性的重要基石。

战略性员工配置首先要理解组织的使命和中长期目标及其经营战略。然后，还要明确职位的性质及其对任职者的要求，以及确定哪些潜在的被招募者有可能达到职位对于个人特点以及技术等提出的最低要求。招募接下来要专注于吸引这些人到企业来求职，将合格的求职者留在候选人才库中，最终吸引那些得到录用机会的候选人能够接受工作邀请。最后还要努力留住那些有价值的员工。这种战略性员工配置工作很可能会产生更大比例的成功雇用次数以及更大比例的高绩效员工。

讨论题

1. 根据你作为一名求职者曾经经历过的寻求雇用的体验来谈谈图 1-1 中描绘的员工配置流程。你去求职的那家单位在员工配置的哪些方面还有待改善？

2. 假定你们公司希望采取一种尽可能获得最优秀人才的员工配置战略。以此为例说明你们公司只能提供平均水平的薪酬这种情况将会如何影响员工配置战略。

3. 为什么员工配置对于本章开篇案例中讨论的咖啡店的绩效影响如此之大？

4. 招募和甄选是两个相互依赖的双向过程，雇主和被招募者在此过程中都会尽可能地保持对对方的吸引力，同时探究双方之间的潜在匹配度。印象管理是指劳动者和雇主都会努力控制对方对自己形成的印象。在员工配置的过程中，求职者和雇主都会怎样努力让自己在对方的眼中更有吸引力？

案例分析　阿特拉斯公司的战略性员工配置

阿特拉斯公司（Atlas Corporation）是一家生产彩绘 T 恤衫的公司，它知道自己的成长战略的实现有赖于从内部提拔员工。阿特拉斯公司认为，自己的员工配置活动必须能够为公司获得既能完成当前需要填补的这个职位空缺上的工作，同时还具备晋升到管理职位的潜力的员工。因为它估计自己的职位空缺能够得到大量的求职者，所以公司必须能够处理每一个职位空缺获得的大量求职者，同时希望处理的效率越高越好。

阿特拉斯公司认为自己应该利用社交媒体这种新发展趋势作为自己的招募来源并实施招募。公司开设了自己的推特（Twitter）账号，在上面发布了职位空缺信息，并且推送给了公司的粉丝（通常都是希望获得商品折扣的客户）。同时，它还把职位空缺的信息发布到了常用的大型求职网站 Monster. com 上，试图实现求职者人数最大化。当求职者申请图形设计职位时，他们必须首先完成一份在线的表格，然后把这些信息传送到数据库中。那些能够通过最初的胜任能力筛选的求职者会立即收到一份求职申请表。在几天之内，招募官会给求职者发送一封电子邮件，询问一些关于他们从事的工作的有代表性的问题。因为这些文件都很大，求职者发给招募官的电子邮件常常会被退回，于是这些候选人就不得不把这些文件传真给公司，因为公司也没有云存储设施。由于求职者的数量过于庞大，那些未能通过初步筛选的求职者就留在数据库中无人理睬，公司也没有跟这些求职者进行进一步的联系。

求职者通过了最初的筛选之后，会被邀请参加一个电话面试，招募官对求职者具备的与职位有关的一些基本胜任能力进行评估。电话面试后排在前 10 位的求职者会被邀请参加一场与另外一位招募官进行的面对面的面试，以评估他们与阿特拉斯公司文化的匹配性，进一步评价他们具有的与职位相关的技能和胜任能力。这一轮面试过后排在前 5 名的候选人会被安排去接受用人部门经理的面试，由这些经理决定最终雇用其中的哪一位。接下来公司还会安排对最终入选者的背景调查，如果调查通过，就会向其发出工作邀请函。如果这位候选人拒绝接受公司的工作邀请，就对剩下的求职者中分数最高的那一位进行背景调查，调查通过后发出工作邀请函，一直到没有可以接受的最后候选人为止。阿特拉斯公司根据员工配置流程产生的求职者人数、填补空缺职位所用的时间以及最早的一两份工作邀请是否被接受等指标对员工配置活动的每一个环节进行评估。

思考题

1. 阿特拉斯公司在战略性员工配置的哪些方面做得还是不错的？

2. 在图形设计师职位的员工配置方面，阿特拉斯公司还能怎样做得更具有战略性一些？

3. 你会建议阿特拉斯公司如何进一步强化员工配置职能与需要从公司内部提拔员工的现实之间的一致性？

案例研究作业　切恩公司的战略性员工配置

请参考本书后面的附录来完成本案例研究作业。

第 2 章
经营战略与员工配置战略

学习目标

学习本章之后，你应该能够：

1. 解释对不同经营战略产生支持作用的不同员工配置战略。

2. 描述企业资源基础观以及员工配置如何能够对一家企业的可持续性竞争优势做出贡献。

3. 解释一家企业在何时会采用人才导向型而不是职位导向型员工配置。

4. 描述人力资本优势和人力流程优势以及它们之间的区别。

5. 描述任何企业都必须做出的战略性员工配置决策。

开篇案例

星巴克的员工配置战略

总部位于西雅图的优质咖啡公司星巴克的名字来自美国作家赫尔曼·麦尔维尔（Herman Melville）的一本小说《白鲸》（*Moby Dick*）中的一个人物。今天，星巴克的分店数量已经从 1990 年的 84 家扩张了 100 多倍。星巴克之所以有能力为自己的咖啡饮料制定较高的价格，主要是因为公司雇用了能够提供高品质客户服务的员工。为了表达对员工的重视，星巴克把全体员工都称为“合作伙伴”。它甚至称自己的人力资源管理部门为“伙伴资源部”。[1]

星巴克的另外一个指导原则是发展积极且满意的客户。星巴克不仅提供咖啡，还提供一种体验，而客户获得的这种体验完全取决于在星巴克每天欢迎和服务全世界 3 000 多万客户的这些伙伴。[2]星巴克为实施积极的全球成长战略所面临的挑战是如何找到足够多的称职的理想候选人，扩充其在美国本土的员工队伍，同时到 2017 年使亚太地区的员工队伍翻一倍。[3]由于星巴克依赖于员工的技能和个性，因而，继续成功地招募人员和配置其全球员工队伍就是一个巨大的挑战。星巴克总裁吉姆·唐纳德（Jim Donald）说：“我最大的担忧并不是竞争对手，虽然我很尊重他们。我最担忧的是如何找到源源不断的员工来开设和管理这些咖啡店，同时他们还应该有能力伴随公司继续向前发展。”[4]

星巴克是如何运用员工配置实施其成长战略和保持竞争优势的？你会推荐星巴克采用何种员工配置战略来帮助其继续雇用到合适的员工？在阅读完本章之后，你应该会有一些好的想法。

为什么有些公司取得了成功，而有些公司却失败了呢？大多数人都认为，一家企业要想在竞争中获胜，就必须关注自己在战略、财务以及技术方面的能力。我们现在知道，企业在这些方面的能力必须得到其在吸引、保留、激励以及开发有才干的员工方面的组织能力的补充。因此，员工配置在创造和强化企业竞争优势中发挥着核心作用。微软公司（Microsoft）首席执行官史蒂夫·鲍尔默（Steve Ballmer）曾经说："你现在可能有一种能够给你带来竞争优势的技术或产品，但你的员工决定了你是否能够开发出让你取得下一次成功的技术或产品。"[5]

采取不同竞争战略的企业会要求用不同的员工配置战略来执行这些竞争战略。例如像宝洁这样的公司就必须持续不断地推出比如多刀头剃须刀和增白牙膏等这样一些新的和改进的产品来保持竞争力，这就需要企业在特定的员工中培养创新力和风险承担能力。相反，那些专注于提供最高质量或价值给客户的公司，则应该更加关注运营并通过改进自己的工作流程以降低成本和提高产品质量。这些公司可能更需要可以接受训练并且有能力遵守标准流程要求的团队合作者。

获取、开发和留住合适的人才有助于企业培育推动战略执行的组织能力和智力资本。这方面的潜力已经为众多的公司所知晓，其中就包括世界上最大的杂志出版商《时代》杂志出版公司（Time Inc.）。该公司人力资源高级副总裁克里·贝西（Kerry Bessey）指出："人力资源部的使命是为《时代》杂志的业务经营培育能力……我们的高层管理人员把我们视为管理伙伴，因为我们已经认识到企业的关键就是人才——人才推动着把我们与读者联系在一起的这些产品的质量。"[6]在 QVC* 公司，企业战略和员工配置战略的联系是如此紧密，以至于每一个项目或者资本计划都同时附带一份人才计划。[7]

本章首先描述企业资源基础观，然后说明企业的经营战略和竞争优势如何会对其员工配置需要产生影响。我们会描述一家企业的人才理念，并且讨论人才理念会如何影响一家企业的人力资源战略和员工配置战略。我们还会讨论所有企业都必须做出的九个方面的战略性员工配置决策。在读完本章之后，你应该理解的一点是，当企业在实施不同的经营战略时，员工配置对于企业形成和维持竞争优势所具有的重要作用。

企业资源基础观

大部分企业都认识到，大笔的经费预算和最好的设施并不能保证一家企业的成功。组织的成功实际上有赖于员工的工作动机、胜任能力以及技能。而企业资源基础观所描述的恰恰是能够帮助企业形成一种可持续性竞争优势的那些员工的工作动机、胜任能力以及技能。

企业资源基础观是什么？

企业资源基础观（resource-based view of the firm）指出，一家企业的各种资源和能力能够通过为客户创造价值产生一种持续性的竞争优势，而为客户创造价值的方式包括降低成本，或者提供独特的价值，或者是两者的结合。[8]为了创造价值，一家企业的雇用计划、政策以及具体措施必须要么是能降低企业的产品或服务成本，要么是能够强化产品或服务在客

---

* 美国最大的电视购物公司，QVC 代表质量（quality）、价值（value）、便利（convenience）。

户心目中的差异性，要么是两者兼而有之。从员工配置会影响哪些人有机会以及有意愿与企业形成雇用关系的角度来说，员工配置充当着一个“看门人”的角色，它影响着企业雇用的人才的水平及其构成。总之，企业资源基础观关注的是一家企业在各个层级上的员工所具备的技能质量以及由管理层创造的激励氛围的质量。[9]

竞争优势的要求

杰伊·巴尼（Jay Barney）教授是一位企业战略方面的专家，他确认了一种能够为企业提供可持续竞争优势的资源必须达到的五个方面的标准（见表 2 - 1）。[10]研究表明，一家公司的员工在以下情况下就属于这样的资源：他们能够为公司增加价值，稀缺，不能被模仿，也不能被其他资源轻易取代。此外，企业还必须以一种能够使这些资源得到利用的方式组织起来。[11]企业不必通过简单地模仿竞争对手的人力资源管理实践来复制它们的能力。因此，良好的人力资源管理的价值并不仅仅在于它具有执行某种特定竞争战略的能力，而且在于它有能力为企业带来战略能力。[12]

表 2 - 1　资源为一家公司带来竞争优势必须满足的必要条件

1. 资源必须是对公司有价值的，即在一家企业所处的环境中可以利用机会和消除威胁。
2. 在公司当前和未来面临的竞争中，这种资源必须是稀缺的。
3. 这种资源一定不能被其他公司轻易模仿。
4. 这种资源一定不能用另外一种资源轻易替代或置换。
5. 公司的组织方式必须能够将这些资源利用起来。

资源必须是有价值的

员工配置活动能够为公司创造价值的方式就在于它能帮助公司抓住机会以及消除威胁。通过严格评估各种员工配置措施的有效性以及将员工配置活动集中在识别和吸引企业需要的最好的求职者，就可以提高员工配置投资的回报率、留住员工以及提高员工的绩效水平。为求职者提供关于职位和组织的真实信息，也有助于减少员工离职的现象，降低总体劳动力成本，提高公司的生产率。[13]雇用领着相同的薪酬却能把工作做得更好的员工，同样是员工配置投资创造价值的一种方式。

战略性员工配置为组织创造价值以及提供可持续性竞争优势的潜力已经得到了投资者的认可。安永（Ernst & Young）的一项研究发现，机构投资者在决定是否购买一家公司的股票时，部分考虑因素就是这家公司在吸引人才方面的能力。因为一家公司的员工配置实践的质量高低能够影响其对投资者的吸引力[14]，所以员工配置应该能够满足创造竞争性优势的价值要求。

资源必须是稀缺的

价值创造本身并不足以产生可持续性竞争优势。对于要超越竞争对手的公司来说，它的员工配置实践还必须能够产生一系列具有稀缺性的员工队伍特征。识别和吸引稀缺人才的能力在不同的组织中差别是很大的。例如，像谷歌公司和会员制仓储超市开市客（Costco）等企业就有能力比自己的竞争对手雇用和留住更大比例的最优人才。战略性员工配置实践可以使像这样的一些公司满足取得竞争优势的稀缺性。[15]它们在创造比竞争对手更明智和灵活的组织方面具有很大的潜力，同时还能够展示出超水平的合作和组织绩效。[16]

资源一定不能被轻易模仿

如果一家企业的战略性员工配置实践能被竞争者轻易复制，则这个组织中的人才与其竞争对手的人才之间就不会存在明显的差异。但事实上，这种事情不是轻易就能做到的。一家公司的员工配置能力部分地取决于在劳动力市场上能够获得的那些独特或稀缺的人才属性，以及这家公司是否有能力识别出哪种员工配置实践可以帮助自己获取这些人才。此外，一家公司的员工配置能力也部分地取决于这家公司已经形成的根深蒂固的社会关系及其招募网络（例如它和自己的员工、客户以及能够提供候选人的社区之间的关系），还有它与各种人才来源，例如就业服务机构、大学以及专业招募机构等在长期中形成的关系。

一家企业的独特历史以及由此形成的声誉和文化也会影响其竞争对手复制自己的员工配置实践的能力。[17]试想一下，一家以诚信和热心社会慈善事业而广受尊重的知名公司，只要简单地把写有“我们正在招人”字样的商务名片在一个社区中分发出去，然后在卡片上提供可以让人们获得更多信息的网址就够了。与那些还没有什么名声同时也看不到公司未来的新成立的企业相比，这家公司仅仅通过这样一种招募宣传方式就能收到更为积极的回应。换言之，即使不同的公司尝试使用同样的员工配置方法，最终也很可能会收到不同的反馈。从某种程度上来说，正是由于很多具有内在联系的因素共同促成了一家公司的员工配置活动取得成功，而竞争对手很难完整地复制所有这些因素。因此，员工配置满足能够为企业带来竞争优势所必需的难以模仿的要求。

资源必须不能被轻易替代

员工配置实践的可替代性也必须达到最低水平。换言之，如果员工配置实践想要为公司提供竞争优势，就不能存在可以很好地对其进行替代的其他资源。[18]假如一家公司通过发送电子邮件就能够成功地从当地一家以技术能力闻名的大学招募到学生，而其竞争对手也能通过到校园中去发放招募宣传册有效地招募到同样一批学生，那么这两家公司在员工配置方面都不具有相对于对方的优势。类似地，如果某公司能够雇用到竞争对手雇用的那类人才的替代者，则这两家公司也同样都没有竞争优势。技术也不太可能很好地替代优秀员工所能够做出的贡献。为什么呢？这是因为没有机器能够完全复制人在工作中运用的那些才智、判断力和创新能力。因此，良好的员工配置实践同样能够满足带来竞争优势所必需的不可替代特征。[19]

公司的组织方式必须能够利用资源

要想使人才成为可持续性竞争优势的一个来源，那么一家公司的组织方式就必须能够充分利用自己雇用的这些能够创造价值、稀缺且不可模仿的人才。[20]例如，如果一家公司的人力资源管理活动——招募、甄选、薪酬以及培训体系等——是无组织的或者互相不一致的，那么这家公司就不能充分利用其人才。举例来说，假如一家公司确实招募和甄选到了它所期待的最优候选人，却只能支付低于市场水平的薪资。如果事实确是如此，那么这家公司就不大可能雇用到或者留住这些人才，尽管它的招募和甄选工作做得非常成功。类似地，如果一家企业成功地雇用到了一些低技能的员工，并且准备通过培训使他们掌握必要的工作技能，但是这家公司的培训项目却很糟糕，这家公司也不可能充分利用其有效的员工配置体系所具有的价值。这就很好地说明了为什么一家公司的员工配置实践必须与公司的人力资源管理以及其他职能领域很好地结合在一起，同时与那些领域的政策和实践保持一致。

企业的经营战略

一家公司的**经营战略**（business strategy）界定了该公司将如何在市场上展开竞争。[21]这种战略应该能够反映出这家企业的客户的需求、公司的需求以及公司能够以经济有效的方式提供的产品或服务。在一个采取多元化经营的企业中，不同业务单元的经营战略有可能是不同的。宝洁、IBM以及通用电气（General Electric）都采用不同的战略方法来确保自己在不同的业务单元当中取得成功。这就要求对在不同的业务单元中提供的产品和服务做出不同的选择，同时选取不同的战略来赢得竞争优势。当然，这两个方面都取决于一家公司的能力以及相对于竞争对手的优势和劣势。换言之，一家公司要执行自己的经营战略，不仅要确保其人力资源管理政策和实践必须与其战略保持一致，而且要确保其经营战略必须与公司所处的竞争环境以及直接面对的经营条件保持一致。[22]

正是因为获得和保持竞争优势的是一家公司中的人，因此雇用和留住正确的人对于经营战略的执行来说就是至关重要的。迈克尔·特里西（Michael Treacy）和弗雷德·威尔斯马（Fred Wiersma）通过研究确认了很多竞争优势的来源，其中包括拥有一流或者最便宜的产品、提供最佳水平的客户服务、提供更便利的购买方式、拥有更短的产品开发周期以及拥有知名的品牌等。[23]仓储零售商开市客拥有强大和忠实的客户群体，能够以低价格获得诸多高质量的产品，还有一批高承诺度的员工，这些都让它具有超越很多较小的和不知名的零售商的竞争优势。尽管与最直接的竞争对手山姆会员店（Sam's Club）相比，开市客支付给员工的薪酬要高很多，但由于有更低的员工离职率以及更高的员工生产率，它的劳动力成本所带来的经济回报却与山姆会员店是相似的。[24]这样，开市客就同时获得了更高质量的员工队伍，并且达成了更高质量的客户服务水平。根据管理学家迈克尔·波特（Michael Porter）的观点，一家公司要想获得竞争优势，最终必须有能力使客户感到物超所值（包括质量、服务和可接受的价格）——高质高价或者价格较低的好产品都是竞争优势的来源。[25]表2-2中列出了竞争优势的一些可能来源。

表2-2　竞争优势的来源

创新：开发新的产品、服务和市场以及对现有的产品、服务和市场加以改进
成本：成为成本最低的供应商
服务：在售前、售中和售后都提供最好的客户支持
质量：提供最高质量的产品或服务
品牌：培育最积极的形象
分销：控制销售渠道以阻断竞争
速度：擅长迅速地将产品或服务送达消费者
便捷：成为客户最容易做交易的伙伴
最早上市：先于竞争对手推出产品和服务

经营战略的类型

一家公司可以基于价格、技术领导力、客户服务或者这些因素和其他因素的某种结合来创造价值。它的经营战略不仅包括如何竞争的问题，还包括以下方面的问题：

- 公司各不同职能部门的战略。
- 如何应对不断变化的行业条件，例如解除管制、产品市场成熟度的改变以及不断变化的客户人口结构特征。
- 公司如何在整体上解决它面临的各种战略问题以及可能的选择。

经营战略有一部分是事先计划好的，而另外一部分则是针对不断变化的环境做出的反应。任何一家公司都有大量的可选战略，并且同一家公司在不同的业务单元中也有可能会采用不同的战略。有些公司甚至有可能在某个特殊事情上同时采用不止一种战略。根据波特的建议，一家企业在竞争中取得成功的战略可以有三种，一是成为成本最低的生产商；二是提供客户看重的独特产品；三是把自己的专长运用于一个狭窄的细分市场中，从而满足客户对特定产品或服务的需求。[26]此外，企业在实现自身成长方面也同样需要做出战略选择。接下来，我们分别讨论这些战略中的每一种以及它们对员工配置功能提出的要求。

成本领先战略

采用**成本领先战略**（cost-leadership strategy）的企业都力争在达成特定产品质量水平的前提下，成为行业中成本最低的生产商。这些企业通常擅长设计能够以高效率生产出来的产品（例如需要组装的零件数量达到最小化的产品），并且以高效的方式完成生产制造和分销过程，从而保持较低的生产成本和价格。沃尔玛（Walmart）就是一个采用成本领先战略的很好例子。

因为采用成本领先战略的企业非常关注保持成本和价格的低水平，所以他们会努力发展以**运营卓越**（operational excellence）为基础的竞争优势。在这些企业里工作的员工需要识别和遵循有效的流程，能够参与对其进行持续改进的过程。制造行业和运输行业中的企业经常采用这种做法。这些企业持续不断地寻找降低成本和价格的方法，同时还设法提供能够与竞争对手的产品进行竞争的较好产品。戴尔公司（Dell Computers）、联邦快递公司（FedEX）以及沃尔玛等都是基于运营卓越赢得竞争优势的典型例子。

大多数追求运营卓越的企业都想要得到可加以训练的和具有一定灵活性的员工，这些员工能够集中精力完成短期生产目标，同时还能避免浪费，从而降低生产成本。因此，对于这种企业来说，雇用有着较高薪资期望的员工就不一定是理想的选择。[27]因为采用这种战略的企业往往利润较薄，往往更为依靠团队工作方式，通过支付高薪来吸引顶级人才对它们是没有什么帮助的。这样投资的回报是不够高的，而且由此导致的员工报酬之间的差异还会妨碍他们开展有效的团队工作。相反，针对这种企业的核心生产队伍制定的员工配置目标很可能是雇用那些适应性强、以效率为导向、以团队为导向、可训练且愿意遵循标准生产程序的员工。

差异化战略

当一家企业追求**差异化战略**（differentiation strategy）时，它就会试图开发会被客户看重的那些具有独特性的产品或服务——而企业则可能对这些产品或服务收取较高的价格。能够使一家企业变得与众不同的因素包括企业产品的形象（例如劳力士（Rolex）手表）、产品的耐用性（例如卡特（Carter）童装）、产品质量（例如雷克萨斯（Lexus）汽车）、产品安全性（例如沃尔沃（Volvo）汽车）以及使用便利性（例如苹果电脑）。正如我们前面曾经提到过的，一家公司在同一时间可以同时采用不止一种战略。美国西南航空公司（Southwest Airlines）就既是成本领先者，又是差异化者。西南航空公司不仅是一家低成本的经济型航空公司，而且通过为客户创造一种非常规的氛围将自己与竞争对手区别开来。

采用差异化战略的企业通常会努力形成基于**产品创新**（product innovation）的竞争优势。这就要求员工必须能够持续开发新的产品和服务来为企业创造出在市场上的优势。这些公司会创造和保持一种鼓励员工将一些新的想法带到公司中来的氛围。然后公司会倾听并考虑这些想法，无论这些想法多么不同寻常。对于这些公司来说，保持竞争力关键在于经常性地推出新的产品。这种战略在技术型公司和制药公司中是很常见的。强生公司（Johnson & Johnson）和 3M 公司都是基于产品创新保持竞争优势的典范。

作为产品创新者的企业必须保护自己组织文化中的创新精神。为此，公司通过招募、雇用和培训员工来使他们与公司的创新文化相匹配。这就意味着在甄选求职者时不能仅仅考察他们的相关工作经验，还要评估这些候选人能否在团队中与人合作以及是否思想开放并且具有创新性。[28]一家在产品创新方面具有竞争优势的企业很可能会去寻找具有这样一些特点的核心研发团队：具有创新思维，长期导向，对模糊性有很高的容忍度，对学习和探索有浓厚的兴趣。那些对于稳定性和可预测性具有较高要求的员工是不适合这种创新性企业的。对于这些创新性的公司来说，那些能够从大量的信息中筛选并得到一些想法，从而能够帮助企业形成新的产品或服务的人也是具有极高价值的。例如，宝洁公司就是一家依靠创新来创造新的产品和开发新的市场的企业，而它寻找的就是那种有好奇心和创造力，同时还能够与人合作，并且拥抱变革的人。[29]与追求成本领先战略的公司相比，追求基于创新的差异化战略的企业会在其人力资源方面投入得更多，并且关注为关键研究岗位雇用高技能的员工。[30]

将最好的新产品首先推向市场通常是产品创新者最为关注的事情。因此，这种公司在为关键的研发岗位获取顶尖人才时，成本就不算是什么障碍。对于这类企业而言，个体的贡献是非常重要的。正因为如此，具有这样一种特征的新员工很可能就是好员工：他们受到绩效薪酬体系的激励，并且认为员工之间的薪酬差异就应当取决于个人对新产品开发所做的贡献。与在相对稳定的市场中追求低成本战略的企业相比，创新型企业还需要员工拥有更为宽泛的资质和能力。[31]

专业化战略

追求**专业化战略**（specialization strategy）的企业会专注于一个小众的细分市场——单一产品、一种特定的最终用途，或者有特定需求的买方，并且会在这个细分市场上追求差异化战略或者成本领先战略。追求专业化战略的成功企业往往非常了解自己的细分市场，而且通常享有很高的客户忠诚度。这种企业如果能够达到以下两种条件之一便可以取得成功：一是比服务于同一市场的竞争者有更低的成本；二是有能力为客户提供其他竞争者不能提供的东西，例如非标产品或零件。运动服装零售商安德玛公司（UnderArmour）、眼镜公司陆逊梯卡集团（Luxottica Group）以及玩具制造商乐高公司（LEGO）等都是追求专业化战略的很好例子。

追求专业化战略的组织常常努力开发基于**客户亲密**（customer intimacy）的竞争优势，并且努力提供独特的和客户定制化的产品或服务来满足客户的需求以及提高他们的忠诚度。这种方法涉及把市场细分成若干个小部分，然后再通过定制公司的产品来满足这些细分市场的需求。要想创造客户忠诚度，就要求员工具有操作的灵活性，拥有关于客户需求的详细知识，这样他们就能够对客户的需要做出快速的反应，从定制出产品到满足客户的特定要求。咨询公司、零售企业和银行常常采用这种客户亲密战略。高端零售商诺德斯特龙公司（Nordstrom）以能够提供高质量的客户服务而闻名。由于在获得客户亲密方面起着关键作用，主要与客户打交道的员工往往会在企业进行员工配置时受到特别的关注。

许多服务质量专家都指出，在建立以客户为导向的公司方面，员工雇用不仅是第一步，而且是最关键的一步。[32]雇用那些拥有良好的客户关系能力以及在压力情境下的情绪复原能力，并且能够主动学习的求职者，将会对一家谋求在客户亲密方面具有竞争优势的企业产生积极的作用。它还有助于确保企业持续不断地强化自己兑现客户承诺的能力。[33]员工的合作性和协作性对于培育客户亲密来说是非常重要的，因此，采用这种战略的企业应该关注识别和吸引具有良好的人际交往能力且适应性很强的团队工作者。

星巴克公司就是一个采用这种战略的企业的例子。这家公司之所以能够对一杯咖啡收取较高的价格，原因就在于它重视自己与客户之间的关系。但是，想象一下，如果星巴克将它现在的员工换成廉价劳动力，其中包括那些并不喜欢与客户打交道的员工以及沟通能力很差的员工，那么，星巴克的竞争优势很快就会受到削弱，它的品牌也会失去光辉。要想让客户再回来，它可能就不得不降低咖啡的价格。最终，星巴克会发现，由于自己没能够招募和雇用到正确类型的员工，自己所追求的实际上是成本领先战略而不是专业化战略。

成长战略

成长战略（growth strategy）是指要么通过增加公司销售额，要么通过达成规模经济来实现扩张。成长战略的成功取决于公司能否找到并留住足够多的正确类型的员工来保持预想中的增长。成长可以是有机的，即通过开设新的工厂或商店这种内部扩张方式成长。如果是这样的话，则企业就需要在招募、甄选以及培训正确的员工方面进行投资，从而扩大公司经营规模。这正是星巴克不得不做的事情，因为它经常需要开新店。

企业也可以通过兼并和收购来追求成长战略。兼并和收购是企业实现增长以及进行国际化扩张的常用方法。为了实现企业业务的扩张，兼并和收购也可以成为一种帮助企业获得实施其经营战略所需的那些人才的一种方法。

例如，如果一家企业的成长战略需要它额外雇用成千上万名具有信息技术咨询专业经验的员工，则这家企业很可能会去兼并一家已经雇用了这些方面人才的其他企业。当然，一家企业仅仅因为需要另外一家企业的人才就去实施兼并，然后在兼并之后就终止对方原来从事的业务的情况也并不罕见。一些处于高速成长状态的技术公司，例如谷歌、脸书以及 Zynga 等就经常通过收购一些刚刚起步的公司，以达到获得它们所雇用的那些工程师以及创办者的目的，至于被收购方原来做的产品则会被抛弃。[34]那些在合并之后的企业中没了岗位的员工，要么会被重新分配岗位，要么会被辞退，而那些目标人才则会被纳入出手实施兼并的公司的行列之中。如果这些目标人才确实留在了兼并之后的企业之中——当然这一点并不能得到保证，则这种战略对扩大企业的人才库来说就是有效的。不过，在将兼并和购买作为实施成长战略的一种方法时，很重要的一点是要考虑两家企业在组织文化、价值观、人才理念以及人力资源管理实践之间的匹配性。如果在兼并或收购中涉及的两家企业在这些方面存在不匹配的情况，则可能会导致优秀人才的流失。很多兼并和收购之所以会失败，主要原因就在于人的方面，而不是技术或财务方面。例如，文化冲突就阻碍了戴姆勒（Daimler）与克莱斯勒（Chrysler）合并后的发展，而美国在线（AOL）和时代华纳（Time Warner），以及斯普林特（Sprint）和耐克斯泰尔（Nextel）之间的合并获得预期中的协同效应。[35]

表 2－3 列出了不同的竞争优势来源对于员工配置的要求。

表 2－3　不同的竞争优势来源对员工配置的启示

竞争优势的来源	描述	对员工配置的启示
运营卓越 （低成本）	● 关注产品或服务的高效率生产及提供 ● 目标是在价格和便利性方面引领行业	● 效率导向 ● 适应性强 ● 可培训 ● 愿意遵循标准化程序
产品领先 （创新）	● 持续提供新的尖端产品和服务 ● 目标是将新想法快速实现商业化	● 顶级研究人才 ● 创新思维 ● 创造性 ● 模糊性的高容忍度 ● 对学习和探索感兴趣并为之激励
客户亲密 （客户化）	● 定制产品和服务来满足每位客户的需求 ● 目标是长期的客户忠诚度和长期的客户盈利性	● 适应性强 ● 学习导向 ● 网络构建技能 ● 客户关系能力 ● 情绪复原能力
成长	● 要么通过增加公司销售额实现扩张，要么通过使公司达到规模经济实现扩张	● 与公司文化相匹配 ● 以未来为导向 ● 灵活性（愿意承担多重角色） ● 愿意承担可控的风险

企业的经营战略转型以及员工配置变化

战略执行和战略转型往往要求进行大规模的组织变革，最大的改变之一可能就是对员工的胜任能力性质、价值观以及工作经验要求有所改变。由于战略转型的性质方面的原因，一些员工可能会缺乏对新战略的意愿甚至是能力。在这种情况下，在员工配置方面努力雇用那些愿意且有能力执行新战略的员工，很可能会有助于企业战略的执行，并且对其有效性产生影响。

想象一下有一家目前正在生产半导体芯片的公司。这家公司所处的竞争环境决定了它必须在成本方面开展竞争。这家企业重视通过运营效率来控制成本，并且努力尽量以最低的工资水平雇用最好的劳动力。它很关注雇用和培训成本的控制，因此，在可能的情况下会尽可能地通过从企业内部提拔员工来达到这些目标。现在，让我们考虑一下，假如这家企业发现自己专注于新的创新性的计算机芯片设计而将生产外包出去，会处于更好的竞争地位，那么，在这种情况下会发生什么变化呢？现在，这家企业的招募重点就应当是识别并吸引那些最好的和最聪明的研发人才加入本公司，而至于这样做的成本则不是影响那么大的因素。虽然从公司外部雇用员工的成本更高，却更为适合，这是因为公司需要具备顶级的芯片设计能力，而这就要求企业必须在新的、价格更高的人才方面加大投资。与原有的低成本战略相比，在员工配置方面将会产生更大的投资回报。英特尔公司（Intel）在 20 世纪 70 年代早期就经历了这种转型，当时，英特尔从一家半导体存储芯片的生产商转变成了可编程微处理器芯片的生产商。

因为员工配置对一家企业雇用的员工的技能、动机和兴趣会产生影响，所以当员工展现出他们的兴趣和技能时，企业可能会发现存在一种意料之外的战略。这些突现战略实际上为企业创造了新的市场机会，并且对未来的企业经营战略产生影响。例如，如果一家企业想要成为药物研发领域中的领袖，则很可能会将其方向转移到基因研究方面来，因为它发现自己雇用的许多做传统研究的科学家具备在这个领域中进行研究的技能和专业知识。

组织的生命周期如何影响员工配置

组织和产品的生命周期也会影响一家企业的战略选择。一家企业或者一个特定的产品会经历初创、成长、成熟和衰退。一家企业的战略通常会针对其生命周期的不同阶段做出调整。在公司初创阶段，企业刚刚成立，吸引顶级技术和专业人才往往是它们的重要工作，这时通常要求它们提供相当于或超过市场水平的薪酬。而那些缺乏足够的资源来吸引人才帮助自己顺利起步的公司，有时会给求职者提供公司股权（一般是公司股票）。在成长阶段，新公司或新产品必须通过采用创新战略或差异化战略把自己与竞争对手区分开来，以赢得客户和市场份额。因为企业在这个时候还立足未稳，风险较高，所以它们常常需要在员工配置方面投入更多的资金和资源来吸引谋求自身成长所需要的那些人才。这些企业一般都缺乏强大的内部人才库，在成长过程中，它们往往需要从外部雇用新员工。由于企业处于快速成长阶段，与那些处于生命周期其他阶段的企业相比，这类企业的员工很可能会更快地晋升或轮换到其他岗位上去。

在企业生命周期的成熟阶段，一家企业的产品或服务已经全面形成，它们的市场份额也已经确立。此时企业的重点又转移到通过成本领先战略来维持或获得更多的市场份额方面。很多公司都是通过精简运营以及提高效率成功达成这种目标的。因为成熟的公司有可以从中获取人才的更大的内部人才库，所以在这个阶段，企业的人才重点变为向内，如果企业不能认真做好让低绩效员工离开的工作，则员工的晋升机会会减少。许多公司在成熟阶段也会对公司进行重组，这就要求员工的适应性和流动性更强，因为公司对员工和技能的需要发生了改变。

衰退中的公司面临的是市场萎缩以及经营绩效趋弱。一家处于衰退中的企业可能会追求成本领先战略，并且允许衰退业务一直持续到不再盈利为止。另外，它们也可以采取措施重振产品和服务。如果企业在这时选择调整产品或服务，则通常会采用专业化或差异化战略。

至此，我们已经讨论了一家公司的经营战略是如何对其员工配置需求及其寻求雇用的新员工的特点产生影响的。一家企业的人力资源战略及其人才理念同样也会影响一家公司的员工配置战略。这就是接下来我们要讨论的问题。

公司的人才理念

一家企业的**人才理念**（talent philosophy）是一系列关于应当如何对待自己员工的信条。人才理念通常是由企业创始人确定的，它反映了一家企业是如何看待自己的员工的。例如，有些企业把员工视为公司的合作伙伴和关键利益相关者，一些企业则将员工视为容易消耗和替代的资源。一家企业的经营战略也会影响它与自己的员工打交道的方式，从而影响它决定如何管理员工进入和离开公司以及在公司内部的流动。

一家公司的**人力资源战略**（human resource strategy）把整个人力资源管理职能与企业的经营战略联系在了一起。战略性人力资源管理使一家企业的价值观和目标与员工的行为、价值观和目标联系在一起，从而对这家企业的每一个人力资源管理职能的子战略产生影响，其中包括员工配置、绩效管理、培训以及薪酬管理等职能。在组织的人才理念引导之下，这些单独的人力资源管理职能共同形成了一个能够支持经营战略实施的完整的人力资源管理体系。

一家企业的整体**员工配置战略**（staffing strategy）是企业在一段时间里用来管理员工进入、流出以及在组织内流动的一系列工作重点、政策和行为的总和。一家企业的人才战略包含了它获取、使用和留住人才的各种方法以及在不同的职位上提供更多或更少的资源方面所做的选择。一家企业的员工配置战略最终反映了其经营战略、人力资源战略以及人才理念。我们接下来看一家公司的人才理念是如何塑造其员工配置战略的。

一家企业如果不是刻意构建自己的人才理念，则会随着其高层管理者在雇用、人才管理决策及其相应行动中表达出来的个人价值观的变化而不断演化。随着时间的推移，高层管理者个人的这些价值观和观点就变成了组织的价值观。而像强生公司这样的企业则是将其人才理念作为公司信条的一部分来阐述的。[36]

在构建人才理念的时候需要回答的四个核心问题总结在表 2－4 之中。接下来我们将逐一对这些问题加以讨论。

表 2－4　一家企业的人才理念需要解决的四大问题

1. 我们是希望员工长期为公司做贡献，还是只关注短期的职位空缺填补问题？
2. 我们对于持不同观点和看法的员工提供的想法和做出的贡献是否很重视？
3. 我们是把员工视为被管理的资产，还是将他们视为可以自己选择将时间和精力用于何处的投资者？
4. 在涉及员工时我们的道德伦理准则是什么？

填补职位空缺或基于长期职业发展的雇用

一家企业的人才理念存在关注短期和关注长期之分。有些企业会用能够填补空缺职位的员工去填补相应的空缺职位，但并不考虑他们在组织中进一步发展的可能性。它们的唯一考虑是尽快为空缺职位填补一位合格的员工。而包括诺基亚（Nokia）在内的其他一些企业，则认为企业应当雇用那些既有能力圆满填补职位空缺，同时还能够胜任企业中的其他职位的人。谷歌公司很有名的一种做法就是即使它并没有职位空缺依然会出手雇用顶级人才，它需要通过让竞争对手得不到人才而保持自己的竞争力。[37]

如果一家公司的人才理念是雇用能够在组织中长期发展的员工，则它就会重视去雇用那些在未来既有晋升潜力，同时也希望得到晋升的员工。这种做法提高了员工利用组织提供的培训和职业发展机会的可能性。这样的公司也应该会在针对入门级职位的员工配置体系方面进行更多的投资，因为这些人也是公司未来领导者的来源。宝洁公司的入门级管理职位每年有 40 万申请者，其中只有 0.5％的员工能够得到雇用，这家公司就特别强调候选人的价值观、同理心、领导力以及创新能力。[38]该公司在员工配置方面所做的投资是值得的，因为它的 95％的人才都是从入门级起步然后在组织中不断取得进步的。[39]

如果一家公司有很高的员工离职率，一种较好的战略选择可能是关注迅速填补职位空缺以及进来就能干活的员工。这是为什么呢？因为如果一位新员工很快就离职了，那么企业支付的培训成本都不可能得到补偿。如果公司的员工离职率较低，可以投入更多的钱和时间来对员工进行开发，那么较好的战略选择可能就是雇用可以在组织中实现长期职业发展的员工。类似地，如果公司的经营涉及一些长期性的项目，或者企业的高层管理者需要掌握大量的关于公司如何有效运作的知识，那么雇用能够在组织中长期发展的员工就是有意义的。

公司的多元化承诺

一家企业的人才理念的另外一个组成要素是它对多元化的承诺。一方面，一家公司可以主动雇用多元化的员工队伍并且努力将多元化融入自己的工作场所之中；另一方面，企业也可以在某种程度上让多元化“自然而然地产生”。根据在第 3 章中将要讨论的法律规定，通过员工配置活动积极主动地管理企业的多元化通常是比较好的战略选择。

多元化之所以重要，还不完全是法律方面的因素。多年的研究表明，在今天这种高速全球化的市场中，在对企业取得经营成功至关重要的问题处理、创新以及创造性的解决方案构建方面，得到良好管理的异质员工群体总体上要比同质员工群体表现更好。[40]不仅如此，很多企业也能从多元化中获益，因为它们的客户也是多元化的。在今天的美国，非洲裔、拉美裔和亚裔美国人以及北美本地的美国居民的总消费能力估计超过 1.3 万亿美元。[41]多元化的员工队伍也能更好地理解并与不同的供应商和客户进行交流，开发出更能吸引不同人群的产品和服务。

一家企业的员工配置战略反映出了它对多元化的承诺。例如 3M 公司就非常看重多元化、创新以及对员工多元化的长期承诺。正因为如此，它非常关注吸引和雇用那些理解力强和求知欲强的人。正如它在网上所做的声明那样：“在 3M 公司，我们的招募工作所要做的最重要和最优先的工作就是识别人才。我们牢记这个目标来寻找与我们一样致力于创新和卓越的社会各界人士。”[42]

一家积极主动谋求多元化的企业很可能会与涉及多元化人群的招募来源建立关系，主动创造一种包容性的文化。例如，高盛集团（Goldman Sachs）的多元化招募项目就包括为本科生和工商管理硕士提供职业发展机会的女性领导力训练营，为残障学生提供获得工作经验机会的强化就业能力实习项目，举办向公司推荐同性恋大学生的精英峰会等。[43]

本章的“技能开发”专栏会帮助你对公司的多元化氛围做出评估。

➡ 技能开发

衡量公司的多元化氛围[44]

假如你们想强化公司对于多元化的承诺以及增强对多元化求职者的吸引力，那么，了解你们公司当前的多元化氛围是会有所帮助的。可以用下面的量表来评估公司的多元化氛围。

请指出你在多大程度上同意或不同意你们公司具有下面这些特征。请在每个问项编号左边的空格里写下代表你的答案的数字。

1 非常不同意　2 不同意　3 略不同意　4 一般　5 略同意　6 同意　7 非常同意

____ 1. 致力于实现组织目标

____ 2. 对持续学习展现出的承诺

____ 3. 组织灵活性、回应性和敏捷性

____ 4. 重视创新和创造

____ 5. 合作型冲突解决程序

____ 6. 团队、相互依存或合作型的工作环境

____ 7. 参与型的工作系统和员工参与

____ 8. 360 度沟通和信息共享

____ 9. 公平对待所有内部和外部的利益相关者

____ 10. 权力分享

____ 11. 公平的认可和奖励体系

____ 12. 对社会关系展现出的承诺

____ 13. 全体员工都有公平的机会

____ 14. 共同承担责任

____ 15. 致力于实现组织领导者的多元化

____ 16. 展现出对多元化的承诺

____ 17. 在组织各层级都有来自不同人口群体的代表

____ 18. 关注多元化的使命、目标和战略

____ 19. 多元化教育和培训

____ 20. 在组织的内部和外部利益相关群体中都有来自不同人口群体的代表

评分：将你的分数加总。得分可能介于 20～140 分之间。110 分以上表示你们公司有比较积极的多元化氛围。

将求职者和员工视为资产还是投资者

企业将自己的人才理念与其他企业区分开来的另外一个重要方面是，到底是把自己的求职者和员工视为资产（或者人力资本），还是视为投资者。如果企业将求职者和员工视为资产，则员工配置的重点就是成本管理和资产控制（就像管理土地、设备或钢铁等其他资产一样）。因此，这种企业的主要目标就是尽可能便宜且快速地获取和有效利用劳动力。

相反，如果求职者和员工被视为投资者而不是消耗品，则企业的重点就会放在建立互利互惠的关系上面，认可员工是通过将自己的资源（时间、才干、精力等）投入组织中来换取投资回报（一种支持性的文化、良好的薪酬福利、职业发展以及其他各种机会等）。因为有才干的员工（作为投资者）可以选择不对本公司进行投资（不申请或不接受一份工作）或者可以随时中断对本公司的投资（离职），所以秉持这种理念的企业会竭尽全力使自己对潜在的和当前的员工有吸引力。在把求职者和员工视为投资者的情况下，公司的目标就真的变成他们在组织中的个人投资的回报。

一家企业的员工配置战略能够反映出它到底是把员工视为一种资产还是投资者。如果把员工视为需要被管理的资产，通常会导致一个组织在员工配置方面采用低成本的方法。像这样的企业制定的占主导地位的员工配置目标将会是尽可能快并且尽可能便宜地获取能够履行工作职责的员工。因此，这种企业不可能会使用那些要求组织投入大量的时间或经费的招募资源和甄选方式。尽管基于资产观的人才理念不大可能产生高水平的员工承诺[45]，对于那些追求低成本战略的企业倒可能是一种有效的方法，因为这种企业并不要求员工掌握高水平

的技能，较高的离职率对它们也不具有太大的破坏性，或不大可能带来高昂的成本。

相反，依靠新产品开发的企业则可能发现，员工的承诺和努力是他们取得成功的关键驱动力。举例来说，像康宁公司（Corning）、辉瑞公司、惠而浦公司（Whirlpool）以及基因泰克公司（Genentech）等企业很可能会发现，如果采用资产观的人才理念，会遇到大麻烦。这种资产观的人才理念会让它们很难吸引到顶级的人才，难以雇用到优秀的员工，也难以激励他们达成最高水平的绩效。

企业对道德行为的承诺

一家企业对于包括公平、诚实和正直等伦理道德问题的理念同样也体现在其人才理念和员工配置战略之中。如果一家企业的人才理念注重保持较高水平的伦理道德标准，则这家企业更有可能向求职者说明自己的雇用程序，即本公司是如何做出自己的雇用决策的，以及在对职位候选人进行评价时采用那些方法的理由。同时，这种公司与职位候选人之间的沟通也可能更为频繁，并且会尽可能地减少延迟的时间。相反，那些在员工配置理念中不太关注伦理道德的公司则可能会更为重视雇用的便利性以及招募和员工配置的低成本，而不在意与求职者和员工之间的信任关系构建。作为一家饮料和零食生产商的百事公司（PepsiCo）就将自己的核心道德价值观运用于其员工配置以及其他人力资源管理实践之中，它甚至在公司的职业发展网站上说明自己的雇用流程，并且为求职者提供一些面试技巧。[46]

许多政府机构、专业组织以及协会也已经制定了一些指导方针，以帮助各种组织确立良好的员工配置标准，强化对许多伦理道德问题以及相关法律中存在的一些灰色领域的重视。下面是一些最好的与员工配置相关的标准和伦理道德准则来源：

一是美国心理学会（American Psychological Association，APA）。

- 该学会发布的一份文件描述了参加测试者拥有的权利和义务（在 www. apa. org/science/ttrr. html 可查到）。
- 该学会与美国教育研究会（American Educational Research Association）和全美教育测量学会（National Council on Measurement in Education）共同发布了《教育和心理测试标准》（*Standards for Educational and Psychological Testing*）（1999）（可在 www. apa. org/science/standards. html 在线购买）。
- 该学会针对出现的各种员工配置问题发布报告，比如美国心理学会关于良好且符合道德标准的网络测试[47]以及测试使用者资格的看法等[48]（许多此类报告在美国心理学会的网站 www. apa. org/science/testing. html 上都是免费的）。
- 该学会发布了很多对员工配置专家提供帮助的伦理道德准则（在 www. apa. org/ethics/code2002. html 上可查到）。

二是工业与组织心理学会（Society for Industrial and Organizational Psychology）。

- 发布了《人事甄选程序确认与使用原则》（*Principles for the Validation and Use of Personnel Selection Procedures*）（2003）（在 www. siop. org/ _ Principles/principlesdefault. aspx 上可查到）。
- 发布了一份与记录和界定求职者有关的报告。[49]

三是《员工甄选程序规范指南》（Uniform Guidelines on Employee Selection Procedures）（1978）。尽管这份出版物并没有包含与互联网相关的员工配置问题，但它提供了一份得到心理学专业人士广泛接受的关于员工甄选程序的使用及其验证标准的统一法律标准（http：//www. gpo. gov/fdsys/pkg/CFR-2011-title29-vol4/xml/CFR-2011-title29-vol4-part1607. xml）。

四是美国人力资源管理协会（Society for Human Resource Management，SHRM）。它代表了 20 多万名人力资源管理从业者。该协会在网站（www. shrm. org）上提供了很多资源和出版物。人力资源管理协会为会员制定的伦理道德准则可在 http：//www. shrm. org/about/Pages/ethics. aspx 上查到。

五是美国管理学会（Academy of Management）。该学会成立于 1936 年，该组织是由一大批致力于创造和传播管理及组织相关知识的学者组成的领先的专业协会（www. aom. org）。该学会要求会员达到的伦理道德准则可在 http：//aom. org/About-AOM/Code-of-Ethics. aspx 上找到。

表 2－5 提供了一些例子来说明一家公司的人力资源战略和人才理念会如何影响公司的员工配置战略。

表 2－5　一家公司的人才理念如何影响其人力资源战略和员工配置战略

人才理念	人力资源战略	员工配置战略
希望员工在长期职业生涯中为公司做贡献	获取、开发和留住能长期为公司做贡献的人才	雇用：招募和雇用能够承担当前以及未来职位的人才
		使用：采用继任计划、职业规划以及职业开发活动以便长期发挥员工的潜力
		保留：留住绩效最优的员工以及有高潜力的员工
看重有着不同想法和视角的员工能够带来的思想和贡献	获取和留住一支多元化的员工队伍；创造和维持一种具有包容性和相互尊重的文化，从而发挥多元化的优势	雇用：招募和雇用多元化的员工
		使用：创建导师指导计划
		保留：对在推行多元化方面取得突出成绩者提供报酬和晋升
将求职者和员工视为时间和精力投资者	与自己的员工之间发展起来一种互利互惠的关系；尊重求职者和员工	雇用：吸引、雇用与公司文化和价值观相匹配的员工，对求职者的疑问做出迅速回应
		使用：将员工安排到与他们的兴趣和能力相匹配的岗位上去
		保留：借用一些灵活的工作安排来满足员工们的需要
在对待求职者和员工方面有较高的道德标准	以公平、诚实和正直的方式对待求职者和员工	雇用：对雇用决策程序以及使用的所有评价方法做出解释；根据测试成绩做出雇用决策；遵守各项法律法规
		使用：提供诚实的绩效反馈
		保留：根据绩效和能力决定晋升

企业员工配置战略的制定

一种适用且具有很高潜力的战略如果未能得到恰当的执行，也是无价值的。而这一点通常会成为很多组织面临的最大战略挑战。例如，当罗恩·约翰逊（Ron Johnson）就任四面楚歌的连锁百货商店 JC 潘尼（JC Penney）的首席执行官时，员工和客户都反对他准备实施的变革措施。约翰逊发现，他面临的最大挑战并不是决定公司的方向，而是明确如何有效地执行战略。[50]员工配置正是通向战略执行的关键一步。

一家公司的经营战略最终取决于员工执行这种战略的意愿和能力。具有人才思维的领导者通常都与联合信号公司（Allied Signal）总裁拉里・博西迪（Larry Bossidy）具有同样的信条：“到最后，我们的成败取决于人，而不是战略。”[51]像博西迪这样的领导者都认为，建立自己的人才库本身就是一种竞争优势。因此，这是他们工作中的一个重要组成部分。

一家企业的员工配置战略应该来自并且清晰地支持其人力资源战略，正如我们之前说过的，这样就把所有人力资源管理职能与组织总体经营战略的执行联系在了一起。[52]它解决了这样一个问题：“组织的人才获取和保留、培训、薪酬以及绩效管理职能是如何对组织获得竞争优势做出贡献，并且帮助组织在竞争中获胜的?”

正如我们已经指出过的，人力资源管理专业人员必须考虑与员工配置相关的很多伦理道德问题。我们还会在本书后面的内容中继续讨论这些方面的问题。

举例来说，RMB 控股公司是南非的一家居于领先地位的金融服务公司。该公司的人力资源战略是“从南非的多元化人口中招募、培养和留住最优秀的人才。公司特别关注那些具有企业家心态的人，鼓励所有者-管理者文化。公司授予员工采取行动的权力，同时为他们提供适当的报酬”。[53]与此类似，美卓公司（Metso）是一家核心业务为纤维和造纸技术、岩石和矿物加工以及自动化和控制技术的企业，该公司人力资源战略表述如下：

> 美卓公司的人力资源战略旨在确保公司能够获得开展经营所需的能力强、承诺度高的员工，同时制定有助于公司利用这些智力资本达成共同目标的各种人力资源政策。人力资源战略要实现的目标还包括引导美卓公司完成向一家新型知识型企业的转型，使公司时刻保持对周围环境的适应力，同时预见到可能会对人力资源政策产生影响的各种变化因素。
>
> 人力资源部门的作用是促进知识和能力的发展，开发有助于形成激励性工作氛围的领导力，以及形成合理的人员结构。人力资源部门的任务还包括为网络构建以及确立可持续性的经营方式提供支持。此外，我们还将确保美卓公司对于现有的以及未来的员工是一家具有吸引力的和值得尊敬的雇主。[54]

这两家企业的主要员工配置战略很容易从它们的人力资源战略中推导出来。

我们在前面已经做过说明，如果一家企业想要采用低成本战略，则它必须重视劳动力成本控制，降低代价高昂的员工离职率，以及雇用那些愿意接受市场工资水平或低于市场工资水平的人。这种公司的培训项目很可能会被尽可能地精简，并且只围绕当前需要的那些行为和技能展开。这种公司不大会为创新提供报酬，其绩效管理体系很可能更为重视对绩效的奖励。这些做法回过头来又会直接影响公司的招募和员工配置功能。正如我们将会在第 4 章中进行的深入全面讨论的那样，持续地进行职位分析会使一个组织可以把自己的每一个职位都转化为员工必须具备的一系列胜任能力、工作风格以及个人特征，这就为求职者与职位之间的匹配提供了基础。招募配置的目标是雇用那些有能力帮助公司执行经营战略的人。为此，管理者必须决定：第一，完成每个职位的人员配备所需要的投资是多少；第二，到底是只针对现在的职位空缺雇用人员，还是为未来可能出现的更高级的职位空缺雇用人员；第三，新录用的员工需要具备的技能水平。确定了这些雇用目标以及其他目标之后，就在组织的经营战略和其人力资源管理（以及员工配置）职能之间建立起了关键性的联系。一家企业的经营战略至少可能会对以下几个方面产生影响：一是其人才理念；二是企业想要招募的员工类型；三是在雇用过程中沟通的信息类型；四是使用的招募官类型；五是用来宣传职位空缺的招募媒体类型。[55]

员工配置不是一家企业实施的唯一人力资源管理活动，因此很重要的一点是，人力资源管理的每一个职能模块所采取的战略之间要相互补充和支持，同时与组织的更高层人力资源战略之间也要相匹配。例如，企业没有得到精心设计和实施的培训与开发体系，则雇用高潜力员工来填补高级职位的员工配置战略在长期中也很可能不会奏效。只有理解了能够支持企业经营战略的人力资源管理系统及其相关职能所发挥的作用，才能指导一家企业设计和定制针对每一个人力资源管理职能领域的更具体的战略。

企业的战略性员工配置决策

正如我们已经说过的，一家公司的人才理念反映了这家公司是如何看待自己的员工的，并且会影响其员工配置战略。一家企业在制定和实施自己的员工配置战略时必须做出几个方面的决策。表 2-6 中总结出了会对一家企业的员工配置战略产生影响的九大决策，我们将在接下来的内容中加以详细讨论。

表 2-6　影响员工配置战略的九大决策

1. 我们想要一支核心员工队伍还是一支弹性员工队伍？
2. 我们更倾向于内部雇用还是外部雇用？
3. 我们想要雇用技能成熟的员工，还是雇用后再培训和开发所需的技能？
4. 我们是想替换现有员工还是留住现有的人才？
5. 我们需要员工在特定领域达到何种技能水平？
6. 我们是主动配置员工还是被动配置员工？
7. 我们应该重点关注哪些职位？
8. 员工配置被视为一种投资还是一种成本？
9. 员工配置应该集中完成还是分散完成？

我们应该形成一支核心员工队伍还是一支弹性员工队伍？

一家企业的**核心员工队伍**（core workforce）是被企业视为常规员工的那些人，他们对企业的经营或生产起着核心作用。企业认为这些员工是对公司非常重要的长期贡献者。因此，企业会努力留住他们长期为自己工作。

与公司的核心员工队伍相比，**弹性员工**（flexible workers）或临时性员工获得的工作保障性要少。这些人可能仅仅是临时性的、被租借来的、兼职性的或者是合同员工。通常情况下，他们都会通过与企业签订一份正式合同来明确两者之间关系的性质。当一家企业的业务增长步伐放缓，弹性员工一般会比核心员工先被裁掉。而当业务增长时，企业有时候会首先增加弹性员工的雇用，直到形势表明业务增长是稳定的，才会增加核心员工的雇用。换言之，一支灵活的员工队伍使得一家企业能够通过快速调整来应对产品或服务需求可能出现的反复无常变化，同时还减少了这样一种可能性，即在产品或服务需求再次出现滑坡时，企业不得不解雇核心员工。

凯丽服务公司（Kelly Services）、Accountemps 公司和万宝盛华公司（Manpower）等这样一些机构都会基于客户公司的需要为它们提供一些临时性的员工，以帮助这些公司根据自身的生产需要来调整员工队伍的规模。80%的企业会使用某种形式的非传统性员工配置安排，而且很多企业还会使用不止一种形式的这种安排。[56] 3M 公司就采用多种临时员工来满足自己的员工队伍调整需要，并且为将来雇用员工建立一个人才储备库。[57]例如联合包裹运送服务公司（UPS）和联邦快递公司等这样一些邮政服务公司和物流公司，通常会在比较忙碌的节假日使用临时性员工来满足用工需要的增长。

弹性员工配置安排还可以被用于满足一家公司的员工队伍所产生的需要。能够使员工在传统的朝九晚五工作时间之外从事工作的灵活安排方式还包括职位分享，这种工作安排方式允许员工从事兼职工作或在家工作，这样他们就能够获得更多的非工作时间，可以去上学或者是照看孩子。但有些弹性员工更愿意成为核心员工，从而拥有更大的工作稳定性，特别是在他们的公司为核心员工提供更好的健康、退休和休假福利的情况下。另外一些弹性员工却喜欢这种灵活的工作安排，他们认为这有助于他们更好地平衡自己在工作和非工作方面承担的责任，后者包括上学和家庭生活。事实上，在最近的一些调查中，大部分从事工作的女性都认为兼职工作对于她们而言是一种理想的就业方式。[58]此外，对于一些劳动者来说，如果他们的工作时间表不灵活，他们根本就不可能去工作。因此，拥有一支弹性员工队伍有助于一家企业挖掘这些未能得到充分利用的高质量人才的潜力。

企业必须确定哪些职位最适合雇用核心员工和弹性员工，还有这两类员工的合适比例如何。通常来说，企业更愿意在一些支持性功能领域中使用弹性员工，而不是在对企业的战略执行具有重要影响的职位上使用这类员工。然而，这种情况可能会有所改变——特别是当企业为了在全球范围内变得更具竞争力而需要在全世界范围内寻找人才时。正如 IBM 的一位高管在谈到本公司的那些经常在家办公的员工时所说的那样：“我们并不在乎你在哪里以及如何完成工作。我们只关心你有没有把工作做好。”[59]

我们的人才关注重点应该是在内部还是在外部？

一家企业的人才理念关注的方面之一在于它是更倾向于开发、留住和晋升员工，还是更倾向于雇用新的员工来承担高级职位，前者是**以内部人才为导向**（internal talent focus），后者则是**以外部人才为导向**（external talent focus）。那么，到底哪一种选择更好呢？答案取决于企业的经营战略、人才理念，以及员工评价、培训和开发项目的质量，还包括在劳动力市场上能够获得的人才的质量及其成本。一方面，一家电子游戏生产商可能会持续寻找能够代表其客户当前口味的那些新人才。这种类型的公司很少会重视内部招募。重视从外部雇用员工的做法会帮助这种公司持续获得在最新的技术和发展趋势方面掌握着各种技能的新鲜人才；另一方面，那些采取客户服务战略的企业则可能需要留住为自己长期服务的员工，他们已经与客户之间建立起了良好的关系，而且能够理解公司如何才能最好地满足客户的需要。而更为重视外部人才的做法则会削弱这样一种战略。例如，如果这种公司总是从外部雇用人才来填补某些高级职位，则很可能会导致其客户服务代表的离职率很高，从而削弱其与客户之间建立并维持一种高质量关系的能力。

实际上，有些公司只关注通过继任计划和职业发展来开发自己的内部人才，而不是为高级职位雇用外部的新员工。宝洁公司的内部培养人才战略所关注的就是通过以下方式为公司建立一个强大的人才输送管道，即首先在候选人评估方面大力投入以为公司获取最优秀的员工，其次是在领导力开发方面大力投资，培养下一代企业领导者。宝洁公司明白，实施这种战略本身就意味着需要控制任何可能会对人才输送管道造成损耗的东西。[60]

这两种不同的方法都可能是有效的，关键取决于企业的战略和需要。大多数公司采用的都是混合战略，即同时从公司内部和外部雇用人才。许多公司都会首先考虑内部的候选人。如果无法找到合适的内部候选人，才会到外部去寻找。当然，一家公司也可以同时在内部和外部两个方面进行搜寻，但会对内部候选人给予优先考虑。

重视内部人才选拔的方法要求企业雇用有能力履行当前职位空缺上的工作职责的人，能够在组织的培训和开发项目中有出色表现的人，有今后在组织中担任领导职位潜力的人。这就要求企业在培训和员工开发方面进行投资，以确保自己有充足的合格内部候选人储备库。而重视外部人才选拔的方法则常常要求企业通过支付高水平的薪酬来获取那些已经掌握了履行当前职位空缺的工作职责所需的技能和经验的人。如果企业不能从外部找到合适的人才，则要么必须从内部开发和晋升，要么找到能够对这些稀缺技能进行替代的技术，或者是在没有这些技能的情况下运行。表 2-7 总结了采用不同方法的企业所关注的重点。

表 2-7　关注内部人才与关注外部人才

为什么有些企业更愿意从内部选拔人才：

- 内部选拔的做法向员工发出了这样一种信号，即忠诚和良好的绩效可以得到晋升回报，这样就能够强化他们积极工作和留在企业中的动机。
- 一个人升职就能够为别人提供一个晋升到此空缺职位上去的机会。
- 企业对已经在组织中工作的候选人的信息了解更多，对于他们是否与职位相匹配能够做出更为准确的判断。
- 从内部选拔上来的员工很可能会更快地适应工作，因为他们已经对组织非常熟悉了。
- 职位空缺能够得到快速的填补。
- 当更多的基层员工最终得到晋升时，企业在他们身上进行的培训投资的回报率就会上升。
- 内部选拔人才导致的低离职率以及相应的较低招募和雇用成本可以冲抵一部分较高的培训和开发成本。
- 规模较小的或者不太知名的企业在吸引自己想要的外部人才方面，有时候更为困难。
- 培育出较强的、积极的组织文化的企业会发现，从内部选拔人才比从外部选拔人才更有助于巩固和强化现有的文化。

为什么有些企业更愿意到外部选拔人才：

- 企业内部缺乏合格人选。
- 外部雇用能增强组织的多元化程度。
- 重视外部雇用能够扩大候选人储备库的规模并提高其质量。
- 外部雇用能够给组织注入新的思想和视角。
- 企业制定和维持内部培训和开发项目的成本要超过外部雇用成本。
- 内部晋升是具有破坏性的，因为它会导致出现其他一些必须得到填补的职位空缺（正如前面说过的，内部晋升产生的理想结果之一是它能够同时创造出新的晋升机会）。
- 太多的内部人员调动可能会产生不稳定性，导致一些项目的时间拖延。

我们应该雇用有技能的人还是通过培训去开发技能？

另外一个战略性员工配置决策就是，一家企业到底是应该雇用已经具备了所需技能和胜任素质的人，还是应该雇用那些现在还不具备这些技能的人，再对他们进行培训呢？麦当劳（McDonald's）创始人雷·克罗克（Ray Kroc）曾经说过："假如我们想做成事情，我们就必须要有人才。而且我打算把钱投资到人才上去。"[61] 为了践行这种理念，麦当劳公司创立了一个遍布全世界的管理培训中心，这就是"汉堡包大学"。自 1961 年成立以来，汉堡包大学已经培训了 8 万多名麦当劳经理人。[62]

企业如果没有能力支付有竞争力的薪酬，也没有能力吸引那些已经掌握技能的人才，就会发现可能有必要去雇用那些愿意而且有能力学习如何完成工作的人，然后对他们进行培训。还有一些岗位是企业独有的，可能根本就不存在具备岗位所需技能的人，在这种情况下，企业也同样有必要雇用员工，让他们参加公司自行开发的培训项目。如果一家公司没有合适的培训预算或培训项目，或者没有时间培训新雇用来的员工，或者职位空缺需要立即得到填补，那么更好的决策就是雇用那些已经有能力完成工作，来了之后就能马上投入工作的人。

我们应该替换人才还是留住人才？

企业可以选择尽可能降低员工的离职率，也可以选择接受任何离职率，然后在出现职位空缺的时候去寻找替代离职员工的人。对离职不做干预的好处之一是，企业可以更经常性地接受一些新的思想和人才，这对于那些处于快速变化行业之中的企业是非常有用的。例如，一些生物技术公司或计算机软件公司可能会发现，自己的员工所拥有的才干在几年之后就变得过时了。除非他们愿意在重新培训员工方面进行投资，否则一种比较好的做法就是，在几年之后鼓励他们离开公司，然后用在最新技术领域中接受过培训的新毕业生来替代他们。在具有企业需要的任职资格条件的人员有充足供给时，对老员工进行替换可能会比留住某些岗位上的现有员工成本更低。留住员工的好处之一是获得一支更为忠诚和承诺度更高的员工队伍，他们能够更好地理解公司的产品、服务和工作流程，而这会降低公司的员工配置成本。如果一个职位对于企业的运行具有特殊的重要性，或者一个特定岗位所需的人才很难找到，那么以留住员工为重点的做法会有助于确保这种岗位不出现空缺。

我们应该雇用具备哪些技能以及达到何种技能水平的人？

最关键的员工配置决策之一涉及新雇用的员工应该掌握哪些类型的技能以及在这些技能方面应该达到何种合理水平。虽然用人部门经理常常要求雇用“顶尖人才”，但大部分工作其实并不需要候选人在所有领域中都有顶尖技能。在做这方面决策时，非常关键的一点是，要通过客观地对职位进行分析准确判断出任职者为了很好地完成工作，到底需要满足哪些方面的要求。这一过程称为职位分析，我们将会在第 4 章中对此加以详细讲述。

有些企业的员工配置目标是只雇用能力最强的人。为了实现这一目标，企业就必须首先雇用到能力水平高的人，然后才能让他们帮助企业识别和雇用最有能力的求职者。因为高水平的人数量有限，所以对于很多企业来说，这种目标是极难实现的。尽管这种做法非常适合于某些企业，例如顶级咨询公司或依赖知识型员工创造新产品的其他企业，但对很多其他企业来说，这种做法却并不是最好的。

一种常见的战略性思路是，努力识别那些很难通过培训改变，同时在不同的求职者身上差别很大的个人特征，然后雇用那些具备这些特征的人。例如，一家名为 EDS 的技术服务公司就经常说这样一句话：“雇用特征而培训技能。”[63]事实上，在一个像今天的企业所处的这种变化极快的商业环境中，仅仅重视求职者当前已经拥有的技能是不够的。员工还需要快速学习，适应变革，同时能进行有效的沟通，与他人共同完成工作。有些工作在长期中都是没什么变化的，有些工作却变化很快。即使是那些我们通常认为并不属于快速变化的文秘工作，在 20 世纪 80 年代和 90 年代也经历了一个快速变化的时期，电脑和文字处理成为主流。在这一时期，对于很多企业来说，雇用一位只会人工打字的办公室助理，就没有雇用一位既能使用打字机又会操作电脑的办公室助理具有战略性。

我们应该进行主动的还是被动的员工配置？

主动员工配置（proactive staffing）是指在情况或问题发生之前就已经进行员工配置，而不是像**被动员工配置**（reactive staffing）那样，等到情况或问题发生之后再做出反应。一家企业可以根据多元化以及人才质量方面的情况来决定是进行主动员工配置，还是进行被动员工配置。主动的多元化决策包括从多元化来源招募员工，跟踪从每一种招募来源雇用到的员工的多元化情况，持续监控公司在实现多元化目标方面取得的进展。这种做法总体上要优于在某个具体事件——例如因雇用歧视而遭到起诉——发生后才采取的被动的员工配置决策。被动的组织采取的更多是一种"等等看"的员工配置方法，而主动的组织则会在问题出现之前辨别出可能会带来问题的情况处境，然后努力在它们成为问题之前就做出改进。

企业通常都是在特定的职位出现空缺需要填补时才去招募员工，这就是**职位导向型员工配置**（job-oriented staffing）。然而，当劳动力市场处于紧张状态时，企业就很难找到好的招募对象，这样企业就必须采用**人才导向型员工配置**（talent-oriented staffing），常规性地搜寻稀缺人才，而不是在出现了一个职位空缺时才去寻找。这种理念就会促使一家企业在实际人才需求出现之前，就确认出自己在未来可能会出现的技能差距。这种方法使得企业可以将一条持续性的人才流不断地注入公司的员工配置通道之中，从而确保公司在员工雇用过程的每一个阶段都能够获得高质量的候选人。例如，在上一章中，索莱斯公司的一位人力资源专业人员迈克就在员工配置通道中为未来的职位空缺保留了两名候选人。类似地，由于在美国的许多地区都存在护士短缺的问题，一些医院就与当地的一些高中合作，鼓励学生们去学习护理。

有些企业为了发挥组织中的一些人才的作用，还专门为他们创建了一些独特的或特殊的职位。这些特殊的职位是根据当前员工或者新员工所掌握的独特的经验、知识、技能、兴趣和能力而设计的。[64]在这种情况下，企业在对潜在人才进行评价之前，并不关注企业内当前是否存在职位空缺，相反，企业会先雇用人才，然后再创建一个职位来发挥他们的优势。例如，当一个人离开了白宫的某个职位之后，往往会有咨询公司或游说公司雇用他们承担"咨询"方面的工作，以利用他们的人脉关系。

人才导向型理念的另外一个好处是，它可以加速雇用进程，缩短职位处于空缺状态的时间。当合格的职位候选人在雇用进程的早期阶段就已经存在的情况下，雇用人员填补一个职位空缺的速度会更快。因为企业花了更多的时间发现合格的职位候选人，所以通常会形成一个更大的候选人才库。与传统的等着职位空缺出来再去填补的方法相比，这种填补职位空缺的方法显然是一种更好的战略选择。事实上，康泰纳零售连锁（The Container Store）会要求各个分店的店长每周用两到三个小时的时间去面试求职者。这种思路帮助该公司实现了不用在任何地方投放招募广告的目标！甚至在下一个职位空缺产生之前，公司就已经有了筛选好的候选人。在各个分店都能持续保持一份合格候选人名单的情况下，即使在需要雇用季节性员工时，总公司中负责招募工作的两个人也不需要参与。[65]

一家企业的人才理念到底是人才导向型还是职位导向型，会影响其员工配置战略。人才导向型理念通常会要求企业在一个区域内或者全国范围内招募人才，并且重点评估候选人能否为公司做出有意义的贡献，而不是根据事先明确界定的职位要求来对候选人做出评价。职位导向型理念更有利于吸引那些积极地在当地找工作的求职者，他们往往正在考虑换工作或处于失业状态，却不利于吸引另外一类顶尖人才，这些人确实能够为企业增加价值，但目前处于就业状态或需要迁居他处。[66]

一家公司的员工配置属于主动型的还是被动型的，也取决于这家公司的员工配置活动在多大程度上被视为一种对企业经营战略做出重要贡献的因素。如果企业在制定经营战略时没有考虑相关的员工配置问题，则这家公司的员工配置就是被动的。相反，如果企业在思考其员工配置问题时是结合经营战略一并加以考虑的，那么其员工配置决策就是主动的和战略性的。

我们应该重点关注哪些职位？

成功的人才战略的另外一个方面涉及识别需要特别给予关注和提供资源倾斜的关键职位，因为这些职位对于公司的绩效以及经营战略的执行具有重要作用。并非所有的职位都值得公司在招聘或员工配置方面进行均等的投资。一家公司的关键职位是那些以某种方式为组织创造价值的职位，这些职位要么能够为组织获得和维持客户业务，要么能够帮助组织创造出新的能力或产品。当在这些类似的职位上工作的员工出现绩效水平差异时，企业就有可能通过提升这些员工的平均绩效水平来提高这种职位为企业做出的贡献。例如，如果有些销售人员总是持续性地比其他销售人员能够卖出更多的公司产品，那么就可以断定，通过优化公司的员工配置工作，就应该可以为公司雇用更多的优秀销售人员，雇用更少的低绩效销售人员。

一家企业应该确定哪些职位和工作角色对于自己获得竞争优势是至关重要的。注重针对那些对企业非常关键的职位实施更好的员工配置，会有助于公司实施其经营战略，并且增强其竞争优势。举例来说，如果你问联邦快递公司的高管以下哪种情况对公司的盈利能力会产生更大的影响，其一是飞行员的业绩改善 15%，其二是快递员的业绩提高 15%。那么他们会说还是快递员的绩效改进更重要。这说明了这样一个事实，即薪酬水平最高的员工不一定就是最值得你关注的员工——在价值创造方面最为关键的员工才是你最需要关注的。[67]

设想一下，戴尔电脑公司中有一组客户服务代表，他们负责回答客户提出的与公司产品有关的问题并予以解决。这是一个关键岗位，因为这些员工负责营销公司的产品以及保持客户对他们购买过程的满意度。一些客户服务代表在与来电者进行沟通方面非常有效，他们能够理解来电者提出的问题，并且能够提供清晰准确的回答和解决方案。还有一些客户服务代表就没那么有效了，他们要用更长的时间去理解来电者提出的问题和遇到的麻烦，有时候还会给他们提供错误的或无效的答案和解决方案。与那些给高绩效的客户服务代表打进电话的客户相比，那些给低绩效的客户服务代表打电话的人会对公司满足自己需要的能力感到不满，他们再次购买公司产品或者向别人推荐公司产品的可能性也会更小。

因为这个岗位上的员工是通过留住客户并且销售给他们更多的产品为戴尔公司创造财富的，所以与这个岗位相关的员工配置活动就是值得投资的。如果戴尔公司能够通过改进其员工配置系统，招募和甄选到更好的、工作更为有效的客户服务代表，则公司就更有可能留住自己的客户，产生更好的口口相传的广告效应，并且带来更多的业务。如果新的员工配置体系促使客户服务代表的平均生产率有所提高，公司有可能只需要雇用更少的客户服务代表。

员工配置是一项投资还是一种成本？

一家企业的人均雇用成本达到数千美元是很常见的事情。一份研究发现，一家员工人数上千的企业平均需要用 43 天的时间再加上 4 285 美元的费用才能填补上一个职位空缺。[68]员工配置活动的成本很高。尽管如此，如果把在这方面的开支视为一种需要努力最小化的成本也是错误的。一家企业在招募、员工配置和留住员工方面所做的投资可以通过其他形式为企业带来经济回报，其中包括更高的绩效水平和生产率、更强大的未来领导者、更低的培训支出，以及由于需要填补的职位空缺更少而导致的更低的招募和员工配置费用等。正如在市场营销和广告方面所做的有效投资能够带来更大的和更有利可图的客户基础一样，在招募来源以及招募方面所做的投资同样能够带来更多的有兴趣加入公司并为公司做贡献的高素质求职者。

如果处于相同职位上的员工存在明显的绩效差别，则员工配置就是一项很好的投资。苹果公司最好的软件开发工程师的生产率至少是其他科技公司普通软件工程师的 9 倍。诺德斯特龙公司最好的销售员完成的销售额至少是其他百货商店中的普通销售员的 8 倍。拉斯维加斯的恺撒宫里最好的二十一点纸牌发牌手能够让赌客持续赌博的时间也是普通发牌手的 5 倍。[69]在为这些岗位寻找和雇用超过平均水平的优秀人才方面所做的投资会带来高额的投资回报，即使公司需要给他们支付高于市场平均水平的薪酬。甚至在一些只有中等复杂程度的岗位上，那些最高水平的员工的生产率也相当于绩效较差者的 12 倍，比绩效水平一般的员工也要高出 85%。而在那些最为复杂的岗位上——例如保险销售员和客户经理岗位——最优秀员工的生产率要比绩效一般的员工高出 127%。[70]这些都不是空穴来风。另外一项研究也表明，高素质员工所能产生的货币价值甚至比我们在这里举的例子中描述的还要大。[71]

除了提高生产力，员工配置体系也有可能促使留住员工。[72]因此，更好的员工配置的任何好处持续的时间都比公司新雇用的员工的任期长，这进一步提高了公司在员工配置投资上的回报。对于大多数公司来说，假如新的体系能连续招聘到明星员工，那么投入一点儿钱到招聘，雇用和保留更好的员工可能产生良好的回报。

这不是说员工配置不重要。组织必须在做长期投资和实现他们的短期成本目标之间寻找平衡。许多公司，特别是较小的公司，没有能力为理想的员工配置体系无限量地支付。为了证明在员工配置体系上投资的可能的回报，假设一家企业在下一年必须雇用 1 000 名销售人员，而且有两种不同的员工配置体系供选择。两种体系有相似的但不是完全相同的能力。一个体系花费 90 万美元，另外一个花费 130 万美元。因为人力资源开支显然被当作一种成本，许多经理人和企业会选择便宜的体系。但是哪一种体系是更好的战略选择呢？假如后一种体系产生的员工每年每人的销售量较便宜体系的员工多 1 万美元，销售上多盈利 30%。最开始的一年，投资 40 万美元在较贵的员工配置体系上会在税前多产生 300 万美元（$10 000×0.3×1 000）的盈利。这个简单的例子说明当把员工配置看作投资而不是消费的时候，决策可能不同。

技术和宽松的劳动力市场能减少一家企业平均的雇用成本。尽管如此，对大部分公司来说，成本仍然是相当大的投资。那就是说，体系的成本不是最重要的。最重要的问题是决定投资的回报，我们之前刚刚做过计算。遗憾的是，很多公司没有花时间来量化其员工配置决策的成本-收益平衡。最大化公司在投资上的回报要求员工配置功能优先它的目标和在它们之间保持合理的平衡。

我们的员工配置功能应该被集中还是被分散？

应当让什么人来掌握公司的员工配置流程呢？这是一家公司的员工配置理念中非常关键的一个方面。当一家有着多个业务单元的企业只有一个员工配置部门来满足公司所有各个业务部门的至少一部分需求时，这家公司的员工配置功能就是集中的。当一个业务部门需要雇用人员时，它就会通知公司中这个集中的员工配置部门，然后由这个员工配置部门确定招募来源，实施招募工作，同时对求职者进行初步面试。而各个业务部门则仍然需要负责在员工配置部门提供给它们的一组求职者或最终候选人范围中，做出最后的雇用决策。

所谓**集中的员工配置**（centralized staffing），是指一家企业的各业务部门的所有员工配置活动都集中在一个部门中完成。这种情况有时候也称为共享员工配置服务，它可以实现更大的规模经济。此外，通过相同的候选人储备库可以填补多种不同的岗位，还可以使最佳雇用实践能够在整个组织中得到广泛应用。一家公司通过实现员工配置活动的集中化可以快速地通过资源的再分配来满足公司业务重点发生变化所产生的需求。集中的员工配置还有利于为组织提供具有一定程度一致性的员工配置政策和流程。这种做法还有助于组织确保在展示自己以及自己所能提供的工作机会方面的连续性，从而塑造自己作为一位雇主的品牌形象。

所谓**分散的员工配置**（decentralized staffing），是指一家公司的各个不同业务部门分别履行自己的员工配置功能。分散的员工配置使各业务部门对自己的员工招募和配置活动能够有更多的控制权。在业务部门有控制权的情况下，它们在实际招募时就能更好地理解哪种员工在本部门中最有可能取得成功。这种员工配置结构也赋予了需要招募员工的业务部门以更大的灵活性，使他们能够基于本地的实际情况以及劳动力市场状况选定招募来源，同时以最好的方式实施招募。分散的员工配置功能还能对用人部门经理的需求做出更好的回应，这是因为招募专员在这种情况下是直接向他们而不是向公司总部中的某人汇报工作。不过，分散的员工配置功能使得一家公司很难对自己的员工配置衡量指标进行监控或加以整合。而且有可能导致各业务部门简单复制公司的员工配置活动，从而产生更高的成本。例如，一位没有被某个业务部门录用的质量较高的求职者可能再也不会被公司的其他部门考虑了，尽管此人可能与其他部门非常匹配。

一些企业把集中和分散的员工配置方法结合起来加以使用。即将员工配置功能的某些部分加以共享，而其他部分则分散完成，以便根据各业务部门或地区的需求量身定制。这种**结合法**（combined approach）（也称为“中心辐射法”）能够在最大限度地保证每个业务部门灵活度的基础上，使在整个公司中使用的员工配置衡量指标实现标准化，多余的重复性工作最小化，同时还能够利用各种技术和最佳实践。这种结合法还有助于员工配置人员与公司中各个用人部门的经理人员之间建立起更加信任和更富有建设性的关系，这是因为用人部门的负责人在这种方法下要比在集中的员工配置体系下被赋予了更多的雇用自主权。

很多企业现在越来越多地将不同的招募来源选择和招募职能外包给能够以更好的价格提供最好服务的不同供应商。这种方法能够提高员工配置的灵活度，同时使企业能够针对不同国家和地区的不同需要或需求的变化做出反应。通过更多地使用当地专家也有助于企业更好地理解全球劳动力市场并从中进行招募。例如，一家墨西哥公司常常通过私人关系进行招募。很多求职者常常是被他们认识的招募官雇用来的。在中国，从事招募工作的人员必须充分了解业务、公司价值观以及岗位本身，同时还有能力应对各种招募挑战，其中包括在农村地区找到人才。各地的招募者如果能够在当地建立起网络，熟悉文化差异以及精通当地法律，则会帮助他们构建起宝贵的员工配置资源。[73]

获得人才竞争优势

通过影响企业的人力储备质量或人力工作流程的卓越性，一家企业拥有的人才能够创造竞争优势。[74]资源储备和流程能力反映的是人力资本优势和人力流程优势之间存在的差异。企业可以通过雇用和留住杰出人才以及建立优秀人才储备库来获得**人力资本优势**（human capital advantage）。

当一家企业的工作是以卓越的方式完成时，便获得了**人力流程优势**（human process advantage）。这种现象可以被视为一个复杂流程的函数，这个流程是随着员工在长期的学习、合作以及创新的过程中发展而来。人力流程优势很难加以复制。[75]例如，一家公司可能有非常聪明能干的经理（高质量的人才储备），却无法充分利用自己的人才——这或许是公司各部门之间的政治斗争和内讧过多的缘故（糟糕的工作流程）。因此，只有当一家企业有着良好的人才储备，同时还有良好的工作流程时，才能获得人才竞争优势。

由于任何一种竞争优势都会随着时间的延续而受到削弱，因此一家企业必须通过定期采取新的战略性举措来尽己所能地维护住当前的位置。这些举措包括扩大公司的产品线或强化客户支持（例如为产品使用者提供免费的或低成本的培训）、获得新技术专利、进一步降低成本和价格以及超前于公司当前的需求获得人才，以免他们被潜在的竞争对手雇用。事实上，在需要人才之前就获得这些人不仅能够有效防止他们被竞争对手所获得，同时也能保证企业在需要他们的时候随时有人才可用。例如，一家在全世界提供工业燃气的供应商普莱克斯公司（Praxair）就认为，不能等到公司未来的增长为自己的人力资源提供资金。它们认为，必须在公司取得成功之前就让人才先到位，这就使得普莱克斯公司把获得新的人才以及开发员工作为自己的首要支出重点。[76]经济衰退时期常常是企业进行人才储备的最好时期，这是因为，更为宽松的劳动力市场使企业用自己可以承担的支出雇用到好员工变得更加容易。当一个行业处于上升期时，劳动力市场变得更为紧张，对人才的竞争也会变得更加激烈。

星巴克的员工配置战略

星巴克是如何运用员工配置来追求其增长和差异化战略并保持竞争优势的呢？星巴克要想为自己的产品确定较高的价格，则必须能够提供更好的服务。对星巴克来说，在扩张和新开数百家连锁店的同时，还要保持高水平的客户服务，确实是一个很大的挑战。因为星巴克的客户服务质量取决于它称之为“伙伴”的员工付出的努力，所以星巴克尽可能地去雇用那些适应性强、具有自我激励性、充满热情同时富有创造性的团队成员。[77]

为了保持员工对企业的忠诚度，星巴克把自己的伙伴视为投资者，同时也对他们进行投资，这样就可以帮助自己留住宝贵的人才。公司的强烈使命和价值观陈述特别强调要创造一种尊重员工的以及积极的工作环境，从而保持伙伴的满意度。尽管星巴克的员工中有2/3的人都是兼职的[78]，但星巴克却经常出现在《财富》杂志评选的“最佳雇主”排行榜上，这反映了它所享有的“关爱员工”的雇主声誉。[79]而这也有助于它继续招募到优秀的人才。星巴克提供具有竞争性的薪酬和良好的福利，其中包括为全职和兼职员工提供的一揽子健康福利、学费报销、休假、401（k）计划以及股票期权等。星巴克提供的慷慨的福利反映了其秉持的创造一个尊重员工的和积极的工作环境这样一种理念，这有助于保持较低的离职率，获得了由一大批有经验的员工组成的人才库，从而能够帮助星巴克实现扩张。

除了有善待员工的美誉，星巴克还因为其在承担社会责任方面采取的举措而广为人知，其中包括将相关的项目延伸到开咖啡店的以及种植咖啡的社区之中。该公司的伙伴资源执行副总裁戴夫·佩斯（Dave Pace）这样说道：“我们之所以这么做，是因为这是应该做的事情……从我的角度说，这种做法也是一个极好的招募和留住人才的方法。"[80]通过践行自己的价值观和使命陈述，星巴克就能够吸引那些与它的价值观一致的人。

为了吸引新的伙伴，星巴克实施了集中和分散相结合的员工配置战略。星巴克北美区伙伴资源副总裁雪莉·萨瑟恩（Sheri Southern）认为，星巴克的员工配置战略是"让正确的人来雇用正确的人"。资深的咖啡店经理常常直接与潜在的员工在咖啡店中以及招聘会上进行初步接触。此外，求职者的口口相传和公司的网站也带来一些潜在的求职者。用人部门经理会得到一份雇用指南，在指南中提供的一些问题可以帮助经理们判断被招募者是否具有岗位所需的核心胜任素质。公司还会鼓励被招募者在雇用过程中进行自我选择，主要是通过在招募广告中和公司网站上明确指出自己需要的是适应性强、可靠和热情的团队成员。星巴克还保留了成千上万通过网络求职的申请者数据库，这些人已经回答了一些信息性和技能性的初步问题。这使得公司在雇用过程中抢得了先机，它能够更为快速地实现员工配置。[81]

本章总结

一家企业的人才理念和经营战略会对其人力资源战略产生影响，而人力资源战略又会对其员工配置战略起到指导作用。一家公司的人才理念反映了其如何看待自己的员工。企业的经营战略选择立足于以一种能够比竞争对手更为卓越地创造价值的方式来对公司的各种资源和能力加以运用。企业的竞争优势取决于它有多大的能力撬动通过它能够招募和保留的人才派生出来的各种资源和能力。企业对自己在市场竞争中的定位决定了它需要获得的竞争优势以及它需要采用的用来获得和保留合适人才的员工配置战略。一家公司的员工配置战略选择和执行会影响其雇用到的人员数量和类型，因此，企业维持人才竞争优势的能力取决于其人力资本以及相关流程。

讨论题

1. 你认为一家企业在自己的员工配置理念中应当坚持的三条最重要的伦理道德准则是什么？为什么？

2. 将员工视为资产和视为投资者的区别何在？在哪些情况下适合将员工视为投资者？在哪些情况下适合将求职者或员工视为资产？企业资源基础观是如何帮助你思考这些问题的？

3. 假定你现在正在负责为谷歌公司招募和配置软件工程师。你认为谷歌公司是应当雇用已经拥有相关技能的软件工程师，还是应当自行开发员工这些方面的技能？为什么？

4. 在哪些情况下，职位导向型员工配置优于人才导向型员工配置？

5. 请列出关注内部人才的员工配置的成本和收益。然后再列出关注外部人才的员工配置的成本和收益。如何在这两种员工配置方式之间进行权衡？

案例分析 麦当劳的战略、人力资源战略和员工配置战略的整合

人是麦当劳最为重要的资产。该公司的成功有赖于客户满意度，而客户满意度又取决于其员工所拥有的高效率完成工作和提供良好的客户服务所需要的那些态度和能力。为实施其成长战略，麦当劳将人确定为其三大全球公司战略之一。麦当劳宣称，作为一个雇主，自己希望“在全世界的每一个社区中都是最佳雇主”。[82]它还做出了“员工承诺”：“我们看重你们，看重你们的成长以及你们所做的贡献。”[83]通过其人力资源战略反映出来的五项“员工原则”分别是尊重和认可，价值观和领导行为，竞争性的薪酬和福利，学习、发展以及个人成长，确保员工能够获得完成工作所需的资源。[84]

麦当劳还通过跟踪产品和服务质量、速度以及精确性等关键指标来实施其运营卓越战略。该公司还发现，自己的员工管理实践和方法对于公司的员工流动率、生产率、客户满意度、营业额以及盈利水平等产生了可持续的影响。它还通过改进员工的组织承诺度、保留率、生产率以及客户忠诚度等，开发了一套不仅关注财务和运营要素，同时还能够改进公司经营结果的商业模式。[85]

因为麦当劳的经营战略有赖于提供给客户的服务质量、整洁度、服务速度以及价值，所以该公司非常重视雇用能够提供卓越服务的员工。麦当劳的很多餐厅服务员都是青少年，他们在麦当劳所做的都是自己人生的第一份工作。因此，公司尽可能地招募和雇用最好的员工，通过提供持续的培训留住他们[86]，然后通过内部晋升来让他们填补出现的管理职位空缺。为了确保能够招募到正确的人，麦当劳确定了自己想要从求职者身上发现的重要技能和行为。麦当劳发现，雇用高质量员工的最佳方式是在餐厅中张贴广告，以吸引当地人以及（或者）现有员工的朋友。麦当劳还到当地求职中心和招聘会去招募员工，发放带有面向理想候选人的清晰信息的雇用材料。正如麦当劳的首席执行官史蒂夫·伊斯特布鲁克（Steve Easterbrook）所说的那样：“如果你把人的事情做对了，其他的事情也就不成问题了。”[87]

思考题

1. 你如何描述麦当劳的经营战略？麦当劳的竞争优势的基础是什么？（麦当劳成功的根源是什么？）

2. 麦当劳是如何将自己的经营战略、人力资源战略和员工配置战略整合在一起的？

3. 哪些与人才有关的可能威胁会吞噬麦当劳的竞争优势？高流动率或劳动力市场紧张导致的很难雇用到人才会不会成为麦当劳的问题？为谋求在未来五年中保持竞争优势，你会建议麦当劳做些什么？

案例研究作业 切恩公司的战略性员工配置

请参见本书后面的附录来完成本案例研究作业。

第 3 章
员工配置的法律环境

学习目标

学习本章之后，你应该能够：

1. 解释遵守员工配置方面的相关法律具有战略意义。
2. 探讨各种不同类型的雇用关系。
3. 描述与员工配置有关的各种不同类型的诉讼案件。
4. 说明积极的反歧视行为和公平就业机会在一家企业的员工配置过程中起到的作用。
5. 描述得到法律保护的员工配置面临的各种障碍。

开篇案例

通过招募与雇用来提升企业品牌形象

为了吸引 18～22 岁的大学生这一目标客户群体，服装零售品牌爱芙趣（A&F）希望树立一个具有美国本土特色的校园化形象，该公司将门店的员工也作为其市场营销战略的一个组成部分。在爱芙趣公司的宣传材料中所使用的模特，绝大多数都是外表靓丽的白人年轻女性，而公司的销售人员（也称“品牌代言人”）也同样大多选用外形姣好的白人青年女子。[1]

爱芙趣公司的首席执行官迈克·杰弗里斯（Mike Jeffries）希望通过雇用外表有吸引力的人担任店员来配合其市场营销战略，即吸引那些自身有吸引力的、新潮的客户人群。[2]但这就意味着这家公司的招募对象被锁定在特定的大学兄弟会和姐妹会的成员，因为这些组织的成员通常外形较好且绝大多数是白人。[3]爱芙趣公司的某位前经理就曾直言，在他办公室中张贴的一张展示理想的男性和女性形象的海报，基本上代表本公司的员工应当具有的一些标准特点。对男性员工来说，他必须热爱体育活动，对各种社交聚会和漂亮女孩有浓厚的兴趣，同时在大学期间加入了兄弟会；对于女性员工来说，她必须为人风趣、喜欢购物，最好在大学期间加入了姐妹会。[4]

现在，这家公司来征求你的意见，想了解该公司为强化品牌形象和营销战略而制定的这种主要以形象较好的白种年轻人为对象的招募和员工配置战略是否合法。在读完本章之后，你应该能向爱芙趣公司提供一些有深度的见解。

无论是从道德、伦理的角度，还是从法律的角度来看，企业在员工配置过程中遵守相关法律的要求不仅是极为明智的，而且正如我们在上一章中学到的那样，这样的做法也是具有战略意义的。除了能够避免法律诉讼支出以及防止诉讼对公司形象造成负面公众影响，在员工配置过程中遵守相关法律也使公司能够充分利用员工多元化带来的优势。由于拥有一支多元化的员工队伍，公司便能将注意力更多地放在员工的绩效上，也能够从劳动力队伍的各种不同部分中招募到高素质的员工，而这些都会帮助公司取得更好的业绩。事实上，在一项调查中，63%的受访公司都将“招募优秀员工的机会”视为实现公司的“多元化与包容性”战略的主要推动力，甚至排在“待遇公平”（60%）与“公众压力”（21%）之前。[5]多元化的员工队伍还能帮助企业获得更为丰富的创意，更好地反映消费者和社区的需求，并且使得公司不大容易对某一错误决策集体盲从。事实上，具有前瞻性与战略性的公司在招募和留住多元化员工方面所做的努力往往超出法律的要求。

之所以执行与雇用有关的法律和规章，是有多方面原因的。在雇用关系的结构以及指导员工的薪酬和晋升等的基本原则方面，雇主都是决定者，因此企业在雇用关系中往往处于优势地位。相关的法律和规章有助于限制雇主的权力，阻止雇主实施不公平的歧视，从而为每个人提供公平的就业机会。当雇用决策的做出不是基于与职位相关的知识、技能与能力等因素，而是基于年龄、性别、种族、宗教、族群或残疾状况等个人特征时，不公平的歧视就产生了。**非法（或歧视性）雇用歧视**（unlawful（discriminatory） employment practices）是指在雇用过程中针对受法律保护的个人特征而实施不公平歧视。目前，关于工作场所多元化的法律认定的依据，可以成为就业障碍的个人特征包括种族、性别、年龄、族群以及宗教等。但是，法律并没有提供鉴别和打破这些障碍的工具，因此企业以积极的态度来管理员工队伍的多元化就变得非常重要。

雇用方面的法律以及法院对于这些法律所做的司法解释明确了对于每一位雇主的要求和期待，使得哪些雇主行为是被允许的变得清晰了。同时，遵守法律规定还能通过帮助企业雇用优秀的员工而提高企业在员工雇用方面的战略性。这种情况有助于提高企业的雇用决策质量，从而提高绩效。此外，避免发生不公平的歧视还有助于企业更好地执行自己的战略以及达成目标。总之，遵守雇用方面的法律规定还有助于使企业通过下列方式达成公司的各项目标：

- 提高企业的雇用决策质量。
- 强化企业作为雇主的良好声誉和形象。
- 提升求职者的公平性感知。
- 减少由于求职者感到自己遭受雇用歧视并且将自己的经历告知他人而对企业公共关系产生负面影响的机会。
- 通过能力本位的雇用标准保证公司绩效的提高。
- 强化一种符合伦理道德的文化。
- 通过确保雇用或不雇用员工的决策是基于他们的任职资格而并非偏见，从而强化企业的绩效。
- 促进员工队伍的多元化，强化企业吸引更大范围客户的能力。

鉴于关于雇用法律的相关书籍和研究已经十分翔实，本章中讨论的与员工配置有关的政府规章制度和法律问题将不会涉及具体的细节。本书的写作目的并不在于为企业提供法律参考意见，因此本章中不会提供法律建议。本章的真正目的在于对与员工配置有关的一些关键法律以及相关法律问题做一个概述，帮助企业将来在需要时知道去哪里获得更多的信息。本章将会使读者更好地理解如何防止歧视性的或违法的雇用实践。但因为法律规定并非一成不变，而且每一个州的法律在具体规定方面也存在差异，所以为了确保能够遵守地方、州以及联邦一级的最新法律规定，企业应随时咨询法律顾问。

本章首先将对雇用关系的类型及其法律内涵和对工会的影响加以讨论。随后介绍员工配置方面的基本法律法规、相关执法机构以及与员工配置相关的各种法律诉讼。最后讨论企业合法招募和雇用员工所面临的各种障碍。经过本章的学习之后，你将会对如何建立一套合法的员工配置系统有较为清晰的了解。

雇用关系的类型

雇主可以通过多种类型的雇用关系来战略性地管理自己的员工队伍，并且保证在需要时能够及时获得足够数量的、具备相应技能的员工。下面，我们将逐一介绍各种类型的雇用关系及其法律内涵。

员工的类型

员工

员工（employee）是被他人或组织雇用的个体，他们通过提供个人服务来获得他人或组织提供的工资或固定报酬，并且他们不是作为一家独立的企业的一部分提供这种服务的。员工要么是接受雇主发出的入职邀请，要么是双方就雇用关系的待遇和条件进行谈判并最终达成雇用合同。每一位员工都有一份雇用合同。如果没有书面的雇用合同，在很多情况下也可以采用口头雇用合同，口头雇用合同与书面雇用合同的法律效力完全相同。即使书面的或口头的**明确雇用合同**（explicit employment contract）均没有，雇主与员工之间仍存在一种代表双方共识的**隐含雇用合同**（implicit employment contract）。[6]我们将在第11章中对雇用合同进行讨论。

雇主必须帮助员工代扣代缴工薪税（个人收入所得税与社会保障税），还要为员工交纳某些特定类型的税（失业保险以及雇主需要承担的医疗保险与社会保障税）。此外，雇主还必须遵守许多涉及雇用关系的法律和规章，并且对员工在雇用关系存续期内发生的行为负责。

自由雇用类员工

所谓**自由雇用类员工**（at will cmployment），就是指只要在雇用合同中没有明确规定固定的雇用期限，雇主和员工双方都可以随时解除雇用合同，此时依据一个正常的理由，也可以没有理由，甚至可以依据某种在道义上有问题但并不违法的理由。在自由雇用关系下，员工也可以因任意理由而离职。当企业想要以一种任何合理的理由或没有任何理由解雇员工时，是最经常采用这种类型的雇用关系的。在除蒙大拿州以外的美国其他各州中，如果雇主和员工双方之间没有订立正式的雇用合同，则这种雇用关系就适用于“自由雇用”原则。

尽管法院通常会维护雇主自由解雇员工的权利，但这并不意味着雇主可以毫无理由地或不按规范的政策和程序随意解雇员工。如有可能，公司在解雇员工时还是应当遵循规范的惩戒和解雇程序，从而最大限度地避免陷入歧视和非法解雇诉讼。企业最好是在遵循自己的政策会导致灵活度过低，从而不符合公司利益时，再使用自由雇用条款为自己提供法律保护。[7]例如，自由雇用允许雇主立即解雇一位行为危险的员工。在判例法下，对于雇主在什么时候以及是否可以依据自由雇用关系采取行动，不同的州有不同的规定。

需要指出的是，自由雇用关系并不能在雇主受到任何指控时都为他们提供绝对的保护。已经订立雇用合同的情况就不再适用自由雇用关系。这些合同包括已经拿到终身教职的大学教授与大学之间签订的合同、正式的（或书面的）雇用合同以及与工会签订的集体合同等。在工会合同中包括的“正当理由”条款就可以保护已经加入工会的员工免于遭受雇主的任意解雇，如果雇主无法拿出证据证明自己解雇一位员工是合理的（或者是基于“正当理由”的），则禁止雇主解雇员工。而美国联邦层面颁布的相关法律，比如公平雇用方面的法律以及《国家劳资关系法》（National Labor Relations，NLRA）等，则保护员工不会因参与一些受到法律保护的行为——例如提出歧视指控、反对雇主的违法行为，或提出有效的工伤保险索赔等——而遭到报复（例如解雇或惩罚），无论这位员工是否处于自由雇用状态。

某些州还会通过立法对自由雇用条款施加限制。大多数州都认可在雇主和员工之间其实存在一种隐含雇用合同，而这就使得自由雇用条款不再适用。如果雇主在自己的人事政策、员工手册或其他材料中明显指出，自己只会在有正当理由的情况下或者是在经过特定的程序之后才会解雇员工，则表明此类隐含雇用合同是存在的。如果雇主在违反隐含雇用合同的情况下解雇了一位员工，则雇主有可能会因为违约而承担相应的法律责任。

少数一些州中甚至认可这样一种情况，即如果雇主违反了潜在的诚信公平交易约定，则也不适用于自由雇用关系。这种约定假定雇主有义务与所有员工进行诚信和公平的交易。例如，在有些州中，雇主仅仅是为了阻止员工获得他们应得而未得的奖励，或者是阻止员工进入他们马上有资格享受的公司养老金计划而解雇员工的做法都是违法的。与联邦一级的法律一样，美国所有的州都规定，报复性解雇的情况不适用于自由雇用条款。

确保员工充分理解自由雇用关系的最好方式就是将这一政策的内容包含在员工签署的某些文件之中。让员工签署求职申请书或让员工认可自己已经阅读员工手册的书面记录，都能表明员工已经阅读并且理解了公司的自由雇用政策。表 3-1 中介绍了如何编写一份自由雇用政策声明。

表 3-1　编写一份自由雇用政策声明

大部分法庭都认为，在达到以下标准的情况下，便可以认定存在自由雇用关系[8]：

- 自由雇用声明以清晰易懂的语言用书面形式表达，并且对自由雇用关系的含义做出充分的解释。
- 自由雇用声明清楚地表明，任何公司代表都无权以口头承诺或书面承诺的方式改变自由雇用关系。
- 自由雇用声明明确指出，企业的任何政策和实践都无订立雇用合同的意图。
- 自由雇用声明以显眼的方式展示出来，比如用加粗的字体展示以及作为一项单独的政策加以介绍。
- 自由雇用声明在其他政策和各种手册中反复提及，特别是在解释工作规则与惩戒程序的材料中。
- 自由雇用声明包含在其他雇用文件中，比如求职申请书以及录用通知书等。

非正式员工

美国劳工统计局（Bureau of Labor Statistics，BLS）在 1989 年时将**非正式工作**（contingent work）定义为“员工无法获得明确的或隐含的长期雇用合同的工作”。[9]换言之，非正式员工就是指工作期限比较有限的员工，他们不属于公司的核心员工。2012 年时，美国的非正式员工占到了员工总人数的 1/4 以上。[10]

一家企业可以通过两种方式雇用非正式员工，既可以直接雇用，也可以通过与另外一位雇主签订合同来间接雇用。使用非正式员工的一大优势就在于，企业通过临时员工配置机构或员工租赁公司便可以快速地填补出现的职位空缺，这就使得企业能够在不解雇或不临时解雇员工的情况下调整自己的用工数量，而解雇或临时解雇员工会导致企业的失业保险费用上升，同时还会影响员工的士气。

临时性员工

正如我们在上一章中提及的那样，**临时性员工**（temporary workers）是由员工配置中介机构提供的或由使用劳动者的公司直接雇用的非正式员工。合同制员工是非正式员工的一种，但与临时性员工相比，他们提供的是更为特定的比较先进的技术性或专业性服务，他们完成任务的时间也多在几个月到一年，甚至还会有更长的时间。合同制员工和临时性员工的薪酬都是按小时支付的，并且只按实际工作的小时数来计算。他们不享受全职员工能够享受的那些医疗保险和其他福利，而且与正式员工不同，雇主解雇他们也不会导致自己的失业保险费用的上升。由于他们的成本较低，同时与企业之间的关系是非长期性的，企业使用临时性员工可能是一种具有战略性的举措，直到企业清楚地认识到自己确实需要在长期中增加员工人数之前都可以使用。微软、德尔菲（Delphi）、联邦快递等公司都大量使用临时性员工。

当企业通过一家员工配置机构来雇用临时性员工时，这家员工配置机构就会被视为临时性员工的雇主，而不是实际使用这些临时性员工的企业。但这种说法仅限于这样一种情况下：使用员工配置机构服务的这家企业只对临时性员工所完成的工作结果有控制权或指导权，但对于达成这些结果的具体方式和方法却没有控制权或指导权。借助员工配置机构雇用临时性员工的做法可以使企业免于因为雇用这些临时性员工而受到年龄、种族或性别等方面的歧视指控。员工配置机构还必须向员工提供绩效反馈并且完成工作日程的安排，否则使用临时性员工的企业和员工配置机构将会被视为联合雇主，都必须服从管辖雇主和员工关系的相关雇用法律的规定。

需要注意的非常重要的一点是，企业并非总是能够将临时性员工排除在自己的福利体系之外。在巴瑞诉太平洋煤气电力公司（Burrey v. Pacific Gas & Electric）一案[11]中，法院最终判定，如无特别规定，临时性员工配置机构的员工如果是在一家非关联企业的经营场所中工作，除非有明确规定指明他们是被排除在该公司的员工福利体系之外，否则从员工福利计划覆盖面角度来看，他们应当享有与该公司正式员工相同的福利待遇。因此，如果雇主希望将临时性员工排除在自己的福利体系之外，就必须以书面形式对这一政策加以特别说明。

租赁制员工

租赁制员工（leased workers）是指为那些通过签订合同的方式接管客户公司的某种特定功能的运营或者是为客户公司的办公室和工厂提供全部人员的企业工作的员工。这些员工是这种提供承包服务的企业的雇员，他们被实际使用他们的那些客户公司视为租赁制员工。因为提供员工租赁服务的公司和客户公司属于联合雇主，所以双方都需要缴纳工薪税和工伤保险金，同时遵守政府制定的相关法律法规。[12]

租赁制员工所从事的大多是持续一年以上的专业技术性工作。许多中小企业将员工租赁公司视为自己的人力资源伙伴。这些企业自己招募、甄选和雇用这些员工，然后把他们交给员工租赁公司，由作为员工租赁公司的雇员来发放薪酬。这些租赁公司再把这些员工“租赁”回这些中小企业来使用。这样就使得资源有限的中小企业能够把原本需要自己承担的薪酬和福利管理责任转移给了员工租赁公司。与只能雇用少量员工的中小企业相比，员工租赁公司雇用的员工人数更多，因此它们可以在较低成本的基础上提供更好的医疗保险和退休福利。

兼职员工与季节性员工

兼职员工从事工作的时间要比全日制工作的员工短，但也不一定都是如此。季节性员工则是仅在每年的某些特定时间段内才会被雇用的那些劳动者。举例来说，UPS 在业务繁忙的节假日会雇用更多的快递员，农场主会在瓜果收获季节雇用更多的农业工人，这些都属于雇用季节性员工的例子。

工会化员工

在美国，**工会**（labor unions）是员工的法定代表，可以将员工组织起来与雇主就雇用合同的待遇和条件进行谈判。除了工资与福利，工会实际上还会就员工配置过程中涉及的几乎每一个问题与雇主进行谈判，其中包括工作条件、工作地点、员工配置数量、职位描述与职位分类、晋升与调岗政策、临时解雇与解雇的政策、雇用人才储备库、反对雇用歧视的保护措施、争议解决程序以及工作资历条款等。所有的这些关于雇用的待遇和条件的条款都将会被包括在一份名为集体谈判协议或集体雇用协议的合同之中。如果管理层无法与工会达成一致，则有可能会导致一场罢工或者公司管理层闭厂。

为了鼓励在私营部门中建立良好的雇主与员工之间的关系，美国国会在 1935 年通过了《国家劳资关系法》[13]（NLRA）。这部分法律的宗旨在于减少停工、罢工以及总体劳资冲突的发生。它为下面这些员工赋予了很多权力，其中包括希望组建、加入和支持工会或劳工组织的劳动者，已经加入工会的劳动者，为调整自己的工资或工作条件而加入由两个或两个以上非工会化员工组成的劳动者群体者。此外，雇主在雇用时也不能歧视那些支持工会的求职者。

那些雇用加入工会的劳动者的美国公司通常会采用以下几种模式：

- 封闭式。这种企业只雇用已经加入工会的劳动者。这方面的一个典型代表就是强制职业介绍所，即企业必须直接从工会招募员工。随着 1947 年的《塔夫特-哈特雷法》（Taft-Hartley Labor Act）的出台，这种雇用模式遭到明令禁止。尽管《国家劳资关系法》允许建筑承包商通过职前协议的形式，排他性地从工会派遣的备选库中挑选员工，但从法律的角度来说，建筑承包商并不是必须签订这样的协议。
- 工会制。这种企业可以同时雇用工会成员和非工会成员。但是新员工在入职后的一个特定时间段内必须加入工会，或者是向工会缴纳会费。
- 工会代理制。这种企业的非工会化员工需要向工会缴纳一定的费用，以购买工会所提供的集体合同谈判服务。
- 开放式。这种企业在雇用和留住员工方面不会考虑员工是否加入工会。有些员工虽然不向工会缴纳会费，但仍然可以享受工会集体谈判带来的利益。

集体谈判协议会明确强调，晋升应当以资历而不是以功绩为依据，而这会对雇主应当雇用的胜任素质产生影响。以资历为基础的晋升使得领导力方面的胜任素质即使对于较低层级上的职位而言也是一项十分重要的雇用标准，这是因为较低职位层级上的员工也很有可能在未来成为公司的领导者。即使是那些未工会化的公司也会受到竞争对手的集体协议的影响，这是因为这些非工会化公司为了在雇用新员工方面与对手成功地进行竞争以及防止自己的员工跳槽到竞争对手那里去，往往需要随之调整自己的薪酬、福利与雇用的待遇和条件等方面的雇用政策。

尽管在美国的某些产业部门中，工会的影响力正在显著下降，但在其他国家却是另一番景象。在许多国家，工会依然拥有很强的影响力。这些国家与美国的很大不同在于，他们的集体协议在法律上经常是适用于整个产业部门的，这就使得不被集体协议覆盖的非工会会员也能享受到工会带来的利益，从而实现一种事实上的“工会化”。例如，在巴西，所有的员工都必须加入工会。而欧洲国家与印度尼西亚则要求员工代表机构即员工理事会必须在其下设一个工会之外的代表层级。

独立承包商

独立承包商（independent contractor）是在雇主仅仅对工作结果加以控制或指导的情况下提供服务。如果公司不仅控制提供服务的人做什么，还要控制怎样做，那么，从法律的角度来说，这种提供服务的人就是公司的员工。独立承包商必须自己缴纳社会保险费用和各种与雇用有关的税收，并且要自己向州政府与联邦政府申报个人的收入。从法律角度来看，一个人到底算是一家公司的承包商还是员工，决定了这家公司对这个人需要承担的义务。如果错误地将一名员工划分为独立承包商，则公司除了要承担与这位员工的雇用有关的各种税收，还要支付一笔罚款。[14]

美国国内收入署（Internal Revenue Service，IRS）以一位名为薇拉·埃尔姆（Vera Elm）的电工为例说明了什么是独立承包商题。埃尔姆以每小时 16 美元的价格接下了一家房地产公司提供的总耗时 400 个小时的电力系统改造工作。埃尔姆在接下来的 10 周中，每两周会得到 1 280 美元的报酬，但不是根据实际工作小时数量计算的。无论埃尔姆实际上用了多少时间完成这项工作，她获得的报酬都将会是 6 400 美元。此外，她还根据自己通过广告获得的合同为其他公司提供电力设施安装服务。国内收入署就将埃尔姆视为一位独立承包商。[15]

企业通过策略性地使用独立承包商可以帮助自己控制成本，临时性增加产能，并且快速地引进所需的人才。对于依靠创新战略或低成本战略竞争的公司来说，这种做法尤其有用。虽然独立承包商的薪酬水平通常高于正式员工，但由于他们没有福利，从成本有效性的角度来看，独立承包商对于企业仍然是有价值的。独立承包商大多具有很高的技能，因此，他们倾向于以承接项目的方式为多家公司工作，而不仅仅是做一家公司的员工。同时，独立承包商对于自己承担的工作以及工作时间具有更大的控制权，这就使得因需要承担某些责任而无法在传统工作时间里上班的人可以工作。

有些公司为了降低用工成本，故意将正式员工归为独立承包商，在就业形势艰难的情况下，员工越来越不愿意去挑战公司的这种做法。州政府与联邦政府的官员却由于因此失去一部分失业保险与工伤保险缴费收入而面临财政赤字超纪录上升的困境，因此开始严厉追究故意将员工划分为独立承包商的那些公司的责任。[16] 2009 年时，伊利诺伊州劳工部对一家家装公司开出了 32.85 万美元的罚单，该公司强迫其 18 名员工组建了一个独立的经营实体，并通过这种方式将他们划分到独立承包商之列。[17]

外包

对于一些临时性的工作，还可以采取将其外包给其他公司完成的方式。这一过程通常涉及将工作外包给外部一家具有特定能力和经验的公司，由这家公司对一项特定的承包服务担负起全部的责任，而不仅仅是提供人员。企业通常会选择将自己的一些非核心职能外包，比如工资发放、景观美化以及餐饮服务等。

为了获得生产率方面的收益，近些年来，离岸外包的做法越来越普遍，其主要方式就是在海外设立分支机构，或者直接将工作外包给一家已有的外国公司。到 2015 年为止，大约一半的《财富》500 强企业都在印度建立了外包中心。[18]离岸外包帮助一些公司节约了 70% 的劳动力成本。[19]如果被外包出去的工作对于企业来说是不重要的或非连续性的，比如，一家公司正在更新其软件模块或者是正在开发一个新的网页等，那么离岸外包可能会比较成功。离岸外包的风险主要在于工作是在两个不同国家完成的，而两国在文化背景、知识产权法律以及司法系统方面是存在差异甚至冲突的。企业在考虑离岸外包之前，应当充分考虑目标国家的司法系统、当地的法律情况以及一旦离岸外包公司破产可能会带来的后果。此外，企业还应当在正式的外包合同中指明可以接受的争议解决程序，其中包括一旦冲突升级，应当到哪个地方去起诉。[20]

相关法律和规章

社会舆论的压力往往是工资、工时以及公平就业机会方面的立法出现的重要推动力，而所有的雇主都必须遵守这些方面的法律规定。在普通法中，法庭所做的一个个案件判决在长期过程中就构成了法律，决定了何种判决是合理的。美国的各州都根据联邦一级与州一级的立法框架以及提交到法庭的具体案例的性质，形成了自己的普通法。随着时间的推移，这些判决就确定了哪些员工配置实践是被法律允许的，同时也确定了对不被法律允许的员工配置实践如何进行处理。例如，在工作场所发生的民事侵权案件——即雇主违反了应当对客户或员工承担的责任的案件——以及涉及自由雇用的案件都是在州的层面审理的。判例法因各州而异，企业有必要熟悉其经营地点所在州的判例法。

尽管大多数雇用歧视诉讼都是由联邦层面的法律提起的，但各州的法律规定往往更为严格。（各州的司法部长办公室可以向企业提供关于公平雇用实践方面的法律法规信息。[21]）有些州的法律会为那些不被联邦法律覆盖的劳动者群体提供保护，并且会对那些在正常雇用之外需要承担民事或家庭责任的个人提供保护。例如，哥伦比亚特区就规定，员工不能因为需要承担家庭责任而受到歧视。而在阿拉斯加，法律保护员工不能因为要抚养孩子而受到雇主的歧视，一项类似的行政命令也覆盖了联邦政府雇员和承包商。[22]

为了解释、管理和执行相关的法律，美国地方、州与联邦一级的立法机构还会在制定法律法规的同时创建一些机构，比如美国劳工部（Department of Labor）以及公平就业机会委员会（Equal Employment Opportunity Commission，EEOC）。而宪法则超越这些法律法规和规章制度的所有其他来源，尤其是在运用于联邦政府雇员的正当程序权时。

与员工配置相关的各种法律法规

在联邦层面的法律中，有几项在广义上是适用于雇主的。至于雇主是否被一项特定的法律所覆盖，则主要取决于它所雇用的员工人数以及是否为联邦政府承包商。表 3－2 中总结了一些允许求职者因未被雇用而起诉雇主的联邦反歧视法律，我们接下来将对这些法律逐一讨论。

表 3-2　与员工配置有关的联邦法律规定汇总

法律与行政命令	适用范围	一般规定	更多信息来源
《民权法案》第七章（1964 年颁布，1991 年修订）	雇用人数至少在 15 人以上的私营企业，工会，雇用服务机构，教育机构，地方、州以及联邦政府	禁止实施种族、肤色、宗教、性别（包括男性和女性）和祖籍国歧视	http：//www. eeoc. gov/policy/ http：//www. eeoc. gov/facts/qanda. html http：//www. dol. gov/osarn/regs/statutes/2000e-16. html http：//www. eeoc. gov/eeoc/history/35th/1990s/civilrights. html
第 11246 号行政命令（1965）与第 11375 号行政命令（1967）	承包金额在 1 万美元以上的联邦政府承包商	禁止实施歧视，通过采取积极的反歧视行动促进种族、肤色、宗教、性别或祖籍国等的多元化	http：//www. dol. gov/compliance/laws/comp-eeo. html http：//www. dotcr. ost. dot. gov/documents/ycr/eo11246. html http：//www. dotcr. ost. dot. gov/documents/ycr/eo11375. html
《怀孕歧视法案》（1978）	雇用人数至少在 15 人以上的私营企业，工会，雇用服务机构，教育机构，地方、州以及联邦政府	怀孕、生育或相关医疗情况下（将怀孕视为一种需要提供特殊照顾的临时性伤残）	http：//www. eeoc. gov/facts/fs-preg. html
《美国残疾人法案》（1990）	雇用人数至少在 15 人以上的私营企业，地方、州以及联邦政府	有残疾或被视为残疾但达到工作资格要求者	http：//www. eeoc. gov/policy/ http：//www. eeoc. gov/laws/types/disability. cfm http：//www. usdoj. gov/crt/ada/ http：//www. eeoc. gov/ada/ammendments _ notice. html
《美国残疾人法案》修正案（2008）	雇用人数至少在 15 人以上的私营企业，地方、州以及联邦政府	在判断一个人是否应当被视为残疾人时，引导雇主和法庭采用一个更宽泛的标准	http：//www. eeoc. gov/laws/statutes/adaaa _ notice. cfm
《反基因歧视法》第二章（2008）	雇用人数至少在 15 人以上的私营企业，工会，雇用服务机构，教育机构，地方、州以及联邦政府	禁止任何基于基本基因实施的歧视	http：//www. federalregister. gov/articles/2010/11/09/2010—28011/regulations-under-the-genetic-information-nondiscrimination-act-of-2008
《康复法》（1973）	承包金额在 2 500 美元以上的联邦政府承包商必须采取积极的反歧视行动	残疾者	http：//www. eeoc. gov/laws/types/disability. cfm
《反雇用年龄歧视法》（1967）	雇用人数至少在 20 人以上的私营企业	禁止歧视 40 岁及 40 岁以上的劳动者	http：//www. eeoc. gov/policy/adea. html http：//www. eeoc. gov/laws/types/age. cfm

续表

法律与行政命令	适用范围	一般规定	更多信息来源
《移民改革与控制法》（1986）	雇用人数在4人以上的必须核实每一位员工的就业资格	美国居民、美国公民以及获得授权的外国人才有资格在美国得到雇用	http：//www. oig. lsc. gov/legis/irca86. htm
《员工调整与再培训通知法》（WARN，1988）	雇用人数至少达到100人的雇主，其中不包括在过去的12个月中工作时间少于6个月的员工，也不包括周平均工作时间在20小时以下的员工；从事商业经营的私营机构、公共机构与准公共机构，提供公共服务的地方政府、联邦政府和州政府所属机构不包括在内	在关闭工厂或解雇规模达到50名以上的员工（包括兼职员工）时，应提前60天发出通知	http：//www. doleta. gov/layoff/warn. cfm
《退役军人就业与再就业权利法》（1994）	所有军人（包括非职业性的国民警卫队成员、预备役人员以及现役军人）	确保所有的军人在退役后能够返回民用部门就业	http：//www. dol. gov/elaws/userra. htm
《越战退伍军人再适应援助法》（1974年通过，2002年被《退伍军人工作法》加以修正）	承包金额在2.5万美元以上的联邦政府承包商或二级承包商	禁止歧视有残疾的退伍军人或其他退伍军人，并且针对他们采取积极的反歧视行动	http：//www. dol. gov/compliance/laws/comp-verra. htm http：//www. doleta. gov/Seniors/html _ docs/docs/veteransjobs. cfm
《消费者信用报告改革法》（1996）	为雇用目的而审核信用报告的雇主（例如，在雇用一位需要跟钱打交道的员工时，可能就需要进行信用审核）	雇主在准备获得信用报告之前必须事先告知，并获得求职者或员工的书面许可。雇主在基于信用报告做出任何进一步行动之前，必须让求职者或员工获得该报告的副本以及基于本法案所拥有的权利的书面描述	http：//www. ftc. gov/os/statutes/03. 1224fcra. pdf

《民权法案》（1964）第七章

1964年通过并于1991年修订的《民权法案》（Civil Rights Act）第七章禁止雇主在雇用过程中因种族、肤色、宗教信仰、性别或祖籍国等方面的原因实施歧视。这一章的规定不仅禁止了实施有意的雇用歧视，同时还禁止实施具有歧视种族、肤色、祖籍国、宗教信仰、性别等方面效果的行为。《民权法案》第七章明确规定，种族绝不能成为雇主在做出雇用决策时的真实任职资格。

根据《民权法案》第七章的规定，对于一位雇主来说，下列雇用实践都是非法的[23]：

1. “由于一个人的种族、肤色、宗教信仰、性别或祖籍国等因素而拒绝雇用或解雇一位劳动者，或者在薪酬、待遇、工作条件或特权等方面对其采取歧视性对待。”

2. “为了剥夺或意在剥夺一个人的就业机会或者对其作为一位员工的地位产生歧视性负面影响，而根据种族、肤色、宗教信仰、性别或祖籍国对员工或求职者加以限制、隔离或分类。”

美国国会规定：“当申诉方能够证明种族、肤色、宗教信仰、性别或祖籍国成为任何一种雇用实践的决定因素之一时，这种雇用实践即为非法，即使还有其他方面的决定因素。”[24]1991 年的《民权法案》的执行机构是公平就业机会委员会（EEOC），一旦雇主被认定存在故意性的雇用歧视，则会遭受经济惩罚。

第 11246 号行政命令（1965）与第 11375 号行政命令（1967）

第 11246 号行政命令与第 11375 号行政命令的适用范围是承包金额在 1 万美元以上的联邦政府承包商。这两份行政命令规定要求承包金额在 1 万美元以上的联邦政府承包商必须做到[25]：

> 不得因种族、肤色、宗教信仰、性别或祖籍国等因素而在雇用方面歧视任何员工或求职者。承包商应采取积极的反歧视行动，以确保求职者在得到雇用方面以及员工在被雇用期间得到的对待方面，不会因种族、肤色、宗教信仰、性别或祖籍国等因素而遭受歧视。这些行动包括但不限于以下几个方面：雇用、晋升、降职或转岗；招募或招募广告的发布；临时解雇或解雇；薪酬水平或其他形式的薪酬决定；培训对象（包括学徒）的选拔。承包商需要将相关的反歧视条款发布在方便员工和求职者看见的地方，同时承包商的相关负责人还要将这些条款信息通知到员工和求职者。

这两份行政命令要求雇主采取的积极的反歧视行动是由美国劳工部监督执行的。在一个案例中，位于南加州的一家名为古德维尔公司（Goodwill Industries）的企业在为自己的区域募捐中心接待员这一初级职位雇用员工时明显偏向女性求职者，其中的部分原因在于感觉上女性在客户服务技能方面要优于男性。美国联邦政府合同合规计划办公室（OFCCP）认为，这种关于所谓的“男性工作”和“女性工作”的过时观念，导致 200 多名合格的男性求职者失去了获得工作岗位的机会。该案最终达成了庭外和解，古德维尔公司向这些人支付了 130 970 美元的欠薪工资，并为该公司过去有职位空缺时也未能得到录用的 18 名合格的男性求职者提供了工作岗位。此外，该公司还需要进行大量的培训，同时采取相应的自我监控措施确保自己不再违反第 11246 号行政命令的相关规定。[26]

《怀孕歧视法案》（1978）

《怀孕歧视法案》（Pregnancy Discrimination Act）（1978）禁止员工规模在 15 人以上的私营企业、工会、雇用机构、教育机构以及地方政府、州政府和联邦政府因员工怀孕、生育或相关的医疗状况而对她们实施歧视，怀孕、生育或相关医疗状况必须与其他暂时性的疾病或状况同等对待。[27]

《美国残疾人法案》（1990）

1990 年通过的《美国残疾人法案》（Americans with Disabilities Act，ADA）与 2008 年通过并且于 2009 年 1 月 1 日正式生效的《美国残疾人法案》修正案适用于员工规模在 15 人以上的私营企业以及地方政府、州政府和联邦政府。该法案保障有残疾或被视为残疾的个人享有公平的就业机会，并且像禁止雇主实施种族、肤色、性别、祖籍国、年龄和宗教信仰歧视一样对残疾人或被视为残疾者提供相同的保护。无论一个人是否采取了（除戴隐形眼镜或眼镜之外的）缓解或控制残疾情况的治疗或矫正措施，都不影响对当事人是否残疾的判定。该法案由公平就业机会委员会负责监督执行。

《反基因歧视法》(2008)

《反基因歧视法》（Genetic Information Nondiscrimination Act，GINA）禁止雇主在做出雇用、解雇、工作岗位安排或晋升等决策时，依据基因检测结果对员工实施歧视。基因测试可以识别出哪些员工的基因决定了他们在暴露于有毒有害物质（比如化学制品与放射性物质）的工作环境中更容易患上某些特定的疾病。但很少有某些疾病或状况是仅由某个或某几个基因引起的。大多数疾病都是由压力、饮食以及环境污染等多种因素综合起作用的结果。因此，基因测试无法可靠地预测出一个人是否可能会发生某种状况。

人力资源专业人员应确保公司的求职申请表中没有提出涉及基因信息的问题。此外，企业也不能基于基因信息做出任何雇用决策。事实上，根据《反基因歧视法》的规定，身份证基因信息采集都是违法的。不仅如此，企业还应当对用人部门经理进行培训，让其在出于做出雇用或其他相关决策目的而进行的面试中，不要询问求职者的基因信息或者家庭健康状况。而人力资源部门也应当对公司发布的职位公告和员工手册的内容进行审查，使其符合该项法案的要求。

《康复法》(1973)

《康复法》（Rehabilitation Act）（1973）要求承包金额在 2 500 美元以上的联邦政府承包商采取积极的反歧视行动，以促进残疾人的就业。该法案保护那些达到被雇用资格的残疾人不能因其残疾状况而遭到雇用歧视。同《美国残疾人法案》一样，该法案中规定的达到被雇用资格的残疾人是指在雇主提供合理的便利的情况下能够完成他们正在申请的或已经受雇承担的具体职位的残疾人。**合理的便利**（reasonable accommodation）意味着，雇主应当为残疾员工提供一些必要的辅助措施，除非这种要求会给雇主带来不恰当的困难。[28]

《反雇用年龄歧视法》(1967)

《反雇用年龄歧视法》（Age Discrimination in Employment Act，ADEA）（1967）禁止员工规模在 20 人以上的雇主对 40 岁以及以上年龄的员工在薪酬或待遇、工作条件或特权等方面实施歧视。对于一位雇主来说，以下几种与员工配置有关的行为都是非法的[29]：

1. “由于一个人的年龄而未能雇用或拒绝雇用或予以解雇，或者是在薪酬或待遇、工作条件或其他特权方面对其予以歧视。”

2. “由于一个人的年龄而对员工进行限制、隔离或分类，从而剥夺或倾向于剥夺此人的就业机会，或者是对其作为员工的地位造成歧视性负面影响。”

根据美国最高法院的判决，雇主对“年龄较大的”老员工提供优先于“年龄较轻的”老员工的做法不属于“逆向歧视”，并不违反《反雇用年龄歧视法》的规定。因此，雇主针对 40 岁以上员工中那些年龄较大的员工提供更多的福利（比如正式的分段退休计划）是不违法的。[30]

美国有一些州还扩大了免于受到年龄歧视的受保护者的年龄范围。例如，新泽西州就规定，雇主不能对年龄在 18～70 岁之间的劳动者实施歧视。[31]

《移民改革与控制法》（1986）

根据《移民改革与控制法》（Immigration Reform and Control Act）的规定，雇主必须在新员工入职三天之内，使用 I-9 核查表对员工的就业资格进行审查。审查的内容包括证明新员工的就业资格、身份信息与在美工作许可等方面的文件。为了避免出现对员工的祖籍国歧视，最好是在给求职者发放录取通知书的时候就明确指出，雇用他们的先决条件是他们能够拿出材料证明自己有就业资格。

出于隐私保护方面的原因，I-9 核查表必须保存在管理者无法看到的地方。因此，对招募官和用人部门经理进行与 I-9 核查表有关的合规培训也非常重要。[32]在这方面，由美国国土安全部（Homeland Security Department）与社会保障总署（Social Security Administration）联合运营的网络电子核查系统可以为雇主提供确认一个人是否有资格在美国找工作的帮助。[33]

过去，美国移民海关执法局（Immigration and Customs Enforcement，ICE）的工作重点是到工作场所突击检查和清理非法劳工，但近年来，该机构的工作重点已转向了对违反移民法的用工行为进行起诉。2007 年，移民海关执法局因违法用工而批准刑事逮捕的公司负责人、经理和承包商的人数已经从 2002 年的 25 人上升到 863 人，予以行政拘留的人数从 485 人增加至 4 077 人。[34]保持一份良好的 I-9 核查记录，并且对员工的 I-9 表核查合规情况进行定期的内部检查，对相应问题予以纠正，无疑是非常明智的。

《员工调整与再培训通知法》（1988）

简要地说，作为一部联邦法律的《员工调整与再培训通知法》（Worker Adjustment and Retraining Notification Act，WARN）要求雇用人数达到或超过 100 名全职员工（即在过去 12 个月中至少工作了 6 个月，并且每周的平均工作时间达到或超过 20 小时）的雇主在决定关门停业或大规模裁员时，必须提前 60 天通知员工。[35]该法案的这项要求对于小时工人、领取薪金的员工、经理人员、一线管理人员同样适用，但公司合伙人、正在参与罢工的员工以及合同制员工不受该法案的保护。如需了解更多的关于该法案适用的人员的细节，可登录美国劳工部的主页查询。[36]

美国还有一些州制定了与《员工调整与再培训通知法》类似的法案，以扩大该法案的适用范围。例如，加利福尼亚州就规定，雇主在同一工作场所裁员达到 50 人时，必须提前 60 天通知员工；纽约州规定，在同一工作场所裁员人数达到 250 人时，雇主必须提前 90 天通知员工。

《退役军人就业和再就业权利法》（1994）

1994 年通过并且在 1996 年和 1998 年经过两次修订的《退役军人就业和再就业权利法》（Uniformed Services Employment and Reemployment Right Act，USERRA）规定，雇主不得歧视可能将被征召入伍或自愿参军服役的求职者。该法案还寻求确保所有的军人在结束现役之后返回民用就业岗位时，他们的资历、地位与薪酬水平保持与他们连续在原岗位上工作而未服役时相同的水平上。同时，该法案还保护个人不会因现在或未来的军人身份而在雇用、晋升以及保留等方面受到歧视。《退役军人就业和再就业权利法》由美国劳工部负责监督执行。

《越战退伍军人再适应援助法》（1974）（2002 年被《退伍军人工作法》加以修正）

《越战退伍军人再适应援助法》（Vietnam Era Veterans' Readjustment Assistance Act，

VEVRAA）禁止歧视受到法律保护的退伍军人，并要求承包政府合同金额在 2.5 万美元以上的联邦政府承包商或二级承包商采取积极的反歧视行动促进受到该法及其修正案保护的那些退伍军人的就业和晋升。该法案要求联邦政府承包商或二级承包商通过恰当的雇用服务提供系统发布职位空缺公告，并且优先雇用退伍军人来填补这些职位。该法案还规定，联邦政府承包商或二级承包商均须跟踪并且每年向联邦政府报告自己雇用的被该法案覆盖的退伍军人人数。

《消费者信用报告改革法》(1996)

根据 1996 年通过的《消费者信用报告改革法》（Consumer Credit Reporting Reform Act）的规定，雇主必须在准备获取信用报告之前事先告知求职者或员工，并且获得他们的书面同意。雇主在根据这些信用报告做出任何进一步行动之前，都必须让求职者或员工获得该报告的副本以及关于他们所拥有的权利的书面描述。

真实任职资格

在特定的情况下，一些受到法律保护的个人特征可以被认定为**真实任职资格**（bona fide occupational qualification，BFOQ），雇主以这些特征为依据做出雇用决策是合法的。所谓真实任职资格，是指某种特征能够对于成功履行某种相关工作职能是必不可少的。正如在迪亚斯诉泛美航空公司（Diaz v. Pan Am World Airways）一案[37]中美国最高法院所做的认定那样，只有当某种特征会影响一位员工履职的能力时，才能被视为该职位的真实任职资格。真实任职资格并不适用于所有的工作，且种族与肤色永远不能成为真实任职资格。而性别在特定的就业环境下才可以成为真实任职资格，比如在像更衣室这样只允许某个性别在其中工作的情况下。

在开始招募前，雇主必须首先编写一份详细的职位描述来明确该职位需要承担的工作职责，同时编写一份任职资格说明详细指明职位要求任职者必须具备的个人特征。只有当不具有某些特征（例如性别）的求职者确实无法履行工作职责，而不是基于某种刻板印象时，这些特征才能被列为真实任职资格。

在面试中，许多没有受过相关培训的用人部门经理会询问一些与不属于该职位真实任职资格的受保护个人特征相关的问题，这是一种常见的错误做法。本章的“技能开发”专栏列出了面试中的一些禁忌问题，并且解释了为什么不能问这些问题。

➡ 技能开发

不合适的面试问题

法院的判例与公平就业机会委员会提供的指南都禁止雇主在雇用劳动者之前向他们询问一些不恰当的问题，这些问题可能会将某个受保护群体中的成员不合比例地筛选掉，不属于对求职者的未来工作绩效进行预测的有效指标，或者无法被证明属于**业务必需**（business necessity）。[38]**受保护群体**（protected class）是指具有联邦一级以及（或）州一级的反歧视法律保护的某种特征的劳动者群体，而业务必需则是指雇主的某种重要业绩目标。

尽管面试问题本身不会存在合法性问题，但雇主还是要尽量避免可能会给自己的雇用工作带来违法隐患的问题。以下五类问题都是可能会产生雇用歧视性效果的面试问题[39]：

1. 你有几个孩子？与求职者婚姻状况、子女数量与儿童看护安排等有关的问题都可能被认定为歧视性问题。《民权法案》第七章规定，雇主因女性求职者有孩子或计划生孩子而拒绝雇用她们是非法的。

2. 你的母语是什么？如果英语熟练水平并非某个职位的必需条件，但雇主仍对此做出硬性要求，则少数族裔将受到歧视性负面影响，雇主也就违反了《民权法案》第七章的有关规定。当外语并非必要的任职资格条件时，询问求职者对于该种语言的听、说、读、写能力也是不恰当的。

3. 你加入什么俱乐部或组织了吗？法院可能会将询问这种问题视为寻找与工作不相关的信息，并且这些问题可能是基于性别、祖籍国或宗教信仰实施的歧视，而这些都违反了《民权法案》第七章的规定。[40]

4. 你身高多少？体重多少？如果雇主以最低身高和体重标准不合比例地将少数族裔或女性求职者筛选出去，却无法证明这种标准对于达成该职位的工作绩效确属必要，则此雇用实践就是违反《民权法案》第七章的规定的。

5. 你在圣诞节时能上班吗？如果面试官向求职者询问在任一特定宗教节日工作的意愿，则该雇主可能因违反《民权法案》第七章中关于宗教信仰歧视的有关规定而受到起诉。

全球性问题

关于雇用方面的具体法律规定在各国之间存在较大的差异。例如，墨西哥的员工不仅能够领取遣散费，还享有最高工时保护、额外支付工资的带薪休假、带薪节假日、带薪周末、带薪生育假、雇主缴费的住房补贴、年度利润分享奖金以及第13个月的薪资等福利。而上述这些待遇在美国的法律制度下均是不存在的。此外，墨西哥的宪法还对雇用方面的积极的反歧视行动做出了相关规定，并且明确禁止签订竞业禁止协议。[41]

在欧洲国家开展业务的美国跨国公司必须遵守这些国家的雇用法律的相关规定。尽管大多数欧洲国家的宪法或法律都有禁止实施雇用歧视的相关条款，但与美国的法律不同，许多欧洲国家都缺乏政府机构监督执行这些法律以及提起私人诉讼的相关配套制度。不过，这种情况正在改变，因为随着欧盟的建立，它们担心劳动者的就业权利和工作条件会逐步退化到某个成员国所代表的那种最低水平上去。正是出于这种担忧，欧盟的立法机构正在督促各成员国强化相关的法规规定。[42]

公平就业机会、积极的反歧视行动与配员定额

公平就业机会、积极的反歧视行动与配员定额经常遭受误解，并且常常处于社会争论的核心。因此，接下来我们将对它们进行逐一讨论。

公平就业机会

公平就业机会（equal employment opportunity，EEO）是指一家公司在设计和实施自己的雇用实践时必须采取一种“表面中立”的立场。“表面中立”的含义在于，所有的员工和求职者都必须得到一致的对待，而不能因为所具有的性别、种族等受保护个人特征的影

响。公平就业机会方面的法律要求企业必须对求职者的任职资格做出不带偏见的评价和解释。对员工配置实践实施一致性的管理被视为确保每一位劳动者获得相同的就业或晋升机会的重要手段，而不仅仅是为受保护群体中的劳动者提供这种机会。

一位劳动者不能因为以下几种个人特征而遭受歧视[43]：

- 年龄。
- 残疾。
- 祖籍国。
- 怀孕。
- 种族。
- 宗教信仰。
- 性别。

公平就业机会方面的法律还禁止雇主对员工进行报复性解雇以及实施性骚扰。此外，这些法律还禁止雇主仅仅因为性别原因而对某一类劳动者支付更高的薪酬，或者是因为员工怀孕这一事实的存在而加以歧视。

积极的反歧视行动

你可能在某个时候曾对什么是积极的反歧视行动产生过疑问。事实上，**积极的反歧视行动**（affirmative action）[44]是指美国政府为了消除各类歧视及其过去所产生的影响而做出的各种前瞻性努力。开始于 20 世纪 70 年代的积极的反歧视行动计划的目的在于改善 1964 年通过的《民权法案》的实施效果，因为《民权法案》提出了禁止在雇用方面实施种族歧视。正如林登·约翰逊（Lyndon Johnson）总统在 1965 年所说的那样："我们……不仅要权利上和理论上的平等，我们还要事实上和结果上的平等。"正是考虑到仅仅禁止实施正式的歧视并不足以消除雇主的种族主义行为，约翰逊签署了第 11246 号行政命令，要求联邦政府合同承包商采取更进一步的行动——积极的反歧视行动——来整合他们的员工队伍。这项行政命令要求获得联邦政府合同金额在 5 万美元以上且员工人数达到或超过 50 人的承包商采取积极的反歧视行动计划。

积极的反歧视行动计划的目标是为过去在就业方面被雇用比例过低的劳动者群体提供公平的就业机会。这些劳动者群体，特别是黑人、亚裔美国人、拉丁裔美国人与女性，都已被美国劳工部列为"受保护群体"。政府还要求针对残疾人、伤残退伍军人以及越战退伍军人等实施积极的反歧视行动计划。虽然第 11246 号行政命令要求联邦政府合同承包商制定雇用少数族裔和女性的目标，但尚没有法律或法规要求他们制定雇用其他受保护群体（比如残疾人和越战退伍军人）的目标。

积极的反歧视行动计划

积极的反歧视行动计划详细描述了在建立积极的反歧视行动方案之前需要采取的具体行动、需要遵循的程序以及需要达到的标准。积极的反歧视行动计划的内容包括但不限于遵守与招募、培训和晋升相关的非歧视性条款的要求。在评估积极的反歧视行动计划成功与否时，在程序上往往会考虑内部记录、内部稽核和报告等方面的情况。而雇主之所以参与积极的反歧视行动计划，通常是出于以下几个方面的原因：一是雇主自愿参与；二是法庭判决雇主必须参与；三是雇主为联邦政府合同承包商；四是雇主同意通过参与积极的反歧视行动计划来消除过去的歧视行为所产生的歧视性负面影响。

积极的反歧视行动方案可以使被雇用比例偏低的受保护群体中的合格求职者在就业中得到临时性的特殊优待。但这种特殊优待只能是在雇主受到歧视指控并且经法庭判决的案件中才允许。（换言之，雇主不得自行决定为哪一个劳动者群体提供特殊优待。）需要提供特殊优待的具体人数通常取决于市场上的合格求职者的可获得性或雇主的内部员工队伍中的合格候选人数量。但这些数量方面的目标并不会为特定劳动者群体设定具体的配额，也不能保证每一群体最终的录用比例相同或结果一样。在大多数情况下，积极的反歧视行动方案只是为了将被雇用比例偏低的劳动者群体整合到员工队伍中而设立一个自愿性的目标和相关的时间表。换言之，这些积极的反歧视行动计划仅仅是为雇主提供了一个用来制定自己的招募战略、雇用战略和晋升战略的基本框架。此外，即使一家联邦政府合同承包商未能达到这方面的目标，也不会被认定为违反了积极的反歧视行动方案的规定。但如果没有为实现这些目标而付出真心实意的努力则将属于违反了积极的反歧视行动方案的规定。[45]积极的反歧视行动计划应当是暂时性的，一旦雇主的员工队伍与可能供给的劳动力人口的分布情况一致了，这种计划就应当终止，并且必须以书面形式加以说明。

然而，积极的反歧视行动实践（即通过各种努力消除过去的歧视产生的消极影响）一直以来都饱受争议。不过，自从开始出现积极的反歧视行动计划之后，女性和少数族裔劳动者在就业方面确实获益巨大。在政府开始实行积极的反歧视行动努力之后的第一个 25 年中，黑人在员工队伍中的人数上升了 50%，在管理层中的黑人所占的百分比则上升了整整五倍。[46]然而，结果并非总能尽如人意。2013 年时，在《财富》1000 强公司的首席执行官中，仅有 20 人为女性。[47]

需要理解的非常重要一点是，有一些关键因素决定了一项积极的反歧视行动计划是否合法，尤其是当这种计划要求对某个特定的次级群体提供特殊优待时。有几个联邦法院的判决[48]有助于我们了解哪些要素能够确保为某个劳动者群体提供特殊优待的积极的反歧视行动计划没有违反《民权法案》第七章的规定。我们在表 3-3 中将这些要素做了一个概括。[49]相对于简单地给予某一劳动者群体特殊优待，雇主更好的做法是，首先确定他们正在寻找的与经营有关的个人特征是什么（例如，雇主的目标是雇用那些对于非裔美国社区比较了解且有影响力的员工），然后将这种经营所需的特征而不仅是受保护的特征作为雇用决策的依据。

表 3-3　涉及特殊优待的积极的反歧视行动计划[50]

- **积极的反歧视行动计划在本质上应当是补救性的。**雇主一旦被法院判定犯有歧视罪，则会被强制执行积极的反歧视行动计划来对其过去的歧视行为做出补救。对于虽然未被法院判定存在歧视行为但员工队伍构成却存在不平衡问题的雇主，也可以通过实施积极的反歧视行动计划来恢复员工队伍的平衡性。但如果雇主的员工队伍构成已经较好地反映了可供给的劳动力人口的结构，则很难为自己实施积极的反歧视行动计划找到合理的理由。
- **积极的反歧视行动计划不应当排除所有的非少数族裔。**尽管特定的劳动者子群体应当保持多少人数并不清晰，但如果积极的反歧视行动计划将所有的非少数族裔劳动者完全排除在外，则很可能会被法院判定为非法。
- **积极的反歧视行动计划应当是暂时性的。**一旦达成了积极的反歧视行动计划的目标，就应当适时终止。
- **积极的反歧视行动计划应当是正式的。**雇主在非正式的积极的反歧视行动计划（也就是说，那些缺乏正式的目标或缺乏对在该计划下将要采取的行动所做的正式描述的那一类积极的反歧视行动计划）下采取的行动过去被发现是存在歧视性的。

积极的反歧视行动计划不仅可以用于雇用决策，同样也可以用于解雇决策。在1986年发生的威甘特诉杰克逊教育董事会[51]（Wygant v. Jackson Board of Education）一案中，学校董事会被控为保护少数族裔教师而首先解雇了非少数族裔的教师，尽管这些非少数族裔教师都是有资历的。最终，最高法院判决该校董事会败诉，称不能为了保护少数族裔教师的利益而让非少数族裔教师承担损失："我们之前已经表达过对这样一个问题的担忧，即带有偏向性的解雇计划会让无辜者付出代价。在为了达到有效的雇用目标而解雇另外一部分人时，无辜者付出的代价最终也会在很大程度上扩散到整个社会。虽然雇用方面可能会让一些无辜者付出代价，但与被解雇者所承担的代价相比却不可同日而语。毕竟，丢掉现有的工作要比失去可能的工作机会对一个人的破坏性更大。"

雇主在发布招募信息时，应通过正式申明指出自己会确保公平就业机会或遵守积极的反歧视行动的要求。大多数企业或采用EOE/AA（即提供公平就业机会的雇主/积极的反歧视行动）等短语或缩写，直接表明自己是一家提供公平就业机会的雇主，或者是一家提供公平就业机会或会遵守积极的反歧视行动规定的机构。如果以上的描述还无法有效地招募到质量合格和数量足够的求职者，雇主还可以使用像下列这种更为明确和更积极的表述："非常欢迎被雇用比例偏低的候选人踊跃投递简历。"更多的关于积极的反歧视行动计划的样本请登录美国劳工部联邦政府合同合规计划办公室（OFCCP）的网站查询。

配员定额

配员定额（staffing quotas）确定了需要雇用某个特定弱势就业群体使其达到员工队伍的一定比例。配员定额的做法通常是违法的。其目标在于使公司员工队伍中被雇用比例偏低的劳动者群体最终所占的比例，能够达这类人在企业所处的劳动市场上所占的比例基本一致的水平。而企业所在的相关劳动市场的规模与位置则取决于职位本身的性质。例如，大学教授的劳动市场通常是全国性的，管理类职位和专业技术职位的劳动市场通常是区域性的，而一般公司职员和体力劳动者所从事的职位的劳动市场则是地方性的。

到了20世纪70年代后期，积极的反歧视行动政策的不足开始显现，逆向歧视即针对白人男子的歧视越来越成问题。1978年发生的具有标志性意义的巴基案从法律上明确了在大学招生中确定数量定额的做法是违法的。艾伦·巴基（Allan Bakke）是一名白人男性青年，他连续两年向一所医学院提出入学申请均遭拒绝，而这所医学院却接受了条件不如他的少数族裔申请者。该校有一项针对少数族裔申请者的特殊招生政策，为这些人预留了16%的招生名额。最高法院最终判决这种僵化的定额招生体系是非法的。不过，最高法院在判决书中也肯定了积极的反歧视行动的合法性。此外，在加州大学雷根特分校诉巴基（Regents of University of California v. Bakke）一案[52]中，法院禁止学校为推进种族多元化而将种族作为决定申请者是否能进大学的一个考虑因素，除非是将种族与其他因素放在一起考虑，或者是对每一种情况具体问题具体分析。在2003年发生的格鲁特诉博林杰（Grutter v. Bollinger）案[53]以及格拉茨诉博林杰（Gratz v. Bollinger）案[54]中，最高法院裁定，如果学校在招生方面为实现学生构成的"多元化"目标而努力，种族因素只是决定申请者是否能够进大学的众多因素之一，那么，学校就可以采取积极的反歧视行动。换言之，学校必须对每一名申请者单独做出评价，如果仅仅因为申请者的种族便提高其被录取的可能性，则这种招生政策就是违宪的。[55]尽管此类学校招生方面的诉讼并不属于《民权法案》第七章的管辖范围，所适用的机制却是相似的。

只要雇主能够证明自己没有搞任何形式的歧视，就无须确定不同类型的员工在自己的员工队伍中所占的比例。不过，如果雇主真的不确定这样的比例，就更有可能面临歧视诉讼。尽管法律并未对积极的反歧视行动、特殊优待政策和配员定额等做出强制规定，但也并未明文禁止。因为配员定额体系使得任职资格较差的受保护群体劳动者比任职资格更好的劳动者获得更多的被雇用机会，所以法律对于这种体系的具体特征及其适用范围都做了诸多限制。最常见的情况是，配员定额是法庭的一种强制要求，它要求雇主通过这种形式对自己过去曾经实施的歧视行为加以补救，或者是作为公司自愿采取的积极的反歧视行动的一部分实施。

执法机构

美国的地方、州与联邦立法机构有权制定、修改与废除各种法律法规，其中包括与配员和雇用有关的法律法规。立法机构还创建了各种机构来对这些法律法规加以解释、管理和执行。与配员有关的两大最重要的联邦执法机构是公平就业机会委员会（EEOC）和美国劳工部下属的联邦政府合同合规计划办公室。

公平就业机会委员会

公平就业机会委员会（EEOC）是根据《民权法案》第七章建立的，它的主要职责是受理和调查与非法雇用相关的指控，如果发现被指控的雇主其实是存在“合理理由”的，则力争解决双方之间的争议。后来，公平就业机会委员会的职责又扩大到了制定相关新立法以及对现有的立法加以修订。1972 年时，该委员会又被授予了执行一些特定法律的权力。到目前为止，公平就业机会委员会负责执行的联邦法律法规主要包括以下几部：

- 《民权法案》（1964）第七章。
- 《反雇用年龄歧视法》（1967）。
- 《怀孕歧视法案》（1978）。
- 《美国残疾人法案》（1990）第一章和第五章。
- 《康复法》（1973）第 501 条与第 505 条。
- 《民权法案》（1991）第 102 条与第 103 条。
- 《报酬公平法案》（1963）。
- 《反基因歧视法》（2008）。

公平就业机会委员会年均受理 9 万多起指控[56]，为解决积压的案件审理工作，该委员会最近扩充了员工规模。[57]即使是那些负责员工配置工作的职能部门人数较多且体系比较复杂的公司，也易受到此类诉讼的威胁。比如，公平就业机会委员会代理过一位信奉拉斯塔法里教派（Rastafarian）的劳动者起诉 UPS 的案件，UPS 仅仅因为要求来应聘汽车副驾驶的这位求职者剃掉自己的胡须便遭到指控。[58]公平就业机会委员会经常针对性别和种族歧视提起全国性的集体诉讼。[59]公平就业机会委员会关注的是**系统性歧视**（systemic discrimination），即一家企业的流程或实践对大量的求职者或员工实施歧视，而非仅仅针对某位员工个人实施歧视。

除了执行公平就业方面的法律，公平就业机会委员会还通过为雇主——其中包括中小企业和联邦政府雇主——定制一些能够满足它们需要的计划来鼓励它们自愿遵守相关法律的规定，并为它们提供相应的便利，同时还通过一些项目向公众普及公平就业方面的法律。公平就业机会委员会之所以想要确保招募官和用人部门经理基于客观的标准做出决策，同时遵守相关反歧视法律的要求，很重要的一个原因在于公平就业机会委员会起诉的往往都是一些系统性程度更高的歧视案件，而这类案件可能会给雇主带来数亿美元的经济损失。

如果雇主被公平就业机会委员会裁定为存在雇用歧视，无论是有意的还是无意的，都可能会被要求采取以下这样一些补救措施：

- 支付欠薪，或者是按照法庭判定雇主应当付酬的时间向原告支付薪酬。
- 雇用、晋升或恢复原来的职位。
- 提前付薪，或根据从法庭做出判决到员工重返工作岗位之间的这段时间，向原告支付薪酬。
- 提供合理的便利。
- 所有其他能够使一个人享有“完整”权利（即在未遭受歧视时应有的状态）的措施。

当公平就业机会委员会发现一家公司故意采取歧视行为时，则不仅可以要求企业向受害者因遭受歧视而在过去和未来蒙受的经济损失支付补偿性赔偿，同时还可以要求企业对受害者遭受的精神损失和不便支付补偿性赔偿。此外，如果发现雇主存在恶意歧视的情况，公平就业机会委员会还可以要求雇主支付一定的惩罚性赔偿（虽然惩罚性的赔偿并不能向联邦政府、州政府和地方政府征收）。近年来，公平就业机会委员会提起的工作场所歧视诉讼案件数量不断上升，每年产生的罚金数额也高达数亿美元。[60]公平就业机会委员会还可能要求企业采取纠正性或预防性的行动来根治被发现的歧视根源，从而将类似歧视重复出现的可能性降到最低。[61]关于公平就业机会委员会的合规手册，请登录公平就业机会委员会的网站进行查询。

员工规模在 15 人以上的所有雇主的雇用行为都必须留档。而员工规模较大的雇主还需要提交公平就业机会一号年度报告（EEO-1），具体要求取决于企业雇用的员工人数以及获得的联邦政府合同情况。[62]提供此类报告所需的公平就业机会 100 号标准表格可以在公平就业机会委员会的官网上找到。

联邦政府合同合规计划办公室

联邦政府合同合规计划办公室（OFCCP）隶属于美国劳工部[63]，它主要负责管理和执行与联邦政府承包商及其二级承包商相关的三个公平就业机会方面的法律法规，其中包括第 11246 号行政命令（后经第 11375 号行政命令扩展）、《康复法》（1973）第 503 条以及《越战退伍军人再适应援助法》（1974）中关于积极的反歧视行动的条款。联邦政府合同合规计划办公室的主要使命是，确保员工规模在 50 人以上以及承包金额达到和超过 5 万美元（以拨款、实物或服务等形式）的联邦政府承包商采取积极的反歧视行动来促进公平的就业机会，并且每年向联邦政府合同合规计划办公室提交自己的积极的反歧视行动计划。联邦政府合同合规计划办公室会对雇主的雇用实践进行系统性的审查，以确保它们能够遵守美国颁布的反歧视方面的法律。[64]不过，联邦政府合同合规计划办公室主要关注的在很大程度上都是涉及歧视的集体诉讼案件。自 2010 年 1 月奥巴马政府建立了国家同工同酬工作小组之后，联邦政府合同合规计划办公室就将打击薪酬歧视作为自己的首要工作。在最初的那两年时间里，该工作小组为超过5万名歧视受害者要回了2 400多万美元的欠薪以及5 500多个工作机会。此外，它还为500名劳动者要回了140万美元的欠薪和薪酬调整额度。[65]

联邦政府合同合规计划办公室通过一个软件系统来对联邦政府合同承包商进行合规性审查，这套软件能够将那些雇用少数族裔或女性的比例不足的联邦政府承包商标红。联邦政府合同合规计划办公室也会通过随机的方式以及根据投诉发现的问题来选取合规审查对象。一旦发现雇主存在歧视行为或违反了反歧视要求，联邦政府合同合规计划办公室在采取正式行政强制措施之前，通常会与承包商进行协商解决。对于那些在促进公平就业机会以及实施积极的反歧视行动中取得显著成绩的承包商，联邦政府合同合规计划办公室会授予模范志愿者成就奖（Exemplary Voluntary Efforts，EVE）和机会2000（Opportunity 2000）奖项。对违反第11246号行政命令的联邦政府承包商，联邦政府合同合规计划办公室虽然有权终结其承包合同，但此类执法行动极少发生，因为在采取这种措施之前，承包商有充足的时间通过预定程序申诉。[66]

联邦政府合同合规计划办公室如何定义“求职者”？

联邦政府合同合规计划办公室必须跟踪求职者的性别、种族与族裔等信息，并且必须分析雇主的雇用实践、政策或程序是否会对少数族裔和女性求职者造成“差别性影响”，因此对于联邦政府承包商来说，如何定义求职者就显得尤为重要。根据第11246号行政命令的记录保留规定，联邦政府合同合规计划办公室设定了雇主需要保留书面的求职简历和申请书的时间长度，对员工规模在150人以上且承包的合同金额在15万美元以上的联邦政府承包商，要求的保留期为两年，对其他联邦政府承包商，要求的保留期为一年。同时，联邦政府合同合规计划办公室还要求联邦政府承包商在可能的情况下，尽可能地记录下每一位求职者的性别、种族与族裔等方面的信息。[67]因为只有“求职者”才能依据联邦一级和州一级的反歧视法律法规来起诉企业的雇用决策存在歧视，所以关于求职者的法律定义就十分重要。正确理解求职者的定义可以帮助雇主将风险降到最低，同时防止自己不得不为进行自我辩护而做成本高昂的审计工作。

互联网求职者

为了帮助联邦政府承包商和二级承包商应对互联网给他们带来的负担——互联网使得每个职位都可能获得上千名求职者，联邦政府合同合规计划办公室于2005年发布了一个经过修正的“互联网求职者”定义。[68]对于“互联网及相关电子技术”，在联邦政府合同合规计划办公室的定义中包括电子邮件、简历数据库、职位空缺库、电子扫描技术、求职者跟踪系统、求职者服务提供商以及求职者筛选商。联邦政府合同合规计划办公室在2005年发布的这个定义仅仅适用于第11246号行政命令中规定的数据（即有关种族、肤色、宗教信仰、祖籍国与性别方面的数据）收集与记录保存方面的要求。[69]根据联邦政府合同合规计划办公室的求职者定义，一位通过互联网及相关电子技术求职的人只有同时满足以下四个方面的条件才能成为“求职者”：

1. 这个人通过互联网和相关电子数据技术表达了对一个职位的兴趣。
2. 这位承包商曾经考虑过雇用此人来从事某个特定岗位的工作。
3. 这个人在表达对该职位的兴趣时表明了其具备该职位所需要的基本任职资格。
4. 这个人在从这位承包商处获得录取通知之前，在雇用过程中的任何一个时点上都从未自行退出过，或者从未表示自己不再对此职位感兴趣。

让我们以一位希望雇用一名能说双语的生产监理的联邦政府承包商为例加以说明。这位承包商根据“四年制商科学位”和“精通英语与西班牙语”这两个搜索条件，到一个包含3万份简历的互联网职位数据库中去检索出了5 000人。接着，这位承包商又加入了“有两年管理经验”这样一个预设的基本任职条件，这样候选人的数量下降到了1 500人。接着，承包商又增加了第四个预设的任职资格条件，即“有生产企业工作经验”，候选人的数量进一步下降到85人。按照这样的规则，只有这85名求职者全部符合承包商提出的四项基本条件，因此，如果他们同时满足上面谈到的关于“互联网求职者”的其他三项条件，他们就是所谓的“互联网求职者”。

联邦政府合同合规计划办公室允许承包商采用数据管理技术——比如随机抽样或绝对数量限制——来减少对他们的职位表示兴趣的求职者人数，只要这些数据管理技术在表面上是中立的，并且不会对求职者个人的任职资格进行单独评价。例如，如果承包商收到大量求职申请，它可以选择只考虑前200名求职者。

在“基于申请者对特定职位的兴趣确定自己将要接触的求职者”方面，联邦政府承包商必须保留相应的记录，如果求职者是来自内部简历数据库，则承包商需要保留的数据包括：

- 纳入数据库的所有简历。
- 每份简历被纳入数据库的具体日期。
- 到这个数据库中来搜索求职者的具体职位。
- 每次搜索使用的检索标准以及检索日期。

如果求职者来自外部简历数据库，则承包商需要保留的数据包括：

- 在数据库中搜索过的每一个职位的记录。
- 每次搜索采用的检索标准。
- 搜索的具体日期。
- 能够满足承包商招人的具体职位要求的基本任职资格的所有求职者的简历，其中包括不符合“互联网求职者”定义的求职者。

联邦政府承包商必须保留与对其提供的特定职位感兴趣的且它能够接触到的那些互联网求职者的所有文件，其中包括求职者参加的测试以及测试结果，面试情况，确认求职者的种族、性别、族裔等的相关记录。[70]总的来说，联邦政府合同合规计划办公室只要求联邦政府承包商保留两类记录：一是可用于分析员工甄选程序对于互联网求职者产生的影响方面的记录；二是雇用测试（无论这种测试是否仅仅针对互联网求职者）所产生的影响，这是因为联邦政府合同合规计划办公室并不认为雇用测试结果属于基本任职资格的组成部分。尽管联邦政府合同合规计划办公室会使用劳动力统计数据和人口普查数据来判断某些任职资格条件是否会对属于特定种族、性别、族裔的求职者造成歧视性负面影响，但承包商最好也去做自己的分析。[71]

如前所述，联邦政府合同合规计划办公室关于互联网求职者的定义，仅仅适用于通过互联网及相关电子技术向联邦政府承包商提出工作申请的求职者。雇主并非联邦政府承包商或求职者并未通过电子渠道提供求职申请的情况，则适用于《员工甄选程序规范指南》[72]中关于求职者的定义：“对‘求职者’的准确定义取决于使用者的招募和甄选程序。求职者的概念是指对获得雇用、晋升或其他就业机会表达过兴趣的个人。这种表达兴趣的方式则视雇主的雇用具体实践而定，可以通过填写求职申请表来书面表达，也可以是口头表达。”[73]

雇主收集和保留的上述信息可以证明其员工甄选过程的合法性，并在受到任何法律指控时用于提供自我保护。此外，这些信息还可被用于对公司的员工配置体系进行评估。例如，求职者所得到的测试结果不仅可以在法律诉讼过程中用来证明公司的雇用实践是不带偏见的，还可以用来评价公司的各种招募来源的质量。为了避免可能会被提起的雇用歧视诉讼，雇主在员工甄选的过程中必须妥善保护好这些求职者的受保护个人特征的相关记录，使其不会被轻易泄露。

雇用诉讼的类型

招募、雇用、晋升和解雇等方面的错误流程都有可能会引发诉讼。不过，起诉雇主的员工通常都会试图证明公司从招募流程起便开始对他们进行系统性的歧视。[74]接下来，我们将讨论与员工配置相关的几类诉讼，并说明它们在法庭上胜诉的条件。

差别对待

差别对待（disparate treatment）是指雇主基于员工的受保护个人特征而有意实施的歧视。如果雇主的雇用决策（雇用或解雇）随劳动者的种族、宗教信仰、族裔、肤色、性别、残疾状况、年龄等而出现区别对待，则该雇主就对员工实施了差别对待。差别对待主要分两种情况：一为直接差别对待，比如，公司的政策是由拒绝雇用年龄偏大的员工而导致的；二为推定差别对待，此类差别对待可以从情境中推断出来，也可以从法律允许的要素和法律禁止的要素混合在一起的情况下推断出来，关于这些因素我们将在下面分别加以讨论。

推定差别对待案件

差别对待可以从情境因素中推断出来。要提起此类歧视诉讼，原告需要证明存在以下几个方面的情况[75]：

1. 本人属于某个受保护的易被歧视群体（性别、种族等）。

2. 本人曾申请过某个职位并且符合该职位的任职资格要求。

3. 尽管本人符合任职资格要求却仍然被拒绝。（原告无须证明自己是因具有受保护个人特征而遭到拒绝的，只需要证明尽管自己具备任职条件但仍然被拒。）

4. 在本人未获得雇用之后，该职位依然处于空缺状态，雇主仍在寻找与原告的任职能力相似的其他求职者。

一旦原告证明上述四项条件成立，则责任就转移到了雇主一方，雇主必须证明自己所做的雇用决策是基于业务必需的真实任职资格条件。被告可以提供的证据包括统计报告、效度研究结果、专家证词以及过去已有的成功经验或其他具有同等效力的证据。[76]

如果被告成功地用真实任职资格条件给自己做了辩护，则原告就会获得反驳被告的机会，即可以通过展示证据表明雇主所做的拒绝雇用自己的理由是错误的，或者仅仅是一个借口。要想提起一个能够被法庭接受的案件，原告只需要证明歧视是推动被告做出相关雇用或晋升决策的动因之一，只需要提供一个线索证明雇主的行为确实存在过错。

混合动机案件

在差别对待的**混合动机**（mixed motive）案件中，雇主会被指控在其所做的雇用决策中，既考虑了合法的因素，同时也考虑了非法因素。根据《民权法案》(1991) 的规定，原告只要能够证明雇主将某种受保护的个人特征（如种族、性别、肤色、宗教信仰或祖籍国）作为其做出某种雇用决策的驱动因素之一，无论这个因素所占的比重有多小，即使雇主在决策时也同时考虑了其他一些合法因素（比如原告经常迟到、频繁缺勤以及存在违反公司规定的行为等），那么，员工仍然可以提起非法雇用诉讼。只要原告能够证明歧视是雇主做出雇用决策的影响因素之一，则雇主就会被判歧视罪名成立。接着，雇主就需要向陪审团证明，即使不存在歧视动机，自己也会做出相同的雇用决策，以此来证明原告并未遭受经济损失或所遭受的经济损失其实并没有那么大。在混合动机分析方面，被告承担着主要的举证责任，即需要证明自己雇用决策并未受到原告的种族或性别的影响。而在差别对待案件中，则需要原告拿出相应的证据来证明雇主并非如其所说的那样没有实施歧视。

根据最高法院的判决，原告无须提供确凿的证据或直接的证据来证明某一受保护个人特征是雇主做出雇用决策的驱动因素之一，而只需提供一些不必与雇用决策直接相关的“情境证据”即可。[77]这包括一些可以使陪审团推断雇主存在歧视性动机的因素。例如，可以提供这样一个证据，即一位黑人员工因无故缺勤三次而遭到了解雇，但同样无故缺勤三次的白人员工并未遭到解雇。

歧视性负面（或差别）影响

无论某种行为的本意如何，只要这种行为对某个受保护的劳动者群体造成了不恰当的影响，就会产生**歧视性负面（或差别）影响**（adverse (disparate) impact）。有些雇用实践对待各种不同劳动者群体的方式从表面来看属于中立的，但当这些雇用实践与其他雇用实践相比时，便可以发现它们会对某个被保护的劳动者群体产生严重的歧视性负面影响，因而可能会受到法律的挑战。面对这种歧视性负面影响指控，雇主唯一能做的辩护就是这种做法属于业务必需或者与职位相关。

关于歧视性负面影响的一个经典案例是 1971 年美国最高法院受理的格里格斯诉杜克电力公司案（Greggs v. Duke Power CO.）。最高法院最终裁定，如果杜克电力公司无法证明要求求职者拥有高中毕业文凭或通过纸面的智商测试是“业务必需”，则该公司的这种做法就违反了《民权法案》第七章的规定，这是因为白人劳动者和少数族裔劳动者在学历和智商测试通过率方面是存在差异的。一些潜在的会导致歧视性负面影响指控的雇用实践还包括笔试、受教育程度要求、身高和体重要求、力量要求（比如能提起 50 磅重物）以及一些主观性的程序（比如面试）。在大公司的某个地方出现这种歧视性负面影响的可能性更大一些，这是因为大公司往往有更多的职位和职位族，或者是在同样的一般性领域中有更多的职位类别。

法律也不允许雇主为了减少对受保护群体的歧视性负面影响而调整或修改雇用测试分数。根据《民权法案》(1991) 的规定，若某种雇用实践“根据种族、肤色、宗教信仰、性别或祖籍国等或者是对测试分数进行调整，或者是设置不同的录取分数线，或调整相关雇用测试的结果，即为非法”。这就意味着，种族评分法——仅将某位求职者与其所属的劳动者子群体进行比较，并为每个次级群体设置单独的录取分数线的做法——是不合法的。

统计方法

有三种类型的统计方法可以用来论证是否存在歧视性负面影响，即存量统计、流量统计和集中度统计，下面我们将逐一加以介绍。所谓**存量统计**（stock statistics），是指雇主将自己在某个职位类别中雇用的男性、女性或少数族裔员工所占的比例，与符合任职资格要求且对这类职位感兴趣的同类劳动者在相关人口中所占的比例进行比较的一种统计方法。这种分析也称利用率分析，如果一家企业的男性、女性或少数族裔在本公司员工队伍中所占的比例与他们在相关人口群体中所占的比例相比更低，则说明这种劳动者群体的被利用度不够。

为了恰当地开展利用率分析，雇主必须根据职位族（一组相关职位）来编制存量统计数据，并且分别针对女性员工和少数族裔员工进行单独分析。企业通常都是将完成这种统计分析作为采取积极的反歧视行动的起点。然而，尽管统计出公司内部属于各次级群体的员工人数是相对简单的，但要获取各次级群体劳动者在相关人口群体中的比重就困难多了。在企业招募的相关领域具备任职资格条件的女性或少数族裔劳动者所占的比重必须被考虑在内，同时还需要考虑的是在公司内部可晋升、可调岗和可培训的女性员工和少数族裔员工所占的百分比，而这两部分数据都难以估计和衡量。不同劳动者群体的利用率不同并不能证明就存在“歧视性负面影响”，它们只不过是起到了一个提醒作用，即需要对企业的员工配置实践进行调查，以探究导致利用率偏低的原因。企业经常雇用经济学家来帮助自己进行利用率分析。此外，专家还建议企业在进行存量统计数据分析以及编制积极的反歧视行动计划的时候寻求法律协助。

表 3-4 中确定了一家企业的女性在文员职位族中的利用率以及女性在相关人口群体中所占的比例。从表中可以看出，女性员工在该公司的文员中占了 80%的比例，而男性则占了 20%的比例。而从右边的那一列中可以看出，在外部相关劳动力市场人口群体中，女性在文员供给中占了 60%，而男性则占了 40%。这表明，男性在文员职位族中的利用率偏低，这是因为他们的实际被雇用率（20%）要低于他们的可雇用率（40%）。

表 3-4　员工存量统计分析表（%）

职位类型：文员		
	现有文员分布	相关人口群体中可获得的人员分布
女性	80	60
男性	20	40

流量统计（flow statistics）将受保护群体的甄选比率——从各劳动者子群体中雇用的求职者人数在各种求职者总人数中所占的比例——加以比较，以判断这一比例是否与其他类型求职者的同一比例存在显著差异。如果某个劳动者群体的甄选比率确实存在明显的问题，则将证明存在歧视性负面影响。这种方法也是三类统计方法中唯一能够直接自行判定存在歧视性负面影响的一种方法。《员工甄选程序规范指南》[78]——这份指南可以在互联网上找到，网址是 www.uniformguidelines.com/uniformguidelines.html——强调了对流量统计进行计算和解释的要求。这份指南提出的要求包括：

- 雇主必须保持与雇用相关的记录，从而可以进行相关甄选比率（也称为求职者流量统计）的统计。
- 甄选比率统计必须根据求职者的种族和性别针对每一个职位族、内部雇用和外部雇用决策以及甄选决策的每一个步骤来进行。
- 运用 80%（或 4/5）原则来判断一家公司的雇用程序是否造成了歧视性负面影响。这一原则规定：“若任何一个种族、性别或族裔的劳动者群体的甄选比率低于甄选比率最高的那个劳动者群体同一比例的 80%或 4/5，则联邦执法机构通常会有理由认定雇主的雇用程序确实存在歧视性负面影响，而如果甄选比例超过了 4/5，则通常不会认为雇用程序存在歧视性负面影响。”[79]

● 80%原则仅仅是一个指南，可以在甄选比率之间的差异在统计上的显著性和在实际中的显著性等方面的问题（比如样本量过小）存在一些例外。

统计数据本身一般并不足以判定雇用实践是否造成了歧视性负面影响。在 2009 年发生的里奇诉德斯泰法诺公司（Ricci v. Destefano）一案[80]中，美国最高法院判定，雇主不能仅仅因为某一项评价测试的结果会对受保护者群体产生歧视性负面影响便忽略之。一旦雇主确定了甄选或晋升程序以及甄选标准，除非能够证明一种测试结果在种族偏好方面产生了不可被允许程度的歧视性负面影响，则将测试结果视为无效的做法就违反了《民权法案》第七章中所做的规定，即应当保证个人在工作场所中获得公平的机会，而无论其种族是什么。

但是，如果雇主从受保护劳动者群体中甄选出来的人数与在随机甄选体系下预期可以被甄选出来的人数之间存在的差别大于两个或三个标准差，法院也会判定雇主的雇用实践确实造成了歧视性负面影响。我们将在第 8 章讨论更多这个方面的具体细节。

表 3-5 反映了在销售代表职位类别中，男性与女性求职者的甄选比率存在的差异。要使用 4/5 原则或 80%原则来判定雇主的雇用实践是否造成了歧视性负面影响，首先需要找出甄选比率最高的那个求职者群体的甄选比率。在此例中，男性的甄选比率最高，达到 50%（200 人中有 100 人被雇用），而这个甄选比率的 4/5 或 80%应为 40%。因此，如果女性求职者的甄选比率低于 40%（实际上也是这样），那便足以证明此甄选过程中发生了性别歧视。

表 3-5 流量统计示例

职位类别：销售代表			
	求职者人数（人）	雇用人数（人）	甄选比率（%）
男性	200	100	50
女性	100	25	25

80%原则揭示了在招募时锁定目标为何具有重要意义。如果一个组织只是简单地锁定某个劳动者子群体进行招募，而不考虑这类劳动者子群体的才能、技术与质量，则其很可能会在无意中为自己制造一种容易违反 80%原则的客观情境。简单地扩大某个劳动者子群体的规模，却不注意保持和改进这类劳动者的质量的做法，也很容易导致某被保护劳动者群体的甄选比率降低，从而违反 80%原则。

集中度统计（concentration statistics）是指对在各种职位族中的人群分布比例加以统计，以判断男性、女性或少数族裔在特定员工群体中的集中程度。举例来说，一家企业中的女性员工人数可能占到员工总人数的 50%，但如果女性在职员类职位中占到了 90%，而男性却在管理类职位中占了 90%，那么这家企业的女性在管理类职位中的利用率偏低，而男性则在职员类职位中的利用率偏低。集中度统计数据自身虽不能直接证明存在歧视性负面影响，它却能给公平就业机会委员会提供一个对这位雇主的员工配置实践进行深入调查的理由，以进一步查明为何出现如此大的差别。

从表 3-6 可以看出，黑人员工在销售类职位中的集中度是 50%，西班牙裔员工在职员类职位中的集中度是 65%，而白人员工在管理类职位中的集中度则是 80%，这说明特定种族的劳动者集中于特定职位类别之中的现象确实存在，而这种现象可能表明该公司存在歧视。目前，对集中度进行评价的方式主要有两种。一种是将隶属于某个劳动者子群体（比如西班牙裔）的员工的分布比例，去与其他所有劳动者子群体中（如非西班牙裔）的员工的分布比例加以比较；另一种是将隶属于某个劳动者子群体的员工的分布比率，去与其他劳动者子群体中的员工的分布比率加以比较（比如将西班牙裔与亚裔或白人员工的分布比例加以比较）。在考察是否存在差别影响时，雇主最好是同时使用这两种比较形式。在对集中度进行统计方面，目前还不存在任何一种可以作为法律指南的标准测试工具，但雇主仍需尽早注意在组织的各种不同职位以及不同等级之间的员工分布比例差别。

表3-6　集中度统计示例（%）

	职位类别		
	销售类职位	职员类职位	管理类职位
白人员工	30	15	80
黑人员工	50	20	15
西班牙裔员工	20	65	5

立案步骤

一项歧视性负面影响案件如果要获得立案，则需要遵循以下步骤：

1. 原告必须能够证明（一般是通过统计数据比较），被起诉的雇主的雇用实践或甄选方法对某个特定的受保护群体造成了巨大的歧视性负面影响。[81]而被告则可以对统计分析结果提出自己的质疑或提供不同的统计数据。

2. 如果原告证明了同时存在歧视性负面影响，则雇主必须证明自己的雇用实践“与职位是工作相关的，并且是业务必需的”。[82]

即使雇主证明了自己的雇用实践及甄选方式是业务必需，原告仍可指控雇主拒绝采用其他一些既可以满足雇主的合法利益诉求，同时又不会带来歧视性负面影响的替代雇用方案。[83]

未雇用诉讼的辩护

在未雇用诉讼中进行抗辩的难度很大。在错误解雇或未晋升诉讼案中，雇主可以通过提供人事记录来证明自己做出的相关决策是基于合法的和非歧视性理由的。但是当雇主因未能雇用某位求职者而遭起诉时，手中通常并没有可以用来抗辩的关于这种求职者的历史信息。因此，对于雇主而言，为所有求职者都提供一份准确的职位描述，并且采用一种标准化且拥有完整记录的招募与甄选程序就显得十分重要。雇主在对求职者进行甄选时，应当使用客观、与职位相关的标准，并且将所有的招募官和面试官所做的各种记录以及各种测试和面试分数等归档，这些都能帮助雇主在法庭上为其针对每一位求职者所做的雇用决策进行辩护。[84]

对一个组织来说，避免卷入未雇用诉讼的最好方法之一是降低那些感到愤愤不平的求职者提起诉讼的意愿。如果一个组织能够对从多元化劳动者群体中获得求职者抱着一种富有前瞻性的和真诚的态度，并且在随后的甄选过程中能够以尊重和公平的方式对待所有的求职者，那些被拒绝的求职者诉诸法律的可能性也会小很多。与之相反，如果一个组织在获得求职者方面并没有努力从多元化的劳动者中去进行招募，并且不能做到对不同的求职者一视同仁，或者不能做到以一种公平和尊重的方式对待所有的求职者，则那些没有获得雇用的求职者提起诉讼的动机就会被强化。大公司的职位数量众多，对于求职者造成歧视性负面影响的机会也更多。因此，对于所有的企业来说，如果不想遭到求职者起诉，在招募与雇用程序中采用具有前瞻性的招募实践，同时关注求职者对于招募和雇用过程所做出的反应便非常重要，这一点对大企业而言尤为重要。

欺骗性招募

欺骗性招募（fraudulent recruitment），也称雇用真相，是指雇主对求职者故意提供关于职位或公司的虚假信息。当劳动市场供给紧张或者是当想要招募的那一类劳动力的失业率较低的情况下，雇主常常倾向于通过夸大自己所提供的职位可能带来的好处或者是做出不切实际的许诺来吸引新员工。如果雇主真的这么做了，员工就可以基于雇主欺骗性诱导理论向法院提起侵权诉讼。侵权诉讼是指原告控告本人受到另外一方的错误行为（但不一定是非法行为）的伤害，这种诉讼并不要求双方签订某种合同。原告要想提起这种欺骗性招募诉讼，必须证明自己所遭受的损失比失去被雇用机会带来的损失还要大。如果雇主故意夸大了一个职位能够给求职者带来的好处，则其遭到欺骗性招募起诉的可能性就更大。尽管雇用欺骗诉讼并不常见并且较难举证，但发生的频率越来越高。一旦在欺骗性招募诉讼中败诉，企业除了需要支付数目可观的赔偿金（一家石油公司的员工以公司未能兑现在招募时所做的承诺为由起诉了公司，最终获得了 1 000 万美元的赔偿），还需要承受因为雇主形象受到破坏可能给未来的招募活动造成的歧视性负面影响。[85]

在一宗欺骗性招募案中，科罗拉多州上诉法院判决一家公司因为在招募中向求职者隐瞒了职位信息而向被雇用的这位员工赔偿了 25 万美元。这家公司向原告展示出一家优良的雇主形象，向其描绘了一幅美好的未来发展前景，却隐瞒了公司存在财务损失的情况以及原告很快就会被解雇的巨大风险。法院认为，这家公司在招募中虽没有向每一位求职者披露财务状况的义务，但是如果雇主在招募中所提供的信息会使求职者对雇主的总体情况以及求职者自身的职业发展前景形成“错误的印象”判断，则雇主就必须把自身的财务状况充分告知求职者。[86]

即使尚未签订雇用合同或者在雇用合同中指明雇主在雇用之前并未做出任何承诺，雇主对为吸引求职者接受某个职位而说的那些话也需要承担相应的法律责任。换言之，即使是在自由雇用情况下，员工照样可以提起欺骗性招募诉讼。[87]此外，任何会对新雇用员工的薪酬或状况造成歧视性负面影响的行为都会使人们对雇主的诚信动机产生怀疑，而这都会给员工提起诉讼提供潜在的机会。在被员工起诉后，雇主要想为自己抗辩，只有证明自己在员工入职后采取了相应的干预和补救措施。

原告要想在这类欺骗性招募和雇用诉讼案中胜诉，必须能够证明以下五点[88]：

1. 雇主对某项重要事实做出了错误陈述。

2. 雇主知道或者相信这种陈述是错误的，或者是没有充分的证据能够证明这种陈述的真实性。

3. 雇主希望员工根据这种错误陈述做出决策。

4. 员工确实是基于雇主提供的这种错误陈述做出的决策。

5. 员工因此而遭受损失，比如搬家、从公司辞职或拒绝了其他公司的入职要求等。

当一位雇主通过欺骗方式阻止员工辞职时，员工同样可以按照欺骗性招募提起诉讼。在一个案子中，雇主在取得另外一家公司的控股权之后，为防止一位员工离职，就跟这位员工保证说公司“绝对不会做任何改变”，其工作保障性完全没有问题。于是这位员工选择留在公司里，但他很快遭遇了降薪，并且最终遭到解雇。在此案中，法院支持这位员工以雇主做出了欺骗性陈述提出的指控。[89]

雇主要想防止陷入此类诉讼，应要求所有参与招募与雇用工作的公司方代表不去做出任何与公司或职位实情不符的陈述，也不要就雇主并不打算提供的工作职责、薪酬、福利或工作保障等做出承诺。尽管以积极的方式对职位进行介绍是理所应当的，但比较好的一种做法是雇主对相关陈述加以规范，以避免求职者将这些陈述视为一种承诺。书面雇用合同应当对雇用条件做出详细而清楚的说明，如果相关职位是非永久性的，也应当说明其具有暂时性的特点。此外，还应当明确说明，雇用合同的效力要优于之前达成的所有与雇用有关的协议或默契。以书面方式告知求职者本公司奉行自由雇用原则的做法，也可以防止雇员将来被解雇时以公司承诺确保工作的长期保障性为由提起诉讼。[90]

过失雇用

过失雇用（negligent hiring）是基于普通法的下列原理提起的一种侵权诉讼，即雇主有义务不去雇用他们知道或应当知道可能会对第三方造成损害的求职者。如果雇主的某位员工对第三方实施了某种侵害行为，而雇主在雇用这位员工的过程中未能尽到仔细甄别的责任，则该雇主就被认为需要为该员工造成的损失负责。当雇主雇用的员工需要与公众、顾客、病人或儿童有大量的接触，或者这些员工所从事的工作使他们有机会进入别人家里或公寓中时（比如安装工、维修工以及送货员等），这一问题显得尤为重要。

如果一家公司通过核对求职者的推荐信、犯罪记录或进行背景调查之后，仍未能发现其无法胜任或不适合某个职位，则公司就需要为自己的过失雇用行为承担法律责任。而一位顾客、员工或其他第三方要想在一场过失雇用诉讼中获胜，则一般需要证明以下几个方面[91]：

1. 在雇主与员工之间存在雇用关系。

2. 这位员工不适宜从事此项工作。

3. 雇主知道或应当知道这位员工不适合从事此项工作（雇主未能进行背景调查可能会被法院判定其应当知道）。

4. 这位员工的行为或无知导致第三方受到伤害。

5. 雇主在雇用过程中的无知是导致原告受到伤害的主要原因。

一位雇主因为过失雇用而需要对其员工和第三方承担的责任主要取决于其在雇用员工时是否做到了足够谨慎。在雇用员工之前对他们进行必要的背景调查常常是雇主理应承担的责任。由于法律要求雇主尊重求职者的个人隐私，因此，企业要在不侵犯求职者个人隐私权的前提下尽可能进行深入细致的背景调查。例如，背景调查应当对拟雇用员工的犯罪记录进行调查，却不能对员工遭遇的未被确认有罪的被逮捕情况进行调查，这是因为这种被逮捕的情况往往是受到隐私权方面的法律保护的。雇主应当与拟雇用员工过去曾经工作过的所有雇主取得联系并对自己所做的所有调查做好书面记录。员工需要对自己的就业历史中出现的空缺时间做出解释。如果雇主的财务状况允许，则可以将背景调查工作外包给专业背景调查公司，这样雇主便不用因未能对员工的历史背景进行审慎调查而承担责任。[92]此外，进行常规性和持续性的背景调查也可以使公司在受到其他方面的控告时为自己进行辩护，比如差别对待和歧视性负面影响方面的诉讼。与过失雇用相似的另一类诉讼是无知留用诉讼，这种诉讼发生在公司已经了解某员工存在对自身或他人造成伤害的风险的情况下仍然留用这类员工时。[93]

过失推荐

美国越来越多的州允许以**过失推荐**（negligent referral）为由提起诉讼。过失推荐是指一位雇主在对自己的前员工所做的陈述方面提供了错误的信息或者是未能提供完整准确的信息。如果一位员工在新的工作场所中发生的事件本来是可以通过其之前的行为预见到的，则其前雇主就有可能因过失推荐而被起诉。例如，假设 A 公司的一名员工是工作绩效较差或者有暴力倾向的人，A 公司希望这位员工尽快离职。这位员工到 B 公司去申请某个职位，B 公司给 A 公司打电话要求提供该员工的背景信息。A 公司提供的关于该员工的信息很少，或者提供的是比较积极的信息，结果该员工在被 B 公司雇用后在工作中伤害了第三方。在这种情况下，不仅 B 公司会因过失雇用而被起诉，A 公司也可能会因为过失推荐而遭到 B 公司或受害人的起诉。[94]然而，令人遗憾的是，在美国已经发生过好几起护士在杀死病人之后，还能到其他医院继续当护士的事情。那么，这种事情是怎样发生的呢？这是因为这些护士过去工作的医院在为这些护士提供推荐信时，因为担心受到诽谤起诉，未能提供相关信息。[95]而诽谤被定义为“以损害原告社会声誉为目的向第三方做出对原告不利的虚假陈述”。[96]

很显然，在进行彻底的背景调查以及评价求职者是否具备与组织和职位相匹配的资格及潜力的过程中，对求职者的推荐材料进行核查是非常重要的一部分。但很多雇主因为担心遭到前员工对自己提起诽谤诉讼，控告自己使他们陷入无法找到新工作的困境，所以在提供关于前员工的背景调查信息时，仅仅提供关于前员工的工作起止日期、薪资以及职位名称等方面的简单信息。为了提高工作场所的安全性，美国现在已经有 30 多个州通过了相关法律，为在背景调查中针对前员工提供如实陈述的前雇主提供不同程度的豁免。然而，要说这种豁免是否真的为前雇主提供了免于受到诽谤诉讼的法律保护，还为时尚早。诽谤已经成为前员工起诉前雇主提供的推荐信存在问题的最常见理由。而在 20 世纪 90 年代以前，员工提起这类诽谤诉讼的情况很少见，但在非法解雇诉讼中，诽谤已经成为越来越多被引用的一个要素。[97]因此，虽然可以通过培训使企业中负责招募工作的人获得了解求职者所需的信息，但仍然很难通过背景核查向求职者过去工作的所有公司了解信息。

显而易见，即使是在法律已经在提供员工推荐方面赋予了雇主一定的豁免权，管理者在提供前员工的背景信息时保持小心谨慎仍然是一种明智的做法。然而，如果企业为免遭诽谤起诉而仅仅提供比较粗略的员工背景信息的做法，又有可能会导致企业未能披露它们本来应当提供的一些涉及前员工的信息，这后一种情况同样有可能使公司面临诉讼。对此，一些专家认为，最好的建议实际上是，如果前员工的行为在新的工作场所中不会给他人带来伤害，则公司就应该尽量少说。在为一位有问题的前员工写推荐时，什么问题都不说或仅仅提供正面的信息，都比简单地告知事实存在更大的风险。[98]

企业还应当对自己的管理人员进行培训，让他们了解公司对于在社交媒体比如领英

（LinkedIn）上提供推荐意见的政策是怎样的。如果一位管理人员对前员工所做的评价与解雇他们的原因并不一致，这些前员工便可以证明公司告诉他们的离职原因仅仅是一个借口罢了。例如，一位律师代理了一位因绩效较差而遭到公司解雇的名为杰米・斯凯的员工的案件，那么当这位律师看到杰米的前任主管在领英上写下了“杰米是我见过的最棒的员工”这样一句推荐语时，他肯定会欣喜若狂。[99]

商业秘密诉讼

根据已被美国大多数州立法机构接受的《商业秘密法》（Uniform Trade Secrets Act）的定义，商业秘密是指通常不为人所知且能给持有者带来市场竞争优势的任何类型的信息、程序、创意或“知识”。商业秘密包括范围广泛的各种保密性业务信息和专有信息，如化学配方、生产工序、商业策略以及在特定情况下的顾客名单。几乎任何一家企业都有需要保护的商业秘密，而为了将这些商业信息作为商业秘密保护起来，企业必须采取一些合理的预防措施，比如与员工签订保密协议、竞业禁止协议以及禁止泄露商业秘密的协议，以防止员工将公司的商业秘密泄露给竞争对手。一家日光房生产商曾违反竞业禁止协议雇用一名来自竞争对手的员工，并由此获取竞争对手的商业秘密，最终这家企业被法院判赔 860 万美元。[100]而百思买（Best Buy）最近将其竞业禁止协议的签订范围扩大至副总裁级和主管级员工，如果他们想获得公司的股权激励，则必须同意在离职至少一年之内不能为世界上任何一家竞争对手工作，也不能利用在百思买公司工作期间获得的创意或经验。[101]

当一位前员工被竞争对手雇用或者还在面试的过程当中时，公司便可以提起商业秘密诉讼。英特尔公司就曾指控博通公司（Broadcom）企图通过面试本公司员工获取商业秘密，法院判定博通公司确实试图在面试过程中获取英特尔公司的商业秘密，因而向博通公司发布了禁令。随后，法院要求博通公司修改自己的面试程序与培训程序，防止新员工被鼓励或被允许泄露前雇主的商业秘密。[102]即使是要求求职者列出过去经常发生业务关系的客户名单，或者是询问求职者能够带来的新客户名单，也有可能会因为行为不端而受到指控。

防止自身陷入商业秘密诉讼的最好方法就是阻止求职者泄露任何其他公司的受法律保护信息。面试官要知道哪些信息是受法律保护的以及向候选人提问的正确方法，并且应当在面试一开始时就提醒求职者不要泄露任何一位前雇主的机密信息。当要求求职者概述自己承担的工作职责和任职能力时，面试官应要求其略去一些取得的具体工作成就，因为其中可能包括一些会泄露商业秘密的细节。措辞比较仔细的面试问题包括：“请向我描述一下您在原公司的新食品开发方面起到的作用，但请不要涉及任何一种特定食品的配方信息。”此外，还可以在面试开始之前让求职者以书面形式确认公司要求其不要谈及任何商业机密或商业秘密信息。[103]

性骚扰

根据《民权法案》第七章、《美国残疾人法案》与《反雇用年龄歧视法》的规定，下列做法都是非法的：因一个人的种族、肤色、宗教信仰、性别、祖籍国、残疾状况或年龄等实施骚扰；因提起歧视指控、参与歧视案件调查或反歧视活动等对员工施以报复；因求职者与特定种族、宗教信仰、祖籍国或有残疾者存在婚姻关系或其他关系而拒绝雇用他们。[104]

《民权法案》第七章所做出的禁止实施性别歧视的规定也包括禁止实施性骚扰，其中既包括直接要求获得性好处的做法，也包括在工作场所中形成了一种对某一种性别的人具有敌对性的环境（其中也包括同性骚扰）。“敌对性环境”标准同样也适用于因种族、肤色、祖籍国、宗教信仰、年龄和残疾等实施的骚扰。性骚扰被认定为故意歧视的一种，如果一家企业被判定存在性骚扰犯罪，就会被陪审团判定支付惩罚性与补偿性赔款。

公平就业机会委员会的最佳实践

除了执行公平就业机会相关的法律规定，公平就业机会委员会还会针对公众和雇主实施一些教育计划，帮助它们了解公平就业机会方面的法律及其合规问题。而该委员会具体实施这种项目的方法之一就是，确定一些在公平就业机会和多元化方面的具体例子，然后从中总结出其他企业可以成功模仿的“最佳实践”[105]。根据公平就业机会委员会的定义，最佳员工配置实践应能满足以下几项标准的要求[106]：

- 遵守法律。
- 促进公平就业机会。
- 打破阻碍公平就业机会实现的一个或多个障碍。
- 体现出公司管理层对公平就业机会的承诺和责任。
- 确保管理层与员工之间的沟通。
- 达成显著效果。
- 并未引起或导致不公平。

一项成功的公平就业机会项目需要具备的几大关键要素可以概括为 SPLENDID 原则[107]：

- 学习（study）：了解相关法律规定及其标准，扫除公平就业机会障碍，向公平就业机会委员会、专业咨询人员以及相关组织或团队寻求帮助。
- 计划（plan）：了解相关的劳动力队伍与人口结构数据，界定问题，提出解决方案建议，制定执行策略。
- 领导（lead）：组织各级领导直面问题，并在组织的各个层面上为公平就业机会计划的实施提供领导力。
- 鼓励（encourage）：将员工之间的互动以及相互支持和尊重情况纳入绩效考核，并与他们的薪酬挂钩。
- 关注（notice）：监控公平就业机会实践所产生的影响，确保矫正性措施不会带来新的不平等。
- 讨论（discuss）：在组织内传递和强化关于多元化是一种重要的企业资产的理念。
- 包容（include）：将所有的员工和员工群体都纳入公平就业机会计划的分析、计划与执行的过程中。
- 奉献（dedicate）：分配必要的资源并持之以恒，在公平就业机会计划方面的投资可能需要过一段时间才能产生回报。

员工配置合法化的障碍

从战略的角度来说，要对员工配置需要关注的法律环境做出回应，雇主就必须在雇用和保留最有能力帮助组织开展竞争和实施经营战略的员工的过程中，严格参照法律要求及其相关指南来完成各项工作。除了要遵守员工配置方面的法律规定，企业还要积极主动地去寻找并扫除那些阻碍自己的员工配置活动合法化的障碍，为所有求职者提供公平的就业机会。

在实现就业机会的道路上依然存在诸多障碍，其中部分障碍只是针对某些特定的雇主，在本质上并非社会性或文化性的障碍。还有一些障碍是根植于社会或文化传统或规范之中，因而对于雇主来说属于外在障碍。接下来，我们将会对实现公平就业机会的一般障碍和特定障碍加以描述。

一般障碍

公平就业机会委员会的一份报告已经明确指出了在公平就业机会方面存在的一些最常见的障碍。[108]理解并积极地扫除这些障碍有助于减少雇主受控有意或无意实施歧视的机会，同时降低其产生的影响，因此我们将逐一对这些障碍进行讨论。

类我偏见

人们倾向与和自己类似的人交往。这种偏见可以说是人性的一部分，它可能是有意形成的，也可能是在无意间形成的。尽管这种做法可以使得人们在工作关系中达到较高的舒适感，但也可能导致有些人因为某些弱势群体特征——比如种族、性别、残疾或年龄——而遭到歧视。感知到的文化和宗教差异以及民族优越感等都会导致这种类我偏见的产生，并且使弱势群体无法获得应有的公平就业机会。

由于类我偏见会影响到对绩效水平所做的评价，评价者有可能会感觉那些与自己不太相似的员工不太胜任工作，而那些与自己相似的员工则更能胜任工作。例如，一位认定女性科学家的科研能力注定不佳的男性科学家是不太可能去雇用一位女科学家的。这种感觉可能会影响一家公司的招募活动锁定的人员目标，从而进一步对公平就业机会产生不利影响。

刻板印象

刻板印象是指基于某个特定群体中的所有人都具有相同的行为方式这样一种观念而形成的关于某个人或一群人的特定看法。比如“男性都喜欢运动”“女性都很会照顾人”“有某种长相的人都比较危险”等，都是刻板印象的具体例子。刻板印象是有害的，因为它仅仅根据一个人属于某个群体便对其做出评判，而不考虑其个人独有的特征。

人们可能会因为其他人的种族、肤色、宗教信仰、祖籍国、性别、残疾或年龄等产生刻板印象。刻板印象常常是消极和错误的，因而会对目标群体中的个人产生歧视性负面影响。[109]刻板印象还可能会滋生微妙的种族主义、性别主义、偏见以及不适，因此在确保公平就业机会的时候，必须对这一问题给予重视。如果一家公司的招募官与雇用经理在何谓好员工方面存在刻板印象，并且这些刻板印象是该公司在做出招募决策时依据的潜在信念和态度，则必然会对求职者的公平就业机会产生歧视性负面影响。

在招募中经常出现的一个刻板印象的例子便是因为某位求职者的“个人条件过好”而拒绝录用。因为雇主一般都会先入为主地认为，资历和经验丰富的求职者是不会对薪酬较低的职位感兴趣的，即使来了也会很快离职高就。尽管这种假设可能是真的，但在判例法上，根据合格的定义，一位个人条件过好的求职者确实也是一位合格的求职者，因此，雇主是不能因为这种原因就拒绝录用他们的。此外，如果一位实际合格的候选人并未得到雇用，则此人有可能会错误地认为自己遭到了年龄歧视。最好的做法是直接询问候选人对职位感兴趣的原因，他们可能确实是想换一下职业发展方向，或者就是想找一份比较轻松的工作。如果有证据表明这位求职者确实跳槽频率很高，则面试官就不用再单纯怀疑这位候选人未来的工作稳定性，而是可以更加理直气壮地淘汰这位求职者。[110]

无知

有些雇主——特别是一些小企业——由于不了解公平就业机会委员会的所有规定而因为无知导致了歧视的发生。尽管无知并不能成为合法的抗辩理由，但有些组织确实有可能是因无法获得准确的建议而不了解法律规定在本企业是如何应用的。事实上，即使是在那些专门设立了招募专员与雇用经理的大公司中，也有可能会出现不很精通雇用法律的情形。正如公平就业机会委员会曾指出过的，刻板印象是在无知的基础上产生的，但无知的后果要比刻板印象严重得多。[111]

偏见

尽管《民权法案》第七章已经生效几十余年了，但雇主或管理层偏向或不喜欢某个特定的目标劳动者群体时，赤裸裸的偏见还是会发生。[112]即使一家企业坚定地奉行公平就业机会原则，也有可能会出现其招募官与雇用经理的信念和行动与组织的政策和价值观不一致的情况。为了降低偏见发生的概率，企业可以采取的措施包括仔细甄选和培训招募官与雇用经理，对他们的绩效进行评价，并且对不同的招募官与雇用经理招募和雇用的员工的多元化情况加以跟踪，从中发现可能存在的潜在歧视趋势，以供下一步进行调查并关注。

受公平就业机会实践威胁的人产生的损失感

很多公司当年采取自愿行动来遵守公平就业机会方面的法律规定并关注公平问题，因此，在某个特定的劳动力队伍或特定职业中占据传统上的优势地位的劳动者群体，很可能会感到焦虑或者愤怒，认为自己反而因为公平就业机会受到了威胁。这些群体中的部分成员会认为需要通过阻碍他人的职业发展前景来保护自己的职业发展机会。[113]这可能会影响员工针对一个职位吸引多元化的候选人、客观地甄选多元化的招募对象以及说服他们接受组织的录用的意愿。

雇用经理

很多雇用经理常常缺乏对雇用法律的深入了解，他们可能并不知道，那些适用于员工的反歧视法律同样适用于求职者。在一项胜诉的歧视诉讼中，美国第七巡回上诉法庭认为，一家汽车经销商的雇用经理从未接受过与雇用偏见相关的法律规定方面的培训。法庭在判词中写道："对一家企业来说，让那些拥有雇用权力的经理人在基本的反歧视法律方面处于无知的状态，这是一个'极其严重的错误'。"[114]

很多雇用经理常常未经培训，也没有对在面试中如何提问做好准备。最常见的错误提问类型是与孩子看护与抚养有关的问题。如果一位雇用经理担心求职者可能会因照顾孩子而出现缺勤，这位雇用经理可以直接询问求职者可能的缺勤频率是多高，而不应去询问这位求职者的儿童看护安排。在面试中询问求职者关于出勤和生产率方面的问题是完全恰当的。[115]

特定障碍

与我们上面讨论过的一般障碍不同，对于一位雇主来说，还可能在实现公平就业机会方面面临额外的特定障碍。表3-7总结了美国公平就业机会委员会界定的部分较为常见的特定障碍[116]：

表3-7 公平就业机会委员会界定的公平就业机会障碍[117]

招募方面存在的障碍	● 未能为吸引多元化的求职者而做广泛宣传。 ● 招募实践忽略了或未能搜寻到全部的合格求职者。 ● 过度依赖非正式的招募网络（如“老哥们儿”网络）实施招募。 ● 缺乏或根本没有建立正式的招募系统。
晋升方面存在的障碍	● 在员工的反馈、绩效评价以及晋升程序等方面存在缺陷。 ● 处于受保护群体中的员工缺乏接触非正式沟通网络的机会。 ● 针对不同类别的员工采用不同的绩效评价标准。 ● 在提供关键性的职业发展经验以及被高层领导了解和与他们互动方面，员工缺乏同等的机会。 ● 在通向公司高层职位的过程中，负责公平就业机会的人力资源专业人员被排除在外。
雇用待遇和条件方面存在的障碍	● 不公平的薪酬。 ● 工作场所中的反生产率行为以及骚扰。 ● 对家庭不友好的雇主政策。 ● 不灵活的工作时间和工作条件。 ● 未能为合格的残疾人提供合理的便利。
解雇与裁员方面存在的障碍	● 在做出解雇决定时运用了不公平的标准；对不同类型的员工提供了有差别的补偿。 ● 未能针对解雇工作做好充分的准备。 ● 未能制定充分的鼓励员工自愿离职的激励措施。 ● 雇主与员工之间缺乏沟通。 ● 未能对被解雇的员工提供心理咨询、重新谋职帮助以及适当的培训。

通过招募与雇用战略提升雇主品牌

2003年6月，公平就业机会委员会以爱芙趣公司违反《民权法案》(1964)第七章为由向法院提起诉讼。公平就业机会委员会认为，爱芙趣公司为了强化其主要面向年轻白人的品牌形象以及营销战略而采取的招募实践，限制了少数族裔和女性的就业机会。公平就业机会委员会之所以提起这次诉讼，是因为有几位黑人、西班牙裔以及亚裔原告抱怨说，他们去应聘的时候，公司就会引导他们申请从事一些后台职位（比如仓储和清洁等），而不是从事销售岗位的工作。[118]后来，参加这一集体诉讼的人数扩大至两万多人。[119]

最终，爱芙趣公司与公平就业机会委员会达成庭外和解，爱芙趣公司同意放弃主要从白人青年群体中招募销售类员工的政策，尽管这一政策在其树立自身品牌形象的过程中作用巨大。作为协议的一部分，该公司同意雇用25名多元化的招募官，并为雇用女性和少数族裔劳动者设置了雇用基准。同时，公平就业机会委员会还要求爱芙趣公司在其所有营销材料中“体现出多元化，即反映出美国的主要少数种族人口群体”。[120]因此，爱芙趣公司不仅要改变其现有的招募和雇用实践，还要在市场营销材料中避免出现歧视。现在，在其季刊、购物袋、商场海报与其他营销材料上，爱芙趣公司使用的模特都越来越多元化，以此鼓励少数族裔到公司来求职。[121]尽管爱芙趣公司坚称自己无罪，它还是同意雇用一位监督者，为所有拥有雇用权的经理提供关于员工队伍多元化的培训，并且将员工队伍实现多元化方面的目标达成程度纳入管理层的奖金和薪酬的决定因素。[122]

力图为自己的销售队伍建立起一种特定的形象本身并不违法，但正如公平就业机会委员会总顾问埃里克·德雷班德（Eric Dreiband）警告的那样："如果招募官在雇用过程中使用了某种主观的或'创造性'的标准，则雇主就需要谨慎考虑这种做法可能造成的歧视性负面影响。""企业需要考虑这种'创造性'的标准是否会滋生歧视，在爱芙趣公司一案中，这种'创造性'的标准便创造出一支以白人男性为主体的销售队伍。"[123]德雷班德这样说道，"企业不能以市场营销战略或塑造特定形象为名对劳动者实施歧视，雇用过程中的性别歧视和种族歧视是违法的。"[124]

自从达成和解至今，爱芙趣公司在员工队伍多元化建设方面取得了巨大成就。2004年以来，该公司的非白人店员数量翻了四倍，并且与少数族裔集中的大学建立了良好的招募关系。此外，该公司还发起了"文化灵敏度"培训计划，以帮助员工们更好地回应多元化人群的需求，学会从多元化的视角出发做决策，以及培养他们如何领导存在文化差异的员工。爱芙趣公司还会举办两年一度的多元化锦标赛，以挖掘公司内的多元化明星。[125]

本章总结

鉴于美国联邦和各州制定的关于员工配置的法律法规都会影响企业的员工配置实践，开展员工配置活动的企业都需要深入理解这些法律的相关规定。如果一家企业在招募过程中未能遵守政府的相关要求，即使是无意，也可能会给自己带来歧视性负面影响。值得庆幸的是，政府一直在努力帮助企业来遵守这些法律规定，为企业提供了很多"最佳实践"方面的建议，并且鼓励企业在解决员工队伍中存在潜在的代表性不足问题时采取积极的态度。除了能有助于免于陷入法律纠纷，很多企业还意识到扩大候选人来源以及更高质量的雇用在这样一种情况下所具有的好处，即企业为了遵守法律的要求，需要更多地招募和甄选过去忽略了的一些人才来源。

讨论题

1. 法律禁止雇用歧视仅仅对求职者有利吗？企业可以从遵守反歧视法律中获得什么利益吗？如果可以，那么可以获得怎样的利益？

2. 什么是"自由雇用"？如果一家企业公司正考虑采取这种雇用形式，你会给出什么建议？

3. 流量统计、存量统计、集中度统计三者之间有什么不同？每一种统计是如何应用的？

4. 什么是积极的反歧视行动？什么是积极的反歧视行动计划？你认为积极的反歧视行

动对于修补过去发生的歧视是一种好的做法吗？为什么？

5. 你认为在本章中所列的影响员工配置合法化的一般障碍中，哪三个是最常见的？企业可以采取哪些措施消除这些障碍？

案例分析

全球性生物制药企业辉瑞制药公司相信，一支多元化的员工队伍更具创新性与创造性思考能力。[126]该公司还认为，包容是公司希望在员工中培育的主人翁文化的基础。[127]辉瑞公司还意识到，要想吸引和留住多元化的员工，公司就必须更多地关注多元化以及包容的问题。除了依靠由来自全球各地高层管理者组成的世界多元化和包容性领导力理事会，辉瑞制药还特别为员工建立了各种资源小组，比如专门针对残疾员工、拉美裔员工、非洲裔员工与非异性恋员工的小组，让他们的意见能够更好地影响公司的经营结果。[128]

思考题

1. 为什么辉瑞制药公司对提升员工队伍的多元化和包容性如此感兴趣？

2. 积极关注多元化与包容性问题会如何有助于提升辉瑞制药公司的法律遵从程度？

3. 如果你负责辉瑞制药公司的多元化与包容性建设，你会采取哪些措施来进一步推动公司的多元化与包容性？

案例研究作业　切恩公司的战略性员工配置

请参见本书后面的附录来完成本案例研究作业。

第 4 章 战略性职位分析与胜任素质模型构建

学习目标

学习本章之后，你应该能够：

1. 解释为什么进行职位分析是具有战略意义的。
2. 描述不同类型的职位分析及其不同用途。
3. 界定职位描述以及任职资格要求及其用途。
4. 描述不同职位分析方法的优缺点。
5. 描述如何做好职位分析规划。
6. 描述如何实施职位分析。

开篇案例

迈塔系统公司的工程师胜任素质模型

迈塔公司（MITRE）是一家专注于为公众利益服务的非营利机构，它最擅长的是系统工程和信息技术。[1]在迈塔公司的 7 600 名科学家、工程师和支持专家中，大约有 2/3 拥有硕士或博士学位。迈塔公司的员工参与公司中数百个不同的项目，他们所承担的角色要求他们具备高水平的技术、运营和专业知识。[2]

为了增强自己在关键领域的战略能力，迈塔公司希望为自己的系统工程师开发一套胜任素质模型。[3]系统工程需要将所有各个工程学科和相关专业小组整合到同一个项目之中，从而保证在该项目的运转周期内能够平衡和满足所有利益相关者的需要。迈塔公司相信，针对系统工程师设计出更适用和准确的胜任素质模型有助于改善员工招募和配置活动以及员工开发项目。假设现在迈塔公司请你来设计这套胜任素质模型。在学习本章内容之后，你应该能够提一些好的提议。

组织中的每一位员工所做的工作都应该有助于企业的经营战略实施，能够为组织的有效性做出积极的贡献。有时候，员工的这些行为是在一个正式的**职位**（job）上产生的，有时则是从员工在组织中需要扮演的不同**角色**（role）或预期的行为模式中产生的。[4]有些组织是在职位（比如生产线上的岗位）界定清楚并且结构化良好的情况下能够发挥最好的功能。有些组织则是在员工能够扮演多种不同的角色，有时甚至角色处于变化之中的时候——这些角色无法用单一的职位描述来表达——才能发挥出最好的功能。有时候，职位还会被加以扩充，以容纳组织新雇用的人才，这些人才拥有与最初的职位描述无关的某些特定领域的才能。

刚成立不长时间的组织往往需要为数不多的员工承担多种不同的角色，履行从财务、人力资源、产品研发到销售和市场在内的多种工作职责。严格而正式的职位描述会限制这类组织的需求。一些组织倾向于让员工更为灵活地工作，比如像埃森哲（Accenture）和普罗西康（Proxicom）等咨询公司就期望自己的员工能够灵活地工作，而对职位描述较少依赖。许多组织对某些职位给予正式职位描述，比如行政和文职岗位，而对强调创造性和领导力的岗位则更多地依赖结构化程度较低的一些工作角色。比如，宝洁公司在雇用员工时就常常没有明确的固定岗位，它更看重吸引具有一定的软技能以及在公司中具有发展潜能的人。[5]

无论一家公司到底是更为依赖职位还是角色，被雇用来的人都必须具备公司需要他们具有的胜任素质和工作动机。公司想要雇用到合适的候选人，就必须清楚地知道希望员工进来以后在目前和未来需要完成哪些工作。职位分析就是员工配置专业人员首先明确一个职位要完成哪些工作任务，然后再去评估员工为完成该职位上的所有这些工作任务要达到哪些方面的要求。如将对一个职位的要求与企业的经营战略结合到一起，并且考虑到该职位在短期和长期中需要满足的需求，则职位分析过程就能够成为给公司带来竞争优势的一种战略工具。想象一下 20 世纪 90 年代的企业营销工作，那时候，互联网刚开始对商业活动产生影响。假设一家企业计划在未来的一到两年内将互联网作为自己的市场开发工具，那么雇用不能运用这种技术的市场营销人员就会是一个非常错误的战略选择。职位分析能够明确企业要雇用的是何种类型的求职者，以及应当基于哪些关键特征去对求职者做出评价。职位分析还能够确定员工的职业发展通道以及导致员工离职的各种可能的风险因素。

当花旗金融公司（CitiFinancial）针对信贷工作做职位分析时，它找出了与这种工作有关的三个不同层次的职位以及对于这三个层次职位最为重要的 10 种技能和能力。这就使得花旗金融公司能够根据各个层级上的员工所应具备的特定技能和能力来雇用员工。[6]

以持续和可预测的方式完成工作的职位是很容易分析的。但是对于围绕网络、团队、角色构建起来的组织而言——而不是围绕那些职位界定清楚的个人构建起来的组织，职位分析就不太有用了。[7]由于员工在不同群体中的工作角色是变化的，角色对于每一位员工来说都是独特的，因此常常无法通过职位分析来对这些人所从事的工作加以界定。

因此，对员工在这些岗位上所扮演的更为宽泛的角色加以评价，而不是对具体的职位加以评价，或许能够更好地抓住这些灵活的以团队为基础的工作所需要承担的责任及其对任职者的要求。[8]像这样一个考察角色而不是职位的过程便是胜任素质模型构建，它分析的是扮演这些角色需要具备的更为广泛的胜任素质，而不是具体的职位。比如，诺德斯特龙公司制定的顾客服务战略意味着它需要雇用的员工应当具备如下胜任素质，即关注顾客、有良好的人际关系处理能力以及较高水平的销售技巧；而沃尔玛公司确立的低成本战略则意味着它要雇用的是以效率为导向的员工。非常重要的一点是，要考虑一个职位如何能够最好地促进战略的实施，而不是仅仅考虑需要完成哪些工作任务。胜任素质模型构建可以确认一些“额外的”行为和特征，所以它常作为职位分析的一种补充，即使职位已经被界定得非常清楚了。

职位分析可以促进战略的实施。通用电气公司通过对销售人员进行职位分析发现，销售人员 80%的时间都花在了日常行政事务性工作中，而不是能够直接促进销售的那些活动中。

这一发现使通用电气公司对自己的销售代表的功能进行了重新组织，从而使他们的工作活动能够更好地与公司的使命联系在一起。[9]

在本章中，你将学到实施职位分析和胜任素质模型构建的一些基本知识。在学习本章之后，你应当能够更好地理解如何确定一个职位的必备要素，并且确定为执行企业经营战略以及为企业带来竞争优势，员工需要完成哪些工作任务。

职位分析及其背后的战略

职位分析的类型

职位分析（job analysis）是确定和描述关于一个职位的重要方面以及想要胜任该职位的员工所需具备的个人特征的系统过程。职位分析明确了一个职位需要承担的重要工作任务、工作条件以及在完成工作时需要使用的工具和技术等方面的信息。它还涉及判断员工在特定的经营战略和组织文化背景下，为了很好地履行该职位的职责需要做些什么。职位分析并不必然意味着对当前的任职者加以描述，然后照此雇用与其类似的人。职位分析的目标是从公司、战略以及与将会被雇用来的人共事的其他员工的角度来确定职位的最佳人选。

职位分析被运用于整个人力资源管理体系中的很多目的，其中包括：

- 确定一个职位的入门要求。
- 为企业制定一项战略性的招募计划。
- 甄选准备雇用的员工。
- 制定员工培训计划。
- 设计员工薪酬体系。
- 确定绩效评价指标。

职位分析同样可以帮助人力资源管理专业人员把职位划分为**职位族**（job families），即把对任职者的个人特征有相似要求或者包含同类型工作任务的职位划分到相应同一组别之中。职位族的存在使得企业能够允许员工从事不止一个正式职位的工作，从而具备一定的灵活性。职位族的存在还使企业可以精简员工配置流程，因为企业在这种情况下可以从同一个候选者人才库中雇用员工从事不同职位的工作，对这些候选人运用同样的甄选程序，并且在晋升员工时采用相同的系统性程序。表 4-1 举例说明了如何将不同的职位划分为职位族。

表 4-1 将职位划分为职位族

职位族	职位族中的职位示例
人事招募类	招募专员
	招募主管
	人力资源专员
	雇用助理
文秘类	秘书
	打字员
	部门秘书
	行政助理

续表

职位族	职位族中的职位示例
化学工程师类	项目工程师
	化学工程师
	工程科学家
	科学家

在用于不同的目的时，需要采取不同的职位分析技术。这里我们感兴趣的是那些与员工配置目的有关的职位分析技术。以员工配置为导向的职位分析最终需要有助于开发出能够帮助企业确定最佳职位候选人的有效的或与职位相关的招募计划和甄选工具。有助于产生一套有效的甄选系统的职位分析应当能够在候选人身上找到如下这样一些个人特征：

- 能够将优秀员工与一般员工以及较差的员工区分开来的一些特征。
- 不容易通过实际在职工作具备的一些特征。
- 在候选者人才库中至少有一定比例的人具备的一些特征。

职位分析的方法有很多，大部分都需要由一位职位分析员管理职位分析过程以及通过访谈和书面问卷调查的方法从职位专家——通常是当前的任职者以及他们的直接上级主管——那里获取相关信息。职位分析员此后还要整理和总结这些信息，最后再让职位专家来核实对他们所从事的工作所做描述的准确性和完整性。在实施战略性的员工配置之前，很关键的一点是，必须能够充分理解职位对于组织所产生的贡献以及职位的主要特征及其要求。像欧乐B（Oral-B Laboratories）、量子化学公司（Equistar Chemicals）在决定如何为其关键职位配置员工之前，都会实施彻底的职位分析。

研究发现，进行过有效的职位分析的企业在财务方面的表现以多种方式超过竞争对手。[10]如果不能理解一个职位是如何对企业的经营战略实施做出贡献的，就不可能持续雇用能够以强化公司战略实施的方式来完成工作的员工。比如，一家实施专业化经营战略的制造企业，很可能会倾向于雇用受过高等教育并且在特定领域具有教育和实践背景的销售代表，这些背景使得这些销售代表能更好地对企业的利基市场做出贡献。但那些实施低成本战略的制造企业则倾向于雇用注重效率的销售代表，他们能够很好地完成销售工作，同时还愿意接受低一些的工资，这样有助于企业控制成本。

未来导向型职位分析（future-oriented job analysis）[11]是一种用来分析新职位或职位未来情况的技术。传统的职位分析侧重于描述职位在当前的情况，而未来导向型职位分析则侧重于确定企业预期在未来需要的一些技能。请大家想一想当电脑在20世纪90年代刚刚进入工作场所时典型的行政助理职位的情况：那时候，企业在甄选行政助理时会看候选人在将口述录音机转化为文字方面的速记技能。而如今的状况就大不相同了。有时候，职位的变化速度很快，这导致很难以一种满足成本有效要求的方式来维护现有的职位描述。在这种情况下，很多企业就需要重点聚焦于那些关键职位或那些经常需要被填补的职位，只有这样才能实现投资收益的最大化。

图4-1描绘了这样一种情况，即在进行员工配置时，需要使一个职位现在以及未来的工作任务和职责与员工的个人特征和胜任素质相匹配，同时使该职位的内在和外在报酬与员工的需要和动机相匹配。为了对职位分析做一些补充，有些组织还通过进行组织分析来识别与组织文化最相匹配的员工个性特点。在那些为员工提供在工作中施展个性的充分自由的企业中运用这种方法是最好的。[12]

当前及未来的工作任务和职责	匹配	员工的个性、知识、技能、能力以及胜任素质
工作的内在及外在报酬	匹配	员工的需要、动机以及价值观

图 4-1 职位-员工匹配的内容

实施职位分析的法律及现实原因

如前所述，职位分析能够帮助企业雇用到最能为组织的有效性和绩效做出贡献的员工。然而，企业实施职位分析也有法律方面的原因。这就是，法律要求企业必须能够证明自己的雇用方法是与职位相关的。职位分析有助于准确地列出一个职位的重要功能清单以及承担这一职位的员工所应具备的较为理想的必要任职资格条件。由于候选人必须满足书面描述的职位相关要求，因此，根据客观的标准来起草一份职位描述就成为帮助企业避免在未来出现雇用失误以及陷入不正当解雇诉讼的非常关键的一步。

法律并没有要求企业必须实施职位分析，但职位分析的确增强了企业仅仅根据职位要求来雇用员工的能力。比如，根据《美国残疾人法案》的要求，只要残疾候选人在企业提供合理便利的条件下可以履行一个职位的核心职能，则他们就应当被纳入该职位的候选人范围之内。

实施职位分析有助于员工配置专业人员系统地辨别一个职位的核心功能以及履行这些功能的员工所需要的知识、技能、能力及其他个人特征（KSAO）。比如，如果一个职位需要任职者登爬梯子，那么把这项要求写进职位描述之中就会帮助雇主避免受到下面这样一种控诉：一位坐轮椅的残疾人宣称自己因为残疾而受到了歧视。[13]《美国残疾人法案》将**核心职能**（essential functions）定义为岗位需要承担的基本职责或工作任务。根据《美国残疾人法案》的规定，一项职能在以下但不限于以下几种情况下，可以被认定为核心职能：

● 该职位存在的目的就是为了履行这项职能。

● 能够被安排来承担这项职能的员工人数是有限的。

● 这项职能是高度专业化的，现在的任职者正是因为具有履行这项特定职能的专长或能力而被雇用的。

● 不要求任职者承担这项特定的职能的后果是很严重的。

● 这项职能是集体协议中的相关条款要求的。

因此，在设计招募和甄选系统之前实施职位分析是十分关键的。而为了达到法律方面的要求，一项职位分析必须能够做到：

1. 能够有效确认任职者为完成工作必须具备的 KSAO，并且对任职者的这些要求能够把优秀员工和刚刚合格的员工区分开来。

2. 以书面形式呈现并且与特定的职位相关。

3. 通过多种渠道来源获得信息。

实施职位分析的现实原因有很多，除了强化员工配置的有效性，职位分析对于人力资源管理的其他活动也有益处，比如绩效管理、薪酬管理、培训、开发以及继任者计划等。表 4-2 总结了与员工配置有关的这些方面的原因。

表 4－2　实施职位分析的现实原因

- 把员工配置过程与企业经营战略以及企业的未来岗位需要结合起来。
- 帮助人力资源工作者编写关于职位要求及其承担的工作职责的准确描述，从而达到为一个职位空缺进行广告宣传和招募的目的。
- 帮助人力资源工作者准确描述组织需要招募的员工类型。
- 有助于确定在填补某个职位空缺时应当使用的甄选方法。
- 有助于揭示如何以最有吸引力的方式将某个职位能够提供的工作报酬展现给候选人，从而能够与候选人的需要和兴趣相匹配。
- 有助于确认针对某个职位的现有员工配置系统在哪些方面要有所改进。
- 能够为企业将一位候选人在各种不同评价方法中的得分合成一个总分数，从而与其他不同候选人的分数加以比较奠定基础。
- 有助于潜在的被招募对象根据自己与某个职位的要求和所承担的职责之间的匹配程度来决定是否去求职。

职位描述和人员描述

员工配置导向型职位分析的主要成果之一就是**职位描述**（job description），也就是与职位本身相关的各种工作职责的一份书面描述。职位描述的内容通常包括：

- 组织的规模和类型。
- 职位所在的部门及职位名称。
- 职位等级。
- 职位的直接上级和直接下级。
- 职位需要承担的工作职责总结。
- 职位偶尔需要承担的工作职责总结。
- 任职者在工作中需要使用的特定设备。
- 特定的工作条件（需要轮班工作或在周末工作，或需要因公到海外出差等）。
- 与他人接触的目的以及频率。
- “需要承担的其他工作职责”的表述，代表职位内容可能出现的一些变动或需要完成的一些特定项目。

职位描述通常会作为组织提供的招募材料的一部分，用来告知潜在候选人需要填补的职位有哪些要求和需要承担哪些工作职责。在为撰写招募广告而编写职位描述时，要避免使用模糊的语言，同时要抓住目标求职者的兴趣。所使用的语言要能够使求职者容易理解这个职位是干什么的以及自己是否符合这个职位的要求。此外，从吸引具备某些较为理想的个人特征和质量的求职者的角度来说，传递一些关于企业及其文化方面的信息也是很有用的。研究发现，包含了公司价值观[14]以及工作要求[15]等方面信息的招募广告，能够更为有效地提升该职位对于与这些价值观和企业要求相匹配的候选人的吸引力。为了最好地吸引高素质人才，在招募广告中还应当包含为本公司工作可能给个人带来的利益等方面的信息。提供关于晋升机会、工作和生活平衡以及职业发展等方面的信息可以使企业变得更具吸引力。

餐饮连锁企业红龙虾公司（Red Lobster）认为，尽管为满足联邦政府法律指南的要求，在职位描述中应当明确职位的核心职能，但这并不意味着职位描述一定是刻板无味的。这家公司在职位描述中除了包含了职位的核心职能，还把公司的基本原则、价值观、使命陈述等加入其中。在完成职位分析之后，红龙虾公司明确了哪些是经理人员该做的事情，然后再开发出一个胜任素质模型来将这些事情与企业的经营战略、使命、愿景等结合在一起。由于完善之后的职位描述能够帮助求职者更好地理解职位的要求以及他们与职位之间的匹配程度，红龙虾公司得以在对每 6 位候选人进行面试之后就能雇用到一个合格的员工，而不是需要面试 9 位候选人才能雇用一位合适的求职者。红龙虾公司估计，仅仅通过优化职位描述而使经理人员的离职率下降这一举措，就为公司节省了 700 万美元的成本。[16]

职位分析的另外一个重要成果就是**任职资格要求**（person specification），也称"成功画像"。任职资格要求总结了能够圆满完成工作的员工所需具备的个人特征。任职资格要求以职位描述为基础，总结了企业在招募和甄选过程中需要进行评估的候选人的技能、资格条件、能力以及工作经验等。这些个人特征应当与工作职责直接相关，包含为有效完成工作必须达到的最低要求，并且应当尽可能明确具体。这些个人特征构成了制定吸引合格候选人的招募战略的基础。任职资格要求描述了最适合职位的员工的类型，因此它有助于企业明确在哪里发布以及如何发布职位空缺信息，同时也提供了对求职者进行评价和甄选的标准。

任职资格要求通常描述的是"理想的"候选人，这种候选人往往具有多年的工作经验，历史绩效水平较高，拥有出色的领导力和团队工作能力，同时还具有高水平的专业技术能力。然而在现实中，想要找到能够出色达到各方面要求的"最佳"候选人是极为困难的。因此，如果首先列出任职者为圆满完成工作而最需要具备的个人特征有哪些，然后再确定任职者在哪些次要领域中的个人能力稍差一些也可以接受，则更容易得到一份较为合适的任职资格要求。那些对于任职者最为重要的个人特征可划分为**核心标准**（essential criteria），企业应当根据这些标准对职位候选人进行甄选。而那些虽然有助于新上任者在岗位上取得优异的成绩，却并非核心标准的个人特征，则可以称为**理想标准**（desirable criteria）。在所有的候选人都达到核心标准的情况下，企业可以考察这些候选人在理想标准方面的水平。图 4-2 描述了职位分析与对一个职位的核心标准和理想标准进行区分之间的关系。

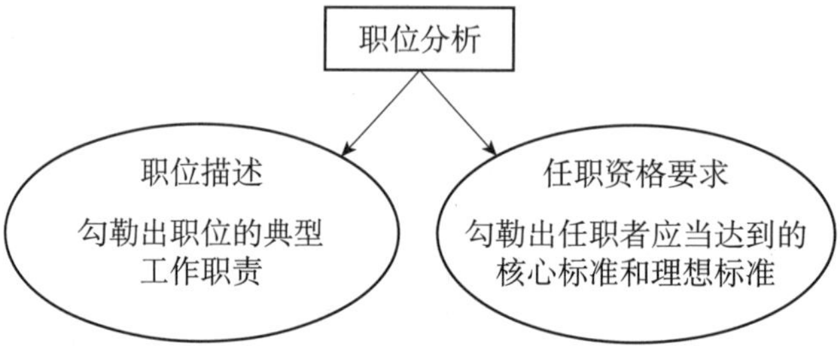

图 4-2　职位分析结果

在编写任职资格要求时，需要花时间思考一下，对于一位新上任的员工来说，"有效的绩效"到底意味着什么。与在职位上取得成功无关的那些武断的标准是不应该包括在任职资格要求之中的。许多任职资格要求都明确了候选人需具备的最低工作经验年限、平均学分绩点（GPA）、获得的特定学位水平以及参与过的其他一些活动或具备的相关技能等。有时候，这些要求并不都与在职位上取得成功相关。例如，在有些职位上，一个人的耐心、合作性、人际关系能力以及责任心等，可能要比其具备的专业技术能力更为重要。当企业要求候选人获得某种特定的学位，但是这种任职资格要求对于在职位上取得成功并非必要时，负面风险反而会上升。企业不应该非常武断地界定候选人应当达到的任职资格要求，而是应当依据那些能够预测出候选人能否胜任岗位的标准来对他们进行评估。

常见的职位分析方法

不同的职位分析方法收集、分析和整理职位相关信息的方式是存在差异的。不同的职位分析方法需要付出的时间、资源以及职位专家的投入程度都是不同的。有些方法更适合描述职位本身，有些方法则更适合描述任职者。在实施职位分析时往往并不仅仅采用一种方法，这是因为仅仅采用一种职位分析方法通常是不大可能收集到与职位相关的所有各个方面信息的。因此，最好是把不同的职位分析方法视为获得关于职位的各个不同侧面信息的不同工具。

对于任何一种职位分析方法来说，最为重要的两个特征就是信度和效度，其中信度是指可复制性，而效度则是指在多大程度上准确地测量了想要测量的东西。信度较高的职位分析方法在下面三种情况下都会得出相同的结果：一是由不同的职位分析人员对同一个职位进行分析时；二是请一组不同的职位专家来对同一个职位进行分析时；三是在不同的时间里对同一个职位实施分析时。

接下来，我们将讨论五种最经常使用的职位分析方法，然后再描述一种同时运用多种方法并且适用于多种不同类型职位的职位分析方法。

关键事件法

关键事件法（critical incidents technique）[17]是一种通过整理在工作中发生的各种关键事件，然后确定出在工作中发生的极为有效和极为无效的行为来进行职位分析的方法。[18]

关键事件法需要针对每一个事件都明确以下三个方面的因素：

1. 导致事件发生或者事件产生后果的环境；
2. 任职者采取的行动；
3. 行动产生的后果。

在搜集关键事件时，可以采取与任职者及其上级主管人员进行访谈的方法，或者是采取审查工作日志或其他与工作事件有关的书面记录的做法（这种做法对于收集负面的关键事件更为有效）。然后可以让职位专家来讨论他们认为最能代表有效绩效或无效绩效的事件。

另外一种做法则是首先搜集职位的工作职责，然后再让职位专家来讨论哪个工作事件可以作为任职者在某个特定职责领域中的绩效特别好或特别差的代表性事件。如果不是事先就确定工作职责，则在记录了关键事件之后，职位分析人员也需要通过对关键事件的审查来确定一系列关键工作职责（例如，问题解决或客户关系职责），继而再确定任职者为了成功履行这些关键职责而必须具备的相关个人特征。

关键事件法对于弥补其他职位分析方法（尤其是标准化问卷法）可能忽略的一些不经常发生或非常规的工作事件是极为有效的。关键事件法同时也是少数几种能够同时确定候选人应当具备哪些特征以及不应当具备哪些特征的职位分析方法之一。关键事件法有助于解释为何某些具有相关能力和任职资格的员工却未能达到组织的期望，从而能够帮助组织在雇用新员工时，将那些带有某些人格特点和个人特征的人排除出去。

由于搜集关键事件信息的成本相对较低，而且往往与其他职位分析技术联合使用来抓取工作行为中的一些“极端情况”，因而关键事件法可以将绩效优秀的候选人与那些仅仅能够达到合格水平的候选人区别开来。关键事件法有时也被用来搜集代表工作绩效处于“平均水平”的行为信息。因为这种方法搜集到的都是一些在现实中发生的工作事件，所以关键事件法对于开发面试问题以及其他一些类型的测试也很有用。此外，如果企业能够证明最终得到雇用的员工确实展现出了在一些关键环境下完成工作的能力，那么，关键事件法还能够帮助企业避免雇用歧视方面的诉讼。

职位要素法

职位要素法（job elements method）[19]主要用于对工业生产类职位以及一些对技能要求相对不那么高的职位进行分析。它重点关注的是确认那些能够令人满意地完成工作的任职者具备的相关个人特征。职位要素法的分析过程包括：

1. 选择一组职位专家（包括职位的任职者以及他们的上级主管人员）。
2. 通过跟他们一起进行头脑风暴来识别出能够胜任工作的当前任职者所具有的特征。
3. 以下列标准为依据为每个特征（要素）分配权重：
（1）具备这种职位要素（或个人特征）的刚刚达到合格水平的员工所占的比重；
（2）该职位要素在挑选优秀员工时所具有的有效性如何；
（3）不考虑此职位要素可能带来的不利后果如何；
（4）使用此职位要素评估候选人会对组织填补职位空缺的能力带来的实际影响或效果。
4. 对职位要素数据进行分析。

访谈法

非结构化职位分析访谈法（unstructured job analysis interview）是指在没有事先准备问题的情况下，与一位职位专家——通常是一位较为胜任的任职者或一位任职者的直接上级——进行的非正式谈话。这里的职位专家可以是任何一位在这个职位上有一定的工作专长的人。职位分析人员应当首先告诉职位专家访谈的目的以及焦点，这样有助于谈话更为聚焦。访谈者需要通过询问一些问题来开启谈话，从而了解受访者对于职位的感知，与此同时还要做好细致的笔记，以便提出跟进性的问题。在这类访谈开始时，访谈者通常都是询问最为重要的那些工作职责以及每一种重要职责中包含的关键任务，在执行这些任务时要求员工具备的个人特征，还有完成每一项任务以及职位上的所有工作所需达到的绩效标准。此外，还需要讨论对于完成这个职位上的工作有重要影响的其他胜任素质。

结构化职位分析访谈法（structured job analysis interview）要求职位专家在面对面接受结构化访谈的情况下，以口头形式提供关于职位的信息。当只有少数职位专家能够参与职位分析工作时，或者是当需要迅速完成职位分析工作时，结构化职位分析访谈法是一个很好的选择。由于采用结构化职位分析访谈法搜集来的信息相对更少，职位分析专业人员可以通过使用该方法来降低产生受访者个人偏见的风险，同时确保参与访谈者能够将重点放在可以将优秀员工和刚刚合格的员工区分开来的那些个人特征上。例如，在对无线电装配这一职位进行结构化访谈时，可能会问到的两个问题是：“你在装配一台收音机时需要完成的各项活动的先后顺序是什么？”“你在装配过程的每一个环节花费的时间分别是多少？”

在结构化职位分析访谈法中使用一份访谈指南，可以加速职位分析访谈进程，并且有助于将在每次访谈中搜集来的信息加以标准化处理。职位分析访谈指南是一份向不同的职位专家询问的一系列问题清单，有时候还包括一张用来对每一种工作特征的数量或频率进行评价的量表。表 4－3 中是一份针对行政类岗位进行职位分析访谈的指南示例。因为不同的受访者对于同一个职位的感知和描述是存在差别的，所以很重要的一点就是应当针对不同的受访者实施多次访谈，以找出这些受访者谈到的共同主题以及胜任素质。很多企业通常都会利用核查清单或问卷这样更为客观的职位分析技术来验证访谈结果的有效性。

表 4－3　行政类岗位职位分析访谈指南示例

1. 请尽可能详细地描述您在日常工作中承担的一些最重要职责，并请描述您在履行其中的每一项工作职责时需要运用的知识、技能、能力或其他个人特征。
2. 请详细描述您在本职工作中发生的频率并不是太高（比如每周、每月、每年才承担一次）却最为重要的那些工作职责，同时请您说明履行这些职责的频率。请描述您在履行其中的每一项工作职责时需要运用的知识、技能、能力、个人特征或其他特征。
3. 请描述您在工作中经常使用的设备（电脑、机器设备等）。
4. 请描述您的工作条件。请将您在工作中遇到的一切令人不快的工作条件以及在这种条件下工作的频率都包括进来。
5. 请描述您在工作中受到的监督，其中包括受到监督的程度和接近程度。
6. 您在工作中拥有多大的自主性？如果用一个从 1 分到 10 分的尺度来衡量，1 分代表没有任何自主性，10 分代表完全自主，您给自己的工作自主性打几分？
7. 请描述您在工作中对他人实施的监督，其中包括您监督的员工人数以及对他们的工作完成情况和工作结果负责的程度。
8. 请描述您所从事的工作的复杂程度。
9. 为了令人满意地完成您的这份工作，您需要受过哪些类型的培训或正规教育？
10. 为令人满意地完成您的这份工作，您需要多少工作经验？这些经验可以从何处获得（包括组织内部以及外部）？

工作任务库法

工作任务库法（task inventory approach）主要依靠职位专家来生成一份包括与职位相关的各种工作任务（通常 50～200 个）的清单。**工作任务**（task）是指为达成一个职位上的某个具体目标而需要完成的一系列基础性的活动。[20]通常由任职者和他们的直接上级完成一份结构化的问卷，在这份问卷中需要运用一种或多种评价尺度来对每一项任务陈述加以评定。评价者的个人背景信息，包括他们的工作经验、在当前组织中的工作年限、性别、种族、工作满意度、管理层级，以及可能会影响他们对职位做出的反应和产生的认知的其他个人特征信息也都会被收集。随后还需要将这些工作任务加以分类组合，以反映被分析职位的主要功能领域。最后，还要根据与员工甄选相关的维度——其中包括每一类工作任务的相对重要性以及员工在每一类工作任务上投入的相对时间多少等——来对这些工作任务类别加以评估。工作任务库法的重点在于确定一个职位上需要完成的典型工作任务，因此这种方法可能会忽略那些虽然重要却并不经常被展现出来的个人特征，或者是能够将优秀员工和一般员工区分开来的个人特征。可以通过将工作任务库法与其他职位分析方法结合起来加以使用以弥补其不足。

结构化调查问卷法

结构化调查问卷法（structured questionnaire method）是一种使用一套事先设计好的问

题清单来进行职位分析的方法。**岗位分析问卷**（position analysis questionnaire，PAQ）[21]是一种可运用于任何一种职位的受版权保护的标准化职位分析问卷。这份问卷使用 194 个问题对与一个岗位相关的多种工作特征进行评估，其中包括信息投入、脑力过程、工作产出、与他人的关系、工作背景等。因为岗位分析问卷是以岗位任职者为导向的，所以它所提出的问题和结果都是根据一位成功的任职者必须知道的事情或者能够做到的事情来进行设计的。岗位分析问卷的报告概括性地描述了一个岗位对于任职者的脑力、认知能力、精神运动能力、身体能力的要求以及较为理想的某些人格特点和兴趣等。这一特点就使得岗位分析问卷对于甄选系统的设计很有用处。由于岗位分析问卷的设计者把所有的结果都保存在一个系统性的数据库中，这种问卷的购买者还可以了解对于其他类似职位所做的研究。

使用结构化调查问卷进行职位分析的优点是速度快、成本低。标准化的格式也便于更为客观地对不同的职位加以比较。这种方法的缺点则包括有些问题的书面表述要求使用者达到较高的阅读水平，以及实现设计好的问题会限制职位分析专家根据企业的独特需要对问卷进行客户化定制的能力。

为了突破任何一种单一职位分析方法都会存在的局限以及提高搜集到的职位信息的质量，可以在进行职位分析时同时使用多种方法。由于受到时间、专业经验以及资源要求等方面的限制，许多中小型企业并不进行职位分析，而是去购买包含了全套通用的职位描述的软件，或者是从网上找类似企业的职位描述，然后加以改编。一方面，这种做法可能会带来一些法律方面的风险；另一方面，这种职位分析方法的效果不如那种从头做起的有针对性的职位分析，因为后一种方法能够将企业的经营战略与其对人才的需要有效结合在一起。

表 4-4 对上面讲述的五种职位分析方法及各自的优缺点做了一个总结。

表 4-4　五种最常用的职位分析方法总结

方法	优点	缺点
关键事件法：由主题专家提供关于代表优良绩效和较差绩效的事件。	● 能够提供代表特定有效行为和无效行为的详细信息。 ● 这些事件都是在实际工作中发生的真实行为事例。	● 对描述性的信息很难加以分析和使用。 ● 需要大量的时间和资源来搜集足够多的关键事件。
职位要素法：由一组主题专家列出最为重要的职位要素（影响任职者在工作中取得成功的个人特征，其中包括知识、技能、能力以及其他个人特征）并对这些要素加以排序。	● 职位专家在每个环节都要参与，这会使专家感到对整个职位分析过程更有责任感。 ● 效率高而且相对速度快。 ● 只需要较少一部分人的参与。 ● 最终可形成规范有序的职位描述及任职资格要求。	● 在解释和沟通职位要素法的方法论时比较困难。
结构化访谈法：以口头交流的方式进行面对面访谈，由主题专家提供关于职位的信息以及能够将优秀员工与一般或不合格员工区分开来的个人特征方面的信息。	● 完成速度快。 ● 所需的时间和资源最少。 ● 当职位专家的人数很少以及完成职位分析的时间较为紧迫时使用效果最佳。	● 在进行访谈时，需要有一位职位分析专业人员参与，以减少被访谈者的个人偏差。 ● 如果参与的职位专家人数较多，则访谈会耗时较多。 ● 访谈数据的分析和使用可能比较困难。

续表

方法	优点	缺点
工作任务库法：由职位专家生成一份任务清单（一般有 50～200 项任务），然后把这些任务根据主要工作功能加以归类。最后再跟进相关的甄选维度对各类工作任务加以评估。	● 较为客观。 ● 最终会产生一份较为可信的职位描述。	● 可能会忽略那些较为重要但并不常表现出来的个人特征。 ● 无法将优秀员工与一般或仅仅达到合格要求的员工区分开来。
结构化调查问卷法：通过一份书面的调查问卷来评价职位要求实现的信息投入、脑力过程、工作产出、与他人的关系、工作背景以及其他一些工作特征。然后再将这些工作特征与任职者个人特征联系起来（而不是仅仅描述一个职位承担的工作任务或职责）。	● 完成速度较快。 ● 成本相对较低。 ● 几乎适用于所有的职位。 ● 调查问卷是结构化的，便于在不同的职位之间加以比较。 ● 能够得出一个职位对于脑力、认知能力、精神运动能力以及身体能力等的要求，其中还包括对特定的人格特点的要求。	● 一些调查问卷中的问题可能需要使用者达到较高的阅读水平。 ● 事先已设计好的调查问卷会对能够搜集到的信息有所限制。 ● 可能遗漏关于职位或员工的一些独特方面的信息。

规划职位分析

通过为进行职位分析做好充分规划和准备，不仅可能会使职位分析结果变得更为精确和有用，而且会使职位分析耗费的时间和精力更少。尽管职位分析过程本身可能会由于政治方面的考虑、具体的实施者以及实施的方式等原因而较为复杂，但很重要的一点是要确保职位分析信息尽可能地准确。职位分析的实施过程应当达到的专业和法律方面的要求已经正式写入《员工甄选程序规范指南》[22] 中了。

职位分析过程可能是带有政治性的，经常出现的一种情况就是，职位专家试图通过影响职位分析专业人员对于职位所做的阐释来使之带上其个人的色彩。例如，一位比较擅长人际关系的秘书可能会夸大人际关系对于秘书职位的重要性，而另外一位比较擅长行政事务的秘书任职者则有可能会夸大行政管理对于秘书职位的重要性。因此，为了准确地阐释一个职位，非常有必要注意识别职位专家那些带有冲突性的动机。当知道职位分析信息是从多个渠道搜集上来的时候，他们在提供信息时往往更为诚实。

此外，当员工的职位被分析的时候，他们还可能会感到担忧并且产生防御心理。因此，职位分析人员应当全面彻底地向员工们解释职位分析，并且强调其公正性和客观性。有时候，有些高层管理人员也不愿意在职位分析上花费时间，因为对于他们来说，去搜集这些“所有的人都已经知道的事情”是没有意义的。通过向高层经理强调职位分析过程有助于确认能够支持企业经营战略实现的那些员工个人特征，同时提高公司在员工配置方面的投资回报，则会有利于争取获得他们的支持。为了进行高质量的职位分析工作，非常必要的一点是就职位分析的系统、目的和需要与广大员工和管理人员进行充分的沟通，取得他们对职位分析的充分理解和支持。

所需的时间和资源

需要投入到职位分析之中的时间和资源是一个重要的考虑因素。尽管时间和金钱常常是最为重要的因素，但从总体上来说，投入到职位分析之中的各种资源越多，则在此基础上建立起来的甄选系统效度以及在法律上的自我辩护能力也越强。事先所确定的职位分析准备达到的效度以及法律上的自我辩护程度会影响企业需要付出的时间和资源。与一家只想一旦被告上法庭还能有最低法律辩护能力的企业相比，那些想尽最大可能去雇用合适员工的企业投入到职位分析中的资源和时间必然更多。

确定职位专家

职位分析规划的第三步就是确定能够参与分析过程的职位专家。职位专家可能包括职位上的当前任职者、顾客以及直接上级。在职位分析的过程中尽量将那些绩效水平较高的员工吸收进来将会有利于职位分析人员确认对于该职位来说最为重要的所有工作任务和员工行为。

确定职位分析技术

职位分析规划的第四步是确定准备使用的职位分析方法。如果职位分析人员对职位并不熟悉，则在选择准备采用的职位分析方法之前，最好是先去观察一位或几位正在岗位上工作的员工。对于制造业中的职位或者是职位分析人员在了解了一位员工需要完成的体力任务之后便可以轻松加以描述的那些职位来说，这种事先观察的做法是很有帮助的。让一位或多位承担这一职位工作的员工记录下他们完成的日常工作也很有帮助，但这种做法并不一定适用于所有的职位。一旦职位分析人员对准备分析的职位有了大致的理解，便能更好地对各种不同的职位分析方法的适用性加以评估。

明确企业可以获得的各类资源以及专业经验的性质，对于确定最佳的职位分析方法以及完成职位分析所需的资源是十分必要的。例如，在规模较小的组织中，职位专家的人数太少，因而不适用一些职位分析方法。而在规模较大的组织中，职位专家的人数较多，因此在职位分析过程的每一个阶段都会有不同的人参与进来。当可用的职位专家人数较多时，便能在对职位进行分析时提供更广的视角。

职位分析方法可以是推导性的，也可以是演绎性的。推导意味着职位的主要工作职责和任务并未确定。换句话说，职位分析从本质上来说是从零开始的。演绎则意味着工作职责有时候甚至是工作任务都已经确定了。在这种情况下，职位分析人员就能够以这些信息为基础开展工作了。例如，大学教授这一职位通常主要包括三项职责：教学、研究和服务。在演绎性职位分析中，这三项职责已经确定了，每一项职责包括的具体工作任务和行为可以在职位分析中加以具体化。演绎性职位分析只需要确定当前教授的行为有哪些、这些行为的重要程度如何以及它们分别占用了教授多少时间。因为许多描述性的职位信息已经事先确定了，所以为了节省时间，演绎性职位分析往往通过问卷调查的方式开展，而不是通过对员工进行访谈来完成。

实施职位分析

接下来将讨论一个适用于大多数职位的职位分析过程。在此需要强调的是，由于职位以及职位分析的目的不同，在有些情况下，其他的职位分析方法可能会比本节讲授的方法更适合一些。表 4-5 展示了一个典型的职位分析过程中的 11 个步骤。

表 4-5 一个典型职位分析过程的 11 个步骤

1. 取得高层管理人员的支持，并且确保所有的管理人员都支持职位分析。
2. 与所有的参与者充分沟通职位分析的目的，确保他们都能够尽量客观地完成这项任务。
3. 搜集相关背景信息，分析该职位是如何对公司战略的实施做出贡献的。
4. 生成工作任务描述清单。
5. 生成 KSAO 描述清单。
6. 构建工作职责和工作任务种类。
7. 将 KSAO 与工作职责联系起来。
8. 搜集关键事件。
9. 为工作职责分配权重。
10. 构建职位要求矩阵。
11. 编写职位描述和任职资格要求。

取得高层管理人员的支持

职位分析的第一步，可能也是最重要的一步，就是争取获得公司管理人员尤其是高层管理人员的支持。如果得不到他们的支持，就不大可能获得进行职位分析所需的恰当资源，而被要求参与职位分析的员工也不大可能认真对待职位分析，或者不会被上级允许从日常工作职责中抽出足够的时间参与职位分析活动。通过向管理人员解释职位分析的目标是更好地明确职位的要求，从而改进职位的员工配置以及减少成本高昂的离职，职位分析人员更有可能争取获得管理人员的支持。

与所有的参与者沟通职位分析的目的

在取得公司高层管理人员的支持之后，职位分析人员需要与所有将要参与职位分析活动的员工沟通职位分析的目的。通常情况下，如果高层管理人员能够在公司内部发表一份声明，表明职位分析的重要性，并且说明员工诚实客观地参与这一过程将会有助于提高搜集到的相关信息的质量，则会有助于推动职位分析工作的开展。解释职位分析开展的原因，阐明职位分析结果的用途，能够促进员工的合作，减少他们担忧结果给自身工作带来消极影响的恐惧。

搜集相关背景信息

下一步需要完成的工作是搜集与该职位相关的公司现有的文件和信息，其中通常包括：

- 职位族描述：对于包含若干类似职位的职位族所做的概括性描述。
- 现场审计：要求当前正在承担该职位的员工带你现场观看其从事的最为重要的和最经

常完成的工作任务。（这对于分析那些职员类或技能类职位来说是极其有用的。）

- 该职位当前要求的入门考试。
- 员工工作日志：这份文件可以使职位分析人员感受职位承担者完成的工作任务，并且确认该职位最为重要的一些职能。在员工工作日志中还可能看到一些关键性的事件。
- 任何现有的职位分析、职位描述、任职资格说明或职位概要介绍等：对于编制工作任务描述清单以及明确胜任素质来说，这些文件是非常有益的起点。
- 当前或以前承担该职位的员工的绩效评价情况：这些信息可以帮助职位分析人员了解哪些工作行为和结果现在被认为是很重要的。
- 招募信息：比如在互联网上刊登的招募广告以及给过去的求职者发放的招募手册等。
- 培训材料。

很显然，只有现在已经存在的职位才能找到这些材料。在对一个全新的职位开展职位分析之前，职位分析人员需要了解组织创建该职位的原因，以及对该职位有管理权的管理人员是怎样看待这一职位的重要工作职责和特征的。如果既没有关于该职位的已有信息，也没有当前正在该职位上工作的职位专家，至关重要的一点就是，要从会受到该职位影响的尽可能多的人那里搜集信息。比较有用的另外一点就是，还需要明确哪些工作职责不应该属于这个新的职位，这样就能确保划定一个清晰的工作界限。另外，还需考虑的重要的一点就是组织文化与经营战略以及这个职位与组织整体之间的匹配程度。这方面的信息有助于确定合适的职位专家，明确这个职位为何要存在，以及这个职位是如何对组织的战略实施以及竞争优势的确立做出贡献的。

关于现有职位或新职位的另外一个有用的背景信息来源就是美国联邦政府现在提供的在线职位分类系统，即职位信息中心（O* NET）。[23]职位信息中心现在已经代替了原来的《职位名称词典》(Dictionary of Occupational Titles),《职位名称词典》主要从以下七个方面对员工从事的职位进行描述：（1）事情；（2）数据；（3）人员；（4）工作者指南；（5）推理；（6）数学；（7）语言。职位信息网络包含了关于大量不同类别职位的多种信息。尽管在使用这些职位分析信息时，需要根据特定的职位和组织加以修改和补充，但对于搜集职位分析的背景信息以及确定职位对任职者的要求来说，职位信息网络都是一个极其有益的起点。职位信息中心针对的都是一般性的职位，因此需要将这些信息变得更加具体化才能适应特定的职位和组织。当然，《职位名称词典》[24]（Job Analysis Dot Net）以及职位分析网[25]也同样是有益的背景信息来源。

在这个阶段上非常重要的另外一点是要分析组织文化和经营战略，了解目标职位是如何与整个组织相匹配的。这个职位为何能够在组织中存在？组织中的其他员工需要从目标职位上的员工这里得到什么？为了使组织中的工作能够顺利开展并且与组织的经营战略保持一致，该目标职位上的员工必须做些什么？为了达成有效的工作绩效，该职位上的员工需要具有怎样的价值观和工作风格？对这些问题的回答将会有助于澄清应当将哪些重要的行为和工作任务包括在职位分析之中。

这个阶段也是明确该职位未来可能发生哪些变化的一个良好时段。在公司对目标职位的期待可能发生哪些变化以及这些变化将会如何影响该职位的人员配置等问题上，目标职位的任职者、直接上级以及企业的高管人员或许都有自己的看法。职位分析应当以未来为导向，即在实施职位分析时应当努力确保被配置到该职位上的人，无论是在当前还是在未来都能胜任工作。

生成工作任务描述清单

职位分析的第四步是以具体的行为描述来明确一个职位的常规职责。**工作任务**（job task）是一个可以观察到的从开始到结束的一组完整工作单元。例如，仓库管理员的工作任务之一就是对包装箱进行分类或者是填写一份采购订单。在对通过文献搜集阶段获得的各种现有资料进行审查之后，就可以对任职者、该职位的直接上级以及其他对该职位有全面了解的多位职位专家进行访谈，从而生成工作任务描述。每条工作任务描述都应描述出在该职位上需要完成的某种严谨、可识别的具体工作任务，描述出该职位上的员工在做些什么、是如何做的以及为什么要做这些事情。然后将相关或类似的工作任务描述合并为一条来写。表 4－6 展示了工作任务描述的一些例子以及如何用规范的格式描述出来。

表 4－6　工作任务描述实力示例

做什么（动词）	对象	方式	目的
撰写	广告文案	用微软文字处理软件	在报纸及杂志上投放广告
刈割	草坪	用骑式或手推式割草机	维护公司草坪的外观
监督	店长助理	通过现场或监控摄像头	确保其遵守公司政策
对比	部门实际费用和预算	运用基本的数学运算	确保预算的执行
驾驶	装载汽油的燃料卡车到工作现场	遵循所有的安全的程序	给施工车辆补给燃料

工作任务描述揭示了关于一个职位的大量信息，其中包括：

- 需要使用的知识类型；
- 需要实施监督以及接受监督的程度；
- 需要做出的决策；
- 物理工作条件；
- 身体要求（例如，需要完成的托举、弯腰和屈身动作以及需要在何种环境下完成）；
- 需要使用的技术；
- 独立或以团队成员身份完成工作任务的必要性。

为了遵守《美国残疾人法案》的规定，工作任务描述应当聚焦于需要做什么，而不是需要如何做。要尽量避免使用非描述性的动词，比如准备或实施等，要尽可能地具体化。以下是相对较差的和良好的工作任务描述的对比：

- 较差的：在本班次工作结束后负责所有的现金。
- 良好的：在本班次工作结束后，通过清点现金、将现金总额与收款记录对比、通过发现并纠正所有的错误使所有现金都被正确计算，最终确保现金与账目相符。

必须强调的一点是，职位描述中的体力要求必须要遵循《美国残疾人法案》的规定来表述。表 4－7 中给出了一份关于体力要求描述的核查清单。

表 4-7 关于职位的身体活动、视觉敏感度及工作条件等的要求方面的部分核查清单[26]

职位的体力要求（请仅选择其中一项）

- 静态作业：偶尔需要运用不超过 10 磅的力量以及（或者）经常需要运用程度可忽略的力量来托举、搬运、拉动或移动包括人体在内的一些物体。在静态作业时，大多数时间都是以坐姿完成工作。如果一个职位只有偶尔需要工作者行走或站立并且能够满足其他的静态作业标准，则可以把该职位归为静态作业类别。
- 轻度作业：偶尔需要运用不超过 20 磅的力量，以及（或者）经常需要运用不超过 10 磅的力量，以及（或者）常常需要运用程度可忽略的力量来移动物体。如果该职位上的人需要运用手臂以及（或者）腿部的力量超过静态作业水平，并且工作者在大多数时间中都是以坐姿完成工作，则可把该职位归为轻度作业类别。
- 中度作业：偶尔需要运用不超过 50 磅的力量，以及（或者）经常需要运用不超过 20 磅的力量，以及（或者）常常需要运用不超过 10 磅的力量来移动物体。
- 重度作业：偶尔需要运用不超过 100 磅的力量，以及（或者）经常需要运用不超过 50 磅的力量，以及（或者）常常需要运用不超过 20 磅的力量来移动物体。
- 超重作业：偶尔需要运用超过 100 磅的力量，以及（或者）经常需要运用超过 50 磅的力量，以及（或者）常常需要运用超过 20 磅的力量来移动物体。

职位的身体活动（请找出符合的所有选项）

- 攀爬：上下梯子、台阶、脚手架、坡路、杆状物，以及其他需要使用腿、脚以及（或者）手臂完成的类似活动。肢体灵敏度很重要。如果该职位对于攀爬的数量以及种类的要求超过了一般性运动要求，则攀爬活动对该职位较为重要。
- 平衡：在狭窄、不稳或陡峭的表面行走、站立或蹲伏时保持身体的稳定，以避免摔倒。如果该职位对于平衡的数量及其种类的要求超过了一般性运动以及保持身体平衡的要求，则平衡对于该职位较为重要。
- 弯腰：通过弯曲腰椎将身体向下和向前弯曲。如果弯腰发生的频率到达相当高的程度，并且要求充分运用下肢和背部肌肉，则弯腰对于该职位较为重要。
- 屈膝：腿部弯曲依靠单膝或双膝用力。
- 蹲伏：通过向前和向下弯曲腿及脊椎弯曲身体。

任职者的工作条件（请找出符合的所有选项）

- 室内工作：尽管任职者可以免受天气影响，却无法完全避免温度的影响。
- 室外工作：任职者无法有效避免受到天气的影响。
- 室内和室外工作：任职者的工作活动既会发生在室内，也会发生在室外。
- 极寒条件：任职者需要在 1 个小时以上的时间里在华氏 32 度以下的环境中工作。风力和潮湿等其他一些环境条件也应一并予以考虑。
- 极热条件：任职者需要在 1 小时以上的时间里在华氏 100 度以上的环境中工作。风力和潮湿等其他一些环境条件也应一并予以考虑。
- 噪声条件：在噪声环境下工作时，员工只有大声呼喊才能被听到。
- 晃动条件：在运动中员工不得不摇摆四肢或整个身体。

资料来源：Reprinted with permission from the North Carolina Office of State Personnel.

生成 KSAO 描述清单

员工配置导向的职位分析的主要目标之一就是确认在招募新员工时需要候选人呈现出来的与职位有关的任职者特征，这些特征往往被视为承担该职位所需达到的最低要求，而且有助于确认在该职位上最有可能取得成功的候选人。这些与职位相关的任职者特征可以划分为知识（K）、技能（K）、能力（A）、其他个人特征（O）（即 KSAO）以及胜任素质。

知识（knowledge）是指可以运用于一项工作任务的一套组合得当的事实性或程序性信

息。例如，电脑编程语言、外语、机器操作程序等都属于知识的例子。对于一个职位所需要的知识的描述应当尽量具体。例如，一家公司的招募官必须掌握的知识就不应当描述为“要求掌握与员工配置相关的法律原则与相关法规”，而应当描述为“掌握《公平就业机会法》(EEO)、积极的反歧视行为指南以及相关法律规定，如《美国残疾人法案》等”。

技能（skill）是指准确而熟练地完成工作任务所需具备的能力。技能通常指的是精神运动性活动（例如运用人的身体如胳膊、手、视力等的运动来完成的一些活动）。如果明确了某种技能是任职者必须掌握的，就必须制定运用这种技能的绩效标准（比如，视力达到 1.0，每分钟打字 120 个且差错在 5 个以内，等等）。

技能反映了一个人有效利用知识来完成实际任务的能力。驾驶技能就是这方面的一个好例子。虽说一个人所掌握的关于如何驾驶汽车的知识是非常重要的，但同样重要的是这个人实际驾驶汽车的技能。例如，一个孩子也可能掌握了关于方向盘、油门和刹车的功能及其应用方面的知识，但这个孩子实际上可能并不会驾驶汽车。换言之，这个孩子掌握了驾驶知识却并不具备驾驶技能。其他一些关于技能的例子还包括深度知觉以及手指灵活性等。

能力（ability）与技能相比，是在完成多种工作任务时更为稳定且更为持久的一种特征。能力既可以来源于遗传，也可以来自后天学习，或者两者兼而有之。与技能不同的是，能力所反映的更多的是人的天生才能，其中包括认知能力（比如语言或数量能力）、运动心理能力（反应时间）、感官能力（比如视力和听觉的敏锐性）以及身体能力（例如力量、耐力或灵活性等），还有数学能力、感知能力以及托举 50 磅重物的能力等。

其他个人特征（“other” characteristics）是指所有未能包括在知识、技能和能力范围内的其他一些任职者特征。其中包括员工的价值观、兴趣、诚信、工作风格及其他个人特点。在其他特征中还包括了学历、资格证书、周末上班的能力等。需要注意的非常重要的一点是，尽管像责任心这样的个人特征可以较为一致地预测出员工的工作绩效，但这些个人特征与工作绩效之间的相关性并不足够强，还不能仅仅将这些个人特征作为做出雇用决策的依据。

在生成工作任务描述之后，就是让不同的职位专家来确认完成每一项工作任务必须具备的知识、技能、能力和其他个人特征。有时候，在完成下一个步骤——构建工作职责与工作任务分组——之后再来确定 KSAO 效率会更高一些。然而，这样做的风险就是有可能会忽略那些很重要却不经常需要用到的知识、技能、能力和其他个人特征。除了 KSAO，职位专家还可以确定任职者在该职位上取得成功需要具备的胜任素质。这里特别重要的一点是，这些职位专家应当确定任职者在工作时会用到，在工作过程中却不能到手册或其他书面指南中查找的那些知识。例如，为一家报纸出版商工作的报纸印刷工是不能停下印刷机来查阅相关操作信息的。关于编写良好的 KSAO 描述清单的一些技巧，最好是在一般性和特殊性两者之间尽可能把握好平衡。在编写 KSAO 描述清单时，容易犯的一个普遍性错误就是包含太多琐碎的信息。不要简单地复述工作任务描述，而是要通过明确员工在执行给定的工作任务时真正需要的 KSAO 描述清单来提供新的信息。当然，正如我们在前面几章中谈到的那样，职位专家还需要明确一点，这就是每一种 KSAO 是员工在被雇用之前就应具备的，还是组织需要通过培训使得员工加以掌握的。

大量实证研究表明，有些个人特征似乎与员工在所有职位上达成良好绩效都存在一定的关系。例如，很多研究都表明，智商[27]和责任心[28]这两个特征都与更高的绩效水平是相关的。此外，一个人的情绪稳定性与外倾性有助于提高其在多种不同职位上的工作绩效，尤其是在那些需要运用人际关系的职位上。[29]如果企业的目标是为一个动态职位招募员工，则关注候选人的智商以及快速学习能力会很有帮助。如果正直和诚信对于一个职位非常关键，那么招募具有这些特点的员工将会有助于减少组织中的反生产行为和偷窃行为。[30]表 4-8 总结了一些在特定的工作环境中可能非常重要的个人特征。

表 4-8 与特定的职位要求相关的个人特征

个人特征	职位要求
适应性：有效应对变化、延期或其他突发情况的能力	复杂、动态的职位（例如首席执行官、研发类职位）
情绪稳定性：冷静、乐观、善于调节心态的特质	涉及人际交往的职位（例如警察、空中交通管制类职位）
责任心：有目标、可靠、关注细节的倾向	要求可靠性、一致性以及积极性的职位（例如质量控制类职位）
外倾性：好交际、坚定自信、乐观向上的倾向	要求人际互动以及说服他人的职位（例如销售和客户服务类职位）
情商：控制个人情绪、理解他人情绪以及与他人关联的能力	要求人际互动、谈判协商以及影响他人的职位（例如销售、客户服务、管理类职位）
道德性：诚实、愿意遵守规则、尊重他人的倾向	自由裁量权高或员工偷窃风险高的职位（例如赌场、银行类、出纳和会计类职位）
团队导向：追求集体目标的达成	要求高度团队合作或者共享资源的职位（例如作为创造性团队或医疗团队成员之一的职位）

构建工作职责种类

在接下来的这一步，职位分析人员需要将相似的工作任务描述整合成为不同的工作职责，以反映范围更大的工作责任（例如，决策制定、监督、客户关系管理等）。**工作职责**（job duty）是指在本职工作中需要不断重复的一组具有相关性的工作任务，例如客户服务或者提供办公用品等。对工作任务进行分组的过程是主观性的，分组的目的则是把一长串任务描述压缩为更短的工作职责清单——通常一个职位中包括不到 12 项工作职责，而每一种工作职责内包含 6～30 条工作任务描述。通常情况下，每一项工作任务描述要求的 KSAO 能够帮助职位分析人员决定应当将哪些工作任务划分为一组。而对每一种工作职责的命名则需要反映出它所代表的更为广泛的工作任务。表 4-9 中列举了一位大学教授在课堂授课职责中包含的各种工作任务描述。

表 4-9 将工作任务描述组合为工作职责

职位：大学教授

工作职责：课堂教学

工作任务描述：

1. 使用微软文字处理软件准备课程大纲，以告知学生本门课程教师对于他们的要求以及评分标准，提供阅读计划表，并总结课程目标。
2. 使用适当的软件和媒体提前备课，以做好向学生传授课程材料的准备。
3. 以一种能够吸引学生的方式在课堂向学生传授课程中的知识。

将 KSAO 与工作职责联系起来

在第七步中，需要由第三组职位专家把与一种工作职责中的所有工作任务相关的 KSAO 与工作职责联系到一起。这些职位专家需要确认每一项 KSAO 对于完成每一种工作职责中的那些工作任务而言，是否确实很重要。对于每一种 KSAO 与每一类工作任务之间的关系，最好是按照重要性程度来加以评估。这种做法有助于企业在做出招募和甄选决策时明确哪些 KSAO 应当给予优先考虑。这一步也确认了其中的每一项 KSAO 对于工作绩效都是很重要的。

搜集关键事件

第八步是要通过搜集关键事件来确认哪些行为能够将高绩效和低绩效区分开来。职位专家需要一个一个地考虑每一种工作职责，然后思考这些职责中的特别有效的和极其无效的行为有哪些。最好是能同时搜集有效和无效的两类关键行为事件，这样就能够确认可以将优秀员工区分出来的那些行为、胜任素质以及技能等。

有些特定的问题有助于员工回想某个事件中的细节。一位职位分析人员可以通过提问以下问题来询问一位客户服务代表在工作中发生的一些消极关键事件的细节：

1. 此次事件发生的背景是什么？答案：一个打进电话的人使用侮辱性的语言，而不是在沟通自己实际遇到的问题。

2. 员工做什么事情会使你认为他是一名较差的员工？答案：客户服务代表把打电话的人怼了回去，并愤怒地挂上了电话。

3. 员工在此次关键事件中的行为带来的后果是什么？答案：打进电话的人是公司的一家大客户，最终该客户终止了与本公司的合作关系。

这个消极关键事件表明，耐心、接到投诉电话时保持冷静的能力以及情绪控制力都是对通过电话提供服务的客户服务代表进行评价的有效标准。

以下是一位客户服务代表的积极性关键事件的举例：

> 一位打进电话的顾客刚开始非常气愤，因为她为孩子定制的生日礼物寄到的时候已经被损坏了，而她的孩子隔天就要过生日了。她咆哮着前言不搭后语地讲述了事件的经过。客户服务代表用清晰、平缓的语调劝说这位顾客把损坏的礼物打包寄回以便做退换处理。客户服务代表还确认了同样产品还有存货，并且向顾客保证会采用“次日达”快递的方式马上把礼物寄出去。

这个事例表明，对于客户服务代表来说，在遇到情绪化的顾客时，能够保持冷静、控制好自己的情绪以及善于说服别人等是非常有用的甄选标准。

为工作职责分配权重

在最终确认了工作职责、工作任务描述和 KSAO 之后，员工、直接上级以及其他对职位比较熟悉的人，还需要根据每一种工作职责对于职位总体绩效的相对重要性以及任职者在每一种工作职责上花费时间的相对多少，为这些工作职责分配权重。所有的权重相加起来应当为 100%。表 4－10 展示了如何为一个行政管理类职位的工作职责分配权重。

表 4-10 根据工作职责的重要性以及花费的相对时间所做的权重分配

在表的左侧一列中记录的从 1～100 的点数反映了某一类特定的工作任务对于行政助理的总体绩效而言所具有的相对重要性百分比，各项工作职责的权重总点数应当为 100。在表的右侧一列则表明了行政助理在这三种工作职责上所花费时间的百分比。同样，这些花费时间的百分比加起来应当等于 100%。

相对重要性	工作职责	花费的相对时间（%）
45	1. 数据库管理。维护和拓展数据库及电子表单，其中包括搜集与录入信息。使用数据库和电子表单获取汇总数据并回答相关问题。	25
35	2. 文秘工作。一般性的文秘工作，其中包括接听电话、文件归档、处理邮件以及复印等。	50
20	3. 人事管理。记录和处理薪资表，其中包括审查和解决薪资差错。维护本单位的人事档案。	25
100	* 相加必须等于 100	100

根据每一种工作职责的相对重要性赋予的权重用于确认真实任职资格（Bona Fide Occupational Qualifications，BFOQ），即新雇用人员需要具备的必要任职条件，同时也用于在招募和甄选员工时确定相关个人特征的优先排序。如果每一种工作维度的最佳权重无法通过统计方法得出——这种情况我们将会在第 8 章中进一步讨论，则可以根据任职者在每一种工作职责上花费相对时间的多少来把它们划分为关键工作职责和理想工作职责。

在表 4-10 中，尽管一位行政助理把大部分时间都用在了完成文秘工作上，但数据库管理才是这个职位最为重要的一个工作维度。而相对于其他工作职责，人事管理是最不重要的一种职责（尽管它仍然是一种比较重要的工作职责），因为行政助理在履行这种工作职责方面花费的时间是最少的。

据此，员工配置专家认为，相对于行政助理的整体工作而言，数据库管理应当被赋予 45%的权重，文秘工作应当被赋予 35%的权重，而人事管理应当被赋予 20%的权重。如果把这三种职责都赋予相同的权重，则不能正确地反映它们对于这个职位的相对贡献程度。当然，不同的职位专家在给每一种工作职责赋予权重时可能会做出不同的判断。因此，职位分析人员在决定最终给每一种工作职责赋予何种权重时，需要运用自己的良好判断力。

夏威夷第一银行（First Hawaiian Bank）在对其客户服务岗位进行职位分析时发现，客户服务人员把 40%的时间都花在了行政事务性工作方面，而不是客户服务方面。这一发现促使夏威夷第一银行重组了自己的客户服务部门，结果使员工的工作效率更高了。[31]

构建职位要求矩阵

职位分析的第十步就是构建职位要求矩阵，把到目前为止搜集到的信息加以汇总。表 4-11 展示了一个典型的职位要求矩阵的概貌。

表 4-11　项目经理的职位要求矩阵

职位特征				任职者特征	
工作职责	工作任务	工作职责的相对重要性（%）	相对时间占用（%）	胜任素质或 KSAO	KSAO 或胜任素质对于完成工作任务的重要性（1=低，10=高）（E=关键）
项目管理	1. 制定并执行计划、安排工作进度和职责表，以确保按照项目时间表安排实施 2. 向上级汇报项目进程和实施结果	35	20	1. 制定计划和工作进度表的能力 2. 时间管理能力 3. 项目管理报告软件的知识	8.2 9.1E 7.6
监督	1. 给团队成员安排工作任务并跟踪其执行情况，以确保项目的恰当进度 2. 获取团队完成工作所需的各种资源	35	30	1. 与各种不同的人合作的能力 2. 授权能力 3. 谈判协商技能 4. 确定工作优先排序的技能 5. 领导能力	5.9 7.6 8.3 8.9E 7.4
客户服务	研究、理解客户的需求，并采取适当的措施来满足他们的需求	30	50	1. 沟通能力 2. 倾听能力 3. 移情能力	8.1 8.8E 7.9

在为某个特定的职位列出一份职位描述之外，企业还可以将针对不同职位所做的职位分析汇总到一起，从而确定对于多种职位都具有重要性的 KSAO 或者胜任素质。对同一个职位族中的职位或者对员工来说也可以构成职业发展阶梯的那些职位进行分析，将有助于企业进行战略规划。

编写职位描述和任职资格要求

职位分析的最后一步是编写职位描述及任职资格要求。经过前面这些步骤之后，我们至少可以获得一张关于职位需要履行的工作职责以及需要完成的工作任务清单，其中包括每一种工作职责和任务对于员工达成合理的总体绩效的相对重要程度、员工履行这些工作职责的频率预测，以及对该职位来说必要和理想的资格条件。为了编写职位描述，职位分析人员应当能够利用工作职位和工作任务来描述一种职位的基本职能。www.jobdescription.com 这个网站可以为编写职位描述提供一些有用的资源。在搜索到你想要编写的那个职位的名称之后，网站就会利用通过职位分析搜集来的信息生成一份通用的职位描述。

除了从经营或管理的角度来精确地界定实际的工作职责，为了遵守《美国残疾人法案》的规定，还需要在职位描述中明确指出该职位对于体力、人体工程、环境以及其他方面的一些要求。例如，销售岗位的职位说明应当包括该职位在一些具体的身体方面的要求，如“必须在较长的工作时间里无休息地保持站立姿态”，或者是“必须在各种天气条件下外出拜访顾客”。如果职位分析人员没有明确地描述出一个职位的每一个重要方面，则《美国残疾人法案》就会假定员工可以按照他们想要的任何一种方式来履行工作职责，而无论他们的工作方式是否遵循了公司的政策规定。[32]

任职资格要求概括了完成一个职位上的所有工作必须具备的 KSAO，这些要求也是对任职者的最低资格要求以及真实任职资格。编写任职资格要求的方法之一就是通过考察工作职责来明确对于完成工作最为重要的那些 KSAO 或胜任素质。对必要的 KSAO 的描述要尽可能地以与职位相关的方式来编写。另外，无论是对于职位要求的任职条件，还是要求的受教育程度等，都要尽量准确地加以描述。如果组织准备对新雇用的员工进行培训，则还需要说明要求员工具备的受训准备度标准。如果在任职资格要求中包含了对相关工作经历的要求，则一个人工作经历的质量通常要比工作经历的时间长短更为重要。如果认为某些任职条件是必要的，那么它们应当能够反映任职者达到合格工作要求所必须具备的最低受教育水平要求。

职位描述和任职资格要求的质量及其精确性对于需要将候选人的技能与职位进行匹配的招募工作而言是至关重要的。然而，企业需要做的不应当只是简单地整理出关于一个职位需要完成的所有各项工作任务的清单，而是应当有更加具有战略性的视角，即应当考虑企业的经营战略和竞争优势、对该职位的绩效要求，以及除了那些基本能力要求，在该职位上取得了成功还意味着什么。通过首先确定何谓优秀绩效，新雇用员工应当具备的关键胜任素质、工作风格以及个人特征等就会变得显而易见。最后，为了遵守《美国残疾人法案》的规定，职位描述中必须包含必要的工作职能以及履行必要职能所需的体力和脑力要求。

以高管人员行政助理这一职位为例，这份工作需要任职者从事文件归档、接听电话和筛选来电、安排高管人员的工作日程、处理请购单以及少量的簿记工作。因此，招募公告应当说明求职者需要具备较强的打字、文件归档、组织和沟通能力，还需要理解公司的请购程序和记账程序。然而，通过对过去在此职位上取得成功的任职者进行深入分析之后发现，对在该职位上取得成功最为重要的可能是他们能够同时处理多种任务的能力，以及不会被高管的强势管理风格压垮的能力。该职位要求的打字数量非常少，关于记账和请购处理的程序也很容易进行培训，因此，要想为该职位招募到高绩效的任职者，就应当把招募的注意力集中在寻找具有较强的组织能力、善于处理多重任务以及能够在高压环境下工作的那类人方面。

任职资格要求中列举的技能清单越长，觉得自己适合该职位的求职者人数就会越少。在招募过程中聚焦于相应寻找的关键个人特征将会有助于提高雇用到优秀员工的可能性。此外，如果任职资格对于任职资格水平提出的要求高于实际工作所需，也可能会导致许多问题。首先，雇用任职资格水平更高的候选人需要付出更高的成本。其次，如果雇用的这些任职条件较高的候选人到岗之后感觉自己所从事的工作不具有挑战性，他们的离职率也可能会上升。[33]一方面，可以通过分析不同任职资格水平的员工在职位上的实际工作绩效数据，对不同的任职资格水平与在该职位上的工作绩效之间的关系进行评估；另一方面，对于一个职位应当要求任职者达到何种任职资格水平所做的最好估计，还是来自那些工作经验丰富的管理人员做出的判断。

写出有效的职位描述这件事情既是一门科学，也是一门艺术。因为职位描述可能很快就变得过时，所以需要经常性地用协议制定的目标和发展机会等作为职位描述的补充材料。[34]此外，很重要的一点是，应当让职位描述具有一定的灵活性（比如增加“完成上级分配的其他任务”这样一类说法），这样，员工才不至于这样想：“这不属于我的工作。”同时也更有利于员工很自然地去帮助同事、完成交叉培训以及通过其他更多的方式为企业做贡献。[35]表

4－12 针对如何在招募广告中编写更具吸引力的职位描述提供了一些小技巧。

表 4－12　为招募广告编写一份有吸引力的职位描述

1. 给职位取一个易于理解且吸引人的职位名称。职位名称常常是在职位空缺公告板中显示的标题，同时也是求职者首先要看的职位信息。还可以为使职位从其他类似的招募广告中脱颖而出，在标题中提供一些补充性信息，例如“销售经理，与客户合作寻找解决方案”，或是“入门级软件开发工程师，与我们一起成长”。
2. 通过提供一些关于公司的积极信息以丰富职位的背景。尽可能使这些信息简明扼要，聚焦在本公司类似职位上的员工为什么喜欢在公司中工作方面。这方面的信息可以包括行业信息、公司发展信息、工作与生活平衡、导师指导项目以及公司文化与价值观中的关键要素等。通过阐述公司的使命、愿景以及为什么在公司中工作是有意义的等来描述本公司为何与众不同。[36]
3. 提供一些与职位有关的有助于求职者对该职位产生感觉的信息。为什么说这个职位是一个绝佳的机会？在这个职位上的绩效最佳者具有的最重要特征是什么？帮助求职者评估他们与职位之间的匹配性以及成功获得雇用的可能性。
4. 描述职位对于学历、资格证书、工作经验、年限等的最低要求。这些要求应仅限于对求职者需要达到的最低要求所做的描述。
5. 尽可能在职位描述中反映出企业文化。如果企业文化是比较有趣且令人放松的，则可将这些元素加入职位描述的设计风格和用语之中。如果企业文化是比较正式和专业的，则职位描述可使用更为结构化和正规化的风格。这将帮助企业吸引与自己所要寻找的个人特征最为符合的求职者。
6. 尽可能让高绩效员工参与到职位描述的编写或审查过程之中。企业的最终目的是吸引更多与高绩效员工类似的求职者，因此，不妨询问他们应当在职位描述中加入哪些信息，不加入哪些信息，以及如何展现信息才能使招募广告对目标求职者最有吸引力。
7. 添加与公司职业发展机会有关的网页链接，网页中通常提供更多关于职位与企业的信息，还有申请该职位的途径等。

职位分析与胜任素质模型构建技术都可被以前瞻性的方式应用于那些正处于变化之中的职位或者在当前尚不存在的职位。在这种情况下，可以通过对任职者或主题专家进行访谈来确认在未来对该职位可能非常关键的那些 KSAO。

其他方法：胜任素质模型构建和工作报酬分析

胜任素质模型构建

胜任素质模型构建（competency modeling）[37]是一种通过分析高绩效员工需要具备的胜任素质来进行职位分析的方法。**胜任素质**（competencies）通常被定义为一位成功的员工为圆满完成职位上的工作任务而必须表现出来的全部行为要素。胜任素质不仅仅包括工作技能，它是确保任职者取得工作成功的多种员工特征。胜任素质中包含多种类型的知识、技能、态度、人格特点等。

KSAO 与胜任素质之间的区别可能会使人感到迷惑。可以用来分辨两者差异的方法之一就是，将胜任素质理解为“跨职位的”，而 KSAO 则往往局限于某个单一职位。此外，胜任素质往往是由组织高层管理者界定的，并且被用于强化企业文化；而 KSAO 大多是职位分析人员为了进行员工配置而界定的。

由于胜任素质是与组织的经营目标、战略、价值观联系在一起的，因此，从职位描述中得出的任职资格有助于改善雇用质量以及强化战略执行。胜任素质模型可能会忽略那些尽管很重要却不经常被展现出来的员工特征，因此，它常常用于对其他职位分析方法提供一种补充。与传统的KSAO相比，胜任素质与企业的经营目标和战略之间的关系更为紧密，因此，胜任素质模型构建受到越来越多的欢迎。

以胜任素质为基础的职位描述强化了管理人员分配工作时的灵活性，延长了一份职位描述的使用寿命，同时也使企业能够把对胜任素质的要求类似的多个职位整合到同一份职位描述之中。胜任素质模型构建还使在明确职位的任职资格要求方面更为灵活。相较于传统的职位分析，胜任素质在界定应当如何完成工作方面更为笼统一些，因此当职位发生变化时，也不需要频繁地更新职位分析。此外，相较于狭义的职位描述而言，这种定义更为宽泛的职位描述还有助于抑制员工在被要求执行一项新任务或行为时可能会产生的这样一种想法，即“那不在我的职位描述之中”。

因此，构建胜任素质模型的第一步就是要明确组织的经营战略、愿景和价值观。然后，由与该职位的不同方面接触的职位专家，其中包括任职者、上级、内部和外部客户等，进一步明确该职位上的任职者应当具备哪些方面的个人特征、价值观等，才能最好地执行组织战略以及确保组织的价值观得到一贯强化。例如，实施创新与快速产品开发战略的企业就需要有紧迫感和创新能力的员工。如果组织的战略要求员工必须持续性地适应环境或者是不断变化的技术，那么适应能力和快速学习能力就可能比专业技能更为重要。重点强调客户服务的战略要求组织雇用那些正直诚实且致力于客户服务的员工。低成本战略一般需要高效率的、注重细节的、致力于减少浪费以及提升企业效率的员工。

表4-13展示了一些胜任素质的例子以及需要这些胜任素质的职位。

表4-13　与特定工作环境相联系的胜任素质

要求的胜任素质	职位举例
适应能力：有效管理变化、延迟或预料之外的事件的能力	复杂、动态的职位（首席执行官以及研发类职位等）
沟通能力：选择适当的沟通媒介，清晰准确地表达口头以及书面信息，倾听，提供和获得反馈	涉及人际互动的职位（大部分职位）
领导力：在他人中培育动机以及形成共享目标的能力	需要监督或影响他人的职位（管理类职位和需要在团队背景下工作的职位）
情商：控制个人情绪，理解他人情绪，与他人建立联系的能力	需要进行人际交往、谈判以及影响他人的职位（销售类、客户服务类和管理类职位）
问题解决能力：获取、分析和解释各种相关来源的信息并及时做出恰当决策的能力	需要分析和解决问题的职位（比如客户服务类、维修类以及产品设计类职位）
创造性：产生原创性思想和见解的能力	需要原创性以及独特的想法和见解的职位（比如市场营销高层管理职位、室内设计师以及平面艺术设计类职位）

将核心胜任素质、价值观以及工作经验等融入职位描述和员工配置实践的一个企业典范是专业服务公司普华永道（PwC）。普华永道首先明确了有助于强化企业文化以及提升工作绩效的核心胜任素质，然后将对这些胜任素质的评估贯彻到对求职者进行甄选的整个过程之中。好奇心、建立和维持关系的能力、能影响他人的沟通能力以及移情能力等个人特征被普华永道用于决定寻找和雇用哪些候选人。[38]

与其他职位分析方法一样，在采用胜任素质模型构建方法时，同样需要职位专家来观察和判断成功的员工所展示出来的那些行为。在理想情况下，最好是由一组职位专家来辨别胜任素质，由另一组职位专家加以复审并提出自己的意见。可以把相似的胜任素质加以合并，最终得出 6～12 项胜任素质。需要注意的一点是，不要保留太多的胜任素质，这样才能保证注意力聚焦在对员工甄选最为重要的那些胜任素质上。要想实现这个目标，可能首先需要编制一份较长的胜任素质清单，在一段时间里收集比较重要的员工在工作中的技能和行为表现方面的数据，然后对这些数据进行分析，从而得出哪些胜任素质最为重要。尽管许多组织可以通过头脑风暴的方式来确定一份相对较好的关键胜任素质清单，但客观地以数据为基础来分析哪些是真正重要的胜任素质仍然是其他方法都无法取代的最佳做法。

由于以下两个方面的原因，构建胜任素质模型的做法正得到越来越普遍的欢迎：首先，胜任素质的范围比技能更广，因此职位分析人员在明确职位对任职者的要求方面具有更大的灵活性，而这可以防止员工拒绝接受一些并没有被明确包含在他们的职位描述之中的特定工作职责。此外，当职位发生变化时，职位分析人员也没有必要频繁地更新职位分析。对于那些职位处于迅速变化中的组织来说，传统的职位分析方法成本高且耗时多，而胜任素质模型构建法的简单性和灵活性就会对他们更有吸引力。

胜任素质模型构建在描述一个职位的技术能力方面不如大多数其他职位分析方法。因此，这种方法通常是作为其他职位分析方法的一个有益补充。需要注意的是，在不同的业务单元和部门中，最重要的胜任素质、价值观和工作经验等很可能是不一样的。比如，在一家公司的财会部门工作的员工需要具备的胜任素质，与在该公司的市场营销部门或研发部门工作的员工所需要的胜任素质很可能是不同的。

一些公司正在尝试取消很多职位头衔，以使员工将注意力放在工作上，而非职位头衔上。一家从事营销业务的公司理查德斯集团（Richards Group）就取消了 560 名员工的职位名称，并且给了 20 位高层管理人员完全相同的执行总裁头衔。这种做法很受客户欢迎，他们并不关心帮他们管理账户的这些员工的职位头衔，这种做法也使得员工重新把注意力放在了工作本身，而不是在公司的晋升阶梯上攀登。[39]

因为胜任素质模型这一方法还相对较新，而且其严格化和文件记录规范化程度相对于传统的职位分析方法较低，所以这种做法能否避免受到来自法律的挑战还不太清楚。[40]等到这种方法经受过了更多的严格法律检验，将胜任素质模型与其他传统的职位分析方法结合使用才更可取。

职位报酬分析

职位分析的另一种类型是**职位报酬分析**（job rewards analysis）。这种职位分析技术所要分析的是一个职位所能够提供的**内在报酬**（intrinsic rewards），这种内在报酬是非货币化的，它来自工作本身和企业文化。内在报酬不同于具有货币价值的**外在报酬**（extrinsic rewards）。内在报酬可能包括达成个人目标后获得的满足感，也可能来自能够持续参与学习活动以及做有意义的工作。外在报酬则包括员工的基本薪酬、奖金和福利。有些职位能为员工提供独特的外在报酬，比如空中服务人员能够获得免费的旅行机票，而零售店的员工也可以得到商品折扣。[41]内在报酬和外在报酬共同构成了某个特定职位所能够获得的**总报酬**（total rewards）。

明确一个职位所能提供的报酬能够更好地将求职者与不同的职位加以匹配，同时改善招募流程。例如，如果一位招募官知道是什么在激励着职位候选人，则他就能确认哪些职位报酬会使得该职位对候选人更具吸引力：如果一位候选人的工作动机主要来自金钱，那就多跟候选人介绍关于公司的绩效薪酬系统的情况。相反，如果一位职位候选人的主要工作动机就是开发自己的技能，那就多跟候选人谈谈公司的培训、开发以及继续教育项目。

员工价值主张（employee value proposition）是指员工通过为雇主工作而获得的内在报酬和外在报酬之间的平衡情况，它是为换取员工的工作绩效而设计的。如果员工认为自己得到的报酬等于或超出自己对公司所做的奉献，他们将会更为满意，离职的可能性也更低。在招募以及说服候选人接受本公司提供的工作机会而不是竞争对手提供的工作机会时，招募官和用人部门经理必须用一种使工作机会最具吸引力的方式来回答候选人最为关心的一个重要问题，这就是"我到你们公司来有什么好处吗?"要想回答这个问题，就需要进行职位报酬分析。

要做职位报酬分析，首先就要确定到底是什么因素在吸引着职位候选人以及为什么该职位上的任职者喜爱自己的工作。然后还要勾勒出一份清单，清晰地分析为什么候选人显而易见地要选择本公司，而不是其他公司。有时候，针对不同的候选人，公司的卖点是不同的——因为有些职位候选人更多是受到金钱的激励，而另外一些候选人则更倾向于在团队环境中工作，等等。针对每一位候选人强调的报酬，应当反映出对他们个人产生激励的那些因素。为做到这一点，招募官以及用人部门经理都需要充分理解一个职位所能提供的内在报酬和外在报酬。

即使是内在报酬也需要付出货币成本，因此企业需要在自己能够提供的以及愿意为员工提供的有吸引力的报酬之间取得平衡。这与员工价值主张应当满足的三个标准有关，即适度性、组合性以及独特性。[42]适度性指的是总报酬的经济价值既不要太小，也不要太大。如果在报酬方面的投入太少，则存在冒犯求职者的风险，会打击他们申请或接受工作机会的积极性，同时也缺乏竞争力。在报酬方面投入过多又有可能对企业的财务稳定性带来负面影响，损伤投资者的投资回报。组合性则是指总报酬构成应当能够满足求职者或员工的需要和偏好。如果员工是年轻且流动性强的人，每三四年就可能会跳槽，则企业可对他们提供在5年中逐步授予的股票期权。而提供免费的儿童日间看护福利则可能更符合资历更高的员工队伍的需要和偏好。独特性是指总报酬应当是特殊的。如果组织提供的报酬对求职者没有特殊的吸引力，同时无法将组织与其他组织有效区分开来，则这些报酬就不能算是有吸引力的员工价值主张。一些在20世纪90年代成立的互联网初创公司就通过允许员工带宠物狗来上班以及随意穿着等创造了一种独特的内在报酬。

招募官或用人部门经理认为的一个职位的最佳卖点可能并不能完全反映出现实情况。因此，很重要的一些做法就包括在确保匿名的情况下采访该职位上的任职者、召开焦点小组会议或者是进行正式的问卷调查等。首先应当通过书面问卷调查来确定报酬的种类以及员工最经常确认的那些报酬，然后通过跟踪访谈以及焦点小组会议的形式将每种方法的作用发挥到最好。如果员工感到自己能够放心地诚实回答问题，那么他们会更愿意分享自己的看法。离职面谈——员工在辞职之后与雇主进行的面谈——同样能够发现员工不满意的那些职位报酬。另外，企业还可以通过锚定竞争对手的报酬来考察如何建立自己的报酬体系。由员工和职位专家填写的问卷调查工具，比如明尼苏达职位描述问卷（Minnesota Job Description Questionnaire）[43]和职位诊断调查问卷（Job Diagnostic Survey）[44]等，都可以用于衡量企业提供的职位报酬。本章的“技能开发”专栏就描述了可以怎样对一些职位的内在报酬加以评估。

➡ 技能开发

评价一个职位的内在报酬[45]

以下 8 个问题旨在教给大家如何对一个职位的内在报酬进行评估。由于越来越多的内在报酬变得可能，在做职位报酬分析时，可以运用专业量表。

请运用下列评分尺度来回答以下跟你的职位有关的问题。根据与你的职位相符的情况，在每道题号左侧的空白处选择从 1～7 的某个数字填入。内在职位报酬的名称标在每道题目右侧的括号中。分数越高则表明相应的内在报酬的数量越多。5 分及以上的分数表明在职位上确实存在相应的内在报酬。

1	2	3	4	5	6	7
极不同意	不同意	不太同意	既不同意也不反对	比较同意	同意	非常同意

1. 我的上级对我很关照。（与上级的关系）
2. 我在工作中与客户或同事紧密合作。（人际互动）
3. 我每天都需要运用多种不同类型的知识、技能、能力或胜任素质。（技能多样性）
4. 我在工作中有机会完成一项完整的工作，而不仅仅是一项工作的一部分。（任务完整性）
5. 我的工作结果会对他人的生活产生影响。（任务重要性）
6. 我自己决定如何完成工作。（自主性）
7. 我完成工作后自己就能知道工作做得好坏。（工作反馈）
8. 我的上级或同事会就我的工作表现与我进行沟通。（他人反馈）

每种报酬的数量、差异性以及稳定性也是需要考虑的因素。[46]报酬的数量是指员工得到的报酬多少（薪酬的多少、赋予员工的任务多样性程度高低等）。报酬的差异性是指一种报酬在不同员工之间的一致程度——是所有的员工都能得到报酬，还是只有达到特定标准（比如员工的绩效评价等级）的部分员工能得到这种报酬。报酬的稳定性则是指报酬的可靠程度。每一次的报酬都是一样的，还是会随着组织绩效或其他财务情况而有所变化？

与一个职位相关的报酬可以用表 4－14 所示的这种职位报酬矩阵来加以概括。

表 4－14　采购经理岗位的职位报酬矩阵

报酬	数量	差异性	稳定性	报酬适用对象
1. 有竞争力的基本薪酬	平均每年 3.2 万美元	3 万～3.6 万美元	依据市场情况和企业绩效变动	大多数员工
2. 福利	综合健康与牙科保险，401（k）计划，每年 10 天带薪事假	无——所有的员工都享有相同的福利套餐	稳定	大多数员工

续表

报酬	数量	差异性	稳定性	报酬适用对象
3. 绩效薪酬	平均达到基本薪酬的 4%	浮动范围为基本薪酬的 0～15%	依据企业绩效变动	看重个人对组织做出贡献并因此得到报酬的员工
4. 晋升机会	平均每工作 3 年获得一次晋升	有些员工工作 18 个月就可获得晋升；有些则一直得不到晋升	依据管理人员的绩效以及企业需要有所变化	追求职业进步的员工
5. 个人对工作任务承担责任	一半以上	根据技能和工作绩效	相当稳定	看重个人对组织贡献的员工
6. 每天完成不同的任务	一半以上	在全体员工中相当一致	相当稳定	追求技能发展的员工

职位的价值以及理想的职位报酬是因人而异并且会随时间而发生变化的。职位报酬分析有助于企业量身定做自身的员工价值主张以及招募信息，从而更好地与潜在目标求职者和现有员工的需要、价值观和动机相匹配。美国运通公司（American Express）在面临日益严峻的竞争时，在全公司范围内开展了一场运动，以确保在招募员工时能够关注那些正确的方面。该公司通过在全球范围内的员工实施焦点小组访谈，去挖掘员工最看重的是组织文化的哪些方面，并且确定了公司的 500 位招募官在与求职者交谈时都应当关注的八个大的方面：公司品牌、文化、公司在金融服务行业中的地位、全球发展机会、职业通道、薪酬、培训和发展以及工作地点。“五年前，我们招人的时候，更多宣传的是美国运通的公司品牌和产品，但如今我们更多宣传的是这八方面的特征，”美国运通公司的招募总监默里·库恩（Murray Coon）如是说道，“现在我们更多谈论的是行业、人以及文化。”[47]

许多人加入一个组织的原因往往也是能够将他们留住的因素。明确是什么使一家公司显得独一无二，然后开发出一套有吸引力的员工价值主张，这样就有助于确定和锁定那些愿意投身到公司里来，并且有可能留在公司里的求职者。

迈塔公司系统工程师的胜任素质模型

为了强化在系统工程这个重要领域中的战略能力，迈塔公司想要为公司的系统工程师开发一套胜任素质模型。[48]迈塔公司认为，针对自己的系统工程师开发一套具体准确的胜任素质模型，不仅有利于改善公司的招募和员工入职过程，而且有利于改善绩效管理与晋升体系。为了开发一套能够同时应用于个人和团体的胜任素质模型，迈塔公司的系统工程师与技术专家共同参与了这套反映迈塔公司在系统工程领域的独特方法的胜任素质模型。

迈塔公司首先从一些标准机构、迈塔研究所、外部供应商以及相关政府机构获得关于胜任素质的信息。迈塔公司还借鉴了公司的领导者与管理者胜任素质模型，从而将对于成功的系统工程师来说非常重要的一些额外的非技术胜任素质也考虑在内。胜任素质模型经由全公司 150 多位专家多次提出意见修正之后最终形成。[49]

迈塔公司的工作团队最终确认了 36 项胜任素质，并将其整合为五大部分：企业视角、系统工程生命周期、系统工程规划与管理、系统工程专业技术能力，以及合作与其他个人特征。例如，合作与其他个人特征部分的胜任素质就包括构建信任能力、说服与影响能力、适应能力以及诚信。[50]

迈塔公司认为，没有哪一个组织是一成不变的，因此必须常规性地更新自己的胜任素质需要，以保持胜任素质模型的准确性。正是由于迈塔公司的胜任素质模型非常有用，很多其他组织也对如何更好地理解和改善自己的系统工程类员工的胜任素质产生了浓厚兴趣。[51]

本章总结

职位分析是明确一个职位要求完成的工作任务以及员工为完成这些任务所需具备的个人特征的过程。职位分析能够将一个职位的要求与公司的经营战略和竞争优势相结合，同时兼顾当前以及未来对该职位的要求，因此，它可以是具备战略意义的。如果职位是处于变化之中的，则很重要的一点就是要保证当初被雇用来承担这个职位的员工还能有效地承担变化后的职位。胜任素质模型构建是一种分析成功地履行角色而非完成工作所需具备的更宽泛的胜任素质的方法。胜任素质模型构建还能明确将员工与组织的价值观和战略结合在一起的那些要素。职位报酬分析是明确一个职位的内在报酬和外在报酬的一种职位分析技术。其目的在于通过分析一个职位的内在报酬和外在报酬，来确定如何创建并且向招募官和员工推销一套有竞争力的员工价值主张。对于明确员工需要做些什么来强化企业的竞争优势以及实施企业经营战略而言，职位分析是非常关键的一步。

讨论题

1. 为什么尽管职位分析有诸多益处，还是有一些组织不去做职位分析？如何才能增强它们进行职位工作的意愿？

2. 职位分析如何使员工配置更具战略性？

3. 个人如何评价在不同职位上工作的机会并做出相应的决策？

4. 如果一个职位的上级和任职者对于不同工作职责的相对重要性和权重产生了不同意见，你将如何协调他们之间的观点冲突？比如，如果上级强调客户服务代表职位存在的技术方面的要求，而客户代表却强调聆听客户并理解客户遇到的问题等此类人际沟通方面的要求，你应该怎么办？

5. 有些职位的变化很快，这导致很多企业认为在这种情况下实施职位分析并不值得，因为等到职位分析完成时就已经过时了。你能对各类公司给出怎样的建议，帮助他们一方面能够获得职位分析的好处，同时又不需要在传统的职位分析方面浪费不必要的时间和资源？

案例分析

假设你是一家名为RTMM的软件开发公司的招募经理。你在劝说一些顶尖的候选人加入你们公司时遇到了一些麻烦，因为你们公司的名气还不是很大。你已经吸引来了足够数量的符合要求的候选人，但问题是他们中的大多数人都拒绝了你们公司的入职邀请，转而接受了竞争对手提供的工作机会。

通过与这些候选人进行交谈，你发现，要想提高这些候选人接受公司入职邀请的概率，关键在于要加强这些候选人对你们公司以及公司员工价值主张的了解。在充分挖掘了承担相关职位以及为 RTMM 公司工作的种种好处之后，你从当前的软件工程师当中选出一些人组建了若干焦点小组，以了解他们最看重当前所从事的工作以及公司的哪些方面。以下是你通过对这些焦点小组进行访谈之后构建出来的职位报酬矩阵：

报酬	数量	差异性	稳定性
年终奖	平均 1.8 万美元	根据企业绩效和个人绩效在 0～4 万美元之间浮动	能否获得取决于企业绩效
401（k）计划	基本薪酬的 9%	工作时间满一年的全体员工待遇相同	稳定
发展机会	取决于项目及所运用的技能	根据需要及员工的工作绩效水平有所区别	每年公司为每位员工至少投入 3 000 美元用于正式培训项目
晋升机会	平均每工作 3 年获得一次晋升	至少工作满 2 年才能获得晋升；50%的员工从未得到晋升	根据公司需要以及员工个人绩效存在差异
自主性	高于平均水平	取决于技能和工作绩效	稳定
任务多样性	高于平均水平	所有员工均相同	稳定
有趣的文化	高于平均水平	所有员工均相同	稳定

你的任务是确认哪种类型的人可能会被这种工作机会所吸引，并给假想的一位入职邀请接受者凯莎·杰克逊写一封信，劝说她接受你之前发给她的富有竞争力的入职邀请。

案例研究作业 切恩公司的战略性员工配置

请参见本书后面的附录完成本案例研究作业。

第2篇

员工配置规划、招募来源锁定以及招募

第 5 章　员工队伍预测与规划

第 6 章　确定招募来源：找到招募对象

第 7 章　招　　募

第 5 章
员工队伍预测与规划

学习目标

学习本章之后，你应该能够：

1. 描述员工队伍规划的过程。
2. 讨论一个组织应当如何预测其未来的经营活动。
3. 描述一个组织应当如何预测其未来的员工需求情况。
4. 解释如何从组织内部和外部两方面预测未来的可能员工供给情况。
5. 讨论应当如何制定行动方案来解决劳动力供给和需求之间的差距。
6. 描述员工配置规划过程。

开篇案例

黑山公司的战略性员工队伍规划

位于美国南达科他州的黑山公司（Black Hills）是一家已有130年历史的大型能源集团，该公司在全球共雇用了大约2 000名员工。[1]该公司明白，精准的员工队伍规划对其未来的有效性至关重要。现在的问题在于，该公司在完成了近期的一次并购活动之后，一线操作技术工以及其他一些关键员工的平均年龄从45岁上升到了50岁。由于在未来的七年中公司将有1/4的员工退休，黑山公司意识到，自己要想履行以最低中断损耗提供燃气和电力的使命会遇到挑战。[2]

黑山公司需要知道在一年之内公司将会有多少位员工退休，需要找到什么类型的员工才能替代他们的位置，这些新员工从何处来，以及为了保证这些新员工能够胜任工作要对他们进行多少培训。企业的最终目标是发现并招募那些符合要求的人，并且尽可能快地让他们变得富有生产率，同时还能留住他们。为了确保企业的可持续发展以及实施自己的成长战略，黑山公司就如何达到自己的员工配置目标来征求你的意见。在学习本章之后，你应该能够与该公司分享你的一些好的想法。

可以想象一下，如果一家制造企业无法有效地管理自己的供应链，那么会发生什么事情。如果这家公司无法获得足够数量的合格零配件，那该怎么办？如果它不能从任何其他能够找到的供应商那里得到这些零配件，它能手忙脚乱地替换掉所有的零配件吗？正如这种情况听起来并不现实一样，企业在管理自己的人才供给时显然也不可能采取这种做法。战略性员工配置是一个具有前瞻性的过程。正如零库存供应链管理一样，一家公司的人才管理同样需要帮助公司在正确的时间和正确的岗位上能够有正确的人。石油和天然气生产商和分销商沙特阿拉伯国家石油公司（Saudi Aramco）就运用员工队伍规划来更准确地预测未来的工作要求，管理即将到来的退休潮，同时最具战略性地利用各种承包商。[3]

本书的前四章描述了员工配置环境以及职位分析的主题，在第2篇中将讨论员工队伍规划、甄选以及招募三大主题。本章的主题，即员工队伍规划，对于战略性员工配置来说是非常必要的，这是因为它要分析并解决企业在未来将会面临的这样一种挑战，即如何才能在正确的时间获得正确的人才。获取并留住能够执行公司战略和计划所必需的人才常常是一个很大的挑战。在2012年进行的一项调查中，1 200多名首席执行官承认他们曾经由于缺乏人才而被迫延迟或放弃某种战略计划，大约30%的首席执行官指出，他们曾经由于人才方面的约束而无法有效实现创新或把握市场机会。[4]

员工配置是一家企业战略实施的重要基础，而前瞻性的员工队伍规划和员工配置规划则能够保证企业获得成功实施战略所需要的人。[5]当FM设备维修公司发现新的客户经理因适应工作困难而对客户体验造成了不利影响时，该公司开始比需要用人的时间早120天雇用客户经理。这就为该公司提供了充足的时间在新客户经理正式开始工作之前对他们进行塑造，让他们了解公司的文化。[6]而当苹果公司因为调整专卖店的员工配置方式而导致专卖店在数周中出现人手不足的情况时，则上了新闻头条，而且相当于告诉员工这家公司简直“一片混乱”。[7]

员工配置专家和管理者普遍预测，在接下来的几年中，婴儿潮时期出生的人将逐渐退休，加上发展中国家的出生率下降，很多企业都会面临来自劳动力方面的挑战。美国劳工统计局预测，2010—2020年，美国将有7 000万人退休，然而仅有4 000万人会新进入劳动力队伍。到2020年，25～44岁这一关键年龄劳动力群体的人数将下降3%，而55～64岁的人口群体将上升73%，65岁及以上年龄人口的数量将上升54%。劳动力队伍老龄化是一个全球性的问题——到2050年，中国65岁以上人口数量将会超过世界上其他所有国家的65岁以上人口之和。

劳动力队伍老龄化会对从入门级职位到高层管理职位的所有职位层级产生影响。因此，很多企业如果不能及时为公司配置员工，它们可能就不得不相应地缩减规模或者是放弃扩张的机会。例如，如果一家制造企业无法为实施劳动力密集战略雇用到所需的员工，则它可能就得被迫改变自己的经营战略——比如，接受更慢的增长目标或者是生产那些用现有员工已有的技能便可生产出来的产品。此外，这家企业可能还需要对能实现生产过程自动化的设备进行投资，以减少对熟练员工的需要。

对小公司来说，为吸引优秀员工展开的竞争更为激烈。在美国，小公司提供了大多数新增就业岗位[8]，但总的来说，它们在员工雇用方面面临的挑战更大。员工队伍预测与规划能帮助这些企业更好地管理自己的人才短缺和冗余问题。通过理解商业周期、企业经营需要、企业中目前已有的人才以及发现未来人才的通道，人力资源管理专业人员能够前瞻性地减少未来激烈的人才竞争对企业带来的负面影响。

员工队伍规划是一个使企业可以预测和管理自己的人才供给和需求的战略过程。这个过程的目标就是使企业可以达成其经营目标以及实施其战略。因为企业领导者的投入与人力资源专业人员的投入是同等重要的，所以员工队伍规划是整个组织的事情，而不仅仅是人力资源管理人员的任务。

尽管员工队伍预测与规划有如此多的好处，许多企业仍然是被动地而不是前瞻性地应对自己的员工配置需要。换言之，这些企业很少做员工队伍规划，只是在职位出现空缺时才去找人填补。考克斯通信公司（Cox Communications）前首席执行官吉姆·罗宾斯（Jim Robbins）说道："我们每年在预算上花的时间有四个月，但我们基本不花时间讨论人才问题，我们的长处在哪里以及应当如何挖掘这种长处，我们的人才需要是什么以及如何才能满足这种人才需要。每个人都对他们的预算负责，却没有人对他们的人才库负责。难道不正是每个部门中的人才在驱动着我们的结果吗？我们是不是遗漏了什么？"[9]

在特种玻璃和陶瓷领域的领导企业康宁公司，人才规划是"将经营战略转化为人才战略的一个桥梁"。[10]康宁公司认识到人才组合对其成功所产生的影响。员工配置过剩或配置不足都会影响公司的成本结构、现金流以及交付产品的能力。如果员工队伍的技能组合不对，公司有可能会因此而错过一些市场机会。如果员工队伍的技能不足或技能过剩，公司的盈利性也同样会受到负面影响。为了保持员工队伍技能组合的最优化，康宁公司在每年春季都会通过多种模型来预测公司在各种不同情形下面临的人才需要，再来分析能够运用哪些战略弥补可能存在的差距。[11]

在本章中，我们将讨论通过理解公司的经营战略、目标以及竞争环境来确定企业将来需要何种人才的重要性。要想确保能够在正确的时间找到正确的人在特定的职位上工作，企业就必须能够预测未来的劳动力需求，并且持续保持对劳动力供给管道的了解。最后，企业就可以采取行动计划来解决在劳动力需求和供给之间存在的差距。在学习本章之后，你将能够更好地理解员工队伍预测和规划过程。

员工队伍规划过程

图5-1描绘了员工队伍规划的过程，一般包括如下步骤：

1. 确定企业的经营战略。一家企业的愿景、使命以及战略会影响其当前和未来的员工配置要求，因为它们会影响组织需要的员工数量及其类型。

2. 阐明企业的人才理念并做出战略性员工配置决策。正如我们在本书的第2章中已经讲过的，不同的企业在提拔员工和留住员工等这样一些事情上的理念是不同的，在到底是直接雇用具有某些特定技能的员工，还是在雇用之后再加以培训等这样一些问题上的偏好也是不一样的。这些因素都会影响企业未来的劳动力供给以及将会需要的员工类型，因此，在做员工队伍预测和规划时，理解这些因素就非常重要。

3. 实施员工队伍分析。即同时对劳动力需求和劳动力供给进行预测，明确两者之间存在的差距。

4. 制定和实施行动计划。即制定行动计划来解决在劳动力供需预测之间可能存在的差距。这些行动计划应当与企业的人才理念保持一致，可以包括短期和长期的招募、保留、薪酬、继任管理以及培训开发等方面的规划。例如，解决与员工队伍老龄化相关的问题或者员工队伍中有很多人都处于同一年龄段这样的问题，就需要制定长期性的行动计划。

5. 监控、评估和修订员工队伍预测和行动计划。即从是否达到了公司的招募和雇用目标的角度来对员工队伍规划的有效性进行评估。这是因为，随着企业所处的经营环境发生变化，企业的员工队伍预测和行动计划也可能会随之发生变化。

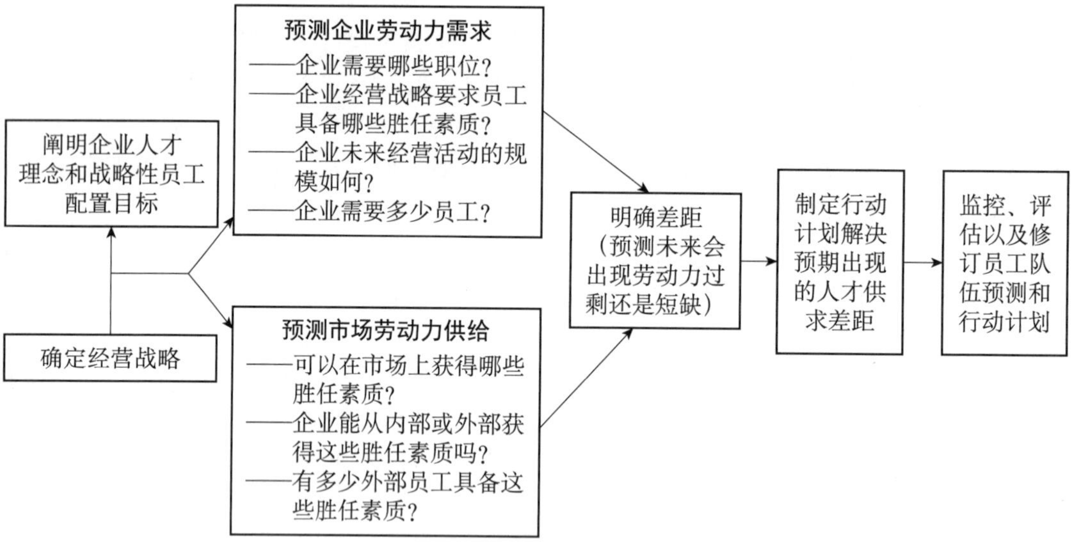

图 5-1　员工队伍规划过程

预测不是一门精准的科学，很少有预测是准确无误的。正因为存在这种不确定性，所以最好把预测值设定为一个变动范围——其中包括最低值、中间值和可能的最高值，然后再根据组织的内外环境变化以及对员工队伍需求的若干基本假设来重新计算这些预测值。在一个较为稳定的组织中制定和实施员工队伍规划比较容易，而当组织面临快速变化的条件时，这方面的挑战就更大。从这方面来说，那些正在经历快速变化的企业会发现员工队伍规划是最有价值的，因为这种规划可以在面临不确定的情况下指导这些企业的招募和雇用活动。[12]

员工队伍规划的时间范围应当能够反映企业的经营规划周期。短期员工队伍规划涉及企业在来年需要完成的员工搜寻、招募、开发以及分流等活动。而长期员工队伍规划也会涉及同样的活动，只是考虑的时间跨度是在多年当中。[13]

最后，员工队伍规划的对象针对的应当是整个组织中的这样一些职位：它们的职责履行情况对于企业中的某个经营单位或者整个组织的成功非常重要。如果创新和无形资产——比如知识和创造力——构成了企业的竞争优势，那么高层管理者和知识型员工就是至关重要的。如果企业的竞争优势是建立在服务基础之上的，那么它是否能够成功就取决于需要面对客户的那些员工的质量和表现。[14]准确识别这些关键岗位是极其重要的，因为这些岗位上缺人或员工配置质量较差，将会直接影响企业的运营能力。关键职位或角色可能会出现在一个组织的任一层级上。例如，我们可以考虑一下，对于一家旅馆来说，最关键的岗位是什么呢？你可能认为是经理，甚至是会首先对用户体验产生影响的前台。但事实上，在旅馆行业中，隐藏在不断重复的业务背后的驱动因素实际上是客房的清洁程度，而不是客户与前台之间的打交道情况。因此，要想在旅馆行业建立竞争优势，客房清洁人员才是关键所在。[15]如果在某些岗位上，高水平员工的绩效要远远超过一般水平的员工，这些岗位对于员工队伍规划来说也同样重要。确保为这些岗位配备工作最有效且效率最高的员工，必然会对一家企业的利润产生积极的影响。

劳动力需求预测

一家企业的产品需求会直接影响其劳动力需求。一方面，如果对一家企业生产或提供的产品的市场需求上升了，除非这家企业计划提高其生产流程的自动化程度，否则就要雇用更多的员工来满足其产品需求的上升。即使企业已经计划提高自己的生产自动化程度，那么在这样做的过程中，也很有可能会提高对其他类型人才——比如，能够使用和维护新机器或新技术的员工——的需求。另一方面，如果市场对企业生产的产品或服务的需求下降，则企业对员工的需求也可能随之萎缩，或许会萎缩到迫使企业裁员或解雇员工的程度。在经济衰退期，由于产品需求下降，很多企业都会裁减员工队伍。

准确预测企业的经营活动需要首先明确关键经营活动要素，然后确定有助于获得与这些要素相关的信息的可靠来源，最后再利用这些信息来源整理出完整、精确和及时的数据。比如，康威货运公司（Con-way）每个月都会对客户需求、生产率目标、可预见的缺勤以及不可预见的缺勤等因素进行预测，从而提前 1～3 个月做好雇用需要预测。[16]这就提高了康威货运公司的招募和雇用所需汽车司机的能力，而这个招募和雇用过程通常可能需要花费 1～3 个月的时间。

对企业经营活动预测的时间跨度取决于企业的实际情况。对于处于相对稳定和可预测环境之中的企业而言，做 5 年甚至 10 年的预测可能都没问题。但对处于动态的、不可预测环境之中的企业来说，对于 6～12 个月的经营活动做出准确的预测可能都是很困难的。最好是把预测视为一种动态的估计，最好随着假设条件以及环境条件的变化对当初的预测进行修订和更新。此外，同时做出短期、中期和长期的预测同样是有意义的，这是因为长期预测总是会比短期预测的精确度更差，很显然，在长期中，环境和组织出现变化的可能性更大。

企业在预测自己的产品需求时，有很多外部信息资源可以利用。接下来，我们将讨论可用于评估经济中的总体经营趋势的五种最常见的信息资源：季节因素、利率、汇率、竞争情况变化以及行业与经济预测。

季节预测

对有些企业来说，商业需求尽管会受到季节因素的影响，却是可以预测的。举例来说，由于假日货运需求的缘故，UPS 在每年的 11 月至次年 1 月之间都会出现货运量急剧增长的情况。园艺公司也很清楚，它在春季和夏季需要的员工人数要比冬季更多。因为这种季节性的需求增长在每年都会发生，所以是可预测的。对于另一些企业来说，对商业周期的预测就没有那么容易。对企业的产品或服务出现的一些偶发性需求大幅度上涨或下降的情况进行预测就更困难，尽管如此，企业越能准确地预测到可能出现的变化，就越有可能在需要时保持一支合适的员工队伍。

利率预测

利率预测可以帮助企业决定在不久的将来是否需要或能够建造新的工厂或增加产量。较高的利率对资本投资不利，因为它使企业通过借贷为扩张计划提供资金的成本更高。较高的利率同样使消费者的借贷成本更高。结果就是当利率上升的时候，产品需求会趋于下降。相反，当利率下降时，产品需求会上升。因此，利率上升往往意味着劳动力需求将会下降，而利率下降则往往预示着劳动力需求将会上升。比如，当利率下降时，住房需求会上升，而这就会导致对于技术工人和银行贷款按揭人员的需求有所上升。

汇率预测

对于许多企业尤其是全球化企业而言，汇率对于预测商业活动是非常有效的。如果一国的货币相对于其他国家货币更坚挺，这就意味着与本国货币相对疲软时相比，现在本国的一单位货币可以兑换更多的其他国家货币。这就意味着本国企业可以更为廉价地进口商品和原材料，这是因为，一单位的本国货币现在可以比以前购买更多的外国货物。然而，这同样意味着本国的产品在国外变得更贵了。比如，当新西兰元相对于美元更为坚挺时，一家名为杰克·林克斯（Jack Links）的新西兰牛肉干制造商就会被迫裁掉 2/3 的员工，因为该公司最大的客户美国可以从巴西买到更便宜的牛肉干。[17]同样的道理，如果一家美国公司在全球各地做大量的业务，美元汇率的升高往往会带来国际上对这家美国企业的产品需求以及企业劳动力需求的下降。当一国的货币变得疲软时会发生什么呢？当一国的货币走软，则其出口产品的相对价格下降。结果就是对该国产品的国际需求上升，该国的劳动力需求也会随之上升。在长期中，汇率是不稳定的，并且是难以预测的。利率越稳定，企业的产品需求和劳动力需求预测就会越准确和越有用。

竞争预测

如果一个行业中有新竞争者进入，消费者就会有更多的产品选择，从而减少对于其中的任何一家企业产品或服务的需求。比如，由于来自国外汽车制造商的竞争加剧，包括通用汽车公司（GM）和戴姆勒-克莱斯勒汽车公司在内的许多美国汽车制造商的产品需求就出现了下降，从而不得不裁员。相反，如果有一家企业离开了某个市场，那么那些还能幸存下来的竞争者就很可能会发现自己的产品或服务需求有所增加。

行业与经济预测

对不同企业和不同行业来说，与进行预测有关的信息也是不同的。一个被广泛运用的对过去 3～6 个月中的经济活动变化情况进行衡量的指标是世界大型企业联合会领先经济指标指数（The Conference Board's Index of Leading Indicators），这一指数反映了关于经济的总体状况。同样，这一指标也能够帮助企业确认经济可能会走向衰退或复苏的一些发展趋势。每个月发布的世界大型企业联合会消费者信心指数（Conference Board Consumer Confidence Index）会通过询问被调查者与工作保障性和消费意愿有关的一些问题，来衡量消费者的想法。该指标同样能帮助企业预测未来的经济活动，进而预测市场对企业的产品或服务的需求以及对生产这些产品或服务的劳动力的需求。

其他的经济指标还包括国内生产总值（GDP），商业部统计的存货销售比，每月由供给管理机构统计的采购经理人数据。企业自身的消费者的收入如果下降，那么这很可能预示着该企业的产品需求下降。很多企业有它们自己的预测，比如国内餐饮协会的年度行业预测。组织可以分析过去的产品需求，明确哪些因素能准确预测未来的商业行为，从而利用这些信息预测企业未来的劳动力需求。

法律因素

新颁布的法律也会影响劳动力需求。在 2010 年颁布的雇主强制医疗保险法《患者保护与平价医疗法案》(Patient Protection & Affordable Care Act)，也称《奥巴马医疗法案》，就要求雇用全日制员工超过 50 人的雇主，2014 年开始需要为至少 95%的员工及其抚养者提供得到政府批准的且可负担的医疗保险。如果雇主的员工中有任何人接受政府提供的医疗保险补助，则美国国税局（IRS）将会对雇主处以最高每位雇员 2 000 美金的罚款。这种法律规定将会对企业的员工配置模型，尤其是服务业中的工作产生重要影响，极大地促进临时就业服务行业的大发展，这是因为雇主都希望把自己的全日制员工人数控制在 50 人以内。[18] 雇主很可能会对临时性员工在本公司工作的持续时间加以严格控制，或者是把工作岗位转移到海外，以避免受到这一法规的影响。

其他因素

还有一些其他因素同样可以表明一家企业的产品或服务需求以及劳动力需求可能发生的变化。那些往往会导致企业改变自己的劳动力队伍规模的其他因素包括：

- 消费支出的增加或减少。
- 失业率的上升或下降。
- 消费者可支配收入的增加或减少。
- 耐用消费品购买的增加或减少。
- 房产购买的增加或减少。

许多企业往往是在经济刚开始增长的时候就开始扩张，因为这样就可以在经济增长促使企业经营活动活跃时，自己已经储备好了得到良好培训和富有生产率的员工。企业用来预测其销售额所需的一些信息也有一部分是来自组织内部。例如，通过跟踪企业收到的订单，管理人员就能大概了解在下个月或下季度可能获得的订单量。类似地，一家正在进入或退出某一特定经营领域的企业也会知道，自己的劳动力需求可能会发生哪方面的相应变化。换言之，企业会根据自身的内在经营需要预测自己的劳动力需求变化。

内部预测工具

一家企业还可以根据经营目标来预测自己的劳动力需求，这些目标可能包括：

- 为在一个特定时期内完成一定的收入而需要达到的员工配置人数（比如，在 6 个月内雇用足够多的销售人员来完成 500 万美元的销售收入）。
- 为实施成长战略而提高企业的员工配置人数。
- 在组织重组时降低企业的员工配置人数。
- 为生产新产品或提供不同的服务而获得企业需要的新人才。

为了使自己在每个销售渠道中的销售人员规模进一步优化，像惠而浦公司这样的企业都会计算出为达到自己的最佳盈利水平而需要进行的人力资源投资。筛分分析和各种统计模型可以帮助一家企业确认，自己在某个领域是否略有冗员或者是在另外一个领域中是否还存在未开发的潜能。能够明确一家企业为达成自己的目标所需的最低或最佳员工配置水平是非常明智的。

最重要的劳动力需求预测是对于组织希望达成的战略方向具有重要影响的那些岗位和技能所做的预测。比如，假设一家企业在办公用房设施等领域的扩张放缓，它现在想通过互联网以新的在线方式来销售自己的产品。那么，这家企业的劳动力需求预测可能表明，它的总体雇用规模是相对持平的，但为了实施新的战略，这家企业显然需要经验丰富的信息技术专家、计算机技术人员以及软件编程人员。同时，它还需要具备足够技术能力的客服人员。如果该企业无法雇用到这些人，新的以网络为基础的销售战略就很可能会失败。

预测劳动力需求的方法有很多，接下来我们将讨论四种最为常见的方法，即比率分析法、散点图法、趋势分析法以及主观判断预测法。

比率分析法

运用历史**员工配置比率**（staffing rations）可以将对一家企业的经营活动的估计转化为达成这种生产率水平所需的员工人数。员工配置比是一种用来计算为达到特定产出水平所需的员工人数的数学方法。一家企业针对某种经营数据就可以用指数化的方式计算出自己需要雇用的员工人数。例如，一家律师事务所可能会根据 3∶2 的比例来确定律师助手和律师之间的数量关系。换言之，在这家律师中，每 2 名律师就需要 3 名律师助手。再比如，在 UPS，每 22 份跨境包裹就需要 1 名打包人员。[19]

比率分析法假定在某种特定的经营指标和所需员工人数之间存在一种相对固定的比率关系。使用在企业内形成的历史数据可以帮助企业确定关于这些比率关系的一个合理范围。当然，这样的过程也可用于确定新的岗位或证明存在裁员的需要。

比如，假定一家制造企业有 100 名员工，每年生产价值 2 000 万美元的产品，那么这家企业的产值和员工之比就是 20∶1。该企业要想多生产 20 万美元的产品，就需要多雇用 1 名员工。在有些情况下，由于规模经济的存在，产出扩张反而导致所需的员工人数减少，在这种情况下，企业就应当考虑自己的特殊情况，对预测做出相应的调整。

其他一些能够用于预测员工总人数的比率包括：

- 收入与员工人数之比。
- 管理人员人数与员工人数之比。
- 库存水平与员工人数之比。
- 商店规模与员工人数之比。
- 消费者人数或消费者订单数与员工人数之比。
- 劳动力成本与生产总成本之比。
- 生产能力利用百分比与员工人数之比。

如果一家企业在未来的预测期内，员工与生产率之比保持稳定，那么只要把过去的这种员工人数与生产率之比应用到未来时期的预测就足够了。但是，如果这家企业由于技术、培训、重组等方面的原因出现了人均劳动生产率方面的变化，那么，直接运用过去的这种员工人数与生产率之比就不合适了。管理人员应当始终清醒地认知，需要如何对预测加以调整，他们的一些专业经验也应当被运用到这一过程中来。在过去的比率关系完全无效的全新环境中，要想做出合理的劳动力需求预测，唯一的方法就是依靠公司管理人员的主观判断。比率分析法每次仅能基于一种指标（比如生产单位产品所需的工时）预测劳动力需求，但也可以应用像回归分析这样一些更高级的统计方法一次性地把更多的指标用于劳动力需求预测。比如，可以把包括商店规模、购物中心客流量以及季节趋势等因素在内的一种回归分析方式同时运用于对一家零售商店所需的员工人数的预测。当然，用来构建比率分析或回归分析的基础数据都必须是可信且可靠的，否则，劳动力需求预测就不会太准确。

预测中小型企业的劳动力需求更为困难一些，这是因为这类企业的历史趋势往往更为多变，能作为参考的历史信息也更少。另外，一家只有 10 名员工的企业中再多雇用一名员工，就意味着这家企业的劳动力需求增长了 10%，但这个员工人数增长幅度却与企业的经营增长幅度并不一致。此外，无论何种规模的企业，在没有确切地知道自己确实需要额外增加新员工之前，都更倾向于雇用一些临时性员工。

散点图法

散点图（scatter plots）展示了两个不同变量——比如销售收入和销售人员数量——之间的关系。对于预测劳动力需求这一目的而言，散点图可以帮助企业明确某个因素是否与员工配置人数在历史上存在相关性。由此得到的信息可以帮助企业确定当这一因素变化之后，应当如何相应地调整员工配置人数。这会涉及相关系数和回归分析，关于这两个方面的内容，我们将会在第 8 章中加以讨论。

假设在一家名为救护快车（Ambulance Express）的私营救护车服务公司所在区域内新开发了一批住宅。该公司想要预测自己对救护车司机的未来需求人数，并且它也知道，在自己的服务区域内居住的人口数量越多，需要雇用的司机人数也就越多。该公司的员工配置专家首先收集了在该州中其他六个救护车服务区域中的相关信息，了解到这六个服务区域中的救护车司机人数以及相应的居住人口数量。具体数字见表 5-1。

表 5-1　服务区域人口与所需救护车司机人数　　单位：人

需要服务的人口数量	救护车司机人数
12 500	2
25 000	5
30 000	5
35 000	6
50 000	10
60 000	11

图 5-2 将上述这两组数据展现在了散点图中。各种不同的救护服务公司所服务的人口数量被展示在横轴上，而相应的每一家救护车服务公司所雇用的司机人数则展示在纵轴上，图中的每一个点都代表一家公司。请注意，我们可以在图上的这些点之间近似地画出一条直线。这就得出这样一个结论，即尽管图中这两个因素之间并不完全相关，但存在一种直接的相关关系——换言之，救护服务公司所服务的人口总数与救护车司机人数是直接相关的。也就是说，这条线可以用来预测不同的服务人数所需要对应的救护车司机人数。由于救护快车公司预计在两年中要服务 4.3 万人，这样，在横轴上我们可以先找到对应于 4.3 万人的那个点，然后向上画出一条垂直于横轴的虚线。再从这条垂直的虚线与所做直线的交点出发，向左画一条平行于横轴的虚线，这条虚线与纵轴相交的点就是我们要确定的救护快车公司所需的救护车司机人数。在本例中，服务 4.3 万人一共需要雇用 8 名司机。

趋势分析法

趋势分析法（trend analysis）涉及首先观察过去的雇用趋势模型——比如雇主的、行业

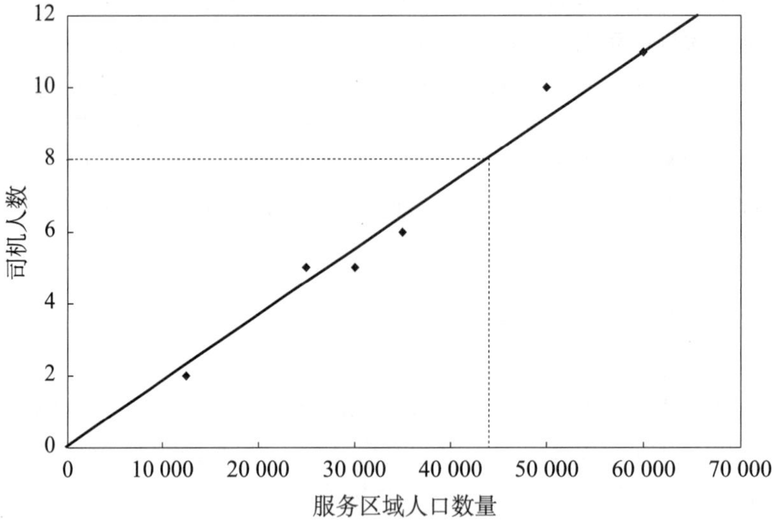

图 5-2 散点图示例：服务区域人口数量与救护车司机数量之间的关系

的或者全国的雇用模型，然后再利用这种历史趋势模型来预测一家公司未来的劳动力需求数量。如果一家公司在过去的八年中实现了每年 5%的增长，则可以推测它很有可能在接下来的几年中仍然保持每年 5%的增速。换句话说，任何一种有可能会持续下去的雇用趋势对于预测企业的未来劳动力需求都是有益的。

在图 5-3 中描绘的趋势分析使用了一个假设的例子，即某医院从 2006—2013 年间雇用的在国外接受过教育的护士人数和在国内接受教育的护士人数。图中的趋势线显示，在七年中，在国内接受教育的护士人数正在稳定下降，而在国外接受教育的护士人数正在稳步上升。如果这家医院跟踪到这一变化趋势，那么它很可能会决定及时加强国际护士的招募力度，以实现自己的护士队伍向国际化方向的顺利转变。

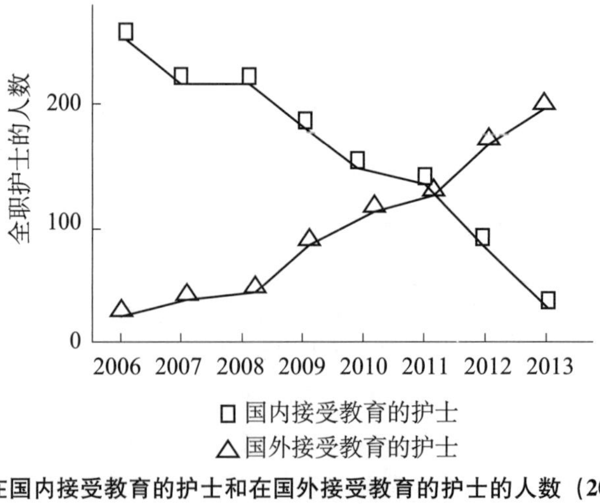

图 5-3 在国内接受教育的护士和在国外接受教育的护士的人数（2006—2013）

瓦雷若能源公司（Valero Energy Corporation）就通过运用历史趋势提前三年时间按部门和职位名称准确地预测自己的人才需求。通过把过去五年的员工数据输入数据库，这家公司开发出一系列用来进行趋势分析的数学算法。趋势分析使该企业能够预测出在不同的工作地点、岗位类型、薪资水平、任职年限以及部门等类别中的员工流动率。[20] 尽管本案例表明趋势分析可以用来预测劳动力需求，但仅仅用趋势分析法来预测劳动力需求的情况还是很少见的。这是因为，影响一家企业的劳动力需求的因素有很多，其中包括企业竞争情况、经济环境以及企业完成工作的方式（比如自动化可以提高企业生产率）等，因此仅仅使用某个单一因素来进行劳动力需求预测是很困难的。

主观判断预测法

前几种方法都是要试图找出员工配置人数与各种不同变量之间的历史关系，而**主观判断预测法**（judgmental forecasting）则依靠组织内人员的经验和看法来预测组织未来的雇用需要。询问各级管理人员以及主管人员对于未来员工配置人数及其技能要求的意见是非常有价值的。管理人员往往对他们的下级员工的工作状况比较了解，因而能够对企业的未来劳动力供给情况提供较为合理和准确的预测。类似地，管理人员往往也知道自己手下的员工是否满足退休资格以及是否有退休的意愿，可以运用这些信息来预测在未来的几年中可能出现的人才流失情况。

主观判断预测法可以是自上而下实施的，也就是组织的领导者依据自己对行业和公司的经验及知识来对企业未来的员工配置人数进行预测。高层管理者对员工人数所做的预测随即就成为下级管理人员配置员工的目标。在某些情况下，尤其是在企业面临财务困难或重组的情况下，预算多少可能决定了企业的人头数或人员总数。自下而上的主观判断预测则是利用较低层次上的管理者的看法来预测企业的总体员工配置人数。每位管理者都估计一下自己为执行公司战略所需的员工人数，然后再将这些员工需求预测进行整合和修订，层层向上汇集到高层管理人员那里，经过高层管理人员的审查和修订之后，就成为对劳动力需求的正式预测。

投资回报分析法

依据新雇用一位员工所带来的成本和收益，我们就可以估计新增加一个岗位的投资回报率。首先，我们要选定一个对岗位和企业来说都最为合适的时期——可能是一个月、一个季度，也可能是一年，对在这一时期内新员工产生的收益赋予一个货币价值。在这段时期内，企业通过新增加一个岗位而直接产生的收入是多少？在每一个这样的时期中，该岗位通过效率的提高能够为组织节约的成本是多少？该岗位通过更高的生产率、质量或客户服务水平能够为企业增加的价值有多少？这些数字之和便是这个新岗位所增加的价值。

接下来，就需要计算为填补该岗位而投放的广告成本，对候选人进行面试和甄选的成本，在差旅、调动、培训以及薪酬方面支付的成本。这是企业在新雇员身上进行投资的初始成本，用新员工为企业创造的价值除以这些成本再乘以 100%，便可得到企业在该岗位上的投资回报率。

比如，假设一家商场的新雇用的一位家具销售员在工作第一年平均创造 6 万美元的利润。此外，其他销售员由于工作量减少，使得他们在提供高质量客户服务方面的效率和能力上升了 5%。这又为企业带来了 1.5 万美元的收益。如果雇用和培训一名新销售员的成本是 7 000 美元，而一位销售员的年薪是 2.5 万美元，那么额外雇用一名销售员的投资回报率就是 234%。

$$100\%\times[(60\ 000+15\ 000)/(7\ 000+25\ 000)]=100\%\times75\ 000/32\ 000=234\%$$

很多公司都可以根据自己的预测需要，将其他一些人力资源数据代入模型之中。沙特阿拉伯国家石油公司的员工队伍预测中就包括了公司用于招募、雇用、培训新员工以及在职业生涯中对员工进行导师辅导所耗费的资源。[21] 3M公司也为其领导者提供多种重要信息，其中包括一些重要的发展趋势、不同国家之间的技能差距比较、员工队伍的人口统计学数据、生产率以及人力资本投资回报率。[22]

许多公司，尤其是一些零售企业，在需要削减成本时，往往错误地把劳动力成本视为一种最容易砍掉的部分，而不是把员工和充足的员工配置数量视为能够对公司绩效做出直接贡献的投资。当家得宝公司（Home Depot）试图通过裁员和大量雇用非全日制员工来增加利润时，消费者的满意度和销售额的增长都出现了下降。同样地，沃尔玛的裁员措施也带来包括补货不足等这样一些运营问题，进而导致销售额的下降。由于沃尔玛把管理者可安排员工工作的工时数量与销售绩效挂钩，而下滑的销售额可能又会导致员工的配置人数下降，这就进一步使客户服务水平和销售额下降，从而进一步导致工时及员工总人数减少。[23]

劳动力供给预测

战略性员工配置要求企业密切关注劳动力市场上的各种变化。因此，理解劳动力市场在当前以及未来的技能和胜任素质发展趋势是至关重要的。企业在制定经营战略的过程中就应当关注，在将来需要雇用员工时自己能够从劳动力市场上雇用的员工数量和质量方面的信息。比如，如果一家光纤企业无法得到足够数量的愿意在该公司能够支付的薪酬水平下为之工作的光纤工程师和技术员，那么，这家企业想要达到20%的年增长率几乎是不可能的。很显然，对于很多企业（尤其是那些较难吸引求职者的小企业）来说，如果自己正在制定的战略有赖于某个特定的人才池，那么最好的做法就是，提前对未来能否从劳动力市场上获得自己的关键岗位所需要的那些人才做出合理的估计。企业的内部劳动力市场和外部劳动力市场都会影响对于上述情况的估计。接下来，我们将分别对企业的内部和外部劳动力市场进行讨论。

内部劳动力市场预测

要想确定一家企业在未来的某个时间点上存在的内部劳动力供给，首先就要明确在预测周期开始时某个岗位上的原有员工人数，然后减去因为晋升、降级、调任、退休以及离职等而从该岗位上流失的员工人数，最后再加上由于调任、晋升以及降级等增加到该岗位上的员工人数，便可完成内部劳动力供给预测。在劳动力市场比较紧张，即很难雇用到员工的时候，就会有比过去更多的员工离开本企业去追求其他更好的职业发展机会；而当劳动力市场比较宽松，也就是工作机会相对更少的时候，很少有员工会选择离开原来的企业。

对一家企业当前的员工队伍的结构性特征和流动率进行分析，能够帮助管理者预测在未来的某个特定时间，还有多少员工会留在企业中。比如，一家公司在过去曾经经历了迅猛扩张，则有可能会发现，自己过去在同一时间曾经大量雇用的员工会在同一时间面临退休。而这当然就意味着企业必须在未来雇用大量的新员工来替代这些老员工。直接上级往往对自己的下属有更清楚的了解，他们通常能够较为合理地估计出在未来的某个时期内，企业当前的劳动力队伍中有多大比例的人会保留下来。转移分析、人才库和人员替换图、员工满意度调查都是用于预测内部人才资源的常用方法，接下来逐个加以讨论。

转移分析

转移分析（transition analysis），也称马尔可夫分析（Markov analysis），是一种用于分析企业内部劳动力市场以及预测内部劳动力供给的较为简单的定量分析技术。转移分析有助于用人部门的经理回答求职者提出的这样一些问题，如他们未来的潜在晋升路径以及企业的扩张或缩减规模规划等。

图 5-4 展示了如何进行转移分析。管理者首先要明确在企业中能够为目标岗位提供员工的所有其他岗位，即哪些岗位有可能通过员工的晋升、降职以及调动为目标岗位提供员工。在理想情况下，企业应当对所有进入和离开这个目标岗位的员工加以记录，这样就可以确保转移可能性矩阵尽可能准确。在转移可能性矩阵的单元格中包含的是留在同一岗位、转移到公司中其他岗位或是离开公司的员工所占百分比的数据。

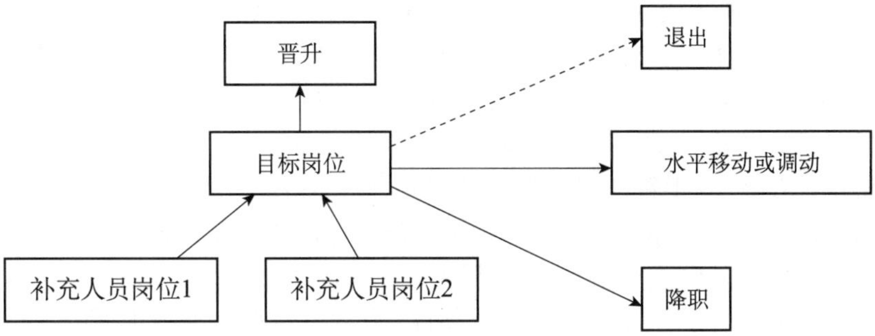

图 5-4　转移分析过程描述

举个例子，假设现在是 2014 年的第一天，一家公司想预测自己的呼叫中心在 2015 年第一天时需要的客户服务代表有多少人。表 5-2 中展示了根据 2013 年 1 月 1 日至 2014 年 1 月 1 日的数据总结出来的，涉及四种职位以及三个职位层级的转移可能性情况——也就是员工留在同一岗位上或转移走的可能性有多少。

表 5-2　转移可能性矩阵

	转移可能性（2013—2014 年）						当前（2014 年）	
职位类别（1）	职位等级（2）	全职客户服务代表（3）（%）	兼职客户服务代表（4）（%）	主管（5）（%）	经理（6）（%）	离职（7）（%）	员工人数（人）（8）
全职客户服务代表	1	**40**	10	10	0	40	400
兼职客户服务代表	1	20	**50**	5	0	25	150
主管	2	5	0	**85**	5	5	75
经理	3	0	0	0	**65**	35	20

全职和兼职的客户服务代表处于组织的最低层，主管处于中间层，经理处于第三层。最后一列中的数字是 2014 年第一天时各类职位上的员工人数。表中的第（3）列至第（7）列展示了转移可能性，它们反映了处于表格最左侧那一类职位的员工在年末时转移到表格最上

面那一行职位上去或者是离开组织的可能性。表格对角线上的数字（加粗）则反映了在2014年年初时处于某一类职位上的人在年底时仍留在原来的职位上的可能性。

表5-2中就是转移可能性矩阵。表格中的数据表明，在2014年年初时担任全职客户服务代表的员工中，有40%的人在2015年年初时仍然继续担任全职客户服务代表，这些人中有10%的人可能会在年底时转变为兼职的客户服务代表，还有10%的人可能会被提拔为主管。不过，没有全职客户服务代表会在年末被提拔为经理。“离职”的那一列所反映的是在年末时可能会离开各类职位的员工所占的百分比。在本例中，全职客户服务代表、兼职客户服务代表、主管以及经理的流失率分别为40%、25%、5%和35%。在看这张表时要记住一点，即表格的第（1）列中的职位都是员工最初所在的职位（也就是在该矩阵刚开始时的时间），而表中的最上面一行中的职位则是在年底时员工最终所在的职位。

表5-3的最下面一行展示出了到2015年年初时的四种职位上的员工人数预测。表5-3中的结果是由表5-2中的每一种职位上的现有员工人数乘以转移可能性系数后得出的。比如，用400名全职客户服务代表乘以0.40（40%），就可以发现，到2015年年初时，在这400名员工中，还有160人仍在从事与过去相同的工作。再用400人乘以0.10（10%）可以得到40人，即在2015年年初时，会有40名全职客户服务代表转变为兼职客户服务代表。同理，将有40名全职客户服务代表被提拔为主管。在这400名员工中没有人会在2015年年初时成为经理（400×0）。同理，在“兼职客服代表”一行，用150名兼职客户服务代表乘以0.5可以得出，在2015年年初时，这150名员工中仍有75人继续担任兼职客户服务代表，用150人乘以0.05可以得出，在2015年年初时，估计将会有8名兼职客户服务代表被晋升为主管，这有可能是由于他们拿到了某种文凭。对角线上的粗体数字表明，到2015年年初时，各种职位上还有多少人仍在从事原来的工作。在这张表格最下面的一行数字是各列数字分别加总的结果（加粗），它们表明了到2015年年初时，各列最上层的职位上预计的员工总人数。在本例中，我们可以依据转移可能性得出这样的结论，即到2015年年初时，该公司预计一共有194名全职客户服务代表、115名兼职客户服务代表、112名主管以及17名经理，此外，共有207名员工将会离开公司。

表5-3　利用转移可能性矩阵预测员工人数　　单位：人

	2015年的预测员工人数					当前（2014年）	
职位类别（1）	职位等级（2）	全职客服代表（3）	兼职客服代表（4）	主管（5）	经理（6）	离职（7）	员工人数（8）
全职客服代表	1	**160**	40	40	0	160	400
兼职客服代表	1	30	**75**	8	0	37	150
主管	2	4	0	**64**	4	3	75
经理	3	0	0	0	**13**	7	20
2015年预测值		**194** 缺206人	**115** 缺35人	**112** 多37人	**17** 缺3人	**207** **离职**	

用现有员工人数减去预测出来的员工人数，便可以轻松得出未来的人员短缺或富余情况。如果这家企业要保持现有的员工规模，那么它很可能必须为四种职位中的三种职位到公司外部去招募新员工（206名全职客户服务代表，35名兼职客户服务代表以及3名经理）。而主管人员将会从目前的75人变为112人，这就意味着在公司内部的人员流动和离职率保持不变的情况下，将会出现37名富余的主管。由于公司有富余的主管，这就为公司提供了

扩张的机会。不扩张的话，这就意味着公司需要为这些富余的主管人员提供其他方面的晋升通道，或者是需要通过降低晋升的比率来防止将来出现主管人员的富余。

在本例中，转移可能性是以 2013—2014 年的员工流动情况为基础计算出来的，但企业实际上可以使用任何有价值的时间段来做这种计算。一些企业面临着相对稳定的环境，因此，它们的员工转移可能性也是长时间相对稳定的。在这种情况下，采取更长的时间跨度还可以得到更为精确的转移分析结果。而在另外一些企业中，员工的流动情况则是波动的，这就使得确认相关转移可能性更为困难一些。在这种情况下，相对于分析一年或一年以上的时间跨度而言，对几个月中的短期数据进行分析反而有可能得到更为准确的转移分析结果。基于少量的数据很难得到精确的预测结果，因此转移分析更适用于规模较大的企业，而对规模很小的企业效用会很低。管理者还可以基于像公司增长率等其他一些数据，通过自己的判断来对转移可能性做出调整。在这种情况下，管理者可以根据他们对未来业务增长率的预测来重新计算可能会出现的员工短缺或富余情况。比如，如果员工总人数未来预计会出现 10%的增长，那么公司需要的全职和兼职客户服务代表的人数就将相应地分别变为 440 人和 165 人。

像任何其他的预测技术一样，转移分析也有其局限性。[24] 员工的多次转移——比如某人在同一时段内得到晋升两次——这种情况在转移分析中就无法计算出来。因此，在计算转移可能性时，最好把时间间隔控制在一年或一年以内。如果能够确定某些原因导致过去的员工转移模式发生了较大的变化，比如预料之中的薪酬增长或出现大量员工退休的情况，那么在计算转移可能性时就应当将这些因素也考虑进来。在有些情况下，历史趋势反而不如管理人员的估计更为准确。当企业正在考虑新的战略方向时，尤其如此。另外，如果只有极少数人进入或退出某种职位，转移可能性预测就可能会不稳定，而且容易出错。转移可能性分析法假设一种职位上的所有员工的转移可能性都是相同的，实际上却往往并非如此。

尽管上面谈到了转移分析的种种局限，但包括警察局、零售企业、高科技企业以及军队在内的许多组织仍然采用这种方法来预测内部劳动力供给。正如做预算一样，预测也不是一门完美的科学。然而，这比什么都不做还是要有用得多。需要再次强调的是，由于预测存在不确定性，最好根据保守估计和乐观估计给出一个预测范围，而不是努力得出一个精确的预测结果。

所有的预测技术的最大局限都是依赖历史模式和活动水平。如果环境发生了变化，那就不能完全依赖过去的模式。比如，如果失业率上升了，那么与过去到其他企业找工作更为容易时相比，现在员工离开公司的意愿就变得更弱了。另一方面，如果失业率出现了下降，那么就意味着市场上存在其他一些工作机会，这就有可能带来离职人数的上升。企业要想吸引足够数量的合格求职者，也会变得更难。在这种情况下，企业通过调整薪酬政策，提供高于市场水平的薪资，则会有助于留住员工，从而提高组织内部的劳动力供给。同样，在组织要求的胜任素质发生变化时，如果现有的员工并不具备这些胜任素质，那么，组织将来通过内部劳动力供给来满足未来的员工配置要求就会受到阻碍。

人才库和人员替换图

预测既定时期可获得的员工人数仅仅完成了劳动力供给预测工作的一半。明确在现有的员工中哪些人有条件填补预期的职位空缺同样很重要。这就需要收集关于员工的技能组合以及任职条件方面的信息。尽管确定某些员工的技能组合和任职条件比较容易，但是要明确尽可能多员工的技能组合和任职条件就需要有一份更为正式的计划。

人工或计算机化的**人才库**（talent inventories）是指详细列明每位员工的技能、胜任素质、教育背景、培训情况、语言表达、历史绩效以及晋升可能性等的详细记录或数据库。这样，人才库在组织需要将合适的员工安排到合适的位置上时就可以作为一种有力的工具。美国纽约州财税管理部门就利用人才库系统为岗位被取消了的员工重新分配工作。通过将员工的受教育情况和工作经验等信息迅速地与各种州立机构职位的最低任职资格要求加以匹配，这种人才库在六周之内就能帮助大多数需要重新安排工作的员工安置到其他岗位上去。[25]

许多公司都雇用移民来承担技能水平要求较低的职位，尽管这些员工在其母国也是大学毕业，并且具有较高水平的技能。一旦这些员工的英语水平提升，他们就可以被转移到公司内更为合适的岗位上去，但这要以公司了解他们的任职资格为前提。而人才库则能帮助企业追踪到这些信息。

能够跟踪企业的劳动力供给以及人才库的计算机和人力资源信息系统使得预测内部劳动力供给的工作变得非常容易。这些系统的软件和服务能够帮助企业将员工的专长和知识与公司的经营需要相匹配，从而就像在供应链中配置各种资产那样合理地配置员工。IBM 的员工队伍管理系统就借鉴了许多供应链管理的概念，比如容量规划、供给和需求规划以及采购渠道确立等。[26] IBM 利用计算机化的人才库建立了一个框架，不仅能够发现公司在组织内外可以获得的各种技能，并且能够提供一个分钟级别的劳动力供给链概况。这种软件能够列出技能类别，而且能够围绕员工所做的工作、员工的胜任素质以及工作经验背景等创建一份通用的描述——而这种描述所能提供的信息要远远超出一份普通的职位描述所包含的信息。[27]

当位于华盛顿特区的一位大客户在卡特里娜飓风袭击其服务器中心的前一天联系 IBM 时，IBM 的这个人才库经受了一次考验。这位客户要求 IBM 提供 14 位精通数据分析、流程改进、物流管理、项目管理以及信息管理的员工。于是，IBM 在自己的人才库中进行了检索，仅仅在 24 小时之内，就将 14 名员工派至指定地点，支持客户的检修工作。如果没有这个人才库系统，要想组建这样的团队，起码需要几周的时间。[28]

人员替代图（replacement charts）是对特定岗位上的潜在替代者进行跟踪的另外一种方法。[29] 人员替代图可以是手工的，也可以是电子的。它形象地展示了一个职位的可能继任者，并总结出了他们个人的优势、当前的绩效、获得晋升的意愿以及发展需要等。图 5-5 是人员替代图的一个示例。

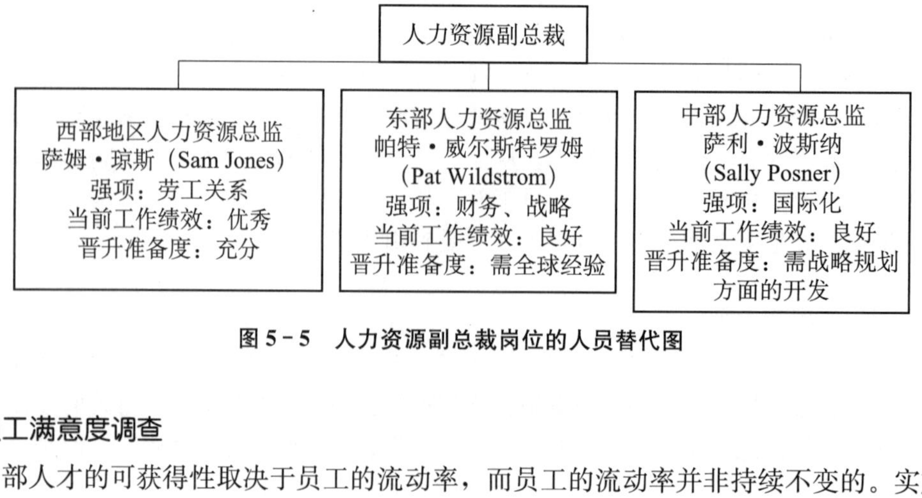

图 5-5　人力资源副总裁岗位的人员替代图

员工满意度调查

内部人才的可获得性取决于员工的流动率，而员工的流动率并非持续不变的。实施员工满意度调查，对员工感到不满的一些指标进行监控，比如员工的缺勤率和争议次数，就能帮助企业预测到未来可能会出现的员工流动率上升情况。对于那些人才理念与留住员工相一致的企业，以及那些员工流动对企业的战略实施会产生极为不利影响的企业来说，密切关注员工和管理者的态度至关重要。许多企业每年都会实施员工满意度调查，重点应对那些预示未来员工流动率可能会上升的趋势。

对于企业来说，把所有员工的年龄档案汇总起来是一件很容易的事情，这能帮助企业预测在未来的各个不同时点上，在不同领域和不同部门中将会有多少人才因为退休而离开企业。尽管整理这些信息相对容易，但由世界大型企业联合会实施的一份调查却表明，66%的被调查者称他们所在的企业没有整理员工的年龄档案，这也就意味着企业缺乏了解员工的退休情况将会如何对不同机构和部门产生影响的有效数据。另外，尽管整理员工的技能和才干方面的信息对于预测的作用非常明显，但63%以上的调查参与者指出，自己所在的企业并没有做相关目录整理，还有49%的调查参与者指出，自己所在的企业未曾对员工的培训和开发需求进行评估。[30]这些在未来都会给企业带来严峻的问题。一家全球性的人力资源咨询公司智睿咨询公司（Development Dimensions International Inc.）的研究指出，20%的美国大型知名企业将流失40%以上的高层管理者，而能够作为候补的35～44岁的员工人数却下降了15%。这再次说明企业制定前瞻性的员工配置计划有多么重要。[31]

外部劳动力市场预测

所有的企业在某个时间点上都需要从外部劳动力市场上雇用员工。除了需要雇用新员工来满足扩张的需要，企业还需要从外部雇用劳动者来替换由于退休或其他原因而离开组织的人。很多企业都会通过两种渠道来对外部劳动力市场进行监控。第一个渠道是企业自身的观察和经验。举例来说，对企业发布的招募公告做出回应的求职者的人数和质量是上升了还是下降了？全球性的工程建筑公司CH2M Hill公司分别针对每个国家和地区编写战略报告，其中包括人口结构特征方面的信息、人才的可获得性、当地面临的雇用挑战、当地的或来自国际的竞争者、企业常用的人才吸引手段以及当地的预期薪资发展趋势等。[32]

企业对外部劳动力市场进行监控的第二个渠道是监控从他处获得的劳动力市场数据。关于美国劳动力市场的最全面的免费数据来自美国劳工统计局。美国劳工统计局的网站（www.BLS.gov）上提供的数据包括整个国家的生产率、福利、就业以及失业等方面的信息。美国劳工统计局进行全国薪酬调查，提供在美国80多个大都市区和非大都市区中的400多种职业的薪酬福利数据。美国劳工统计局在近期的预测表明，美国的劳动力供给和需求大体上是平衡的，但有些职业和行业会出现劳动力过剩或短缺的情况。这就意味着那些有可能遭遇劳动力短缺的企业需要提前3～5年制定自己的员工队伍扩张规划，为那些很难填补人员的岗位寻找替代的雇用来源并且对已经雇用来的员工进行培训。至于那些处于人才供给充足的行业中的企业，则可以聚焦于更短期的员工队伍规划。[33]

本章中的“技能开发”专栏提供了关于外部劳动力市场信息的其他一些来源。

➡ 技能开发

关于外部劳动力市场信息的其他来源

关于劳动力市场信息及预测情况可以有很多来源，以下是一些最常用的相关信息来源：

- www. conference-board. org
- www. ny. frb. org
- www. rsm. ws
- www. workforcesecurity. doleta. gov/map. asp
- www. nfib. com
- www. shrm. org/line
- www. trimtabs. com
- www. bls. gov
- www. census. gov
- http：//lehd. did. census. gov/led

确认和跟踪可能会影响未来劳动力质量或数量的一些发展趋势也是大有裨益的。像微软这样的公司会关注大学入学率方面的趋势，从而对攻读计算机学位的大学生人数过少表达自己的担忧。微软研究中心负责战略和沟通事务的总经理凯文·斯科菲尔德（Kevin Schofield）指出："我们希望确保有一条人才充足的供给渠道，使我们能够从中雇用到制造精良产品所需的充足人才，无论是对我们公司，还是对我们的伙伴公司来说，均是如此，因为这关乎整个行业的发展，而不是仅仅是微软自身的产品。"[34]

金融服务公司第一资本公司（Capital One）通过预测会对其员工总人数产生影响的业务变化，实施了一项为期 3 年的劳动力需求预测计划。专用预测模型确定了公司在任一给定市场上的最大可持续规模。通过分析与其未来雇用需求以及人口结构发展趋势相关的多种因素，第一资本公司得出了在未来不同时间中有可能到本公司来求职的人所占的百分比。然后，第一资本公司确定有多少百分比的求职者有可能拿到公司的入职邀请，这样，该公司就可以计算出什么时候自己的人才蓄水池已经缩小到使自己无法从中雇用到足够多员工的程度。这也就是第一资本公司在规划扩张战略时所确定的长期性最大化可持续规模。第一资本公司还通过对员工实施邮政编码分析来确定员工分布的最佳地理区域，尽可能不把自己的员工从现有的工作地点调走。[35]

劳动力供求差距的解决

员工队伍规划的下一步就是将企业预测出来的劳动力质量、数量及其技能需求方面的情况与对劳动力供给所做的预测加以对比。或许企业能够获得的劳动力质量和数量可以满足未来的员工配置需要。当然，企业也有可能会出现员工短缺或富余的情况。如果企业预测到将来会出现员工短缺或富余的情况，企业就应当制定**行动方案**（action plan）来提前解决这些问题。这些行动方案应当始终与企业的经营战略、人才理念以及人力资源战略等保持一致。比如，对于希望员工在长期职业生涯中为企业做出贡献的企业来说，解雇的做法就与其人才理念不相符，而且有可能会给企业带来一些负面影响。（在第 12 章中，我们将讨论企业避免解雇员工的几种替代选择。）

还有一些行业不但不需要解雇员工，反而非常需要增加雇用。美国护理协会（American Nursing Association）成立了一个专门的指导委员会制定行动方案来解决美国护理人员短缺问题。下面是旨在增加护士供给的行动方案的节选[36]：

● 传播护理的经济价值：对公众进行教育，使他们了解护理在国家医疗体系中的关键作用。

● 改善工作环境：改善护士的工作环境，只有这样才能使病患护理的品质达到最优化，同时留住护士。

● 传播专业护理文化：坚持护理的专业实践、教育、领导力以及合作方面的高品质标准，更好地吸引潜在的护理人员，强化护理人员的专业形象。

● 教育：重塑护理教育，强化护理形象。

● 招募/保留：增加职业发展机会以吸引和留住优秀护士，确保护士在整个职业生涯中获得合理的报酬。

摩托罗拉（Motorola Inc.）集成供应链总裁斯图·里德（Stu Reed）为增加未来的供应链经理供给制定了一套行动方案。摩托罗拉明确了未来的供应链专业人员的职业发展通道以及得到高层职位所需的各项技能。然后再与北美乃至国际的顶尖供应链学校达成合作关系。"我们向这些学校证实我们的模型的有效性，让它们知道我们需要它们提供怎样的毕业生。"里德如是说。[37]换言之，摩托罗拉通过逆向追溯的方式寻找自己需要的供应链人才。

无论何时预测到劳动力市场上发生变化，企业都需要评估这种变化是可能持续下去的劳动力市场趋势，还是仅仅因经营周期调整引起的短期波动。理解这两者之间的区别十分重要，因为不同的变化类型会对应不同的员工配置战略。[38]我们接下来将探讨几种基本的行动方案。

临时性人才短缺的应对

如果满足资格条件要求的人才短缺是暂时性的，企业应当采取什么行动呢？企业可以提供类似签约奖金和保留奖金等雇用激励来解决这方面的问题，比如给那些在企业圆满工作某个特定时期的员工发放股票或现金奖励等。然而，企业为雇用这些新人来工作一段时间需要提供较高的薪酬，会给企业带来较高的成本，因此，企业最好只是在人才短缺期间提供这种雇用激励。[39]当企业发现在紧缺的劳动力市场中难以雇用到新人的时候，常常会选择更为昂贵的招募方法，比如增加招募广告投放、雇用猎头公司，或者是降低招募标准，从而将更多的人作为合格员工纳入考虑范围。但这些策略往往都无法保证一定有效，而且可能会给企业带来一些不想看到的后果。

短期解决方案之一就是招募那些当前已经在本企业中工作的员工。然而，有些岗位可能仍然需要雇用新员工来填补。如果短期劳动力短缺的源头在于反常的高流动率，那么企业的行动方案就应当着力解决引发高流动率的那些问题，比如薪酬水平过低、主管人员存在问题、职业发展机会有限、缺乏培训机会等。然后，企业的人力资源经理可以通过实施员工满意度调查来找出高流动率的原因，并且与公司的各级管理人员展开讨论。在有些情况下，解决短期劳动力短缺的问题还需要有创造性。比如，当 H&R 布洛克公司（H&R Block）难以为位于堪萨斯城郊区的提供技术支持的寻呼中心雇用到员工时，它就把这个机构转移到了市中心，雇用住在市区中的员工。[40]

外部人才网络有时候也可用于解决短期存在的技能短缺问题。有时候，企业会通过构建一个包括咨询顾问、自由职业者、供应商、外包服务提供商等在内的网络来满足自己的短期人才需求。信安金融（Principal Financial）就以项目咨询为基础建立了可以让退休者参与进来的工作项目。尤安科公司（YourEncore）则建立了一个能使其成员企业共享退休工程师和科学家的人才库平台。[41]企业还能够通过包括 mturk. com（Mechanical Turk）、freelancer. com、Elance. com 等在内的一些网站在全球寻找人才。当企业有合同或项目需要时，这些资源可以让企业迅速找到大量可雇用的专业人员。

很多领袖级的企业常常会被吸引到墨西哥和中国等地开展业务，因为这些地方的劳动力成本更低。但劳动力成本可能会迅速发生变化，反而使这些短视的决定产生更高的成本。[42]

持续性人才短缺的应对

如果劳动力短缺的情况会持续好几年，那么企业就必须减少对供给存在短缺的那些人才的需求，同时增加具备所需资格的员工的供给。尽管企业有可能增加员工供给，但对于大多数企业来说，这并非一个快速的或实际的解决方案。相反，许多企业通过提高自动化程度和利用各种技术，或者是对职位进行重新设计来减少对短缺人才的需求。

家得宝、开市客等一些大型超市在一定程度上也是为了降低成本，已经开始通过安装自助结账通道将很多工作转换为自动化完成。客户服务中心可以自动回复顾客的问询。尽管不是所有的职位都可以通过自动化来实现，但对于面临人才短缺或是想通过使用更少的员工来完成同样工作从而降低劳动力成本的企业来说，这的确是可以考虑的一种解决方案。但就像我们之前提到的那样，自动化本身可能又会需要一些具备特殊技能的员工，比如可以维护自动化设备的员工。当一家企业准备朝着实现某些功能的自动化方向发展时，这些因素需要被考虑在内。

石油行业尽管已经将一些生产流程加以自动化，同时把一些原本需要三个人完成的工作变成只需要一个人，但仍然面临石油工程师、地质学家和地球物理学家的严重短缺问题。虽然通过自动化水平的提高已经降低了对人才的需求，但人员短缺的现象仍然如此严重，以至于石油企业认为这将导致公司的创新率下降，最终减少石油产量。[43]

如果很难发掘到人才或是这么做的成本过高，企业还有一个选择，这就是将受影响的相关业务流程外包出去。**业务流程外包**（business process outsourcing）是指对整个业务功能的重新安排，比如把生产、制造或客户服务外包给同一个或不同国家中的独立服务提供商。经常被外包出去的业务功能包括信息技术服务、客户服务甚至是企业的培训工作。如果能够保持或提高外包业务流程的质量，企业不仅可以降低成本，还能聚焦于更为核心的竞争力。

商业价值高达 37 亿美元的交通服务企业彭思科公司（Penske Corporation）将 30 多种不同的业务流程外包给了业务流程外包服务企业跟拍客公司（Genpact），它们之间的关系也体现了一些公司是如何越来越多地实施业务流程外包以及充分利用海外的技术人员的。为了降低成本以及提高运营质量，作为一家独立企业的跟拍客公司实际上是作为彭思科公司的虚拟子公司存在的。当彭思科公司的卡车租给顾客进行跨州旅行时，跟拍客公司在印度雇用的员工会检查顾客的信用以及所需的许可证。如果卡车在称重站因缺少必需的装料许可而被停驶，位于印度的员工就会把必要的文件传递到称重站，并且在半个小时之内要回卡车。在每次旅行结束之后，司机的记录会被传送到跟拍客公司位于墨西哥华雷斯的机构，该机构会将行驶里程、税收、通行费以及燃料数据输入彭思科公司的计算机，并且会在印度对这些信息进行处理。当彭思科公司卖掉卡车的时候，位于墨西哥的那些员工会对这段交易做好记录。[44]

临时性员工富余的应对

当一家企业预见到自己的业务下滑是一种暂时现象时，通常可以有几种选择。如果业务下滑是周期性的或者是频繁发生的，企业可以雇用临时工或应急工，这些员工可以在业务下滑时第一批离开公司，从而减少对固定员工的冲击，使固定员工更有就业安全感。临时性裁员是解决短期员工富余的另一种选择方案，但通常需要持续 6 个月以上才能达到成本有效性，因为企业需要支付遣散费[45]、必须缴纳更高的失业保险、应对保留员工的临时性生产率下降以及需要支付再雇用和再培训员工的成本等。企业此前用于雇用以及培训被解雇员工的投资可能也是成本很高的。除了裁员，企业还可以选择普遍降薪、缩短工时或是把员工重新分配到正在扩张的业务领域之中这样一些做法。有些企业还会采取非带薪假期、长时间休假、职位分享等一些创新性的方案来解决临时出现的员工富余问题。

当一些零售商能够从劳动力市场上雇用到足够的员工时，它们会通过雇用额外的兼职员工以及采用"零库存"的员工配置模式来利用员工富余，所谓零库存的员工配置模式，是指员工在 24 小时或更短的时间内才知道自己需要完成轮班工作。一些零售行业的员工在头一天晚上甚至第二天早晨才知道当天是否有排班。哪些人会被排班以及排多长时间的班则取决于员工在上周的销售业绩以及根据天气预报或预期销售额预测的顾客流量。沃尔玛的排班软件会在员工的累计工时即将达到可以获得医疗保险的标准时提醒管理者。[46]尽管这有助于企业控制薪酬成本、预防由于员工流动带来的人员不足，但这种不稳定的排班和工时就让兼职员工通过赚取足够的薪酬来抚养子女或是去接受教育变得更加困难了。

持续性员工富余的应对

有时企业需要永久性地减少雇用的员工人数。技术变化、竞争者的增加或消费者偏好的改变都有可能从根本上改变企业需要的员工人数和类型。提前退休激励、裁员、不填补空缺岗位等都可以减少企业雇用的员工总数，但每一种选择都有其相应的成本。提前退休项目可能会导致技能最为娴熟、生产率最高的员工离开企业；不填补空缺岗位可能会使企业的关键岗位出现空缺或人手不足；裁员可能会损害员工的士气，影响企业声誉。其他一些解决持续性员工富余的方法还包括重新分配工作任务、雇用冻结、引导员工离开原来的职业发展轨道从而避免未来出现裁员需求。培训员工填补企业中出现的其他空缺岗位也可以使劳动力的供需趋于平衡。

任何一种员工配置战略的目标都是吸引和留住生产率最高的员工，清除生产率低的员工。员工队伍规划活动则可以使企业预测未来的雇用需求，并逐渐调整自己的员工规模，而不是骤然通过大量裁员或组织重组来实现，这样就可以帮助企业控制重组成本和留住高绩效的员工。

员工配置规划

除了员工队伍规划，花些时间来规划员工配置流程也同样非常重要。在这方面企业需要回答如下三个问题：

- 需要招募多少员工？
- 需要从哪些渠道招募员工？
- 雇用这些员工需要花多少时间？

接下来我们将逐个解决这三个问题。

需要招募多少员工？

一些求职者在被雇用之前就对申请的岗位失去了兴趣，还有一些求职者则不具备相应的资格条件，因此企业几乎总是有必要提前获得比空缺岗位数量更多的求职者。此外，有更多的求职者还可以使企业有更大的选择范围。这能让企业找到最合适的岗位候选人，而不是只能雇用仅有的来申请岗位的候选人。与此同时，与招募到能够满足企业雇用目标的必要求职者人数相比，通过招募仅仅在数量上达到求职者人数要求的做法反而可能给企业带来更高的成本。

为职位空缺招募到的"理想"求职者人数取决于企业的员工配置性质以及人力资源战略。如前所述，如果招募来的人才库太小，企业就无法找到足够具备任职资格条件的求职者填补职位空缺；而招募来的人才库过大又会增加企业招募管理系统的负担，浪费时间金钱，同时并不能保证最终招募来的人具备任职资格条件。此外，企业还有可能承担另外一种风险，这就是被拒绝的求职者太多而饱受诟病。因此，招募的目标是吸引数量足够且能达到或超过职位对个人和技术所提出的要求的求职者。

员工配置的产出率

决定招募多少人的最佳信息来源是企业过去的招募活动中积累下来的一些数据。方法之一就是看企业从前的员工配置产出率和雇用产出率，其中，**员工配置产出率**（staffing yields）是指从雇用流程的一个阶段进入下一个阶段的求职者所占的百分比，而**雇用产出率**（hiring yields）（也称为甄选通过率）则是指最终获得雇用的求职者在全体求职者中所占的百分比。

如图 5－6 所示，如果 3/4 的录用通知最终会被接受，企业在需要雇用 75 名员工时，就需要发出 100 份录用通知。如果平均每 4 次面试能成功地发出 1 份录用通知，要发放 100 份录用通知，就需要面试 400 位求职者。如果 4/5 的面试邀请能够被接受，面试 400 位求职者就需要发出 500 份面试邀请。如果 1/4 的求职者能够被邀请进入面试，则此前必须能够获得 2 000 名求职者。最终的甄选通过率是 3.75％（2 000 名求职者最终雇用 75 人）。基于企业过去的经验可构建出一个员工配置产出率金字塔来反映这些方面的要求，电子表格的应用可以极大地简化这些计算及其运用。

不同的职位以及在不同的雇用情境或经济环境下，员工配置产出率并不总是相同的。事实上，在同一个行业甚至同一家企业中，员工配置产出率也会有所不同。比如，申请微软公司软件编程岗位的求职者中，只有 2％的人能够得到雇用，这在整个行业中都是比较典型的。[47]另一方面，像安利公司（Amway）和探索玩具公司（Discovery Toys）这样的企业则会雇用绝大多数来申请成为销售代表的求职者。与技能水平一般或较低的劳动者相比，专业技术类候选人的录用通知接受率通常会更低。

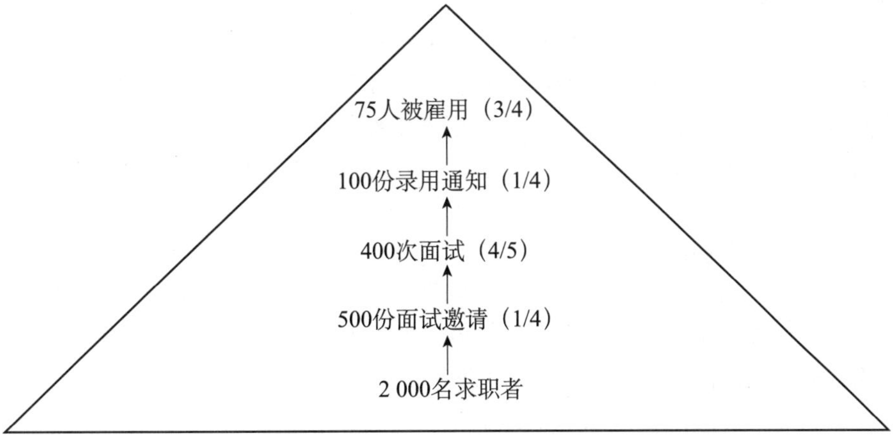

图 5－6　员工配置产出率

然而，对于同一企业而言，员工配置产出率在不同的年份中相对比较一致。有时，在考虑到其他一些市场条件的变化之后，可以明确一些趋势，从而提高对企业劳动力队伍预测的准确性。[48]比如，如果企业的薪酬水平相对于市场更具竞争力或水平更高，则可以预期到它将会获得更多的求职者，而最终被雇用的求职者所占的比率也因此会变得更低。但无论如何，过去的员工配置产出率至少可以作为预测未来的可能产出率的良好起点，并且可以帮助企业确定当前的招募工作需要达到的最低求职者人数要求。依据过去的员工配置产出率来预测未来的招募需求的主要优点在于，企业可以通过分析不同招募来源的有效性，把自己的招募努力放在最有效的招募来源上，同时选择最适合特定职位的招募方法来提高员工配置产出率。然而，如果企业未来吸引的求职库在质量上要高于过去，企业就可以招募更少的求职者，同时却可以达到更高的甄选通过率。这可使企业能够雇用到的可以胜任工作的求职者所占的比例更大，从而提高企业员工的整体绩效水平。

需要记住的很重要一点是，企业的员工配置产出率是高还是低本身并不是最关键的问题，真正重要的是员工配置系统能够在正确的时间产生合适的类型和合适数量的员工。尽管员工配置是一种投资而不是成本，但对于许多企业而言，需要控制的一个关键点依然是在员工配置方面支出的费用。通过限制求职库的规模，或者是提高求职流程的管理效率等，都能够达到这方面的目的。如果具有高潜力的求职者所占的比例上升，那么企业为了获得足够数量的合适员工而需要招募到的求职者人数就可以减少。然而在过去，人们普遍认为大的求职库总是比小的求职库更好一些，因为这样就能够提高求职库中吸纳高潜质求职者的概率。然而这种假设并不完全正确。如果考虑到招募的产出率和成本，较小的求职库实际上反而更好一些。

举例来说，假设某企业想雇用到它所能找到的最顶尖人才（比如在既定领域中能力位居前 10%的人），同时假设该企业的求职者评估方法能够准确地对每位求职者做出评估。过去，这家企业很可能会努力招募到尽可能多的求职者，然后从中雇用 10%的人。这样就会使雇用率比较低。然而，事实上，较低的甄选通过率反而会使企业招募到的员工质量更高一些。这的确是有可能的，但前提是企业能够获得的所有人才都来申请了这个岗位。比如，如果大量不合格的求职者申请了这个岗位，那么雇用比率可能会变得更低。但更低的雇用率并不能保证甄选出来的员工的质量更高。更好的战略应该是增加能够获得的高潜质求职者，减少低潜质求职者的申请人数。如果企业能有效地做到这些，它就能在提高雇用员工质量的同时，提高员工配置的产出率，从而使自己的招募投资获得更好的回报。

提高求职库的质量还能减少企业的求职者评估和甄选系统的负担，因为在这些求职者中有更多的人最终能够得到雇用。如果更好的招募工作使得大多数求职者都能与岗位相匹配，那么用于招募和评估每位求职者的时间以及财务资源被浪费的可能性也就更低。另外，需要记住的一点是，如果潜在的高绩效者从不向组织提出求职申请，那么，即便是最好的求职者评估系统也无法找到他们。

有时候，企业在招募时会通过寻求达到较高的产出率（从求职者中雇用较大比例的人）来降低成本，但这种策略并没有考虑到这样做会使企业中的高绩效人才被稀释。如果不同时考虑到求职者的质量，高雇用率对于员工的有效招募和甄选都会造成不利的影响。但如果企业能够选择最适合自己的招募方法和招募来源，它就能调整求职库中的人才分布，将求职者中最符合自己要求的人才吸纳进来——比如能力位于前50%的人。在这种情况下，更高的目标招募产出率（比如30%）就能与传统的招募产出率更低（比如10%）的方法那样实现相同的新员工质量，因为在后者的求职库中包含了大量的不合格求职者。很显然，从50名低质量的求职者中雇用前5名远不如从20名高质量求职者中雇用前5名更有价值。

对不同招募来源的员工配置产出率进行评价有助于解决这方面的问题。无论是在一个企业内部，还是在不同的企业之间，不同招募来源获得的求职者的数量和质量可能都是不同的。一家公司有可能通过报纸招募广告雇用到高绩效的员工，但这对于其他企业甚至对同一企业的其他部门并一定有效。总体而言，“最佳”招募来源会因职位的性质及其在组织中的管理层级不同而存在差异。互联网对于招募具备信息技术方面的较高技能的人才可能十分有效，但对于招募像一般职员或生产工人等这样一些员工的效力就会大打折扣。招募官的年度雇用率以及他们所雇用的员工的质量也是存在差异的。如果一家企业需要迅速雇用员工，那么它通常需要明确地知道通过各种不同招募来源填补这些岗位所需的时间，这样就可以从所有的渠道中做出自己的明智选择。我们将在第6章中讨论不同招募来源的优缺点。

如果企业未能通过过去的员工配置工作收集到员工配置产出率方面的信息，那么对于这家企业来说，预测当前的员工配置产出率就会更具挑战性，但也并非不可能。猎头公司、大学中的就业办公室等机构都可以为企业提供一些关于求职者的平均产出率的信息。企业还可以参照同类企业的员工配置产出率。然而，这些信息并不是最理想的，因为它们并非针对需要雇用员工的特定企业或实际需要雇用人员填补的职位。企业自身的特征，其中包括所处的竞争地位、总薪酬包、企业形象、工作生活质量以及工作所在地的休闲机会等，都可能会对员工配置产出率产生极大的影响。

需要从哪些渠道招募员工?

根据萨拉托加研究所（Saratoga Institute）的研究[49]，从企业外部雇用员工主要会产生六种基本成本：

1. 广告费用。
2. 代理机构及猎头公司费用。
3. 员工推荐奖金。
4. 招募官以及求职者的差旅费。

5. 异地安置费。

6. 公司招募官的成本（如果招募官除负责员工配置之外，还承担其他工作职责，则需要按比例分摊薪资和福利）。

这六项因素占了雇用成本的 90%。（萨拉托加研究所指出另外 10%的费用包测试、背景核查、用人部门经理耗费的时间以及行政支持等方面的成本。[50]）

从企业内部雇用人员的费用与外部雇用的情况十分相似，其中主要包括如下四种成本[51]：

1. 内部广告费。
2. 差旅和面试成本。
3. 异地安置费。
4. 内部招募官的成本。

对于那些人才对组织成功非常关键的企业来说，毫无疑问是愿意在员工的招募和甄选方面进行投资的。如果正如一位谷歌公司的高管计算出来的那样，一位出色的员工所产生的价值是普通员工的 300 倍的话，制定相当于当前招募预算 10 倍甚至 10 倍以上的预算就是有意义的。[52]除了这些方面的成本，决定一家企业的员工配置总成本的因素还包括企业为了雇用到自己想要的员工而需投入的招募资源以及招募官的规模。

接下来，我们将讨论两种能够预测员工配置工作所需资源的方法：工作负荷预测法以及员工配置效率预测法。

工作负荷预测法

工作负荷预测法（workload-driven forecasting）所使用的数据是在特定的时间段内（比如一周、一个月或一年），每位招募官平均雇用的员工人数或处理的招募数量。我们仍然使用之前的图 5-6 中的例子，如果在一次招募过程中，每位招募官可以负责 100 位求职者，那么 2 000 名求职者就需要 20 名招募官。我们也可以用类似的程序来预测招募所需的其他一些资源投入，比如电话费、广告费、复印费、医疗费等。招募所需的预算多少不仅取决于需要雇用的人数，还取决于求职者是在本地还是在外地，以及企业采用的招募来源、甄选方法和劳动力市场的紧张程度。

员工配置效率预测法

预测企业需要的招募官人数的另外一种方法是以员工配置效率为基础。**员工配置效率**（staffing efficiency）[53]在这里是指与新雇用来的员工的薪酬相关的总成本，也就是所有新雇员工的总起薪。举例来说，假设某企业通过内部和外部雇用员工的配置成本是 10 万美元，而企业最终雇用了 10 个人，而每位新员工的起薪是 6 万美元，那么，该企业的员工配置效率就是 10 万美元/60 万美元，即 16.67%。员工配置效率百分比越低，则说明员工配置效率越高。

因为员工配置效率预测法是从财务的角度基于效率所做的预测，而不是以工作负荷为基础进行的预测，所以它可以作为评估企业的员工配置计划有效性的一个较好的方法。员工配置效率预测法还可以用于制定未来雇用活动的预算。比如，假设某企业想把员工配置效率百分比控制在 15%以下，并且计划以每月平均 5 万美元的起薪雇用 25 名新员工。那么，在这种情况下，企业需要在招募官以及其他招募资源方面制定 18.75 万美元（25×5×0.15）的预算。[54]

雇用这些员工需要在花多少时间?

用人部门的经理当然不希望职位长时间空缺。但是，寻找、甄选求职者以及与每一位新员工进行沟通都是需要花时间的。而这个过程花的时间往往比预期的要长。2012 年时，填补一个岗位的平均时间是 33 天。[55]在开始员工配置工作之前确定一个配置时间表有助于用人部门经理、招募官以及其他员工配置专业人员对下一步的工作有一个合理的预期。对制定员工配置时间表来说，关于从求职者提出申请到接受面试，从接受面试到收到录用通知，从收到录用通知到实际接受雇用之间的平均时间耗费等方面的信息是十分有用的。通过审查这些时间耗费情况，人力资源专业人士就能够明确在员工配置的每个步骤上需要达成的日、周、月度目标。

需要填补的职位不同，企业不同，员工配置的每个阶段耗费的时间往往不同。总体而言，填补高层岗位所需的时间要比填补基层岗位所需的时间更长。然而，如果存在技能短缺以及当地劳动力市场竞争等方面的情况，填补基层岗位所需的时间也会被延长。此外，企业采用的员工配置技术——是否采用简历筛选软件，是否接受通过互联网提交的求职申请等——也会影响企业在每个员工配置阶段实际耗费的时间。

图 5 - 7 展示了一份典型的员工配置时间表。

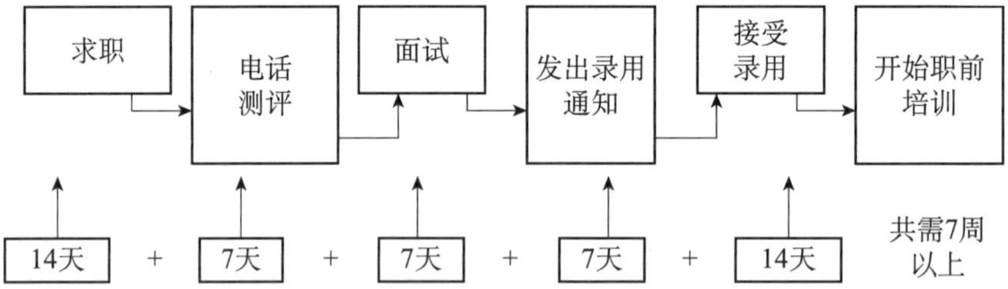

图 5 - 7　一份典型的雇用时间表

在整个员工配置过程中，还应当准备可靠准确的进程报告，并将其与员工配置计划加以比较。员工配置过程的某些阶段需要花的时间可能比计划的时间要长，因此整个配置计划的时间表就应当做出相应的调整。撰写员工配置进程报告还有助于企业明确自己是否能够在特定时间内雇用来所需的全部员工。如果发现当前雇用进程太慢，企业就需要采取行动加快进程，或者是比原计划招募更多的求职者。

如果基于过去的员工离职率和雇用模式可以看出，某些岗位可能会出现空缺，那么负责招募工作的人员便可以在岗位空缺出现之前就开始寻找和甄选求职者。而这将极大地减少找到人填补岗位空缺所需的时间，因为在出现空缺时求职者已经处于被雇用过程之中了。我们在前几章中讨论过这种做法，即持续招募法，这种方法对于员工离职速度相对较快的岗位——比如在全年中都会不断出现空缺的那些岗位——特别有效。持续招募法对于需要耗费较长的时间才能填补上的岗位，或者是在出现岗位空缺时需要耗费大量的金钱才能填补上的岗位同样是有效的。比如，一些销售类的工作就属于这种情况。相反，批量招募则是指每当企业中出现一个或多个岗位空缺时才开始招募一个全新的求职库的招募方法。用这种方法去招募时往往需要花费更多时间才能填补上岗位空缺。

如果处于某个特定行业中的企业都倾向于在同一个周期内招募员工，那么以职位为中心的招募理念就有可能会导致可获得的人才数量减少。比如，假如所有的工程企业都倾向于在 11 月份启动校园招募，在 3 月份确认雇用哪些新员工，那么，等到 3 月份岗位出现空缺的时候才开始进行招募，就意味着企业只能从被其他公司拒绝的人中去招募求职者了。对于实施低成本战略和并不寻求雇用顶尖人才的企业来说，在竞争力强的企业完成招募活动之后再启动自己的招募工作是比较有效的做法，但对于其他企业来说，这样做可能就使得它们无法找到足够数量的合格求职者，因为之前与自己存在竞争关系的企业已经招募了一轮。

黑山公司的战略性员工队伍规划

为了保持经营的可持续性，能源集团黑山公司知道自己必须通过开展员工队伍规划来应对员工的老龄化问题。许多即将退休的员工（包括工程师、天然气技术员以及系统操作师等）都具备高度专业化的技能，这使他们难以被取代。[56]

黑山公司的战略性员工队伍规划的第一步是审查公司现有的劳动力队伍，这样，该公司就明确了有多少名员工将会在 5 年之内自愿离开公司，以及公司未来的预期业务增长情况。此外，公司还确认了哪些工作职能预期会出现变化、有所增加或需要被异地安置。这家公司还研究了员工在不同的职位上在生产率方面完全替代他人所需花费的时间。[57]

黑山公司在上述分析结果的基础上制定了一份 5 年规划，这份规划概括了黑山公司在不同的业务领域以及工作地点的劳动力需求情况。因为黑山公司经营多元化的业务（其中包括石油和天然气开发、发电以及煤矿开采等）[58]，所以它需要针对多种不同的技能开发各不相同的人才发展通道。这就使它的招募和雇用方式发生了改变，比如，对于新员工在被雇用后需要更多的时间才能达到既定生产率的那些高技术岗位，企业就需要提早在招募来源中准备好求职者。[59]

为解决在一些关键领域中存在的技能短缺问题，黑山公司还与一些技校合作开发了一些定制化的培训项目，以帮助公司在若干年内每年填补特定数量的入门级岗位。与此同时，黑山公司还鼓励达到退休资格的员工在原来的岗位上工作更长的时间。[60]

本章总结

对于有效的员工配置而言，对实施公司经营战略所需的员工人数、类型和质量等进行预测是至关重要的。制定与企业的员工配置战略以及人才理念相一致的人才长期和中短期目标是员工队伍规划过程的重要组成部分。对企业外部的劳动力环境以及企业内部的人才优势和劣势进行的评估都会影响企业的竞争优势，同时也会影响企业能够成功实施哪一种经营战略。

在进行员工配置开始之前，很重要的一点是确定需要招募的人员数量以及所需资源，并且确保能够获得这些合理的预算和资源。此外，对员工队伍规划非常重要的一点是，编制一份招募工作时间表来保证在企业需要用人时能够有充足的新员工就位。尽管这种做法在企业扩张时或偶尔需要雇用超常规模的员工时尤为重要，但即使是在雇用单个员工的时候，对于确保招募目标的达成以及帮助用人部门经理理解员工配置的过程来说，提前对所需的资源进行评估也同样十分重要。

讨论题

1. 如果极少有预测是准确的，为什么企业还要不厌其烦地去做预测呢？

2. 你认为哪些劳动力队伍发展趋势可能影响一家企业的员工配置规划？

3. 临时性员工如何能够帮助一家企业面对预期出现的员工队伍短缺或富余？

4. 如果你们老板问你公司如何在预测和规划方面投入更多的资源来帮助公司更好地竞争，你将如何回答？

5. 如果一家企业不做员工配置规划，可能会出现什么样的结果？

案例分析

Sweet Tooth 公司正面临着新糖果的需求增长情况，因而需要增加一条使用 50 名工人的生产线。你是该公司新雇用的人力资源副总裁，你面临的第一个任务就是为新的生产线制定员工配置计划。该公司生产线岗位的历史员工配置产出率如下：

- 20%的求职者会被邀请参加面试。
- 80%的面试邀请会被接受。
- 15%的面试者会收到录用通知。
- 50%的录用通知接收者会接受录用。
- 平均每位招募官在一次招募活动中可负责 100 名求职者。
- 该公司上一次雇用生产线员工的时间表如图 5－8 所示。

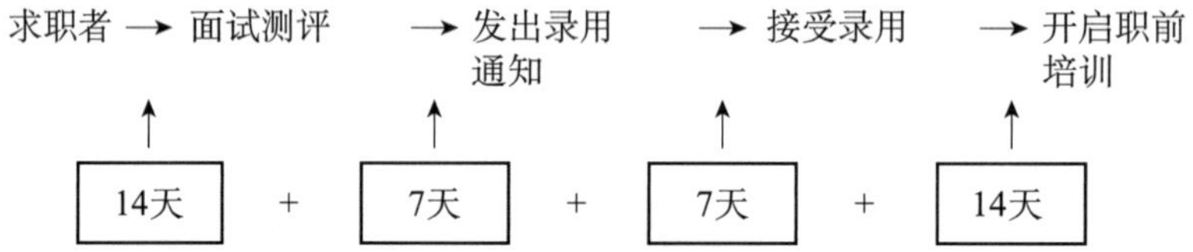

图 5－8　Sweet Tooth 公司的员工配置时间表

思考题

1. Sweet Tooth 公司为雇用 50 名新的生产线工人，一共需要招募多少人？

2. 利用工作负荷预测法估计一下此次员工配置活动需要多少名招募官。

3. 为这条新生产线完成员工配置一共需要多长时间？

案例研究作业　切恩公司的战略性员工配置

请参见本书后面的附录完成本案例研究作业。

第 6 章
确定招募来源：找到招募对象

学习目标

学习本章之后，你应该能够：

1. 描述确定招募来源在员工配置过程中所起的作用。
2. 解释哪些方面的因素会使一个招募来源比另一个更为有效。
3. 举例说明各种可选的招募来源并且将它们与具体的职位相匹配。
4. 制定招募来源选择计划。
5. 说明如何最好地去搜寻非常规性的候选人才库。
6. 说明在确定招募来源的过程中地区定位所起的作用。

开篇案例

迈克菲公司寻找顶尖人才

在全球经营安全技术业务的迈克菲公司（McAfee）非常关注招募聪明且忠诚的员工。[1]然而，由于来自其他雇主的竞争日趋激烈，迈克菲公司开始发现，找到顶尖人才并将他们纳入自己的招募通道之中的成本很高，而且非常困难。尽管这家公司能从本领域中的知名专家、前员工以及其他招募来源获得一些高质量的领先人才，但要让他们愿意留在公司中工作以及在可能的情况下对本公司的工作机会感兴趣却是很困难的事情。[2]迈克菲公司来咨询你的意见，希望了解应当怎样建立一个高潜质人才库，从而使公司在未来可以从中雇用到自己想要的人才。在阅读完本章之后，你应该有一些好的想法与该公司进行分享。

在通过职位分析和员工队伍规划流程明确了需要从准备雇用的新员工身上寻找哪些特征之后，企业还需要找到具有它们想要的这些特征的人，然后把他们转化为自己的招募对象。这并非易事。那些从来没有到企业来求职的人是不可能成为企业的员工的，对于一个有效的招募体系来说，最为重要的标准之一是对那些自己想要雇用的求职者产生足够的吸引力。优秀的员工就像一个金矿。正如在寻找金矿的过程中所需的技能和需要完成的工作，与提取金子时不会相同一样，搜寻高质量的人才所需要的一整套技能和需要完成的各种工作，也同样不同于吸引和招募人才时的情况。因为不同的招募来源会产生不同类型的求职者，所以确定招募来源对于找到这些员工就非常重要。

最好的求职者招募来源体系应当能够明确企业可以从哪里找到与组织和职位要求相匹配

的质量较高的求职者，以及其中的哪些人对于本企业的雇用机会感兴趣。一旦确定了企业的雇用工作想要实现的目标（其中既可能包括在雇用员工之前实现的一些成果，比如求职者的数量、质量以及多元化程度，也可能包括在雇用之后产生的一些成果，比如填补岗位空缺耗费的时间以及新雇用的员工的质量和多元化程度等，或者是二者兼而有之），就可以通过选择招募来源来帮助企业实现这些目标了。

许多企业还利用移动终端招募来源以及相应的招募战略来满足求职者的需要以及希望得到满足的一些期望。百事公司就使用二维码、视频、推送文章以及博客等来吸引求职者，该公司还开发了一个名为“可能性”的移动应用程序来向用户提供本公司的一些信息。在百事公司的手机应用程序中还包括一个“把此职位信息发送到我邮箱”的按钮，鼓励用户更方便地获得相关职位的信息。该公司还会从求职者开始求职活动，就一直对他们进行跟踪，借此不断优化自己的移动招募战略。[3]

很多企业对于应该到哪里去搜寻求职者这一问题进行战略性思考的重要性认识不足。相反，这些企业多年来一直在相同的招募来源上发布同样的职位广告。还有一些企业则把自己的求职者招募实践和战略视为本企业竞争优势的一个来源，甚至不愿意对外公开谈自己的做法。基因泰克公司从大学生刚开始上大学不久就锁定目标候选人，在他们上大学期间就与他们建立起联系。[4]本章将首先说明什么是招募来源以及使招募来源有效的因素有哪些。我们还会介绍几种可供选择的招募来源。然后介绍如何制定招募规划以及如何从非常规性的求职者库中去搜寻人才，并且讨论全球性招募和锁定地区招募的问题。在读完本章后，你将会深刻理解招募来源在战略性员工配置过程中扮演的重要角色，你也会知道应当如何为任何一种职位找到合适的战略性招募来源。

什么是招募来源?

市场营销专业人士都会努力搞清楚到底哪些人对购买他们的产品感兴趣以及到哪里去找到这些人。招募来源专业人士实际上也要做相同的事情，只不过这里针对的是职位而非产品。正如我们在本书第 1 章中学到的，确定招募来源仅仅是招募流程的一个组成部分。无论是在实施内部招募还是外部招募的情况下，都需要对不同的招募来源进行分析，从而确认哪些招募来源最有助于达成公司的员工配置目标。对于那些依靠内部晋升来填补领导岗位的公司来说，招募来源的确定还会影响这家公司的未来领导人才的质量和深度。因为这种公司可能已经很清楚地知道哪些类型的人能最好地满足自己的需要，所以它们会确认并去与这些目标招募对象进行直接接触，而不是发布职位空缺广告，从而让那些合适的人做出自我选择，决定是否来申请这个岗位。

不同类型的招募需要的招募来源战略会有所不同。通常情况下，企业在寻找专业类员工——比如律师、医生和工程师等——时采用的招募来源战略，会不同于寻找客户服务、生产制造或技术工人类员工时所采用的战略。针对主动求职者和被动求职者所采用的招募来源战略也会有所不同。**主动求职者**（active job seekers）需要找一份工作，他们会主动寻找关于职位空缺的信息。传统的招募广告基本上足以接触到这些人，尽管这种劳动力市场上的求职者整体质量可能不高。**半被动求职者**（semi-passive job seekers）会对一些新岗位感兴趣，但他们只是偶尔主动找工作。要想找到这些人，企业要付出更积极的战略性努力，因为这些人并不是经常搜寻职位空缺信息。更多高质量的候选人实际上都在劳动力市场上。那些**被动求职者**（passive job seekers）目前都受雇于某家企业，他们不会主动去寻找另外一份工作，但是有可能会受到合适的工作机会的诱惑。许多高质量的候选人通常当年在这一组别之中，但企业很难找到这些人并且让他们对企业提供的工作机会感兴趣。因为这些求职者并没有积极主动地寻找关于另外一个职位的信息，所以要想找到这些被动求职者，就要求企业付出更为积极主动的战略性努力。

微软公司的招募官大约只把5%的时间花在主动求职者身上，而将95%的时间都用来寻找那些被动求职者。[5]因为半被动求职者和被动求职者通常不会主动去查看常规的招募来源，例如报纸招募广告等，所以企业将注意力聚焦在能够找到这些人的招募来源上是最为重要的。

不同的招募来源各有优势。接下来，我们讨论哪些因素会让一种招募来源更为有效。

哪些因素会让一种招募来源更为有效？

如果一种招募来源有助于企业针对需要填补人员的岗位实现员工配置目标，那么这种招募来源就是有效的。企业的员工配置目标可能包括配置的速度、成本以及候选人和新雇用员工的质量等。鉴于员工配置的一个重要目标是雇用那些能够圆满完成工作任务且对公司的战略实施做出贡献的高质量员工，对候选人才库的质量的关注和对求职者人数的关注至少是同等重要的。如果没有任何求职者能够满足企业的最低雇用要求，那么有多少人来求职对于企业而言根本不重要。假如唯一的求职者与职位空缺能够完美匹配，愿意接受企业提供的工作机会，并且工作绩效优良，那么，企业所做的招募和雇用工作必然会被认定是成功的。

不同的员工招募来源各有其长处，例如：

- 速度更快。
- 成本更低。
- 更能获得与公司文化和工作流程相匹配的员工。
- 更能获得高质量的员工。
- 更能获得在企业中长时间工作的可能性更大的员工。
- 更能获得工作经验丰富的员工。
- 更能产生大量的新员工。
- 更能产生具有专业性的新员工。
- 更能满足长期需要。
- 更能帮助企业在非核心领域中的招募。
- 更能找到多元化求职者。
- 更能找到那些非主动求职者。

因为不同招募来源的优点和不足存在差异[6]，而且不同的招募来源并非对于所有的岗位都同样有效，所以企业最好熟悉多种不同的招募技术和方法。有效管理自己的人才供应链常常要求企业能够灵活使用多种招募来源以及招募来源组合。招募来源多种多样，每一种都有各自的优点和不足。接下来我们具体讨论各种类型的招募来源以及如何使用这些渠道。

招募来源有哪些？

招募来源实际上包括公司内部招募来源和公司外部招募来源两种。**内部招募来源**（internal recruiting sources）是指从目前在公司工作的人当中招募那些很适合成为其他岗位候选人的人。而**外部招募来源**（external recruiting sources）则是把公司外部的人作为招募目标。很多企业常常都是首先设法从企业内部寻找填补岗位空缺的人，而在内部没有合适的候选人的情况下就转向外部招募来源。表 6－1 总结了一些最常见的内部招募来源和外部招募来源。

表 6－1　内部招募来源和外部招募来源

内部招募来源	外部招募来源
继任管理	员工推荐
人才库	内部猎头
员工开发	书面招募广告
内部职位公告系统	人才交流会和商品交易会
员工推荐	观察
	简历库
	企业职业发展网站
	招募与求职网站
	猎头公司
	专业协会
	国家就业服务机构
	军人转业服务机构
	收购与兼并
	从竞争对手处挖人
	网络数据挖掘
	网络与社交媒体
	校园招募
	前员工
	非美国公民
	上门求职者
	创新性招募
	外包

无论是内部招募来源还是外部来源，都有自己的优势和局限。那些没有得到晋升的内部候选人很可能会因为心灰意冷而离开公司，因此与那些未能成功获得新职位的内部候选人进行讨论，使他们了解自己未能获得所申请的岗位的原因以及他们怎样做有助于未来取得成功就显得非常重要。一家企业如果太依赖内部招募来源，那么它的风险就在于组织将会缺乏新的观点和见解。而外部候选人则会比内部候选人更有可能以一种全新的方式发现企业中存在的挑战和机遇，从而给企业带来一些新的思想。不过，通过外部招募来源获得候选人通常会比借助内部招募来源获得候选人需要花更长的时间，同时需要付出的成本也更多。研究表明，从企业外部雇用来的员工在进企业工作的头两年里绩效相对更低，离职率却更高，企业支付给他们的薪酬却比从内部雇用的员工高 18％～20％。[7]

内部招募来源

内部招募来源通常是一家企业的员工配置体系的核心所在。当出现一个职位空缺时，企业通常会首先考虑现有的员工，特别是那些人才理念支持从企业内部提拔员工的企业。正如前文说过的，与从外部雇用的员工相比，企业更了解内部员工所掌握的技能和才干。因为现有的员工只要能被配置到其他的岗位上就能立即进入工作状态，所以许多企业都会首先尝试通过内部招募来填补职位空缺，只有从内部找不到合适的候选人时才会到公司外部去寻找。

继任管理、人才库、员工开发和内部职位公告系统等在内部招募来源中都得到了普遍的运用。接下来，我们将就此一一加以讨论。

继任管理

继任管理（succession management）是为帮助员工做好在未来承担企业内其他岗位工作的准备而实施的包括招募、评价、开发等一系列活动在内的一个持续性过程。继任管理的目标是增强企业的人才储备，以确保各重点岗位能获得持续性的高质量人员供给。继任管理是以企业的长期经营战略和目标为基础的，关注解决员工的发展需求，以帮助员工做好在未来担任领导岗位或承担其他重点岗位的准备。在理想情况下，对于所有的重点岗位来说，至少目前都能有一位现有的员工已经做好随时承接岗位的准备，一旦职位出现空缺立即可以上任。

很显然，假如企业中某个关键员工离职了，而企业中没有合适的人能够承接这个岗位，那么企业的持续经营能力就会受到损害。要想招募、雇用替代员工并对他们进行培训都是需要花时间的，而且新雇用来的员工要想能够充分胜任本职工作的要求，甚至还需要花费更长的时间。面对在“婴儿潮”时期出生的大批员工即将退休，对员工队伍多元化的需求日益上升以及激烈的人才竞争，许多企业都在使用继任管理体系来增强他们内部的劳动力供给链。例如，泛加拿大能源公司（PanCanadian）（现更名为 EnCana）就在企业中寻找那些高潜质的员工，看哪些人有可能做好在未来承担企业领导岗位的准备。[8] 在员工配置战略中包括内部员工开发内容的公司更有可能采用继任管理来规划未来的员工流动，同时寻找员工发展的机会。关于继任管理问题，我们会在第 10 章中详细加以讨论。

人才库

正如我们在第 5 章中已经讨论过的，人才库是以人工或者计算机方式记录的关于员工的历史绩效、教育背景、工作经验、晋升准备度、语言能力以及职业发展兴趣等方面的信息。员工和他们的直接上级共同为人才库的信息更新及其准确性负责，这有助于企业找到已经做好晋升以及岗位调整准备的员工。如果企业人才库中的信息都是随时更新的而且是准确的，那么，人才库就是能够以较快的速度和较低的成本找到合格的内部候选人的一个有效途径，这样企业就能够随时联系这些人，以便跟他们确认是否对某个新的工作机会感兴趣。然而，如果在人才库中并没有涵盖一家公司员工的相关工作技能、工作经验、才干等方面的全部信息，一些合格的内部候选人就会被忽略掉。

员工开发

员工开发（employee development）是一种拓展员工的能力，从而帮助他们做好承担企业内其他岗位上的新工作或新角色的员工培训活动。像通用电气和 IBM 等企业都会定期运用各种开发活动和任务安排来确保员工的技能与企业的需要相吻合，同时增加公司未来所需要的各类人才的内部供给。通过跟踪员工在这些开发活动中的绩效表现以及不断更新员工在人才库中的任职资格，企业就可能迅速找到那些有承担公司内各种岗位的潜力的员工。

领导力开发项目计划（leadership development programs）的设计目的就是提高员工的领导能力。实施领导力开发计划的企业包括强生、欧莱雅（L'Oréal）、雷神（Raytheon）以及通用电气等。这些公司都实施了岗位轮换计划，以便项目参加者有机会在各种不同的工作领域积累经验。许多公司都把培训、教练辅导、开发性项目安排以及导师指导等作为他们的领导力开发项目中的不同组成部分。陶氏化学公司（Dow Chemical）也是这类公司中的一员。陶氏化学公司的员工开发活动包括导师指导、教练辅导、在岗学习以及借助互联网和大学实施的各种培训项目，以此发现和开发有发展潜力的公司内部人才。礼来公司（Eli Lilly）的开发工具则包括个性化的开发计划、360 度反馈、岗位轮换以及正式的导师指导计划等。[9]

内部职位公告系统

许多公司还依靠员工的“自我推荐”来填补职位空缺，员工可以根据本人对公司内其他岗位的兴趣以及自认为的匹配程度向公司提出申请。**内部职位公告系统**（internal job posting systems）向员工公开发布关于职位空缺的信息。一条职位信息公告会描述一个职位的任职资格条件和要求以及关于工作本身的一些信息，这种职位信息公告通常会张贴在公司的内网上或者公告栏中。员工如果希望申请公司内的其他工作岗位，则可以向公司提出申请，表达自己希望被纳入考虑的想法。接下来，人力资源部门通常会对内部申请人的候选资格和人事档案进行审查，以确认此人是否满足职位空缺的要求，然后再与员工取得联系，告知是否已经被纳入考虑范围。

内部职位公告系统使员工可以申请他们感兴趣的那些岗位，这样就减少了忽略掉合格的内部人才的可能性。内部职位公告系统可以相对较快地找到候选人，成本也相对较低，但可能会错过一些合格的招募对象，这是因为并非所有的合格员工都去看职位公告系统发布的信息。因此，许多公司同时使用内部职位公告和人才库筛选两种方法，以降低错过合格的内部候选人的可能性。

员工推荐

员工推荐（employee referrals）是指让公司员工为企业内出现的职位空缺推荐合适的同事。因为员工往往都知道自己的同事具有的才干以及职业发展愿望，熟悉同事的工作绩效和工作习惯，所以他们能够帮助企业找到合适的人才。在康泰纳零售连锁的 2 500 名员工中，大约 1/3 的人都是通过内部员工推荐雇用来的。[10]咨询公司埃森哲的目标则是把现有的员工打造成其顶级人才来源。埃森哲公司 1/3 以上的员工都是通过内部员工推荐的，对于能够帮助公司雇用到有特殊技能员工的人，公司会奖励推荐者 7 000 美元甚至更多。[11]

位于硅谷的通信产品和服务提供商爱瑞森特公司（Aricent）内部成立了高效的五人员工推荐小组，这种小组能够保证在 72 小时之内提交推荐人选。公司咨询台也确保所有的询问能够在八个小时之内得到回复。员工推荐项目代表也会参加员工会议和社交聚会，深入工作站点等地，让员工广泛地了解这个项目，同时现场征求大家的推荐人选。公司还通过发放日历的方式，让员工知道公司未来的需求和将要开展的活动，在一些活动中，公司甚至还现场奖励那些提交推荐书的员工。[12]

当全球咨询公司埃森哲认识到自己在描述职位要求和职位公告信息时使用的语言要比大家在日常谈话中使用的语言更为正式时，该公司就试图使自己的语言更多地与在朋友或同事之间讨论某个岗位或公司时所使用的语言保持一致。这就使员工更容易判断自己是否知道某个人适合这个岗位。该公司还使做推荐的员工能够通过电子邮件、短信和订阅信息等来监控他们推荐的人的进展状况。[13]埃森哲公司 34%的员工都是通过员工推荐来的，该公司由于这个项目而节约的招募成本超过 70 万美元。[14]

外部招募来源

所有的企业在某个时点都有可能依靠外部招募来源为公司带来所需的人才。如果一家公司正处于成长阶段，或者公司内部缺乏必要的人才，那么外部招募来源就能够帮助公司获得非常有潜力的招募对象。很多企业也会引进一些有工作经验的员工，以此获得自己开展新业务或向新市场扩张所需的那些经验。接下来，我们将讨论多种常见的外部招募来源以及如何才能最有效地使用这些来源。

员工推荐

让公司中最优秀的人才推荐他们过去一起共过事的最优秀者，或者是他们感觉属于绩效优秀的人，往往能够帮助企业获得高质量的人才。在位于新泽西州蒂内克市的高知特科技公司（Cognizant Technology Solutions），通过员工推荐方式被公司雇用的新的软件工程师以及具有 6～8 年工作经验的工商管理硕士毕业生占 40%以上。高知特科技公司认为，与从外部新招募的人员相比，内部员工推荐的这些员工不仅工作的年限更长，而且与组织的匹配度更高。在公司新雇用来的员工圆满完成培训之后，作为推荐者的员工就会获得公司提供的现金奖励，或者是报销他们到外部接受培训的费用。[15]该公司分管人力资源事务的副总裁托马斯·莫雷利指出："在世界上任何地方，现有员工都是我们最好的招募来源。因为他们理解公司价值观和文化的精髓。"[16]

然而，并非所有的公司都允许裙带关系——也就是说，允许公司雇用同一个家庭中的多位家庭成员——的存在。但许多公司却把这种情况作为员工推荐项目的一个组成部分予以接受。美国纽柯钢铁公司（Nucor Steel）人事服务总经理詹姆斯·科布林也认同这一点，他指出："有人问我们：'你们会雇用来自同一个家庭的其他成员吗?' 事实上，我们可以雇用整个家族的成员。我们雇用过兄弟、姐妹、表兄弟、丈夫、妻子等各种家庭成员。"[17]美国西南航空公司甚至积极鼓励裙带关系的形成，让员工推荐有可能成为好员工的家庭成员。规则只有一个，就是一位员工不能担任另外一个家庭成员的直接上级。[18]

员工推荐项目可以成为一个获得非常有潜力的求职者名字的有效方式。一方面因为员工会把自己的声誉押在上面，另一方面因为他们推荐的这些人将来会成为他们的同事，所以员工一般都会提供关于被推荐者的准确信息。[19]此外，因为被推荐来的人已经与在公司中工作的员工进行过交流，所以，这些人对于将来到公司来工作会是一种怎样的状况有更现实的了解。[20]

员工首先应当相信公司是一个工作的好地方，否则他们就不大可能会把公司推荐给其他人。还应该注意的一点是，员工往往倾向于认识从而推荐与他们自己相像的人，这就使公司员工趋于同质化。而且，一个在某家公司中的代表性不足的员工群体很可能会受到公司过于依赖口碑招募而产生的不利影响。[21]

员工推荐项目已经得到普遍运用，而且总体而言相对成本较低，虽然有些企业会对成功推荐候选人的员工提供一些丰厚的奖励。此外，通过员工推荐方式获得合格求职者的过程也是相对速度较快的。研究表明，被推荐来的员工在来到公司任职的初期阶段离职率相对更低[22]，工作绩效更优秀。[23]

根据一位专家的意见，一个优秀的内部或外部推荐项目具有以下几个方面的设计特点[24]：

1. 对被推荐来的员工的任职绩效进行跟踪，如果这位员工的绩效被评为最优等级，则给推荐者发放奖金。
2. 重点岗位随时接受内部员工提出的推荐人选，无论该职位目前是否空缺。
3. 用人部门经理直接查阅推荐候选人数据库。
4. 主动请那些最有可能了解哪些人的绩效水平最高的员工提出推荐。
5. 设置推荐奖，确保每一位成功推荐来员工的推荐者都能获得奖励，奖金的多少则取决于需要填补的岗位的重要程度。
6. 要求重点岗位新雇用的员工在入职的第一天就为公司推荐人才。
7. 为那些感觉自己没有拿到推荐奖金是不公平的员工制定一个申诉流程。

内部猎头

还有一些企业雇用**内部猎头**（in-house sourcers）——这些人依赖于自己能够接触到的人和开展的相关调查以及企业的潜在候选人数据库为企业确定招募对象。内部猎头有丰富的经验，能够与潜在的人才建立起关系，从而确保可以作为未来招募对象的潜在人才处于招募的渠道之中。内部猎头在开发和维护人才渠道方面是非常有用的，他们对公司文化和经营战略的深刻了解有助于他们获得高质量的人才。安永、微软、谷歌、强生等都有专门致力于帮助公司搜寻人才的内部员工。

书面招募广告

在报纸、杂志或其他印刷材料上印制的书面招募广告也是吸引主动求职者的一个很好的途径。此外，如果这些招募广告不仅仅是刊登在报纸传统的“求助”专栏中，同时还出现在行业期刊中，那么，它们也能找到一些不那么主动的求职者。事实上，许多企业仍然高度依赖书面招募广告。

例如，随着市场对一种名为 Silly Bandz 的形状有趣的硅胶橡皮筋的需求暴涨，生产它的公司对新员工的需求迅速上升。该公司通过克雷格网站（Craigslist）中的招募广告专区成功地招募到了帮助公司接受订货、维护网站以及安排物流运输的员工。[25]

图 6 - 1 中分别展示了一份有效和无效的书面招募广告的例子。图中左边的招募广告读起来很困难，广告中并没有强调这家银行有何独特之处或者可取之处，也没有向招募对象展示自己的雇主品牌，因此，它不像右边的招募广告那样能够有效地吸引读者的注意力或者说

服他们提出求职申请。右边的广告清楚展示了雇主品牌和价值主张，易于阅读，有助于激励读者参与。

能源空间公司（EnergySpace，Inc.）
销售经理招募中

本公司是一家已经创立 10 年的企业，帕特森家族创立该公司的目的是审查和改进家庭和小企业的能源使用效率。在过去几年中，公司取得了巨大的发展，现希望为芝加哥的分支机构雇用更多的销售经理，为芝加哥和印第安纳西北部区域的市场提供服务。本公司赢得了许多奖项，其中包括由芝加哥绿色建筑委员会颁发的卓越蓝丝带奖和伊利诺伊绿色节能认证金奖。目前，我们一共有 235 名员工服务于芝加哥地区的五个不同分支机构。

销售经理的工作职责包括领导一支销售团队、优化客户服务环境以及提高销售额。还包括撰写销售报告、记录员工的工作绩效以及维护销售业务数据库。

本职位的要求包括具备家庭和小企业能源审查知识，较强的数学知识和电子表格软件 Excel 的运用技能，较高的销售技巧，并且具有计划和安排客户拜访的能力。要求具有相关专业的本科学位以及两年或两年以上的销售管理经验。同时必须具备良好的沟通能力和客户服务能力。

本公司提供全面的福利包，其中包括医疗保险、牙科和眼科保险等福利。薪酬水平主要取决于员工的任职条件和绩效。

假如您对该职位感兴趣，需要得到更多的信息或者希望提出求职申请，请访问我们的网站 www.energyefficientspace.com。

能源空间公司（EnergySpace，Inc.）
优化我们的世界
销售经理招募中

通过辅导、激励和开发下属销售人员让每一天都变得与众不同。

员工是我们这个专注于家庭和小企业能源使用效率审查公司取得成功的关键，我们依靠经理人员实现公司的以客户为中心的战略。如果您是一位富有创造性的、充满工作热情的销售经理，同时有兴趣在我们这家多次获奖的芝加哥公司发展自己的下一段职业生涯，我们衷心地欢迎收到你的来信！

岗位要求：
- 有至少两年销售领导岗位的成功经验
- 相关领域的本科或本科以上学位
- 强烈的客户导向
- 有激励他人获得高绩效而且以身作则的愿望

我们将提供：
- 良好的工作环境
- 竞争性薪资
- 全面福利计划
- 职业发展机会

若需要更多信息或提出申请，请访问公司网站 www.energyefficientspace.com。

图 6－1　有效和无效的招募广告

人才交流会和商品交易会

人才交流会（job fairs）是多位雇主和求职者在一起通过面对面的方式讨论雇用机会的一种人才搜寻和招募活动。这种人才交流会在大学校园里很常见。有些城市也通过举办人才交流会来促使当地的居民和当地的工作机会之间实现匹配。人才交流会既可以专门针对某些特定的行业，也可以让来自各行各业的雇主共同参加。人才交流会可以成为搜寻招募对象的一种有效途径，只不过要保证参加招募大会的人都具有适当的任职资格条件。

人才交流会也可以在网络上举办。企业可以在网页上的一个通用区域放一个广告条。有兴趣更多了解企业的参加者可以点击广告条，然后直接转到公司的页面，其中包括对公司的介绍、对空缺岗位的描述以及电子申请表等。这种在线的人才交流会通常使潜在的雇主在有限的时间里尽可能多地搜集到求职者的问询和求职申请。[26]在线人才交流会对于接触主动求职者和半被动求职者是最好的方法。包括通用金融（GE Money）、IBM和埃森哲等公司在内的一些企业都使用第二人生网站（Second Life）来获得候选人，甚至在网络空间举办虚拟人才交流会。[27]

商品交易会（trade fairs）则是把某个特定行业中的人聚集起来，使大家了解在本领域中的一些最新话题和产品。参加这种会议的人一般都是这些公司中最优秀的销售人员、管理者、研究人员以及技术专家，这些人被公司派来了解本行业中的各种创新和产品，同时也推销本公司的产品。出席这种商品交易会的人通常都是被动求职者或半被动求职者，与参加人才交流会的人相比，这些人的技能水平更高，也更稳定。

观察

观察（observation）是指通过考察员工在其他公司的类似职位上工作的情况来评估他们与本企业之间的潜在匹配度。对纽柯钢铁公司而言，最好的新钢铁工人招募来源之一是建设钢铁厂的建筑工人。由于钢铁公司的管理人员会对建筑工地进行监督，他们就会在这一过程中注意寻找那些具有他们看重的工作习惯的工人，然后把他们雇用过来。[28]

第一优质银行（First Merit Bank）的招募来源战略是建立在这样一个基本理念基础上的，那就是你不可能在面对面向客户提供服务的岗位上隐藏一位绩效优秀者。为了给零售银行岗位识别和评估有潜力的新员工，第一优质银行经常会派招募官去一些非银行类的零售商店寻访那些能够提供良好客户服务的高绩效者。同时，这家银行也会派出招募官到其他银行去开户，并且记录下来那些给自己开设新账户且答应会后续跟进的银行柜员是否真的会信守承诺。[29]不过，在这么做时需要认真考虑的很重要的一点是，从事这种会给其他公司带来金钱浪费的行为在道德上是否站得住脚（例如浪费其他商店销售人员或银行新账户开户代表的工作时间），但在现实中，很多企业的确会到其他公司去进行观察，并试图找到那些有希望加盟本公司的招募对象。

简历库

简历库（résumé databases）就是公司收到的经过初步筛选的可用来进行搜索的简历汇总。很多企业都保持着一个有可能被本公司雇用的候选人数据库，这些候选人要么还没有被其他岗位录用，要么是企业通过持续的招募活动获得的。当有一个职位出现空缺时，那些已经通过了其他职位的初步面试甚至全面评估的候选人，有可能是最好的招募对象。微软公司是这样做的很多企业中的一个很好例子。当微软公司通过对简历库中的所有候选人进行搜索——这些候选人是过去没有接受微软发出的录用通知或者面试通知的人，看他们是否还有兴趣再来讨论公司提供的工作机会时，招募官发现，其中的大部分人确实对微软提供的工作机会感兴趣。这种主动出击的做法很成功，因此成为微软公司的核心招募战略之一。[30]

企业职业发展网站

企业职业发展网站（career sites）是在一家企业的网址上设计的专门提供企业内的职位

需求和职业发展机会的页面。与这种企业职业发展网站相连的很容易看到的网页链接常常被放在公司网站的其他页面上。企业职业发展网站有助于企业当前的客户和对公司有兴趣的人很便捷地了解在本公司中工作是一种什么样的状态，现在有哪些职位空缺以及应当如何申请这些职位。在这种企业职业发展网站上放上一些低成本的视频或者增加其他一些互动技术手段，有助于改善求职者的求职体验以及帮助他们评估自己是否应当提出求职申请。有些企业虽然会使用多样化的招募来源，但要求所有的求职者都必须通过公司的企业职业发展网站提出申请。这种做法使企业很容易收集和整理所有求职者的数据。由于在一个企业职业发展网站公布的职位空缺会因为收到大量的回复而造成一些问题，很多公司会利用求职者问卷调查和一些简单的评价工具来对求职者进行预筛选，从而压缩通过这种途径产生的候选人才库的规模。还有一些公司，其中包括富达（Fidelity）和英特尔等企业，还创建了更为简单的经过优化后可在手机上浏览的移动企业职业发展网站。

企业职业发展网站的性价比是非常高的，同时它还可以使一家企业向潜在求职者传递关于公司的价值观、经营理念以及职位要求等方面的大量信息。反过来，这一过程又使潜在的求职者感觉到自己与正在申请的职位之间并不匹配时，可以通过“自我选择”自行离开招募流程。Enterprise Rent-A-Car 公司的企业职业发展网站（www. enterprisealive. com）和联邦百货公司的网站（www. retailogy. com）都是一家公司如何利用企业职业发展网站招募员工的典范。联邦百货公司对其企业职业发展网站进行了大量投资。布鲁明戴尔百货公司（Bloomingdales）的企业职业发展网站（www. bloomingdalesjobs. com）和梅西百货公司（Macy's）的企业职业发展网站（www. macysjobs. com）也同样获得了大量投资。这些公司的招募官说，数据表明，在各种招募来源中，这些企业职业发展网站是性价比最高和最有成效的。[31]

一家名为 CEB 的咨询机构所做的研究发现，在求职者锁定了某家特定的企业，而这家企业创建了自己的企业职业发展网站的情况下，求职者一旦提出求职申请，则他们比初次访问求职网站或者点击各种渠道的人更可能被雇用。企业执行委员会发现，高达 72%的新雇用员工都是从公司的企业职业发展网站开始求职过程的。[32]

招募与求职网站

招募与求职网站（internet job boards）是一种不仅允许企业发布职位空缺，而且允许求职者发布简历的网站，供求双方可以在这个网站上通过搜索引擎去寻找彼此。招募与求职网站可以同时用来搜寻和招募求职者。搜寻是企业通过搜索招募与求职网站来找到发布个人简历的合格人选。与锁定特定企业的求职者使用像搜索引擎或公司企业职业发展网站等此类“牵引”渠道求职的情况相比，招募与求职网站这种“推送”的渠道产生的求职者人数虽然更多，最终被雇用的人却更少，尽管这种“推”的渠道反而更经常被使用。[33]

无论是综合性的招募与求职网站（例如 Jobs. com 和 Monster. com），还是更为专业、范围更具体的一些招募与求职网站（例如 Nursing jobs. org，BioSpace. com，Computer-Jobs. com），都可以帮助企业通过搜索潜在求职者发布的简历来搜寻有较大潜力的招募对象。USAJOBS（www. usajobs. gov）是美国政府官方发布的联邦政府就业信息在线系统。表 6－2 中列举了一些用于搜索招募对象的常用招募与求职网站。

表 6-2 互联网人才搜寻网站

www. jigsaw. com	在线的业务联系市场，市场营销人员、招募官以及销售人员可以在这里购买、出售以及交易业务联系信息
www. jobster. com	一个可以让候选人给自己的联系人发送职位空缺信息的平台，这些联系人再把职位空缺信息转发、推荐出去，他们甚至可以自己来申请这些岗位
www. linkedin. com	用户激活与自己认识的人之间的链接，这样人们就能获得他们的联系人认识的其他人的信息；还可以将自己认识的人推送给其他人
www. datafrenzy. com	"简历整合管理员"，通过搜索各种招募与求职网站和公司自己的简历库，自动把这些简历上传到分类数据库之中
www. hirediversity. com www. minorityjobs. net www. gaywork. com	专门从事多元化员工招募的网站

猎头公司

猎头公司（search firms）是专门从事特定类型人才的招募和配置的独立公司。后付费猎头公司（contingency firms）把自己的候选人推荐给企业，在这些候选人开始工作之后才收费。它们收取的费用来源于成功实现人与组织之间的匹配。预付费猎头公司则是在进行候选人配置之前，就向雇主收取一笔固定的费用。预付费猎头公司经常会被用于需要为高层管理岗位和技术岗位雇用员工的时候，此时需要采取更为积极的搜寻和招募方法来发现和获得候选人。

在选择猎头公司时，很重要的一点是要研究准备聘请的这家猎头公司的情况以及将来会实际承担猎头工作的员工的资格条件。假如你是一位招募官，你应该与猎头公司过去的客户进行交流，明确该公司的优势和不足。考察猎头公司是否注重质量，它会采用哪些招募来源以及采用这些招募来源的原因。你还应该知道自己在什么时候可以见到候选人，猎头公司会在什么时候给你提供何种形式的进展报告。确认猎头公司是否会将获得的人才缩小为经过评价的候选人名单，以及它最终会怎样确定提交给本公司的复试人选。此外，还应当明确一旦你们公司对猎头公司推荐的候选人不满意，或者新雇用来的员工在就职后的很短时间内就离职了，将如何处理。

再有，还需要询问猎头公司曾经成功完成的配置人数及其保留率，以明确猎头公司此前的绩效是否与本公司的需要相匹配。还要考察猎头公司是否为国际猎头顾问协会（Association of Executive Search Consultants）的成员，该协会是全世界预付费猎头公司的专业性行业协会。假如猎头公司不是该协会的成员，则要询问该公司是否熟悉关于国际猎头顾问协会制定的伦理道德规范以及该公司是否愿意遵守该规范。

有些猎头公司专门从事"猎取"那些在现公司已经到了职业发展天花板的高级人才的业务。锁定在一个已经取得成功的项目中处于第二或第三位置上的人，然后给他们提供一个担任需要承担更多责任的岗位的机会，是一种搜索人才的有效途径。这种做法称为"牵引雇用"。猎头公司常常保留各种组织的接班候选人档案，注意寻找那些工作受到挫折的明星人物。[34]因为猎头公司的网络常常是非常广泛的，所以它们比那些较小的和中等规模的公司有更大的人才库。猎头公司并不一定能够快速或以较低的成本完成员工配置，却能够在很大程度上提高企业的候选人才库的数量和质量。

专业协会

要想找到专业人员，还可以借助他们所属的专业协会。美国电气与电子工程师协会（Institute of Electrical and Electronics Engineers Ins.，IEEE）和美国市场营销协会（American Marketing Association）都是能够向自己的会员提供职位配置服务的专业协会的范例，这些协会的网站上都提供可供搜索的简历库。这些专业协会常常会对会员的资格证书等做预先审查，这就使它们成为企业在专业范围内招募通过资格预审的员工的很好渠道。大部分专业协会还会举办各种会议，这种会议也可以成为找到有潜力的人才并与他们建立网络关系的很好途径。

国家就业服务机构

美国联邦政府就业服务局及其附属的各州就业服务机构可以同时为雇主和求职者提供服务。这些国家就业服务机构为帮助求职者做好获得就业的准备提供包括面试、咨询、测试和培训等各种延伸服务。此外，该机构还会为退伍军人、残疾人、16～22岁之间的青年人以及年龄较大的劳动者提供专门的服务。

军人转业服务机构

像军旅生涯（Army Career）和校友项目（Alumni Program）等这样一些军人转业服务，可以让企业接触到经过广泛培训的各种专业和半专业的多元化军人和退伍军人以及他们的家属。这种军人专业服务为从军阶最低的普通军人到将军的所有军人提供服务，同时提供了一个网站（www.acap.army.mil）供企业发布职位空缺信息。这项服务已经帮助许多企业招募到了从熟练技师到初级管理者在内的多种高质量员工。军人专业服务机构也是招募残疾人的一个很好的渠道，这些残疾人可以胜任很多很难完成的工作以及很难找到人填补的岗位。微软公司有个专门以招募转业军人为目标的登录页面（www.westillserve.com），页面上有一个将军事技能转化到微软的职位上来的解码器。星期五下午的聊天环节会将求职者与退伍军人以及其他人联系在一起，帮助大家解决从退伍军人到回归平民的过渡阶段面临的一些问题。[35]

收购与兼并

一些公司出于获取人才的目的，而不是出于获取产品或服务的目的去兼并和收购其他企业。例如，一种很常见的情况是，一些大公司收购一些拥有人才的小公司，然后再重新安排使用他们。这些企业实际上是想获得这些人和他们的潜能，而不是想要整个公司。这显然是一种成本高昂的战略，对于目前急于满足的招募需求是不适用的，但是对于医药公司和其他一些企业来说，却是一种有效的招募战略。例如脸书公司与安卓系统照片分享应用程序开发商光箱特效公司（Lightbox）达成协议时，它雇用了该公司中除一个人外的所有其他员工，而这次交易甚至根本不包括收购这家公司的内容，只是收购其人才。[36]

从竞争对手处挖人

从竞争对手处挖人（raiding competitors）或者“偷猎”是指从竞争对手那里挖高端人

才的行为。尽管这种做法很可能会在一个行业中形成各家公司之间互相挖墙脚的恶性循环，但仍然是一种获取受过良好训练、有相关工作经验且有良好的历史工作绩效记录的人才的招募来源。挖竞争对手的人才常常是被人鄙视且视为不道德的，有些行业甚至还有不成文的约定，企业之间承诺不互相挖人。尽管如此，在人才短缺时期，挖墙脚的做法仍然会更为普遍。例如，当高水平的石油公司高层管理人才短缺时，英国石油公司（BP Plc）就从荷兰皇家壳牌石油公司（Royal Dutch Shell Plc）雇用了一位炼油厂经理来帮助自己经营处于困难之中的得克萨斯工厂。这就打破了石油行业的一个禁忌，即不能从竞争者那里“偷猎”人才。[37]

偷猎其他公司的高管有时被视为一种比收购其整个公司的风险更低的选择。当美国电话电报公司（AT&T）想进入计算机系统集成业务时，它本想整体收购一家公司，AT&T 的招募官锁定了在本国排名前五十位的计算机系统集成供应商。但后来 AT&T 通过从这些公司雇用人才的方式创立了自己的系统集成业务。[38]在从竞争对手公司中雇用一位员工时，非常重要的一点是要确保这个人没有受到保密协议或竞业禁止协议的约束。

从竞争对手那里“偷猎”来高绩效者并不能确保他们在自己的公司中也能取得同样的绩效。[39]两家公司在文化、经营战略以及同事的技能等方面的差异都会影响他们的绩效，而且这些因素不会跟着员工而转移。有这样一个案例，一位保险经纪人从一家强调低成本的公司来到一家特别强调客户服务质量的提供高端保险业务的公司。这位保险经纪人自然而然地在索赔条款中与客户“斤斤计较”，尽管这种行为与新公司的文化和战略是背道而驰的。[40]

互联网使了解竞争对手的员工队伍情况更为容易。通过领英社交网站进行一个简单的搜索就能够找到竞争对手的关键员工的任职年限、技能水平以及任职岗位等方面的信息，甚至还能获得与其进行联系的方式。像玻璃门（Glassdoor. com）这样一些网站都能提供关于人才竞争对手在人才获取和保留方面所具有的优势和不足等方面的信息。需要记住的很重要的一点在于，你的竞争对手也同样很容易了解关于你的同样的信息，不过，这也从另外一个角度说明了对公司的雇主形象和声誉进行监控以及针对有价值的人才制定保留计划的重要性。

网络数据挖掘

有些公司已经发现，在一段时间之后，对报纸招募广告、企业职业发展网站上的职位公告以及招募与求职网站等做出回应的实际上是相同的一批积极求职者，因此，依靠这些方法往往无法吸引到足够多的优秀求职者。而**网络数据挖掘**（internet data mining）则需要通过搜索网络找到那些具备岗位所要求的个人特征和任职资格条件的半被动以及完全被动的求职者。然后招募官还需要努力把这些人转化为求职者。除了搜索在线聊天室和新闻组寻找可能的招募对象，还有三种网络数据挖掘技术可以使用：布尔搜索、翻转搜索以及网络爬虫搜索。我们接下来一一讨论。

通过使用复杂的**布尔搜索**（Boolean searches）能够找到简历以及可以招募的人才，布尔搜索是一种互联网搜索技术，它通过在关键词前面使用特殊的术语来缩小搜索的范围。布尔搜索可以采用“和”“非”“或”等这样的限制条件，搜索出包含或不包含某些词汇的文件。尽管有些互联网搜索引擎并不支持这种类型的搜索，但是像谷歌、远景（AltaVista）和雅虎等搜索引擎还是提供这方面支持的。只是在使用不同的搜索引擎时，可能需要改变一下句法结构，例如，在谷歌搜索引擎中，你可能使用这样的搜索方法：

site：LinkedIn. com（“web designer” or “graphic designer”）Chicago and not（eoe）

反之，在雅虎上搜索时你可能就得使用这样一种方法：

site：LinkedIn. com（“web designer” or “graphic designer”）Chicago-eoe

一家大医药公司在使用布尔搜索之前很难招募到医生，而在使用了布尔搜索之后，这个岗位却成了最容易招募到人才的岗位。下面的“技能开发”专栏会介绍如何进行这种类型的搜索。

➡ 技能开发

在互联网上进行布尔搜索

如果你有兴趣开发自己的员工配置技能，可以在网上去找关于如何运用布尔搜索找到被动招募对象的在线课程（请参见 www. recruiting-online. com）。还有一些公司提供更为全面的关于招募活动的现场讲授和在线培训与认证课程（请参见 www. airsdirectory. com）。下面的例子讲的是如何使用布尔搜索技术找到位于伊利诺伊州芝加哥地区的会使用 JavaScript 技术的网页设计师。

1. 浏览谷歌网页 www. google. com。

2. 在搜索栏输入 site：LinkedIn. com（web designer or graphic designer）（Chicago）and not（EOE）。

布尔搜索字符串的第一部分要求社交网站领英网址 LinkedIn. com。第二部分要求所需的技能即“网页设计师”或者“平面设计师”（每一个词都必须放在引号里，这样才能被识别为一个短语）。搜索要求的最后一部分指定芝加哥地区，然后筛选出职位空缺公告信息（其中通常都包括“错误遗漏不在此限”）。布尔搜索语法非常精确。假如你在搜索过程中遇到问题，就检查一下拼写或者标点符号错误以及（或）是否遗漏了或有多余的空格。通过变化职位候选人可能会使用的一些词汇和短语来进行搜索，有可能进一步优化搜索结果。

随着互联网的发展以及隐私问题的升级，越来越少的人愿意把自己的简历、电话号码或者联系信息放在网上了。相反，许多人使用像领英或者脸书这样的社交网络进行沟通或找工作。

射线搜索（X-raying）可以用于在同一台主机上的所有页面（比如领英）进行搜索。在布尔搜索栏输入“site：linkedin. com”或者“site：facebook. com”或者“site：myspace. com”将会把你的搜索范围限制在这个网站之中（例如，通过输入“site：linkedin. com（retail or clothing）（sales or professional）（seattle）”就可以找到在领英上存在的西雅图的零售专业人才）。

翻转搜索（flip searching）能找到与某个特定网址链接在一起的人。假如你能找到一个被你需要招募的对象经常访问的网站，那么找到链接到这种网站的某个页面就能帮你找到这些人的简历和个人网页。在一些主要的搜索引擎上都能实现翻转搜索功能，其中包括雅虎和远景。

假如一家公司正在寻找一位工业或组织心理学家来开发一套新的员工选拔体系，则这项技术就能找到与工业/组织心理学家协会的网站 SIOP. org 链接在一起的各种不同的人和不同的网站。为了完成此次搜索，可以访问一个比如雅虎这样的搜索引擎，在搜索栏中输入

“link：siop. org NY consultant”或者“linkdomain：siop. org NY consultant”。这就是在纽约地区寻找可能存在的顾问。接下来还需要浏览搜索结果，从中找到个人网页和简历。这项技术可以以不同的方式运用，其中包括找到现在或以前在竞争对手那里工作或工作过的员工。建立一个更长的布尔搜索字符串就能进一步优化搜索结果，同时，在不同的搜索引擎上搜索时往往会产生不同的结果。

当招募官使用快速搜索时可能会面临一些伦理道德方面的问题，因为这种搜索会找出一些公司的名址目录、电子邮件列表以及其他一些与公司相关的信息。事实上，快速搜索有时候可能把你带进一家公司的内部办公网络或者限制区域，而这些可能是保密信息，外人侵入显然是不道德的。不仅如此，访问者在曾经访问过的页面和网站上都会留下电子痕迹，因而这种侵入是可能被发现的。快速搜索既有大批拥趸，同时也有很多批评者，但很显然，所有的公司都应该注意一点，这就是在自己的网站上应当出现哪些内容。

网络爬虫（web crawlers）是持续在网上搜索作为理想招募对象的那些人才的信息，然后将这些信息销售给用户，从而使用户可以到数据库中寻找潜在招募对象的一种网站。这些网站充分利用了很多企业的这样一种愿望，即希望通过搜集被动求职者的各种公开信息找到他们，特别是那些公司高层管理人员和各种市场抢手人才。这方面的一个例子就是 ZoomInfo 公司，该公司能够持续搜索 1 500 多万个网站上的信息，然后把信息卖给企业的招募官。ZoomInfo 公司会“阅读”各种文章、新闻稿、公司网页以及美国证券交易委员会（SEC）的通告，从中找到关于公司和经营方面的各种专业数据。订阅该公司服务的用户在短短的几秒钟内就能够搜索到2 000 万条以上的简明信息，同时了解美国各公司的顶级人才，其中包括 1 100 多万名科学家、工程师以及其他专业人士。ZoomInfo 公司会永久性地将网页复制到自己的数据库中，没有链接会中断，因此所有的主动和被动信息都可以永久被访问。[41] 正是因为 ZoomInfo 公司能够帮助企业找到那些被动求职者，并且提供关于潜在候选人取得的成就等方面的信息，像美林证券（Merrill Lynch）等这样一些公司就使用该公司的服务来搜索高层管理职位的候选人。

网络与社交媒体

网络构建（networking）是利用人际联系来获取求职者的过程。这种网络构建的做法类似于员工推荐，让不为本公司工作的优秀人才来推荐其他优秀人才，这种做法有可能产生一些潜在的招募线索。尽管社交媒体仅仅是在最近才开始用于进行人才搜寻和招募，但它的使用情况将会不断增多，这是因为它的目标搜索能力很强，而且大部分招募软件和求职者追踪系统已经将这些融入其中。企业的招募官可以快速地把职位空缺信息发布在社交媒体网站上，利用公司员工的社交网络去寻找有价值的候选人，还能跟踪哪些社交渠道所产生的招募和雇用结果是最好的。

像脸书、领英、Ryze. com、Tribe. net、BranchOut. com 以及 Spoke. com 等网站都能通过社交网络帮助企业搜寻人才。当一个人加入了某个社交网络，他就需要创立一份个人简介，以帮助自己找到别人，同时也能够被别人找到。一个人的网络由他的联系人、联系人的联系人所组成，以此类推，社交网络可以把成千上万的人连接在一起。为了帮助管理越来越多的社交招募网站，包括 Jobvite. com 在内的一些公司提供全面的网站和简历库搜索技术，同时还有能力在一系列社交网络和像推特这样的数字通信平台上广泛传播信息。表 6 - 3 介绍了很多社交媒体的招募网站，这些网站有些主要是为了满足求职者的需求，还有一些则主要是为了满足雇主的需求。其中的一些网站没准会帮助你找到下一份工作！

表 6－3　社交媒体中的招募网站

公司	提供的服务
BranchOut	类似于领英但是建立在脸书上的社交网站
BeKnown	就业服务网站 Monster. com 在脸书上建立的专业网络应用软件
Career Sonar (http：//www. careersonar. com/)	基于一个人在脸书和领英上的社交网络来对一位求职者与某家公司的某个职位空缺之间的匹配程度进行排序
Tomigo (tomigo. com)	帮助雇主利用本公司员工的社交网络传播关于职位空缺的信息
Path. to (https：//www. path. to/)	挖掘一个人的社交图谱，以确认哪些职位与其最匹配
Talent Bin (https：//www. talentbin. com/)	帮助招募官通过自己的社交网络找到人才
Zao (www. zao. com)	对所推荐的候选人被雇用的员工和他们的推荐人（前员工、承包商以及值得信赖的商业网络）提供奖励，以鼓励他们在自己的社交网络中散发关于职位空缺的信息
Recmnd. me (http：//recmnd. me/)	为求职者提供的推荐工具
Jobvite (http：//recruiting. jobvite. com/)	企业在网络、社交媒体上以及通过员工推荐来寻找和接触候选人的招募平台
Bright (www. bright. com)	运用一种算法来对求职者的简历进行评估，然后生成一个使企业能用来对候选人进行筛选的分数
tweetMyJobs (http：//www. tweetmyjobs. com/)	使企业可以通过一万多个推特职位渠道以及脸书和移动应用软件来发布自动生成的职位公告信息
Identified HealthRecruit (http：//employers. identified. com/healthrecruit)	一个专业的医护人才搜寻工具，它运用包括脸书等内在的社交网络寻找那些没有在领英上或招募网站上出现的比较被动的医疗专业人士

举个例子来说明社交关系的力量，当 Silly Bandz 公司的创始人罗伯特·克劳克（Robert Croak）无法按时交货时，他在脸书上发布了一条消息，然后在一个小时之内就有 20 人来帮忙了。[42] 为了与某个人取得联系，搜索者可以把信息发布到社交网站上，这样就可以检查一下你的联系人的人际网络，看他与你的目标对象之间是否存在联系。社交网站通常能够找到与你的目标对象之间存在联系的很多人，这些人会把你介绍给下一个人，同时解释你是谁以及你正试图跟谁取得联系。这就给求职者提供了一个进入更广阔的社交网络的途径，同时也为招募官提供了一个接触到潜在招募对象的渠道。招募官无论什么时候收到求职申请，都能看到这个人的哪一个联系人曾经与其一起工作过，这样就更容易实施背景核查。由于每一位用户的个人资料都是可以被所有人看到的，求职者歪曲或夸大自己的资历就更为困难。[43] 社交网络技术的另外一个优点是它能提高招募官所能接触到的人才库的多元化程度。然而，尽管社交网络技术能够产生更多的被动职位候选人的线索，但使用者需要接受培训，并且也不能保证通过这种渠道找到的人会对企业提供的工作机会感兴趣。最后，很重要的一点是，在搜索求职者的信息或发布信息之前，要了解网站的保密政策。

位于北美的欧司朗公司（Osram Sylvania）是全世界最大的照明产品制造商之一，它每年都要填补数百个岗位。为了助力公司的成长，它必须采取战略性的做法，提前补充人才通道。该公司使用领英网站成功地为包括化学工程师等岗位完成了招募。有位女士因为和欧司朗公司招募官在网站上的个人资料有一定联系，记录表明她一直在寻找化学工程师的职位，结果她接收到了来自并非她日常社交网络中的其他人的询问。[44]因为通过社交网络产生的候选人常常都是被动求职者，所以社交网络技术带来的高接触度和高科技的结合体，使得企业招募官可以用更快的速度找到候选人，还能给候选人更多的时间来考虑这些职位。

很多公司还越来越多地使用推特这种免费的社交网站来搜寻招募对象。[45]除了能够迅速把信息传递给目标人群，这些信息还能被再次推送，延伸到更广泛的群体。一位法律领域的招募官一天早上收到一封邮件，一位保险业的客户因为要对一份很大的文件进行审查，马上需要 40 名律师，于是她迅速把信息推送给她的 150 位联系人，这条信息又通过她的联系人再次推送。她的办公室很快就收到了 10 条回复，在午饭之前她已经填补上了所有的职位空缺。她说："在使用职位公告牌的情况下，需要两三天的时间才会有人看，但推特获得的反应是即时的。"[46]

还可以通过使用一些流行词汇在推特上进行搜索，以寻找那些具有某方面专长或者居住在某个特定区域中的招募对象（例如，使用像＃jobs 或＃RKE 这样的标签来寻找位于弗吉尼亚罗阿诺克地区的招募对象）。使用能够将每一个职位空缺与一个页面链接起来的独特的资源定位符（为了满足推特最长不能超过 140 个字符的要求，可以运用像 www. bit. ly 等网站来做缩短处理），就可以获得关于哪些人点击了该职位空缺公告以及他们的位置在哪里的数据。[47]推特还通过使求职者更容易找到发送职位空缺公告的推文来增加他们对推特的职位公告板以及 www. twitjobsearch. com 网站的使用。

使用推特进行招募也有一些缺点，其中包括这样一种可能性，即关于一个职位空缺的信息在推特上以一种负面方式像病毒一样迅速扩散。在使用推特或任何其他社交媒体作为招募工具时，一种比较好的做法是不要让它们成为企业的主要招募来源，这主要是因为法律方面的一些原因可能会使企业受到不利的影响，例如求职者的多元化以及法律歧视方面的风险等。在推特和脸书等这样一些网站上发布的个人照片实际上暴露了一个人的种族、性别、年龄、残疾情况以及其他一些受保护的信息类型，而企业在招募阶段是没有权利了解这些信息的。此外，社交网络也并没有包括所有的人，而是常常局限在某个特定的社会团体之中。例如，在 2013 年时，领英的用户中只有 7％是黑人，只有 8％的用户是拉美裔美国人。[48]由于这些社交网站的用户自身的特点，企业在搜寻某些与技术相关岗位的候选人时利用社交网络进行招募会更好一些。

为了将推特最大化地运用到自己的职位搜索方面，你应当在社交网站上关注你愿意去工作的那些公司的员工和用人部门经理，转发他们的推文以及与他们进行互动。要确保你在推特中的自我介绍包括能够显示专业性的照片，并且确保你所推送的信息是不对别人产生攻击性的。此外，最好再制作一份 140 个字符左右的个人简历来描述你所具有的技能、你所感兴趣的职位类型以及招募官如何才能联系到你。

一份对 16 万名以上的企业招募官所做的调查发现，98％的招募官在 2012 年使用社交媒体招募员工，其中，22％的人使用脸书，27％的人使用推特，97％的人使用领英。[49]在领英上，平均每个职位的招募信息被浏览 179 次，在推特上是 45 次，在脸书上则是 10 次。招募官在为信息技术、财务和银行以及医疗和制造业岗位招募员工时使用社交媒体是最多的。[50]社交媒体也被运用于搜寻那些并不是主动在找新工作的被动求职者。

为招募官制定一份使用社交媒体的指南是很重要的。企业应当尽可能明确自己希望使用哪些社交媒体、针对的是哪些岗位以及需要对哪些指标进行跟踪等。详细指出企业在使用社交媒体进行人才招募时的战略和实践意图，会有助于招募官更好地理解应当在什么时候和怎样使用社交媒体，还包括在什么时候不使用社交媒体。[51]

有些公司正在建立自己的将可用人才的线索吸纳进来的网络系统。正如我们在开篇情景案例中讨论过的，全球技术安全企业迈克菲公司邀请顶尖人才加入其在线的人才社区，为他们提供一些客户定制化的优质内容以及由迈克菲公司的资深高管主持的论坛。[52]其他一些公司也会对社交媒体在找到潜在招募对象以及发现某些特定领域中的经验丰富者方面做出的贡献加以监控。

校园招募

学院和大学是招募毕业生和实习生的常用渠道。很多企业常常从很少的几所大学为自己的每一个职位族去搜寻人才，重点关注那些最能满足本公司需要的毕业生项目。微软公司就会追踪自己那些最优秀的员工都来自哪些学校。[53]从少数大学招募人才有助于企业发展与这些大学以及教学研究人员之间的关系，而这会使企业有更多接触学生的机会。高通公司（Qualcomm）在一些目标大学中资助了一批实验室和一些教学研究人员，还有一个校园大使项目。[54]还有一些企业利用与学校之间的关系，请这些学校的教学研究人员提供与本公司的需要最为匹配的学生的名字。可以在网上查到全美高校和雇主协会专门针对职业发展服务专业人士以及校园搜寻官和招募官制定的一份伦理道德指南《职业发展服务和雇用专业人员职业行为规范》（Principles for Professional Conduct for Career Services and Employment Professionals）。[55]

实习生也是新员工的一个有效来源。在学生实习期间，企业可以很好地观察那些将来有可能会被自己雇用的毕业生，同时实习生也有机会评估某家企业是不是他们愿意工作的地方。在J. P. 摩根（J. P. Morgan）和高盛公司，实习生已经成为新员工的一个主要来源。[56]对300多家雇主所做的调查发现，有30%的新大学毕业员工来自实习生项目，还有大约25%的人来自校企合作的教育项目。[57]美林证券会给3/4的夏季实习生发出全职工作邀请函，公司在他们还是大学新生的时候就选定了他们，然后迅速建立起联系，从而提高了将来雇用他们的可能性。[58]

有些公司比如洛克希德·马丁（Lockheed Martin）、安捷伦科技（Agilent Technologies）和德勤（Deloitte & Touche）等，甚至从高中阶段就开始物色将来可能被自己雇用的人，这些人主要用于填补工程、会计和其他一些很难招募到人才的岗位。类似地，会计师事务所德勤公司每年都会派员工到45所不同的高中去指导学生如何运行一家虚拟的企业，公司为此承担的成本超过100万美元。这些担任导师的员工会教给学生将来在工作中需要掌握的一些技能以及工作伦理，这种做法帮助公司获得了将来雇用一批聪明且有上进心的人才的渠道。[59]从事连锁超市业务的巴特百货公司（H. E. Butt Grocery）所赞助的面向高中学生的项目包括实习生项目和正式培训项目，这些项目都会向高中生推荐一些在本公司工作的机会。CVS药店（CVS Pharmacy）则发起了一项名为“通向制药公司之路”的项目，让来自内陆城市和农村地区的儿童有机会接触科学和数学。这个项目也培训他们一些工作技能，鼓励他们考虑将来从事制药领域的职业。[60]

前员工

有些企业会把与离职员工保持联系和再次雇用他们作为自己的重点工作之一。苹果电脑公司和星巴克公司都是这么做的，它们分别再次聘用了史蒂夫·乔布斯（Steve Jobs）和霍华德·舒尔茨（Howard Schultz）作为自己的总裁。在“9·11”恐怖袭击发生之后，美国联邦调查局在试图发起一项全世界范围内的调查时，发现自己面临非常严峻的挑战。它在全世界的所有特工中，40%以上的人在当前职位上工作的时间都不超过5年。

美国联邦调查局为了再次获得自己需要的工作经验，就以合同的方式雇用了几十位已经退休的特工，请他们担任情报分析员和证据审查员。[61]类似地，考虑到不是很容易或迅速培训出在解决飞机发动机性能问题方面具有丰富经验的专家，美国海军在数据库中保留了所有已经退休的以及过去曾经在海军中工作过的员工的地址，以便在将来需要他们的时候可以联系上。

美国联邦存款保险公司（Federal Deposit Insurance Corporation）为了应对2008年糟糕的财务状况，重新雇用了25位已经退休的人员，他们中的很多人在20世纪80年代后期和90年代初期都曾在当时的存贷危机时期为公司工作过。[62]像IBM和普华永道等公司也会建立专门的网站与自己的前员工保持联系。[63]一家会计师事务所通过软件对每一位前员工的个人关系进行动态分析，结果通过前员工网络帮助自己雇用了31个人回来。[64]

一位曾经主动离职到其他地方寻找工作机会的员工，很可能会发现新的职位不是自己所期望的，或者新的企业并不适合自己。这些离职的员工对过去的职位和企业都很熟悉，而且公司也很清楚地知道他们的才干以及与公司之间的匹配性。同时他们也可能很快就达到较高的生产率水平，并且在离开公司的这段时间提高了自己的技能。一种比较好的做法是，问一下他们在离开公司的这段时间里都干了些什么以及他们对于重返公司有何感受。如果他们当初离开公司是觉得自己受到不公平对待，那么他们的士气就会比较低或工作态度并不会很好。[65]不过，这里存在一个潜在的问题，这就是如果公司给这些重新回头的员工提供了比他们离开公司时更好的职位，其他员工很可能会认为，得到提升的唯一途径是先离开公司。

非美国公民

由于开展全球招募能够大幅度增加人才库的规模，一些公司努力搜寻外国劳动者，然后帮助他们拿到签证。因为此类项目，其中包括最常见的以就业为基础的移民项目以及H-1B签证项目等，都要求一旦员工希望离开其原来工作的企业，则新雇主需要重新发起签证申请流程，所以通过这种途径招募来的员工，通常会比在美国国内雇用的员工更愿意与雇主绑在一起。这种项目通过增加这些员工在签证有效期内在公司持续工作的可能性，能够提高公司员工的稳定性以及减少公司的员工流动成本。[66]

在美国，《移民和国籍法》（Immigration and Nationality Act，INA）规定企业只能雇用那些拿到在美国工作的特别授权的外国人。到美国来的合法移民可以通过从移民局申请“绿卡”成为有资格在美国就业的人。雇主必须确认自己的所有新员工在美国就业的资格，求职者必须通过填写一份I-9表格来证明自己有在美国工作的资格。企业必须至少在员工被雇用的三年之内或者结束雇用一年之后保留好I-9表。

非美国公民的其他新员工可以通过美国劳工部下属的就业和培训管理署管辖的劳工条件申请以及外国劳工认证项目被美国企业雇用。美国企业要想雇用一些季节性的员工，就必须证明自己已经努力招募美国公民来工作，但是没有取得成功。外国专家也必须按照美国在该领域中的通行工资水平支付薪酬。还有一些劳动者，比如护士，则必须遵守美国劳工部制定的认证程序。虽然这个程序最长可能需要两年的时间，但对于企业寻找高技能员工来说仍然是值得的。如果需要雇用这类国外劳动者的企业能够向美国劳工部证明在美国确实找不到合格的劳动者，而且自己提供的工资和工作条件等不会对得到类似雇用的美国员工产生歧视性负面影响，劳工部的区域认证官就可能会批准这份劳工证书。针对几种不同的雇用条件，有几种不同类型的工作签证。

离岸员工（offshore labor）是指在那些通常消费水平更低的其他国家中生活和工作的员工。降低一家公司的劳动力成本是雇用离岸员工的最明显的原因之一，但是对人才的追求也是这样做的另外一方面的动机，也就是说，企业通过雇用离岸员工能够获得世界任何地方的顶尖人才。可靠的以及能够负担得起的通信基础设施使得离岸员工适合很多职位。尽管雇用离岸员工并不是一种能够快速满足雇用需求的好方法，但搜寻离岸员工确实能够帮助企业以可负担的价格获得高质量的人才。

雇用员工只是一家开展离岸经营的公司面临的挑战之一。还必须对新员工进行企业文化和行为规范方面的培训。由于这种做法会对美国的工作机会产生负面影响，离岸经营在一些辩论中常常是一个热门话题。在最近几年中，美国银行（Bank of America）首先要求本公司的信息技术人员对印度的信息技术人员进行培训，然后就解雇了在本土雇用的这数百名信息技术类员工，这家银行因此受到了媒体的负面评论。不过，美国银行从自己的错误中吸取了教训，现在，在招募离岸员工的6～8个月之前，它就会通知自己的员工，给员工提供足够的时间去学习如何完成新的任务或者是去寻找其他工作。[67]很多企业还必须在以下两个方面保持好平衡：一方面，把一些职位转移到费用更低的地方有助于企业节省成本；另一方面，企业还需要注意保护自己的敏感技术和商业秘密。例如，为了防止技术被盗，诺顿杀毒软件（Norton AntiVirus）生产商赛门铁克公司（Symantec）就拒绝将自己的病毒定义库或杀毒引擎采取离岸经营或外包的方式。[68]

上门求职者

上门求职者（walk-ins）是指那些直接到公司来求职的人。很多企业都会在他们的工作地点张贴招募广告，鼓励人们直接到公司上门求职。甚至在企业并没有职位空缺时，一些人也会光顾公司。企业可能会要求上门求职者填写求职申请表，并且通过一个快速的面试来对他们的任职条件进行评估。各家公司的政策有所不同，一些企业的某些特定职位只接受直接上门的求职者。还有一些企业则会对上门求职者进行甄选，并保留有价值的潜在招募对象的资料，以备将来出现职位空缺时使用。

创新性招募

有些企业会使用一些具有创新性的招募战略，其中包括在他们为其他公司的员工提供培训的项目中去进行招募、模仿快速约会方式进行的“快速雇用”以及通过阅读聊天室中的帖子和博客去寻找人才。一些像谷歌这样的公司还会通过举办竞赛的方式向获胜者发出工作邀请函。

就在雅虎公司在总部给员工发解雇通知书的时候，一家名为Tokbox的互联网音像公司的高管却在大街上摆了一辆墨西哥卷卡车，专门针对那些被雅虎公司解雇的员工和任何想来聊天的人提供一顿热乎乎的午餐，和他们讨论一下来Tokbox公司工作方面的信息。该公司的这种新颖做法为其创造了价值数十万美元的免费公共关系和雇用广告。[69]

为了吸引奇才，谷歌公司在很多地铁站张贴了一张巨幅的数学难题广告以及可以提交答案的网址。解答数学题的人于是就被引导到谷歌的招募网站，鼓励他们向谷歌提出求职申请。[70]思科系统公司（Cisco Systems）也经常使用创新性的广告来吸引求职者访问公司的网站。在一些行业会议上，思科公司会赞助一辆咖啡车，让大家在等待免费咖啡的时候填写个人求职信息表格。[71]当思科公司了解到他们的目标候选人才库中的一些人喜欢参加一些古董展览和一些小型啤酒节之后，公司的招募官就开始通过参加这些活动来找到有潜力的招募对象。每6～12个月，思科公司都会定期推出新的和创新性的招募方法。[72]

外包

将工作任务外包给能够以高效率和高绩效完成这些任务的个人或组织是外部招募的另外一种选择。让外部的雇用顾问或者供应商来提供服务或完成某些必要的工作是一种达成目标速度相对较快的人才解决方案。例如，亚马逊公司（Amazon. com）就允许其他各种规模的企业将自己的产品存储在亚马逊的仓储中心，然后由亚马逊对这些公司的产品进行挑选、包装、运输并提供相应的客户服务。[73]对于很多公司来说，这比建立和配置自己的仓储中心要更为有效。在Elance之类的网站上可以迅速且容易地找到在各种领域中的自由职业者，其中包括网页开发工程师、程序员、作家以及市场营销人员等。[74]

表6-4总结了各种外部招募方法在速度、成本以及可获得的求职者类型等方面的有效性。

表6-4　各种外部招募方法的有效性

招募来源	速度	成本	求职者类型
员工推荐	快	取决于奖励多少	所有各类
内部猎头	快	中等	所有各类
书面招募广告	中等	中等	主动求职者
人才交流会和商品交易会	快	低	主动求职者
观察	中等	低	被动求职者
简历库	快	低	主动求职者
企业职业发展网站	中等	中等	主动求职者
招募与求职网站	中等	低	主动求职者
猎头公司	中等到慢	高	所有各类
专业协会	中等	低	所有各类
国家就业服务机构	中等	低	主动求职者
军人转业服务机构	中等	低	主动求职者
收购与兼并	慢	高	所有各类
从竞争对手处挖人	中等	中等	所有各类
网络数据挖掘	中等	低	被动求职者
网络与社交媒体	中等	低	所有各类
校园招募	慢	中等	主动求职者
前员工	中等	低	所有各类
非美国公民	慢	中等	主动求职者
上门求职者	快	低	主动求职者
创新性招募	取决于渠道	取决于渠道	所有各类
外包	快到中等	中等	—

制定招募计划

招募计划（sourcing plan）要优先考虑应该使用哪些招募来源来为一个特定的职位配置员工，从而能够最好地满足包括成本、速度和新员工质量几个方面的员工配置目标。在创建招募计划时，一家企业应该做好以下几方面的工作：

1. 全面描绘自己期望雇用的理想员工的总体特征。
2. 在可持续的基础上分析不同招募来源的有效性。
3. 根据公司的员工配置目标和对员工的理想要求运用不同的招募来源。

接下来将详细讨论其中的每一个步骤。

描述理想的员工概貌

正如市场营销人员借助客户行为方面的信息更好地确定自己的产品在市场上的定位一样，“员工概貌”也有助于企业找到理想的人才。**员工概貌描绘**（employee profiling）就是要明确当前在公司中业绩很好的那些员工喜欢做什么以及那些与他们相似的人怎样可以被企业招募过来。为了达到这方面的目标，企业可以采用调查或者焦点小组访谈的方式询问公司中绩效表现最好的那些员工平时喜欢去哪里，都使用哪些社交媒体，加入了哪些组织，参加了哪些活动以及怎样与他们联系最方便。找到绩效表现最好的员工和绩效水平较差的员工之间的差异，有助于企业排列各种不同招募来源的优先顺序。[75]

有大量的实例证据表明，员工概貌描绘是非常有效的。例如，位于美国明尼阿波利斯市的一家名为卡里布咖啡（Caribou Coffee）的连锁店认识到，自己的一些最佳员工是年龄三十多岁的女性，这些女员工由于要照顾家庭，需要一些比较有弹性的工作时间安排。在对目前在职的一些当妈妈的员工进行了一次焦点小组访谈之后，这家公司设计了一种成功的、低成本的招募宣传活动来吸引这一类求职者。[76]基罗公司（Chiron）是一家位于硅谷的生物制药公司，当该公司发现自己在紧张的劳动力市场上很难招募到药剂师时，便派出了两名招募官到当地的一家名为沃尔格林（Walgreens）的公司（一家药店连锁销售机构），去询问那里的药剂师他们怎样才能联系到其他的药剂师。沃尔格林公司的药剂师不仅向基罗公司的招募官提供了关于药剂师平时可能会浏览哪些网站的信息，还让这两位招募官知道沃尔格林公司自己是如何雇用其他药剂师的，该公司的员工配置人员甚至还在自己的同事网络中找到一些人才线索提供给了这两位招募官。[77]基罗公司同时也使用焦点小组访谈和其他一些研究方法来对本公司中最有才干的员工进行特征描绘。[78]

持续进行招募来源的有效性分析

并不存在所谓的最佳招募来源战略的说法。对于一个职位（或公司）有用的招募来源对于其他职位可能就没用，或者是将来对同一家公司也会没用。正是由于这些方面的原因，企业所有的招募战略，无论是内部招募战略，还是外部招募战略，都需要经常性地加以重新审查。

在这方面，企业需要跟踪以下这些指标：

- 求职者、最佳候选人和成功被雇用的新员工是如何发现他们所申请的这些职位空缺的。
- 每一个招募来源产生的招募对象数量。

- 每一个招募来源产生的招募对象的质量如何，通过每个招募来源产生的招募对象的质量变动范围。
- 从每一个招募来源获得的招募对象的人口结构特征。
- 每一个招募来源的产出率。
- 每一个招募来源实现的从求职者到被雇用的新员工的转化率。
- 每一个招募来源产生的新员工的缺勤率和离职率。
- 每一个招募来源产生的新员工的工作绩效。
- 每一个招募来源产生的新员工的升职率。
- 其他与员工配置目标相关的数据。

表 6－5 中展示了针对一个工程师岗位的假设招募来源所做的分析。虽然需要对招募来源进行跟踪的评估标准还有很多，比如求职者的人口结构方面的信息、雇用率以及从求职者到被雇用的新员工的转化率，但出于展示的目的，我们在这里仅仅做一个简化分析。假设对于工程师的招募而言，这家招人的公司最看重的是雇用来的新员工的质量，其次是雇用这些新员工的成本，最后是雇用新员工的速度，那么，分析结果表明，校园招募是这家公司招募新工程师的最佳渠道。不过，利用校园招募来源填补工程师职位空缺所需要的时间相当长。分析结果还表明，排在第二位的渠道是员工推荐。这种方法已经被证明填补职位空缺的速度相对较快，但费用较高，因为要给推荐候选人的员工支付推荐奖金。排名第三的招募来源是企业职业发展网站，这种渠道填补职位空缺的速度相对较快，成本也比前两种招募来源更低一些，但新员工的质量也相对低一些。

表 6－5　针对一个工程师岗位的招募来源分析

招募来源	平均速度（月）	平均成本（美元）	新雇用员工质量
校园招募	8	5 500	非常高
员工推荐	2	8 000	高
企业职业发展网站	2	2 500	好
猎头公司	4	15 000	好
上门求职者	1	500	还行
报纸招募广告	2	1 000	差

企业还应当收集每个招募来源的产出率和其他一些数据。例如，在表 6－5 中，校园招募产生的求职者的质量是最高的，但填补职位空缺的速度较慢，这种情况就意味着其他的招募来源可能会更好一些，或者是应该通过考察产出率以及流程中的每一个步骤上出现的时间延迟数据，然后决定如何让每一步都更有效率。

人力资源专业人士会通过分析求职者流量（每个招募来源吸引来了多少位求职者以及何种类型的求职者）和甄选通过率（来自每个招募来源的求职者最终被雇用的比例有多大）两个指标，来了解被用来填补岗位的各种招募来源的有效性。如果没有这方面的信息，企业就不可能找到自己的招募工作中存在的问题，或者是纠正这些问题。

企业可以利用两种相对简单的求职者流量分析和甄选通过率分析来评估自己针对某个特定岗位的招募来源的有效性。对求职者流量的跟踪可以采用对产生求职者的不同招募来源的产出率进行分析的方法。**招募产出率分析**（recruiting yield analysis）可以对产生每一位求职者的招募来源进行跟踪，并且以每一个招募来源产生的合格求职者人数及其占比以及这些合格求职者的人口结构特征为标准来对每一个招募来源进行评价。

举例来说，假定一家公司使用的仅仅是刊登报纸招募广告以及口头传播两种招募来源。假设报纸招募广告产生的 500 名求职者中，有 40%的人被公司雇用了（甄选通过率为 40%），其中有 95%的人是白人男性；而在通过口头传播招募产生的 150 名求职者中，有 70%的人都被公司雇用了，其中 50%的人是白人男性。这些数据表明，从求职者质量以及多元化的角度来说，口头传播招募的方式更为有效。现在，考虑在招募来源战略中增加一个面向少数族裔的招募与求职网站。假如在通过这个招募与求职网站聘用的新员工中，80%是少数族裔，并且这种招募来源产生 30 名求职者，那么增加这个面向少数族裔劳动者的招募与求职网站渠道就有可能实现组织更大程度的多元化，虽然它在整体上产生的合格求职者人数较少。

企业还可以追踪和评估在求职流程的各个不同阶段被淘汰的各种不同类型的求职者所占的比例。很多企业通过招募方法的多元化以及跟踪每一种招募来源的有效性，来改善自己的招募水平，招募来源的有效性衡量标准则包括求职者的数量、质量和多样性，还包括新雇用的员工为公司服务的时间长短、他们的绩效水平以及招募成本。这些信息能够使企业更好地平衡自己的招募来源，从而以合理的成本提高合格求职者达到理想分布的概率。例如，美联银行通过对自己过去的招募来源数据进行分析之后发现，求职和招募网站是自己招募新员工的一种成本最低的途径，由此获得的求职者规模是巨大的。当美联银行根据自己雇用的新员工质量而不是新员工数量对招募来源进行跟踪之后，分析结果却发现，在求职和招募网站上发布的限制性短期职位公告产生的效果是最好的。[79]

需要注意的非常重要的一点是，随着企业开始采用不同的招募来源以及员工队伍变得日益多元化，不同的招募来源所具有的有效性也是会发生变化的。例如，在企业雇用了更多的女性和少数族裔员工时，企业就会产生更多的女性和少数族裔员工招募大使，这些大使很可能会通过口头传播招募的办法招募来其他的少数族裔和女性员工。随着时间的流逝，这种口头传播招募的方式由于能够接触到多元化的求职者的角度，有效性会不断提高。如果在最终取得成功的少数族裔员工中，大部分人当初之所以来求职，恰恰是因为他们被告知这家企业正在积极地招募女性和少数族裔员工，那么，这种信息也同样能够被积极地纳入公司未来的招募过程之中。此外，很多研究都发现，与通过其他招募来源获得的求职者相比，那些直接来求职的求职者以及得到了当前员工推荐的求职者拿到录用通知以及最终接受录用的比例都更高[80]，这很可能是因为不同的招募来源所能够触及的求职者人群往往是不一样的。[81]

另外一种类型的分析也能促使企业更好地理解哪种招募来源更有可能带来高质量的多元化员工。通过跟踪被本公司雇用的那些多元化员工此前来自哪些企业和职位，或者是从公司内部的哪些职位上转移过来的，企业就能进一步确定最富有潜力的候选人才库在哪里，从而将来在这些方面投入更多的资源进行进一步的开发。例如，如果企业发现，在成功地被本公司雇用的少数族裔员工中，30%的人过去曾经在本公司内的其他某个职位上工作过，后来才转移到目标岗位上来，则企业就能意识到，如果针对那些希望调整到目标岗位上来的员工提供一些培训项目，则这种投资可能会产生巨大的回报。

确定招募来源的优先顺序

2011 年时，CEB 公司主持的“有效招募”调查发现，3/4 的招募官在选择使用哪个招募来源时，决策的依据仍然是招募来源产生的候选人数量，而不是候选人的质量。相反，那些绩效最好的招募官则会根据岗位的员工配置目标、市场条件以及关于每种招募来源所产生的人才质量数据，对不同招募来源排出优先顺序。请再次参考表 6-5，对于有些雇用工作来说，速度可能比其他的要求都更重要。根据表 6-5 中介绍的情况，校园招募来源可能不是用来招募工程师的首选渠道；相反，员工推荐才是最佳选择。

在针对某种特定的企业需要选择最合适的招募来源之前，很重要的一点是要考虑每种招募来源的优点和缺点。通用电话电子公司（General Telephone and Electronics，GTE）的人力资源部一度面临的主要压力是效率以及降低成本。为了以更快的速度雇用员工，该公司的招募官开始更多地利用临时就业服务机构和职位数据库，而不是去招募刚毕业的大学生和有经验的专业人员。在有一个地区，填补岗位所需的时间相比通用电话电子公司的平均岗位填补时间下降了 50%，而且人均雇用成本也更低了，但这种做法导致公司的离职率上升到公司平均离职率的两倍，同时，客户服务水平也下降了。一项分析发现，这家公司通过改变招募战略来满足成本和效率目标两方面要求所产生的结果是，招募流程的可选择性变得更差了，同时招募对象与岗位和企业之间的匹配性更差了，这就直接导致新雇用员工的技能水平比过去更低，培训成本和员工流动成本上升，同时，客户服务水平也出现了下降。[82]换句话说，对于通用电话电子公司来说，不同员工配置目标的相对重要性对不同招募来源的优先顺序产生了影响，而这极大地改变了员工配置流程所产生的结果。

关于企业如何才能做到以及实际进行系统有效的招募来源决策，相关的研究很少。从成本和时间的角度来说，锁定最积极的求职者通常是一种最佳选择。假如一家公司通过求职和招募网站以及基本的员工推荐系统就能够找到足够多的高质量的积极求职者，那就没理由再去做其他方面的招募努力了。但是当公司通过这些渠道已经不再能找到足够多的高质量候选人时，招募官却很可能会进一步加大在这些渠道中进行招募的努力程度，但这种做法并不明智。一份调查发现，大约 75%的招募官是将候选人的数量标准而不是质量标准作为决定使用哪种招募来源的依据。[83]尽管能招募到足够多的员工非常重要，但提高求职者的数量而不是质量的做法，显然会导致企业招募工作产生高质量员工的产出率下降。企业应当根据每一次雇用工作的具体需要和目标，从多种招募方法中做出正确选择。

企业通过制定招募计划并运用恰当的衡量指标来进行管理，便可以在需要时快速调整自己的招募方法。[84]瓦莱罗能源公司（Valero Energy Corporation）给每个员工配置项目都确定了一个风险要素，然后再运用可靠性指标来对每一种求职者招募来源进行优先顺序排序。当用到一些关键的高风险员工配置项目时，该公司就只允许使用可靠性指标的得分很高的招募来源。这家公司有一个自动化的系统，能够根据员工类型、职位特点、雇用速度、雇用成本、候选人质量以及招募来源的可靠性等指标，自动针对不同的职位将员工配置项目与各种不同的招募来源加以匹配。

非正式招募来源往往比正式招募来源的效果更好。[85]特别需要指出的是，对不同的外部招募来源的有效性所做的研究发现，通过非正式来源特别是通过员工推荐招募来的员工，在稳定率以及工作绩效方面的表现都是最好的。[86]这表明，如果降低员工的离职率是招募工作的主要目标，那么一些正式的招募方法，比如在印刷媒体上刊登招募广告以及在求职和招募网站上发布职位公告等，可能反而不如非正式招募方法（比如社交媒体和员工推荐）那么有效。虽然也有研究聚焦通过雇用后的成果来比较不同招募来源的有效性，但这些研究结果相对来说可信度比较弱，而且结论并不一致。[87]研究表明，招募来源会通过现实加工过程对员工的工作满意度、离职率和缺勤率等产生影响[88]，这可能也部分地解释了为什么非正式招募来源反而比正式招募来源的效果更好。

非常规候选人才库招募

关于企业为什么要以及何时应当锁定非常规劳动力市场的研究，以及对企业这样做所产生的短期和长期后果的研究都很缺乏。也就是说，许多企业通过关注被其他企业忽视的潜在求职者来努力在员工配置方面获得竞争优势。[89]所谓的“非常规”求职者，是指那些在受教育背景、过去的雇用经历、年龄等方面与企业雇用的典型员工有所不同，但同样能成为高绩效员工的求职者。微板加工公司（Microboard Processing）是一家位于美国康涅狄格州的电子元器件组装公司，在该公司招募的装配工中，有 1/3 的人来自高危人群，其中包括有吸毒史的人、有犯罪记录的人以及领取福利救济的人。公司在雇用这些员工之后通常首先安排他们去从事一些简单的美化环境工作，考察他们做得如何，然后再把他们调到装配作业之中。在最初开始工作的几个月中，他们处于逐渐适应工厂的工作纪律阶段，这时企业对他们的要求比较宽松。这家公司表示，这种做法的结果表明，公司得到了一批感恩、忠诚和勤奋的员工，因为公司给他们提供了一次工作的机会。[90]

另外一个例子是，在 20 世纪 90 年代后期的经济扩张期，许多顶级咨询公司不断扩张，此时，如果不降低标准从它们过去经常招人的那些精英机构中招募新员工，就无法招募到足够数量的最优秀的工商管理硕士（MBA）学生。麦肯锡公司（McKinsey）采取的做法并不是继续深入这些工商管理硕士毕业班中，把原来仅仅招募前 5%的毕业生的政策放松到招募前 10%的毕业生，它的做法是，扩大候选人搜寻范围，把目光转移到能从全球的各个不同学科中寻找的优秀人才身上。这些人都很聪明——他们中的很多人已经获得了哲学博士学位、医学博士学位和法律方面的学位。因此，通过麦肯锡公司对新员工开设的微型工商管理硕士项目，这些人很容易就成了合格的咨询师。[91]麦肯锡公司通过再次评估从不同的人才池中招募员工的价值，成功地调整了自己的招募战略，保持了优质人才的供给。由于美国的预期人才短缺和劳动力短缺会进一步上升[92]，很多企业可能都必须越来越多地从类似的非常规求职者来源进行招募。接下来将讨论三种非常规求职者群体，即残疾员工、老龄员工和福利领取者。

残疾员工

尽管残疾但是具备任职资格的员工是未能得到充分利用的人力资源。残疾人的失业率很高，尽管在现有的失业残疾者中，2/3 的人实际上是愿意从事工作的。[93]而且，残疾员工可以达到和非残疾员工同样的甚至更高的生产率水平。由于残疾人在日常生活中面临的各种挑战，他们常常能创造性地解决问题。有些残疾人甚至可以在一些特定的工作环境下发挥作用。例如，失聪者可以用手语在嘈杂的环境中进行交流。由沃尔格林物流中心完成的一项研究表明，残疾员工比非残疾员工的离职率低 48%，医疗成本低 67%，请假成本低 73%。[94]

那些关注劳动者的能力而不是他们的残疾状况的企业常常能够从一支多元化的员工队伍获益。沃尔格林公司前瞻性地建立了两个专门雇用在身体和认知方面有残疾的员工的物流中心，从而创造了一种对残疾人友好的工作环境。在其中一个物流中心的 400 名员工中，40%

的人都存在身体或认知上的缺陷。由于原本是为了让残疾员工方便工作而采用的技术和流程改进了所有员工的工作效果，结果，这个物流中心的整体效率自开业以来提高了 20%。[95]

临时性员工配置机构是有效招募残疾员工的另外一种途径，因为这种机构关注所有员工的个人能力、工作技能以及工作兴趣。员工配置服务机构通过职位评估服务、临时性工作任务安排以及技能培训等帮助所有的残疾和非残疾劳动者找到合适的就业机会。这些服务为求职者提供了积累工作经历、获得各种不同职位上的工作经验，以及提高他们的市场化就业能力和获得更高薪酬的潜力的机会。[96]

美国劳工部的残疾人就业政策署[97]通过免费分发数据库光盘来促进企业对残疾人的招募，企业可以从这个经过预先筛选的数据库中搜索计算机、商务、通信以及工程等领域中的求职者。美国联邦政府资助的职位调节网络是由残疾人就业政策署免费提供的咨询服务。这个网络为企业提供关于如何通过调整工作场所和设备来方便残疾人工作的建议。[98]一些企业担心针对残疾人做这种便利性调整的成本会很高，不过，还是存在很多企业可以负担得起的技术——80%的企业可负担的便利性调整技术的成本低于 1 000 美元。[99]

老龄员工

美国人口和世界人口都在不断老龄化。预计到 2050 年，美国 60 岁以上的人会比 15 岁以下的人所占的比例更大。[100]达到退休年龄的员工人数激增会成为很多企业不得不在 2050 年之前应对的挑战。到 2050 年时，预计全球人口中达到和超过 65 岁的人会由 2013 年时的 8%上升到大约 17%。[101]

面对威胁到企业经营的人口结构转变和技能短缺问题，一些企业已经开始招募和留住 50 岁以上的员工。例如，为了将在公司员工总人数中占 16%的 55 岁以上的员工人数增加两倍，CVS 药店的招募官专门到老年活动中心去宣传本公司是年龄较大的人从事工作的好地方。“到现场来听演讲的 100 个人中，只有 10 个人是想来工作的，但这 10 人恰恰就是我们想要的人。”CVS 药店的一位经理说。[102]沃尔玛公司也在老年活动中心开展了招募宣传。鲍德斯书店（Borders）和家得宝公司已经开始实施“雪鸟”计划，即让老龄员工在冬季时调动到较为温暖地区的书店里去工作。许多企业开始重新思考保留老龄员工的方法，其中包括减少工作时间或提供自由工作时间、增加福利待遇以及提供兼职工作机会等。美国退休人员的组织——美国退休人员协会在自己的网页上增加了一个“特色雇主”的链接，其中包括大都会人寿公司（MetLife）、必能宝公司（Pitney Bowes）、鲍德斯书店、家得宝公司、信安金融以及沃尔格林公司等招募老龄员工的企业，这些企业会给员工提供医疗保险、相应的培训以及灵活工作时间表。成千上万的老年人每个月都会到这个网站上来搜索职位信息。[103]

有些人认为，随着员工的年龄增大，他们会面临更多的医疗问题和出现更多的缺勤，雇用这些员工的成本会更高一些。但正如鲍德斯集团（Borders Group）人力资源部高级副总裁丹·史密斯（Dan Smith）所说：“从员工年龄的角度来说，整体雇用成本差别并不大。培训和招募老龄员工的成本要比年轻员工更低。最终是差不多的。”[104]将鼓励员工提前退休作为裁员的一种方式的做法流行了多年，而现在，很多公司却在寻找老龄员工，因为他们的离职率更低，并且在很多情况下，他们的工作也干得更好。对于很多大企业来说，员工保留率的提高每年给企业带来的价值高达数百万美元。

福利领取者

美国联邦政府和州政府已经将福利领取者从公共救助名单中向企业名单中转移作为一项优先任务来加以考虑。业务界面公司（Business Interface Inc.）[105]（www.welfaretowork.org）开发和实施的雇用战略和服务就是直接解决企业不愿意雇用某些价值不高的劳动者的问题。从历史上来看，像“从福利到工作”计划这种非常规性的求职者储备池，通常最有可能在两种情况下被企业使用，一是在劳动力短缺期间，二是当招募员工的岗位本身并不具有吸引力，而且对技术水平的要求也比较灵活的时候。[106]因此，当企业雇用这些员工的风险相对较低的时候，企业更有可能经常使用这些人才库。零售药店巨头 CVS 已经以较低的工资水平，通过“从福利到工作”计划雇用了 6 万多名员工。[107]

万豪国际集团（Marriott International）有一个“独立之路”项目，该项目一次持续六周，是一种对劳动者提供的就业之前的生活技能和职业技能培训项目，其目的是帮助一些人从原来接受公共救助过渡到能够在酒店业从事生产性职业。万豪酒店的社区就业和培训项目部为该项目的参加者提供了长达 60 小时的课堂教学以及 120 小时的职业技能培训。项目参加者则通过学习了解求职技能、安全、沟通、个人生活技能以及保住职位等问题的重要性。成功完成该项目的参加者会收到万豪酒店发出的带福利的全职工作录用通知书。在离职率很高的酒店业中，从这个“独立之路”项目毕业的人保留率是最高的。80%的参加者能够毕业，90%的毕业生在万豪国际酒店至少工作 90 天，55%以上的员工在酒店至少能工作一年。[108]

全球招募和地区定位

许多企业面临的另外一个问题是需要为分布在世界各地的经营机构招募员工。很多谋求全球扩张的企业也需要寻找当地的人才配置于它们刚刚在海外运营的机构。国际招募是公司战略性招募的一个重要组成部分，因为它能帮助企业建立起一个巨大的人才库，从而使企业可以从中找到、吸引和雇用拥有关键技能的员工。特别是当企业需要那些高水平技能或者存在短缺的技能，而国内劳动力市场很紧张或者企业希望雇用到最优秀的人才时，从全球劳动力市场上进行招募可能就是必要的。

在进行国际招募时，对文化差异的敏感性是非常重要的。实施招募战略的灵活性也至关重要，必须确定在每一个地方最适用的招募方法是哪些。企业还可以通过客户、推荐人以及世界各地与自己有联系的其他人，来建立那些不在美国本土的潜在候选人的数据库。尽可能多地了解目标招募地区和国家的情况是很有帮助的，需要了解的内容包括可以招募到的人员类型、他们的主要兴趣和技能水平以及动机，还有对他们特别有吸引力的招募战略等。还有一点也很重要，这就是全面了解美国的签证要求以及让这些人到美国来工作需要解决的问题。解决这些问题可能并不一定很困难或成本很高，但很重要的一点是要认识到相关的法律要求以及移民规定。接下来，我们将讨论与全球招募相关的一些其他问题。

全球招募

全球招募（global sourcing）就是在全球范围内招募员工。全球招募要求通过在全世界范围内对员工配置工作进行规划、开发、实施以及评估，来确保员工配置目标的实现。全球员工招募和配置所带来的挑战与在一国国内进行劳动力的招募和配置存在非常大的差异。在多国执行招募和员工配置政策会更复杂，因为每个国家都有自己的文化、法律、经济和政治特点。

招募和管理全球员工队伍所面临的主要挑战之一是需要在两大相互竞争的目标之间保持平衡，即一体化和差异化。一体化是指使企业可以对其全球各地经营机构进行控制的某种单一员工配置战略的协调性；差异化是指必须承认和尊重当地文化的多样性以及一个公司的员工在这种文化中形成的期望的多样性。例如，企业必须赋予当地的管理人员一定的自由度，使他们可以通过适当修改当地的员工配置战略和配置实践，以满足当地的特定需要。例如在墨西哥，私人关系在商业中常常很重要，招募官所招募的职位候选人往往是跟他们已经建立了私人关系的人。[109]

在分析世界上不同地区的招募潜力时，当地的就业服务机构可以成为提供关于当地劳动力队伍特点方面的信息——其中包括当地人口的技能水平、当地的工资水平、员工离职率——以及在该地区经营的相关文化和法律问题的有用渠道。对于很多公司来说，如果有很多地区可供选择，并且尚未做出最终决策，则明智的做法是分析一下一个国际地区是否有充足的人才支持公司规划的那种运营。

在选择好了一个国际地区之后，很多企业有时候会依靠当地的就业服务机构来进行员工配置。尽管在国际地区分支机构中工作的关键员工很可能是来自母国的外派员工，但通常至少需要雇用一些在当地有经验的东道国国民。劳动力市场和企业的经营需要共同决定了全球公司在国外分支机构中使用的外派员工和当地员工之间的平衡情况，除非在这个新地区的雇用活动是受到严格管制的。（例如，有些国家要求国际公司必须雇用一定比例的当地员工。）很多企业还努力从竞争对手那里吸引管理人员，或者是依靠当地的猎头公司来招人。如果在新地区的用人需求预测起来很困难，很多公司常常会努力保持劳动力队伍尽可能地具有灵活性，直到企业可以确信新的经营项目会取得成功。通常情况下，他们都会在较大程度上依靠临时性员工配置。还有一些企业则同时使用当地的就业服务机构以及能够在很多新的国际市场上提供员工配置服务的全球性服务提供商。[110]

文化知觉（cultural awareness）是指一个人能够理解自己的文化将如何影响自己的行为、基本假设以及价值观，这也是在进行全球员工配置时必备的一项重要技能。全球招募计划必须能理解和尊重当地在文化和经营风格方面的细微差异，让候选人产生一种良好的体验，优化人才池，最终成功雇用员工。因为很多误解都是由不同的沟通风格、礼仪或期望导致的，所以广告、书面沟通和面试等都应该根据当地的文化量身定做。[111]

地区定位

地区定位（geographic targeting）或根据候选人的居住地来搜寻招募对象，也是企业的一种通常做法。一个企业中的较低职位通常都是从当地劳动力市场上招人填补，随着职位等级在企业内逐渐上移，招募工作的地理边界也会随之扩大。例如，针对低技能的职位进行的人才搜寻往往是在当地进行的，而对首席执行官的搜寻则即使不是在全球性范围内开展，一般也是在全国范围内进行的。尽管对与招募范围的地理区域锁定有关的企业决策程序所做的研究很少，仍然有几项研究表明，一个职位的地理位置对于求职者来说确实是十分重要的。例如，关于大学毕业生的求职活动所做的研究就表明，很多毕业生不会考虑位于他们喜欢的那些地区之外的工作机会。[112]工作地点的重要性似乎也不仅仅反映在较低层级上的员工和大学毕业生身上。[113]事实上，那些家庭责任感更强以及与所在社区的人际关系更为紧密的有经验的员工[114]，要比大学毕业生更不愿意搬迁到某些特定的地区。

如果想要进行地区定位，可以关注当地劳动力市场，关注与企业所在地区的城市规模、生活成本、气候、文化和休闲娱乐以及其他一些特点类似的地区劳动力市场，或者是锁定那些可能会认为企业所在的地区是有吸引力的人。有些人往往对于有某些特征的社区更有偏好，更愿意搬迁到类似的地区去。[115]研究也发现，当人们搬迁到与他们以前居住过的地方类似的地区和社区时，往往更容易适应。[116]找到与企业所在地区类似的社区，然后锁定这些地区进行员工招募，往往是一种非常有效的招募战略。例如，联合信号公司（现在是霍尼韦尔公司（Honeywell）的一部分）是一家跨国光纤产品制造企业，该公司在亚利桑那州紧张的劳动力市场上招募新的生产工人遇到了困难，该公司就将目标锁定在了目前居住在气候寒冷的那些城市中的合格生产工人身上。为了招募这些生产工人，联合信号公司刊登了报纸招募广告，用亚利桑那州的温暖气候来诱惑他们，并且承诺公司会支付搬家费。[117]还有一些公司则把生产厂搬到有充足的合格劳动力的地区。位于美国俄亥俄州利马市的一家大型企业丢掉了政府的国防合同，解雇了大批技术工人，而西门子汽车（Siemens Automotive）为了利用这些人才，专门把自己的一个复合装配厂从安大略的温莎搬到了利马。[118]

除了可以进行更好的员工招募，关注地理位置重要性的另外一个好处是，它能帮助一家企业管理好自己的员工保留率。一家技术型公司可能会发现，在硅谷安家可以发掘到尖端人才。由于硅谷的员工流动率很高，员工换公司很容易，这家公司就有可能不断更新自己的人才队伍。正是由于高离职率对于一项长期性的研究和开发项目来说是存在危害的，一家企业如果想要提高员工的保留率，最好是在另外一个地区——例如在对高技能的半导体员工需求不太旺盛的偏远地区——建立一个独立的研发机构。半导体设计和制造商英特希尔公司（Intersil）的做法就是这方面的一个很好的例子。半导体行业的离职率在20%左右，而位于宾夕法尼亚州偏远地区的英特希尔半导体研究所的平均离职率却只有2%。[119]把一个机构建立在由于当地的交通局限导致劳动者没有太多其他工作机会的地区，也能增加劳动力供给和提高员工保留率。还有，有年轻家庭成员的人有时也对搬迁到更小的偏远点的地区感兴趣，而且他们一旦在这些地方扎下根，就会发现自己很难再离开。当通用电气公司很难找到愿意搬迁到“沉闷的”宾夕法尼亚州伊利市去工作的员工时，公司开始去招募初级军官。这些人已经习惯了在散兵坑里工作，他们会发现伊利并不是一个太糟糕的地方。由于这个项目是如此成功，以至于通用电气公司很快在全公司将这种做法推广开来。[120]

迈克菲公司的顶尖人才搜寻

迈克菲公司采用两步法帮助自己培育和维持了一个可靠的人才社区，使其可以在将来需要的时候从该社区中招募员工。首先，公司的优质人才社区成员资格只能通过邀请获得。迈克菲公司会给目标人才发出个人邀请函，请他们参加一个在线的人才社区。其次，除了定期发布职位空缺公告，该公司依靠由迈克菲公司高层管理人员主持的论坛、公司新闻、高管资料以及多媒体论坛等吸引这些高潜质的人才。[121]迈克菲公司的职业发展网站的登录页面会邀请求职者提供电子邮件地址和完善个人资料，使他们能够接收到关于公司最新发生的事件以及职位发展机会方面的信息。[122]该公司的社交匹配器专栏也使求职者能够找到与他们的教育背景和工作经验相匹配的职位，从而使这些人更容易找到迈克菲公司中与自己相匹配的工作机会。[123]

开发一个专门用于招募顶尖人才的人才社区的做法，帮助迈克菲公司更好地吸引了那些非常有潜力的未来招募对象，为自己的投资带来了良好的回报。一些关键岗位的填补时间也从 35 天减少到 11 天，支付给猎头公司的费用大大减少，在招募来源中的优秀人才的质量方面的信息大大增加。通过让自己能够找到的优秀人才关注和贴近公司，迈克菲公司更好地让这些人转换成了求职者，最终把他们雇用为自己的员工。

本章总结

搜寻人才是招募和员工配置过程中的一个重要组成部分。这是因为只有首先找到候选人才库以及最终愿意成为求职者和新员工的人，才能为成功的员工配置工作打下可靠的基础。有些公司愿意寻找那些高质量的被动求职者，而这些人不太关注那些传统的招募方法，对这些公司而言，要想成功地实现员工配置，采取一种考虑周全的人才搜寻战略就显得十分必要。有效的人才搜寻会提高候选人才库的质量，同时也会降低企业的候选人评估以及甄选系统所面临的压力，这是因为在这种情况下有更多的求职者会是良好的雇用对象。随着人才竞争的进一步加剧，企业就必须找到和吸引执行企业战略和保持竞争优势所需的人才，对于企业强化这方面的能力来说，人才搜寻能力必然会成为一个越来越重要的因素。

人才搜寻战略有很多，在今后的招募工作中，企业在寻找高质量的半被动和被动求职者方面正变得越来越富有创新性。由于人才搜寻的方法正变得越来越多，同时企业又面临在紧张的劳动力市场上搜寻求职者的压力，很可能会出现一些尽管合法但并不道德的人才搜寻方式。夸大事实、从竞争对手那里挖取人才以及以欺骗的方式使用互联网招募等都是不道德的，并且可能会损害企业的名誉。相反，通过描绘自己想要的理想员工的概貌、坚持长期实施招募来源有效性研究、根据公司的员工配置目标和理想员工概貌来确定不同招募来源的优先顺序，企业就能提高自己的员工配置投资回报，同时提高自己以更高的效率和更好的成效找到和雇用合适人才的可能性。

讨论题

1. 一家企业要怎样做才能成为对残疾人更有吸引力的雇主呢？

2. 为了帮一家快餐店从大学校园中招募初级管理人员，你认为最有效的人才搜寻战略是什么？为什么？

3. 如果企业想要招募像你这样的人，你认为他们怎样才能以最好的方式找到你？他们把招募材料放到哪里，你最有可能看到招募信息并做出反应？

4. 如果一家企业只是运用一种方法招募员工，则可能会犯怎样的错误？

5. 当一家企业分别需要为当地的零售店招募经理人员和需要在全国范围内搜寻管理人才时，其偏好的招募来源会有怎样的不同？

案例分析

当玛丽萨·迈耶（Marissa Mayer）就任雅虎公司的首席执行官时，她关注的头等大事之一就是促使公司的人才资产升级。[124]由于顶级技术人才是如此稀缺，而雅虎公司的业绩下降又使得该公司对人才不具有吸引力，这导致雅虎无法通过常规手段去成功吸引那些顶级人才。迈耶知道，有很多有才干的员工都是在过去几年中从雅虎公司辞职的，而这些人对于雅虎的转型和未来成功非常重要。

雅虎公司还意识到，与把这些有经验的员工雇用回来相比，雇用和开发新员工可能要多花数年的时间，因此，去招募这些前员工显然速度更快并且更有效。雅虎公司的招募官向雅虎公司原来的副总裁、项目经理以及低级别的工程师发出了一份正式的欢迎员工的文件包“雅虎公司欢迎您”，并且在每个人的抬头后面用手写上“快回来吧！”的字样。[125]这份文件包含的内容主要是描述了在新的首席执行官领导下公司发生了多么大的变化，以及雅虎公司如何想跟这些收到文件包的人谈谈在雅虎出现的“难得的好机会”。[126]

思考题

1. 请想一想你过去曾经做过的工作，有哪一家企业是你曾经想过回去的吗？你过去工作过的这家公司需要做些什么才会促使你重新申请它的工作？

2. 雅虎公司实施的这种重新雇用前员工的项目有哪些优势和劣势？

案例研究作业 切恩公司的战略性员工配置

请参见本书后面的附录完成本案例研究作业。

第 7 章
招　　募

学习目标

学习本章之后，你应该能够：

1. 描述招募的目的。
2. 解释招募中的“溢出效应”。
3. 理解哪些因素会使得一位招募官的工作更为有效或更无效。
4. 描述各种可以用来吸引求职者的战略。
5. 描述招募指南和美国公平就业机会委员会制定的最佳招募实践将会如何有助于提高招募的一致性和质量。

开篇案例

UPS 的社交媒体招募

UPS 是世界上最大的包裹运输公司之一。它希望能够更好地接触和吸引高潜质的招募对象，同时提高自己在招募工作中的投资回报。[1] UPS 还想提升自己的雇主品牌，并且使自己的招募战略与技术形象更为一致起来，从而以更具成本有效性的方式来解决公司面临的业务量大、兼职性工作多以及季节性人员雇用需求明显的问题。[2]

UPS 在公司网站上发布了一系列视频，介绍公司中的各种类型的员工在一天中的工作生活。当这些视频开始被很多人观看并在社交媒体上分享，带来了很多求职者之后，该公司决定目标更为明确地通过这种方法运用社交媒体搜寻和招募员工。[3]

UPS 现在向你咨询，怎样才能通过使用社交媒体和其他方法有效地招募到合格的求职者。在学完本章之后，你应该可以给这家公司一些好的想法。

全球咨询公司华信惠悦（Watson Wyatt）发现，一个优秀的从事招募工作的部门能够使一家公司的整体市场价值（公司全部股票的货币价值）增加 18%以上。[4] 然而，令人遗憾的是，很多公司并没有制定正式的招募战略。正如我们已经强调过的，招募到合适的人才对于公司的绩效来说是非常重要的。康泰纳零售连锁多年来持续名列全美最佳工作场所之一。该公司的核心理念之一就是“1 等于 3”，意思是说，一位卓越的员工甚至要比三位良好的员工更有价值。该公司的招募工作特别有助于强化这种原则。[5]

除了让人们来求职，招募还有重要的象征作用。在经历了严格的招募和甄选程序之后，一位新员工能够感受到自己加入了一个精英组织，自己是少数最终得以入选的人员之一。这就创造了一种高绩效预期，同时传递了这样一种信息，即人是非常重要的。[6]

招募不仅能够而且应该成为可持续竞争优势的来源之一。[7]CEB 咨询公司发现，招募质量的将近 80%取决于招募官的能力、态度和对他们进行管理的方式，其中包括工作压力、人力资源开发以及绩效管理实践。[8]对于像 Enterprise Rent-A-Car 公司这样的企业来说，招募对于企业的经营模式也是非常重要的，这家公司几乎完全从内部提拔员工，并且定期开设新的租车点。[9]瓦莱罗能源公司甚至还计算出了良好的和糟糕的招募工作将会如何影响公司的每股收益。[10]不能吸引合适的求职者将会使组织面临失败的风险。

本章讲述招募以及求职者在整个招募流程中的反应，并讨论哪些因素会使招募官的工作更为有效以及企业能够运用哪些不同的战略来吸引求职者。最后，将讨论如何在整个公司中保持招募质量的一致性。在学习本章之后，你应该能够更好地理解招募官和招募实践在员工配置流程中发挥的重要作用。

什么是招募?

一家企业的招募职能存在的目的就是帮助企业雇用一群能够对公司经营战略的实现做出贡献的有才能的员工，这样企业才能赢得竞争优势。正如你在第 1 章中学到的，招募是指对愿意来求职以及接受录用通知的人的数量或类型产生影响的所有组织管理实践与决策。[11]这包括把在搜寻过程中产生的线索转化为求职者，让他们对公司和工作产生兴趣，劝说求职者接受公司发给他们的录用通知等。招募官是介于组织的员工配置需要与劳动力市场之间的联系人，他们必须能够有效地支持组织的需要以及实现招募目标。正如接下来将要讨论的，任何招募工作的最为重要的成果之一就是求职者将会如何对招募流程和招募官做出反应。

求职者如何对招募做出反应?

招募的一个重要目标是使每一位求职者都能形成一个关于组织的积极感知。因此，有效的招募要求考虑求职者看问题的角度及其需要。这是因为，招募的结果——雇用——是组织和个人双方做出的一系列决策的结果，所以这两个方面的视角是相关的。仅仅一次积极的招募体验，常常并不足以吸引求职者以及给他们留下深刻的印象。一项研究发现，经历过更多能够提供积极信息的招募阶段的求职者对组织往往更能够做出积极的反应——这些招募阶段包括校园招募交流会、面试以及到企业工作现场参观时与公司员工进行交流等。[12]接下来，我们将讨论为什么尽可能地让求职者对于招募流程以及招募结果感到公平会如此重要。

公平理念

企业希望求职者来求职时能够保持诚实和诚信。类似地，求职者也期望雇主能够考虑他们的优点，并且能真诚地努力将他们的技能和岗位空缺加以匹配。双方都希望对方是专业的，并且能够遵守被广为接受的雇用惯例。[13]除了被公平对待，求职者还希望他们向雇主披露的私人信息能受到保护。

有三种类型的公平会影响求职者对招募和甄选流程做出自己的反应。[14]**分配公平**（distributive fairness）是指感知到的雇用或晋升结果的公平性。假如某人获得了某个岗位或者得到晋升，那么此人很容易觉得这个结果是公平的。然而，如果某人并没有获得某个岗位或者得到晋升，此人就会觉得结果不那么公平。大部分求职者都不会得到录用通知函或者得到晋升。因此，企业在招募工作的后期阶段就会很自然地面临一波公平性“冲击”。

程序公平（procedural fairness）涉及人们的这样一种信念，即产生招募或晋升结果的政策和程序是公平的。与在分配公平中的情况不同，企业对求职者的程序公平感可以有更多的控制力。为求职者提供展示自己才能的机会[15]以及尊重他们的隐私[16]会有助于提高求职者对于程序的公平性感知。不同的甄选工具也会影响求职者对于招募公平与否的感知。例如，与诚实性测验和个人推荐相比，求职者倾向于相信面试、简历筛选以及工作样本测试具有更强的程序公平，尽管对这种公平性的感知程度在不同国家中是存在差异的。[17]当求职者在招募流程中被拖延时，他们也容易做出负面反应。[18]

互动公平（interactional fairness）是指人们对于他们在招募流程中受到的人际对待以及获得的信息数量的感知情况。在招募流程中对求职者提供诚实而有礼貌的对待有助于强化求职者对互动公平的感知。[19]一位热心并且能提供信息的招募官[20]也会对求职者的反应产生积极的影响。因此，企业对招募官进行招募和培训的方式将会在很大程度上影响求职者感知到的互动公平程度。

溢出效应

溢出效应（spillover effects）是某种行为产生的某些间接的或意外的结果。企业对待求职者的方式会产生超出他们所经历的招募活动的溢出效应。当感到不愉快的求职者告诉了企业的潜在客户或其他求职者他所经历的应聘经历，便会对企业的绩效和在未来有效地招募求职者的能力产生一种溢出效应。类似地，假如求职者被迫为已经提前安排好的面试等待更长的时间，碰上了毫无准备的和心不在焉的面试官，他们就会感觉到甄选程序是不公平的，或者会感觉到自己对企业并不重要或者并不受欢迎，那么，他们还想跟企业有业务往来或者在未来申请该公司的其他职位吗？很可能不会了。相反，假如求职者都能受到热情的问候，被人带领着快速地参观一下公司的办公环境，被以礼相待，能够准时接受准备充分且热情的招募官的面试，在公司预先说明得到结果的时间接到了公司的电话，那么，大部分受到这种待遇的求职者很可能再次来公司求职，并且继续与该公司保持业务联系。

深入理解求职者在招募过程中会如何做出反应是管理招募过程中的所有溢出效应的重要组成部分之一。许多公司对待求职者的方式给人的感觉就是，本公司能把你们作为岗位候选人加以考虑，你们就应该感觉到自己很幸运了，对待那些被拒绝的求职者的方式就好像这就是他们之间关系的终结。很多企业常常向那些被拒绝的求职者提供没有人情味的对待，这种情况表明，很多企业在招募过程中往往忽略了可能存在的溢出效应。[21]

企业在收到求职申请的时候，招募（及其与之伴随的溢出效应）并没有结束。除非企业不再考虑此人（或求职者本人不再考虑求职），或者是雇用此人并且此人报到入职，否则，招募工作都可以让其对获得这个就业机会感兴趣。仅仅是因为一位招募对象正式提出了求职申请，并不意味着此人会对公司的职位一直保持兴趣，能够坚持到最终的招募过程完成。招募官应当帮助求职者对该就业机会持续保持兴趣，最终愿意接受一个合理的录用通知。

招募官应该做到对求职者的简历和提出的就业咨询一直保持尊重，并且能够迅速做出回应。即使一家公司现在不需要雇用员工，怠慢一位求职者的做法也会抑制他将来对本企业的工作机会的兴趣。然而，在有些时候，能做到这一点确实是比较困难的，特别是当企业因为处于快速扩张期而需要大量雇用人员时。在发布互联网广告的情况下，要想对大量因为招募广告而做出反应的求职者进行回应确实非常困难或者根本不可能。有些互联网招聘企业为了收取费用，会不断地把求职者的简历发给 1 000 多个猎头和雇主。对这些简历进行挑选的工作量是非常大的。更糟糕的是，这些简历中的大多数根本就不满足企业发布的岗位任职要求，这就加重了企业筛选简历的压力。

不过，即使求职者是通过互联网来求职的，石油巨头瓦莱罗能源公司也非常重视为求职者创造一种积极的求职经历。在整个求职过程中，该公司至少给每位求职者发送三封个性化的电子邮件。当一位求职者被拒绝时，他在这个岗位的招募工作结束后也能收到一张明信片。[22]瓦莱罗能源公司知道，现在的这些岗位没有能够雇用的一些人，或许具有在未来成为公司优秀员工的潜力。向被公司拒绝的求职者发送跟进信息，鼓励他们去申请公司中的其他岗位，将能够提高公司员工配置工作的有效性——尽管这些求职者与他们现在申请的岗位可能并不匹配。

尽管招募官的工作非常繁忙，但求职者往往把未能及时做出回应的招募官视为无能，而不是工作量过大，这就会使企业面临负面的溢出效应。美联银行认为，当一位求职者被拒绝的时候，应当尽快向他们发出邮件，并且给出拒绝的理由，这种做法改善了求职者在美联银行雇用过程中的体验以及他们对美联银行招募官的看法。[23]

有效运用技术手段能够改善求职者的反应，同时促进积极的溢出效应的产生。例如，让求职者通过使用 HireVue 和 Wowzer 等公司提供的手机应用程序来对企业提前录制好的面试问题做出反应，就能吸引那些智能手机不离手的大学生以及处于忙碌之中的半被动的和被动的求职者。而用人部门的经理和招募官也喜欢在自己方便的时间来观看这些面试视频。使用社交媒体或者发短信的方式向决定求职的人们发送关于岗位空缺的信息，就能够快速而高效地将职业发展机会通知到招募对象。接下来，我们将把注意力转向哪些因素会让招募官变得更为有效。

哪些因素会让招募官变得有效？

招募官通常是潜在求职者最先联系的人。因此，招募官是雇用流程中最为重要的人之一。一项针对正在找工作的企业管理和工程类专业毕业生所做的研究表明，在 1/3 以上的情况下，一位毕业生选择到某家公司去工作的主要原因是该公司的招募官。[24]一位被招募官拒绝的潜在求职者可能会决定以后不再到这家公司来求职。尽管失业的人即使与招募官有很糟糕的打交道经历，也仍然会坚持到这家公司去求职，但那些被动求职者——其中的很多都是特别有才能的人——却不大可能会愿意再去。事实上，当面对的是被动求职者时，被技能不足的招募官错失掉的招募机会可能会给企业带来很高的经济成本。

人们常常只能获得关于组织和岗位的有限信息。在缺乏信息的情况下，他们常常需要依赖招募官的特点和行为作为信号。招募官的胜任素质以及在招募流程中发生的任何拖延等都会向求职者发出关于组织特点的信号。[25]企业安排的招募官的类型似乎也会产生这方面的影响。例如，一家公司安排一位少数族裔的招募官就向求职者发出了公司人口结构多元化的信号。有些公司则选择招募官之外的其他人来与求职者见面，这也能发出一种信号。如果实际用人的部门经理或公司首席执行官来做招募，则会发出这个岗位在公司中很重要的信号。例如，比尔·盖茨担任微软公司的首席执行官时将一半时间都用在了招募方面，他会亲自给大学高年级学生打电话，招募他们到微软公司来工作。[26]

研究者已经得出了结论，招募官对于求职者产生影响的程度取决于招募官在多大程度上被视为将来在公司中工作好坏的一种可信赖信号。当求职者拥有了关于组织的大量信息以及（或）招募官是来自人力资源部而不是来自求职者所在的职能领域时，招募官所具有的信号功能便没有那么重要了。这些结论再次强化了这样一种观点，即企业应当通过挑选和培训使招募官不仅对岗位空缺有充分的了解，而且能够有效地沟通这些信息，同时还能被求职者视为值得信赖的，能够积极地反映出将来为公司工作会是什么样子。

关注招募官的另外一个很重要的原因是，这些人为公司设置了人才标准。他们坚持的以及批准可以进入下一步予以考虑的人才标准会决定公司的成功潜力。对于很多组织来说，一线招募官做了大部分筛选求职者的决策。

招募官的特点

求职者会根据招募官的特点来推断企业的某个岗位的吸引力或者接受录用通知的可能性。这些推断可以影响求职者是否希望得到岗位的决定。研究表明，具备表7-1中总结的那些特点的招募官有可能更为成功。无论招募官是来自组织内部还是外部，一整套核心胜任素质似乎都是很重要的。当招募官是来自与求职者相同的职能领域时，产生这些效果的可能性更大。[27]

一方面，很少有证据表明招募官的个人特征（例如种族或性别等）很重要；另一方面，招募官在求职者面前的行为以及他们对于岗位和求职者的了解确实会对求职者的态度和行为产生影响。[28]招募对象常常觉得，招募官对于求职者的个人特点以及需要填补的岗位的特点都了解不够、准备不足。[29]招募官必须对岗位很熟悉，了解岗位和组织，并且对于做好招募合格求职者的工作动力十足。为了实现这些目标，企业应当选择一位过去曾经在目标岗位上工作过或目前在岗位上任职的招募官，或者是通过培训使招募官掌握关于岗位和组织的各方面信息。

表7-1　理想的招募官特点[30]

熟悉岗位和组织
良好的倾听能力
良好的沟通能力
良好的社交能力
聪慧
自信
外向
对岗位和公司充满热情
值得信赖
可靠

有研究发现，受招募官行为影响最大的是求职者对于招募官的整体印象，而并非求职者获得职位或接受录用通知的意向。不过，这类研究的对象绝大多数都是积极寻找工作的大学

毕业生。能力不足的招募官错失招募良机所带来的成本在那些较为被动的求职者身上可能更高，对于这些被动求职者最终是否会成为求职者而言，他们最初与招募官打交道的经历显得非常重要。有些人已经明确了招募官所在的这家公司就是自己愿意工作的地方，而另外一些潜在招募对象却在其他公司的当前岗位上工作得很愉快，而后者比前者更有可能会因为与招募官打交道的不佳经历而失去对这家公司的兴趣。鉴于针对招募官所做的研究一般都没有直接操纵招募官的行为，因此，在对招募官进行培训以及使用更好的招募官的情况下，招募官的行为在吸引大学生的效果方面会变得更好。[31]企业需要通过收集数据来理解如何才能使自己的招募职能为企业招募到最符合组织目标要求的新员工。

信号

因为人们常常只能得到关于组织和岗位的有限信息，而在没有客观信息的情况下，他们很可能会将招募官的特点和行为作为代表企业和岗位的方方面面特征的一种信号。求职者常常把招募官的行为作为自己能否获得某个工作机会的信号。[32]求职者把自己与招募官打交道时的体验——其中包括看到的招募官的胜任素质水平、招募工作中的各种拖延以及面试小组成员的性别组成等——作为代表更宽泛的组织特征的一种信号。[33]如果求职者将糟糕的招募官视为组织整体的一个代表，则他们很可能会因为对企业形成不良印象而拒绝这家企业提供的工作机会。

正如我们曾经讨论过的，被选去从事招募工作的人可以被视为表明某个岗位在组织中很重要的一个信号，高水平的招募官、用人部门经理和首席执行官都比一般的职能性招募官更能反映一个岗位的重要程度。如果招募官来自少数族裔，则这位招募官也能够成为这家企业的员工队伍结构具有多元化特征的一个信号。因为招募官的行为会通过间接影响求职者对于岗位和组织特征的感知，进而影响求职者感受到的吸引力[34]，所以招募对象很可能会根据自己与企业招募官打交道的体验来推断组织的特征。当招募官是用人部门经理而不是人力资源部门的工作人员时，糟糕的招募官行为更有可能让招募对象失去对企业和岗位的兴趣，这一事实表明，招募对象更能够从自己与那些和岗位之间的联系更为密切的人——比如用人部门经理——打交道的体验中概括出岗位和组织的特征。这进一步强调了这样一点，即作为招募官，用人部门经理能够对员工配置工作的成功产生更大的影响。

招募官的人口特征和态度

招募官的人口特征——包括年龄、性别、种族、阶层和职能等——与其正在招募的求职者的人口特征之间所具有的相似性会影响一个岗位对于求职者的吸引力吗？关于消费者市场营销方面的研究表明，招募对象对与自己类似的影响源（也就是招募官）做出的反应，可能确实会比对相似度低的影响源做出的反应更积极。[35]但是女性求职者是否会对女性招募官做出的反应更积极，而男性求职者则对男性招募官做出的反应更积极呢？数据似乎显示，情况并非如此。尽管很多研究都仅仅考察招募官的某个单一特征，或者至多是几种人口特征，但这些研究都指出，与招募官具有的相似性并不必然导致求职者对岗位和企业产生更为积极的态度。[36]

尽管如此，一位招募官面对求职者时的行为以及求职者对于招募官的知识所产生的感知仍然能对一个岗位所具有的吸引力产生很大的影响。[37]然而，令人遗憾的是，至少有一项研究发现，很多招募官更有可能给求职者留下一个关于组织的消极印象，而不是积极印象。[38]很显然，很多求职者似乎认为，许多招募官事前准备得很不充分。[39]如果招募官能够熟悉岗位和对组织深入了解，他们本来可以把招募工作做得更好。为了帮助他们更好地理解招募的方方面面，企业可以选择一位曾经在目标岗位上工作过的或者现在仍然在此岗位上工作的招募官，当然，企业也可以通过培训帮助招募官掌握这些方面的知识。

除了招募官的人口特征，实施成功招募的关键更有可能是招募官了解招募对象的价值体系和动机的能力。招募工作要求招募官说服求职者，从而将企业以及本企业的工作机会推销给招募对象。[40]尽管很多研究都集中在招募官的一些表面化的人口特征，而真正重要的却可能是招募官是否有能力了解并强调招募对象的价值观和动机，并且通过确认和强化那些对于招募对象很重要的因素来与他们进行有效的沟通。为了对这一观点提供基本支持，我们来看一项研究，这项研究发现，正在找工作的管理专业毕业生会对与他们具有相似态度的招募官做出更高的评价。[41]尽管关于这个主题的研究数量有限，但企业还是应当做一下自我评估，从而判断这方面的因素是否确实会成为对招募产生影响的一个因素，然后利用这方面的信息针对不同的岗位采用不同的最合适的招募官。这可能意味着在不同的招募活动中需要派不同的招募官，这样才能最大限度地运用他们与求职者建立友好关系的能力。一些企业甚至尽可能地将招募官派遣到他们的母校以及他们的家乡去开展招募工作。一位招募官如果能与求职者建立起更好的联系，那么，一家企业发出的录用通知被接受的概率就会更大。

我们以招募护士来一家药店担任医药销售代表为例加以说明。与那些不太理解护士这个行业的招募官相比，了解护士工作所面临的挑战和能够获得的报酬，同时还能用一种更令人信服的方式就岗位特征与求职者进行沟通的招募官显然更能吸引护士来求职。在设计招募官的培训材料时，也可以将分析理想求职者的动机以及价值观等所需的信息分析方法包括进来。如果可以找到将招募官和招募对象之间的价值体系加以匹配的方法，就可以通过培训使招募官更好地了解求职者，并且以一种最具吸引力的方式来展现招人的岗位。

开发有效招募官模型

无论一位招募官是来自企业的内部还是外部，了解招募官的哪些特征最有可能对理想求职者产生吸引力都会有助于增强招募工作的有效性。而要想实现这一点，方法之一就是根据过去最为有效的那些招募官开发出一套**有效招募官模型**（reviewer profile）。企业可以在一段时期内，持续追踪求职者对于不同的招募风格和信息所做出的反应，从而针对不同类型的岗位构建最有成效的招募官所具有的能力、特征以及背景模型。

例如，一家企业在进行了这样一种分析之后可能会发现，当雇用速度是招募的首要考虑因素，并且需要填补的岗位的级别相对较高时，使用外部招募官的效果更好。而当降低招募成本是更为重要的目标时，内部招募官就可能是更好的选择。当需要招募的是各种不同学历的新毕业生时，拥有各种不同背景的招募官可能更为有效。对于需要为不同岗位招募求职者的招募官来说，对这类信息进行分析有助于一家企业更好地确定应当招募哪些人，以及任职者需要具备哪些任职资格条件。

实现招募官与目标求职者之间的匹配

在有些情况下，一家公司可能首先需要确定自己想要雇用哪些人，然后再制定如何吸引他们加入组织的战略。很多时候，可以作为目标的招募对象是现在处于就业状态，因而不想换工作的人。在这样的情况下，通过考虑招募对象最有可能被哪种人说服来选择招募官就非常关键。从公司人力资源部的招募官那里打过来的一个没有温度的电话是不可能激发一个人的求职兴趣的，即使这个电话来自用人部门，甚至是公司首席执行官，也同样如此。说服是招募官需要具备的一种非常重要的能力，为了说服一个人考虑离开让其感到快乐的岗位，这条消息必须来自一个被对方信任和尊重的人，只有这样才能让对方充分考虑换工作的可能性。

当罗格斯大学生命科学院的院长想招募能让罗格斯大学在遗传学研究方面处于领先地位的人时，他开始联系遗传学领域的顶尖人才。这些人都不约而同地推荐同一个人。院长于是就积极招募这个人，他去找一位从几十年前就与这位候选人有合作关系的罗格斯大学的农业遗传学家，请他来说服此人加入罗格斯大学。院长甚至专门联系了这位候选人儿时的一位好友，请他为罗格斯大学说句好话。最终，尽管最初并没有任何兴趣返回他从小长大的东海岸，这位科学家还是被说服接受了这个职位。[42]正如应当对招募信息进行量身定做，从而最好地适应和强化每一位求职者的需要和关注点一样，在选择招募官时也应该考虑其与每一位招募对象进行沟通的能力，看其是否能够说服招募对象考虑到本组织来就职。

招募官的不同类型

到目前为止，我们已经深入细致地考察了公司人力资源部雇用的内部招募官的情况。然而，还存在其他一些类型的招募官。接下来，来看一看各种不同类型的招募官及其各自的优点和缺点。

员工配置职能之外的内部招募官

我们已经解释过，组织内部的招募官不一定来自公司的人力资源部门。研究发现，一个信息源的可靠性源于其专业知识、经验及公信力。[43]因此，一种有效的做法是寻找那些经过技术培训并且对招募感兴趣的员工，让他们成为招募官——例如，用工程师去招募工程师，用会计师去招募会计师，等等。这会使招募官的可靠性最大化，因为他正是在招募岗位上工作的人。此外，与教导招募官掌握专业知识相比，通过对那些在技术上合格的人进行培训使他们掌握招募方法显然要更为容易。通过让员工来充当招募官，求职者也能更好地评估自己和这个岗位之间的匹配度和满意度。

一些顶尖的美国公司会把主要招募职责分配给直线经理，而不是人力资源部的专业人员。例如，瑞士信贷第一波士顿银行（CS First Boston）是一家投资银行，这家银行的总经理把自己的一半时间都花在了招募上。制药巨头默克公司（Merck）的高级经理也在招募方面投入了大量的时间。[44]另外，正如我们已经指出的，一家企业的高层领导者参与到员工招募和甄选过程之中这一事实本身就能向求职者发出这样一种信号，即公司把招募合适的人视为一件非常重要的事情，并且会认真对待自己的人才，而这显然会增加企业对求职者的吸引力。

尽管用直线经理作为招募官在很多公司中是可行的，但是让这些人扔下他们的正常工作来担任招募官显然是不切实际的。有效的招募也不仅仅要求招募官具备岗位的专业知识。通常情况下，企业可以通过对招募官进行充分的培训来使他们能够向求职者解释岗位以及回答他们提出的问题。此外，与直线经理或者用人部门经理相比，招募官也更合适回答与企业的政策和福利等相关的更广泛的问题，同时也更适合为招募对象在企业内部找到可能更适合他们的其他岗位。相反，一些高度专业化的岗位，例如工程师或者医学研究人员，都要求招募官使用行业术语与潜在求职者充分交流岗位的任职资格要求并且甄选候选人。在这种情况下，招募官所扮演的角色就是帮助管理人员减少在招募方面所花费的时间。

外部的招募官

雇用外部招募官总体上来说成本更高一些。尽管如此，如果一位外部招募官能够以更快的速度填补岗位，能够比内部招募官更好地为岗位雇用到新员工，那么成本增加可能也是值得的。在针对职位空缺实施招募时，外部招募官常常有更为广泛的潜在候选人网络可以使用。许多这样的招募官都会专注于某些类型的候选人或者行业，而这使一家企业有更多的机会接触范围更大、素质更高的求职者人才库。尽管如此，外部招募官总体上缺乏内部招募官所具有的关于组织的一些有深度的知识。当然，这并不意味着外部招募官没有能力找到高水平的潜在求职者。这也并不意味着企业需要花更多的时间与他们交流与招募相关的信息。

为外部招募官持续提供关于他们过去完成的招募工作的质量反馈，是改善员工配置流程的重要一步。总的说来，一家公司与一位外部招募官之间保持联系的时间越长，外部招募官为公司找到和吸引来高潜质人才的可能性就越大——特别是在他能够收到这家公司提供的反馈的情况下。然而，令人遗憾的是，许多企业给外部招募官提供的反馈非常少。

因为采用外部招募的成本可能高达一位新员工第一年薪酬的 40%，很多企业开始雇用外部招募官加入公司内部的招募员工队伍之中。在仅仅六年的时间里，通用电气公司已经建立起了一个多达 500 人的内部招募团队，这些人使用领英和 BranchOut 等社交网站来填补大部分职位空缺，其中包括大约 10%的高级专业职位和高层管理职位。这些招募官可能在 73 天之后就完成大部分搜索工作，与此相反，大部分外部招募官往往需要 170 天的时间才能完成这些工作。不过，当要求进行秘密人才搜索或需要招募员工的是非常专业的岗位时，通用电气公司仍然会依赖外部招募官，不过该公司通过把这些招募人才引进公司内部的做法，每年节约了大约 1 亿美元的搜寻费用。由于招募官现在能够更好地理解在通用电气公司工作是什么样子，他们就能够找到更好地与公司文化相匹配的新员工。[45]类似地，可口可乐公司的内部招募官也完成了本公司大约 95%的全球高管招募工作，可口可乐公司的内部招募团队招募高管人员所需要的时间要比外部招募官少大约 1/3，并且被他们招募来的员工离职的可能性大约只有外部招募官招募来的那些员工的一半，此外，他们招募来的候选人的多元化程度也是外部招募官招募来的候选人的两倍。[46]

影响招募官有效性的其他因素

许多因素都能影响一位招募官的有效性和绩效。在这些因素中，有一部分是招募官能控制的，而其他一些则不能。在有些情况下以及面对某些岗位时，即使对于最有才能的招募官来说，要想找到和吸引合格的求职者也是一件非常困难的事情。例如，由于缺乏资金和工作压力巨大，美国食品药品监督管理局（U. S. Food and Drug Administration）作为一个雇主的声誉是很糟糕的，因此产生了严重的招募挑战。此外，耗费大量时间的雇用流程常常会导致企业失去一些优秀的候选人，这些人不愿意等待那么长的时间来获得自己是否被录用的消息。[47]图 7－1 描绘了影响一位招募官的有效性的其他一些主要因素。接下来，我们将一一进行讨论。

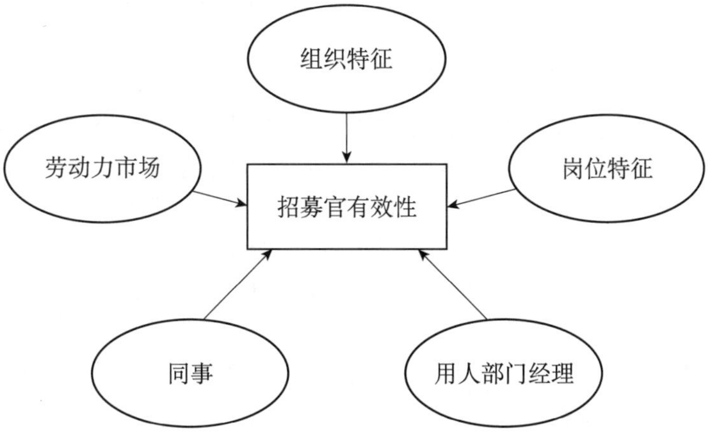

图 7-1　影响一位招募官有效性的若干因素

劳动力市场

人才的过剩和短缺对于招募官的有效性无疑有重大影响。当劳动力市场紧张和求职者可以从多种工作机会中加以选择的时候，招募官的能力就会面临考验。在这种情况下，招募官必须向潜在求职者"推销"企业和岗位。而当岗位很稀缺的时候，企业通常更容易吸引到优质人才。如果一家企业是镇上的唯一雇主，那么招募官就更容易吸引求职者了。即使是在一个存在很多求职者的宽松劳动力市场上，招募官有时候也会发现很难吸引到合格的人才。尽管劳动力市场特征能够影响招募官在完成工作时面临的挑战，仍然对大部分招募工作的成功产生重大影响。

组织特征

除了劳动力市场状况，组织规模和可见度等特征也能影响招募官的有效性。一些规模较小的和不太知名的企业常常更难招募员工，其中的部分原因在于，潜在求职者没有太听说过这家公司，或者根本就没有听说过存在工作机会，或者是选择去其他地方求职。公司是否被视为一家理想工作场所也会对其吸引潜在求职者的能力产生影响。例如，与为从事慈善活动的需要承担社会责任的公司服务的招募官相比，那些为需要对大型环境灾难负责的组织服务的招募官就更难吸引求职者。一位招募官可以通过做大量的工作来对目标求职者进行教育，使他们了解组织及其工作的性质，并且把本组织放在他们的"雷达屏幕"上。

岗位特征

需要填补的岗位的特征也会影响一位招募官的成功与否。有些岗位因为需要从事的工作、地理位置、工作时间要求等特征而不太理想。例如，与为从事白班工作以及要求多种技能和活动的岗位招募员工相比，招募从事夜班工作和重复性工作的员工就更为困难一些。此外，为一个比在同一地区的类似职位支付的薪酬更低的岗位吸引求职者也是非常困难的。改善岗位的特征常常有助于促进招募和留住员工的工作。从事载重汽车运输的美国快运公司（U. S. Xpress）发现司机不满意的首要原因是导航不灵。为了更好地吸引和留住司机，该公司通过在所有卡车上装载全球定位系统让工作变得更加容易。很显然，一家企业可以通过改善需要填补的目标岗位的特征提高招募官工作成功的可能性。[48]

用人部门经理

只要一位新员工开始工作，他的老板、同事、工作本身以及公司的政策和管理实践等对于员工工作成果，如工作绩效产生的影响，通常都会比招募官更大。招募官至多只能起到吸引人才的作用。如果与招募官共事的用人部门经理没有能够增强组织对员工的吸引力，即使最有才能的招募官所做的工作也会被浪费。例如，一位很有可能被雇用的招募对象在与招募官见面之后对潜在的工作机会充满热情，却很可能会被一位不够专业的用人部门经理所拒绝。事实上，与招募官的行为相比，求职者对用人部门经理表现出来的糟糕招募行为似乎更为反感。用人部门经理必须把招募官视为自己的伙伴，强化而不是阻碍他们的工作。

用人部门经理还需要理解企业正在寻找的胜任素质、个人风格和特征。如果用人部门经理在甄选过程中采用的标准并非企业想要招募的那些特征，大量的合格候选人就可能因为错误的原因而遭到拒绝。一家大型美国公司找到了一批拒绝候选人的比例最高的用人部门经理，结果发现，这些经理拒绝合格候选人的原因与公司的甄选标准其实并不相关，这些原因包括着装不合适、眼神交流太少以及身体姿势不佳等。这家公司通过计算得出结论，自己在求职者处理流程和候选人评价方面因为犯错误而造成的财务成本总计超过 10 万美元，这还不包括因为失去优秀的候选人而造成的机会成本。

除了未能招募和雇用到合格的求职者，招募官如果没有能够让用人部门的经理认识到他们必须在员工配置工作中遵守一些基本的法律要求，则企业可能会面临法律诉讼。在一项法律判决中，美国第七巡回上诉法庭判定，企业让拥有招募权的经理忽视反歧视法律的一些基本要求是该公司犯的一项“严重错误”。[49]虽然招募官一般都会接受关于反歧视法律方面的培训，但很多用人部门的经理却常常被忽略了，尽管他们也是招募过程中不可分割的一个组成部分。

由于用人部门经理将会成为新员工的直接上级，他们会在涉及求职者的决策过程中扮演重要角色。将企业的最高层管理人员也列入招募官的名单会有助于吸引优秀人才。强生公司前首席执行官拉尔夫·拉森（Ralph Larsen）就亲自到一些重要的大学里去招募顶尖人才。[50]由于很难找到和吸引顶尖研究人才，加利福尼亚的一些商业领袖请求政府来帮助他们去招募那些能够为加利福尼亚的高新技术行业提供更多创新想法和产品的顶尖人才。加利福尼亚州州长阿诺德·施瓦辛格（Arnold Schwarzenegger）就给全美国的顶尖教授打电话，给他们提供到加利福尼亚大学来工作的机会。[51]

同事

正如用人部门经理能阻止候选人接受入职邀请一样，候选人的未来同事也有这种能力。潜在的新员工常常会去寻找一家企业现在和过去的员工了解企业和岗位的实际情况。因此，企业的每一位现员工和前员工都能作为一名招募官，无论他们本人是否愿意主动这样去做，事实都是如此。康泰纳零售连锁的充满热情的员工在把公司客户转化为公司员工方面做得就非常棒。反过来，如果一家公司的客户不断听到这家公司的员工在抱怨工资低、工作条件差以及上级很差劲，他们就不可能会认真地把这家公司作为潜在雇主加以考虑。不开心的员工是不可能推荐自己的朋友和家庭成员到他们自己都不喜欢的公司来工作的，包括他们自己也不会准备在这样的公司中长期工作。

正是由于企业的任何一位员工都能影响潜在求职者决定是否在企业中就业，企业的明智做法就是，首先认识到员工对招募可能产生的影响，然后保证他们所产生的影响是积极的。给员工提供信息，让他们知道应当如何将潜在的员工推荐到企业中合适的地方去，同时给他们提供一些可以用来分发的招募资料，这样就能方便求职者查询相关信息。例如，惠普公司（Hewlett-Packard）就投入了大量的时间和资金对小型的工程师和管理人员团队进行培训，然后派遣他们去招募自己未来的同事。这种想法为求职者提供了一种与组织文化相适应的感觉，这样他们就在决定是否努力获得本公司的工作机会方面做出明智的决定。[52]

刚被雇用的新员工的同事的特征也会对一位招募官的成功产生影响。如果同事们不尽力支持这位新员工尽最大努力完成自己的工作，新员工就不可能充分发挥自己的潜能。同事之间有时候还会通过互相施加压力来保持一定的生产率水平，而这会阻碍新员工努力超过团队制定的生产率规范，进而成为“标准破坏者”。同事或团队成员还能创造出一种让不受欢迎的新员工感到不愉快的环境，从而增加这位新员工离职的概率。这种情况有时候确实会发生在他们想要的人没有被雇用的情况下。这个团队也可能不会帮助一位新员工取得成功，尽管这位新员工的工作能力和工作动机能够确保他们取得成功，这种情况可能是在无意中造成的。这都表明了为什么强调人力资源专业人员对新员工的情况进行跟踪的重要性。这样做的目标是确保新员工能够获得取得成功所必需的工具、培训以及支持。总之，虽然招募官能够帮助企业找到高潜质的员工，但新员工想要充分发挥个人的潜力，还需要各种资源和机会。

培训和开发招募官

如果不同的招募官在潜在求职者身上寻找的并非相同的胜任素质、价值观和工作经验，那么，很多合格的求职者就有可能会被忽略，而与此同时，很多并不理想的求职者却可能受到鼓励来求职。对招募官进行培训和开发有助于确保招募官在甄选时使用的标准和他们传递出去的关于公司和岗位的信息是一致的。

关于招募官接受的培训数量方面的研究还不多，但调查表明，很多招募官接受过的培训都非常少。[53]并且即使是在他们接受培训的情况下，这些培训也主要强调的是行政和程序（比如文件处理）方面的问题。[54]尽管如此，还是有一些研究使我们能够发现哪些领域的培训有助于使招募官变得更为有效。表 7 - 2 总结了这些关键培训领域。接下来，我们将更详细地一一加以讨论。

表 7 - 2 招募官的培训领域

招募知识
人际关系能力
演讲能力
组织目标和招募目标
法律问题
多种评价手段
求职者吸引

招募知识

一位招募官的知识可以通过很多方式得到增强。例如，UPS 对某个地区的全体员工的特征进行了分析，发现员工主要聚集在五个不同的群体之中。通过理解其中每一个群体的人口结构特征和心理特征——他们的年龄、职业发展阶段等——以及确定每个群体容易做出反馈的信息类型，该公司就能通过对招募官进行培训，来使他们的招募方法能够更有针对性地吸引来自每一个群体的求职者。[55]

人际关系能力

通过培训，招募官也能开发出更好的人际关系能力和相关行为。由于求职者对于自己正在求职的组织的信息了解非常有限，他们很可能会从自己与招募官打交道的经历中来推断组织特征，由此，企业应该通过培训使招募官了解应当如何展现公司的文化和价值观，如何表现出温暖和同理心，如何争取获得一位求职者的信任。此外，培训还能够提高一位招募官的倾听和沟通能力。

演讲能力

当招募官出席人才招募大会、进行校园招募或者通过正式演讲来推销本公司的工作机会时，演讲能力对他们都是很有帮助的。很多潜在求职者第一次接触到公司的代表就是在一场正式的演讲中。如果演讲很草率或者并没有传递出有意义的信息，他们可能就不会到这家公司来求职。而对招募官进行培训有助于改善潜在招募对象所能够获得的信息。

组织目标和招募目标

比招募官的背景或者招募官是来自组织内部还是外部更为重要的，是招募官对组织的目标、经营战略和招募目标是否有强烈的感知。例如，加拿大丰业银行集团（Scotiabank Group）就将员工队伍多元化目标和员工配置计划的多个方面加以结合。对于用人部门的经理和招募官来说，多元化本身就是公司的招募、面试以及甄选计划的目标之一。用人部门经理需要学习在甄选面试过程中应当问哪些恰当的问题，同时还要学习公司为创建多元化员工队伍而制定的招募战略。[56]

与需要招募某个领域中的顶尖人才相比，以最低的成本迅速招募员工所需要的招募官的能力和行为显然是不同的。在有些情况下，企业需要让招募官来对候选人进行评价和甄选。换言之，招募官此时需要实现招募和甄选的双重目的。在其他一些情况下，企业则仅仅需要招募官去回答招募对象提出来的一些比较普遍的问题，或者是专注于激发目标人群对于公司岗位的兴趣。幸运的是，无论是对内部招募官还是对外部招募官进行组织的经营战略和招募目标方面的培训都很容易。

法律问题

法律方面的培训对于建立和维持一种具有一致性的、有效的招募和求职者甄选体系是非常重要的。如果一家企业必须在法庭上为自己的招募和员工配置实践进行辩护，这种培训就显得很重要。例如，正如你在第 3 章中学习过的，《国家劳资关系法》对希望创建、加入或支持工会的员工赋予了很多权利。同时，雇主也不能歧视那些支持工会的求职者。当工会组建者为了说服一家公司的员工加入工会而到这家非工会化的公司来求职时，“盐化”现象就发生了。[57]如果一家企业因为宣传不雇用加入工会的求职者，就会违反《国家劳资关系法》8(a)(1) 条款的规定[58]，因此，企业必须对面试官进行培训，让他们知道如何恰当地对盐化策略做出反应。

盐化问题仅仅是一家公司必须应对的诸多法律问题之一。企业还必须努力使任何非法歧视性招募发生的概率降到最低。培训还能帮助招募官认识到他们所产生的任何偏见，并且提供相应的工具来降低他们在无意识中产生歧视行为的可能性。[59]

多种评价手段

企业还可以通过对招募官和用人部门经理进行培训，使他们能够对当前需要填补的岗位的候选人之外的其他岗位求职者进行评价。即使企业现在并不需要一位特定的候选人具备某些能力和专业经验，但这家企业将来仍然可能需要这些胜任素质，或者在招募岗位之外的其他岗位上需要这些胜任素质。除了通过培训使招募官掌握如何针对并非现在雇用的候选人构建模型，并且对他们和多种岗位之间的匹配度进行评估，还需要培训招募官如何创建和使用将来为其他空缺职位进行招募可能需要使用的一些专门人才库。招募通过关系营销就能与数据库中的候选人保持联系，维持他们对公司的兴趣，这一点正如瓦莱罗能源公司所做的那样。

求职者吸引

在确定了好的求职者在哪里之后，还应该培训招募官如何有效地向主动求职者和被动求职者传播招募信息，从而吸引他们。正如我们已经提到过的，被动求职者常常需要企业去做更主动的招募工作。参加商品交流会和专业会议以及与潜在求职者建立网络关系的做法有助于招募官发展将来可能用得上的自己和他们之间的关系。如何与潜在求职者进行沟通以及如何策略性地使招募对象考虑到本企业就业的机会等都是可以练习的。培训还能提高招募官的说服能力以及向潜在求职者推销企业和岗位的能力。

招募衡量指标

一家公司怎样才能知道自己挑选到了合适的招募官并且很好地对他们进行培训了呢？标准的以效率为导向的招募指标包括雇用速度、每位招募官雇用的新员工人数以及雇用每位新员工的平均成本。尽管这些指标都是很有用的，却并不总是与企业的经营战略联系在一起的，因而可能并不是值得追踪的最佳招募结果指标。以一家大型软件公司为例，该公司成立了一个招募团队去吸引高级软件架构师——这是此类企业中的重点员工。因为雇用这类人所需要的时间可能会超过五年，所以企业就不会根据招募官实际完成雇用的岗位数量、确认的合格候选人数量以及与这些候选人建立关系的情况来对招募官进行评价。[60]

由于有些岗位确实比另外一些岗位对公司有更大的影响，一些公司在对招募官的绩效进行全面评价时会特别强调针对重点岗位的招募情况或者赋予更高的权重。不过，如果一家公司的资源是有限的，则这家公司有时候可能会只评估招募官为关键岗位配置员工的结果。如果与之共事的是不太好打交道的用人部门经理，那么，即使是最优秀的招募官，恐怕绩效也会打折扣，因此有时候企业会针对这种因素以及招募官面临的其他不可控因素做出调整。[61]

下面是一位人力资源专家推荐的战略性招募衡量指标[62]：

● 新员工工作绩效：新员工在被雇用 6～12 个月后的绩效评价得分。

● 新员工失败率：关键岗位上的新员工被解雇或被要求离岗的百分比。

● 新员工离职率：新员工在入职第一年中自愿离职的百分比，或者是新员工在公司中任职时间与公司员工平均任职时间之比。

● 经理满意度：对于雇用流程和候选人感到满意的关键经理人员所占的百分比。

● 新员工满意度：对招募流程感到满意的关键岗位求职者和新员工所占的百分比。

● 新员工生产率达标所需时间：新员工达到公司的最低产出标准所需的时间。

● 培训成功度：新员工在任何强制性初始培训测试中的得分。

跟踪招募官达成的工作结果有助于一家公司找到自己能加以改进的地方。如果能够发现最优秀的招募官，还可以考察到底是哪些方面的原因使他们如此成功（为他们建立一个模型），在将来招募和培训其他招募官时可以运用这些信息。

为招募官设置目标

招募官的目标必须与组织的目标和员工配置战略保持一致。一家企业通常会为招募官在求职与招募大会、各种会议、面试等各种活动中设置需要实现的具体目标，其中包括推广雇主的价值主张、甄选求职者以及引起求职者对于企业和岗位的兴趣等。一位招募官如果想要追求组织目标，首先必须知道组织目标是什么，并且使这些目标与招募官的个人目标保持一致。招募官很可能会有自己的目标和动机，其中包括被人喜欢、从他们的母校雇用员工以及在正常的工作之余享受休假等。[63]对于企业来说，对招募官的行为进行监控通常是非常困难的，特别是当招募官不在公司所在地工作时。这就使招募官的目标与公司的目标之间保持一致显得更为重要。

除了知道自己已经填补的岗位数量以及填补一个岗位的平均时间等情况，很多招募官对于自己的招募工作是否取得了成功知之甚少。与此同时，一家企业的招募目标却可能变得更为复杂。尽管已经有了许多可能的衡量指标来评价招募官的有效性，但除非他们获得关于自己做得怎么样以及如何加以改进的反馈，否则他们的绩效是不太可能会发生改变的。对招募官提供反馈还有助于强化他们通过培训学习到的东西，有助于招募官找到自己的绩效缺陷并且进行自我纠正。如果没有这种反馈，招募官就不知道他们应该改变些什么。

为了让反馈最为有效，企业首先应当基于企业的重点招募目标为招募官制定明确的目标。如果一家企业的目标是尽可能快地为一个新的电话呼叫中心雇用客户服务代表，那么这家公司就应该明确自己在招募速度和可接受的工作绩效水平之间进行平衡时的目标。如果岗位空缺是一个可以向更为重要的岗位晋升的“辅助岗位”，那么，就可以包括一项与新员工的晋升相联系的招募官目标。非常重要的一点是，应当对任何一种招募目标可能产生的意料之中结果和意外之外结果进行充分的分析，确保对招募官的恰当的行为及其产生的结果予以激励。根据招募官的绩效相对于目标的实现程度为他们提供反馈，就能帮助他们理解自己需要在哪些方面有所改变以及发掘自己的开发需求。

赋予招募官实现目标的动力

一项研究发现，只有大约 1/4 的公司内部招募官会根据自己的绩效水平而不是整个公司的绩效水平获得奖励性薪酬。[64]不过，招募官常常会得到基于短期目标的奖励，这些短期目标包括他们成功实施招募的岗位数量或者他们招募来的员工总薪酬。如果雇用速度是唯一的奖励标准，那么，因此获得的公司新员工质量，很可能会比同时考虑新员工数量和质量的奖励计划下获得的新员工的质量要差。高级技术服务公司（Advanced Technology Services，ATS）是一家为包括本田公司（Honda）和通用电气公司等大型生产商提供复杂工厂设备维护服务的企业，该公司的新员工质量要比新员工数量或完成雇用所耗费的时间等指标更重要。因此，高级技术服务公司是根据招募官雇用的新员工在一年之后的保留率来做出评价的。[65]

假如企业奖励的那些行为和结果是招募官最可能追求的，便可以推断出这家公司的奖励体系设计得很好，在实际执行之前经过了周密的测试。这有助于消除新的奖励体系可能出现任何意外结果。例如，一项研究考察了海军招募官会如何对一项包括配额、奖励和其他标准在内的招募激励计划做出何种反应，结果发现，招募生产率在配额和奖励截止日期之前达到最高，而在截止之后处于最低。另外，招募来的员工的平均质量也随着截止日期的临近而有所下降[66]，而这显然并非奖励体系希望达到的目的。

尽管可以将招募生产率——根据新雇用员工的总基本薪酬以及把他们招募来的速度进行评价——作为对招募官进行奖励的标准，但单独使用这些标准却并不能激励招募官去雇用可能的最优秀人才。一个有效的奖励体系应当能够将组织目标与招募官个人的目标结合在一起。根据招募官是否招募到了不仅能够留在公司里而且绩效优秀的员工提供的奖励，对于组织的雇用目标与招募官个人的目标结合在一起就能够起到很大的作用。例如，美国 T 移动通信公司（T-Mobile）就根据招募官个人的绩效目标的达成情况给他们发放季度奖金。[67]这些个人绩效目标必须支持公司目标，由招募官本人起草但由 T 移动通信公司的经理层批准。如果招募职能是以团队为基础完成的，则很重要的一点就是应当将团队报酬与支持整个团队的有效性有关的行为联系在一起。一项能够平衡考虑组织的长期和短期战略性招募目标的奖励计划，能够更好地激励招募官实现组织的多种目标。

全球招募

很多企业有时候必须从别的国家招募人才。这显然不仅要求企业要制定一个全球市场营销和求职者吸引战略，同时还需要构建共享服务，其中包括一个具有一致性的雇主品牌和一套集中化的技术系统。如果一家企业中的领导者都用统一的语言讨论人才问题，同时企业使用一套通用流程在全世界进行人才评价，也同样是十分有帮助的。[68]求职者处理和雇用活动包括人才搜寻、候选人评估以及法律遵从等方面的事务，往往都是在当地进行管理的。[69]

制定求职者吸引战略

企业提供一个很好的工作机会也并不意味着就一定能获得数量足够的合格求职者。在求职者愿意来求职之前，他们必须首先能够被这些工作机会所吸引。由萨拉·雷恩斯（Sara Rynes）开发的求职者吸引模型[70]表明，求职者会通过收集关于潜在雇主的信息来评估企业所提供的报酬类型以及确定自己的能力是否满足岗位的要求。他们还会寻找一些能够帮助自己确定组织文化和氛围的信号。这种做法有助于潜在候选人评估他们与公司和岗位之间是否匹配。当求职者被一家公司所吸引时，他们更有可能会来申请某个岗位，也更有可能接受入职邀请，并且长时间地在公司中工作。接下来，我们将讨论组织形象、雇主品牌以及招募信息在吸引求职者方面所起的作用。

树立组织形象和品牌

因为大部分求职者在找工作的初期阶段都只能获得非常有限的信息，所以最初的求职决定大多是基于对企业吸引力所产生的总体印象。[71]每一家企业都会有自己的公司**形象**（image）和产品形象，无论企业在确立这些形象的过程中是积极主动的还是被动的。当一个人想到一家特定的公司时，首先出现在脑海中的词汇或形象通常在大体上反映了这家公司的形象。然而，一个人脑子里的一个组织的形象可能是他根据自己的感觉和事实形成的关于这个组织的整体印象，也可能并不准确。[72]一家企业的形象可能是积极的，也可能是消极的，可能弱，也可能强，可能是清晰的，也可能是模糊的，而且不同的人会对同一家企业产生不同的印象，同一个人的印象也会随着时间流逝而发生改变。[73]

企业形象会对招募结果产生影响[74]，但这种影响在不同的小群体中是存在差异的。在一项研究中，公司高层管理人员和大学毕业生对于公司的总体形象所做的评价并不一致。[75]一方面，公司高层管理人员是根据一家公司的经济绩效指标以及他们对于这家公司在行业中的详细信息所做的了解进行评价的。另一方面，大学毕业生则是根据自己接触这家公司的程度或者对这家公司的熟悉程度（使用该公司的产品、认识某位在这家公司工作的人以及看见过这家公司的广告等）来对其企业形象做出评价的。[76]毫不奇怪，接触到一家公司的大量积极信息有助于提升企业的雇主形象，同时增强毕业生到这家企业来就业的意愿。[77]大学毕业生对于一家企业的雇主形象所做的评价，是独立于他们对这家企业的公司形象所做的评价的，这种情况表明，即使是那些并没有很高知名企业形象的公司，仍然有可能在大学毕业生选择工作的初期阶段，通过使用招募信息来为自己树立一个积极的雇主形象而在人才竞争中获胜。正是因为不同的人群对于公司形象所做的评价是基于不同的因素，所以不同的方法可能适合公司在不同人群中成功地树立公司形象，而为了吸引不同类型的招募对象，企业也可能需要提供关于自己的不同信息。

品牌（brand）是涉及一家公司及其产品的所有各种信息的一个象征性画面，其中包括公司形象。很多企业通常都努力将自己的形象与消费者品牌和公司的经营战略联系在一起。例如，对很多人来说，内曼-马库斯（Neiman-Marcus）、高盛以及蒂芙尼（Tiffany）等都代表着高贵、高质量和昂贵的产品和服务形象。而当你想到沃尔玛公司和戴尔电脑公司的时候，则很可能会想到低价产品和高效率的工作流程。这些公司创建了能够反映自己的经营战略的消费者品牌。这些品牌常常被包括名称、标志、口号或设计等在内的这些符号所代表。人们对于一家公司的形象和品牌的认同，是在与特定的产品或服务长期打交道的经验积累中创造出来的，与对产品或服务的使用具有直接的联系，同时会受到沟通、广告、设计和媒体曝光的影响。[78]

培育组织的雇主品牌

很多公司常常通过创建**雇主品牌**（employer brands）来同时达到两个目的，一是反映出自己作为雇主能够提供什么，二是对关于在本公司中工作是何种感受的内部知觉和外部知觉加以管理。雇主品牌能够通过回答这样一个问题即“我为什么应该在这家公司工作”来影响人们申请某个岗位的意愿。[79]

在“最佳雇主”调查中需要确认的很多因素，比如企业违反伦理道德的情况、发生的环境事故以及企业从事的慈善事业等，都可能会对一家企业的形象造成积极或消极的影响。大多数人都想成为那些形象良好的企业的成员。[80]多项研究都发现，一家公司的形象和品牌越好，人们越有可能把企业作为一家有吸引力的雇主来加以考虑，并且对这家企业的招募广告做出响应。[81]这种情况表明，那些新成立的或不太知名的企业由于品牌较弱或没有品牌，如果再采用比较消极的招募来源，比如在报纸上刊登招募广告，就会比那些更有名的以及品牌形象更好的企业在吸引求职者方面遇到更大的困难。IBM、强生和耐克等企业都在建设和维护某种雇主品牌方面投入了很多的资金。麦当劳公司全球人力资源高级副总裁里奇·弗洛尔斯（Rich Floersch）指出：“我确实相信企业所能够拥有的最强雇主品牌就是员工会说在这家公司工作让自己感到非常骄傲。我们的目标就是持续培养这种骄傲感。”[82]

吸引正确的员工以及促使他们持续保持高绩效水平是培育和支持公司产品的客户品牌的行动重要的组成部分之一。同样，客户品牌的强度在吸引正确的人来为公司工作方面也同样扮演着重要角色。只要被公司雇用，这些人在公司外部声誉形成过程中所分享的骄傲感，会有助于维护他们在向客户传递公司的品牌承诺时的忠诚度和承诺度。[83]

一个有效的雇主品牌会使一家公司将自己与竞争对手区分开来，同时对目标求职者形成吸引力。同样非常重要的一点是，企业需要履行自己的雇主品牌承诺。在一个员工可以通过像 Vault. com 和其他一些网站互相分享自己与雇主打交道的经历的时代，如果一家企业做出的承诺与其提供给员工的东西是相反的，通常会变得广为人知。人们加入一家企业的时候就希望企业能够坚持某种价值观以及提供某种类型的就业体验，一旦他们的这些期望未能得到满足，他们就有可能选择离开。树立雇主品牌的目标并不是去愚弄潜在的求职者，而是与求职者进行有效的信息交流，使他们了解本企业作为一位雇主准备给他们提供些什么。[84]一位雇主品牌专家这样说道：“雇主品牌主张的目的不是去发明一套价值观，而是帮助确保企业的宗旨和现有的价值陈述能够转化为与员工相关的、有意义的东西，同时确保与企业希望对外投射的价值观保持一致。”[85]

荷兰飞利浦公司全球招募副总裁乔·皮特斯（Jo Pieters）指出：“在我看来，要想赢得人才战争，首先就意味着要关注现有人才的保留，然后再在对你们重要的关键劳动力市场上确立自己的优势地位。因此，一个仅仅是在外部交流中可见的品牌并没有那些真正在企业内部存在的品牌那样有价值。每一位员工都应该扮演公司的品牌大使，而这需要很强的并且能够获得认可的内部和外部员工价值主张。”[86]

太阳微系统公司（Sun Microsystems）人才引进高级经理露西·常（Lucy Chang）补充道：“我是雇主品牌的坚定支持者。它是任何一种招募战略的基础。你必须知道作为一家公司你是谁，你想要传递的信息是什么，以及与其他公司相比你的竞争优势是什么。这是一项长期战略，但很可惜我觉得很多公司尚未认识到这一点。”[87]表 7－3 中包含了一些广为人知的公司以及它们的雇主品牌口号。

表 7-3　雇主品牌口号

强生公司：小公司的环境，大公司的影响力
礼来公司："创新的表现就是我们的员工"
美敦力公司：一项充满生活激情的事业
雅培公司：激发成就。在你的世界中变得与众不同
夏普公司：将敏锐的头脑转化为美妙的产品

企业在发起招募活动之前值得做的一件事情就是，评估一下自己在目标求职者人才库中的雇主品牌以及尽可能采取措施使自己的雇主品牌不仅强而且是积极的。一项研究发现，用来吸引大学毕业生的三个最为有效的雇主品牌建设技术是与关键教授建立关系、参加校园求职与招募大会以及支持校园中的学生组织的活动。[88]

很多企业都花了很多钱试图影响自己作为雇主的整体形象和品牌。例如，惠普公司、家得宝公司和麦当劳公司等都专门为提升自己的雇主品牌形象而发布了电视广告。美林证券在一年当中在形象广告上的花费就达到大约 150 万美元，其目的在于强化自己是一家技术流公司的新品牌。[89]甚至早在 20 世纪 90 年代，美国企业为了让外界对自己形成一个好的印象，在广告方面的支出就高达 14 亿美元。[90]

如果一家企业希望把自己与其他雇主区分看来，那么，注意影响其作为一个雇主的形象意义是一种有效的战略[91]——例如，求职者是否认为一家公司是时尚的、久负盛名的或具有创新性的，以及从工作地点、薪酬、福利等方面来说，这家公司的工作是否很好等。由于不断重复的营销信息能够产生巨大的威力，企业应该对自己的招募官和员工进行培训，让他们掌握应当如何一致而清晰地利用每个机会来宣传雇主品牌。一位专家认为，企业管理人员应该像向客户推销公司的产品一样来向求职者推销自己的公司。他建议管理者事先准备好一段简短的话，以便在衣帽间都可以吸引人才。正如一位企业家所说，这段话应该是简明扼要但引人入胜的，并且应该回答这样一些问题：本公司如何与众不同？本公司的愿景是什么？竞争优势是什么？为什么一位人才应该加入本公司？本公司提供哪些福利？[92]

积极主动地培育一个正面的雇主品牌不仅需要花时间，而且可能成本高昂。[93]除了制定形象和品牌战略，企业可能还需要印刷广告宣传材料、设计网站、发布广播和电视广告，甚至在目标杂志刊登文章。波士顿咨询公司（Boston Consulting Group）（www. bcg. com）针对新顾问设计的网站和联邦百货公司针对大学实施招募的 Retailology 网站都是通过在线方式推广理想雇主品牌的范例。谷歌公司在 YouTube 上发布了《在谷歌工作》的视频："享受你的工作，享受你工作的地方，享受与你一起工作的人。"该视频推广了在谷歌公司工作的独特体验。有些企业包括微软公司和西门子公司的产品广告在设计时就明确了要能吸引人才到公司来工作。因为雇主品牌广告可以揭示公司的办公场所、员工、客户、产品和工作流程，并可以有效地展现在电视屏幕上。威瑞森公司（Verizon）和家得宝公司等都已经开发出了向观众推销雇主品牌的电视商业广告。对于一些规模较小和缺乏社会品牌认知的不太知名的企业来说，雇主品牌广告可能特别有用。

位于克利夫兰的国民城市银行（National City Corporation）通过观察求职者在一项计算机模拟中如何完成与特定岗位相关的工作任务来对他们进行评价。这种模拟还通过向招募对象展示一位员工在本公司中工作是什么样子来强化公司品牌。正如该公司的一位代表所说："我们认为这种模拟为求职者创造了一种独特的印象，从而使我们能够在同行中脱颖而出。……它为我们提供了一个渠道，使我们能够分享自己的故事以及告诉大家我们到底是一家怎样的公司。”[94]

有很多杂志和其他出版物以及组织会定期评选最佳雇主，这能够大大增强公司的雇主品牌，例如，《财富》杂志每年评选的“100家最佳雇主”以及“少数族裔最佳雇主”排行榜、《全职母亲》杂志（*Working Mother*）每年评选的“100家全职母亲最佳雇主”排行榜以及美国退休人员联合会评选的“50岁以上员工最佳雇主”排行榜等。一家公司在对待员工方面的名声对其吸引求职者的可能性有着特别重要的影响。这就解释了为什么很多企业都希望自己能够出现在这样的一些排行榜上。

能够成为最佳雇主对于企业来说既是一种机遇，也是一种挑战。很多企业并没有做好准备来应对由于被评为最佳雇主而导致的求职者人数上升问题。在爱德华·琼斯公司（Edward Jones）被《财富》杂志宣布为年度“100家最佳雇主”排行榜第一名之后的一个月内，公司收到的求职咨询数量就上升了63%。该公司认为，这完全是因为《财富》杂志所传播的故事，因为公司并未进行任何其他的推广活动。[95]

由于获得积极的雇主品牌而使求职者对本公司有更大的兴趣，由此产生的影响不一定是负面的，但它的确增加了企业甄选系统的负担。求职者的人数更多并不意味着求职者的质量就一定会更高。不过，为填补一个特定的岗位空缺而锁定自己的招募努力方向，确实可以帮助一家公司管理好自己能够收到的求职申请数量以及提高自己的求职者人才库质量。同时，企业获得的积极雇主品牌还能够使企业提高求职者的面试比率以及接受入职邀请的比率。企业名列最佳雇主排行榜的另外一个负面作用在于，一旦企业将来从最佳雇主排行榜上跌落下来，就会面临承受一些负面社会影响以及现有员工的负面反应的风险。尽管很多企业都非常积极地努力登上这些排行榜，他们却未必愿意在开发富有创造性和增长的员工福利方面开展竞争。下面的“技能开发”专栏将会描述如何培育雇主品牌。

➡ 技能开发

如何培育雇主品牌?

一个积极的雇主品牌能够让你变得与其他雇主有所不同。雇主品牌应该抓住这样一个核心，即在你们公司工作是什么感受，这样才能吸引未来的员工。下面是培育一个积极的雇主品牌要经历的四个步骤。[96]

第一，分析你的目标受众的当前感知。回答下面这样一些问题有助于你理解自己作为一位雇主的优势，并且确定你想在自己的品牌中显现的那些特征，比如“我为什么想为公司工作呢?”或者“我们作为一个工作场所为什么是与众不同的或独特的?”由于人们当初加入一家企业的原因同样也是他们继续留在一家企业中的原因，理解自己的员工为什么愿意继续留在公司里，同样也能帮助一家企业找到自己作为雇主所具有的竞争优势。

第二，使自己的雇主品牌与公司的各项政策、管理实践以及文化和价值观保持一致。运用公司的价值观、文化和企业形象的方方面面来吸引潜在求职者以及留住现有的员工。

第三，清晰且前后一致地宣传公司。通过在各种媒体中传播关于公司的新闻故事来营造良好的公众形象。将雇主品牌元素嵌入公司的招募广告和产品包装之中，鼓励员工通过口口相传宣传公司品牌。如果公司希望在一些大学里树立起强大的雇主品牌，则可以给这些大学提供一些奖学金和各种活动的赞助，或者是捐赠一些产品或设备。

第四，通过定期重复步骤一来考察人们对于公司的感知是否已经发生改变，以此来衡量和改进自己的雇主品牌建设工作。提前确定衡量指标有助于企业评估自己所付出的努力是否有效。

设计招募信息

正如一家公司的招募官、公司形象和雇主品牌一样，与潜在求职者进行交流的招募信息同样会影响求职者的人数和类型。除了传递公司提供的这些工作机会的性质方面的内容，这些信息还能创造或反映出公司的品牌。

与简单地说明岗位空缺的核心任职资格要求相比，以最有吸引力和有效的方式来设计招募信息效果更佳。甚至招募信息或招募广告的外在设计都能影响招募活动的成功与否。

一些专门为企业设计招募活动和招募广告的公司做了研究，考察不同的招募材料——其中包括不同广告风格、颜色、字体和尺寸以及它们在页面中的位置（在印制广告中）——在吸引潜在求职者的注意力方面的效果差异。[97]但是针对招募材料所做的更为严格和科学的研究很少。

在有些情况下，能够吸引或不能吸引求职者注意力的因素可能会出现快速变化。在一年前很新颖和有效的那些因素到今天很可能就过时了。因此，研究人员在此类研究中得出的任何结论都有可能只有非常短暂的生命周期。[98]此外，因为竞争者可以抄袭自己的招募项目，所以一家企业在招募活动方面需要不断地创新。

从招募信息本身来说，在一个竞争性的招募市场上，特别重要的一点是，应当理解目标求职者的目标和价值观，从而设计出能够吸引他们的招募信息。一些成功的企业现在越来越多地针对具备不同价值观、需要以及目标的招募对象来对自己的雇主品牌做出调整。[99]例如，年纪较大的员工的生活方式常常不同于“Y一代”员工，而与其他类型的学生相比，具有高成就取向的大学生会把有意思且富有挑战性的工作看得更为重要。[100]强调正在招募员工的岗位所具有的最有吸引力的特征应该能够提高企业吸引每一个潜在求职者群体的能力。那些突出团队和多元化对于企业的重要性的招募手册，则能够影响吸引更多的女性和少数族裔求职者。[101]在报纸广告中申明公司的政策、工作时间的灵活性以及致力于提供公平就业机会等，则有助于增强企业对于年龄较大的员工的吸引力。[102]

英国零售商特易购公司（Tesco）明确将自己的潜在一线招募对象划分为三类：从学校出来直接求职的人、寻找兼职工作的学生以及已经毕业一段时间的人。该公司网站中有一个独立的模块是专门针对每一类求职者的，并且会针对每一类求职者提供量身定做的招募材料。[103]石油服务企业斯伦贝谢公司（Schlumberger）通过引入灵活的工作安排方式以及在招募过程中向求职者传递这方面的信息，使自己成为行业中的女工程师领先招募者之一。[104]

尽管针对招募信息中包含哪些类型的信息最佳所做的研究相对较少，但从整体上来看，已有的研究表明，招募材料中应该提供更有价值的信息，说明企业和岗位的特征，同时提供关于这些特征方面的一些更为具体的信息。[105]研究发现，提供更为详细的岗位公告对于通过自我选择效应淘汰不合格的求职者，从而提高招募流程的效率是非常有用的。[106]

此外，正如我们之前提到过的，在招募信息以及岗位清单中提供信息的多少，确实会对求职者是否到一家公司来求职产生影响。[107]包括有限的岗位特征的一般性广告有可能对范围很大的各种求职者产生吸引力，并且最终产生很多求职者，但这种做法同样有可能增加不合格或不恰当的求职者人数。但这样的招募广告对于高度重视职位搜寻战略的求职者来说是没有吸引力的。

如果在招募广告中提供关于一个岗位区别于其他岗位的特别不寻常或极端的信息，则会比仅仅提供某些一般性特征信息的广告引起更多的关注。[108]初步的研究证据也表明，求职者仅仅会在一系列企业特征和岗位特征中选取一部分作为非补偿性的甄选变量因素，拒绝掉所有在这些特征方面不能达到最低标准的就业机会，同时愿意在其他一些特征方面做出妥协。薪资水平[109]、工作地点[110]以及岗位类别[111]都是最常见的非补偿性筛选变量，这些变量是其他公司特征和岗位特征无法弥补的。尽管没有任何一种岗位要素对于所有的求职者来说都属于非补偿性筛选变量，但是研究已经发现，如果一个岗位不能在这些因素上满足求职者的最低要求，则无论这个岗位的其他特征是什么，求职者常常也会拒绝这些岗位。而有些岗位要素，特别是高的薪酬水平，似乎能够补偿一个岗位或企业在其他方面不太理想的特征。例如，研究发现，高薪酬水平能够对公司的自由雇用声明产生的负面影响起到抵消作用[112]，而公司明确制定的公平就业机会政策则有助于抵消在求职问题中出现的带有歧视倾向的问题所产生的歧视性负面影响。[113]

在招募材料中提供关于岗位的工作地点、岗位类型以及薪资水平等方面的具体信息，能够节约企业在审核和筛选候选人方面所耗费的时间和费用，因为有一些候选人将来在知道了公司的这方面信息之后，是不可能接受录用通知的。研究发现，提供更多的更为具体的信息（例如，提供具体的起薪数字，而不是仅仅指出会提供“有竞争力的薪酬”）确实会对求职者最终决定是否到公司来求职产生影响。[114]非常重要的一点是，如果一些潜在的求职者最终根本不可能接受公司发出的录用通知，或者不会像企业期待的那样达到足够长的持续任职期限，那么，招募实践从一开始就劝阻这些人来求职可能就不是一件坏事。表7-4总结了一些关于招募问题的研究所得出的结论具有的实践意义。[115]

表7-4　招募研究所得出结论的实践意义[116]

下面是企业改进自己的招募工作所需采取的适用步骤总结：

- 雇用那些有风度的、能够提供信息的以及值得信任的招募官。
- 把公司最初的招募活动（招募手册、校园招募活动等）做得像后续的招募活动那样对候选人有吸引力。
- 给求职者提供足够多的关于企业和岗位的准确信息，使他们能够评估自己与公司和岗位之间的匹配度。
- 确保公司在交流中提供的所有信息都能传递关于公司作为一位雇主在形象和吸引力方面的积极信息。
- 在招募材料和信息中提供清晰、具体和完整的信息，防止求职者做出错误的推断。
- 在招募工作开始之前和招募过程中，都要在求职者的心目中形成一个积极的组织形象。
- 对求职和咨询都提供快速的反馈。
- 在整个招募过程中公平和周到地对待候选人。
- 强化求职者的公平感，通过培训使招募官能够解释公司的甄选流程，及时告知候选人结果，以及避免沟通的延迟。
- 向每一位求职者传递与他们的价值观和需要一致的公司价值观。

形成现实性岗位预览

在与求职者沟通企业和岗位的性质时，企业可以选择自己的客观程度。有些企业会对工作的性质和在企业中工作的真实情况加以修饰，从而让岗位看起来远比它的实际情况更为积极和令人愉快。正如我们已经提过的，已经有研究发现，歪曲招募信息的做法对于一家企业是不利的。[117]当劳动力市场非常活跃，还有其他工作机会时，如果一个岗位不是劳动者所期望的，那么这些"被骗来的"员工要么会工作表现不佳，要么最终还是会离开这家企业。2012 年时，一项针对 2 300 名新员工所做的调查发现，有 51%的新员工后悔他们当初选择了当前的雇主，88%的新员工正在准备换工作。他们的主要抱怨就是企业的雇用过程太不真实或者未能准确地对岗位进行描述。[118]

还有一些企业则选择向求职者披露尽可能少的不良信息，从而降低求职者对岗位失去兴趣的可能性。总体感觉就是，如果企业如实告知求职者在本公司工作是什么情况，他们根本就不会想要这份工作。这种在求职者尚未完全理解自己将来面对何种状况的情况下就让候选人接受入职邀请的做法是一种误导。其他一些公司则努力帮助候选人理解企业和岗位。有些公司，比如连锁餐馆饼干桶公司（Cracker Barrel）（http：//careers. crackerbarrel. com）甚至在网页上设置一个互动专栏，从而向潜在求职者展示公司文化，让他们看看在本公司中工作是什么样子。

现实性岗位预览（realistic job previews，RJP）涉及向求职者展示关于积极的和消极的两个方面的信息。与以一种最积极的方式展示工作机会，从而努力向求职者推销企业和岗位的做法相反，现实性岗位预览尽力呈现一幅真实准确的工作场景。

在刚开始设计一种现实性招募信息时最常犯的错误就是，只强调岗位的潜在负面特征。现实性岗位预览的目的不是刻意呈现一个岗位的负面特征，而是要呈现出关于这个岗位的现实画面，即以尽可能客观的方式同时呈现出关于岗位的潜在积极信息以及潜在消极信息，从而让潜在的求职者通过自我选择考虑是否申请这个岗位。一个岗位的各个方面及其特点在本质上是客观的，应该把对这些特征进行任何正面的或负面解释的权力留给求职者。例如，更合适的做法不是强调某个岗位的工作压力很大，而是向求职者传递这样一种信息，即企业正在寻找在时间紧迫的情况下仍然能够注重细节的人。

这个世界上并不存在所谓的"坏工作"，只是针对某个人的兴趣、胜任素质和价值观而言，这份工作可能属于坏工作。展现一个岗位的客观信息，然后让求职者在了解岗位实际状况的背景下做出自我选择，有助于求职者选择正确的岗位，同时提高他们一旦被雇用在岗位持续工作并且达成良好绩效的可能性。现实性岗位预览的目的并不是通过关注一些可能的负面因素来阻止候选人求职，而是提供关于企业和岗位的准确信息。[119] IBM 的职业发展网站有高度互动的多媒体文件，其中包括"生命中的一天"视频、掘客、在线聊天、特定业务单元的具体信息以及 Flash 动画视频等。[120]有些公司甚至还会提供参观它们的办公环境的在线视频。

如果员工离开组织的常见原因是岗位并不是他们所期望的，这就是一个需要改进招募信息的良好信号。经历过这种情况的企业常常可以使用现实性岗位预览来降低员工的离职率。

专注于管理和人力资源领域的约翰·万诺思（John Wanous）[121]指出了现实性岗位预览的三种主要功能：

1. 自我选择。为求职者提供关于企业和岗位的更为均衡的画面，可以在岗位与求职者并不是非常匹配的情况下，允许他们自行选择离开申请流程。现实性岗位预览并不必然导致大量的求职者更有可能离开申请流程，那些在获得关于企业和岗位的真实信息后选择离开的求职者，也不大可能在后续的流程成功获得雇用。[122]

2. “注射疫苗”。现实性岗位预览可能会起到一种给员工的期望“注射疫苗”的作用，从而使他们能够开发出在今后面对岗位中存在的不愉快或未预料到的问题时，能够予以应对的机制。当今后在工作中遇到这些方面的问题时，他们就会有所准备，从而较少地受到这些问题的负面影响。

3. 选择承诺。如果在员工接受雇用之前就被告知了岗位的一些负面特征，他们就不能再宣称自己此前不知道这些情况。[123]因此，他们更有可能坚守已经做出的选择——也就是说，他们会更倾向于待在自己的岗位上，因为自己当初是在了解岗位真实信息的情况下自愿接受这份工作的。[124]

当瑞典家具公司宜家家居（IKEA）进入美国市场时，由于宜家家居的价值观和美国员工的常见期望之间存在差异，很多新员工在工作几个月后就离职了。问题之一在于宜家家居重视平等，因而没有给员工确定岗位名称或者提供清晰的岗位描述。为了降低高离职率，宜家家居改变了招募策略，从关注招募质量最高的员工，转变为强调公司的价值观以及提供现实性岗位预览，从而让那些与本公司不匹配的求职者自行选择离开。这种做法成功地降低了员工的离职率，帮助宜家家居在美国开了几家成功的分店。[125]苹果公司的网站明确指出，自己寻找的是能够努力工作、关注细节且忠诚的员工。思科系统公司的“在思科交朋友”（Make Friends @ Cisco）项目安排员工志愿者来接听希望了解更多关于思科公司信息的求职者的电话以及回复他们的邮件。

在求职者感觉自己与公司和岗位并不匹配的情况下，给他们提供一个自己选择离开雇用流程的机会，这增加了最终被雇用的求职者与企业之间匹配良好的可能性，也提高了成为优秀员工的可能性。开发现实性岗位预览的成本相对较低，如果一家企业的员工离职率之所以很高，是因为离职员工声称自己在被雇用后才发现岗位不像自己期望中的那样，那么，现实性岗位预览对于这种企业来说就会是有用的。

还有一些公司使用现实性岗位预览来反驳一些不准确的雇主形象。快餐巨头麦当劳在英国被批评是一家糟糕的雇主，该公司通过发起一场张贴海报宣传攻势来进行回击，海报上的标语是“麦当劳工作不赖哦”，而在内容上则详细说明了公司提供的员工福利和灵活的工作时间。这是自从道格拉斯·库普兰德（Douglas Copeland）在他的畅销小说《X一代：在加速文化中失重的故事》（*Generation X: Tales for an Accelerated Culture*）中使用术语“麦当劳工作”（意思是低薪和没有前途的工作）以来，公司首次为消除与这一术语相伴随的负面错误印象所做的努力。麦当劳的一位高层管理人员认为，在外部人的印象和在麦当劳内部工作的真实情况之间存在巨大的差距，“我们的雇主声誉是不公正的；我们不得不接受这种确实存在的事实，并且努力去纠正”。[126]

与求职者沟通一个岗位的现实场景并不一定是成本高昂的或者困难的。重点不是要放在求职者已经可以看见的关于工作的那些方面，而是要放在外部人不太可能知道的那些方面，例如工作节奏快、绩效期望高以及薪酬和福利方面的信息。针对求职者可能发现更有吸引力或更无吸引力的那些关于企业和岗位的信息的过程，应当从理解公司现有员工喜欢或不喜欢的岗位特征入手。通过对他们进行调查可能会揭示出他们喜欢的那些特征，例如，高于市场平均水平的薪酬、相对低的受教育水平要求、丰厚的福利以及他们事实上可以在下午两点就完成工作从而有时间陪家人或从事第二职业。从最近离职的员工那里收集的信息也能帮助一家公司理解员工喜欢和不喜欢的那些特征。把所有这些信息综合起来就能形成一种现实性的招募信息，这些信息的篇幅并不太长，但能满足求职者的需要。

当然，在面对具有潜在的不受欢迎特征的岗位时，最好的做法是在招募求职者之前采取必要的措施对其加以改进，例如，对水平较差的主管人员进行培训、提高薪酬和福利水平，或者改进安全和工作条件。换言之，针对一个比较差的岗位提供现实性岗位信息，仍然无法取代为求职者提供一个更好的和更有吸引力的工作机会。

开发自我评价工具

除了努力招募有特定特征组合的候选人，企业还可以采取措施让候选人更容易就自己与企业和岗位之间的匹配度进行自我评价。当求职者认为自己与公司文化和工作机会之间匹配较高时，企业对于求职者的吸引力较强，因此，很多企业都努力让求职者可以通过自我评价了解自己与企业之间的匹配度。有些公司，其中包括麦当劳、沃尔玛和家得宝等，都提供关于本企业的文化和价值观方面的信息，并且创建了互动的自我评价工具来帮助求职者进行自我评估。

还有一些企业则以在线问卷调查的方式为使用者提供反馈，让他们了解自己与企业和岗位之间的匹配度。[127] ZipRecruiter 和 Bright. com 这两个网站提供了一个“明亮分数”(Bright Score）专栏，能够根据潜在求职者的工作经验、技能和受教育背景来评估他们与岗位描述之间的匹配度，并且马上给出一个分数。[128] 这些潜在员工还可以使用公司工作现场的电脑了解企业及其提供的工作机会，通过自我评价判断自己与公司文化之间的匹配度，阅读岗位描述，查阅当前的岗位空缺，在第一时间提出针对特定岗位的求职申请。

为了确保潜在求职者在进行自我评价时的诚实性，这种自我评价应该是匿名的。此外，企业不应该使用这种信息来对求职者进行甄选。运用这种工具的最好方法是帮助潜在求职者决定企业到底是不是他可能享受工作的地方。如果一位潜在求职者意识到自己与企业和岗位之间的匹配度很低，决定不提出求职申请，那么求职者和企业都可以因为不去追求最终匹配度很糟糕的结果而节约时间和资源。

安排信息披露的时间

一旦企业确认了关于公司和岗位的更有吸引力和更没有吸引力的特征之后，就需要决定应当在何时把这些信息告知求职者。招募信息的内容很可能会随着时间推移而有所改变，因此，首先应当关注更宽泛一些的问题，例如岗位名称、岗位的总体性质和职责以及岗位的地点等。在与潜在招募对象取得联系的最初阶段，沟通的目的是让各方迅速而富有成效地判断求职者的胜任素质、价值观和工作经验与企业中特定的空缺岗位之间实现匹配的可能性。如果企业中有一个会计的岗位空缺，但是潜在求职者的背景和兴趣却是市场营销，那么双方都不可能在这次招募工作中向前进一步发展。

如果招募对象和岗位之间的匹配程度看起来不错，企业可以提供更详细的关于岗位的任职资格要求、职责、权限级别以及发展潜力等方面的信息。求职者通常会对他们可以了解到的企业的一切信息都感兴趣，比如企业的战略和在市场上的排名、企业可以提供的培训项目、关于出差的规定以及关于企业和岗位的稳定性等方面的信息。求职者还可能会对企业的价值观和文化感兴趣，因此，企业的招募信息可以设计成能够更直接或间接地回答上述问题的状态。薪酬问题也可以随时讨论，但常常是留到招募和雇用流程的后期才加以讨论。图 7-2

总结了求职者在招募流程的早期和后期寻找的信息类型。

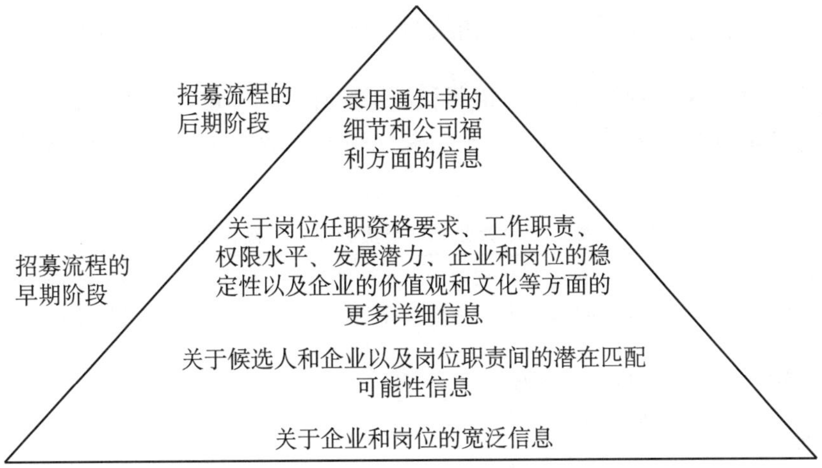

图7-2 求职者在招募流程的不同阶段寻找的信息类型

我们已经讨论了求职者会如何解释自己的招募经历，其中包括他们对招募官的胜任素质以及招募拖延的感知，以及能够作为更广泛的企业特征的某种信号。和与求职者打交道时管理规范、专业且信守承诺的企业相比，那些不能信守与求职者约定的沟通时间的企业，或者是面试官准备不足以及时间安排太紧的企业向招募对象发出的信号是完全不同的。非常重要的一点是，应当对招募官进行培训，让他们知道应当告知招募对象哪些内容以及如何确认对于每一位候选人而言哪些问题是最为重要的。有些候选人会关注企业的薪酬和奖励计划，而另外一些候选人则会更多地关注培训和发展机会以及岗位晋升可能性。当然，很难预见到候选人想了解的所有问题。因此，可以为候选人提供一条使他们能够了解更多信息和提问题的沟通渠道，例如网站或电话，这样就有助于灵活把握提供的信息量，因为在招募流程的早期阶段提供太多的信息不仅成本高昂，而且没有必要。

实现招募的一致性

招募活动为管理一致、高效率、合法的员工配置工作奠定了重要基础。设计招募指南以及遵从美国公平就业机会委员会制定的关于招募的最佳实践是这个基础的一个重要组成部分。

设计招募指南

招募指南（recruiting guide）是指对一家企业在为岗位空缺招募人员时需要遵循的流程进行详细说明的正式文件。这份文件应当说明内部招募流程和外部招募流程。招募指南明确了企业在招募预算、招募活动、招募时间表、负责招募的人员、与招募相关的法律问题以及填补岗位空缺需采取的具体步骤等问题相关的公司政策和程序。招募指南通过把企业使用的招募程序标准化，有助于明确员工在招募流程中应当完成哪些任务，并且确保在整个招募流程中都能遵循有关的招募政策和程序。招募指南通过详细说明哪些是可接受的招募行为以及哪些是不可接受的招募行为，能够帮助企业以最有效和合法的方式完成招募工作。招募指南描述的招募政策和流程还有助于协调公司内部招募官和外部招募官之间的工作，确保他们不会出现目标不一致的情况。

遵从美国公平就业机会委员会建议的最佳招募实践

正如我们在第 3 章中讨论过的，在招募和员工配置工作中包含了很多法律问题。表 7-5 总结了美国公平就业机会委员会的一个专门关注招募领域的工作小组提出的最佳招募实践建议。[129]

表 7-5 美国公平就业机会委员会建议的最佳招募实践

按照美国公平就业机会委员会建议的最佳招募实践采取行动的企业做了以下这样一些事情[130]：

- 制定招募和雇用政策，其中包括招募和雇用标准、程序、负责人、多元化的可应用性以及积极的反歧视行动计划。
- 与企业的短期和长期战略规划保持一致。
- 发现保证公平就业机会的现实障碍。
- 明确公司的招募目标。
- 制定执行招募和雇用计划的路线图。
- 确保有能够让对企业的工作机会感兴趣的人得到信息的沟通网络。沟通网络中应该包括组织内部发布的广告、在大众媒体上发布的广告以及在关注少数族裔、残疾人、老年人以及女性的媒体上发布的广告。
- 说明空缺岗位对任职者的胜任素质、技能和能力的要求。
- 说明企业实施的对家庭友好和对工作友好的项目。
- 在交通是个问题的地方，考虑与当地交通部门做好协调安排。
- 参加招募与求职大会以及对求职者敞开大门。
- 与专业协会、公民协会以及教育机构展开合作，以吸引少数族裔、女性、残疾人以及老年人。
- 对招募官、员工和猎头公司提供招募多元化候选人以及扩大企业搜索网络方面的指导。
- 与致力于服务多元化群体的组织开展合作。
- 运用实习项目、工作学习项目、合作项目以及奖学金项目吸引和寻找对本企业的工作机会感兴趣的合格候选人。
- 开发和支持各种教育项目；更多地参与能为公司提供用来招募多元化人才的线索的教育机构的活动。
- 确保参与招募和雇用流程的人员都接受过关于公平就业机会的良好培训。
- 更多地参与到社区之中，以改善公司形象和吸引多元化候选人。
- 消除排斥多元化候选人或者给他们设置障碍的各种管理实践。
- 对公司管理人员在实现公司公平就业机会目标的过程中所做的努力进行评价。

UPS 的社交媒体招募

为了在招募工作中更好地利用社交媒体，UPS 建立了一个职业发展网站作为其招募活动的中心。在网站上发布的视频介绍了不同岗位的特点，在招募季高峰的一个月之内，这些视频的浏览量就已经超过 100 万人次。[131] UPS 于是开始通过印刷广告、手机应用软件和短信等将流量引导到它的职业发展网站。即使是司机和包裹处理员也是目标受众，很显然，他们在找工作和希望了解 UPS 时都愿意使用这项技术。[132]

为了评估社交媒体作为招募来源的有效性，UPS 统计了有多少人是从社交媒体上通过点击“现在申请”登录到该页面的、有多少人开始提交申请、有多少人已经完成了一次申请、多少人接受了面试，以及有多少人得到了雇用。UPS 发现，在脸书和推特上实现的从求职到雇用的转化率是其他在线媒体的两倍，并且面试人数与雇用人数之间的 2∶1 的比例也说明了，通过这个渠道得到的求职者的质量是最高的。[133]

UPS 的招募预算从 2005 年时的 90%用于印刷媒体，变成了 2010 年时的 97%用于社交媒体。[134]在脸书上建立的 UPS 工作账号（UPSJobs），包括了岗位列表、各种链接以及各种视频和互动内容，已经获得 55 000 个赞。该公司还使用推特来提供关于公司从事的慈善工作或其他主题方面的有趣信息。[135]

UPS 现在有一个团队通过推特和脸书与候选人进行互动，他们还开发了一个发布更新信息的日历，从而使粉丝在不被打扰的情况下还能获得信息。[136]在 2009 年时，UPS 开始实施正式的社交媒体招募战略，当时只有大约 100 人通过这种努力获得雇用。到了 2012 年，通过社交媒体招募活动雇用的新员工人数已经达到大约 6 000 人，同时，每位新员工的平均雇用成本也大大下降。[137]与此同时，雇用速度和质量也提高了，在脸书和推特上实现的从求职到雇用的转化率比其他渠道更高。[138]

为了强化雇主品牌以及找到与公司文化和经营匹配程度最高的求职者，康泰纳零售连锁还建立了在线求职系统，其中包括通过向候选人提问来发现他们最喜欢的康泰纳零售连锁的产品以及考察他们的沟通管理和其他特征的一些问题。网站的运用还能够帮助候选人了解更多关于公司的信息，更好地为可能的面试做好准备。“他们并不是随便溜达到店里来，顺便填写了一份求职申请，”该公司的招募与培训总监这样说道，“他们用大约 45 分钟左右的时间来证明他们的兴趣。而这提高了候选人的质量。”商店经理则能迅速地根据每一位求职者在回答这些问题时的表现有针对性地进行回复。[139]这种战略有助于说服候选人本公司是非常适合他们的兴趣和需要的。

本章总结

招募的目的是获得和维持理想的潜在员工到本企业来工作的兴趣。一家企业提供的招募信息、处理招募流程的方式以及招募官的行为等都能影响其当前和未来的雇用有效性，并且还会产生溢出效应。像对待潜在客户那样对待潜在求职者和员工有助于增强企业实现雇用成功以及达成组织高绩效的可能性。

谁应该负责为某个特定的岗位实施招募不是一个可以随随便便对待的问题，因为这一选择会影响员工配置工作的速度和质量。在应当由谁来负责招募的问题上，企业应该做出的第一个决策就是，到底是应当使用企业内部的招募官，还是把招募外包出去，使用外部招募官。内部招募官一般比外部招募官为企业完成过更多的雇用工作，也就意味着企业对于每一位内部招募官的优点和不足都有更多的了解，这方面的知识可以运用于招募任务的安排以及确定需要通过提供哪些培训和开发机会以便在长期中提高内部招募官的有效性。此外，因为可以收集到关于内部招募官的所有的招募衡量指标并加以集中处理，所以在使用内部招募官时也有利于进行招募评价。

正如我们在之前讨论过的，如果企业想要吸引求职者的注意力，那么，企业传递出去的招募信息以及招募官本身就必须是值得信赖的。由于求职者在招募流程中倾向于与企业的多位代表进行接触，确保求职者收到的招募信息是可靠的就显得非常重要。[140]一些研究发现，求职者认为岗位任职者要比正式招募官更受喜欢，对岗位了解更多，是获得岗位信息的更值得信赖的来源。求职者也报告说，当信息来源是一位岗位任职者而不是一位招募官时，他们更有可能考虑接受企业的录用通知。[141]求职者对于招募官状态的感知也可能会影响求职者所做出的反应。一项研究发现，面试官的岗位名称会影响求职者对于面试官的胜任素质的感知，因此仅仅介绍面试官的姓名给求职者留下的印象，就不如同时使用“招募总监”这样的岗位名称更有利。[142]

令人遗憾的是，对于为什么有些招募官做得比其他招募官要好，甚至哪些人是企业的最佳招募官，在很多企业中经常不被过问。正像在填补其他岗位时可以对候选人进行挑选和培训一样，企业也同样可以选择和培训招募官。因此，一些企业在未能衡量招募官的能力以及传播最佳招募实践方面所犯的错误，实际是很容易纠正的。由于求职者常常把招募官的特征和行为解释为更宽泛的企业特征和岗位特征的信号，企业慎重考虑招募官的挑选就显得非常重要。企业还应当对招募官提供培训和报酬，同时给他们提供反馈，使他们吸引理想求职者的有效性达到最大。实施良好的求职者吸引战略和制定招募指南的做法，也会增强一家公司实现招募目标的能力。

讨论题

1. 为什么甚至在求职者已经提出求职申请之后，企业继续积极地对他们进行招募依然非常重要？

2. 如果你希望从你们公司首席执行官那里申请一笔经费来提高公司招募官队伍的质量，你将如何劝说他这是一笔很好的投资？

3. 当你正在申请一个岗位时，招募官的哪些特征对你来说很重要？为什么？哪些特征对你不那么重要或者根本不重要？为什么？

4. 一家企业的形象或雇主品牌会对你作为一位员工或潜在员工产生吸引力吗？

5. 招募官的哪些行为会吸引你去一个过去从来没有听说过的公司求职？什么样的策略或信息能够说服你去求职？

案例分析

岩块公司（Rock Blocks）是一家混凝土制造公司。该公司在这一行业中经营的时间已经超过60年了，主要提供建筑和景观建造所需的混凝土砌块。公司目前由创始人家族的第三代拥有和经营，有600多名员工。客户对公司产品的需求是在增长的，但公司在吸引和招募足够多的制造业人才跟上客户需求方面遇到了一些困难。公司通常在一些网站上——其中包括Monster.com和公司自己的职业发展网站——发布关于公司一些专业化程度较高的岗位出现的空缺情况，但是求职者的质量和数量在最近几年中都有所下降。

根据该公司总裁罗伊·汉贝（Roy Hanby）的说法：“混凝土制造不是一个受大家欢迎

的职业选择。除非某人有家人或朋友在这个行业工作，否则很难说服他们相信这是一些很有发展潜力的岗位。”汉贝解释道，这些岗位的起薪和职业成长潜力都很高，很多员工因为自己制造了可以让很多人看见并且长期使用东西而感到骄傲。

思考题

1. 岩块公司如何才能增加来公司求职的人数？现实性岗位预览如何能够提高求职者的兴趣？

2. 你认为潜在求职者为什么不会对申请岩块公司的岗位感兴趣？招募官可以通过做些什么来改变求职者的这种感知？

3. 针对岩块公司的基础制造岗位制作一份简短的以树立雇主品牌为导向的报纸广告。

案例研究作业 切恩公司的战略性员工配置

请参见本书后面的附录完成本案例研究作业。

第3篇

甄　　选

第 8 章　测　　量
第 9 章　外部候选人评价
第 10 章　内部候选人评价

第8章
测　量

学习目标

学习本章之后，你应该能够：

1. 解释为什么测量和评估对于员工配置很重要。
2. 描述数据的几种模式。
3. 理解相关关系和回归并说明如何使用。
4. 定义实际显著性和统计显著性，并解释它们为何重要。
5. 定义信度和效度，并解释它们如何影响对一种测量工具的评价。
6. 解释为什么标准化和客观性在测量中很重要。

开篇案例

施乐公司呼叫中心想要雇用最好的员工

总部位于美国康涅狄格州诺沃克市的施乐公司（Xerox）是世界领先的商务处理和文件管理服务提供商。该公司在160个国家中雇用超过14万名员工。[1]施乐公司知道，自己的呼叫中心员工是实施经营战略以及为客户提供高品质服务的关键所在。多年来，在为这些重要岗位配置员工时，施乐公司都把候选人有在呼叫中心工作的经验作为重要的甄选标准，但施乐公司从未对自己采用这种甄选标准是否妥当进行过评估，因此它想评估一下自己在甄选呼叫中心员工时采用的这种方法是否最优。公司还想知道，自己能否通过找到更优的甄选系统来提高人才质量，同时降低呼叫中心员工的流动率。假设现在施乐公司征求你的意见，在学习本章后，你应当有一些好的想法来与该公司进行分享。

通过有效地运用数据分析来进行决策是企业取得成功的重要基石。[2]**数据分析**（data analytics）是指运用数据和分析系统得出最优决策的过程，其中包括对数据进行统计分析。数据分析还可以确保企业获得执行战略以及达成目标所需的一支高质量人才队伍。数据分析还能提醒企业做出与雇用、培训及继任计划有关的决策，而这些决策在企业考虑实施精简或裁员战略时是非常重要的。[3]有些人认为，谷歌的成功在很大程度上是由于它通过人员分析再造了人才管理。[4]类似地，近期有很多人在谈论“大数据”的问题，大数据是指大容量的、高速的、多样化的数据出现的指数级增长，这种增长使得探测和预测未来发展趋势成为可能。[5]大数据可用于进行数据分析以及建模，从而确定员工队伍中的最佳人才以及预测未来的最佳雇用对象。[6]然而，数据分析和大数据的运用并不改变获得高质量数据的重要性，同时它也强调需要理解如何解释从数据中得到的统计结果。大数据还要求使用者能够增强自己对一些虚假关系的辨别能力。[7]

战略性员工配置中最重要的活动之一就是运用数据做出甄选决策。能否建设一支高质量的员工队伍，取决于能否精确地甄选出与组织的战略、文化以及岗位要求最为匹配的员工。如果企业的员工雇用工作没有做好，那么，无论企业的战略规划做得多么好，企业仍然会遭受损失。如果不能对候选人的相关特征做出正确的测评和评估，则很可能会导致企业雇用错误的人，伤害和失去那些优秀的候选人，甚至会使企业遭受法律诉讼。相反，持续雇用最有才能的、工作动力最强和最有热情的以及与企业最为匹配的员工，则能够为企业来带来无法轻易复制或替代的竞争优势。而要想精确地甄选员工，就需要企业去收集、测量、解释那些与自己的战略性员工配置相关的数据。

在介绍甄选的这部分内容中，我们将把注意力转移到与上述内容相关的问题上来，讨论如何运用数据来对候选人进行评估。在候选人提出求职申请之后，需要对他们做出评价，对候选人加以对比，并且最终做出雇用决策。理解关于测量的基本原则，有助于确定哪些候选人是最适合岗位的。这就是本章所要达到的目的。测量还涉及员工配置系统中一些其他问题。我们将在第 13 章中对这些问题做更为深入的探讨。

TEK 系统公司（TEK Systems）是一家从事信息技术服务的企业，该公司知道，精准的测量对于做出正确的甄选决策极为重要。它们的客户会对该公司提供咨询顾问的速度和质量进行评价。由于该公司依靠服务质量将自己与竞争对手区分开来，雇用那些拥有客户所需技能的员工对该公司来说就是至关重要的。为了测量候选人的综合能力，该公司在预筛选阶段以及后续的雇用过程中都会仔细地对候选人的各项技能进行评估。而要完成这些评价，就要求该公司必须能够收集到高质量的数据。[8]

类似地，PeopleAnswers 这家全球人力资源配置服务公司也使用系统的、客观的、以数据为导向的科学方法来帮助自己的客户雇用绩效水平更高、任职年限更长的员工。AmeriPride公司是美国五大服装租赁及亚麻供应商之一，该公司的人力资源高级副总裁柯特·格雷（Curt Gray）指出，通过与 PeopleAnswers 公司合作，在运用了基于数据分析开发的甄选和评价技术之后，员工离职率降低了 50%。有效使用数据的基础就是收集与预测指标和结果有关的高质量信息。[9]

什么是测量?

要想对员工、流程或结果等进行评估，无疑都需要收集数据，而这都需要进行测量。在员工配置过程中，**测量**（measurement）是指根据某种规则或规定针对员工、职位、工作成功或员工配置系统的某些方面分配数值的一个过程。[10]测量可用于甄选单个员工，也可用于对整体员工配置过程进行评估。面试评分、知识测试分数以及绩效数据等都是在进行员工甄选时使用的一些测量。在对整体员工配置过程进行评价时通常需要测量以下内容：（1）职位特征（这一要素使企业能够创建任职资格要求以及职位报酬矩阵）；（2）员工配置系统的各个方面（比如职位公告的发布天数、公布地点以及招募信息的性质等）；（3）职位候选人特征（比如人格或能力等）；（4）员工配置结果（比如员工绩效或离职率）。这些类型的测量通过确认一些可被用于决策、评价设计或干预决策的重要模型和关系，使企业能够改进自己的员工配置系统。

测量产生的数字结果就是**数据**（data）。战略性员工配置围绕着收集和分析两种类型数据之间的关系展开[11]：

1. **预测数据**（predictive data）。这种数据是可用于预测某些结果的信息。比如，你会收集哪些数据来预测员工的离职率或工作绩效呢？类似地，你可以通过评估职位候选人的责任心来预测其能否在工作中取得成功的。这些就是预测数据。从整体员工配置系统来说，预测数据可以来源于雇用系统中的任何一个环节，它包括与招募来源质量、求职者基本任职条件、候选人特征、胜任素质以及价值观等相关的信息。

2. **效标数据**（criterion data）。这种数据是关于员工配置过程产生的重要成果方面的信息。传统上，效标数据包括对员工在工作中取得的成功所做的测量。在更为一般性的层面上，效标数据应当包括根据员工配置目标对员工配置系统的有效性进行评估时获得的所有结果性信息，其中包括对以下指标所做的测量：与员工配置衡量指标相关的公司投资回报、员工在工作中取得的成功、雇用所花费的时间、新员工达到完全生产率所需的时间、晋升比率、流动率以及新员工与企业价值观相匹配的程度等。

简而言之，效标数据是关于员工配置或甄选过程所产生的成果方面的信息；而预测数据则是一些可能被用于预测这些成果的信息。

在收集数据之后，还必须采取更进一步的行动。接下来，我们将讨论可以用来描述和解释这些数据的一些基本工具和技术，然后还将讨论这些有用的测量指标所具有的一些特征。需要注意的非常关键的一点是，对低质量数据进行分析基本上是毫无意义的。那些值得收集和分析的数据必须是精确、可信以及相关的。

描述和解释数据

在对候选人实施某种测量，比如进行一项评价测试时，在将数据运用于雇用决策之前，还需要对数据进行解释。基于某种分布来对数据加以描述是非常重要的，因为这种描述对于理解分数在全体候选人中的意义以及某个特定分数所具有的显著性是非常重要的。

测量的类型

用哪些工具来对数据进行描述和解释取决于测量水平。数据可以来自定类测量、定序测量、定距测量以及比率测量。

定类测量

在**定类测量**（nominal measurement）中，数值被分配给一些离散性的标签或类别。这些数值没有排序意义。性别、族裔以及大学所学专业等都是定类测试。在为性别创建定类测量时，可以为男性分配一个“0”，为女性分配一个“1”。

定序测量

在**定序测量**（ordinal measurement）中，可以通过以升序或降序的方式赋值，来对某些特性进行排序。比如，最先完成工作样本任务的人将会得到一个“1”，第二个完成任务的得到一个“2”，以此类推。定序测量分数本身并不能代表两个分数之间的差距，而仅仅反映了排名。

定距测量

在**定距测量**（interval measurement）中，分数之间的差距是有意义的。华氏 40°到 50°之间的差距与华氏 80°到 90°之间的差距是相同的。因此，这种间距是一个常数。不过，在定距测量中，零值具有任意性，用针对同一属性所做的两种不同测量结果计算出的比率未必相同。比如，华氏 100°是华氏 50°的两倍，但是将二者转变为摄氏度则并不能得到 2∶1 的比率。在甄选中使用的定距测量的例子包括智力测试分数、人格测评分数以及面试答案得分等。

比率测量

比率测量（ratio measurement）包含一个真实的和有意义的零值。因此，你能够从测量中得到比率。比率测量的例子包括薪资、体重、身高、打字速度和月销售额等。如果一个人能够举起 200 磅，另外一人能举起 100 磅，那么无论是以克为单位还是以磅为单位计量，则第一个人举起的重量都是另外一人的两倍。因此，由于存在一个真实的零点，比率关系是不变的。在甄选中，工作经验年限之间的比率是有意义的，因为不管是用年、分钟还是秒来计算工作年限，其比率关系都是不变的。

区分不同类型的测量十分重要，因为它们会对你如何解释和描述数据产生影响。比如，计算定序测量的平均值通常是没有意义的。

分数

在测量中分配数值的过程就是打分。为了正确地解释分数，需要理解所使用的打分系统。数据通常是以分值的形式呈现出来的，比如原始分数、标准分以及百分位数等。下面对其逐个加以讨论。

原始分数

原始分数（raw scores）是在测量中未经调整过的分数。在工作知识测试中，原始分数可能代表答题正确的问题个数。对于人格测试这样答案没有对错之分的测量，原始分数可能仅仅代表了针对某种人格特质作出积极回答的问题数。想一下你的期中考试分数。如果你仅仅知道自己回答对了 50 道题中的 30 道题，那么你是无法知道这个分数属于高分还是低分的。你可能会认为 30 分很低，但是如果你比较一下参加同一考试的其他人的分数之后，你可能发现其实 30 分已经是最高分了。在**效标参照测量**（criterion-referenced measures）或标准参照测量中，分数自身就是有意义的。比如，在候选人进入雇用过程的下一个阶段之前，他们必须在一个效标测量中超过某个特定等级，比如每分钟至少能录入 90 个单词。

在效标参照测量中，我们很容易看出某一特定的分数所反映出的熟练性或胜任素质方面的意义。总的来说，在**常模参照测量**（norm-referenced measures）中得出的分数，只有在与其他分数进行对比时才有意义。举例来说，只有达到某种特定常模参照测量等级的候选人——比如那些在打字测试中排分在前三名的候选人，才能进入雇用过程的下一个环节。正如后文将要讨论的，将原始分数转化为标准分（或百分位数），将会为你提供在常模参照测量中所需要的那些比较信息。

正态曲线

人的许多特征（比如身高、体重、数学能力和打字技能等）在人口中的分布都呈现出一种典型模式，即**正态曲线**（normal curve）。换言之，这些特征呈现出如图 8－1 中所示的那种对称的钟形模式。正态曲线中的分数分布称为**标准分布**（normal distribution）。如图所示，大多数个案都集中在曲线的中部。距离中部（或平均值）越远，则个案的数量就越少。许多分数分布也遵循同样的正态曲线模式。大多数人所得的分数都集中在中部，接近平均值。随着分数向两极延伸，个案的数量越来越少，这表明得到更低分的人（如曲线左端所示）或得到更高分的人（如曲线右端所示）越来越少了。虽然还有其他一些分布模型，但我们将聚焦正态分布，因为这是最为常用的模型之一。

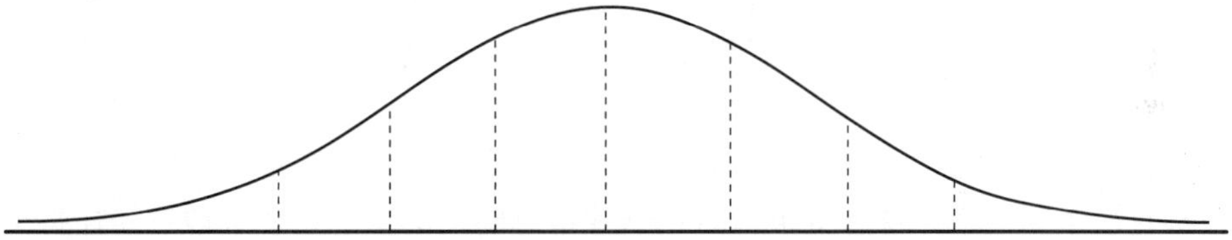

样本比例	≈0.13	2.14	13.59	34.13	34.13	13.59	2.14	≈0.13
百分位	0.13	2.28	15.87	50.00	84.13	97.72	99.87	
标准分	−3	−2	−1	0	+1	+2	+3	
X 测试	35	40	45	50	55	60	65	
Y 测试	40	60	80	100	120	140	160	

图 8－1 正态曲线

百分位数

百分位数（percentile score）是将原始分数转化为有多大百分比的人得到或低于这一分数的一种表达方式。比如，在图 8－1 中，在 X 测试中得到 55 分的人和在 Y 测试中得到 120 分的人，在曲线中大约都排在第 84 个百分位的位置上。这表明，在参加这些测试的人当中，有 84％的人的分数都等于或低于这个分数。

在图 8－1 中的曲线下第二行中列出的“百分位”是以百分位为单位标注的分数分布情况。通过了解某个人所处的百分位数，你就可以知道这个人与群体中的其他人相比到底如何。处于第 98 个百分位上的人所得到的分数要等于或高于 98％的人。这大概等于达到 X 测试中 60 分的原始分或 Y 测试中 140 分的原始分。

百分位可以产生很有用的信息。假设你想要发出一份很有竞争力的工作邀请函。你可以使用由美国劳工统计局（BLS）提供的一些数据，美国劳工统计局通常会针对某些职业提供第 10、25、50、75 以及 90 个百分位上的薪资水平数据。如果你希望支付处于薪资分布前 10％的薪资水平，你就可以使用美国劳工统计局百分位数据来确定你需要支付的薪资应当达到多少。

你同样可以通过在企业内收集员工薪资信息来得出什么样的工作邀请函是有竞争力的。假设你现在已经收集到了员工当前的薪资水平信息，你将如何来描述这些数据呢？接下来将对此做进一步的讨论。

集中趋势

集中趋势（central tendency）描述了数据的中点或中心。集中趋势的典型测量包括平均值、中位数和众数。**平均值**（mean）通过测量平均分来反映集中趋势。比如，你可以计算平均薪资，然后支付相当于或高于这一水平的薪资来使自己具有竞争力。**中位数**（median）是处于中间的分数，或者说是位于第 50 个百分位上的分数，即有 50%的人的分数位于该分数及其之下。**众数**（mode）则是可以观察到的数量最多的分数。

如果分数像图 8-1 中那样呈正态分布，那么平均值、中位数和众数都处于同一个位置上。但如果分数并不呈正态分布，情况会有所不同。比如在年薪数据中，可能大多数员工的年薪都分布在变动范围的左侧（年薪较低的一边），只有相对较少的员工的年薪分布在年薪水平较高的一边。这种分布就不是正态分布。这种情况在很多企业中都很常见，称为正偏态分布。在这种情况下，众数可能会处于图形的左侧，靠近大部分分布所在的位置，因为它是最多的可见分数。由于少数员工的年薪较高，平均值有可能会偏向曲线的右侧。而中位数则可能处于两者之间。在这种情况下，企业用来描述数据的测量方法不同，所发出的工作邀请函的内容就有所不同。在出现劳资争议时，一种常见的情况是，企业管理者往往将平均薪资作为一个参照点（从而表明员工获得的是较高水平的薪资），而工会却往往将中位数或众数作为参照点（以表明员工的薪资水平较低）。

此外，还可以使用双峰分布或两个众数来对年薪进行描述。平均值和中位数可能落在两个众数之间的位置，但它们都无法代表真实的薪酬水平，因为这两个数据可能代表的是两种不同的员工群体。也许这两个众数所代表的分别是领取固定薪资的员工和按照工作小时数领取工资的员工。在这种情况下，你可以使用两个众数中的一个来决定自己提供哪种有竞争力的薪酬，或者你也可以针对这两个员工群体分别计算各自的平均值、中位数和众数。

变异性

变异性（variability）描述了数据围绕中点的“扩散”程度。如果你知道了一位求职者在一次满分为 100 的工作样本测试中得了 76 分，你会怎么想？在没有更多其他信息的情况下，你是很难得出什么结论的。如果你知道这次测试的平均分是 70 分呢？这个额外的信息就很有用，因为你可以得出这样一个结论，即这位候选人的得分超过了平均分，但你还是遗漏了一些重要的信息，即这位求职者在实际完成工作时到底是会干得更好还是更差？要回答这个问题，你就需要了解分数的变异性。如果在这次测试中，最低分是 64 分，而最高分是 76 分，你会怎么想？如果最低分是 40 分，而最高分是 100 分，你又会怎么想？了解一种分布的变异性会改变你对分数的理解。

测量变异性的方法有很多，但典型的测量方法包括极差、方差和标准差。**极差**（range）是最高分和最低分之间的差距。极差很容易受单（某一**异常值**（outlier））的影响，因此极差可能无法有效代表数据的真实变异性。其他一些测量方法包括方差和标准差在内受极端值的影响较小一些。**方差**（variance）是依据分数与平均值的平方差来测量数据离散度的数学方法，你可以在本章最后的附录部分找到计算方差的公式。**标准差**（standard deviation）在概念上类似于一系列分数与平均值之间的平均距离，它是方差的算术平方根。数据的标准差越大，方差和极差也就越大。比如，如果平均值是70分，而标准差是3，这些分数就会比标准差为15时更紧密地围绕在平均值周围。如果所有的分数都是一样的，标准差就为零。如果在一次测量中，所有人的得分都相同，那么这次测量对于预测工作绩效或做出雇用决定就是没用的。在图8-1中你会发现，X测试的极差与标准差要比Y测试更小。

标准分

标准分（standard scores）是经转化的原始分数，它反映了一个人的分数与相关群体相比较后落在哪个位置。一个常见的标准分是 **z 值**（z score），z 值测量了一个分数与标准差单位中的平均值之间的距离。z 值的决定因素有三个：原始分数、平均值以及所有分数的标准差。

如图8-1所示，X测试与Y测试有不同的原始分数平均值。注意X测试的平均值为50分，Y测试的平均值为100分。如果一个人在X测试中的得分为65分，那么他的表现就非常好；但在Y测试中，65分就很差了。通常情况下，原始分数所能提供的信息是有限的。

图8-1展示了超出1个、2个和3个标准差的个案所占的百分比，以及低于1个、2个和3个标准差的个案所占的百分比。正如你所见，34%的个案落在平均值与正一个标准差之间，34%的个案落在平均值与负一个标准差之间。因此，大约有68%的个案落在正负一个标准差之间。注意X测试的标准差是5，即有68%的测试者的得分介于45～55分；Y测试的标准差是20，即有68%的测试者的得分介于80～120分。

z 值的计算方式是，用目标个体的原始分数减去参照群体的平均得分，然后用差值再除以参照群体分数的标准差。由此得到的标准 z 值的含义是一个人的得分高于或低于参照群体平均值多少个标准差。由图8-1中可看出，大约84%的分数落在正一个 z 值后，约有100%的分数落在正三个 z 值之后。计算 z 值的公式为：

$$z=(\text{个体原始分数}-\text{参照群体平均分})/\text{参照群体分数的标准差}$$

当目标个体的原始分数低于参照群体的平均分时，z 值为负；当目标个体的得分高于参照群体的平均分时，z 值为正。

为了对不同的候选人进行比较，我们常常还需要一个单一的总体分数，这个分数代表了用来对候选人进行评估的所有各种测评方法最终得出的候选人的总体表现。要想把通过两种或更多种测量方法得到的关于候选人的若干个原始分数加以合并是很困难的。设想一下，在某个测评系统中同时使用面试和工作知识测试两种方式来对候选人进行评估，前者使用的是从1～10分的评价尺度，后者使用的则是从0～100分的评价尺度。如果简单地取两种测试得分的平均值和标准差，就会使得两种测试的得分在总分中所占的权重不成比例 取决于两种测试的平均分和标准差。如果将这两个分数分别转化为 z 值，那么，这种标准化的过程就使得将两个分数加以合并变得容易，如表8-1所示。

表8-1 将原始分数转化为标准分

候选人	面试得分		工作知识测试得分		总分
	原始分	标准分	原始分	标准分	标准单位
费利克斯	15	−1.1	87	1.2	(−1.1+1.2) =0.1
休	22	1.3	77	−0.2	(1.3−0.2) =1.1
林	19	0.3	69	−1.2	(0.3−1.2) =−0.9
皮埃尔	17	−0.4	80	0.2	(−0.4+0.2) =−0.2

在表 8-1 中，面试分数在 15～22 分，平均值为 18.25 分，标准差为 3 分；工作知识测试分数在 69～87 分之间，平均值为 78.25 分，标准差为 7.46 分。用每个原始分数减去平均值再除以标准差就可以得到标准分。对费利克斯来说，计算过程为：(15－18.25) /3＝－1.1，(87－78.25)/7.46＝1.2（四舍五入后）。

尽管对原始分数进行有意义的合并是很困难的，但合并 z 值却很容易，得到的单一 z 值代表了每位候选人相对于其他候选人而言，在两种测评方法中的总体表现到底如何。在本案例中，休出色的面试分数使她弥补了工作测试略低于平均分的不足，从而成为总分最高的候选人。如果企业想为不同的测评方法分配不同的权重，那么每个标准分可以再乘以一个权重。比如，面试分数占 60％，工作知识分数占 40％，那么总分的计算公式就是：

总分数＝(0.6×面试 z 值)＋(0.4×工作知识测试 z 值)

对费利克斯来说，按上述公式处理后的得分就是 (0.6×－1.1)＋(0.4×1.2)＝－0.18，而不是面试与工作知识测试权重相同时的 0.1。

标准正态曲线的偏移

在做出候选人甄选决策时，通常假设求职者与岗位之间的匹配度是以标准正态曲线的形状呈现的，正如图 8-2 中的当前人才库描述的情形那样。如果事实情形果真如此，那么甄选系统就需要费很大劲来精确辨别落在曲线最右侧的候选人（即最佳被雇用对象）。但在现实中，很可能最适合一个岗位的理想候选人压根就没在求职者人才库当中。最富有才干和胜任素质最高的人往往已经被其他企业成功雇用了，他们通常会由于自己所做的工作而被晋升以及获得相应的报酬，因此，这些人大部分最多只能算是半被动的求职者。企业如果不能采用有效的招募来源以及招募过程，这些人就不会到企业来求职。比如，2008 年出现经济衰退时，很少会有经验丰富和业绩出色的被动求职者到其他公司去求职。[12]

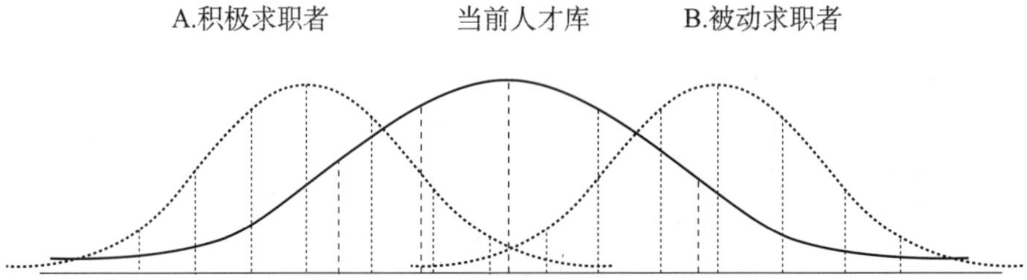

图 8-2　正态曲线的偏移

被动的招募来源获取方法可能会导致求职者向分布的左侧或者水平更低的那端移动，正如图 8-2 中的分布 A 所示。还可以从另外一个角度来理解这一点，即从确定招募来源以及实施招募过程对于求职者人才库的质量所产生影响方面思考问题。如果招募来源的锁定以及招募的实施都是具有战略性的，那么它们可以阻止那些与岗位的匹配度较低的人来求职，同时增加高质量的被动和半被动的求职者人数。在这种情况下，曲线就会如分布 B 所示的那样向右侧偏移。这种选择招募来源以及实施招募的方法将会产生更高质量的候选人，同时显著降低甄选系统在确认最佳候选人方面所面临的压力，并显著提高雇用到优秀员工的可能性。

描述和解释数据是战略性地使用数据过程中的一个组成部分。当你使用数据来理解某些测量指标和变量之间的关系时，战略性员工配置就会进一步加强。当你能够辨别出理想员工配置结果的预测指标时，这将会帮助企业采用新的甄选工具以及实施某些干预活动，比如对招募官进行培训。下一节将解释如何评价预测指标和员工配置结果之间的关系。

战略性使用数据

相关关系

相关关系（correlation）表明了在两个变量之间存在的线性关系的强度。如果在一项测量中得分较高的人后来在工作中的绩效也更好，或者在一项测量中得分更高的人后来的工作绩效却更差，那么，测量分数与工作绩效之间就是相关的。**相关系数**（correlation coefficient）也称皮尔森系数 r 或双变量相关系数，是一个介于－1～＋1 之间的数字，它反映了两个变量之间关系的方向（正或负）以及量级（强度）。$r=0$ 意味着一个测量指标与另外一个测量指标无关。$r=+1$ 意味着两个测量指标之间存在完全的线性正相关关系。换言之，其中一个测量指标的值增加，另外一个测量指标的值也会增加一个既定的数量。相反，$r=-1$ 则意味着两个测量指标之间存在完全的负（逆向）相关关系。换言之，其中一个测量指标的值增加，另外一个测量指标的值就会出现既定数量的减少。相关关系提供的信息对于员工配置决策是非常有用的。比如，医疗护理领域有大量的文献表明，在病人治疗结果和医疗卫生组织的合理员工配置之间存在正相关关系。[13]在本章后面的附录部分，你可以找到相关的计算公式以及相应的 Excel 计算公式。相关关系分析可以很容易通过电子表格或像 Microsoft Excel、SAS、SPSS 这样的软件完成。在大多数情况下，很少见到无限趋近＋1 或－1 的相关情况，哪怕是人的身高与体重之间的相关系数也低于 0.80。在员工配置方面，很少有能够达到如此精确程度的测量以及如此高度相关的数据。将在随后讨论的测量误差会降低可以观察到的相关程度。此外，对求职者以及可雇用人才库的变异性所做的限制，同样也会降低可以观察到的相关程度。

在员工配置领域，可能见到的相关系数通常介于＋0.30～－0.30 之间，尽管这两个值比理论上相关系数能够达到的最大值和最小值要低得多，但这些值仍然能够帮助企业显著提升新雇用员工的质量。非结构化面试是最常用的甄选技术之一，它与工作绩效之间的相关系数通常只有＋0.20，甚至更低；结构设计良好的人格测试与工作绩效之间的相关系数可以达到＋0.30。因此，采用这样的测试就能通过显著改善雇用过程为企业带来明显的经济回报。

相关关系可以用图 8－3 加以理解。[14]一个既定变量的方差可以如图中的圆圈所示。如果两个变量的圆圈是基本重合的，那么一个变量的方差就与另外一个变量的方差是完全相关的。在第一个例子中，两个圆圈是基本重合的，这表明 X 与 Y 之间的相关系数大约为＋0.90 或－0.90。为什么符号可能是正的也可能是负的？这是因为尽管两个变量的方差是基本相同的，却与方向无关。在第二个例子中，两个圆圈完全没有重合，这表明 X 与 Y 之的相关系数为零。在第三个例子中，两个圆圈只有大约一半是重合的，这表明这两个变量之间的相关系数大约为 0.70 或－0.70。为什么接近 50%的重合幅度就意味着±0.70 的相关呢？这是因为两个变量的共同方差值等于相关系数的平方或 r^2，0.7^2 是 0.49，也就是大约 50%的重合。理解两个变量之间的相关关系的另一种好方法是以图形的形式将它们绘制出来。图 8－4 就以**散点图**（scatter plot）的形式描述了几种不同的数据模型反映出来的相关关系，或者说以图形的形式描述了两个变量之间的关系。图中的每个点都对应着两个数据，一个是某人在某项测试中的得分，另外一个是反映此人在工作中的绩效水平的某个指标值。

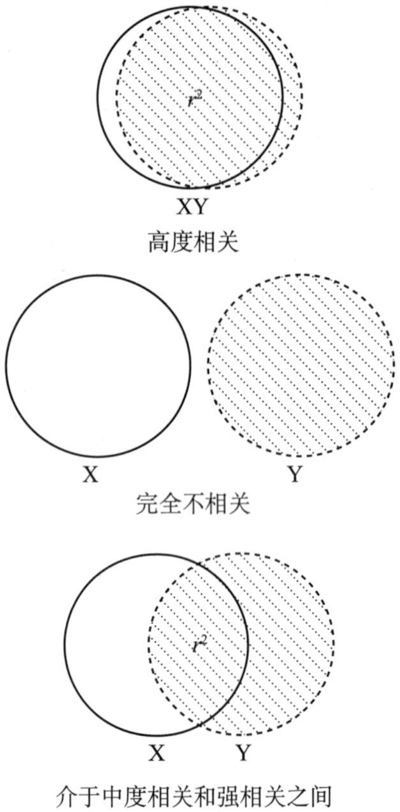

图 8-3 相关关系图示

从图 8-4 的散点图中可以发现，当所有的点都完全在一条直线上时，就会看到相关系数为+1 的情况。+1 的相关系数就意味着，在一项测试中的更高得分必然对应着工作绩效的改进。这种测试分数称为预测变量。**预测变量**（predictor variable）是可以用来预测结果的数值的变量。在本例中，预测变量（测试得分）完美地预测了结果（绩效）。现在来看一看当相关系数 $r=-0.05$ 时，测试分数与绩效之间的关系存在的不足。在这种情况下，测试得分几乎完全与工作绩效评价结果无关，这些测试得分在预测工作绩效方面是很差的预测变量。

当两个变量之间存在完全相关关系时，正如“$r=+1.00$”的那张图所示，我们很容易从图中看出应当怎样画一条趋势线。然而，当数据显示出两种变量之间并非完全相关时，要想画出趋势线就比较困难了。在这种情况下，需要遵循使各点到趋势线的距离最小化的原则来画线（也就是说，使预测误差最小化）。这条趋势线称为回归线，我们将会在下一节中对此进行讨论。当几乎不存在相关关系时，回归线就接近一条水平线。当存在负相关关系时，回归线会自左上方向右下方倾斜。

如果你发现在一个测量指标和工作绩效之间的相关系数为 $r=-0.43$，那么这个测量指标能否有效地预测哪些候选人会在工作中表现得更好一些呢？当然可以，只要雇用那些在这一测量指标上得分较低的人就可以了。当 $r=-0.43$ 时，这个相关系数的值是比较大的，因

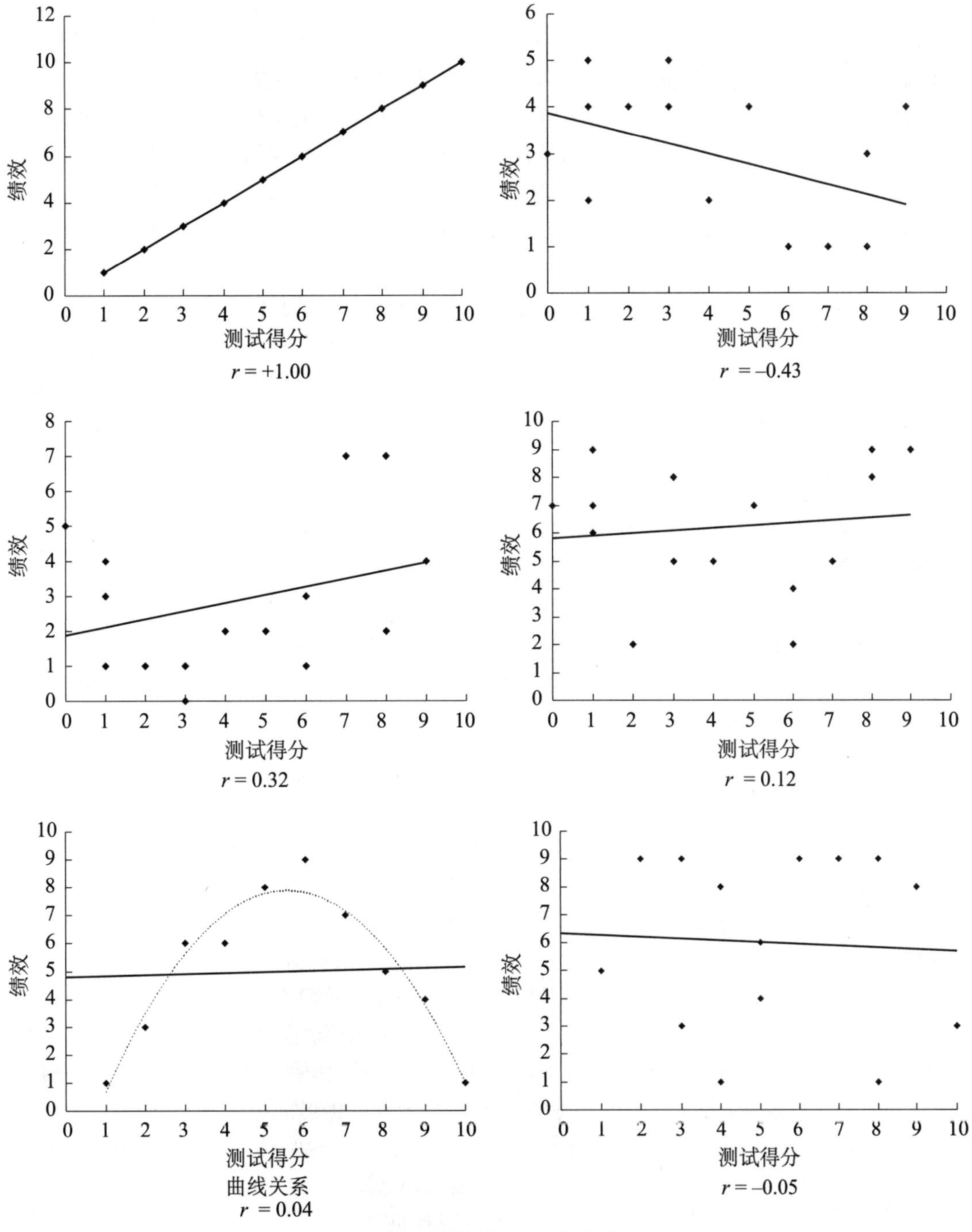

图 8-4　以散点图表示相关关系

此它表明这种测量与一个人的在职工作绩效是存在较强的关系的。相关关系的方向并不重要。为了更好地理解这一点，我们可以设想这种测量的内容是一个人在打字测试中出现的错误数量，而反映工作绩效的维度则是打字结果。在这种测量中得分较低的候选人所犯的打字错误更少，因此可能是工作绩效更好的打字员。换言之，负相关和正相关同样是有效的——得分与一种理想的员工配置结果呈现负相关关系，不过意味着得分较低的候选人要比得分较高的候选人更为可取罢了。

两个变量之间存在的另外一种关系是曲线关系，这种情况下，得分与结果之间呈现出一种非线性关系。这种关系可能发生在这样一种情况下：在某个点之前，较高的得分与较高的工作绩效是联系在一起的，但过了这个点之后，较高的得分反而与较低的工作绩效联系在一起。[15]责任心[16]是指自律、努力进取以及在采取行动前能够首先深思熟虑。如果你曾经与那种极度关注细节、追求完美、难以做出决策的人共事过，你可能就能理解，责任心在有些时候是会损害工作绩效的。不过，需要注意的是，在大多数情况下，责任心更强的人总体上来说是与更高的工作绩效联系在一起的。

如果你仅仅依赖相关系数去评估责任心能否成为工作绩效的预测指标，你可能就会低估这种测量指标的用处。如果在两者之间存在曲线相关关系，则我们最好是选择那些得分接近中值的候选人，而不是得分最高的。在对曲线相关关系进行测试方面，有一些专业的统计技术，很重要的一点是要通过收集数据来确定对于你所要填补的岗位来说，两个变量之间到底是存在线性相关关系还是曲线相关关系。

相关系数的其他一些用途还包括：

- 将店铺规模和员工人数进行关联；
- 将在企业中的资历与员工的工作绩效进行关联；
- 将填补岗位所用的时间与新员工质量进行关联；
- 将新员工质量与企业经营绩效以及顾客满意度进行关联。

相关关系的解释

假设你发现在一种工作知识测试与在工作中取得成功的某个指标之间存在 0.15 的相关关系，你还应当采用这种测试吗？要想回答这个问题，首先需要评估一下观察到的这种关系是否真实存在，然后再评价，在考虑到成本的情况下，这种关系的强度是否达到了使这种测试有效的程度。即使使用总人口中的某个子集可以验证两个变量之间存在相关关系，也可能会存在样本人口不能代表总人口的可能性。如果你有 20 名员工，其中 10 名为男性，10 名为女性，现在从他们当中随机抽取 4 个人，你是否总能选出两男两女？就平均情况而言，这一点是可以做到的。但总会存在一种你最终选了 4 名女员工的情况。在另一种情况下，你也有可能最终选出了 4 名男员工。类似地，当你计算在人口样本中存在的相关关系时，这种相关关系可能并不能准确地代表在总人口或求职者人才库中存在的相关关系。**抽样误差**（sampling error）是指随机产生的样本相关系数的变异性。在考虑统计显著性和实际显著性的情况下，我们能够对相关关系的有效性进行评估。接下来分别对这两个问题加以讨论。

相关关系的统计显著性

统计显著性（statistical significance）是指观察到的关系由于有抽样误差而并不存在的可能性。如果相关关系由于有抽样误差而不存在的可能性低于一定水平——通常是 5%（称为代表可能性水平的 p 值），它就是统计显著的。如果由于偶然原因才产生相关的可能性只有 0.03（相对地，比如 0.30），那么这种相关关系就可以称为“统计显著”。换言之，就是指观察到的相关关系距离零点足够远，因而不可能是由于抽样误差的存在导致的，同时因偶然原因而相关的概率低于 0.05 或 5%。样本越大，所观察到的关系能够描述“真实”关系的可能性也就越大，即使是很小的效应值也是具有统计显著性的。而在小样本中，观察到的关系强度必须大到一定的程度才能使这种相关关系具有统计显著性，这是因为这种观察到的关系是由于抽样误差的存在才产生的可能性更大一些。

相关关系的实际显著性

然而，统计显著也并不能保证一种预测指标就是有效的。如果样本规模足够大，哪怕很弱的相关关系也会是统计显著的，因为大样本基本上消除了相关估计的抽样误差。比如，当军队在研究部队的绩效时，由于他们有数万个样本，与结果之间哪怕只有很弱的相关关系也会具有统计显著性。

正因为如此，在确定了统计显著性之后，关注点就转移到了实际显著性。**实际显著性**（practical significance）是指观察到的关系强到具有现实中的意义。在统计上显著的相关关系并不一定足以具有实际显著性。一种相关关系是否具有实际显著性，取决于测量者的看法。比如，在为某个岗位雇用人员时，雇用失误带来的成本不高，那么，即使 0.2 的相关关系对于企业来说也是可以接受的。但 0.2 的相关关系对于那些因雇用失误可能带来很高成本的关键岗位来说就显得太低了。而在其他一些情况下，低至 0.15 的相关关系仍然具有实际显著性。

如果一种相关关系不具有统计显著性，则就不存在实际显著性，这是因为这种观察到的关系可能是由于偶然原因才存在的。要想使相关关系有用，就必须同时具备统计显著性和实际显著性。其他一些因素也可以决定一种相关关系是否有用：比如，即使相关性不是特别强，一种成本不高的评价系统可能仍然是有用的。如果一种评价方法与工作成功之间的相关系数为 0.15，但是这种评价方法的成本很高，而且实施起来很耗时间，而且在候选人中的认可度不高，那么，即便它在预测候选人的工作成功方面具有统计显著性，也是不值得使用的。是否有用取决于企业在投资使用这种方法之后所产生的经济回报有多少。比如，即使一家企业采用了与工作成功之间的相关程度较低的某种评价方法，企业仍然有可能通过使用这种方法获得较好的回报。因此，我们需要考虑的不仅仅是相关系数的大小。

明确统计显著性和实际显著性之间的关系有助于企业更为有效地实施自己的经营战略。食品批发商西斯科公司（Sysco）就是这方面的一个很好的例子。总部位于得克萨斯州休斯敦市的西斯科公司每隔一段时间就对顾客满意度和员工满意度之间的相关关系做一次评估。公司发现，顾客忠诚度和卓越运营会受到满意的、高生产率的以及忠诚的员工的影响。通过留住自己的员工，西斯科公司降低了运营成本。在发现这种相关关系之后，西斯科公司还实施了严格的一系列项目来留住自己的员工以及提升员工的满意度。[17]

回归

总体来说，员工配置专家都会使用不止一种测量方法来对候选人进行评价，因为这将提升企业甄选过程的总体效度。然而，如果仅仅采用相关分析，就只能建立两种变量之间的相关关系，因而就只能使用一个预测变量。**多元回归**（multiple regression）是使用一个以及多个预测变量来对结果进行预测的统计方法。假设对预测变量和结果变量都以定距或比率的形式加以测量。对于以定类或定序形式测量的变量，也都有相应的特殊方法，但那些内容超出了本章讨论的范围。借助多元回归分析，人力资源专家可以确定应当给每一个评价分数

（每个预测指标）分配的理想权重，从而使一组评价方法效度达到最大化。回归分析以每种评价方法与工作成功（结果）之间的相关度以及每种评价方法之间的交互相关度为基础。关于交互相关，我们举个例子来加以说明，假设一个人的认知能力与面试成绩是高度相关的。在这种情况下，同时使用这两种变量去预测候选人的工作成功就是无意义的，因为这样做纯属多余。如果重复的部分过多，回归分析在最终的预测公式中将会只保留其中的一个预测变量。换言之，多余的预测指标将会分配到近乎等于零的权重。

图 8－5 以一种可视化的方式展现了在多元回归中使用的多个变量之间的关系。[18]假设 Y 是需要被预测的效标或结果，X 和 Z 是预测变量。在第一幅图中，通过重叠部分可以看出 X 和 Z 都能预测 Y，并且 X 与 Z 彼此不相关。在第二幅图中，X 和 Z 都能预测 Y，但 X 与 Z 高度相关。在第二幅图中，很容易看出，X 与 Z 几乎都没有在预测 Y 方面做出区别于对方的独特贡献。这类似于使用两种不同的但却是高度相关的方法来测量同一个概念（比如智力）。重复的预测变量并没有增加新的信息，因此可以将其中一个去掉或是将两者加以整合（这取决于整合成本的大小）。在第三幅图中展示的情形更为典型。此时，X 和 Z 都与 Y 中度相关，而且彼此之间也中度相关。X 与 Z 都为对 Y 的预测提供了独特的信息，但它们彼此之间也存在相关关系。举例来说，企业可能会同时使用认知能力测试和结构化面试分数来预测候选人的工作绩效，并且认知能力得分与面试分数可能也是相关的。

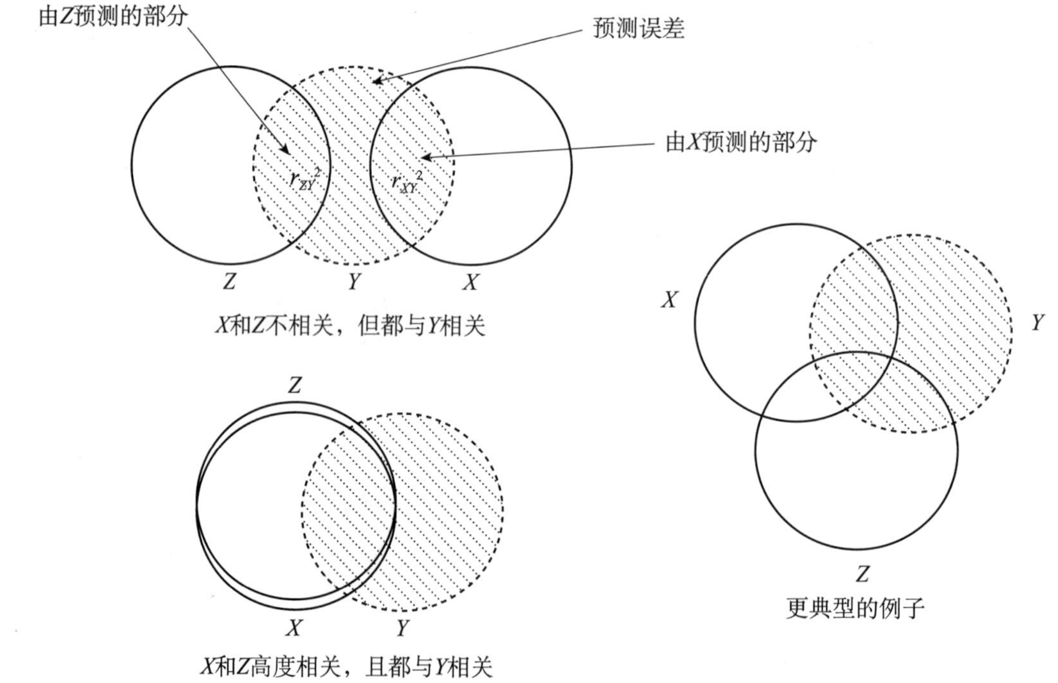

图 8－5　多元回归图

回归分析公式可以通过人工计算，但如果存在两个以上的变量，这个计算过程就会很麻烦。双预测变量公式（多元回归）可在本章最后的附录部分找到。包括 Excel、SPSS、SAS、Stata 等在内的许多软件，都可以轻松地完成三个及三个以上变量的回归分析，本章的附录部分提供了使用 Excel 操作多元回归分析的指导。

每个变量与需要预测的结果之间的统计关系都会被检验，从而形成回归（或多元回归）

方程。回归方程的形式如下所示：

$$工作成功_{预测值}=常量+(b_1\times 测试分数_1)+(b_2\times 预测分数_2)+(b_3\times 预测分数_3)+\cdots$$

常量或截距是加到每个人的预测工作成功得分上的一个数值，b_i是每个测试分数需要乘以的回归权重。将求职者的测试分数套入结果模型，就可以计算出测试参加者的工作成功预测分。回归分析计算的是原始分数，但没必要对这些分数进行标准化处理，这是因为，权重本身已经考虑到了在平均值和标准差方面存在的差异。比如，如果米古尔的面试得分为 50 分，人格测试得分为 27 分，工作知识测试分为 20 分，那么以下述回归方程为基础，就可以得到他的工作成功预测分为 141 分：

$$工作成功_{预测值}=10+(2\times 面试分)+(1\times 人格测试分)+(0.2\times 工作知识测试分)$$

截距 10 和权重（2、1 和 0.2）都来源于统计分析的结果。米古尔的得分 141 分将会与其他候选人的总分进行比较，从而决定他是否应该被雇用。总的来说，只有当方程中的变量具有统计显著性时，才能用于员工配置决策。

回归分析也可以被用于预测未来的员工需求综述。设想这样一个回归方程，用每个月的目标销售额以及预期顾客总人数来确定企业所需的员工总人数：

$$全职员工人数=60+(0.000\,15\times 销售额)+(0.3\times 预期顾客人数)$$

如果企业的预期销售额是 1 000 000 美元，并且预期会有 250 名新客户，那么它将需要 285 名全职员工：

$$\begin{aligned}全职员工人数&=60+(0.000\,15\times 1\,000\,000)+(0.3\times 250)\\&=285\end{aligned}$$

为防止不同的变量预测的都是效标的同一个部分，多元回归分析在控制其他变量之后，还会检测每个变量（比如每个测试分数）对效标（比如工作成功）产生的影响。因此，要想使用多元回归，就需要首先进行高质量的测量。

有效测量的特征

测量的两大属性是信度和效度。下面逐个探讨信度、效度以及测量标准误差的重要性。

信度

信度（reliability）是指一种测量方法在评价某种特定特征方面的可靠性或一致性程度。如果你每次使用同一个测量量表时，都会得到差别非常大的分数，你会认为这个量表是有效的吗？可能不会。相同的原则也适用于与员工配置相关的测量，比如工作知识、人格、智力和领导力。

如果针对特定个体多次实施测量，每次产生的分数都是类似的，那么这种测量就是可信的。信度为一种测量的有效性设定了一个边界。如果测评不可信，那么它就不可能是有用的，但即便一种测量是可信的，它也不一定是有效的——比如，它并没有测量出你想要测量的东西，而是去测量了其他的东西。信度是任何一种员工配置测量——其中包括对候选人的评价——的关键所在。如果一个人完成了两次人格测试，那么，他会得到类似的分数，还是两个截然不同的分数？如果分数出现了很大变化，恐怕测量就是不可靠的。你可能会好奇，为什么岗位候选人再次完成人格测试时会得到不同的分数？想象一下，你为何会在周一的期中考试和周五的期中考试中得到不同的分数，也许你就会对此有些理解了。导致不同分数出现的可能原因如下[19]：

● 回答者的暂时性心理和身体状态。比如，焦虑、疲惫或动机等都会影响测试的结果。如果你在第一次测试时感到压力很大，而在第二次测试时却比较放松，你可能就会做出不同的回答。

● 环境因素。环境的不同，比如房间的温度、灯光、噪声甚至是测试管理者都会影响个人的成绩。如果一次是在安静的条件下进行测试，而在另一次测试时，你听到了建筑设备的噪声，你可能就会得到不同的分数。

● 测试版本或形式。许多测试不止有一种版本或形式。比如，美国大学入学考试（ACT）和同类的学术能力评价测试（SAT）就有多元化的形式。每种版本的题目不同，但每种版本测试的内容都应该是相同的。由于测试形式并不能完全相同，回答者可能在一种形式的测试中要比在另一种形式的测试中表现得更好一些。如果一种版本的测试碰巧更难，或是尽管难度相同，但是所考察的恰巧是你了解得比较少的内容，那么你可能就会表现得较差。在 ACT 和 SAT 中，可以对分数进行调整，以反映每一种测试形式的难度差异。

● 不同的评价者。有些测试的评分具有主观性——也就是说，他们是由评价者对回答者的表现或反应做出的判断决定的。不同的评价者在接受过的培训、经验以及所使用的参考框架方面的不同，可能会导致对回答者的评分出现差异。这就是对同一位候选人进行评价的两位面试官可能会对候选人的质量得出完全不同的结论的原因。

这些因素是在评价过程中出现的测量误差的来源。测量误差可能是系统性的，也可能是随机性的。在有些情况下，测量误差可能是随机产生的，就像抛硬币中出现的情况一样。抛硬币 100 次，你不可能总是得到 50 次正面和 50 次反面。这就是**随机误差**（random error）的例子。相似的情况也会在员工配置的情形中出现。在去往工作的途中遭遇交通堵塞或是遇到坏天气，很可能会导致员工的生产率出现无法预测的随机波动。**系统误差**（systematic error）则是指由于持续性、可预测的因素而出现的误差。比如，由于一位员工在周一晚上熬夜从事兼职工作，他的生产率可能在每周二都会出现下降。

系统误差的来源可能包括像一天中的不同时间段以及每周的不同日期。比如，在早上实施难度高的工作样本测试，可能就会出现与在下午或晚上实施这种测试不同的结果。当评价者之间存在系统性差别时，也可能会产生系统误差。比如，一些面试官倾向于把面试者排在从 1～10 分量表的中间位置，而另一些面试官则倾向于把大多数面试者排在量表高分段。在这种情况下，评价者之间的差异就是系统误差的来源。另外一个系统误差的来源也可能是测量题目本身。语句颠倒、令人迷惑或过度复杂的问题可能会导致系统误差。下面就是一些关于系统误差的例子：

> 请使用从 1 到 5 的评价尺度——1 代表非常正确，5 代表非常不正确——来回答下述问题："你在最近承担领导角色时，很少未能及时、持续地为团队制定目标并且对团队提供良好的反馈。"

如果你在这道题上反应片刻，你就能看出来它有多么难懂，同时很容易由于措辞不佳而引发系统误差。人们在反应的准确度方面可能存在系统性区别，这取决于他们的语言能力、迅速完成问卷的动机或仅仅是关注细节的程度。这些都与特定的、可辨别的个人特征存在紧密的联系，因此并不属于随机误差。

如果在测量中既不存在系统误差，也不存在随机误差，那么回答者应当每次都能得到相同的分数。当你站到体重秤上时，你会看到自己的体重数字。如果体重秤是完全可靠的，那么当你 10 秒后再次站上去时，会看到同样的数字。这就是你的真分数。如果在现实生活中，你的体重秤跟我们的一样会出现微小变化，那么你可能在 10 秒后看到略微有些不同的数字。这就是随机误差，因为这是由于与你的真实体重无关的其他因素造成的。然而，如果你每天分别在清晨醒来后和午饭后去称体重，你可能就会发现午饭后的体重会系统性地上升。在员工配置中，在测试分数和绩效分数中同样都包含了真分数以及由于系统误差和随机误差而产生的一些变动。求职者几乎不可能在每次知识测试中都得到完全相同的分数。出现这种情况的部分原因在于随机误差或系统误差。

随机误差和系统误差的区别非常重要：系统误差是可以被控制或消除的。比如，你每天穿同样的衣服在同样的时间称体重，或者邀请经过严格培训的面试官。但随机误差是不可避免的，并且会对测量质量产生影响。一些测量方法比其他测量方法的随机误差更小一些，就像有些体重秤要比其他一些体重秤能够得到更可靠的测量结果一样。

缺陷误差（deficiency error）是另一种误差。当你没有测量到你想要测量的那种特性的重要方面时，缺陷误差就产生了。被测量的潜在属性称为构念。如果你想要测量工程师岗位的求职者的运算能力，那么这种能力就是你感兴趣的构念。但是，如果你采取的测试只考察了代数知识，则就可能会导致缺陷误差的产生。当其他与高等数学能力（在本例中）无关的因素影响了观察到的分数时，就产生了**污染误差**（contamination error）。比如，如果在计算测试中夹杂了大量复杂的词句，那么语言就可能对测试结果造成影响。如果测试是在不同的条件下实施的（喧闹的背景和安静的背景，清晨和晚上，冷静、乐于助人的测试管理者和吵闹焦虑的测试管理者等），这些因素也同样会对测试分数造成影响。

图 8-6 展示了缺陷误差、污染误差及其相关性。假设你用直接上级的评价对工作绩效进行评价，在什么情况下直接上级的评价是存在缺陷的呢？有可能直接上级把更多的注意力放在了生产率以及按时完成工作方面，而不是放在团队工作、质量和安全等方面；也有可能直接上级并不了解员工所提供的客户服务质量，而是仅仅关注销售额。在上述每一种情况下，直接上级都忽略了工作绩效的某些重要方面，因此，如果仅仅使用他们的评价结果就可能会带来缺陷误差。直接上级的评价也有可能会被污染。除了真实的工作绩效，还有哪些因素会影响直接上级的评价呢？很多研究文献都解释了大量的关于评价者污染来源的信息，其中包括刻板印象、晕轮效应、类我偏见等。[20]这就是一种污染。构念与测量之间重合的区域表示两者是相关的，即这种测量实际测量到了目标概念的程度。

想要消除所有的误差来源是不可能的，但通过尽量将测量过程加以标准化，仍然可以使测量的可靠程度更高一些。比如，你可以提前对测试问题进行预测试，以保证问题的清晰性，并且保证这些问题彼此之间在统计上保持一致性的相关。还可以对面试官进行培训，以确保他们询问同样的问题，避免发生偏见，在同样的基于行为锚定的评分关键点做出评价。测试管理者在一致的时间以及类似条件下实施测试等也有助于减少误差。

从概念上来说，信度是指一个问项、量表或测量工具与一套假设的真分数之间的相关性。然而在实际中，却无法获得真分数来计算两者之间的相关度。相反，我们必须通过计算不同类型的观察值之间的相关度来对信度进行估计。我们将在后面对此加以讨论。

一种测量的信度是用信度系数来表示的，信度系数是一个介于 0～1 之间的数字，0 意味着没有信度（即这个测量指标与真分数之间是无关的），1 意味着完全信度（即这个测量

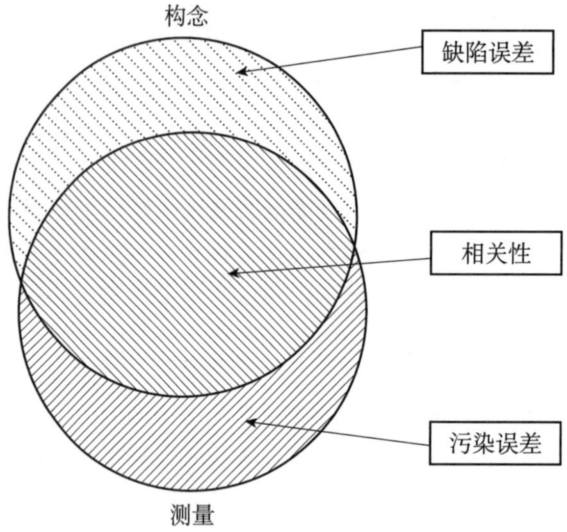

图 8-6　缺陷误差、污染误差及其相关性

指标与真分数是完全相关的)。与相关类似，我们用小数来表示信度——比如 0.70 或 0.91。信度系数越接近于 1.0，分数的可重复度或可信度就越高。近乎完全的信度是很少见的。信度系数都是正数（这一点与相关关系不同，相关系数的范围是从－1～＋1）的原因在于，观察到的分数和真分数之间的关系应当是持续正向的。表 8-2 提供了解释测量信度的一些基本规则。

表 8-2　解释测量信度的一些基本规则[21]

信度系数	释义
0.90 及以上	很好
0.80～0.89	良好
0.70～0.79	满足大多数需要
0.50～0.69	适用性有限
0.00～0.49	根本无效

信度系数并不是选择或拒绝一种测评方法的唯一考虑因素。要评估一种测量方法的信度，应当考虑测量方法的类型、估计的信度类型以及测量方法将要应用的情境。对信度存在不同类型的估计。在使用一种测评方法——比如人格评价和认知能力测试——之前，了解其信度是十分重要的。企业有时也会购买某种测试或测评工具，这些测试或测评工具的开发者或出版商会提供关于其信度方面的信息。你应当熟悉不同类型的信度估计。接下来将讨论各种不同类型的信度，对信度可以有四种不同的评估方法。

再测信度

再测信度（test-retest reliability）反映了测试分数在一段时间过后的可重复性以及测量潜在构念（比如，个人的数学能力、人格、智力、诚实性以及其他相关特征）的稳定性。再测信度是指在用同一个测验项目对同一组人员在两次（或更多）的不同时间或地点进行测试时，两次（或更多次）测试所得到的分数之间的相关系数。这种评价考察的是测试在一段时间之后的稳定性。有些构念比其他构念更为稳定一些。比如，负重能力要比情绪或焦虑在一段时间之后更为稳定。因此，相对于对焦虑的测量而言，对负重能力进行测量的再测信度应该会更高一些。对于随时间变化较大的一些构念，比如情绪，我们可能需要接受比表 8-2 中建议的再测信度更低一些的结果。

复本信度或平行复本信度

测量工具的开发者经常为评价同一种事物开发难度相同的不同形式或版本的测量。**复本信度或平行复本信度**（alternate or parallel form reliability）表明一个人在完成了两个或更多版本的同一测量之后所得到的分数的一致性程度。对这种信度进行估计的方式是，考察用于测量同一构念的两个（或更多）测试版本在面向同一人群施测时所得到的分数之间的相关性。复本信度系数高表明同一种测评的不同版本之间是非常相似的，这也就意味着无论使用哪一个版本的测试，结果都没有太大差别。另一方面，复本信度系数低则表明同一种测试的不同版本之间并没有可比性，它们所测量的可能是不同的事物。在这种情况下，测试的不同版本之间是不能互换使用的，对不同测试版本得到的分数也不能直接进行比较。

内部一致性信度

内部一致性信度（internal consistency reliability）表明了一项测量中的各个题目对同一构念进行测量的程度。内部一致性信度系数高说明一项测量的各个题目是以同一种方式在起作用。内部一致性信度是以构成一项测量的各个题目之间的相关度为基础的。比如，你或许有 10 道用来测试数学能力的题目。如果所有这些题目都可信地测评了一个人的数学能力，那么它们就具备内部一致性，每个题目的得分与其他题目的得分之间就应该是高度相关的。一项测试中的题目可以分为奇数题和偶数题，或是前一半题目和后一半题目。这两部分题目的得分应该是彼此相关的。这种信度被称为分半信度，它是内部一致性信度的指标之一。内部一致性信度的最常用指标是科隆巴赫 α 信度系数，它估计的是所有可能分半信度的均值。

如果在员工配置课程的考试中包括了金融和历史方面的问题，那么这份测试的内部一致性系数就会比仅仅考察员工配置方面的问题时更低一些，因为不同类型的题目会产生不同模式的分数。对不同性格进行测试的方法通常会被分为不同的部分，除了计算测试的整体内部一致性效度系数，我们还需计算不同部分的内部一致性系数。

评价者信度

评价者信度（inter-rater reliability）表明了如果被试的反应被两位或两位以上的评价者采用相同的题目、量表或工具进行评价，则不同评价者给出分数之间的一致性程度。正如像奥林匹克运动会中的一些项目那样，不同评价者会对运动员的反应或行为进行评价，并主观性地给出得分。在商业情境中，经常会让不同的评价者（比如人力资源部门的招募官以及用人部门经理）来对同一位岗位候选人做出评价。在同一次测量或事件中，不同评价者之间的判断差异会导致一个人的得分出现差异。

评价者信度是以两位或两位以上的评价者使用同一种题目、量表或工具打出的分数之间的相关度为基础的。评价者信度系数高，表明评判过程具有一致性，得到的分数是可信的。尽管一般来说，评价者信度比其他类型的信度会更低一些，通过评价者培训还是可以提高的。对于理解面试评价的有效性来说，这种类型的信度显得尤为重要。

这四种信度估计方法并不一定是互相排斥的，它们也不需要产生同样的结果。有许多不同维度的工作知识测试可能具有较低的内部一致性信度。但是，一个人的工作知识特征却可能是相对稳定的，也就是说，在参加多次测试时，被试的分数是相似的（再测信度高）。在这种情况下，你应当计算不同维度的内部一致性信度。再举个例子来说，两个不同版本的领导力测评可能会产生较高的复本信度。此外，每一个版本中的测评的题目可能也具有内部一致性。但是，如果在两次测评中间对被试进行过领导力培训，则再测信度可能就会比较低。在这种情况下，由于培训改变或提高了被试的领导力，你将会发现再测信度会较低。

很明显，信度的可接受度会因测试的类型以及所使用的信度估计的类型而有所不同。对情绪进行的测评可能会产生较低的再测信度，正如我们之前解释过的，情绪是会随时间而波动的。但是，这种测评对于预测求职者的面试表现却可能是有效的。在这种情况下，这些对情绪进行测评的题目内部应当得到具有一致性的分数，尽管整体得分可能会随时间而有所变化。

测量的标准误差

正如之前解释过的，在测量的过程中总会包含某种类型的误差。问题在于，尽管存在这些误差，我们仍然希望能够基于这些并不完美的分数来做决策。**标准误差**（standard error of measurement，SEM）是指在测量并不具有完全信度的情况下，单个分数可能存在的误差边界。（标准误差的计算公式请参见本章的附录部分。）标准误差代表了在对同一个人进行多次重复测试时可能观察到的分数分布情况。标准误差越低，则测量越精确。如果标准误差等于零，那么观察到的分数就是真分数了。然而，我们知道，误差确实是存在的，因此可以围绕观察到的分数来计算分数的可能分布范围，这就是置信区间。尽管在技术上并不十分精确，你可以用下面这种方式来考虑上述问题：如果你在一项总分为100分的考试中得了85分，标准误差为2分，那么，你的真分数介于83～87分之间的可能性就达到68%，真分数介于81～89分之间的可能性就达到95%。

在正态分布中，有68%的个案都在距离平均值±1个标准差之间，大约95%的个案在距离平均值±2个标准差之间。标准误差则告诉了我们误差的标准差。如果平均值在85分左右（观察到的分数），那么，可以利用标准误差确定真分数在一个给定范围内的可能性。如果标准误差为2分，则低于平均值一个标准差就是83分（85－2），高于平均值一个标准差是87分（85＋2），这就给了我们一个68%的置信区间。对于95%的置信区间，也可进行类似的计算。

标准误差是对单个分数的准确性进行测量的有效方法。如果在一项测试或评价工具中收到一份手册，那么当你对测量的信度系数进行评价时，很重要的一点就是要审查开发者对下述内容所做的解释：

- 采用的信度类型。这份手册应当能够解释使用某类信度系数的原因，并讨论任何可能会导致随机误差产生的来源。
- 信度研究的实施过程。这份手册应当能够描述获得数据的情境，其中包括在再测信度研究中实施测评的时间跨度。总的来说，随着测评实施时间差距的拉长，信度会有所下降。
- 样本群体的特征。这份手册应当能够指出用于收集信度信息的样本群体的重要特征，比如受教育水平、年龄、职业以及其他一些相关特征。这使你能够对自己想要测评的那个群体的特征与这个样本群体加以对比。如果二者之间足够相似，那么开发者报告的信度估计水平很可能也适用于你想要测评的群体。

需要记住的一点是，一种测量的信度高，则其标准误差往往就会低，这就意味着观察到的分数反映出真分数的可能性越高。另外，信度也可能会随时间而变动。测评的实施时间间隔变长时，再测信度系数就可能会下降，而标准误差则可能上升。另外，正如我们解释过的，即使一种测量是可信的，也并不意味着它就一定有效。一种有信度的测量也并不一定真正测量了你想要测量的那些东西，不一定能够预测你想要的那些员工配置结果。这里就是效度发挥作用的地方了，下面将对此加以讨论。

效度

效度（validity）是在选择一种测量方法时最为重要的问题。它指的是一种测量工具对于某个特定的构念进行评价的有效程度以及你可以基于观察到的分数得出特定的结论或做出预测的程度。效度是战略性员工配置的重要基石。如果你希望基于数据做决策，那么，这些数据必须与你想要的结果之间存在某种有意义的联系。如果你可以使用各种不同的测试来预测高质量的人才，那么，与那些在甄选过程中没有使用这些有效测试的企业相比，你就获得了竞争优势。

理解信度和效度之间的差别是很重要的。效度将会告诉你一种测量方法在特定情境下的有效性，而信度则将告诉你这种测量方法所得到的分数的一致性。如果一种测评是不可信的，你就无法得到有效的结论。但即使一种测量方法信度较高，也未必是高效度的。比如，你能够比较可信地测量出一个人的鞋子尺码，但这种数据对于预测此人的工作绩效并不有效。满足员工配置需要的测量方法必须同时具有信度和效度。

图 8-7 用流行的牛眼图描述了信度与效度之间的关系。图中靶子的中心代表的是你想要测量的任意一个构念，通常是与工作成功有关的某个方面。每次对牛眼进行的“投掷”就意味着对某人所做的一次测量。如果能够命中牛眼中心，则意味着你使用的测量方法完美地测量出了这个人在这个构念上的表现。投掷得离中心点越远，则使用的测量方法就越不能有效地对这个人在这个构念上的表现进行测量。

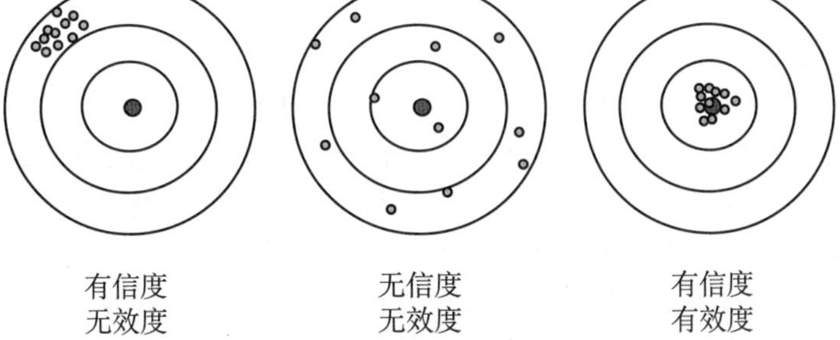

图 8-7 信度和效度的形象描绘

在图 8-7 中，紧密聚集的点所代表的信度要比分布较为分散的点更高，聚集在牛眼中心的点所代表的效度要比远离牛眼中心的点更高。你可以很容易地看出，如果测量方法没有信度（点的分布很分散），那么也就不可能有效度（命中中心位置）。

图 8-7 展示了三种可能的情形。在第一张牛眼图中，投掷的点比较一致，但是并没有能够命中靶心——在所有的观测中，我们一直在测量错误的数值。这种测量有信度（一致性），却没有效度（不准确）。举个日常生活中的例子，你的体重秤可能会持续性地显示出比

你的实际体重多 20 磅的数字。再举个员工配置方面的例子，一种数学测试总是能得出具有一致性的结果，但这种测试过于简单。在第二张牛眼图中，投掷点在靶中非常分散，一直没有命中靶心，这反映出测量方法既没有信度，也没有效度。这就好比体重秤随机给出平均偏离实际体重 20 磅的各种数字。如果一种数学测试不能很好预测一个人的数学能力，而且还受到误差的影响（既有缺陷，还被污染），那么就会产生第二种情况。在第三张牛眼图中，投掷点能够持续地命中靶心，这表明这种测量方法既有信度，又有效度。这就好比体重秤每次都给出同样且准确的结果一样。在员工配置情境中，如果一种高质量的数学测试能够持续性地得到没有缺陷且未受污染的一致性结果，就会出现第三种情形。这就是我们在测量和评价中想要实现的目标。

一种测量的效度是与特定的目的相关的。因此，一种测量对于有些目的是有效的，对于其他目的却是无效的。比如，你用来有效预测一个人的技术熟练程度的测试，对于预测此人的领导能力、工作承诺或团队工作有效性等就是无效的。

类似地，一种测量的有效性还与被称为参照群体的特定群体有关。因此，同一种测量对于不同群体的有效性可能是不一样的。比如，用来预测销售代表工作绩效的问题解决能力测试，在预测办公室文员的工作绩效方面可能就是无效的或无用的。

正如我们解释过的，在与评价工具或测试相配套的手册中，应当描述在开发此项测评时所使用的参照群体。这份手册还应当描述这种测评能够有效适用于哪些群体，以及应当说明如何对属于每个群体的个体所得到的分数进行解释。然后，你还必须确定这种测量对于你想评价的特定类型的群体是否适用。这个群体称为你的目标人口或目标群体。

尽管你的目标群体与参照群体可能并不能完美匹配，但他们必须足够相似，这样才能使测评对目标群体产生有意义的结果。比如，你需要考虑目标群体在职业、阅读水平以及文化语言等多个方面存在的差异。你只能使用被证明对你的目标群体和特定目的有效的那些评价程序和工具。这一点是十分重要的，因为《员工甄选程序规范指南》要求评价工具必须能够提供充足的证据来说明，使用这种评价工具得出的结论不会产生歧视性负面影响（注：特指对某些特定人口群体不利的歧视性负面影响）。尽管并非所有的员工甄选程序——比如面试——都需要接受有效性验证，但在技术可行的情况下，存在歧视性负面影响的打分型评价工具最好是经过验证的。

评价工具的使用者有责任提供证据来证明用这种评价工具得出的结论是有效的。这适用于所有的测量和测量程序（其中也包括面试），无论这些测量工具是直接购买的由企业外部开发的，还是企业内部开发的。这就意味着如果你开发自己的测量方法或测量程序，则你就需要自己进行效度研究。如果不能证实其效度，则这种打分型的评价工具就应当取消。如果一种非正式的或不计分的测量工具会产生歧视性负面影响，则企业要么取消这种工具，要么使用得到效度验证的其他一些更正式的评价工具。

尽管《员工甄选程序规范指南》关注的是歧视性负面影响及其法律责任，从战略的角度来看，效度检验甚至显得更为重要。从战略上来看，很有意义的一种做法是，企业只使用那些能够可信且有效地评价工作成功的重要方面以及预测理想结果的测量方法。使用除此之外的其他测评都是在白白浪费时间。缺乏效度的测量可能会导致企业失去获得高质量人才的机会，甚至更糟糕的是，反而会选择那些绩效较差的人。甄选误差所产生的成本是很高的，而通过在甄选中使用有效的测量方法则可以极大地降低这方面的成本。效度有很多类型，它们都强调使用一种特定测量方法的有效性和适用性。接下来将会对此进行探讨。

表面效度

效度的一个方面就是某种测量看上去是否真的测量了它所要测量的东西，这就是**表面效度**（face validity）。表面效度是对于题目或测量与职位要求之间的相关程度所做的一种主观评价。表面效度对于求职者来说是非常重要的，这是因为如果他们认为一种评价方法与职位是无关的（或者没有表面效度），他们往往会做出消极的反应。即使一种测量看起来是有效的，但如果它并没有预测工作绩效，也不应当使用。打个比方来说，某种外倾性测试对于销售岗位的求职者来说可能看上去是一种好的测评方法，但它可能仍然无法预测具有外倾性人格特点的人在销售代表的岗位上是否会表现出色。这或许因为外向型的销售人员往往话讲得太多，销售却做得太少。

效度检验

为了确保一次雇用测评是有用且有效的，必须收集关于这种测评是与岗位相关的证据。建立岗位与一个测评之间的相关性的过程称为**效度检验**（validation）。效度检验是建立测评与岗位之间相关性的一个累积性和持续性的过程。

《员工甄选程序规范指南》讨论了以下三种实施效度检验的方法，并且描述了每一种效度检验方法适用的条件。

- **内容效度检验**（content-related validation）是验证一种测评确实评价了与岗位相关的重要行为的过程。比如，对于工程师岗位来说，数学能力测试就具有较高的效度，但如果这个岗位只要求掌握最低水平的打字技能的话，打字技能测试的内容效度就会比较低。但同样的打字测试对于文员岗位来说，就可能具有很高的内容效度。[22]内容效度同样适用于组成一个测评的各个题目。比如，如果在数学测试中包含了一些关注心理或生理的内容，或其他与需要雇用员工的岗位无关的内容，那么它的内容效度就会比较低。
- **构念效度检验**（construct-related validation）是验证一种测评确实评价了它宣称要测量的构念或特征的过程。这种方法通常适用于试图对候选人的一些抽象特质进行测评的测试，这些特质包括像候选人的人格、诚实性或才干等。比如，如果一家银行想要对柜员的“数字才干”这种特质进行测试，这家银行可能就需要实施构念效度检验。在这种情况下，这种才干不是一种可观察到的行为，而是一个被创造出来以对未来可能出现的行为加以解释的概念。为验证一种测量是具有构念效度的，这家银行可能需要同时表明：第一，这种测量确实评价了它想要测量的理想特质（数字才干）；第二，这种特质与在岗位上取得工作成功是相关的。[23]构念效度可以通过同一项测量中各题目之间的相关模式以及通过这项测量获得的分数与其他相关结果之间的相关模式而得到确认。此外，内容效度也可被用于帮助确认构念效度。
- **效标关联效度检验**（criterion-related validation）是验证通过一项测量得到的分数（预测因子）与效标（后果）之间存在统计关系的过程，这里的效标通常是与在岗位上取得工作成功有关的某些方面，比如工作绩效、培训绩效或在职年限等。效标关联效度检验通常使用相关或回归计算的程序。换言之，在正相关的情况下，一个在测量中得分较高的人就应当比得分较低的人在工作成功方面表现得更好。如果效标的信息和预测因子的信息是同时收集的，那么这种效标效度就称同时效度；如果效标信息是在收集了初始的测评信息之后才获得的，那么这种效标效度就称预测效度。设想一下有一个安装工的岗位，这个岗位负责安装、修理、替换以及处理机器或重物。企业可能会设计一项测试来评价员工的机械能力与机器维护绩效（效标）之间的相关关系。强相关关系会验证采用这种测评的有效性。[24]如果你是在雇用员工之前对员工的机械能力进行测试，然后再将这些能力与员工上岗后的工作绩效联系在一起，你所评价的就是预测效度；如果你在测评员工的机械能力的同时，就将他们的得分与当时的工作绩效联系在一起，你所评价的就是同时效度。对一项效标关联效度的检验是通过效度系数来确定的，下文将对此做更详细的讨论。

所有类型的效度都很重要。你可以通过使用职位分析技术来确定一个岗位所需要的数学能力的等级、类型和难度以及数学对于任职者的工作绩效的重要性，来确保一项数学能力测试的内容效度。然后你可以构建一个由能够测量一个人的数学能力的大量题目组成的测试，并且确保职位专家同意这些题目与数学能力是相关的。你还可以通过计算内容效度比率（公式请参见本章附录），依靠职位专家的评价来确保每道数学测试题都是必不可少的。你还可以询问任职者及其直接上级来确定此项测试是否遗漏了某项重要的数学能力。这种做法将有助于建立这一测量的内容效度和表面效度。然后你就可以将数学能力测试与工程师的工作绩效联系起来，以考察这些测试能否预测工作绩效。这就确立了效标关联效度。所有这些类型的效度，再加上信度信息以及这些数学能力技能测试题目彼此之间的相关性的信息，便可以确立这种测量的构念效度。

效度系数

效度系数（validity coefficient）是一个介于 0～+1 之间的数字，它表示预测因子（比如测试分数）和效标（比如对实际工作成功程度所做的某种测评）之间的关系强弱。效度系数是预测因子和效标之间的相关系数的绝对值。效度系数越大，你就越有信心采用测试分数作为预测指标。因为职位和人都是复杂的，所以任何一个单一测量方法可能永远都无法完全预测出一个人的工作绩效，这是因为一个人在岗位上能否取得工作成功的决定因素有很多。因此，在员工配置情境下，效度系数很少能超过 0.40。[25]

一个通用的规则是，效度系数越高，则使用这种测量方法就越有用。单项测量的效度系数一般介于 0.21～0.35 之间。采用多种测评方法的甄选系统的效度可能会更高，这是因为你使用了若干种不同的工具来测量和预测工作绩效的多个不同方面。相反，单项测量更有可能测量或预测总体工作绩效的个别方面。表 8－3 展示了对单项测量的效度加以解释的一般原则。即使是在采用多种测量的情况下，效度系数也很难达到 0.50 以上。

表 8－3　解释效度系数的一般原则[26]

效度系数	释义
0.35 以上	非常有用
0.21～0.35	可能有用
0.11～0.20	在特定情境下有用
0.11 以下	不太可能有用

效度评价

对一种测量的效度进行评价是一项复杂的任务。除了效度系数的大小，至少还应当考虑以下几个方面的因素：

- 你所采用的评价工具造成的歧视性负面影响大小。
- 与岗位空缺数量相比的求职者人数。

● 当前在岗位上取得工作成功的员工人数。

● 雇用失误可能造成的成本。

● 甄选工具的成本。

● 在不采用打分型的评价工具的情况下雇用到高质量申请者的可能性。

以下三种情境有助于解释，在对效度系数进行评价时，为什么需要单独或综合考虑这些因素[27]：

情境一：你需要雇人的每个岗位空缺得到的求职者人数都很少。这些岗位并不要求任职者掌握大量的技能，因此大多数求职者都能被雇用。在这种情况下，你需要快速填补这些岗位，但又没有太多可供选择的求职者，并且这些岗位对技能的要求又不是太高，因此，如果评价工具很便宜，你可能愿意接受效度处于“可能有用”或“在特定情境下有用”这种水平上的甄选工具。

情境二：你现在需要招募员工的是一个对精确度要求极高的岗位，雇用失误将会带来很高的危险或成本。在这种情况下，即使是略低的效度系数也是不能接受的，因为雇用到不合格员工的风险实在是太高了。因此，你需要使用效度水平处于“非常有用”范围内的甄选工具。

情境三：你们公司正在考虑采用一套非常昂贵却会产生严重歧视性负面影响的评价系统。市场上还有其他一些歧视性负面影响较低的评价工具，它们的效度更低却同样成本很高。另外，雇用失误将会使你们公司面临很大的风险。最终，考虑到为特定岗位雇用员工很困难，而这种评价系统的效度处于“非常有用”的等级，再加上没有找到歧视性负面影响更小的群体替代评价工具，你们公司仍决定采用这种测评工具。只不过，你们公司还需要继续努力寻找降低这套评价系统的歧视性负面影响的方法。

很显然，大多数情境都会要求你考虑到多种因素。比如，除了效度，还必须考虑到招募和甄选的情境。即使一个员工配置系统是有效的，并且能够很好地预测一个人的未来工作成功，使用这种系统仍然有可能会带来一些意想不到的后果。比如，员工甄选系统可能会对以下几个方面带来歧视性负面影响：

● 求职者。如果一种效度较高的评价系统由于在从各种受保护群体中甄选人员时存在差别而产生歧视性负面影响，表面效度较低，就有可能会受到法律诉讼。正如我们在第3章中讨论过的，公平雇用方面的法律禁止企业使用因求职者的种族、肤色、宗教、性别或祖籍国而对他们产生歧视的测评。在有些情况下，职位候选人会质疑有些效度看似较高的测评实际上是与职位无关的。

● 企业的时间与成本。一种评价系统效度较高，但需要耗费的时间或人均雇用成本却是令企业无法接受的；或最终确定的都是一些对薪酬要求较高的高质量候选人，从而导致企业的薪酬成本上升；或者过于复杂，使用难度太大。

● 未来的招募对象。一种评价系统可能效度较高，但如果耗时太长或者太麻烦，那么一些求职者尤其是高质量的求职者就有可能中途放弃；一家公司如果使用耗时过长的甄选程序，就可能会减少求职者人数；一种效度较高的评价系统可能会减少来自特定性别、种族或背景的求职者人数，从而最终呈现出不同的甄选率；此外，即使是一种效度较高的测评系统，也仍然有可能会被视为不公平，从而导致未来的求职者人数减少。

● 现有员工。一种评价系统可能会偏向于组织外部的求职者，或者是并没有给所有合格的员工提供平等的申请企业内部岗位的机会；这样，员工就可能会质疑这种系统的公平性。

必须声明的一点是，这里并不是要有意忽视效度的重要性。恰恰相反，在这里强调应当考虑上述这些因素的目的在于，在甄选方面使用这些效度较高的测量时，应当注意将负作用降到最小。

对效度的评价通常都是针对某些特定岗位通过采用单一样本进行的。在一个既定岗位上的人数相对较少的情况下实施效度研究，无论是在实践方面还是在统计方面，都存在一定的局限性。用小样本来计算效度会引发大样本误差，并且会降低所得结论在统计上显著的可能性。解决此问题的方法之一是使用效度概化。

效度概化

效度概化（validity generalization）是指在一种情形下得到的关于测量效度的证据可以被推广至另外一种情形而无须做进一步研究的程度。[28]可以使用被称为元分析的统计技术，将面向不同职位以及不同目标群体所做的同一种测量的效度研究结果加以合并。元分析的目标是估计出一种测量的“真实效度”，以及确定是否可以把这个结果推广到所有的其他情形，或者明确同样的测量是否在各种不同的情形之下都是起作用的。

效度概化常常可以帮助员工配置专家了解一种测量与一个人的工作绩效之间的关系强度。然而，这并不能保证所有的企业在将这种测评应用到自己的员工队伍时都能达到相同的效度。每家企业都有自己的不同情境因素，这些情境因素会在很大程度上对测量的效度产生影响。尽管关于效度概化的可接受性还有待法院做全面的考量，像 preVisor（www.previsor.com）这样的在线测评公司已经越来越多地把效度概化作为对公司的各种产品进行效度检验的一个组成部分。

采用已有的评价方法

企业自己进行效度验证成本高昂。此外，正如之前解释过的，许多小企业在相关的职位族中并没有足够数量的员工，因而无法实施效度研究。另外的选择之一是通过与同一个协会中的其他企业合作，进行跨企业的合作研究，从而以更快的速度来收集进行效度检验所需的数据。比如，一些保险公司可以通过共享数据来获得针对特定岗位的大量效度检验数据。另外一种可能的选择是，充分利用由专业人员或机构开发出来的那些已经给出效度检验文件的评价工具和程序。但是，你还必须保证这种通过“外部”研究得到的效度证据能够被“移植”到你所选取的特定情境之中。事实上，《员工甄选程序规范指南》就是这样要求的。为确认某种特定的测量对于你准备应用的用途是有效的，可以去查阅一些参考手册以及获得一些独立评审意见，比如布罗斯研究所（Buros Institute）的《心理测量年鉴》（*Mental Measurements Yearbook*）[29]以及《测试评论》（*Test Critiques*）[30]。

在评价从供应商处购买的效度信息时，应当考虑如下这样一些因素：

● 对针对特定目的的测量提供支持的可能效度证据。说明手册应当包括用来进行效度验证的程序的完整描述以及这些研究所得出的结果。同样还需要考虑在效度研究中采用的关于工作成功的定义。

● 可能有效的测量应用。应当描述这种测量可以得到合法运用的目的以及能够被有效预测的绩效标准。

● 开发测量时针对的样本群体与企业的测量可能针对的目标群体之间的相似性。比如，这种测量工具在开发时所针对的样本群体是高中毕业生、管理人员还是普通文员？样本群体的族裔、年龄和性别分布是怎样的？

● 职位相似性。应当通过进行职位分析来证实你们的职位与当初开发测量时所针对原始职位在能力要求与工作行为等方面具有足够的相似性。

● 歧视性负面影响证据。考虑这些外部研究对于你们企业所在劳动力市场上的那些受保护群体可能产生的歧视性负面影响方面的报告。如果无法从其他合格的测量工具处获得这方面的信息，则在可行的条件下可以自行进行研究。

另外，如果一个组织想在全球范围内使用一位供应商的评分工具或其他工具，那么对这种供应商做一个全面的评价是很重要的。许多声称属于全球性的供应商事实上并不能在全球范围内提供产品。[31]

本章的“技能开发”栏目提供了对求职者的一些特征进行测量的建议。

➡ 技能开发

评价要点[32]

为了有效地对求职者进行评价，企业必须了解每一种评价程序的内在局限性以及应当如何恰当地使用自己所选定的评价方法。以下是有效地实施评价项目的10个要点：

1. 要有目的地使用测量工具——清楚地理解你想要测量什么以及你为什么要测量它。

2. 使用多种测量工具——由于没有哪一种单一测量工具能百分之百地可信或有效，你需要使用多种工具来测量与职位有关的那些特征。

3. 使用不带偏见、对所有群体公平的测量工具——这能帮助你确认高质量的多元化最终候选人。

4. 使用可信、有效的测量工具。

5. 使用适合目标群体的测量工具——针对一类群体开发的测量工具对其他群体可能并不有效。

6. 确保施测人员经过恰当的培训——培训的内容应当包括如何实施测量以及如何处理一些比较敏感的特殊情境——比如，如何以及在何时应当为残疾人提供合理的便利。

7. 确保测量条件的恰当以及一致——噪声、光线阴暗、计时不准确以及设备破损等，都有可能对被试产生歧视性负面影响。

8. 保障测量工具的安全性——测量开发者以及施测者应当严格限制他人接触测量问项，测量工具应当进行阶段性的修改完善。

9. 确保测量结果的保密性——只能将测量结果与有合法知晓权的人共享。未经被试同意，其个人信息不应泄露给任何其他个人或组织。

10. 合理解释分数——从测量结果中推导出的结论应当是合理有据的，而不是仅仅从表面上做解释；尤其需要密切关注污染误差和缺陷误差；为这些测量工具编写的测量手册也应当提供如何合理对分数进行解释方面的指导。

甄选误差

为了帮助你甄选并雇用质量和生产率都更高的员工，你需要一套有计划的评价方案，而这些由专业开发人员或机构开发的测量及其施测程序则是其中的一个组成部分，即使这些测量工具本身并不完美。需要理解的一点是，所有的评价工具都是存在误差的，这不仅体现在对某些特征——比如口头语言表达能力——进行测量方面，而且体现在对工作成功效标——比如工作绩效——的预测方面。这种情况存在于所有测量工具以及测量程序中。

- 不要指望哪一种测量工具或程序在对任何人的任何一种特征或能力进行测量时都是完美的。
- 不要指望哪一种测量工具或程序在预测一位候选人的工作成功方面都是完美的。

选择能力强的员工当然非常重要。然而，还有许多其他会影响个人绩效的因素。比如，你还需要能清晰地理解应完成哪些工作的员工有足够的工作动力。此外，员工还需要有必要的时间和资源来取得工作成功。而对这其中的一些因素，是可以用良好的测量工具来进行预测的。也正是因为如此，在一些甄选程序中往往会以某种形式通过综合使用（至少）3～5种不同的甄选测量工具来帮助企业做出最终的雇用决策。

尽管已经做出上述种种努力，仍然会存在这样一种可能性，这就是虽然测量分数或程序预测某个人将会是一名好员工，但此人实际上并不是。同样还会存在另外一种可能性，这就是那些因为得分低被拒绝的人，实际上是有能力的好员工。在员工配置专业领域中，这些误差称为**甄选误差**（selection errors）。错误接受和错误拒绝是两种类型的甄选误差。错误接受是指错误地将较差的求职者作为好员工雇用进来了；错误拒绝则是指错误地将很好的求职者作为较差的员工拒绝掉了。当努力减少其中一种误差时，或许会增加出现另外一种误差的可能，因此在做雇用决策时，就会面临两者之间的权衡。这些方面的内容我们在后面各章中还会做更多的探讨。

甄选误差不可能被完全避免，却可以减少出现甄选误差的可能形式，比如通过使用多种测量方法来做决策。使用多种测量工具和程序来更为全面地对候选人进行评价的方法称为**全方位人才评价法**（whole-person approach）。这种方法将有助于减少甄选误差的次数，提高整体决策的有效性。[33]

标准化与客观性

标准化（standardization）是指对一种测量所进行的一致性实施和使用。标准化反映了实施一种评价方法的条件与程序的一致性和统一性。计算机化有助于确保所有的被试能够得到相同的指导以及有同样多的时间完成评价。由于保持标准化条件是施测者的责任，对所有施测者进行关于恰当的实施步骤以及条件控制方面的培训就至关重要。这一点无论是对于面试，还是对于其他评价方法来说，都同样适用。除了具有法律方面的重要性，标准化还具有其他方面的价值，这是因为招募官应当依据胜任素质、工作风格以及个人特质等对求职者进行一致性的评价。

常模反映了可以用来进行比较的大量的人在一项测试方法上的得分分布情况。标准化样本是指一组测量得分将会被用于建立常模的被试。这些常模将会成为决定未来被试的相对绩效的对比分数。

客观性（objectivity）是指在为一种评价工具赋分的过程中存在的判断或偏见数量。客观测量的赋分过程是不受个人判断或偏见影响的。一分钟内的打字个数就是一种客观测量，消防员可举起的物体重量也是一种客观测量。主观测量则包含了可能受打分者个人的态度、偏见以及个人特征影响的题目（比如论文和面试问题等）。当雇用决策具有主观性的时候，在雇用过程中吸收多种不同人员加入是一种好的做法，在这些人员中最好包括不同性别和族裔的人，这样最终做出的决定就更加具有正当性。[34]由于标准和客观的测量能够最为精确，最好是尽可能使用这些测量方法。

创建评价体系并进行效度检验

要想在任何一家企业中针对任何一个职位创建一套有效的评价和甄选系统，都必须从职位分析开始。正如你在第 4 章中学习过的，在理解取得工作成功所需要满足的要求之后，你需要明确一位员工要想取得成功必须具备的那些重要的知识、技能、能力和其他个人特征（KSAO）以及胜任素质。然后你还要确定能够用来对 KSAO 以及胜任素质进行评价的可信且有效的方法，同时创建一个用来测量和收集与结果有关的数据的系统。在决定应当使用哪种测量方法时，你需要考虑每一种测量方法产生的数据的可靠性和有用性。然后，还需要对每一种测量方法收集上来的数据进行验证，以确保这些数据有合理的平均值和标准差。请记住，每个人的得分都相同或接近相同的测量方法不如那些能够产生广泛分布分数的测量方法有用。接着，你还需要将通过每一种评价方法产生的候选人得分建立相关性，或者是将他们的得分放入回归方程，以评估这些测量方法中是否存在重复和多余的情况，以及一组测量结果对于候选人在岗位上取得工作成功进行有效预测的程度。在对每一种测量方法进行评价时，还需要考虑它们可能产生的歧视性负面影响以及各自的成本。在最终确定了一组测量方法之后，你还要制定甄选规则，以确定得分多少算是通过测试。此外，还需要阶段性地对系统的有用性和有效性进行再次评估，以确保这一系统在未产生歧视性负面影响的条件下有效地预测一个人的未来工作依然是成功的。

对标

有时候，通过将本企业的员工数据与其他企业进行比较，能够帮助一家企业更好地理解自己在特定方面做得是好还是不好。比如，员工的自愿离职率达到 30%属于好的还是差的水平？对于有些岗位而言，比如零售店员这种岗位，这样的离职率与行业平均水平相比就算是比较好的了；而在其他岗位上，30%的离职率可能就高得反常了。将其他企业作为自己的标杆能够为企业提供以下几个方面的比较信息：

- 求职比率。
- 平均起薪。
- 填补岗位的平均时间耗费。
- 人均雇用成本。

有许多来源可以提供相对高质量的标杆信息，但成本可能会比较高。一些标杆比较数据的来源包括：

- 公司领导力委员会。
- 华信惠悦以及其他一些员工配置方面的咨询公司。
- 哈克特集团（Hackett Group）。
- 萨拉托加研究所（The Saratoga Institute，现为普华永道的一个组成部分）。

● 员工配置网站（Staffing. org）。

● 许多行业协会——比如人力资源管理协会——通常会跟踪标杆比较信息，然后提供给自己的成员。

对评价方法的评价

无论是企业自己开发的还是外部开发的评价方法，其有效性的决定因素都包括：

1. 效度——评价方法是否预测了工作成功的相关部分。

2. 投资回报——评价方法是否产生了超过其使用成本的经济回报。

3. 求职者反应——包括求职者对评价方法的职位相关性以及公平性的认知。

4. 可用性——企业成员一致且正确地使用这种评价方法的意愿和能力。

5. 歧视性负面影响——这种评价方法在使用时能否避免对受保护群体产生歧视。

6. 甄选率——这种评价方法能否产生较低的甄选率。

对于一种评价方法的有效性而言，一家企业的甄选率和成功率的重要性在这里需要进一步强调。泰勒（Taylor）和拉塞尔（Russell）[35]是第一批证明了不能仅仅依靠效度来决定一种评价可用的研究者。他们制作的表格通过将甄选率和基本甄选率纳入其中证明了，如果被评价的人中大多数都是已经被雇用了的，那些有很高效度的评价方法也未必是有用的，而如果被评价者中只有很少的人是已经被雇用的，那么即使是一些效度相对较低的评价方法同样能够对提高工作成功率产生积极的影响。这种研究成功就为效用分析奠定了基础，这一点我们将在本章后面加以讨论。

甄选率（selection ratio）是用雇用人数除以求职者人数之后得到的结果。甄选率较低意味着被雇用的求职者在求职者总人数中所占的百分比较低，而甄选率较高则意味着被雇用的求职者所占百分比较高。甄选率较低意味着企业在甄选方面更有主动性，说明企业要么需要雇用的人数较少，要么是获得了大批的求职者。比如，75%的甄选率意味着企业在每 100 位求职者中雇用了 75 人，这说明评价方法并没有很好地排除那些把工作做好的可能性较低的人。假设你的甄选率是 1.00（100%），在这种情况下你实际雇用了所有的求职者——在这种情况下，没有任何一种评价工具是可用的。

成功率（base rate）是指当前被界定为成功者的员工所占的百分比。显然，企业渴望自己能够达到 100%的成功率，因为这反映出所有员工的绩效都令人满意。企业的人力资源管理实践，其中包括员工配置、培训、薪酬管理以及绩效管理等，会共同对一家企业的成功率产生影响。如果你的成功率是 100%，那么每一位被雇用的员工都已经是取得了工作成功的人，因而在这种情况下，使用任何额外的评价工具都并不能提高你们公司的成功率。

从改进一家企业的成功率的角度来说，一种新的评价系统是否有改善的潜力主要取决于企业当前取得工作成功的员工所占的比率（当前的成功率）、甄选率以及新评价方法的效度。[36]与成功率较低、大多数员工表现较差的情况相比，如果企业当前的成功率较高，大多数员工都在岗位上取得了工作成功，那么新评价方法产生影响的可能也就会较小。与低绩效系统相比，高绩效系统（正如高成功率所示）的改进空间显然会更小一些。

降低甄选率的做法同样能够起到增强甄选系统的影响力的作用。80%的甄选率意味着企业只排除掉了 20%的候选人，这家企业很可能雇用了评价系统认为属于潜在绩效较低的人。当然，如果招募来源确定和招募过程能够带来包括许多潜在高绩效者的候选人才库，那么，较低的甄选率可能就不会大幅度改善企业的甄选过程。

一种新评价方法的效度同样会影响甄选系统的效力。正如讨论过的，效度较高的评价方法要比效度较低的评价方法能更好地优化甄选过程。如果当前的成功率和甄选率都很高，并且新评价方法的效度一般或较低，那么这种评价方法可能并不值得使用。

为施乐公司呼叫中心雇用最好的员工

施乐公司想使用一种数据驱动方法来改善呼叫中心的雇用质量，并降低员工的离职率。为此，施乐公司对当前雇用系统的效度进行了检验，发现现有的系统对过去有工作经验的求职者有偏向其实是无效的——有没有在呼叫中心工作的经验对于员工的绩效或员工保留并无影响。在收集了与工作绩效和员工保留相关的更广泛的个人特征数据之后，施乐公司了解到人格特点对于预测那些绩效水平更高且留任时间能够达到6个月以上（足够企业收回培训新员工的5 000美元成本）的员工具有重要意义。施乐公司了解到，尽管有好奇心、善于移情的人倾向于离职，但有创造力的人倾向于在企业中停留更长的时间且绩效水平更高。施乐公司同样了解到，住在工作场所附近以及上班交通便捷对于保留员工很重要。[37]

在尝试使用关注求职者的人格特点的新评价系统半年之后，施乐公司发现，新员工的流失下降了20%，员工的工作绩效也有所改进。现在，施乐公司使用软件为48 700个客户服务岗位筛选求职者。求职者要参加一项时长30分钟的电子化测试，这种测试会询问求职者对于在工作中可能遭遇的情境会做出怎样的反应，要求求职者在几种陈述中做出选择，比如“我比大多数人询问的问题都要多一些”以及“人们通常都会相信我说的话”。这个系统会自动评价求职者的创造力等个人特征并给出分数：潜力较差的人标上红色，潜力中等者标上黄色，潜力较高者标上绿色。如果施乐公司认为可以对标上黄色的求职者进行培训，那么它偶尔会雇用标上黄色的求职者，但标上绿色的求职者是施乐公司的雇用首选。[38]

本章总结

充分的测评为有效的员工配置打下了基础。如果在工作分析的过程中没有充分测评工作特征，如果没有有效测评申请人特征，组织很难甚至不可能找到并雇用会成为最佳员工的候选人。尽管测评不可能完美无缺，但使用具备一定信度和效度的测评能提高所做决策的准确度。理解描述数据的不同方式、能够使用并阐释相关关系和回归关系能帮助人力专家最大限度地利用数据做决策，也能帮助专家评估外部咨询的成效。

收集和利用相关信息是做出明智决策的重要环节，人事决策也不例外。通过理解测评系统属性之间的历史关系，比如招聘来源、招聘布告、使用的测评方法、理想的组织绩效等，决策者可以最好地使用并改进员工配置系统。员工配置系统的成果包括绩效、顾客满意度以及保留高绩效员工。通过分析数据带来的员工配置改进包括减少有效雇用新员工的时间、提高高绩效以及高潜力员工保留率、提高新员工质量、提高招聘经理满意度。正如你将在第13章学到的，通过分析数据改进员工配置系统能加强新员工与组织之间的匹配度、加强员工配置措施及战略与公司业务战略间的联系。

讨论题

1. 哪些类型的针对求职者的测量最有可能有较高的信度和效度？这会使它们更有用吗？为什么？

2. 你将会如何向直接上级解释在面试分数和新雇用员工的质量之间的相关系数较低这种情况，然后说服他考虑采用一套新的求职者评价方法？

3. 你想运用一套价格较高的评价测试，你希望看到怎样的相关关系？

4. 如果你需要运用一项测试来对求职者的工作成功可能性进行预测，但这项测试会产生歧视性负面影响，则在什么时候这项测试是可以接受的？

5. 员工配置专业人员需要知道关于测量的哪些方面的知识？

案例分析

贝贝布茨（BabyBots）是一家小型机器人制造商，你现在被任命为该公司的员工配置经理。你很惊讶地了解到，虽然这家公司一直针对生产岗位的求职者进行身体敏捷度测试，但从未对这种测试的效度进行检验。你打算开展同时效度研究，在 30 名生产工人中实施这项检验工作。表 8-4 中是这些工人的测试得分以及他们的年龄、性别、族裔和工作绩效评价得分。你还计算了身体敏捷度测试与工作绩效之间的相关关系，从而对这种测试的效度进行评价。你考察了员工测试分数与他们的绩效评价分数之间的关系。表 8-5 与表 8-6 展示了你所做的分析的结果。

表 8-4　身体敏捷度测试的效度数据

员工编号	性别	族裔	年龄	测试分数	绩效分数
1	0	0	35	36	90
2	0	1	32	44	95
3	1	0	44	50	95
4	0	2	42	49	93
5	1	2	36	46	89
6	0	1	33	52	94
7	0	1	45	50	92
8	0	0	48	50	93
9	1	2	34	42	83
10	1	2	46	44	89
11	1	0	30	40	87
12	1	0	39	48	95

续表

员工编号	性别	族裔	年龄	测试分数	绩效分数
13	1	2	31	47	90
14	0	1	49	39	80
15	1	0	47	48	92
16	1	1	40	38	79
17	0	0	44	38	80
18	0	1	33	36	72
19	1	0	43	46	89
20	1	0	36	48	92
21	1	1	22	46	89
22	0	2	28	32	70
23	1	2	19	48	94
24	0	2	23	48	94
25	0	2	27	36	74
26	1	1	18	46	85
27	1	1	26	44	79
28	0	1	21	50	95
29	0	2	23	34	70
30	1	1	28	44	83
平均值			34.07	43.97	86.73
标准差			9.33	5.54	7.91
最小值			18.00	32.00	70.00
最大值			49.00	52.00	95.00
极差			31.00	20.00	25.00

绩效得分：0=0%的效率，100=100%的效率
性别：0=男性，1=女性
族裔：0=拉丁裔人，1=白人，2=黑人

表 8-5 回归结果

	年龄	测试分数	绩效分数
年龄	1.00		
测试分数	0.12	1.00	
绩效分数	0.18	<u>0.86</u>	1.00

注：带下划线的回归结果表明统计显著性水平 $p<0.05$。

表 8-6　得分超过临界值 43 分的人数及其百分比

性别	超过 43 分人数	总人数	百分比
男性（0）	7	14	50.00
女性（1）	13	16	81.25
总数	20	30	66.67

种族	超过 43 分人数	总人数	百分比
拉丁裔（0）	6	9	66.67
白人（1）	8	11	72.73
黑人（2）	6	10	60.00
总数	20	30	66.67

思考题

1. 在员工身体敏捷度测试分数与他们的绩效分数之间存在何种关系？

2. 假设某位求职者的身体敏捷度测试分数为 44 分。运用身体敏捷度测试分数来预测工作绩效的回归方程为：32.465＋(1.234×身体敏捷度测试分数)。则这位求职者的预期工作绩效为多少？

3. 假设只有预测的工作绩效分数超过 85 分的求职者才会被雇用，这相当于求职者的身体敏捷度测试得分不能低于 43 分。假设只有身体敏捷度测试得分在 43 分以上的人才会被雇用（30 个样本中的 20 人），使用这种测试会引发性别或族裔方面的歧视性负面影响吗？超出 43 分这个临界值的这 20 个人的相关数据请参见上述表格。

4. 根据你得到的效度检验结果，你会推荐该公司使用这种测试作为甄选工具吗？如果推荐使用，你将如何使用这种测试？

案例研究作业　切恩公司的战略性员工配置

请参见本书后面的附录来完成本案例研究作业。

附 录

因不可靠性而产生的衰减

在确定一种特定的评价工具在战略上是否有用以及是否满足合法性要求方面，相关关系是一种至关重要的分析工具，因此很重要的一点是要认识到，可观察的相关性会受到组织情境中一些重要因素的影响。衰减是指可观察的相关关系的减弱。没有任何一种测量方法是完美的，而不可靠的测量会导致相关关系的衰减。[39]

请看图8-8，在第一张散点图中，我们描绘了一种完全相关的情况，并且用箭头指示出了随机误差。在第二张散点图中，你就可以看到测量误差所产生的影响了（不可靠）。你可以很容易地看到这种不可靠性是如何在测量系统中加入"噪声"或者误差的，而这会导致相关关系的衰减。可观察到的相关关系已经偏离了完全相关的情形（相关系数+1.0），处于大约+0.67的位置。在最极端的情况下，与一个随机变量之间的相关系数（一种完全不可靠的测量）可能会处于某个围绕零值的位置。误差所产生的影响也恰恰说明了为什么你的员工配置系统和程序应当是系统性的。如果不同的面试官受到一些非面试因素的影响，那么面试分数就不可能可靠，也就不太可能与求职者将来的工作绩效有很强的相关性。如果你知道某种测量的效度，你就可以对可观察到的相关关系所受到的衰减进行修正。此时可用的公式是：

$$\text{修正后的 } r_{XY} = \text{可观察到的 } r_{XY} / \sqrt{r_{XY} \times r_{YY}}$$

式中，r_{XY}为X和Y之间的相关系数；r_{XX}和r_{YY}分别为对X和Y进行测量的效度。

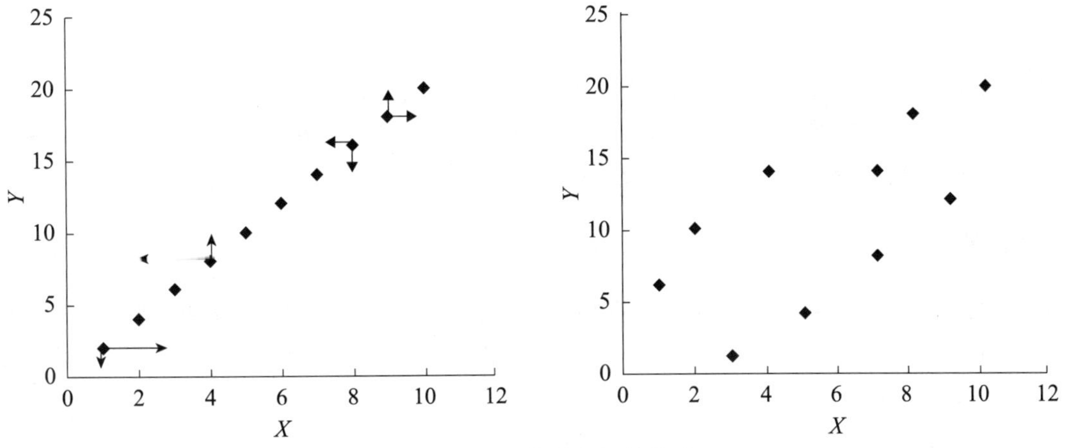

图8-8 不可靠性和相关关系

全距限制校正

另外一个可能会影响到企业中的相关性的因素是全距限制。企业不是随机雇用员工，而是只留下绩效最好的员工。这就会削弱企业内员工的变异性。全距限制是可观察到的分数的变异性受到削弱的情况，这种情况往往发生在某些管理措施或甄选工具得到运用的时候。全距限制会导致可观察的相关关系衰减。

例如，我们会从美国劳工统计局的网站上下载一些数据，然后将受教育程度与收入进行相关分析。表 8－7 展示了运用各种全距限制水平下的实际数据得到的相关系数。

表 8－7 全距限制

样本选择	相关系数
所有可能的样本	0.838
收入达到某一水平的样本	0.452
高中毕业学历的样本	0.410
上过大学的样本	0.293
有硕士或博士学位的样本	0.001

从表中可以得出这样的结论，如果采用全部样本，则受教育程度与收入高度相关，但是如果仅仅采用那些受教育程度较高的样本，你可能就会得出受教育程度与收入的关系不大的结论。为什么会有这种区别呢？随着受教育程度的范围受到限制越来越高，它与收入之间的关系也越来越弱。想象一下，如果每个人都正好有相同的受教育水平，那么受教育水平与收入之间就没有关系。

正如员工配置中的例子一样，假定你只选择那些在人格测试中得分处于最高的 1/4 部分的人。这样，你就限制了人格测试分数的变异区间。当我们试图建立在组织内的效标关联效度时，这就会成为一个问题。如果你采用了某种甄选工具或者任何与某种甄选工具有关的程序来做出员工配置决策，那么你就必然会对分数的分布区间施加某种限制。即使只留下那些最好的员工，你也以某些重要的方式限制了变异性。如果你知道未受限制时的变异系数（或标准差），则你就可以对存在全距限制情况下的可观察相关系数加以修正。修正的公式为：

$$\text{修正后的 } r_{XY}=\frac{r_{XY}\ (S_U/S_R)}{\sqrt{1-r_{XY}^2+r_{XY}^2\ (S_U^2/S_R^2)}}$$

式中，r_{XY}为 X 和 Y 之间的相关系数；S_U和 S_R分别为未受限制和受到限制情况下的标准差。只要能够得到未受限制和受到限制情况下的标准差，便可以运用上述公式来对预测因子或效标因子的过程中存在的全距限制加以校正。此外，还存在可以对间接全距限制加以校正或对一种以上的变量进行同时校正的更为复杂的公式。

测量公式

如果没有特殊说明，则 X 的值就是观察到的分数，Y 的值就是代表结果的分数，n 的值是样本中的观测个数。Excel 表中的公式假设在单元格的列中排列着从 A1～A30，然后是 B1～B30 的数据。

中值

$$\overline{X}=\frac{\sum X}{n}$$

在 Excel 中的计算方式：@average（A1：A30）。

全距

$$X_{\text{最大值}} - X_{\text{最小值}}$$

在 Excel 中的计算方式：@Max(A1：A30)－@Min（A1：A30)。

样本方差

$$var_x = \frac{\sum X^2 - \frac{(\sum X^2)}{n}}{n-1}$$

或

$$var_x = \frac{\sum (X-\overline{X})^2}{n-1}$$

在 Excel 中的计算方法：@Var(A1：A30)。

样本标准差

$$s_X = \sqrt{\frac{\sum (X-\overline{X})^2}{n-1}}$$

或

s_X＝方差的正平方根

在 Excel 中的计算方式：@stdev(A1：A30)。

z 值

$$z = \frac{(X-\overline{X})}{s_X}$$

样本协方差

$$\text{cov}_{XY} = \frac{\sum XY - \frac{(\sum X)(\sum Y)}{n}}{n-1}$$

在 Excel 中的计算方式：@covar(A1：A30，B1：B30)*[n/(n－1)]。

相关系数

$$r_{XY} = \frac{\text{cov}_{XY}}{S_X S_Y}$$

在 Excel 中的计算方式：@correl(A1：A30，B1：B30)。

简单回归

$$y' = bx + a$$

$$b=\text{cov}_{xy}/s_x^2 \text{ 或 } b=r_{xy}(s_y/s_x)$$
$$a=\bar{y}-b\bar{x}$$

式中，y'为被预测的结果变量；x 为预测因子；b 为回归线的斜率；a 为常数或截距。

在 Excel 中的计算方式：@slope(A1：A30，B1：B30)以及@intercept(A1：A30，B1：B30)。

两个变量的多元回归

$$y'=b_1x_1+b_2x_2+a$$
$$b_1=[(r_{y1}-r_{y2}r_{12})/(1-r_{12}^2)]\times(s_y/s_1)$$
$$b_2=[(r_{y2}-r_{y1}r_{12})/(1-r_{12}^2)]\times(s_y/s_2)$$
$$A=\bar{Y}-(b_1\times\bar{x}_1)-(b_2\times\bar{x}_2)$$

式中，y'为被预测的结果变量；x_1 和 x_2 为两个预测变量；b_1 和 b_2 分别为变量 x_1 和 x_2 的斜率；a 为常数或截距；r_{y1} 和 r_{y2} 分别为 x_1 和 x_2 与结果之间的相关系数；r_{12} 为 x_1 和 x_2 这两个预测因子之间的相关系数；s_y 和 s_1、s_2 分别为 y、x_1 和 x_2 的标准差。

在 Excel 2013 中，计算带有多个预测因子的多元回归是相对比较容易的，具体方法如下：

1. 确保安装了分析工具安装包（其他版本的 Excel 的指令略有不同）。这是微软办公操作软件 Excel 的一个插件，可以把一些自定义命令或自定义特征装入微软的办公软件。

（1）打开电子表，点击上方左侧的“文件”菜单。

（2）在左边的侧边栏点击“选项”。

（3）点击左侧的“添加”。确保显示的是管理“Excel 插件”。然后点击“继续”。

（4）在“插件包”边框中，选择“分析工具”的确认方框，然后点击“完成”。如果已经有了一个“分析工具”确认标志，那么就已经安装完毕了。不要未经确认就点击对话框右上角的红色的“否”。否则就继续。

（5）如果提示分析工具包目前尚未安装在你的计算机之中，点击“是”进行安装。安装完毕，数据分析命令就可以在数据标签的分析组中看到。

2. 确保每一列都有标签，并且在表格中没有缺失数据。

3. 点击“数据”，然后找到“分析”方框，点击“数据分析”。

（1）下翻，点击“回归”，然后确认。

（2）点击“录入 Y 的区间”，然后录入所有结果的区间或者用鼠标选定，其中包括各列的标签（比如，K1：K49，如果你的结果是在 *K* 列，一共有 48 个样本以及一个列标签）。

（3）点击“录入 X 的区间”，然后录入所有预测因子的区间或者用鼠标选定，其中包括各列的标签（比如，B1：F49，如果你一共有 48 个样本、5 个预测因子以及 1 个列标签）。

（4）点击“标签”，如果按照上述的操作方式把标签列包含了进来。

（5）点击“继续”，你就可以运行多元回归了。可以通过在“数据分析”选项中选择“相关”遵循类似的过程计算相关矩阵。

分半信度（斯皮尔曼-布朗系数）

$$r_{xx}=2r_{1/2\,1/2}/(1+r_{1/2\,1/2})$$

式中，$r_{1/2\,1/2}$为测量的两半分数之间的相关系数。

阿尔法系数

$$\alpha=\frac{k}{k-1}\left[1-\frac{\sum\sigma_i^2}{\sum\sigma_T^2}\right]$$

式中，k 为问项的数量；σ_i^2 为每一个问项的方差；σ_T^2 为测量总分的方差。

测量的标准差

$$\mathrm{SEM}=s_X\sqrt{1-r_{XX}}$$

式中，SEM 为测量的标准差，也称既定真分数的可观察分数的标准差；r_{XX}是信度系数；s_X是观察分数的标准差。

内容效度比率（CVR）

$$CVR=\frac{\left(n_e-\dfrac{N}{2}\right)}{\dfrac{N}{2}}$$

式中，n_e为认为问项所测量的 $KSAO$ 对于工作绩效很有必要的判断次数；N 是对问项进行评价的总判断次数。

补充计算

你可以到培生公司的网站上获得本节计算所需的数据（UniversalToys. xls）。

你正在一家生产通用玩具的企业中工作，现在正好负责一个对公司当前的甄选系统进行评价的项目。你的工作任务是对以下三种测量的有用性进行评价，一是测试内容相同但分别在两周中完成的两次责任心测试、一次认知能力测试，还有两次面试。责任心测试是一种针对工作环境的标准化人格测试，分值范围是从 1～10（责任心分 T1 是指第一次的测试分数，责任心分 T2 是指第二次测试的分数）。认知能力测试是标准化的智商测试，通常的分数介于 80～130（认知能力分）。第一次面试的分数是通过用人部门经理所做的非结构化面试得出的，分数的分布区间为从 1～7（用人部门经理分）。第二次面试分数是通过人力资源经理所做的结构化面试得出的，主要是为了评价候选人的关键能力和工作经验，分数的分布区间也是从 1～7（人力资源经理分）。在过去的三年中，这家公司都运用了这三种测试方法，你可以通过公司的人力资源信息系统查到当前的 48 位生产员工在这些预测因子上的当初得分。这 48 位员工的分数都记录在电子表格中，同时还有年龄、性别、族裔、岗位代码以及管理层对他们的工作绩效所做的评价分数。公司还要求你进行歧视性负面影响分析。族裔的编码方式是，0 代表白人员工，1 代表非洲裔员工，2 代表拉美或西班牙裔员工。男性的编码是 0，女性的编码是 1。岗位 1 是装配工，岗位 2 是设备安装工，岗位 3 是质量控制工。对绩效的评价是通过团队生产领导者软件打分得到的，分数的区间是 10～50。通过打印输出或者剪切粘贴到文件的功能，在这些数据的基础上实施下述操作：

1. 运用 Excel 或手工的方式描绘一幅人力资源经理对从 1～16 号员工进行面试的分数分布情况，横轴（X 轴）是面试分数，纵轴（Y 轴）是分数的分布频率。请对模型加以描述。

2. 以手工方式计算从 1～16 号员工的认知能力测试得分的平均值、中值、总数、全距、方差以及标准差。如果你愿意的话，还可以重复进行从 33～48 号员工的上述计算。

3. 运用 Excel 重复计算你在上一步骤完成的计算，以进行结果核查。

4. 运用 Excel 计算所有定距变量或比率变量的平均值、中值、总数、全距、方差以及标准差，其中包括全体员工（从 1～48 号）的绩效方面的上述指标。

5. 以 33～48 号员工的数据为基础，以手工方式创建散点图，描绘出认知能力和绩效之间的关系。以手工方式计算上述两类数据之间的相关系数。然后用 Excel 来确认你的上述计算。

6. 以 33～48 号员工的数据为基础，以手工方式在认知能力和绩效之间做一个简单回归。用 Excel 确认斜率和截距。计算在认知能力得分为 118 分的某个人的预测绩效得分。

7. 运用相关函数在两组责任心测试分数之间建立起相关性。这种相关关系告诉你什么信息了吗？分别运用相关函数建立这两组数据与绩效之间的相关性。在样本规模为 48，p 值为 0.05 的情况下，相关系数超过 0.285（忽略正负号）就是显著统计相关的了。你有什么发现？

8. 现在运用数据分析选项中的回归函数，用两组责任心数据来预测工作绩效。你发现了什么？为什么？

9. 在两列责任心数据之后插入一列。用两次责任心测试得到的数据计算出一个关于责任心的平均分。建立责任心的平均分与绩效之间的相关性。假定工作绩效的信度为 0.90。请采用责任心测量的信度和工作绩效的信度来对可观察相关的衰减情况加以校正。

10. 运用相关函数建立两组面试分数之间的相关性。相关系数是多少？这种相关系数说明了什么？你为什么认为自己观察到了这个数值。

11. 运用数据分析选项中的回归函数，用两组面试数据来预测工作绩效。你发现了什么？有什么建议？

12. 运用相关函数建立认知能力测试与工作绩效之间的相关性。对这一相关系数进行全距限制校正，假设在未经限制的人群中，认知能力测试的标准差为 15。

13. 运用数据分析选项中的回归函数，用你创建的两组责任心的平均数据、认知能力数据以及来自用人部门经理和人力资源经理的两组面试数据来预测工作绩效。看一看每一种预测因子的 p 值。任何小于 0.05 的值都具有统计显著性。你发现了什么？会得出怎样的结论？你可以放弃哪些变量吗？为什么可以或不可以？

14. 根据你的分析结果写出包括所有变量的多元回归方程。如果某人的责任心平均分、认知能力得分、用人部门经理评价得分以及人力资源经理评价得分分别为 6、120、5 和 7，此人的绩效预测得分是多少？

15. 你对当前甄选系统的总体效度怎样评价？写一份短报告。如果你认为可以，在放弃一些变量之后重新运行一次回归方程。写下你准备推荐公司使用的最终的多元回归方程式。

16. 看看 Excel 电子表格中的求职者数据。运用 Excel 和你的多元回归方程计算所有求职者的绩效预测得分。假定你想根据绩效预测得分，雇用位居前 50%的求职者，评估一下仅仅雇用位居前 50%的求职者可能会在性别和族裔方面产生的歧视性负面影响。写一份短报告，其中包括对于歧视性负面影响所做的计算。

17. 列出你所发现的效度以及歧视性负面影响分析，你会给公司提出怎样的建议？是否存在歧视性负面影响？这套员工配置系统是合法的吗？这些评价方法的信度和效度如何？

第 9 章
外部候选人评价

学习目标

学习本章之后，你应该能够：

1. 明确不同的外部候选人评价目标。
2. 描述一项评价计划的含义。
3. 描述不同的评价方法以及如何最好地使用每种方法。
4. 讨论如何对外部候选人评价方法做出评价。
5. 明确如何降低每种评价方法的歧视性负面影响。

开篇案例

脸书公司的雇用过程

网络社交媒体公司脸书充分认识到雇用顶尖人才的重要性，尤其是对软件工程师和产品经理等这样一些技术岗位而言。脸书公司一直在最佳雇主排行榜名列前茅，公司的职位空缺每年都会收到成千上万的求职申请。[1]为了与公司的创业精神和扁平化组织结构保持一致，脸书公司想要寻找那些不需要获得太多的指示就能主动做事的人才。由于员工会在团队环境中工作，团队工作能力就显得非常重要。[2]

最成功的员工能够理解脸书的产品和公司愿景。脸书公司知道，那些已经注册了脸书账户并且属于活跃用户的人更有可能与公司实现良好的匹配，此外，那些能够展示出有趣的工作产品或手机应用程序的工程师，往往也能成为好员工。[3]脸书公司想要雇用的是那些能够产生真正影响的、解决挑战性问题的以及帮助整个世界变得更加开放和更具连接性的员工。[4]假设脸书公司现在邀请你就如何最好地评价候选人与职位以及公司文化之间的匹配度提出建议。在学习本章之后，你应该会有一些好提议。

在战略规划、职位描述和任职资格要求编写、候选人搜寻渠道确定、招募等工作完成之后，员工配置过程的下一步就是要评价候选人在多大程度上具备很好地完成岗位上的工作所需要的那些任职资格和个人特征了。本章主要关注外部候选人的评价问题，下一章则着重探讨内部候选人的评价问题。

为何对人的评价如此重要呢？即使在一家企业的求职者人才库中确实包括了一些可以被雇用的出色候选人，如果企业的评价系统无法辨别出这些人，他们也不会成为企业的员工。

比如，在2012年时，达美航空公司（Delta Airline）一共收到了10万份乘务员岗位的求职申请，其中包括在一周之内收到的针对300个岗位的2.2万份求职申请。因此，达美航空公司必须对大量的候选人进行评价，从而决定最终雇用哪些人。[5]这种评价的目标在于找出那些可以被雇的优质候选人，同时筛掉那些比较糟糕的候选人。瑞多夏克公司（RadioShack）发现，通过在雇用过程中运用设计良好的评价工具对小时工岗位的候选人进行甄选，每位员工每小时为公司创造的收入增加了大约10美元。由于该公司总共雇用了1 000多名领取小时工资的员工，这种改进将会使公司的年收入增长1 000万美元。[6]

糟糕的评价系统并不比通过随意挑选求职者给他们发出入职邀请函好。相反，设计良好的评价系统能够增加企业雇用的优秀员工人数，同时减少对不合格员工的雇用。这对企业会产生怎样的影响呢？对于那些高绩效员工和低绩效员工之间的绩效差距非常明显的岗位而言，找到并雇用最佳候选人就能够显著提高企业的生产率和绩效。想一下计算机程序员的情况，明星程序员的绩效可能是一般程序员的8～10倍。[7]

汉堡王公司（Burger King）为了加快领取小时工资的员工的雇用速度，提高他们的绩效水平，同时降低他们的流动率，要求所有的求职者都必须在线提交申请，并且完成一项包括100道题的行为评价测试，以此来辨别具备较高的客户服务技能以及可信度高的求职者。[8]经营眼镜业务的陆逊梯卡集团要求所有应聘零售店员岗位的求职者完成一项时长20分钟的测试，这种测试的成本只有10美元。在这项测试中得分位居前1/4的新员工要比处于后1/4的新员工平均每小时多销售14美元，从而在新员工上岗工作的第一时间就能给企业的这项投资带来回报。[9]

除了找出与职位的任职资格条件相吻合的候选人，评价系统还应当能够评价候选人与企业文化和经营战略之间的匹配度。这样能够帮助一家企业辨别出不仅能够最好地完成工作，而且能够帮助企业执行经营战略的员工。比如，如果一位求职者虽然能够达到岗位的技术要求，但是厌恶风险，不具备创新能力，那么此人对于追求创新战略的企业来说，就很可能不是一位好员工。

眼镜屋公司（Sunglass Hut）由于采取小卖部的销售形式，员工常常要独自一个人工作，因此，该公司面临很高的员工流动率。为了降低流动率，眼镜屋公司增加了对于求职者独自工作的意愿以及与企业文化之间的匹配度进行考察的评价问题。现在，该公司的新员工留任的时间相当于原来的两倍，员工流动率也从原来的110%下降到了73%。[10]

不同的公司由于经营战略和竞争优势不同，人才理念和文化也存在差异，因此，即使是对类似的职位雇用员工，不同企业看重的特征也是不一样的。比如，像沃尔玛这种依靠低成本和高效率竞争的零售商，就会去寻找那些能以相对低的成本雇用到的高效率员工。而高端零售商蒂芙尼所追求的是以高品质客户服务为基础的差异化战略，它就会更偏向于雇用擅长处理客户关系且具备较优秀的人际关系能力的求职者，即使雇用这些人需要支付更高的薪酬。在做出雇用哪些候选人的决策时，重点应当考虑哪些人能够在岗位上取得最大的工作成功以及最能实现针对该岗位制定的总体雇用目标，其中包括工作绩效、晋升潜力以及总报酬成本。

一家独立石油企业阿帕奇公司（Apache Corporation）通过培育一种支持快速决策以及勇于冒险的文化而在同行中脱颖而出。由于新员工对于维系这种文化很重要，该公司会寻找在其他公司的项目实施中展现出创造力的外部候选人。[11]从事投资管理的桥水公司（Bridgewater Associates）最看重的是候选人的价值观，其次是能力，最后才是精湛的技能。[12]互联网企业雅虎所要寻找的是那种非常聪明、热情且有说服力、有勇气且乐于冒险的候选人。[13]

如果企业想在雇用员工之后授予他们足够多的独立决定和自主裁量权，则必须在通过设计严密的评价流程雇用员工之后，才能让他们享有这些自由。[14]尽管企业的首要雇用目标通常是工作绩效，但包括美国西南航空公司在内的许多企业却认同这样一种理念，即员工知道什么远没有他们是怎样的人更重要。这些企业认为，评价的首要目标是要找到要那些拥有正确的思维、态度和个人特征的候选人。

房地产服务企业普兰德公司（Planned Cos.）为客户提供门卫、保洁员、警卫等类型的员工，该公司认为，以工作态度为基础的雇用方法使得员工的流动率最小化，而这提高了客户保留率。正如该公司首席执行官罗伯特・弗朗西斯（Robert Francis）所说："我们雇用天生就积极向上的人，然后给他们提供一些必要的培训。在我们的工作中，员工需要每天都在好的状态上。"[15]

一个职位对于企业越重要，所要求的胜任素质越复杂，则需要使用的评价方法往往也越复杂。如果胜任某个职位很困难，则战略性地进行招募、仔细地评价职位候选人以及明智地选择新员工的重要性就越高。

不同的评价方法适用于对不同的职位候选人特征进行评价。本章首先讨论对外部候选人进行评价的不同目标，然后再描述各种常用的评价方法及其各自的优缺点，最后将讨论对外部评价工具进行评价的方法。在学习本章后，你应当对外部候选人评价过程有一个透彻的了解，并且知道应当如何使用不同的外部候选人评价方法。

外部候选人评价目标

正如之前谈到的，对职位候选人进行评价的首要目标是明确哪些人属于有助于达成企业制定的员工配置目标的最佳候选人，而在企业的员工配置目标中通常包括能够达到较高的绩效水平以及推动企业战略的实施。找出哪些人属于绩效有可能最差的候选人也同样重要，因为不雇用绩效可能较差的员工，甚至要比雇用绩效水平较高的员工更重要，也更有价值。企业在评价外部候选人时还有许多其他重要目标，接下来选取其中的一些目标加以讨论。

匹配度最大化

为什么有些人才虽然具备很高的技能，却仍然属于不理想的员工呢？答案是，候选人要想与工作机会实现成功匹配，需要满足很多条件。评价的目标之一就是实现个人与组织、工作群体以及职位之间的匹配度最大化。接下来，我们将更为详尽地逐个探讨这些匹配维度。[16]

个人与职位的匹配

个人与职位的匹配（person-job fit）是指个人的能力与职位的要求之间以及个人的欲望和动机与职位的特征及其所能提供的报酬之间的匹配。[17]有效的员工配置能够增强员工达到职位的要求以及职位满足员工的需要的程度。[18]因为最重要的员工配置成果往往是新员工的工作绩效，所以个人与职位之间的匹配是大多员工配置工作的重点。从企业的视角来看，如果公司里出现了一个会计的职位空缺，而新雇用的员工并不是一位有效的会计，那么，无论这次员工配置工作在其他方面取得了多少积极的成果，它都很难被视为是成功的。在快速增长的企业中，很多职位的工作范围也在快速地拓展。为了应对这方面的问题，谷歌公司在为一些岗位招募员工时，有意雇用那些“质量过高”的员工，这些员工能够应对工作职责的扩展，并且有可能得到多次晋升。[19]

从求职者的角度来看，如果一个职位没能达到其在经济、职业、生活方式以及其他方面的需要，那么这次的员工匹配就仍然是不理想的。一位更喜欢佣金和根据个人情况获得绩效加薪的求职者，与以团队工作和群体报酬为基础的职位之间是不匹配的。类似地，不喜欢与他人共同工作的人是不应被安排到客户服务这样的岗位上去的。研究表明，个人和职位之间的匹配能够带来更高的绩效水平、工作满意度、组织承诺以及更强的留在公司中的意愿。[20]

个人与群体的匹配

候选人除了要与工作性质相匹配，与潜在工作团队和直接上级之间的匹配也同样重要。**个人与群体的匹配**（person-group fit）（或个人与团队的匹配）是指个人与包括直接上级在内的工作群体之间的匹配程度。良好的个人与群体匹配意味着个人与同事的目标、工作风格以及技能相匹配。个人与群体的匹配认为，在许多职位上，与群体成员以及团队成员之间的人际互动对于完成工作来说是十分重要的。员工还必须能够与直接上级有效合作。个人与群体的匹配能够带来更高的工作满意度、组织承诺以及更强的留在公司中的意愿。[21]

因为团队合作、沟通和人际关系方面的胜任素质对于团队绩效的关键程度，与它们对于团队成员履行核心工作职责的能力是一样的，所以个人与群体的匹配程度对于以团队为导向的工作环境来说尤其重要。[22]在 Men's Wearhouse 公司，首席执行官乔治·齐默（George Zimmer）针对团队销售业绩提供报酬，这是因为购物者想获得积极的总体购物体验。该公司是如此看重团队销售，以至于它甚至解雇了一位最成功的销售员，因为这个人只关心自己的销售指标。在解雇了这位销售员之后，这家商店的总体销售额显著提高。[23]与其他群体成员互补的个人特征，比如个人目标与其他群体成员的目标一致，在评价中就显得尤其重要。

个人与组织的匹配

个人与组织的匹配（person-organization fit）是指个人的价值观、信仰、人格等与组织的价值观、规范和文化之间的匹配性。[24]研究发现，良好的个人与组织匹配与员工的工作满意度、组织承诺以及在公司留任的意愿之间存在强烈的正相关关系。二者之间的良好匹配对于员工的态度和“组织公民行为”——员工会做出超出工作要求的行为，比如帮助他人和对组织做出积极的评价等——也同样有一定的影响。[25]对个人与组织之间的匹配非常重要的一些组织价值观和规范包括诚实、公正、工作伦理、竞争、合作以及与客户和同事的共情。尽管个人与工作之间的匹配和个人与组织之间的匹配可能存在一些重合，但研究发现，员工感觉到的个人与职位之间的匹配度和个人与组织之间的匹配度确实可能存在差异。[26]当一家金属冲压厂放弃了以举重物结果和诚实性测试分数为基础的甄选方式，改成以候选人与企业基本价值观之间的匹配度为依据雇用员工时，这家工厂的报废率、工伤率、缺勤率和流动率都显著下降了。[27]

怎样才能使个人与组织之间的匹配程度最大化呢？一种好的方法就是明确与企业的战略、价值观和工作流程相关的那些候选人任职资格、胜任素质以及个人特征。如果候选人的工作风格与企业的文化、经营战略和工作流程并不一致，此人往往也就不能像与组织形成良好匹配的那些员工一样取得工作成功。比如，尽管作为生物医学研究者的胡安有着精湛的技术，但如果他厌恶风险、优柔寡断，在做决定时总是反反复复，那么，在一家创新型的、快速发展的、以未来为导向的组织中，他就极有可能无法取得成功。

奥多比系统公司（Adobe System）总裁兼首席执行官萨塔路・那拉仁（Shantanu Narayen）会尽可能地雇用那些能够与企业共享基本价值观的人。他指出："只有员工发自内心地相信企业的核心价值观，他们才有可能在公司里取得成功。"[28] 由于招募成本高昂，同时培训新员工的成本甚至会更高，因此，德勤咨询公司一直非常关注雇用与企业能够实现良好匹配的员工。为了确定员工与企业的匹配度，德勤公司采取行为化面试以及案例问题分析的方式来对候选人的诚实度、合作能力和逻辑思维能力以及解决问题能力进行评价。德勤还会招募那些尽管拥有非传统性的专业背景，但是个人特征和胜任素质与本企业的文化相一致的人。[29]

美国西南航空公司并不是采用一套固定的技能或经验来对乘务员候选人进行评价，它所要寻找的是与公司的标新立异、创新和以客户为中心的文化相吻合的候选人，这些人应当是精力充沛、有幽默感、有团队精神以及自信的。[30] 职位候选人不仅要通过面试，还要接受语音面试——这种语音面试是在他们给公司打电话来求职的时候就开始了。事实上，这种评价在求职者本人还没有意识到自己正在被评价的时候就已经开始了。当招募官给求职者打电话的时候，管理人员就会记下在对话中令其印象深刻的一些细节，这些细节可能是正面的，也可能是负面的。那些坐飞机来参加面试的求职者会收到特殊的机票，这会提醒登机口检票员、乘务员以及公司其他员工对于这位求职者给予特殊的关注。员工会观察求职者是否对他人一直都很友好，还是说会早上 9 点的时候一边喝鸡尾酒一边不停地抱怨，然后，这些员工会把自己观察到的情况传递给公司人力资源部（注：在该公司被称为员工部，即 people department）。[31] 申请成为乘务员的候选人需要在 50 位其他候选人面前做一段时间长度为 5 分钟的演讲，在这个时候，管理者不仅会关注演讲者，同时也会仔细观察下面的观众，看他们是否能够对未来可能成为同事的演讲者给予热心的支持。那些能够无私地支持队友的候选人才能够吸引西南航空公司管理者的目光，他们想要的不是那种看上去百无聊赖、漫不经心，或者是利用别人演讲的时间来琢磨自己的演讲的人。[32]

新员工必须能够并愿意通过学习、沟通、采取实际行动以及保持与企业环境相匹配的行为来适应企业。[33] 为了成功地适应企业，新员工必须保持开放的心态，还需要充分了解企业对他们的期望和标准——以及他们本人的绩效与这些标准之间的对比，同时要有能力学习新的行为和习惯。

需要指出的非常重要的一点是，任何类型的匹配都不意味着要去雇用我们觉得容易与之相处的那些人，这样做会导致功能失调性的刻板印象，还会对那些尽管与我们不同，但却可以为企业的成功做出很多贡献的人形成歧视。以员工与组织以及组织的核心价值观之间的匹配度为基础来对求职者进行评价和甄选的公司之一是强生公司。强生公司的信条以下列顺序清晰地表明了自己的价值观：客户满意、员工满意、社区满意、股东满意。该公司基于企业信条来招募、雇用以及评价员工，这是强生公司组织文化的核心。[34] 该公司的前董事会主席兼首席执行官拉尔夫・拉森把强生公司的成功主要归因于企业的核心价值观。[35]

个人和职业的匹配

个人和职业的匹配（person-vocation fit）是指个人的兴趣、能力、价值观及其所选择的职业之间的匹配性，这种匹配性与企业无关。[36]比如，一个讨厌很细致的工作以及厌恶与数字打交道但喜欢社交的人，就与会计这个职业不相匹配。

尽管通常一个人在申请企业的某个职位之前很早的时候就选择好了自己的职业，但在员工配置过程中，理解个人与职业之间的匹配性同样是很有意义的。如果企业想培养未来的领导者，或者一家小企业需要自己的员工履行一种以上的工作角色，它就可以利用求职者的职业兴趣来判断他们与企业之间是否能够实现良好的匹配。如果企业能将员工个人的兴趣与企业内的多种职业发展机会相匹配，那么企业留住有价值的员工可能就会更容易一些。有些人在个人职业生涯发展过程中会同时存在多种职业发展兴趣，这或者是因为他们确实是对多种职业都有兴趣，也有可能是因为他们在很长的时间里一直从事一种职业产生了厌倦感。要想留住这些有价值的职业转换者，企业可以尽可能理解他们的职业发展偏好，然后为他们设计好职业发展轨道或职业变化路径。如果措施见效，那些有可能离开企业的有价值的员工也许会在企业内从事多种不同的职业。

表 9-1 对上述四种不同类型的匹配做了一个总结。

表 9-1　匹配的几种维度

匹配的类型	匹配的可能维度
个人与职位的匹配：个人满足特定职位要求的潜力以及职位满足个人需要的潜力	● 智力 ● 职位相关的技能和胜任素质 ● 工作知识 ● 过去的经验 ● 与完成工作任务相关的人格特点
个人与群体的匹配：个人与所在工作群体——包括直接上级——之间的匹配性	● 团队工作能力 ● 相对于其他团队成员的专长 ● 冲突管理风格 ● 对团队工作的偏好 ● 沟通能力 ● 与其他人共事相关的人格
个人与组织的匹配：个人的价值观、信仰和人格与组织的价值观、规范以及文化之间的匹配性	● 个人动机与企业的宗旨、价值观和目标之间的一致性
个人与职业的匹配：个人的兴趣、能力、价值观和人格与所从事职业之间的匹配性	● 才能 ● 兴趣 ● 个人价值观 ● 长期目标

互补性匹配和补充性匹配

员工与组织或工作群体之间实现匹配的方式通常有两种。[37]**互补性匹配**（complementary fit）是指一个人因为与别人有所不同而增加了组织或工作群体原来没有的东西，通常是个人拥有不同的技能或专长。[38]比如，如果一家研发型企业正在寻找能够与公司现有的科学家通过合作共同开发新产品的其他一些背景和能力不同的科学家，这时这家企业就是在寻求互补性匹配。正如阿莱尔公司（Allaire Corporation）创始人、董事会主席以及产品执行副总裁阿莱尔（J. J. Allaire）所说的那样："人们总是不愿意去雇用能够对自己的缺点提供补充的人，这是因为你不想承认自己是有缺点的。然而……你必须理解整个群体的优缺点，再去相应地雇用人才。”[39]

如果一个人所具有的特征与组织中的现有员工有很大的相似之处，则这就属于**补充性匹配**（supplementary fit）。[40] 当一位客户服务代表离职，企业需要雇用另外一个人来完成与其他客户服务代表类似的工作时，补充性匹配就很重要了。在这种情况下，企业想要雇用拥有类似技能和个人特征的客户服务代表。

互补性匹配和补充性匹配是同样重要的，因为它们的共同作用就是保证新员工不仅能够与工作群体和组织相匹配，而且还能带来有助于提高工作群体和组织绩效的新能力和新观点。

准确评价

外部候选人评价系统的另外一个目标就是它们必须有效，即它们能够准确地辨别出来那些可能成为最佳或最差员工的候选人。求职者人才库中的人才分布越扩散，评价系统面临的择优弃劣的压力就越大。

表达上述这种观点的另外一种方式是，想一想一次评价工作可能产生的后果。候选人要么被雇用，要么没有被雇用；候选人要么会成为高绩效员工，要么会成为低绩效员工。如图 9－1 所示，雇用可能成为高绩效员工的候选人会导致正确接受；不雇用可能成为低绩效员工的候选人会导致正确拒绝。这两种都是理想的结果，也都是员工配置需要达到的目标。另外两种不理想的结果则是，没有雇用可能成为高绩效员工的人，这会导致错误拒绝；雇用了可能成为低绩效员工的人，这会导致错误接受。（回想一下在第 8 章中讨论过的错误接受及错误拒绝。）没有哪一种评价系统是完美无缺的，但对于从求职者人才库中辨别出最理想的和最不理想的候选人，从而产生更多的正确接受和正确拒绝的雇用后果来看，效度高的评价系统要比效度低的评价系统更为有效。

	低绩效者	高绩效者
被雇用	错误接受 ☹	正确接受 ☺
未被雇用	正确拒绝 ☺	错误拒绝 ☹

图 9－1　几种可能的评价结果

在一些职位上，一种类型的误差要比另一种类型的误差带来的后果更为严重。举例来说，对于像飞行员和外科医生等高风险的职位来说，错误接受所带来的代价更为高昂。另一方面，对于一些竞争非常激烈的职位或市场而言，把好员工让给竞争对手的做法不仅会削弱企业自身的市场地位，而且会大大增强竞争对手的市场地位，这个时候因错误拒绝所造成的损失就会特别大。当一位顶尖科学家加入竞争对手的队伍，一方面，企业自己没获得这位人才；而另一方面，竞争对手的实力加强了。在国际足球明星贝克汉姆来到美国洛杉矶银河队效力时，他之前效力的皇家马德里足球俱乐部仅在球衣销售方面就损失了大笔的收入。[41]在受保护群体未被雇用而引起诉讼并导致企业败诉时，错误拒绝也会给企业带来巨大的损失。

精确评价也会受到候选人动机的影响。[42]少数亚群体成员发现标准化测试的结果存在亚群体性差别，因而雇用测试的实施可能会产生**刻板印象威胁**（stereotype threat），这种威胁会导致来自少数群体的被测试者产生挫折感，最终因为期望和努力程度都更低而得到较低的分数。[43]这些因素汇总到一起会导致亚群体成员的测试成绩更低，但这种结果却并非是由知识或能力方面的不同造成的。[44]研究发现，更大的焦虑感以及动力不足增加了非洲裔美国公民退出工作甄选程序的可能性。[45]

实现评价系统的投资回报最大化

候选人评价的另外一个重要目标就是使得评价系统的投资回报达到最大化。一种评价方法带来的投资回报水平越高，这种方法的价值就越大。一种评价方法可能在识别最优候选人方面比另外一种方法略好，但如果这种方法的成本超过了雇用略优候选人所产生的回报，那么采用另外一种方法反而是更明智的选择。一些管理者容易受预测因子和效标简单相关的影响，表 9-2 中给出了一种评价方法与随机雇用的做法相比可能给企业带来的投资回报的基本计算公式。

表 9-2　投资回报计算公式[46]

绩效提升的经济价值 $=(N_h \times T \times r_{xy} \times Z_y)-(N_a \times C_a \times SR)$

避免雇用糟糕的员工而节约的成本 $=(N_h \times HA \times CBH)-(N_a \times C_a)$

投资回报（ROI）$=$ 绩效提升的经济价值 $+$ 避免雇用糟糕的员工而节约的成本

式中，N_h——雇用人数；

T——员工在该岗位上留任的平均年限；

r_{xy}——评价方法得分与工作绩效之间的相关系数（由于使用这种评价方法而带来的绩效提升量）；

Z_y——使用新的评价方法后因工作绩效提升带来的经济价值（缺省值=平均基本薪资的 40%）；

N_a——接受评价的候选人数量；

C_a——每次实施评价的成本；

SR——甄选率（在做出雇用决策前评价的候选人数量）；

HA——没有雇用的糟糕员工所占的百分比（缺省值=5%）；

CBA——每雇用一位糟糕的员工所产生的平均成本（缺省值=7 500 美元）；

ROI——一种评价方法带来的投资回报数量（美元）。

表 9-2 中呈现的投资回报公式一方面给出了雇用优秀员工可能产生的经济收益，另一方面也给出了与随机雇用相比，通过使用评价方法避免雇用到糟糕的员工可能产生的经济收益。表 9-2 中展示的绩效提升所产生的经济价值的计算公式是：运用评价方法而不是随机挑选候选人情况下得到的经济收益，减去由于采用预测方法所需付出的成本。使用评价方法而不是随机挑选候选人的做法可能带来的绩效提升的经济价值，取决于雇用人数、员工在组织中的留任时间、在使用评价方法后这些人的工作绩效提升水平以及绩效提升所产生的价值。这些评价方法的成本乘以被评价的人数便等于运用预测方法所需要付出的成本。

从上述公式可很明显地看出留住高绩效者的价值。高绩效者在组织中留任的时间越长，组织在他们身上的投资回报就越高。研究发现，那些在过去频繁换工作的人可能在未来仍然会这么做[47]，因此，一些企业把频繁换工作但未取得专业进步的情况视为雇用决策中的一种消极因素。一项由 1 400 多位首席财务官参与的调研表明，87%的人会把候选人在上一家企业持续工作的时间视为雇用决策的一个重要因素。[48]因为影响一个人的任职年限的因素有很多，所以我们建议在使用候选人过去的任职年限来预测其未来的任职年限时要慎重。

因避免雇用较差的员工而获得的成本节约表明，雇用糟糕的员工对组织来说确实是一种经济损失。采用新的评价方法所获得的投资回报包括因绩效提升而产生的经济价值与避免雇用较差的员工而获得的成本节约两者之和。

尽管员工配置应被视为一种投资而非一种成本，但对于许多没有足够的资金投入成本更高的评价系统的企业来说，成本依然是非常重要的考虑因素，尽管那些成本高的评价系统在识别最优员工方面会更为精准一些。无论如何，上述公式提供了对任何一种评价工具的投资回报进行估算的方法。在这里需要提醒大家注意的一点是，有许多管理者并不很相信上述投资回报公式，而是更多地受到评价工具与效标（流动率、工作绩效等）之间的相关关系的影响。

获得利益相关者的积极回应

在员工配置的过程中满足不同利益相关者的需要是候选人评价需要实现的另一个大的目标。招募对象、用人部门经理、招募官都应当对运用某种评价工具的过程及其结果感到满意。比如，要求用人部门经理从繁忙的工作中抽取 3 个小时的时间来分别对每位候选人进行面试就是不现实的，甚至是不可能做到的。招募官会感觉对每位候选人都要用 20 分钟的时间做一个电话面试是一种太大的工作压力，而求职者也会认为不得不去一家公司参加三次评价有些多余。因此，尽管一种评价方法可能效度很高，能够识别出最优和最劣的候选人，但如果它无法满足利益相关者的需要，也不可能像表面上看起来那样有效。当谷歌公司通过研究发现，对同一个人实施四次以上面试并不能使新员工的质量提高更多时，它大大简化了雇用流程。[49]

在一些企业中，雇用流程还会涉及客户和外部利益相关者。这不仅能培育他们的信任感和提高忠诚度，而且在对候选人进行评价时他们还能够提供一些意见和建议。到奥兰多内穆尔儿童医院（Orlando's Nemours Children's Hospital）来求职者的候选人还需要接受家庭咨询委员会成员的面试。医院认真考虑委员会的意见，并且根据家庭咨询委员的评价建议雇用了一位行政主管。[50]

一种候选人评价工具的速度、可用性以及预测候选人未来取得工作成功可能性的能力，都会影响企业中的人正确、一致地使用这种方法的便利程度。对招募官和用人部门经理进行评价技术及其相关好处方面的培训，对他们正确和一致地使用这些评价工具的情况进行评价并提供相应的报酬，请那些在使用这种评价工具方面具有可信度的有能力的专家在需要时提供帮助，所有这些做法都有助于提高新评价方法的可接受度，并且保证这些方法在使用时的准确性和一致性。

需要记住的非常重要的一点是，在不同的文化中，大家对于同一种雇用流程所做出的反应确实是不同的。毕马威公司在对顶级人才竞争非常激烈的印度建立了一个雇用中心，在听取了当地专家的建议之后，毕马威公司改变了雇用流程，使之更适应当地的惯例，公司雇用流程的有效性立刻就得到了提升。[51]

支持企业人才理念与人力资源战略

候选人评价系统的另外一个目标是支持企业的人才理念及人力资源战略。如果企业将求职者和员工视为一种投资，企业就会在评价过程中加入更多的面试，并且在网站上开发内容全面的职业发展板块，从而让求职者在未加入企业之前就能有机会充分地了解自己。瑞士联合银行（UBS）在自己的网站上说明本公司是如何确保评价过程的量化和客观性的，并且描述了它所要评价的七大核心胜任素质，这样就使得求职者能够真实地理解公司的雇用决策。[52]

将员工视为资产的企业会更重视选择效率较高的候选人评价系统，这类企业会尽可能让候选人有最少的机会去接触企业中的各类不同员工以及了解各种不同的工作机会。而那些想让员工在组织中做出长期贡献的企业，则应当对候选人在企业中实现长期职业发展的潜力进行评价，而不仅仅只对他们与当前岗位空缺之间的匹配性做出评价。在这种情况下，就需要明确候选人在企业内实现职业发展所需的胜任素质、工作风格以及个人特征等。如果企业不想从内部提拔人才，那么企业的招募条件和甄选标准就应当仅仅聚焦在当前的岗位空缺上。

塑造并强化企业的雇主形象

外部候选人评价的另外一个目标是塑造并强化企业的雇主形象。如果企业想被公认为是具有创新的、凝聚力强的工作场所，那么它可以通过在评价过程中要求求职者回答具有挑战性的、需要创造力的面试问题来强化自己的这种形象。候选人与企业之间进行的每一次互动都会塑造并强化企业的雇主形象。因此，候选人评价过程的目标之一就是持续强化企业的理想形象。

确认新员工的发展需要

各种评价测试还能够确认新员工的发展需要。如果一位顶级候选人的评价分数表明她的组织能力和时间管理能力很强，但是她的客户服务能力还有待进一步提高，那么在雇用她之后通过培训就可以帮助她提升这些方面的能力。有些评价方法甚至能够确认求职者偏好的学习风格，而这有助于减少他们接受培训的时间，提高培训的有效性，同时提高员工的保留率。[53]

遵从评价道德

在员工配置的过程中，尤其是在评价方面，伦理道德问题是非常重要的。整个甄选过程都应该遵守道德伦理。实施评价者应当接受过适当的培训并且具备相应的资质，求职者的个人隐私应当始终得到严格保密。比如，企业应当全面考虑采用那种可能会让求职者感到受侵犯的评价方法——其中包括诚实性测试和基因测试——可能产生的伦理道德问题。评价实施过程应当遵守伦理道德还涉及应当向候选人说明将会如何运用测试结果以及他们的隐私会受到怎样的保护，并且在承诺会与他们进行沟通的时候真的会这样去做。

遵守法律规定

在涉及候选人评价的时候，法律问题显得尤为突出。因此，企业有非常充足的理由保护自己免于受到雇用歧视方面的法律诉讼。除了诉讼会带来的负面的公共关系方面的影响，原告常常还会胜诉，导致法院判定企业需要支付高达数十万美元的赔偿。在这个领域的一个标志性案件就是格里格斯诉杜克电力公司案（Griggs v. Duke Power Company）。[54]在这个案件中，美国最高法院认为，根据 1964 年《民权法案》第七章的规定，如果一种雇用测试对少数族裔群体带来了差别影响，企业必须能够证明这种测试与要求测试的候选人职位之间存在"合理的联系"。信用核查、背景核查、认知能力测试等是最容易引发这种差别影响的评价方法。

从遵守法律的角度来了说，按照我们在第 3 章中介绍过的《员工甄选程序规范指南》[55]，实施公平、一致、客观的评价是非常重要的。接下来我们将就此进行详细探讨。

《员工甄选程序规范指南》

正如我们在第 3 章中学到的，《员工甄选程序规范指南》通过提供合理使用各种测试以及其他评价方法的基本框架，来帮助企业遵守联邦政府的法律要求，从而避免在雇用过程中出现针对种族、肤色、宗教、性别和祖籍国的歧视。根据《员工甄选程序规范指南》第 7 章的规定，这份指南的适用对象包括需要雇用员工的联邦政府，拥有 15 名以及 15 名以上且在一个日历年度中的工作时间超过 20 周的员工的私营企业，大多数劳工组织、学徒委员会、就业服务机构，至少拥有 15 名员工的州政府及地方政府。根据第 11246 号行政命令的规定，《员工甄选程序规范指南》同样适用于美国联邦政府的承包商和分包商。[56]

以下是《员工甄选程序规范指南》中的一些与候选人评价有关的内容[57]：

- 当知识和能力测试所衡量的是履行岗位职责所必需的知识、技能或能力的代表性样本，并且能够对其进行可操作性定义的情况下，方可使用知识和能力测试。
- 知识必须是在行为基础上界定的，而且必须是在要求的、可观察的工作行为中实际被使用且属于必要的通过学习掌握的信息的一个组成部分。
- 能力必须基于工作行为中的某些可观察方面加以界定，并且是履行重要的工作行为所必需的。任何测量能力的甄选流程都需要接近于一种可观察的工作行为。
- 甄选程序实施的环境和方式如果不能代表工作场景，则甄选程序的内容有效性就不可能高，也就更加需要提供其他一些关于有效性的证明。

《员工甄选程序规范指南》的全文都可在网上找到。[58]员工配置专家应当全面掌握这份文件的内容。《人事甄选程序确认与使用准则》[59]以及《教育和心理测试标准》[60]同样对各种评价方法的开发和使用提供了标准和指南。

公平、一致、客观的评价

良好的雇用实践应当基于能够预测工作成功的公平、一致和客观的信息来对所有的求职者进行比较。如果不雇用某人的理由是错误的或自相矛盾的，就有可能被视为存在歧视的一种借口。比如，如果企业指出，某位求职者没有得到雇用的原因在于其工作经验不足，而最后获得雇用的候选人工作经验反而更少，这种自相矛盾的情况就可能被视为为歧视找的一个借口。

一位雇用方面的法律专家建议，企业在记录某人为何得到雇用的时候，不要使用像"最佳匹配"这样的模糊用语，因为这种模棱两可的说法很难重构甄选过程以及说明候选人被雇用的真正原因。[61]招募官和用人部门经理应当能够在拒绝或雇用某位候选人的时候给出客观和中立的解释。企业要求的任职资格必须符合《公平就业机会法》以及其他一些与此对等的国家法律，这些法律也在努力寻求能够公平对待每一位求职者的一些简单和公平的程序。

基于从职位分析中得到的真实职业资格持续运用客观的评价方法能够最大限度地保证遵守法律规定。相反，推测消费者更愿意与何种类型的员工打交道，或是推测候选人在工作中可能会有怎样的表现，这种主观性的评价标准都是不可取的。尽管基于主观性的评价和推测拒绝雇用某些人也并不违法，但是主观性的评价或推测却容易导致刻板印象。当然，这也可能迅速地给企业招来法律纠纷。[62]

公平、一致、客观的评价还会带来质量最高的员工。宝洁公司认为，当使用由调研和工作分析开发出的公平公正、综合有效、聚焦于预测工作绩效因素的评价程序时，它能够雇用到最好的员工。[63]

外部候选人评价方法

一般情况下，对求职者的评价呈波浪形结构。当劳动者开始求职时，他们就成为求职者，企业会按照职位的最低可接受标准——比如相关的受教育程度和技能等——来对他们进行评价。这些**筛选性评价法**（screening assessment methods）的目的在于将大批的求职者缩小为少量的职位候选人。接下来，企业会使用更深层次的**评价性评价法**（evaluative assessment methods）来对这些职位候选人进行评价，以决定从中雇用哪些人。在发出入职邀请函时，企业则会使用**条件性评价法**（contingent assessment methods）。条件性评价是在企业已经确定了自己想要雇用哪些候选人时采用的一种评价方法。如果候选人最后通过了限制性评价（通常是背景核查、毒品测试、雇用资格证明等），则他们的限制性入职邀请函就会成为正式入职邀请函。在从求职者到接受入职邀请函的过程中，需要接受的评价会越来越细致，越来越严格。

表 9-3 总结了若干种不同的评价方法在工作绩效预测（效度）、求职者反应、与其他评价方法相比的相对成本、歧视性负面影响以及使用便利性等五大方面的总体有效性。表中的这些数字都是在企业中经常可以看到的，但对于不同的职位和不同的企业来说，实际的效度、成本、歧视性负面影响等会有所不同。因此，我们建议要慎重使用这些数据。一种评价方法的开发质量差别、评价方法使用者接受培训的程度以及评价方法使用的一致性情况等，都会影响评价方法的效度、成本、歧视性负面影响以及求职者的反应。

表 9-3　几种常用的外部候选人评价方法对比

评价方法	平均效度[64]	求职者反应[65]	（开发/实施）相对成本[66]	歧视性负面影响	使用便利性
评价中心	0.37	好	高/高	小	困难
认知能力测试	0.51	好	低/低	大	容易
诚实性测试	0.41	差	低/低	小	容易
工作知识测试	0.48	好	高/低	小	容易
推荐信核查	0.26	好	低/低	小	容易

续表

评价方法	平均效度[64]	求职者反应[65]	（开发/实施）相对成本[66]	歧视性负面影响	使用便利性
情境判断测试	0.34	好	高/低	小	一般
结构化面试	0.51～0.63	好	高/高	综合	一般
非结构化面试	0.20～0.38	一般	低/高	综合	容易
人格测试	−0.13～0.33	好	高/低	小	容易
传记信息分析	0.35	好	高/低	小	容易
笔迹学	0.02	差	高/高	小	十分容易
加权求职申请表分析	0.50	好	高/低	小	容易
工作仿真模拟	0.54	好	高/高	小	困难
工作样本	0.54	好	高/高	小	困难

注：效度的数值范围是从−1～1，越靠近−1 或+1，就意味着对工作绩效进行预测的效果越好。

我们根据评价方法使用情况，将外部候选人评价方法划分为筛选性、评价性和条件性三种类型，在实际雇用过程的任意一个阶段都有可能会使用筛选性或评价性评价法。当然，条件性评价法是必须在发出条件性入职邀请函之后才能付诸实施的。

筛选性评价法

简历与求职信

尽管目前还很少有人研究把简历作为一种评价工具的效度及其可能产生的歧视性负面影响，但简历和求职信一直以来都是雇用过程的一个核心组成部分。求职者在求职信中可以自愿提供关于本人及其对岗位的兴趣等方面的信息，并提供一份简历来简要陈述自己的相关教育背景以及在工作和非工作方面的经验。正如前面解释过的，科技发展为企业管理经常能够接收到的大量简历提供了极大的便利，一些软件工具也能够帮助企业更好地搜索简历，从而获得相关信息。简历和求职信的最大缺点之一就是，求职者并不使用统一的格式或是在简历中包含相同的信息，这就使企业在对求职者进行比较时遇到困难。

由于简历中的信息并不一定准确，企业在依据简历做出雇用决策时，确认简历信息的准确性是十分重要的。有专家估计，10％～30％的求职者都会在简历中隐藏一些真实情况或说谎，尤其是在受教育情况、过去的薪酬、离职原因、过去的职位名称头衔以及过去取得的工作成就等方面。[67]有些企业甚至发现首席执行官都会夸大自己的教育资质，因而将其解雇，这就足以说明对于所有被用于雇用决策的自述信息进行证实有多么重要。[68]在求职者提交求职申请或个人简历的时候，应当要求他们签署一份声明，说明故意伪造信息将会导致自己被立即解雇，这有助于减少在简历或求职信中包含的虚假信息。

由于目前有许多企业都在使用自动化的简历扫描和筛选软件，作为求职者来说，校对并改正简历和求职信中的印刷或拼写错误十分重要。如果你在企业用来筛选候选人的那些词汇上出现了拼写错误，计算机系统是不会认为你的简历与企业是匹配良好的。表 9－4 中列举了一些在实际的简历和求职信中出现过的重大失误。

表 9-4 在现实简历中出现过的重大失误

以下内容摘自真实的简历[69]：
- 你获得了接受本人简历的特权。
- 我能在 5 秒钟之内倒着说出 26 个英文字母。
- 我经常使用笔记本电脑。
- 我不会接受年薪低于 18 美元的任何工作。
- 关于离开上一份工作的原因："只有把我排挤走，副总裁的女朋友才能抢走我的工作。"
- 关于个人成就："完成了 11 年的高中教育。"
- "我比较聪明，愿意服从命令，像一条小狗一样忠诚。"
- 特别说明尽量不要安排周五、周六和周日工作，原因是"周末就应当是'饮酒作乐'的时间"。
- 在解释为什么在之前的两份工作之间出现过 3 个月的空窗期时，给出的理由是他的猫死了。
- 在解释自己曾被拘留的原因时说："我们偷了一只猪，但是那只猪真的很小。"

在本章的"技能开发"专栏，你将能学习如何使自己的网上简历的有效性达到最大化。

➡ 技能开发

在线简历运用技巧[70]

当你到一家企业去求职的时候，简历可能是未来的雇主最先看到的关于你的材料之一。比如，在巨兽求职网站（Monster. com）上，企业需要从 7 000 万份简历中挖掘出需要的人才。现在许多企业只从互联网上接受简历，用一些搜索工具以电子化的方式来筛选简历，因此，保证你的简历能脱颖而出是很重要的。以下是一些让你的简历出彩的技巧：

1. 将你的工作经历以取得的成就的方式，而不是以对过去从事工作的要求的方式陈述出来。比如，不要写成"监督战略性市场营销协议的完成"，而是写成"按照既定时间和预算的要求成功确保战略性市场营销协议的实施"。

2. 在简历中突出在线求职部分没有涉及的内容，比如你的语言能力、技术能力、参加过的志愿工作以及与你所申请岗位上的工作相关的在专业组织中的一些经历。

3. 在你的简历上方加入一块名为"技能"甚至是"关键词"的部分，在这部分内容中尽可能多地列举能够描述自己的关键词。在列举这些关键词时要有所创新，但要尽可能准确。在这部分内容中可以包括你在当前和过去所从事过的岗位的标准职位名称，尤其是在你过去工作的公司使用一些不太标准的职位名称时。可以列举一些与你过去从事过的职位、专业以及行业相关的专用工具，比如你曾经使用过的或者有资质使用的硬件和软件工具。要将你曾经加入过的所有行业或专业组织都列出来。要列出所有通用的专业或技术名字的缩写以及对这些缩写的解释。解释这些缩写的短语不一定在同一句话或同一段话中，但无论招募官是用缩写还是用短语作为搜索的关键词，同时使用两种版本的表述，都会提高你的简历在搜索结果中出现的概率。另外，还可以尽可能地用一些创新性的不同说法，比如，包括 M. B. A、MBA、Master of Business Administration、Master in Bus. Admin 等，这样，无论招募官输入哪个关键词，就都能搜到你的简历。

4. 保证在你的简历中包含"resume"这个英文词，这是因为招募官在搜索"简历"一词（résumé）时会频繁使用这个词。不仅把它置于文件的首行（比如，"J. Cortina's Resume"），还要把它放到文件名中（比如，J. Cortina-resume. html）。从专业的角度来讲，

"résumé"是简历一词的正确写法，需要将字母 e 替换为 é。但一些搜索软件却无法将 é 识别为 e，这样就无法搜到你的简历了。

5. 注意网上简历的安全性。清除包括地址、电话、商务电子邮箱等在内的标准联系信息，如果个人住址与你的详细档案相关（比如在 AOL 上的）也不要放在网上。可以用 hotmail. com、Gmail、MSN 这样一些网络上的电子邮箱地址去替换上面那些敏感信息，这样就能增加对你进行追踪的难度。

6. 避免使用一些傻傻的电子邮箱地址（比如 hotstuff@aol. com）或是可能导致你的信息无法被读取的邮箱地址。将你的电子邮箱地址作为推销自己的一个机会，用它使你与他人区分开来——比如，使用 kbell-web-pro@aol. com 或是 kbell-MIT-PhD@aol. com。

求职申请书

求职申请书（job applications）要求求职者提供关于他们的技能与受教育情况、工作经验以及其他与职位相关的书面信息。尽管求职申请书中的有些信息可能已经包含在简历之中了，但它仍然可以帮助企业收集到一致的信息。求职申请书同样能帮助人力资源专业人员检查求职者所提供信息的准确性。许多企业会要求所有的求职者都填写同一份求职申请表，无论他们申请的是什么岗位。尽管求职申请书中常常会向求职者申明，一旦发现他们提供虚假信息，企业很可能会予以解雇，但最好还是对候选人的所有信息进行核实。图 9－2 是一份典型的求职申请书的格式。

为使得从求职者那里收集信息的过程实现标准化，一些企业已经开始使用在线的职位申请方式。比如，当求职者到新鲜超市（The Fresh Market）的任何一家食品杂货店求职时，他们首先要完成一份在线的就业申请。在求职者用半小时的时间完成在线申请之后，用人部门经理会在几分钟内通过电子邮箱收到一份三页的报告。这份报告会总结出求职者提供的传记信息、针对求职问题给出的答案以及对这些答案的分析，如果求职者通过了网上筛选，还会有一页后续的面试问题。[71]

为避免店长在面试过程中的主观性，麦当劳为美国本土的职位候选人开发了一个在线求职系统。这个在线系统会询问候选人的工作经验、偏好以及他们会对特定的情境做出何种反应。在候选人答案的基础上，这份问卷还能向店长亮出一盏灯：如果是绿灯则意味着这位候选人会是一名好的员工；如果亮出的是黄灯，则意味着店长应当询问候选人更多的问题；如果亮出的是红灯，则意味着不要雇用这位求职者。[72]

在线求职不仅速度快，节省成本，而且还能极大地减少招募官或用人部门经理的评价负担。比如，在采用网络评价工具筛选申请领取小时工资岗位的求职者之后，宣伟公司（Sherwin-Williams）每年实施的雇用面试减少了 5 000 多次。在线候选人评价工具的使用还使得克罗格公司（Kroger）领取小时工资的员工的流动率下降了 25%。这意味着该企业用于招募和雇用候选人的时间减少了 25%。[73]在线求职不仅能为候选人提供实时状态的信息，还能使求职者在方便的时间和地点填写职位申请。这对于新生代求职者以及许多不愿意抽工作时间去接触其他工作机会的被动和半被动的求职者来说，是十分重要的。

说明：请用黑色或蓝色签字笔填写。请回答所有的问题，在最后签名并署上签名日期。

申请岗位：　　　　　　　　　　　　**申请日期：**

个人信息

全名：

街道地址：

城市，州，邮政编码：

电话号码：

你能在美国合法工作吗？是　　　否

如果你未满 18 岁，你是否拥有就业或年龄资格证书？是　　　否

在过去 5 年中你是否有过犯罪记录？是　　　否

如果有，请解释原因：

可以工作的时间

周一：从　　到　　　　　　周二：从　　到

周三：从　　到　　　　　　周四：从　　到

周五：从　　到　　　　　　周六：从　　到

周日：从　　到

从哪天开始可以工作？

教育背景

学校名称和地址　　　取得的学位或文凭　　　　　毕业日期

技能和任职资格：证书、技能、培训、获奖等

就业历史

当前岗位或上一个岗位：

企业名称：　　　　　　　　企业地址：

直接上级姓名：　　　　　　电话：

电子邮箱：　　　　　　　　岗位名称：

从　　到

工作职责：

薪资水平：

离职原因：

是否允许我们联系之前的雇主？

是　　　否

三位推荐人（必须有）

姓名/职位名称　　　　　　　地址　　　　　　　电话号码

我保证申请书中提供的所有信息都是真实完整的。

我知道提供虚假信息将不被雇用，或导致我在未来被解雇。我允许对以上所有的或部分信息进行核实。

签名：　　　　　　　　　　　　　　　　　　日期：

图 9－2　求职申请书样本

除了提供能够完成在线求职的店内信息亭，包括美国运通公司在内的许多企业还会引导求职者到公司的网站上去回答一系列的基础问题，比如他们获得的学位、异地就职的意愿，然后再去申请职位。美国运通公司用公司问卷筛掉排名靠后的一半求职者，这有助于招募官把时间和精力集中在更有希望被雇用的求职者身上。[74]

社交网络调查

越来越多的招募官和用人部门经理使用多种社交网络工具来对求职者进行评价。从领英上可以审查求职者的专业发展历史，除了求职者已经提供的信息职位，领英还可以提供关于求职者的职业关系方面的信息，此外，通过博客和推特等还可以评价求职者的技能、目标以及价值观。如果企业使用社交媒体来对候选人进行评价，或者是进行非正式的背景核查，最好是将这种方法仅运用于最终候选人，并且让他们知道你会这么做。此外，最好用文件记录此次调查，最好是选择雇用决策者之外的其他人来实施这种调查，以免决策者了解到法律许可之外的一些信息。[75]

加权求职申请表分析

对于通过求职申请书收集上来的信息，企业可以根据重要性对这些信息分配权重。要想搞清楚应当如何分配权重，可以让参与职位分析的职位专家对每一项工作职责的相对重要程度以及相对的时间耗费情况进行排序。[76]求职申请表中的不同信息对于区分未来的高绩效者和低绩效者的有用程度也可以作为权重分配的参考依据。当不同的信息被分配了不同的权重之后，这种评价方法就是**加权求职申请表**（weighted application blank）。如表 9 - 3 所示，加权求职申请表能够很好地被求职者所接受，成本相对较低，便于使用，平均效度可以达到 0.50。

开发一份加权求职申请表需要完成以下几项工作：

1. 选择想要测量的员工特征；
2. 确定哪些求职申请书中的问题能够预测理想的员工行为和成果；
3. 对这些问题的相对预测能力进行评估；
4. 为每道相关问题分配权重；
5. 运用这些评分答案为每位求职者完成的求职申请书进行打分。

候选人能否晋级取决于求职者的最终加权得分。我们甚至还可以确定总分低于多少的求职者在未来会给企业带来负面风险，总分在多少分以上的求职者有可能成为一名工作成功的员工。[77]加权求职申请表看起来跟通常的求职申请表没有什么区别，求职者往往也并不知道会有一个加权评分系统对他们的答案加以评分。尽管这种方法增加了求职者诚实作答的可能性，但如果要把这种得分用于雇用决策，企业还需要核实求职者提供的所有信息。图 9 - 3 中是一份针对销售代表岗位的加权求职申请表的评分要点。

人们对加权求职申请表的批判之一是，这种申请表中提供的某些信息能够区分绩效优秀者和绩效较差者的原因并没有受到重视，而只是知道这种信息确实能够有这种区分作用。为了让所有的问题都尽可能持续有效，最好能弄清楚为什么这种问题能够预测求职者未来工作成功的可能性。比如，询问某人是否做过体育运动队的队长能够较为清晰地预测其领导力。加权求职申请表已经在生产工人[78]、科学家[79]以及寿险营销员[80]等职业中得到了成功的应用。

过去的职业	**倾向于全职还是兼职**
社交性质：+1	全职：+2
非社交性质：−1	兼职：−1
受教育情况	**自信**
8 年：0	回答了“你相信自己的月销售额能达到多少”：+1
9～10 年：+1	没有回答上述问题：−1
11～12 年：+2	
12～13 年：+3	**是否有家人从事销售工作**
13 年以上：+2	你的家庭中有人曾从事过销售工作吗？
个人销售经验	有：+2
此前有过销售经验：+2	无：0

图 9－3　针对销售代表岗位的加权求职申请表评分要点

传记信息分析

传记信息也称作**传记数据**（biodata），传记信息可以通过关于候选人的兴趣、工作经验、接受过的培训、受过的教育等方面的问题来收集，这些信息可以用于评价候选人的多种人格特征，比如成就导向以及偏好单独工作还是群体工作等。传记数据文件能让人们从多个方面描述自己以及自己的工作经验，还有在社会、教育或职业追求等方面所取得的成就。[81]传记数据可作为求职申请书的一部分来收集，也可以通过单独的问卷来收集。

在操作得当的情况下，传记数据能够同时实现高效度[82]和低歧视性负面影响[83]，尽管歧视性负面影响仍然有可能存在。歧视性负面影响取决于题目在多大程度上直接或间接地反映了人们在社会、教育或经济发展机会等方面的差异。因此，在开发传记数据问卷时，应当在问卷中包括一些有助于减少歧视性负面影响的问题，并且在使用传记信息做出雇用决策之前，检查一下是否会产生歧视性负面影响。一些指导方针、规章制度和法律条文限制了可以被包含在传记数据问卷中的信息的类型，以此来保护求职者不会因为与工作无关的因素而被拒绝。除非表明下列这些因素是跟职位相关的，否则询问候选人的族裔、性别、婚姻状态、抚养或赡养人数、家庭出生顺序、配偶职业等方面的信息就是有问题的，也不适合被运用于甄选决策。只要了解的问题与候选人在岗位上取得工作成功有关或者是与“经营所需”相关，像一个人的学分绩、受教育水平等问题仍然是可以用于人事决策的，虽然对这些问题导致歧视性负面影响的可能性仍然需要做进一步的检查。谷歌公司在对要求求职者回答的问题的有效性进行评估之后，决定不再询问毕业三年以上的候选人在校期间的学习成绩，也不再要求所有的候选人都提供标准化考试成绩（比如 GRE 或 SAT 考试成绩）。[84]表 9－5 中包含了一些传记数据的题目样本。

出于道德、伦理、法律等方面的原因，用来收集传记数据的那些问题不应当具有攻击性或使答题者感到不适。总体来说，传记问题不应询问并非人人都享有平等机会的那些活动，或者是个人无法控制的一些事情。[85]然而，如果一位答题者曾经做过体育运动队的队长，而另外一位答题者所在的学校因为规模太小没有体育运动队，那么在这种情况下并不能减损前者所取得的成就。这也揭示了在使用收集传记数据的问题时必须努力达到适当的平衡。[86]

表 9-5　收集传记数据的题目样本

根据每道题目选择最适合的答案

1. 在过去一年中，你从事过几份持续时间在两周以上的带薪工作？
   a. 5～6 份
   b. 3～4 份
   c. 1～2 份
   d. 无
2. 在闲暇时间里，我最喜欢做的事情是：
   a. 团体运动
   b. 个人运动
   c. 组装东西
   d. 读书
   e. 社交
   f. 以上都不是
3. 你的家庭成员中有人曾在本行业工作过吗？是　　否
4. 你在家里曾经修理过小型汽车吗？是　　否

设计良好的传记问题对于培训、工作绩效、任职年限以及晋升等效标的预测都能达到令人可以接受的预测效度（平均效度为 0.35）。[87]尽管求职者可能认为有些问题带有一定的攻击性[88]，同时对于男性和女性可能也需要设定不同的答案[89]，但在操作得当的情况下，传记数据是将歧视性负面影响降到最低的最佳评价工具之一。传记数据已经被用于预测候选人在多种不同的职位上取得工作成功的很多方面，其中包括胜任素质和创造力等。[90]

要想实施传记数据评价，需要完成以下几个方面的任务：

1. 定义工作绩效；
2. 找出已经在岗位上取得成功的员工；
3. 收集传记数据；
4. 将传记数据与绩效得分进行关联；
5. 设计最终的传记表格；
6. 测试、使用并不断检查传记数据的准确性。

以下是一份用来预测秘书人员的任职年限的传记数据应用公式举例：

任职年限＝(3.1×受教育年限)＋(4.2×相关工作经验年限)
－(1.4×从家到办公室的英里数)

传记数据已经被成功运用于预测候选人在电工[91]、蓝领工人[92]以及管理者[93]等岗位上取得工作成功的可能性。作为一家互联网搜索企业的谷歌公司会让求职者完成一份详细的在线问卷调查，这项调查的目的是探究他们的态度、行为、个性以及回溯到高中时期的传记数据细节。这些问题既包括求职者第一次对电脑感到兴奋的年龄，也包括他们是否指导别人建立或自己建立非营利组织，这些问题被用于预测候选人与谷歌文化之间的匹配程度。为建立自己的传记数据应用公式，谷歌公司让在企业中工作 5 个月以上的所有员工完成一份由 300 道问题组成的问卷。然后，将通过这份问卷收集到的数据与 25 种对员工绩效进行评价的标准加以比较，这些标准包括直接上级和同级对员工所做的绩效评估以及员工的薪酬水平等，以此来明确哪种传记问题能够预测候选人未来的工作绩效。[94]

求职申请书、加权求职申请表和传记数据之间的区别可能会令人感到迷惑。求职申请书是在求职者刚刚提出申请某份工作时，企业要求他们完成的用来提供个人信息的表格。加权求职申请表看起来很像常规的求职申请表格，但不同的是，企业会对求职者的回答打分并算出总分，以确定一位候选人与职位以及组织之间的匹配度。求职申请书可能包括但不一定必须包括一些传记问题。加权求职申请表被用于评价不同类型的传记数据。当对一份求职申请书中的问题进行评价的目的是确定它们对于预测候选人的未来工作成功有多大用处时，这些问题就成了传记数据。比如，让求职者说明他们在某个行业中的工作年限可能是求职申请书中的一道涉及最低资质要求的问题，但当把求职者的回答与其今后的工作绩效联系在一起时，它就变成了传记数据。与任何评价工具一样，也不应单独使用求职申请书、加权求职申请表和传记数据。当使用包括不同评价工具在内的评价系统来对工作绩效的不同方面进行评价时，这些工具都是其中的一部分。求职申请书、加权求职申请表和传记数据通常作为雇用过程早期的筛选评价方法来加以使用。

电话筛选

如前所述，许多企业都使用快速电话面试作为对求职者的可雇用性、兴趣、基本岗位资质等进行评价的一种方法。一些企业还使用电话面试来评价求职者能否胜任岗位的关键筛选要素，以避免浪费双方的时间。其他一些招募官使用电话面试的目的则是为了更为全面地了解求职者，给求职者留下关于公司的良好印象。电话筛选还能帮助企业明确还有哪些其他岗位适合求职者。[95]

在本书前几章中我们提到企业经常犯的评价错误之一就是，认为质量高和经验丰富的求职者会对在比过去承担的职责更少的岗位上工作感到不满。事实上，人们有很多理由希望到压力更低、责任更小的岗位上去工作，其中包括到一家稳定的处于发展之中的企业工作的机会、积极的工作环境、学习新事物的挑战等。质量高的员工的进步速度往往也更快（节约培训成本），还能帮助公司指导其他员工，因而可能对企业很有价值。快速的电话筛选可以让那些看起来质量过高的求职者详细说明他对岗位的兴趣，以及是否愿意接受比过去相对更低的薪资水平。[96]

评价性评价法

认知能力测试

研究表明，心智能力水平高的个体在学习新知识方面更容易、更快速，并且能够更为有效地运用新知识。弗兰克·施密特（Frank Schmidt）和杰克·亨特（Jack Hunter）[97]的研究表明，认知能力很大程度上是通过影响一个人获得和运用与职位有关的信息进而影响当事人的工作绩效的。相关研究支持这样一种观点，即在复杂的工作中，在一个人刚刚来到一个新的岗位时，在工作场所中发生的变化要求员工学习新的工作方法时，认知能力显得尤为重要。[98]包括互联网搜索企业谷歌公司在内的多家企业都倾向于在雇用过程中把智力看得比经验更重要。[99]

包括美国国家橄榄球大联盟（National Football League）[100]在内的很多组织都采用认知能力测试。**认知能力测试**（cognitive ability tests）是用以评估候选人的心智能力的计算机或纸笔测试，其中包括口头表达能力和数学推理能力、逻辑思维以及认知能力等。因为这些测试分数能够预测出一个人通过培训或在职工作进行学习的能力[101]、适应能力和问题解决能力以及对常规事务的容忍力，而目前的工作岗位对于创新、持续培训和非常规性问题的解决提出的要求越来越高，所以认知能力的预测价值可能会上升。认知能力测试的种类有很多，包括温德利人事测验（Wonderlic Personnel Test）、瑞文推理测验（Raven's Progressive Matrices）、考夫曼简式智力测验（Kaufman Brief Intelligence Test）以及韦氏智力量表（Wechsler Abbreviated Scale of Intelligence）。表 9－6 中列出了在温德利人事测验中可以找到的一些问题。有些组织还会定制对认知能力进行评价的测试。宝洁公司开发了 1 000 多道适应性推理测试问题，用来对求职者的认知能力和思维风格进行评价，这些问题经过 18 万名以上的候选人测试校准，并且用 2 000 多名员工的数据进行了效度检验。[102]

表 9－6　认知能力测试题目

以下是从测量认知能力的温德利人事测验中选取的一些问题。问题的答案请参见表格的底部。

1. 假设下面的三个陈述中，前两个陈述是正确的，那么最后一个陈述是：

（1）对　　（2）错　　（3）不确定

- 那个女孩打篮球。
- 所有的篮球队员都戴帽子。
- 那个女孩戴了帽子。

2. 每支铅笔卖 0.17 美元，买 4 支铅笔要花多少钱？

3. 以下 5 组词中，有几组两个词是完全一致的？

（1）Smith，T. J.	Smith，J. T.
（2）Liao，G. K.	Liao，G. K.
（3）Barry，P. P.	Barry，J，P.
（4）Kovich，L. E.	Kovich，E. E.
（5）Garcia，T. S.	Garcia. T. S.

4. DEMAND（需求）和 DEFILE（狭谷）——这两个词

（1）意义相同。

（2）意义相反。

（3）意义既不相同也不相反。

答案：1. 对；2. 68 美分；3. （2）；4. （3）

尽管认知能力测试便于操作，对于所有的职位来说都是最有效的甄选方法之一，平均效度可以达到 0.51，但是它所产生的族裔差异却是其他预测因子（比如传记数据、人格测试、结构化面试等）的 3～5 倍。[103]尽管产生这些差别影响的原因目前尚不明确，但据估计包括文化差异、被试者接受参加测试指导和针对项目做准备的情况不同以及不同子群体中的人对于测试效度的认知差异对他们参加测试的动机产生不同的影响等。[104]求职者往往不喜欢看起来与职位无关的认知能力测试。[105]

由于使用认知能力测试所造成的差别影响可能会给企业带来一些问题[106]，企业在使用测试之前应当评估一下，看看认知能力测试对于受保护群体可能会造成怎样的影响。我们强调过，没有任何一种评价工具是最好单独使用的，认知能力测试更是如此。无论如何，通过将认知能力测试与其他预测结合起来使用有助于减少歧视性负面影响，同时还能提高测试过程的整体效度。[107]

非认知能力测试

测试还可以用来测量人的精神运动能力、感官能力以及身体能力。**精神运动能力测试**

(psychomotor tests) 测量的是一个人操作和控制物体的能力。典型的精神运动能力测试包括反应时间、灵敏度、手臂稳定性测试。**感官能力测试**（sensory tests）主要测量候选人的视力、听力以及语言感知能力。典型的感官能力测试包括清晰表达、颜色区分、暗环境视力测试等。**身体能力测试**（physical ability tests）测量一个人的力量、灵活性、耐力和协调能力等。典型的身体能力测试包括举重物能力、伸展能力、平衡能力测试等。身体能力测试通过确保员工可以完成必要的与职位相关的任务，减少工作伤害。比如，消防员必须能扛着重胶管上楼梯，快递员必须能安全地举起并移动较重的箱子，等等。由于身体能力测试可能会对女性带来歧视性负面影响，企业要确保求职者能够享有平等参加这些测试的机会，并且展示这些测试的内容都属于相应职位的真实任职资格要求。如果能谨慎地开发非认知能力测试来评价一个职位对于任职者的要求，则非认知能力测试的效度较高，能够得到求职者的认同，并且相对容易使用。

价值观评价

企业通常会把自己的关键价值观以及核心竞争力与企业的经营战略捆绑在一起。因此，正如我们讨论过的，确保新员工能够认同并共享这些价值观是非常重要的。有些公司，其中包括在本章开头提到过的强生公司，都会通过积极地确保候选人的价值观与公司文化之间的匹配来提升公司的有效性。[108]对候选人的价值观进行评价的计算机化的评价工具和纸笔评价工具都已存在。有些公司会安排一群候选人去完成一些结构化的任务或练习，通过观察他们在此过程中的互动情况来对他们的价值观进行评价。

人格测试

人格测试作为对工作成果进行预测的评价工具受到了褒贬不一的评论。一直到 20 世纪 90 年代，人格测试在对工作绩效进行预测方面表现得都很糟糕。[109]早期尝试的一些测试是为了在雇用过程中对候选人进行筛选，一些测试的本意则是为了诊断员工是否存在心理疾病。明尼苏达多项人格测验（Minnesota Multiphasic Personality Inventory，MMPI）和加利福尼亚心理测验量表（California Psychological Inventories）都会向求职者提出一些包括如下问题在内的是非判断题[110]：

- 我觉得我的罪恶是不可饶恕的。
- 我想成为一名园艺工作者。
- 我有时候会被邪恶的想法所控制。
- 我几乎每周都会去教堂。

从上面这些问题来看，人格测试对工作绩效的预测能力在所有的评价工具中属于最差的也就不令人奇怪了。幸运的是，将人格测试运用在工作绩效预测的研究还在持续进行。如表 9-3 所示，人格测试的效度是较低或中等的程度（−0.13～0.33），而当人格测试和具体的职位标准很好地实现匹配时，这一效度水平可以再提高一些。[111]外包呼叫中心运营商诺福满公司（Novo 1）发现，当自己开始注重筛选人格特征与公司文化相匹配的求职者之后，生产率提高了 14%，早期工作损耗则下降了 10%。[112]研究发现，当人格评价中的问题或者指导说明与具体工作行为相关时，人格测试会成为对绩效进行预测的更为可靠的工具。[113]

当谷歌公司发现员工在大学时的平均学分绩和面试成绩对于预测他们的工作绩效来说并没有想象中的那样有效，它就要求所有工作时间超过 5 个月的员工完成一项包括对人格特点和兴趣进行评价等内容在内的调查。在将这些数据与针对每位员工的绩效所做的25种测量结果进行关联之后，谷歌公司就针对不同的职位，分别确定了对销售、财务金融、工程和人力资源等不同类型员工进行评价的算法。[114]谷歌公司一直在研究哪些因素能够更好地预测员工的工作成功以及为什么能够预测员工的成功，并且基于这些研究来持续不断地改进自己的评价和雇用方法。强生公司、劳氏公司（Lowes）以及沃尔玛等，也都用人格测试来筛选员工。沃尔玛公司采取的是卓越运营战略，强调要遵守各种程序，因此，该公司倾向于雇用那些不同意下面这种说法的员工："一位不因循守旧的人在任何一家公司里都能找到自己的一席之地。"[115]

因为人格特征有数百种，所以研究者将相近的人格特征加以合并，将这几百种人格特征归并为几种比较广泛的行为性（而不是情绪性或认知性）特征，而每一种人格特征中都可以涵盖更多的具体的人格特征。大五人格作为一个整体性人格特征，几乎包含了一个人的人格特征中75%的部分。[116]大五人格的构成要素包括：

- 外倾性：外向、自信、乐观、健谈。可用于预测销售人员的工作绩效。[117]
- 尽责性：关注细节，愿意遵守惯例并付出努力。可用于预测各种类型职业的任职者工作绩效。[118]
- 情绪稳定性：冷静、乐观、适应性强，能通过合理分配资源完成任务。可用于预测大部分职业的任职者工作绩效，尤其是那些涉及人际交往和团队合作的职位，比如管理类、销售类[119]和教学类职位。[120]
- 宜人性：热心、乐于助人、合作。可用于预测涉及人际交往和团队合作的职位上的任职者的工作绩效。[121]
- 开放性：富于想象、寻求变化、乐于接受新想法或新变化。可用于预测创新性职位上的任职者的工作绩效以及外派人员的工作绩效。[122]

尽责性和情绪稳定性似乎可以用于预测很多职位上的任职者的总体工作绩效。[123]这两种具有"通用性的"人格特征似乎是通过"想做"这种动机性因素来影响员工的工作绩效的。另一方面，一般性的智力则主要是通过"能做"这种能力因素对所有职位上的任职者的工作绩效产生影响的。[124]而外倾性、宜人性和开放性几种人格特征，仅仅是对某些特定的职业或某些特定的工作绩效标准具有预测作用。[125]外倾性对于那些在工作中需要进行大量人际交往的职位来说具有很好的工作绩效预测作用，尤其是当这个职位需要影响他人以及获得地位和权力的情况下，比如管理类和销售类职位。[126]对于那些在工作中涉及大量人际互动——因而需要在工作中帮助他人、培养与他人的关系以及与他人开展合作——的职位而言，宜人性就是一个有效的预测指标。对于预测哪些人能够在团队中出色工作哪些人却做不到来说，宜人性可能是唯一在单独使用时效果最好的人格特征了。[127]那些好与人争辩的、不灵活、不合作、不关心他人、容忍度低以及难以与人相处的员工，很可能在团队中工作有效性较差，更容易产生一些反生产率行为，比如偷窃。一个人对新体验的开放性是对此人的创造力和变革适应能力进行预测的一个因素。[128]那些具有艺术敏感性的、聪明的、好奇心强的、精致的、独创性的以及独立性强的人，通常能更好地适应变化，并且在工作中也会更有创造性。[129]

一个人的大五人格在不同的时间里是一直非常稳定的，似乎是部分地由基因决定的。[130]但如同所有的人格测试一样，大五人格测试的效度仍然没有高到可以单独依靠其测试分数做出求职者甄选决策的地步。各种人格测试，包括大五人格测试在内，通常都不会产生太多的歧视性负面影响，同时还能减轻由其他评价方式——比如认知能力测试——所导致的歧视性负面影响。

由于工作绩效反映了多种不同的行为，有些学者认为，广义的人性比如大五人格，或许能够最好地预测工作绩效。有些研究也支持这种意见[131]，尽管大五人格测试的效度要比很多其他评价方法更低一些。尽责性则是对所有职位上的工作绩效进行预测的最稳定的因素，其平均效度达到0.31[132]，这表明尽责性可能是对所有的职位而言都有效的一种评价方式。有些研究认为，对于预测那些复杂程度较高的职位上的工作绩效而言，尽责性和情绪稳定性这两种人格特征是尤其有效的。[133]

一些著名学者指出，何谓最佳效标关联效度，还是要取决于将具体的人格特征（比大五人格划分更为细致的人格特征）和具体的工作相关绩效维度加以匹配的情况。[134]在选择一种人格测试时，根据内容和特定性标准，将人格特征与工作成功的某些方面匹配起来是很重要的。如果一家公司想要广泛地预测其定义的工作成功程度，则广义的人格特征，比如大五人格，就会比更细化的人格特征能够成为更好的预测变量。但如果一家公司想要预测更为具体的工作成就维度和工作行为，比如客户服务能力，那么范围界定更为狭窄的人格特征，比如一个人的以客户为导向性、销售驱动力以及对社会的兴趣等[135]，反而可能有更高的效度。

除了尽力寻找那些个人的人格特征与职位、工作群体或组织相匹配的员工，企业还可以通过剔除那些带有与企业的匹配度低和绩效水平较差的人格特征的求职者，来实现新员工的匹配度最大化。**脱轨器**（derailers）是指导致失败的人格特征或其他属性。美国智睿咨询有限公司（Development Dimensions International）是一家人才管理和评价领域的专业机构，该公司研究人员乔伊斯（Joyce）和罗伯特·霍根（Robert Hogan）等人确定了几种会在压力之下显现出来的阻碍人们抓住成功机会的人格特质。比如，管得太细、因过于敏感而挑剔、过于博取关注或者过于谦卑等，都会破坏关系和损伤绩效。确定什么是一个职位工作的脱轨器，并且在筛选过程中剔除带有这些不理想特质的人，就可以提高求职者与组织之间实现良好匹配的可能性，取得雇用的成功。[136]

造假可能会成为人格测试中存在的一个问题[137]，不过，某些证据表明，那些试图提高自己的人格测试分数的人，同样会努力去管理别人对他们的工作表现所形成的印象，而这确实有助于他们在工作中表现得更好。[138]在考虑采用某些人格或价值观评价时，对测试的效度和可能产生的歧视性负面影响进行评估是非常重要的。没有哪一种人格测试是对所有的职位或对每家公司都起作用的。由于求职者将会对使用这些测试方法做出反应，这些评价方法如何才能应对所有的法律风险就同样十分重要。布罗斯心理测试研究所（Buros Institute of Mental Measurements）发布了一份《心理测量年鉴》[139]，其中回顾了大量在商业上可行的认知能力测试、人格测试以及其他一些评价性测试。

人格测试使用起来很方便，但求职者对其做出的反应却不佳。滥用药物者对人格测试的反应尤其消极。[140]人格测试面临的最大法律问题是它们涉及隐私。例如，如果在测试中询问一些涉及诸如个人宗教信仰和性取向等方面的侵犯性问题，而这些问题与候选人取得工作成就或完成被预测职位上的工作并无明显的关系，则会使公司陷入麻烦。[141]

心理评价——比如明尼苏达多项人格测验（MMPI）和加利福尼亚心理测验量表——通常用于临床治疗或诊断，因此，除非候选人申请的是诸如警察、消防员和飞行员等这样一些可能会危害公共安全的工作，否则，就不要轻易用这些心理评价方法来对候选人的人格进行评价。美国法院一贯明文反对在一般商业环境中使用这类临床心理评价。[142]临床人格评价工具的使用还与《美国残疾人法案》的理念背道而驰，因为这些测试本来就是为了诊断非正常行为模式而设计的。[143]《美国残疾人法案》指出，员工“不应被要求参加医疗检查或被询问如这位求职者是否为残疾人或残疾的性质或严重性程度等诸如此类的问题”。企业最好与一位有资质的律师来讨论心理测试的使用问题，并且评价这种心理测试是否符合《美国残疾人法案》和其他一些法律条文的规定。除非在一些非常特殊的情况下，如果一项评价泄露了员工的精神障碍或心理状态，哪怕是无意之举，也违反了《美国残疾人法案》的规定。[144]

大约有 1/3 的组织在雇用和晋升决策中使用了人格测试。目前，雇用评价市场的价值已经增长到大约 20 亿美元，在雇用之前实施的人格测试每年增长 20%左右。人格评价的使用之所以会增加，一部分原因在于高失业率导致针对空缺岗位的求职者人数增多，尤其是在零售、食品服务和医疗等行业中。此外，通常通过在线实施的一些自动化的人格评价，也能帮助企业迅速地以一种高成本有效性的方式根据与职位有关的一些特征来对求职者进行预筛选。[145]

诚实性测试

为何诚实性测试如此重要？美国的商店每年都会由于冒充顾客进店行窃和员工盗窃而损失数千万美元。[146]对于那些需要与金钱打交道的职位（比如办事员、柜员或出纳员等）或者是掌握着控制权的职位（比如警察、安保人员等）来说，在雇用员工时，挑选那些不太可能实施偷窃或从事其他违法行为或反生产率行为的人就尤为重要。**诚实性测试**（integrity tests）通常采取笔试的形式，通过多项选择题或是非判断题来测试候选人对于他们自己的可信度、诚信、道德品性等持何种态度。诚实性测试可以是目标非常明确的——也就是公开评价一个人的诚实性。下面的例子就是一个目标很明确的问题：“你是否曾经在明知自己的银行存款不足以支付账单的情况下给别人写过一张支票？”在另外一些情况下，诚实性测试的目的仅仅是一般性的，它主要是为了间接地测量人们的诚实性水平。以下就是一道目的笼统的测试题：“你愿意碰碰运气吗？”[147]

诚实性测试并不是为了要产生一种歧视性负面影响，也不是为了显得与认知能力无关。相反，在进行认知能力测试时，诚实性测试可以增加筛选过程的效度，并且降低其可能产生的歧视性负面影响。造假也不会成为诚实性测试的一个问题。也许不诚实的求职者选择不去说比诚实的求职者更多的假话，因为他们觉得每个人可能都和他们一样——不诚实。[148]换句话说，他们可能并不认为有必要去在答案中作假，因为他们认为，从某种程度上来说，每个人都是不诚实的。评价者也有可能在诚实性测试中嵌入一些能够检测出造假的项目。比如，即使某些人在他们生活的方方面面中都一贯是诚实的，当被问到他们是否“总是”采取好的行为或“从未”采取坏的行为时，他们也会选择同意相关问题的表述，经常并不诚实。

正如表 9－3 中所示，诚实性测试的平均效度是 0.41。就考察反生产率工作行为方面来看，目标明确的诚实性测试的效度（0.55）要比目标笼统的诚实性测试的效度水平（0.32）更高一些。[149]这两种类型的测试都可以预测一般性的反生产率行为，其中包括旷工和违反纪律的问题，这比它预测员工偷窃的有效性水平更高一些。[150]求职者有点不太喜欢诚实性测试[151]，尽管不滥用药物的人被证明要比滥用药物者对这种测试的评价更为积极。[152]另一个与诚实性测试相关的问题是道德问题。一些人在诚实性测试中的得分很低，但却属于被错误地归类的那些人，他们实际上并不会从公司里盗窃东西。管理者必须明确一点，这就是使用这种测试错误地将好的求职者筛选出去的做法是否公平或符合道德要求。

诚实性测试的成本相对较低，并且可以在雇用过程中的任何一个阶段实施。有些企业会用诚实性测试来对所有的可能求职者进行甄选，有些企业则只是对进入到最终环节的求职者进行测试。[153]正如任何一种其他评价方法一样，在将诚实性测试纳入评价过程之前，都要检查一下，看看这种测试是否真的能够预测各种反生产率的工作结果，其中包括缺勤、偷窃和违反纪律等方面的问题。并非所有在商业上可行的测试都是完全有效的——也就是说，不是所有的测试都按照美国心理协会（American Psychological Association）的指南来实施诚实性测试。[154]此外，由于偷窃并不是所有企业都会遇到的问题，有时候，诚实性测试所需承担的成本甚至会超过因使用这种测试导致员工盗窃问题减少而获得的收益。[155]最后，正如任何其他的评价性测试一样，在实施诚实性测试时也要注意保护求职者的隐私。诚实性测试还存在一些法律上的问题。在有些州，包括加利福尼亚州和马萨诸塞州在内，都对在做雇用决策时使用诚实性测试的情况做出了限定。[156]

测谎仪测试

测谎仪测试（polygraph tests）会测量和记录人们在回答一系列问题时的一些生理要素，这些要素被认为是反映人的焦虑感的一些指标，其中包括候选人的血压、呼吸、脉搏和皮肤传导。因为焦虑通常伴随着说谎，所以波形图像就经常被用来评价一个人是说谎还是诚实的。然而，如果人们因为某些其他原因而感到焦虑，或者可以主动控制自己的焦虑程度，那结论就不可靠了。

《测谎保护法》（Polygraph Protection Act）禁止企业要求求职者或员工接受测谎仪测试，禁止企业根据测谎仪测试结果做出任何雇用决策，禁止企业对拒绝参加测谎仪测试的员工予以解雇或给予处罚。唯一的例外是军队、警察、私人安保公司以及控制物质生产商。对盗窃、贪污或怠工问题进行调查的结果表明企业确实因此而遭受经济损失或伤害，则企业可以对员工进行诚实性测试。[157]

工作知识测试

工作知识测试（job knowledge test）测量的是一个职位要求候选人掌握的知识。这种测试通常使用多项选择题、小论文或核查清单等形式，根据职位需要完成的工作任务、需要运用的工具以及工作流程等，对候选人是否了解该职位的工作职责以及是否具备相应的工作经验等进行评价。工作知识测试的一个例子就是考察人力资源类职位的求职者所掌握的人力资源管理知识。正如表 9-3 所示，工作知识测试所产生的歧视性负面影响通常是最小的，效度很高（平均效度达到 0.48），在运用于一些比较复杂的职位时效度还会更高。[158]许多企业都采用工作知识测试。

面试

面试可能是甄选工具中最为常见的一种。[159]研究表明，与很少采用高质量员工配置措施的企业相比，更多地采用高质量员工配置手段的企业不仅利润水平更高、销售额增长更快[160]，而且员工流动率也更低[161]。有效实施面试过程有助于强化甄选过程，从而帮助企业选到绩效水平高同时与组织的匹配度也更高的员工，这些人也会在相当长的一段时间内在企业中留任。[162]

面试可以对候选人的多种技术、能力和工作风格进行评价，其中包括一个人的沟通能力、人际交往能力和领导风格等。求职者对面试的反应是良好的，求职者通常将面试视为与职位最为相关的甄选过程的组成部分之一。[163]逸林酒店（Doubletree Hotel）使用对 300 位高绩效和低绩效员工进行面试的结果，根据自己确定的“成功维度”来甄选员工。在对客户预定职位员工进行访谈的基础上，逸林酒店确定了在这种职位上取得工作成功的七个维度：实践学习能力、团队工作能力、压力承受能力、销售能力、关注细节、适应性或灵活性以及工作动力。逸林酒店随后针对这些维度设计出了一些具体的面试问题，以考察候选人是否具备这些以及其他方面的一些特征。[164]

除了对求职者进行评价，面试还可以服务于重要的招募目的，起着向求职者传递关于职位和组织的信息的作用。请记住，企业在选择求职者，与此同时，求职者也在选择企业。然而，通过一次面试要想同时达到两个方面的目的却是很困难的。通常情况下，接受评价的求职者在这一过程中是很难集中精力去关注企业传达给他们的招募信息的。只要到了仅仅为了招募目的而实施的面试环节，他们才会更多地关注到职位和企业的信息。[165]因此，如果一家公司决定将面试用于招募的目的，那么最好是仅仅把面试集中在招募上。

有些企业开始借助互联网使用像 Skype 这样的工具来实施雇用面试。这样做可以节省成本，使面试的日程安排更快捷，并且使企业可以对更多的候选人进行甄选。包括 HireVue 在内的一些网站可以让候选人快速创建一个面试视频，从而有利于潜在的雇主以更快的速度和更低的成本面试更多的候选人。企业简单地用电子邮件发一个需要回答的问题的链接，然后候选人就可以通过网络摄像头来录制自己的回答。

在对候选人进行评价方面可以运用的面试有很多种。接下来，我们讨论其中比较常见的几种：非结构化面试、结构化面试、行为化面试以及情境化面试。

非结构化面试（unstructured interviews）在面试过程中所提问的问题在不同的候选人之间存在很大的差异。典型的非结构化面试对于候选人的回答并没有统一的评分或评价标准，同时也并不总是与职位高度相关。面试问题通常是比较随意的和开放性的（比如“请谈谈你自己”），并且具有很强的推测性（比如“你对自己的未来 5～10 年有什么打算?”）。面试官通常是根据自己对于可雇用的好员工的理解来做出判断，比如外表和一些非语言线索（候选人是否坐立不安或者与面试官有眼神交流等），在面试结束时，面试官会快速地对候选人得出一个整体性的评价。正如表 9-3 所示，非结构化面试由于缺少一致性，所以效度较低（平均为 0.20～0.38），尽管如此，许多管理者还是愿意使用非结构化面试，因为他们觉得自己很擅长对他人进行判断，或者是相信自己已经设计好了通过语言交流来对候选人进行评价的方法（即使这种方法的效度并不高）。综合考虑到非结构化面试的成本以及与提非标准化问题可能产生的法律风险——效度不高或者是与在职位上取得工作成功的相关性不强，非结构化面试显然不如结构化面试好。

结构化面试（structured interviews）是一种所有的候选人都会被询问一系列标准化的与职位相关的问题，并且回答这些问题的各种不同答案都已经被提前赋分的面试方法。[166]因为用同样的方式向所有的求职者提同样的问题，并且评价者也会受到一直用同样的标准来对答案进行评价的培训，所以结构化面试会更加可信和有效。正如表 9-3 所示，这种面试方法的效度高达 0.63，并且受到求职者的认可。

开发结构化面试需要付出一定的成本。尽管如此，研究持续性地表明，得到很好执行的结构化面试可以很好地预测高绩效的员工。[167]一项研究表明，对销售人员采用结构化面试的做法，使企业每年的员工流动率从 38.7%降低到 13.6%。[168]研究还显示，适当地将结构化面试作为甄选系统的一个环节来加以使用，还削弱了评价的歧视性负面影响[169]，从而降低了企业的法律风险。[170]一份对诉讼结果所做的综述表明，当企业使用与职位相关的结构化面试模式时，作为被告的企业更有可能在法庭上获得优势。[171]这是因为，结构化面试有助于减少因面试官个人的偏见产生的歪曲，防止他们对不同的求职者询问不同的问题以及受到与职位不相关的一些因素的影响，比如候选人的身体吸引力、性别或族裔以及着装风格等。表9－7概括了实施结构化面试的步骤。

表9－7 实施结构化面试的步骤

1. 针对结构化面试所要测量的职位要求，明确能够描述每条任职资格的行动和行为。比如，在需要被填补的空缺职位上，领导力意味着什么？领导能力强和领导能力差的人分别会怎样做？不同的领导战略所产生的影响有何不同？不同的领导方法会同样有效吗？
2. 编写能够获得相关信息的问题，以考察候选人在多大程度上满足每一种任职资格要求。
3. 编写基准答案，在答案中应当至少包括与得高分、中等分和低分对应的回答内容。
4. 基于每道问题的相对重要性为基准答案得分配置权重，越重要的问题分配的权重应该越大。
5. 选择并培训面试官，以提高面试的标准化程度、信度和效度。
6. 根据效度以及利益相关者的反应来对结构化面试的有效性进行评价，其中包括利益相关者对于面试的公平性和职位相关性的感知。

对面试官培训，使他们能够前后一致地提问，对面试问题和肢体语言打分，做好面试笔记以及提出跟踪性问题，这些都是改进结构化面试效果的关键所在。因为与非结构化面试相比，在结构化面试中保持实施和赋分的一致性是非常重要的。[172]美国联邦人事管理局（U. S. Office of Personnel Management）指出："对实施结构化面试的人进行培训是非常重要的。面试官培训会提高面试准确性。"[173]

结构化面试可以分为两种：行为化面试和情境化面试。到底是选择行为化面试还是情境化面试，主要取决于候选人此前的工作经验多少。当需要面试的是一位工作经验很有限的人时，情境化问题（比如："在那种情况下，你会怎么做？"）会比行为化问题（比如："在当时那种情况，你是怎么做的？"）更有可能产生更多深刻的见解。我们会在下面更为详细地讨论行为化面试和情境化面试。

行为化面试（behavioral interviews）的基础理论是，与一个人相信、感觉、认为或知道的那些东西相比，其过去的行为是更能够有效预测他们未来工作成功的指标。[174]在行为化面试中，面试官会首先要求候选人描述某种在过去的工作中或相关情境下遇到过的某种问题，这些问题能够揭示出此人的某种特定技能、人格特质或核心胜任素质。然后候选人描述他在当时那种情境下采取的行动及其产生的结果。例如，为了评价一位候选人的领导力，面试官可能会要求候选人描述一个他曾经加入过的无效团队的情况，他在团队中采取了哪些行动，最终达到了怎样的结果。候选人的工作伦理、性格、价值观以及与组织的总体匹配度等，通常都是在行为化面试中加以评价。表9－8是一个关于行为化面试题目和计分规则的示例。

表9－8 对候选人的坚持力进行评价的行为化面试题目

问题：请告诉我一个你从事过的项目的例子，你认为这个项目很重要，但是其他人却认为这个项目纯粹是浪费时间。你当时做了些什么？结果怎样？

5—优秀：尽管遇到一些障碍，但是我坚持完成了这个项目，因为我相信这个项目是有价值的。因为希望这个项目取得成功，所以我不断地寻找解决问题的方法。

4

3—一般：我继续做着这个项目，但是把部分注意力转移到了其他一些更有可能取得成功的项目上去了。

2

1—很差：我觉得到这个项目只能得到很少的支持，于是我把这个项目停掉了。

候选人很少会按照面试官事先准备好的标准答案来回答问题。不过，通过培训能够帮助面试官确定应当怎样对候选人的回答计分。此外，如果一位候选人的工作经验不足或者不能想出一个合适的情境或遇到过的问题，也可以通过技巧性的考察来获得可计分的回答。当需要评价的是有工作经验的候选人时，行为化面试是最有效的一种评价方法。不过，这种方法在对没有工作经验或工作经验很少的候选人进行评价时也同样是有效的。例如，麦当劳认为，一次有效实施的面试能够辨别出一位候选人成为提供出色服务的优秀员工的潜力。麦当劳采用一份面试指南来帮助面试官根据候选人过去的行为来预测他未来的工作绩效。这些问题为候选人提供的都是他们必须面对的一些具体事件或情境，因而没有给候选人留下提供笼统的理论性回答的机会。面试官会根据候选人的回答进行评价，并且给那些得到最高评价的人提供工作机会。[175]

作为一位候选人来说，在准备参加行为化面试时，你应当知道，STAR技术将会帮助你使招募官对你的回答做出有效评价：

● 情境（situation）或任务（task）：描述一个具体的事件或情境，给出能够让面试官理解这个情境的具体细节以及你当时需要完成的任务。这些情境可以是你过去从事过的某种工作，也可以是志愿活动或任何其他的相关事件。例如，“当时广告收益正在下滑，客户都不再续签合同。”

● 你采取的行动（action）：描述你当时采取的行动。例如，“我设计了一个新的网页和促销方案，我还针对销售代理商设计并实施了一项客户服务培训计划，以提升他们实现销售以及留住客户的技巧。”

● 你所实现的结果（results）：描述后来发生了什么，事情的结局是怎样的，你完成了哪些工作，你学到了什么。例如，“在接下来的三个月中，我们的新广告商增加了25%，客户保留率上升了一半，我们还将40%的老客户争取了回来。”

行为化面试更为可靠，并且在预测工作绩效方面也更为出色。[176]与非结构化面试相比，行为化面试被证明更能够改善新员工的平均工作绩效[177]，并且还能够降低员工离职率。[178]

行为化面试还弱化了面试官的个人偏见所产生的影响。[179]研究发现，与实施结构化面试相比，在非结构化面试中，不仅面试官更容易受到候选人的外表吸引力的影响，而且候选人也会努力表现自己，以便在面试官心目中留下一个好的印象。[180]

包括美国西南航空公司在内的很多公司则会使用**情境化面试**（situational interviews），这种面试并不是询问候选人过去有什么行为，而是让他们说出在面对某种假设的情境时会怎样做，以及他们将会怎样践行公司的核心价值观。[181]情境化面试具有很高的效度，但通常还是低于结构设计合理的行为化面试。[182]

正如在行为化面试中一样，在情境化面试的情况下，专家同样会事先设计好针对各种可能出现的答案的连续评价尺度。这些答案的范围涵盖了从非常好到很差的各种类型，并且都是与经过职位分析专家确定的行为目标直接联系在一起的。候选人提供的如果是非常好的答案，那么表明此人在完成相关工作任务时可能会取得成功；如果答案很一般，则预测候选人将来在工作中可能会遇到一些困难；如果答案很差，则意味着候选人将来在工作中很可能会遭遇失败。虽然候选人恰巧给出的答案和专家事先设计的答案完全一致的情况很少见，但可以通过培训使面试官根据评价量表上的锚定点来对候选人的回答做出有意义的评价。表9-9描述了可以适用于任何类型的结构化面试的情境化面试评价尺度。

表 9-9 对候选人的沟通能力进行评价的情境化面试题目

问题：想象你正忙着赶几个即将到期的公司项目，但是你的上级给了你一堆待完成的文件，而你觉得这些文件跟你做的任何一个项目都毫无关联。此外，你如果真的去完成这些文件，那么一定会导致你无法完成之前的几个项目。在这种情况下，你会怎么做？
5—非常好：跟上级解释这些工作存在时间上的冲突，然后讨论是否有其他的变通办法。很重要的一点是要确保最终的调整是你和上级都能接受的。
4
3——一般：告诉上级这些工作存在时间上的冲突。
2
1—非常差：把这些冲突视为本职工作的一部分，然后尽力去完成。

在实施行为化面试和情境化面试时要注意的一点是题目应当及时更新。包括 Vault. com 和 WetFeet. com 等在内的一些网站都会提供大量关于各类公司的招募和雇用流程、面试题目、对公司及其文化的简要介绍等方面的信息。很多公司自己的网站通常也会列出自己希望寻找的新员工应当具备哪些特质以及什么样的行为是与公司的文化相匹配的。这些资源的存在使得一些候选人有可能针对预想的面试题目编造答案。

那么，企业如何才能有效地辨别出候选人讲述的虚假故事，从而改善公司的行为化面试的准确性呢？面试官可以继续追问问题，可以好奇地询问候选人关于他所说的这件事的一些细节，他们在当时是怎样想的以及有什么感受，他们从那次经历中学到了些什么。这样的追问方式使候选人编造一个前后一致的故事的难度加大。[183]

案例面试（case interviews）会首先给候选人提供一个情境、问题或挑战，然后要求他们去思考并尝试找到解决的办法。案例中的难题可能是企业当前正面临着的或者是过去曾经经历过的一些挑战。候选人可以向面试官提一些问题，以便更好地理解案例中的处境，收集相关信息，提出一个解决方案或建议。在对咨询类职位以及需要战略思考能力、解决问题能力、逻辑推理能力、分析能力等的职位的候选人进行面试时，案例面试是非常受欢迎的一种面试方法。在案例面试中，候选人的推理过程往往要比最终提出的建议更重要。案例面试有时候是以小组练习的方式完成的，面试官则会对这个小组讨论案例并形成解决方案的整个过程进行观察。德勤公司就在公司网站上为求职者提供参加案例面试的技巧以及实际使用过的案例，以帮助求职者做好充分的准备。[184]

无论采用哪一种面试方法，面试官都应该接受包括以下这些内容的培训：面试的目的、面试礼仪、打分过程、如何令候选人感到轻松自然以及如何获取最准确的信息等。此外，在面试的时间安排表中，要在每一位候选人离场之后，为面试官留出 10～15 分钟的整理笔记和评分时间。企业应当训练面试官在面试的过程中做好简短的记录，以免使候选人在面试的过程中感到恐慌，分散他们的注意力。

情境判断测试

正如情境化面试一样，**情境判断测试**（situational judgment tests）所要测量的也是候选人的非认知能力。在这种测试中，往往以口述、文字或视频的方式呈现一个小场景，候选人会被要求回答他们认为最有效的答案，或者是从一系列选项中选出最佳答案。这种测试的效度适中，大约为 0.34。美国联邦调查局（FBI）使用情境判断测试来对候选人的诚实性以及下列能力进行测量：组织能力、计划能力、确定优先顺序的能力、与他人建立有效联系的能力、保持正面形象的能力、评估信息并做出决策的能力以及适应环境变化的能力。[185]

工作仿真模拟

许多候选人在笔试和面试中看起来表现很不错，但问题是他们真的能够在工作中取得成功吗？**工作仿真模拟**（job simulations）就是通过让候选人完成与他们上岗后需要承担的相似工作任务来对他们的工作能力进行测试的方法。仿真模拟可以是口头的，需要人际交往和语言技能，例如针对申请呼叫中心工作的候选人采用的角色扮演。运动仿真则涉及让候选人完成一些体力操作性的任务，例如装配线上的工作，或者用来考察一位候选人能否正确地操作机器的测试。在实施工作模拟时，同样需要对评价者提供培训，同时需要设计出详细的评价体系来对候选人进行评价并给出分数。

不同的仿真模拟在逼真度或模拟场景与真实工作场景的相似度上是存在差异的。高度逼真的仿真模拟测验有着非常真实的场景设计，需要采用成本高昂的设备，例如飞行模拟器。位于克利夫兰的国民城市银行采用的动态仿真模拟就融入了音频和视频的互动体验。[186]而逼真度较低的模拟测试则主要借助书写和口头的展示方法，要求候选人以文字或者口头的方式作答（行为化面试可以视为一种以口头形式实施的逼真度较低的工作仿真模拟）。

工作仿真模拟的效度可以比较高（平均为0.54），产生的歧视性负面影响一般较小。因为这种测试具有很高的职位关联性，候选人也比较喜欢这种测试方法。然而，由于工作仿真模拟特别是高度逼真的仿真模拟的费用较高，很多企业都倾向于等到了评价过程的后期，候选人的人数已经大幅度减少的情况下再加以使用。如果一家公司计划对新员工进行培训，工作仿真模拟可能就不那么适用了。目前，工作仿真模拟的使用在不断增加，特别是在制造、销售、卫生健康以及呼叫中心等领域。[187]

欧莱雅集团使用在线模拟的方式来营造出一种真实的市场仿真环境。学员小组在登录网络之后就会“成为”一家化妆品公司的总经理，他们需要决定在研发活动中投入多少钱，在市场营销方面花多少钱，同时还要在不降低质量的前提下找到降低成本的方法。这个游戏会对参与者的每一个行动做出回应，让这些参与者知道自己的行为会对虚拟公司的股价产生何种影响。[188]毕马威公司的仿真模拟为候选人展示出了各种真实的工作场景，然后询问候选人将会如何处理，同时，给他们留出两分半钟的时间来回答如下问题：“你将如何鼓舞你们团队的士气?”[189]

普鲁登休房地产公司（Prudential Realty）使用的仿真模拟测试则是通过放映由演员扮演的购房者视频来实施的。这些演员会与有抱负的房产经纪人进行“对话”，房产经纪人根据当时的情景选择自认为最佳的答案。普鲁登休房地产公司认为，尽管企业可以向新入职的房产经纪人传授一些销售技巧，但在实际的商业环境中，这些人要想取得成功，仍然需要具备相应的人格特质。而工作仿真模拟恰恰能够揭示出一位候选人是否具有这样的人格特质。在入职的第一年中，在工作仿真模拟测试中得分高的员工得到的报酬要比得分低的员工高出300%多。[190]工作仿真模拟也可作为招募工具使用——一家不动产公司在一份报纸上刊登了一个月的广告，广告上说“今天的房地产行业已是测试驱动职业发展”，这家公司还指引读者到公司网站上去做一个模拟测试。[191]

由于工作仿真模拟看上去与工作之间有紧密的联系，有可能会出现过分强调它在甄选决策中的应用的情况，从而忽视了招募流程中的其他一些内容。专家建议，最好是在仿真模拟结果与面试、书面评价测试、推荐信和背景核查等之间保持适当的平衡。无论普鲁登休房地产公司的候选人在地产经纪人模拟测试中的得分有多高，他们也必须在面试中表现优异。在欧莱雅集团，表现最佳的小组还需要在一组考官面前展示他们的经营战略，并且说服欧莱雅集团对他们的虚拟公司进行投资。这一展示过程有助于欧莱雅集团对候选人的人格特质以及沟通能力做出评价。[192]

还有一些游戏用于测试候选人的认知能力，其中包括适应性和情商。专门从事评价业务的奈克公司（Knack）开发了一款名为“欢乐时光”的游戏，这个游戏要求候选人根据蜂拥而来的顾客的面部表情说出他们想喝什么酒。候选人还必须把每杯酒都调制出来并提供给顾客，每一个顾客所用的杯子也都必须在很短时间内清洗好。这款游戏玩得好的人将会得到工作。[193]根据工作仿真模拟的成本不同，可以在评价过程中的任意时间使用，不过一般来说，成本较高的仿真模拟通常会在评价过程的后期才加以使用，这个时候的候选人规模已经很小了。

工作样本

工作样本（word samples）要求候选人完成可观察的工作任务或展现出与工作相关的行为，以此预测其在未来取得工作成功的可能性。工作样本可以用仿真模拟的做法，也可以给候选人交代一项需要完成的真实的工作任务，甚至可以直接采用试用的方法。三明治连锁企业普雷曼格公司（Pret A Manger）会让候选人到企业带薪工作一天，让现有团队成员投票决定是否接纳此人。[194]工作样本也会模拟一些在实际工作中可能发生的关键事件，以考察候选人会如何处理。一名到 911 调度中心来求职的候选人也许会被要求处理心急如焚的人打来的各种电话或者是在接到大量的电话之后看他们会如何处置。工作样本也可以采取图片或者对某个事件进行描述的方式。然后，候选人需要对一系列问题做出反应，指出自己会做出何种决策或者会采取哪些行动。接下来，相关职位的专家会对测试结果进行评分。尽管开发和实施这样的工作样本测试可能是成本高昂的，特别是在采取试用期考察的情况下，但工作样本确实非常可靠而且效度很高，在操作较好的情况下，歧视性负面影响也会很小。

工作样本并不测试候选人的才干，而只是考察他们目前能做些什么。工作样本训练性测试能够在正式测试开始之前的一段时间内对候选人进行训练，然后再对他们完成工作样本的情况进行评价。在企业想对新员工进行大量培训的情况下，工作样本训练性测试尤其适用。

正如表 9－3 所示，工作样本测试的平均效度为 0.54，可能产生的歧视性负面影响较小，通常能够被候选人较好地接受。在工作熟练性方面进行伪装的难度较大，这也增强了工作样本的有效性。对于那些可以在短期内完成的职位以及工作任务来说，这种测试是十分有用的。但对于那些需要持续几天或数周才能完成的工作任务来说，这种测试的预测性就有所不足。一个人的工作内容就是一种类型的工作样本。然而，如果这些工作不是在企业代表的直接观察下完成的，则存在造假的可能。一些候选人可能会在有企业代表在场的情况下创造出一些“好的”工作样本来进行展示。

评价中心也是一种工作样本，它通过让候选人接受各种工作仿真模拟测试和评价，来对他们与职位之间的潜在匹配性以及完成工作的能力进行评价。正如表 9－3 所示，评价中心的效度为 0.37，可能产生的歧视性负面影响较小，不过，这种方法的成本较高，并且是一种比较难使用的评价方法。我们将会在第 10 章中对评价中心进行更为详细的讨论。

推荐信核查

推荐信核查能够揭示候选人过去的工作绩效方面的信息，或者是检验候选人在其简历中以及在面试过程中所做的陈述的准确性。一些与候选人熟悉的人——这些人通常都是被候选人推荐出来的——会被要求验证候选人所提供的陈述的准确性以及提供他们对于候选人的评价。求职者通常也会想到推荐信核查是招募过程的一个组成部分。一项调查发现，80%的企业会在对潜在员工进行评价的过程中进行推荐信核查，其中，16%的企业会在提供面试机会之前做这种推荐信调查工作。[195]尽管候选人的很多前雇主会因为担心存在受到法律起诉的风险而不愿接受这种调查，但企业仍然应当进行这种推荐信核查，这是因为，如果不做这种调查，企业受控存在过失雇用的风险就会上升。有时候，已经变换了工作但过去曾经与候选人一起共事的前同事也会提供一些有用的信息。推荐信核查产生的歧视性负面影响较小，但效度也相对较低，平均只有 0.26。如果候选人的推荐者是非常坦率的，那么这种核查的效度会更高一些。

除了询问一些关于候选人的一般性问题，询问一下推荐人关于候选人在你们已经为职位设定的那些成功指标方面的表现会更有用，也可以询问推荐者在哪些情形和工作环境下候选人的工作绩效会更好。有时候，询问一些更为细节性的问题有助于从比较勉强的推荐人那里得到更好的回答。一位专家建议，通过设置一些场景有助于候选人过去的直接上级更好地理解你所提问题的背景，例如[196]：

- 我想知道什么样的工作环境是最适合金的。您觉得他更适合结构化的环境，即有清晰的工作指导和上级的严密监督的环境，还是自我导向型的文化?
- 一些人经常会重塑自己的工作，并且希望承担超出自己的职位描述范围的工作职责，而另外一些人却愿意仅仅履行自己的工作职责或额外承担一点点其他的职责。您能告诉我哪一种情况更符合曼纽尔的表现吗?
- 我们经常会努力寻求质量和产量之间的平衡。如果约翰更为偏向其中的某个方面，您觉得他是会更偏向质量，还是更偏向产量?

推荐信核查的一种趋势是利用在线软件从候选人的推荐者那里搜集标准化的信息。在这一过程中无须进行电话沟通，会加快推荐信核查的进程，并且会提高调查的回复率。例如，在从 SkillSurvey.com 网站向候选人的推荐者发送出一份问卷之后，推荐人可以通过点击链接，根据某种量化的评价尺度来回答关于候选人的一些问题。这种调查能够根据不同的职位进行定制，还可以在这种调查中留出一个可以输入文字的部分，以此来收集关于候选人的更多附加信息。候选人必须签署一份放弃针对推荐人和企业提起诉讼的权利的承诺书，以免除推荐人和公司因推荐信中的信息泄露而需要承担的责任。为了提高评价的准确性，所有推荐人的回答都会被汇总到一个电子表格当中，而推荐人也会被告知，他们是以个人的身份而非任何公司代表的身份来回答问题的。因为推荐人提供的都是数字性的评价，所以很容易得出每位候选人与组内其他人之间的对比情况。

关于与推荐信核查相关的法律规定在各州也各不相同。在一些州中，比如威斯康星州，就对雇主在推荐信中提供事实性的信息给予完全的保护。而其他有些州则对雇主没有那么友好，因而明智的做法是熟知你们当地的以及州的法律规定。

尽管很多公司都将推荐信核查视为一种可以随时采用的评价方法，但在评价过程中的早期阶段就与推荐人进行联系会比较有益。推荐信核查能够在了解候选人过去所承担的工作职责以及工作绩效方面产生有价值的信息，能够帮助企业对候选人进行排序，帮助企业做出最终决策。通常的建议是针对一位候选人进行三封推荐信的核查，这三位推荐者中应该有一位是候选人过去的直接上级。需要认识到的非常重要的一点是，在候选人的简历中出现错误的或误导性的推荐人的情况并不少见。[197]一项调查发现，29%的企业在求职申请书中找到了虚假的推荐人。[198]社会上甚至还有专门以收费方式提供虚假推荐信的公司。

与推荐信核查相关的一个越来越明显的发展趋势是，很多招募官通过浏览像脸书或者MySpace等这样的社交网站来甄选候选人。招募官会从不专业的账户名、歧视性的评价、沟通能力以及任职资格等方面寻找蛛丝马迹。[199]要记住的非常重要的一点是，你在几年前发布到网上的信息经常都能被找到，要重视利用个人信息介绍来向专业的企业持续传递一种专业的个人形象。另外一个需要注意的趋势是，在网上出现了帮助求职者伪造工作经历和推荐人的服务。[200]

在思考应当如何在自己的简历上列举推荐人时，要重点关注那些平时跟你工作接触较多，而且有可能会对你的工作做出较高评价的人，而不是那种有一个较高头衔的熟人。如果有招募官打电话来做调查，你当然希望接电话的是一位能提供与你的工作绩效以及你作为一位同事的表现有关的积极、具体的信息的人。非常有用的一点是，要事先征得你准备列为推荐人的当事人的同意，解释清楚你为什么会选择他们，并帮助他们了解你想要他们怎么推荐你。[201]

社交媒体核查

一些招募官还会利用自己的社交网络来对候选人的社交媒体账号进行调查，其中包括脸书。有些招募官甚至还会要求候选人提供自己的登录密码，这样就可以让他们直接登录候选人的脸书账号。然而，招募官必须知道，候选人在社交网站上张贴的这些信息往往并非与职位相关，这样做会存在窥探候选人的受保护个人特征的风险，这些特征包括族裔、基因或宗教信仰。有些州，其中包括伊利诺伊州、加利福尼亚州、马里兰州等，已经通过制定相关的法律禁止企业要求潜在的员工提供个人用户名、密码以及其他一些用于登录像脸书、推特等这样一些社交媒体所需的信息。[202]脸书公司自身的隐私政策也同样禁止进行这种强制的信息分享。[203]

笔迹学

一些企业在员工配置决策中还会使用笔迹分析。**笔迹学**（graphology）涉及通过一个人的笔迹来判断其个人特征或能力。我们不建议把笔迹分析作为评价工具来使用，因为在现实中发现，它的效度极低甚至为零。[204]求职者往往也不认可使用笔迹分析的做法[205]，当求职者未被告知他们的笔迹会被用于对他们进行评价时，他们会感到自己受到了侵犯。[206]法院往往也不认可笔迹分析的结果[207]，因为这可能会导致对那些有身体或心理缺陷的人的歧视，是违反《美国残疾人法案》的规定的。[208]一种比较好的规则是，当符合《美国残疾人法案》定义的一位残疾人无法参加一项测试时，除非能对测试做出调整从而使这些人也能参加这种测试，否则就不要采用这种测试。笔迹分析显然属于无法针对符合《美国残疾人法案》定义的残疾人进行调整之后再加以实施的那种测试。

条件性评价法

医疗测试与毒品测试

由于包括毒品测试在内的医疗测试存在着侵犯求职者隐私的风险，再加上遵守法律的要求，在进行这类测试时必须加倍小心。医疗测试通常被用于确认候选人存在的潜在健康风险，它只能被用于评价与企业的经营需要相一致的与职位相关的那些因素。[209]《美国残疾人法案》对企业的医疗测试做出了规定，以防止企业出于与工作绩效无关的理由将残疾候选人筛选出去。此外，在同一职位类别中工作的所有员工的医疗信息都应当接受评价，而无论员工是否为残疾人。[210]一项针对新员工的医疗测试所做的调研发现，接受调查的60%的美国企业至少针对某些职位要求候选人接受医疗测试。[211]最常见的医疗测试是毒品测试，而对于采取这种毒品测试给出的最常见的理由就是，为了保证求职者有能力完成将被分配给他们的工作任务。[212]

基因测试能够识别那些在基因上易受某些疾病感染的人，而在工作场所中的一些有毒物质——比如化学物质或辐射——可能导致这些疾病的发生。尽管一些企业已经尝试采用了基因筛查，但2008年出台的《反基因歧视法》(Genetic Information Nondiscrimination Act，GINA）明确规定，仅仅由于美国公民有某种遗传疾病，或者是从基因上来看容易感染某些疾病就拒绝雇用他们，属于非法。[213]

企业获得的所有关于员工的医疗药品信息都必须保密，而且应当与其他求职者和现有员工的档案分开保管。[214]只有当所有的其他求职信息都已经清晰并且给求职者发出了入职邀请函之后，企业才能实施医疗测试。只有明确了候选人只要能够通过毒品测试或其他医疗测试，入职邀请函便是有效的，求职者才有可能分辨出自己到底是因为有残疾还是因为技能或经验不足才被拒绝的。

进行医疗测试的时间也非常关键。法院已经明确说明，医疗测试信息应当是在发出了条件性入职邀请函之后被收集的。有些企业就是因为没有遵守上述法定顺序而遭遇法律纠纷的。一家公司在要求求职者去参加医疗测试和血液测验之前还没有完成背景核查，其中有些求职者被查出HIV阳性，但他们在接受医疗测试之前并没有透露过这方面的信息，公司撤回了发给他们的入职邀请函，理由是这些求职者并没有事先告知公司自己的这种情况。有三位候选人将公司告上法庭，法院最终判定，候选人此前是否披露自己的健康状况并不重要。法院的最终结论是，由于医疗测试是在背景核查之前实施的，这就使得求职者很难分辨他们之所以未被雇用，到底是因为背景核查，还是因为医疗测试出现问题。[215]

毒品测试是一种引发了许多争论的测试。这种测试的反对者通常会提及隐私问题，不仅毒品测试有时确实会出错，而且有很多研究都质疑毒品测试的成本有效性。另一方面，毒品和酒精滥用又使得企业每年耗费高达数十亿美元的成本。员工滥用毒品和酒精的有些方面的成本是显然易见的（比如缺勤、发生事故以及产生差错等）。还有一些则是不那么明显但同样有害，其中包括员工的士气低落、企业的医疗成本上升、工伤保险的申请量上升、员工的流动率较高等。[216]

1988年颁布的《无毒品工作场所法》(Drug-Free Workplace Act）并未要求企业进行毒品测试。尽管很多州政府和地方政府通过法令限制或禁止企业进行工作场所的毒品测试，除非美国各州政府或联邦政府对特定的职位有这方面的要求，但大多数私人雇主仍然有权利对多种非法药物进行测试。在设计一项毒品测试项目之前，你最好熟知所有适用于你们企业的州或联邦的法律规定。[217]有些集体协议中的规定也同样会影响一家企业的毒品测试政策。

在实施毒品测试之前，企业应当制定一套清晰的毒品测试政策。这项政策应当说明哪些人将会被测试、测试结果呈阳性可能造成的后果、将要对哪些药物进行测试、实施测试的时间、临界水平、安全保障，以及确认程序等。企业应当告知候选人这一政策及其具体细节。美国劳工部有在线工具及信息帮助企业设计开发合理的毒品测试政策以及毒品测试之外可以实施的一些有效的、平衡的无毒品工作场所项目。[218]

背景核查

背景核查（background check）要评价的要素包括一个人的个人信息和信用信息、特征、生活方式、犯罪记录以及整体声誉。除非企业本身是从事与国防或国家安全有关的业务，否则，背景核查必须是与职位的性质以及职位的要求相关的。企业如果准备实施背景核查，则在人们来求职的时候就必须将这件事告诉他们，并且求职者必须首先提供书面的同意书。[219]员工配置专业人员需要完整记录与背景核查有关的所有活动以及与候选人的前雇主、直接上级和推荐人进行接触的所有信息。

在许多行业中，包括金融服务、医疗保健、儿童看护和老年看护等行业，对轻罪、重罪或其他不法行为进行雇用之前的背景核查是一种常规做法。在美国，犯罪记录在县的层面有数据存档。因此，为完成背景核查，你必须要搜寻候选人居住过的所有县的犯罪记录。由于工作量实在太大，许多企业宁愿把背景核查的事务外包给有资质的公司去做。由于候选人在被企业雇用之后犯罪有可能会导致企业承担过失雇用罚款，一些背景核查公司，如 Verified Person 公司，会每两周对自己的客户更新一次信息，让客户清楚地了解自己的员工最新发生的轻度犯罪或重度犯罪。[220]

由于犯罪历史调查可能会产生与种族和民族有关的歧视性负面影响，美国公平就业机会委员会对犯罪历史调查的实施做出了指导性规定。[221]只要有一次定罪即可作为候选人存在犯罪行为的充足证据。一次被拘留的经历并不能说明当事人有犯罪行为，因此，仅仅因为候选人有一次被拘留的经历就将其剔除出去的做法，在本质上是与职位无关的，或者说与企业经营必需并不一致。然而，如果候选人当初被逮捕时涉及的相关行为使其不适合承担所申请的岗位，则这种行为有可能会影响企业的雇用决策。十分重要的是一点是，企业应当对所有求职者和员工的犯罪历史信息一视同仁，承担差别对待责任，此外，企业还要明确说明，哪些行为表明候选人不适合该职位。

企业也在使用网上搜索引擎了解候选人的情况。使用谷歌等这样一些搜索引擎可以挖掘出候选人的很多额外信息。曾经有候选人因为在脸书和 MySpace 这样的社交网站上发表了太多不专业的内容而被拒掉了。[222]由于网络上的信息存储非常丰富，企业可以追索关于候选人的很多年前的信息。目前，美国很多州已出台法律，禁止企业强迫要求候选人提供包括领英等在内的社交账户个人密码。[223]

消费者报告（信用调查）包含着一些个人信息以及信用信息，这些信息能提供关于一个人的性格的一些线索或提示。[224]如果消费者报告符合《公平信用报告法》（Fair Credit Reporting Act，FCRA）的规定，那么企业可以在雇用新员工时以及为决定员工的晋升、重新安排岗位和留用而进行评价时使用这种报告。《公平信用报告法》保护消费者报告信息的隐私，并且保证由消费者报告机构提供的信息是尽可能准确的。只有求职者在企业实施背景核查之前提供书面同意书，企业才能去对候选人的信用信息进行调查。即使候选人过去的信用比较差，但如果信用记录已经超过了 7 年，企业也不能再把这种信用记录作为其雇用决策的依据，除非企业所要雇用的是年薪达到或超过 7.5 万美元及以上的高层次候选人。[225]在从消费者信用报告得到的信用数据满足了“商业目的”的需要之后，就必须将其销毁。[226]美国联邦贸易委员会（FTC）的网站（www. ftc. gov）提供了更多的关于《公平和准确信用交易法》（Fair and Accurate Credit Transactions Act）的相关要求方面的信息。各州都沿用了联邦政府的要求，还有可能要求更为严格。

《公平信用报告法》的修正案从 1997 年 9 月 30 日起生效，这份修正案极大地提高了实施信用调查的企业需要承担的法律责任。美国议会之所以增加了企业需要承担的责任，主要是因为担心不准确或不完整的消费者报告有可能会导致求职者失去工作机会，或者是导致员工在晋升时被不公正地拒绝。该法案的修正案要确保：第一，个人必须意识到消费者报告有可能被用于雇用目的，并且同意被用于这种用途；第二，如果一个人的消费者报告所提供的信息导致企业做出消极的雇用决策，则必须尽快通知候选人。[227]要想符合《公平信用报告法》的规定，这种报告必须由那些为其他企业提供这种服务的消费者报告机构来准备。对于一些敏感岗位，企业往往需要订购调查性消费者报告，这种报告要求对求职者或员工的朋友、邻居和同事进行访谈。所有从消费者报告机构获得的此类报告都属于消费者报告。

如果企业发现了求职者的负面信息，则必须给求职者发一份“负面行动通知”，其中包括甄选公司的名称及其联系信息，并且向求职者解释，如果这些信息不准确或不全面，则可以提起争议。企业还应当给求职者留出充足的时间去辩驳企业得到的调查结果。[228]求职者可以重新通过自我搜索来查验背景核查以及信用历史信息的准确性，并纠正其中存在的错误。MyBackgroundCheck. com 和 MyJobHistory. com 这两个网站也允许个人对自己实施背景核查，并通过提供证书来证实本人的学历、信用、就业情况以及犯罪历史等。

对收集来的背景核查的信息记录不当也有可能使企业面临潜在的法律诉讼风险。比如，当位于印第安纳州的福特维恩市临时医疗中心被告过失性地雇用并留下了一名家庭护工时，它无法提供证据证明自己在雇用之前对员工实施了恰当的背景核查。[229]而记录完整的背景核查活动就有可能解决福特维恩市临时医疗中心所面临的诉讼。[230]

应当提起注意的是，只要企业实施恰当的背景调查，并且在调查信息的基础上采取善意的行动，则企业就不必证明导致自己做出负面雇用决策的那些员工的不当行为是真实的。因此，只要实施了合理的背景核查，企业就能极大减少需要承担的潜在的过失雇用责任。即使企业实际上没有从候选人过去的工作场所获得任何信息，仅仅是完成了调查过程并且做好了完整的记录，也同样有助于企业减少需要承担的责任。[231]

同时使用多种评价方法

正如我们在上一章中解释过的，许多企业都会同时使用多种方法来对候选人进行评价——可能包括简历筛选、面试、人格或技能评价、推荐信和背景核查以及某种形式的仿真模拟。位于宾夕法尼亚州匹兹堡市的仁达广播公司（Renda Broadcasting）常年需要雇用广告销售代表到企业的 25 个电台去工作。除了使用三个阶段或四个阶段的结构化面试流程，候选人还需要在销售经理和总经理面前做一次最后陈述，以便对他们的沟通能力进行评价，此后，才会以通过背景核查和毒品测试为条件发出入职邀请函。[232]

很显然，很少有哪种评价工具可以适用于所有的目的。比如，对于那些初级职位或者候选人在被雇用之后还需要接受大量培训的职位来说，工作知识测试和评价中心或许都是不合适的测试方法。类似地，对于不同的职位而言，人格测试的有用性也是不同的。此外，正如我们指出过的，企业还应当考虑求职者会对评价方法有何反应——对企业的甄选过程持有积极看法、认为甄选过程是公平的员工，更有可能对公司产生积极的看法，愿意接受公司发出的入职邀请函，同时会将企业推荐给其他人。[233]

与美国西南航空公司一样，纽柯钢铁公司通过书面测试和深度面试来对候选人进行评价。该公司还充分利用工业心理学家的专长，让这些专家频繁地到企业中来甄选求职者和评价员工。纽柯钢铁公司极强的创业精神、强烈的绩效导向、严格的企业文化都意味着，聪明的头脑比强壮的身体更为重要。因为这种环境并不适合所有的人，所以纽柯钢铁公司在寻找合适的员工方面付出了很多努力。[234]

你能想象仅仅接受了一次 15 分钟的面试就能接受入职邀请函吗？如果有一家公司这么做了，你会怎么想？很显然，更为全面的评价流程反映了企业为提高员工与恰当职位之间的匹配所做出的整体努力。因而，更严格的评价流程会使好的候选人印象更为深刻，而不是把他们吓跑。关于将通过多种评价工具得到的分数加以合并的方法，我们将会在第 11 章中加以讨论。

减少歧视性负面影响

有些对预测工作绩效最有用的评价方法经常会产生歧视性负面影响（正如我们解释过的，认知能力测试就是一种这样的方法）。美国法院已经规定，不允许通过调整受保护群体的评价分数来减少评价方法所产生的歧视性负面影响。比如，**种族规范化**（race norming），即在标准化测试中针对来自不同种族的群体采用不同的曲线的做法就是非法的。种族规范化的做法会把在应聘某个职位的一次测试中处于 48 分位的少数族裔候选人的分数拉到与在同一测试中处在 75 分位的白人相同的分数上去。1991 年颁布的《民权法案》禁止企业进行分数调整，也不允许企业针对参加测试的不同群体设置不同的分数要求，也不能依据测试参加者的人口统计学数据来调整与雇用相关的测试结果。也就是说，只能采取一些策略来减少可能出现的歧视性负面影响（尽管并非所有的策略都必然会取得成功）：

- 通过对求职者的定位增加到公司来求职的合格少数族裔求职者人数。
- 将良好的工作绩效的定义范围扩大，将除了任务绩效的其他一些绩效特征也包括进来，比如一个人的组织承诺度和可靠性。
- 将各种预测指标合并来减少歧视性负面影响，尽管这样的措施也并不总是见效。比如，能够对上岗后的工作绩效进行预测的认知能力测试，可能会对女性构成歧视。在这种情况下，可以同时使用不存在女性歧视的或者是带有男性歧视的另外一种有效评价工具，这样就能够削弱或消除认知能力测试所带来的歧视性负面影响。[235]
- 采用设计开发良好的仿真模拟方法，而不是使用认知能力测试。
- 如果最终只有少数求职者会被雇用（甄选率低），那么在甄选过程的早期使用歧视性负面影响较小的评价方法，将歧视性负面影响较大的评价方法留在甄选过程的后期再使用。

● 划分**分数区间**（banding）——把在评价中的得分处于同一区间的求职者都设置为同一个分数。比如，把测试得分处于第 96 分位到 100 分位的所有候选人都划分到 A 级之中，所有得分在第 85 分位到第 95 分位的候选人划分到 B 级之中，以此类推，然后仅仅用这种分级的分数来对求职者进行比较，这种技术能够削弱评价所产生的歧视性负面影响，但同时也会降低评价效度。

评价计划

很多企业都会使用多种不同的方法来对候选人进行评价。那么，企业到底应当怎样选择使用哪些方法？**评价计划**（assessment plan）描述了将采取哪一种评价方法来对求职者的每一种重要特征进行评价，不同评价方法使用的顺序，以及如何根据每一种特征对于候选人未来工作绩效的重要性确定每种评价分数在总体得分中所占的比重。对于那些候选人在被雇用之后会接受培训的特征，是不会进行评价或列在评价计划之中的。然而，候选人为参加培训项目所必须具备的所有任职资格条件都是应当接受评价的。表 9－10 展示的是针对会计职位的一份评价计划。每一种评价方法在总分中的权重是根据在职位分析过程中得到的相对重要性和相对时间耗费情况确定的。

表 9－10　一份针对会计职位候选人的评价计划

特征	评价方法以及不同的评价方法在评价过程中的先后顺序							
	特征对于工作绩效的重要性（1 代表最重要）	甄选（S）培训（T）	简历	电话面试	会计和预算知识测试	招募官面试	情境模拟	部门经理面试
以客户为中心	1	S	1（0.15）	2（0.15）		3（0.20）	4（0.25）	5（0.25）
会计能力	1	S	1（0.15）	2（0.15）	3（0.40）		4（0.30）	
预算能力	1	S	1（0.20）	2（0.20）	3（0.25）		4（0.35）	
时间管理能力	2	S				1（0.30）	2（0.40）	3（0.30）
授权能力	2	S		1（0.20）		2（0.40）	3（0.40）	
使用公司会计软件的能力	3	T						
关注细节	3	S		1（0.25）		2（0.25）	3（0.50）	

对于一家公司来说，使用哪些评价方法以及何时使用取决于企业的目标。有时，企业会先使用一些成本较低的评价方法，到最后候选人的数量变得较少的时候，再使用成本较高的评价方法。为了迅速地将大量的候选人备选库缩减到更可控的规模，一种比较合适的做法是，首先使用那些成本最低的评价方法，或者是能够对候选人履行基本工作职能的能力进行评价的方法。另外一种比较好的方法是先使用最为有效的评价方法，或者是那种能够促使候选人进行自我选择的方法——也就是促使那些很有可能在雇用过程的后期退出的候选人在更早阶段就自行退出。正因为如此，有些公司会要求候选人访问公司网站上的职业发展板块。

每种评价分数旁边的括号内的数字表示分配给这个分数的权重，每行的权重相加为 100％。

在表 9－10 中，每种评价方法下面的数字表明了不同的评价方法对每项特征进行评价的顺序。从第一行开始看，“以客户为中心”在对公司内部会计的工作绩效最为重要的三个特征中排在第一位，并且这种特征是需要在雇用之前接受评价的，而不是在雇用之后再去培训的。对"以客户为中心"这个特征的第一道评价方法是进行简历筛选，然后是通过电话面试进行评价，随后再分别运用招募官面试、情境模拟以及部门经理面试来对候选人的"以客户为中心"的特征进行评价。为了将用不同评价方法对同一项特征进行评价的得分合并成一个分数，每一种评价方法的得分都会被分配累计100%的权重（旁边括号内的数字即为分配的权重）。在本例中，简历筛选和电话面试的权重都是0.15，招募官面试的权重是0.20，情境模拟的权重占0.25，部门经理面试的权重占0.25。为了确定可以用来对不同候选人进行比较的各项特征的总得分，还需要根据每种特征对于工作绩效的重要性程度（基于在职位分析过程中收集到的每项工作职责的相对重要性及相对时间耗费情况确定）给每一种特征的得分分配一个权重。在本例中，每种重要性程度评价为"1"的特征分配0.20的权重，每种重要性程度评价为"2"的特征分配0.15的权重，每种重要性程度评价为"3"的特征则分配0.10的权重。

如果要在全球范围内使用一种评价计划，还需要保证评价具有一定的灵活性。不同国家的法律、文化和结构差异使得无法在全世界范围内保持政策的标准化。最重要的一点是要对评价内容实现标准化，但具体评价时要依据当地的需要和要求加以灵活处理。[236]

脸书公司的雇用过程

在对求职者进行评价时，脸书公司努力从作为一位专业人士以及作为一位同事这两个角度去了解他们的能力。为了实施公司的创新战略，脸书公司希望招募那些有好奇心的、自我激励的、创新的、能够理解复杂思想的员工。[237]因为团队合作对公司而言非常重要，所以脸书公司还会评价个人与团队之间的匹配度。

首先，会有一名招募官来对求职者的既往工作经验、扮演过的领导角色、过去取得的成就等进行一次筛选，然后，未来的潜在同事会对候选人进行一次电话面试，来对候选人与职位之间的匹配度、技能、兴趣以及工作动机等进行评价。如果候选人通过了前面的步骤，则候选人将来可能加入的工作团队会在其参观脸书公司办公场所时对候选人进行多次面试。这些面试的重点在于考察候选人的工作能力及其与公司文化之间的匹配性。候选人在面试的过程中需要进行多次编码。候选人要展示自己在接受专业技能挑战时的表现，他们需要在一块白板上写下编码。[238]脸书公司想要寻求的是那些不仅具有很强的技术能力，而且与工作群体相匹配，还能把用户放在第一位的员工。因为公司很重视候选人与公司的文化匹配性，所以如果有一位脸书的现有员工写推荐信，对候选人往往会有一定的帮助。[239]脸书公司最终会让每个工作群体通过集体决策来决定雇用哪些人。[240]

脸书公司的实习生项目也有助于对一些有才华的学生做出评价，同时公司也会邀请顶尖人才来求职。脸书公司还创建了一项编程挑战赛，邀请那些潜在的软件工程师求职者来参加一项计时挑战项目。如果这些人的编程通过了测试，招募官就会主动跟他们联系。为了防止编码共享，对于那些相互之间的编码过于相似的求职者，脸书公司会同时拒绝。[241]

本章总结

外部候选人评价的首要目标一般是确认符合岗位空缺的任职资格要求的候选人，同时确认那些可能会成为低绩效员工的候选人并将其甄选出去。这种评价系统还应当评价候选人与组织、群体、上级之间的匹配性以及为公司经营战略的实施做出贡献的能力。这使一家企业能够确定哪些候选人能够在空缺岗位上实现最佳工作绩效，帮助企业实施经营战略，同时增强企业的竞争力。

在对外部候选人进行评价时，企业有许多重要的目标，其中包括投资回报率、利益相关者的反应、培育并强化企业的雇主形象以及通过公正、一致、客观地使用有效的评价方法来遵守法律的规定。

在评价候选人的时候，企业可以从多种评价方法中做出选择。选择的依据是哪些方法能够最好地评价出求职者是否具备在职位分析过程中确认的那些很重要的特征或胜任素质，以及这些评价方法在多大程度上能够满足外部评价过程需要达到的其他那些重要目标。因为不同的评价方法擅长评价不同的方面，所以不同的评价方法在成本、效度、求职者反应、歧视性负面影响等方面是存在差异的，企业往往有必要采用不止一种评价方法。即便一种评价方法可能会带来歧视性负面影响，只要它能有效地预测工作成功，则分析哪些策略有助于降低这种评价方法的歧视性负面影响，然后加以使用，对于组织来说仍然是值得的。

讨论题

1. 企业应当在何时重新评价自己在雇用过程中所使用的评价方法？

2. 请讨论结构化面试和非结构化面试的优缺点。你更倾向于使用哪种方法？为什么？

3. 有些评价方法不仅成本很高，而且非常耗时，同时还不一定能哪种保证企业成功地雇用到员工，但有时候企业还是会使用这种类型的评价方法。这是为什么？

4. 你认为效果最差的外部候选人评价方法是哪种？为什么？

5. 你认为企业去搜索求职者的背景合适吗？搜索个人的信用记录呢？请给你的答案找到证据。

案例分析 帮助战略情报局评价间谍

感谢罗格斯大学（Rutgers University）的乔·麦丘恩（Joe McCune）允许我们使用如下案例。

角色

现在是 1940 年，你是被邀请来对战略情报局提供帮助的评价专家。你的任务是与 3～4 名同学为一组，开发一个甄选系统，用来“找出能在敌后执行冒险的情报收集任务的人员”。换言之，你要挑选即将被派往日本、意大利或德国去工作的间谍。

挑战

1. 你所获得的职位信息是有限的，关于这个职位，没有职位描述，没有关于该职位对于任职者的知识、技能、能力和其他个人特征的要求，没有胜任素质，也没有绩效标准。

2. 为了保密的需要，这个职位的招募广告必须说得比较含糊，因而可能会吸引来一些不理想的求职者，其中包括长期百无聊赖、存在病理上的冒险性的人，或者是不太愿意冒险的人等。因此，你需要设计一些流程来将这些人筛除出去。

3. 你没有时间来验证你的评价工具的效度——你必须马上使用这些评价工具。

任务

在时间允许的情况下确定一个人要成为间谍需要具备的重要特征（才干、胜任素质等），然后开发三种测试和仿真模拟来帮助你找出可能取得成功的间谍。甄选程序需要在一个隐秘的场所（位于弗吉尼亚的S基地）花3天的时间完成。

作业

1. 列出一张此前讨论过的重要个人特征清单。记住，在1940年时还没有计算机、可视电话或卫星。间谍需要完成的任务包括进入被封锁的建筑物，确认可能的线人并说服他们提供关于敌人行动的有用信息。

2. 确定求职者必须具备的三种最重要的个人特质。

3. 针对每一种个人特质设计一套测试程序，所有这些测试程序必须能够在三天时间内在S基地完成。

4. 描述你将如何评价你所设计的这套体系的有效性。

案例研究作业 切恩公司的战略性员工配置

请参见本书后面的附录来完成本案例研究作业。

第 10 章
内部候选人评价

学习目标

学习本章之后，你应该能够：

1. 确定内部候选人评价所要实现的目标。
2. 讨论内部候选人评价将如何强化企业的战略能力。
3. 描述内部候选人评价的不同方法。
4. 讨论将继任管理和职业规划加以整合的重要性。

开篇案例

福陆公司的继任管理与职业发展

福陆公司（Fluor）是一家从事工程、建筑和维护业务的全球性公司，在全球一共拥有4.1万名员工。[1]在《财富》杂志2013年最佳雇主排行榜中，福陆公司名列工程建筑类公司的榜首。[2]面对全球化的日益加强以及老龄化的问题，该公司对于员工发展的承诺变得越来越重要。一方面，公司对能够成为全球领导者的员工的需求在不断增强；另一方面，公司的许多员工已经临近退休。[3]

福陆公司特别关注项目经理人才的培养和输送问题，因为项目经理对工程和项目的管理是福陆公司获得收益的最大推动器。公司的许多高层管理者都是通过项目管理这一职业发展通道被提拔上来的[4]，福陆公司希望确保这类关键员工群体的持续发展，同时不希望公司中的关键岗位无人填补。现在，福陆公司就如何把项目经理的继任管理与职业发展做到最好向你征求意见。学习本章之后，你应该能有一些好的想法。

内部候选人评价（internal assessment）是指公司为了培训、重新安排工作、晋升或解雇等目的而对现有员工进行的评价。除了确定执行公司战略需要哪些技能以及评价员工在多大程度上掌握了这些技能，企业还会评价员工对于其他职位的适应性，并且为员工创造职业发展的机会。如果企业持续不断地实施内部候选人评价，则有助于强化企业员工队伍的整体能力，并且使员工的能力与企业的经营战略更好地保持一致。

尽管内部候选人评价是一项非常重要的员工配置功能，很多企业在内部候选人评价方面却做得很差。由于管理人员和企业觉得对员工已经“很了解了”，他们常常错误地认为再对员工进行系统和细致的评价是没有必要的。这种情况在小公司中尤为严重，这是因为，大部分员工都是常年在一起工作，所以感觉对彼此的能力都已非常熟悉。

本章首先介绍了内部候选人评价所要达成的主要目标，接着讨论了内部候选人评价的方法。在学完本章之后，你应该能对内部候选人评价的重要性有一定的认识，并且会基于各种员工配置目的来对员工进行评价。

内部候选人评价目标

我们在上一章中确定的评价目标也同样适用于内部候选人评价，这些目标如下：

- 匹配度最大化。
- 准确评价。
- 实现评价系统的投资回报最大化。
- 获得利益相关者的积极回应。
- 支持企业人才理念与人力资源战略。
- 确定并强化企业的人力资源战略。
- 塑造并强化企业的雇主形象。
- 确认员工的发展需要。
- 遵从评价道德。
- 遵守法律规定。

除了上述目标，内部候选人评价还有以下三个方面的目标：评价员工与企业中其他职位之间的匹配度；通过评价员工强化企业战略能力；为做出裁员决策收集信息。我们将会分别对上述目标逐一加以讨论，同时讨论在第 9 章中确定的外部候选人评价目标怎样同样适用于对内部候选人的评价。

评价员工与企业中其他职位之间的匹配度

通过评价员工的胜任素质来确定员工与公司中其他职位之间的匹配度，这是内部候选人评价的一种最常见用法。当一位员工被公司考虑承担另外一个岗位或获得晋升时，公司通常会根据公司价值观和该岗位的要求把这位员工与其他求职者进行比较。例如，折扣零售商开市客在评价一位零售店员能否得到某个晋升机会时，会对员工的智商、人际关系能力以及销售悟性等进行考察。[5]内部领导力评价还可以被用来确认谁可能是公司未来的领导者，泛加拿大石油公司（PanCanadian Petroleum）为了寻找高潜质的年轻管理人员，便通过在整个公司中进行扫描来发现那些表现突出以及具备某些关键技能的员工。[6]

强化企业战略能力

保证一家公司的人才与自己的愿景、目标和经营战略的一致，能够帮助这家公司进行有效的竞争并且在市场上取得胜利。[7]一家公司要想针对未来的经营需要做好规划和准备，就需要着眼于未来对现有的员工做出评价，其中就包括员工学习和适应新环境的能力与意愿。[8]此外，一家公司如果不能首先对员工的优势与劣势做出评价，也就无法知道应当对员工提供哪些培训。尽管上述情况适用于所有的公司，但对于那些正处于战略转型阶段或者谋求不同竞争优势的企业来说，进行这种评价的意义更大。

当联邦快递公司想要调整其传统的政策和程序驱动型组织文化，转而强调领导力和完成工作任务时，它首先需要对中层管理人员的领导能力进行评价和开发。为此，联邦快递公司运用一种基于网络的工具，对它认为对自己的中层管理人员非常重要的七项领导能力进行了评价与开发。[9]当一家食品行业的市场领袖想要更好地实施公司的增长战略时，它将会把自己的重心从成本控制转移到取得最大增长方面。这家公司知道，自己需要一些具备新能力的员工，这些新能力包括创新能力、战略思维能力以及维护顾客关系的能力。为了确定哪些人属于具备这种能力的人以及开发他们的能力，这家企业在一个评价中心通过展示一种以未来为导向的模拟场景对内部人才进行了评价。这种开发规划和教练辅导活动强化了参与者的能力，同时也提高了公司执行其新战略的能力。[10]

一家公司在对员工进行评价之后，那些低潜质的绩效不佳员工通常会被剥离到公司之外。与此同时，那些被“堵塞”的员工——缺乏晋升机会的优秀员工——将会在激励和绩效提升方面获得帮助。此外，那些高潜质的员工会被识别出来，从而接受进一步的开发，同时做好得到晋升机会的准备。[11]有些公司倾向于将这些准备接受进一步开发的员工群体称为“加速成才库”，而不是“高潜质人才库”，因为后面这种称呼隐含着这样一层意思，即未能入选的员工都是潜质不高的。[12]为了使那些未能入选的员工不会感到自己被边缘化，雅虎公司在对任何员工的评价中都不包括“高潜质”这样的标签。该公司的高管培训计划不仅面向那些准备加以晋升的候选人，同时也面向其他员工。此外，雅虎公司仍然会特别关注那些被挑选出来的明星员工，关注他们的培训和职业发展需求，以避免这些关键员工流失。最后，雅虎公司还会通过绩效审议以及由公司高管举办的年会来对员工的领导潜质进行评价。

为做出裁员决策搜集信息

除了雇用新员工以及将现有的员工调动到公司内其他职位上，员工配置工作有时候还会涉及通过裁员将员工转移到公司之外。公司通常会通过裁员来降低人员规模以及相应的人工成本，或者是借此提高公司效率。正如我们已经指出过的那样，内部候选人评价除了可以确定哪些人属于应当被裁减的绩效不佳员工，还可以从企业未来可能需要的那些胜任素质和能力的角度来对员工进行评价。那些具备公司实施经营战略所需的相应胜任素质的员工，或者能够为公司带来或维持竞争优势的员工可能会被留下来，而那些缺乏公司在未来取得成功所需的相应个人特征以及能力的员工则可能会被要求离开。一家公司的信息服务部门就是这方面的一个很贴切的例子。这个部门原来仅仅基于员工过去的绩效做出晋升决策，在实施了战略性员工配置规划之后，开始考虑未来竞争所需要的那些能力。结果，一些在过去绩效水平较高的员工现在却被要求离开公司，因为他们被认为不具备学习和应用新技术的能力。而另外一些尽管现有绩效水平并不太高，但个人的技能和经验却能够满足公司未来发展需求的员工则被留了下来。[13]有些公司不仅会评价员工是否具备企业在未来竞争中获胜所需的那些能力，还会评价他们是否真的想运用这些胜任素质。[14]我们将会在第 12 章更为深入地讨论裁员问题。

获取组织重构决策所需的信息

组织重构涉及为强化企业的战略执行能力而实施的工作重新安排。这时通常要求部分员工进行转岗，对部分职位的任职资格要求进行修改，还有可能会要求部分员工离职。组织重构决策和裁员决策都应当建立在公司的经营规划基础之上，并且考虑每位员工个人对于这一新的规划做出贡献的能力。一家企业越是了解自己的利润产生过程、所提供的服务、所生产的产品以及职位和员工对于上述各个方面做出贡献的方式，也就越有可能使员工的再配置变得更加具有战略性和更为有效。

匹配度最大化

在第 9 章中讨论过的个人与职位的匹配度、个人与群体的匹配度以及个人与职业之间的匹配度，不仅与外部候选人评价有关，同样与内部候选人评价有关。正如新员工需要能够履行岗位职责一样，企业现有的员工也同样需要承担新的职位，同时还需要与自己的新上级和新同事在工作中进行有效的合作。

为了雇用到最优秀的管理人员，雇用过程与对候选人进行评价的方法同样重要。由于工会合同或公司政策的要求，有些组织会根据候选人的资历而非他们与职位空缺之间的最佳匹配度来做出员工晋升决策。尽管工作经验和资历与工作绩效之间存在一定的联系，但这种联系并不显著。企业也无法保证资历最老的员工一定就是最符合职位空缺要求的或与职位空缺之间的匹配度最高的人。[15]因此，与对外部候选人进行评价时一样，企业根据空缺岗位对个人特征的要求来对内部候选人进行评价也同样十分重要。

比如，很多公共机构都采用一套复杂的系统来为公共职位招募和雇用员工，而这套系统会同时考虑资历和任职资格条件两个方面的因素。如果一所州立大学的行政助理职位出现了空缺，则在所有的州立机构中处于同一职位族的所有员工都可以竞争这个职位。最终，这个部门可能必须从目前就职于惩教所、州政府各机构从事类似工作的人群当中去进行挑选，而不是从具有大学工作经历的理想候选人中做出选择。[16]

为了实现员工与组织之间的最大程度匹配，企业需要对与自己的战略、价值观和业务流程相关的一系列员工个人因素进行评价，其中包括员工的任职资格条件、工作风格与价值观。随着在公司内的职位不断上升，员工在组织文化塑造和强化方面承担的责任也就越来越大。因此，内部候选人评价的一个重要目标便是确保得到晋升的员工会强化而不是破坏公司的价值观。然而，使企业的下一代管理者仅仅维持现状也不一定总是最好的做法。对一家企业的领导力、创新和竞争等方面的情况进行再评价，将会有助于确定企业未来最需要什么样的管理者。

互补性匹配和补充性匹配也同样是内部候选人评价的相关目标之一。一位被转岗或晋升的员工需要为其新工作群体补充或扩展一些新的胜任素质。互补性匹配与补充性匹配的共同作用在于帮助企业确保被转岗或晋升的员工能够在新工作群体中很好地完成工作，并且给这个工作群体带来新的、有用的技能。

准确评价

内部候选人评价体系必须能够有效且精确地识别出最合适以及最不合适空缺职位的候选人。虽然没有任何一种评价体系是完美无缺的，但毫无疑问，更为有效的评价系统更好一些。达到更高的效度或者能够更为准确地预测工作绩效以及像任职时间长短和晋升潜力等其他一些重要指标，对于内部和外部候选人评价系统而言，都是一项非常关键的职能。正如在

第 9 章中学到的那样，评价的目标就是获得大量的正确接受和正确拒绝的雇用结果，而不是错误接受和错误拒绝的雇用结果。

实现评价系统的投资回报最大化

内部候选人评价的另外一个重要目标是实现企业在内部评价体系上所进行的投资的收益最大化。正如我们在第 9 章中解释过的那样，一些公司并没有足够的资金投入昂贵的内部候选人评价体系，虽然这些评价体系能够更为准确地确认最佳人才。有时候，一些成本相对较低的甄选程序——比如更好的绩效评价以及在员工轮岗的时候对他们进行评价等——也能够产生具有一定可比性的有效结果。第 8 章中提供的公式为企业提供了一种方法来估算自己在一种新评价系统上获得的投资收益。

获得利益相关者的积极回应

在员工配置的过程中满足不同利益相关者的需要也是评价要实现的一个目标。与外部评价方法一样，如果一种内部候选人评价方法未能满足员工、用人部门经理以及招募官的需要，其有效性就可能存疑。比如说，一家公司的经理可能不愿意定期去对每一位员工的晋升潜力和发展需要进行评价，因为这样做会耗费大量的时间。而员工如果觉得晋升决策过程本身是不公平的，也会对晋升过程做出消极的反应。一种评价方法的公平性、易用性、实施速度以及对能够反映工作取得成功的重要成果进行预测的能力，都将会对招募官、一线主管以及经理能否正确、持续地对其加以使用产生影响。对公司人员进行培训，使他们了解各种评价技术的好处和使用方法，同时对那些正确且持续地使用这些评价方法的人提供奖励，是一种很有用的做法。此外，公司还可以配备一名可靠的、能力过硬的评价系统专家为大家提供帮助。

利益相关者的另外一种负面反应发生在员工提出的晋升申请或者平级调动到理想地方的请求被拒绝的情况下。这些员工很可能会出现工作动机弱化的情况，甚至会试图离开企业。而当员工的此类要求多次被拒绝时，产生上述行为的可能性也就更大。在这种情况下，企业应当对这类员工表现出充分的尊重，使他们的程序公平感和互动公平感最大化。为了强化这些员工的工作动机，企业可以尝试与他们进行坦诚的沟通，使他们了解才能提高在获得自己感兴趣的职位方面的竞争力，同时制定相应的开发计划来帮助他们增加自己的培训和开发经验，从而为获得这些岗位进行更好的准备。如果一位员工对某个岗位非常感兴趣，但企业认为此人不大可能获得这个岗位，则最好的做法是通过谨慎、坦诚的沟通让员工了解真实情况，同时为其找到其他职业发展路径。如果一位很有能力的员工过去曾经在晋升或转岗过程中被拒绝，而此次又成为某个职位的最终候选人时，那么在做出最终的晋升或转岗人选时对上述情况加以考虑就是非常好的做法。因为如果这次不晋升这位员工的话，企业就可能会永远失去他。

在花了大量的时间和金钱来雇用、培训与开发下属之后，一些管理人员不愿意看到自己最优秀的员工离开本部门。这种情况可能会削弱这些员工参与企业内部候选人评价项目的意愿。如果管理人员担心自己的资源会被其他部门窃取，那么企业可以实施这样一些政策和程序：规定员工在获得晋升之前在某个职位上的最短工作年限。[17]其他一些管理人员则很自然地认为，如果下属员工因为自己的开发和指导在组织内获得了晋升，自己便得到了回报。事实上，那些以善于开发直接下属以及从企业内部快速提拔员工而闻名的管理者，在招募愿意为之工作的有才干的员工方面往往也是遇到困难最少的。

企业需要对管理人员开发可晋升人才的能力进行评价并为此支付报酬。企业需要让他们知道，坦诚地参与这一过程要比不这么做更能获得回报。可行的方法之一是将管理人员在内部候选人评价过程中的参与情况与对他们的绩效评价和薪酬挂钩。企业需要就“人才属于公司，而不属于管理者”这种说法的性质与管理人员进行沟通，并且不断强化，帮助他们从心底里接受这一理念。例如，华纳-兰伯特公司（Warner-Lambert）人力资源部门在对公司的人力资源实践进行重新设计时，制定了一整套基本原则，其中的首要原则便写道：“对公司的所有人才进行管理的目的是实现更大的公司利益。公司各部门仅为人才管理代表，公司的整体利益至上。”[18]

支持企业人才理念与人力资源战略

评价体系的另一个目标是支持公司的人才理念和人力资源战略。将员工视为投资者会有助于企业在内部候选人评价过程中融入更多的开发反馈方面的内容，从而强化员工获得晋升的潜力。相反，如果一家公司仅仅是将自己的员工视为一种资产，就不会采用这样的评价方式。如果一家公司希望自己的员工能对组织做出更为长久的贡献，则它就需要着眼于员工在组织内的长期发展潜力，同时帮助员工确定并追求自己感兴趣的职业发展路径。而在这种情况下，企业就需要确认和评价员工在组织内实现职业进步所需的胜任素质、工作风格以及个人特质。

强化雇主形象

维护一个组织的雇主形象是员工配置的重要目标之一。为了建立并维护雇主形象，一家公司必须做到“言行一致”，确保自己的所说即所做。如果一家公司宣称自己能为员工提供良好的职业发展环境，在实践中却不能给员工提供绩效反馈以及发展的机会，那么这家公司在建立和维护雇主形象方面就不会取得成功。内部候选人评价的目标之一便是在员工中强化组织的理想雇主形象。这样就可以通过让员工感受到公司对他们的重视以及明确员工与公司的战略和未来发展方向之间的匹配性，帮助企业更好地留住优秀员工。

确认员工的发展需要

正如我们已经讨论过的那样，如果对一位员工的评价结果发现，这位员工缺乏未来需要的关键技能，则企业就应当通过向其进行培训与开发加以校正。例如，惠氏制药公司（Wyeth Pharmaceutials）会定期对员工的技能进行评价。对于那些在测试中的得分不超过90分的员工，公司会立即设法提高他们的技能，随后再对他们进行新一轮的测试。[19]

遵从评价道德

正如我们在第9章中讨论的那样，整个甄选过程都必须按照符合伦理道德的要求来实施。这一过程必须是公正的。员工应当能够理解甄选的运作机制，其中包括企业对他们的测试结果的使用方式以及将如何保护他们的隐私权等。并且，当企业承诺会就测试结果与员工进行沟通时，就必须兑现自己的诺言。正如我们在第 9 章中解释过的那样，测试实施者应该具备恰当的资格并且受过相关的训练，同时，在使用那些会使求职者感受到个人隐私被侵犯的评价方法时，企业也应当慎重考虑其伦理道德问题。

伦理道德问题还涉及员工申请公司内另外的职位时的信息保密性。如果员工的直接上级或工作团队认为一位员工可能会离开本部门，他们可能会对这位员工加以区别对待，在其未来发展方面减少投资。有些员工不想让自己的上级和同事知道自己正在考虑接受其他的工作机会。因而，非常重要的一点是，企业应当制定相应的保密政策和程序，以尊重这部分员工的利益诉求。

遵守法律规定

我们在第 9 章中提及的《员工甄选程序规范指南》适用于所有会对雇用决策产生影响的甄选程序，其中包括绩效评价和其他内部候选人评价方法。[20]在前一章中讨论过的《人事甄选程序确认与使用准则》以及《教育和心理测试标准》既与外部候选人评价相关，也与内部候选人评价相关。从符合法律规定的要求方面来看，评价体系在评价的公平性、一致性和客观性等方面的表现都是至关重要的。

基于企业内的职位与职位层级来对公平就业机会方面的统计数据实施监控，也是遵守《公平就业机会法》的一个重要组成部分。实际上，与对外部候选人进行评价以及实施员工配置的过程相比，对公司内部候选人进行评价时的违规风险反而更高。当涉及员工解雇决策问题和“玻璃天花板”问题（少数族裔和女性员工晋升困难）时，这方面的问题更加明显。像德士古（Texaco）和可口可乐等这样一些公司都因为出现少数族裔员工的晋升比率低于白人员工的情况而陷入法律困境。在罗伯特诉德士古公司（Robert v. Texaco）一案中[21]，法院发现在该公司的高层管理职位中，非洲裔员工的代表性严重不足，而在公司内的各种可比职位上，白人员工的晋升频率和比例也远远高于其他族裔的员工。

在可口可乐败诉的一个案件中[22]，原告声称公司制定的书面性和非书面性的政策和实践都允许主管人员基于主观的标准，以口头的方式随意挑选候选人。职位空缺未经公示便已经填补了，而候选人也是事先就指定好的。为了确保自己看中的人能够被选中，这些主管人员根本无视面试结果，而且人为操纵测试分数。因为这一系统阻挡了符合条件的非洲裔员工去参与对某个职位的公平竞争，甚至他们根本无从知晓岗位空缺的存在，所以非洲裔员工也就没有机会像白人员工一样按照同等的频率被晋升到同等的职位等级上去。

为了进一步开放晋升程序，缓解少数族裔员工和女性员工因感到自己被排除在晋升机会之外所产生的担忧，柯达公司的领导力评价与开发中心启动了一项开门计划，为所有对主管职位感兴趣的员工提供开放的机会。这种做法一方面强化了员工对于晋升程序公平性的认知，另一方面也使很多员工意识到，他们自己对于更高级别的职位其实根本就不感兴趣。在参加完第一节导引性的课程“你确信自己真的想当领导?”之后，大约 25%的参与者便自愿退出了，而在第二节课介绍完主管人员需要承担的诸多职责——比如，编制预算、配置员工以及组织生产等——之后，又有 25%的人选择了退出。[23]

工会合同也会对一家公司的内部甄选过程产生重要影响。工会通常会要求企业基于员工的资历决定晋升，而在工会合同之中包含的所有关于内部候选人评价或内部员工配置的条款都必须遵守这一规定。1935 年通过的《国家劳资关系法》保护员工不会因为加入工会而受到歧视，同时也规定企业不得通过员工配置决策来打击员工加入工会的积极性。根据《国家劳资关系法》的规定，企业也不得因员工依据《国家劳资关系法》提起指控或在诉讼中出庭作证而对他们加以歧视。尽管美国的制造业公司越来越少，但工会在学术机构、医院以及公共部门中仍然有很强的影响力。

内部候选人评价方法

我们在第 9 章中介绍过的那些外部评价方法，其中包括传记信息分析、结构化面试、工作仿真模拟、评价中心等，同样也适用于内部候选人评价。当一家国际医疗产品供应商为了更好地应对经营挑战而需要对一线销售经理的角色进行重新塑造时，它明确了新的胜任素质、行为以及绩效标准。随后，这家公司还将其现有的及潜在的一线销售经理置于一个能够反映这种新角色的性质和需求正在发生的变化的模拟情境之中，其目的就是评价他们与未来的工作所需的技能之间的匹配程度。这还为员工提供了一次了解这个岗位的新要求的现实性预览，同时还能确认员工的优点和缺点以及他们的开发需求。[24]

除了所有能够对外部候选人进行评价的方法，内部候选人评价还可使用一系列其他的方法。因为内部职位候选人已经在公司中工作了一段时间，所以招募官可用的信息会更加丰富多样。尽管公司内部员工评价也可由外部承包商来进行，但由直接上级和员工共同完成的非正式评价不仅能取得同样的效果，而且成本更低。[25]

技能清单

正如陶氏化学公司人力资源部全球领导人约翰·沃克尔（John Walker）所说的那样："很多公司都在探讨自己的核心竞争力，但如果不能对其进行衡量，则很难知道核心竞争力到底是什么。"[26]**技能清单**（skills inventory）（或技能数据库）便可以使企业能够以一份清单的形式统计出当前的员工已经掌握的特定技能、能力以及其他一些相关职位特征。例如，如果一家公司需要一位能讲法语的销售代表，那么，它只需要在自己的技能数据库中进行简单的查询就可以了。每一个职位要求的技能都可以用来针对希望申请这些职位的员工制定培训和开发计划。

有些公司通过复杂的软件系统来管理上述过程，而有些公司则是依靠纸质材料或电子数据表来完成上述工作。很多科技手段都可以帮助企业有效地汇总和展示这些方面的信息，比如，思爱普（SAP）、仁科（PeopleSoft）、甲骨文（Oracle）以及赛巴（Saba）等公司的管理软件中包括的相关模块。当技能清单被保存在数据库之中，则在将员工安排到新项目或者确认哪些员工适合从事其他岗位时，企业便可以对相关信息进行更为快速的搜索。有些企业还将维护技能清单的责任交给员工，让他们通过公司的内网来完成技能清单的更新并保证信息的准确性。一旦员工具备了承担另外一个职位所要求的全部任职资格，则在该职位出现空缺的时候，软件就会自动将员工列为可以被考虑的候选人。

每一家企业及其预算水平决定了其需要跟踪的技能数量和技能类型，同时也决定了对每一种技能进行评价的细致程度。技能清单可以只包括基本信息，比如员工的受教育程度、工作经验、刚入职时接受的培训以及所获的相关证书等；在另外一种情况下，技能清单也可随着员工获得新的技能和任职资格条件得到持续更新。后一种技能清单更受欢迎，这是因为这种技能清单中的信息质量更高，而且更新更及时，在预测哪些人在哪些职位上可能产生最佳绩效方面也就更为有用。IBM 将员工的技能视为公司的资产，其技能库始终向管理者和员工开放：管理者可以审查和更新本人下属的相关信息，同时员工也可以检查并更新自己的信息清单。在组建工作团队时，员工配置人员就会对技能清单进行查询，从而找到那些具有互补性技能的员工。[27]当凯撒娱乐（Caesars Entertainment）公司认识到技能清单的作用之后，高层团队为公司的 2 000 名员工建立了一套绩效和潜力数据库，并且对位居前 150 名的员工是否具备承担其他职位的能力进行了分析。[28]

导师指导计划

导师指导（mentoring）是指工作经验较为丰富的员工（导师）与资历较浅的员工（学徒）之间形成的一种互动关系，其目的在于促进双方的职业发展。[29]导师指导关系可以通过正式的导师指导计划建立起来，即要么是企业为一位员工分配一名导师，要么是通过非正式的方式自行建立。

导师指导计划既是对员工进行初步评价的良好途径，也是促进员工职业发展以及提高他们获得晋升的概率的很好方法。企业可能会要求导师列出他们认为自己学徒中的哪些人已经为相应的职位做好了准备。对于那些无法负担实施正规培训计划的成本的小公司来说，导师计划可以成为一种有效的培训工具。

美联银行依靠高管教练辅导项目，在银行内部培养出了 70 名教练，这些教练为银行中的 189 名领导者提供了导师指导和支持。这些教练对参与者的领导能力进行了评价，为他们量身定制了个人开发计划，并且对他们提供了持续性的支持。2006 年，美联银行估计该项目中的每一对教练指导关系平均为公司带来了 36 万美元以上的收入。[30]

绩效审议

绩效审议（也称为绩效评价）通常都是由员工的直接上级完成的。一位员工的直接上级通常不仅是对员工个人的绩效最为熟悉的人，而且是要对员工的绩效负责的人。因此，员工通常能预见到直接上级会对自己的绩效做出评价，同时也更倾向于让直接上级作为自己的绩效反馈的主要来源。[31]然而，这并不意味着绩效评价过程只能由直接上级实施。例如，员工的同事和下级也能看到其行为和绩效的不同方面。[32]此外，在有些情况下，员工的直接上级反而是对员工的绩效表现观察得更少的人。出差频率较高的销售人员就是这方面的一个很好的例子，他们在大多数时间里都是独自完成工作，而不是在直接上级的眼皮子底下。在这种情况下，直接上级以外的其他人可能反而更有资格对这些销售人员进行评价。[33]

多源评价

多源评价（multisource assessments）（有时也称 360 度评价）就是指请一位员工的直接上级以及对其工作绩效比较熟悉的其他人共同来对员工做评价。这些评价者通常包括员工本人、下级、同级，甚至是公司的内部和外部客户。[34]正如图 10 - 1 所示，既可以单独使用这些评价来源，也可以同时使用，在同时使用时则需要根据不同来源的可靠度高低确定不同的权重。每一种评价来源对员工进行实际观察并做出准确评价的能力也应当考虑在内。

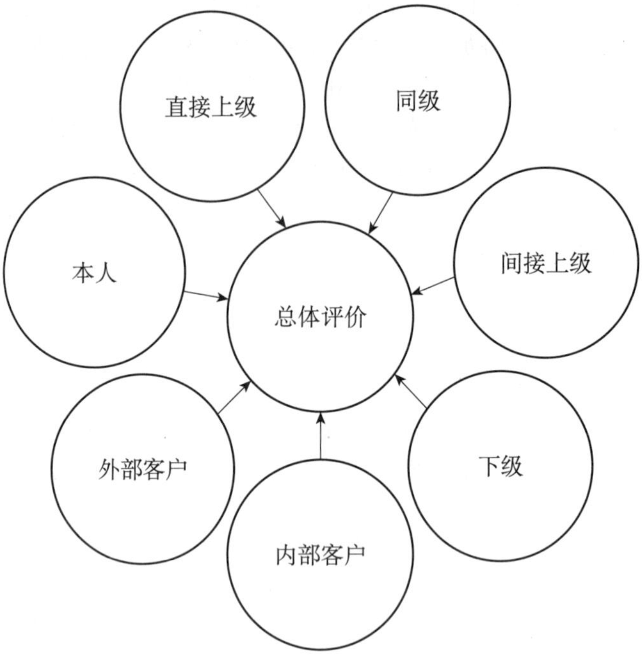

图 10－1　多源评价

表 10－1 总结了每一种评价来源能够对一位员工完成工作任务的情况及其人际关系行为进行观察的频率。

表 10－1　不同评价者能够观察到员工的工作任务行为和人际关系行为的概率

	本人	直接上级	下级	同级	内部客户	外部客户
工作任务行为	高频率	中等频率	低频率	较高频率	中等频率	低频率
人际关系行为	高频率	低频率	较高频率	较高频率	中等频率	中频率

下面将对每一种评价来源进行更为细致的讨论。

让一位员工对自己的绩效和能力进行评价可能是有用的。自我评价有助于员工确认自己在哪些领域中是可以通过额外的教练辅导或开发活动受益的。让员工自评存在的问题在于，人们往往对自己的才能并不能总是做出良好的判断。有些高绩效员工对自己所做的评价可能会低于其他人的评价，一些员工的自我评价却会过高。[35]之所以将员工的自评纳入评价之中，关键原因还在于，这种做法可以使一位员工有机会向直接上级和其他人提供一些他们没有的书面绩效证据，同时也使员工有机会向企业表达自己的职业发展目标和理想的职业发展通道。

同级人员对于彼此之间完成工作任务的行为和人际关系行为常常拥有较好的观察视角。在一些咨询公司中，比如博思咨询公司（Booz Allen Hamilton），员工每年都会接受 360 度的胜任素质评价，对每位员工的评价可能会有多达 15 位同事的参与。[36]而要想让同级评价能够正常进行，企业必须让员工相信这一过程是公平的。[37]

为了削弱政治和友谊这两个方面的因素对同级评价产生的影响，参与评价的同级同事需要了解在被评价员工所担任的职位上取得成功所需的个人特征，并且熟悉这个职位的任职资格要求矩阵。正如奥运会比赛中的那种评分方法一样，很多公司还会将同级评价中的最高分和最低分去掉，只取剩下分数的平均分。[38]企业可能会要求员工对每一位同事获得晋升的准备进行评价或排序，或者是投票选出最符合晋升条件的同事。有些公司则会要求员工为空缺职位提名最佳候选人。据研究，同级评价在预测晋升标准方面的平均效度为 0.51。[39]

要求下级对上级管理人员进行评价的做法，一直是多源评价中最具争议的一个部分。尽管下级可能无法了解直接上级完成工作任务的所有行为，但他们可以经常看到直接上级的人际关系行为和领导行为。因此，下级对直接上级的行为以及他们的强项和弱项等都有独特且重要的观察视角。下级反馈的一个不足之处在于，他们通常不愿意甚至害怕对直接上级做出负面评价。因此，评价者的匿名性就很重要。如果下级认为自己提供的反馈很容易被上级辨识出来（比如一位直接上级只有少数几位下属，那么就能够很容易确定“谁说了什么话”），或者是担心遭受打击报复，就算下级最终同意参与这一过程，他们所提供的评价的准确性很可能也不会太高。

所谓内部客户，是指同一组织内的其他员工或员工群体所提供的产品或服务的使用者。外部客户则是指位于组织之外的其他公司或一般公众。内部客户和外部客户都有适当的机会观察员工完成工作的行为和人际关系行为，他们的反馈也能够帮助企业把处于典型的指挥命令链条之外的利益相关者的观点纳入绩效评价过程之中。此外，由于员工往往仅仅是因为满足了那些能够决定他们薪酬的人的期望而获得报酬，这种将客户反馈纳入报酬决定过程的做法，也会有助于扩大员工努力满足的利益相关者的范围。

因为外部客户看不到或理解不了影响员工的工作行为的那些程序和规则，所以他们一般无法较为容易地区分出哪些是一位员工的工作任务行为，哪些是相关规定、政策以及资源对员工的选择产生的影响和限制。因此，一些专家认为，最好是只请外部客户参与对员工的人际关系行为进行评价。[40]

通常情况下，除了直接上级的其他评价来源所提供的评价结果仅被用于员工开发和绩效评价。至于晋升和转岗决策，一般还是以直接上级的评价为依据。此外，大多数公司还会要求主管人员的直接上级确保主管人员的绩效评价是尽心尽力的，同时还会对主管人员的绩效评价结果加以最终确认。[41]

工作知识测试

正如在外部候选人评价中一样，工作知识测试对于内部候选人评价也同样很有效。由于设计良好且效度较高的工作知识测试能够准确地衡量一个人所掌握的知识、工作经验、认知能力和学习动机等因素，此类测试可以帮助企业预测哪些人会是一个空缺职位的最优候选人。许多组织，其中也包括警察局，往往使用工作知识测试来对可晋升的候选人进行评价。美国海关在对希望被晋升至特勤岗位的员工进行评价时，会让他们参加一项历时五个小时的系列测试，其中包括对候选人的技术知识进行评价的工作知识测试、批判性思维测试以及评价候选人的领导能力（其中包括制定计划、确定工作优先顺序和日程安排以及分派工作等方面的能力）的公文筐测试。那些能够通过这样的一揽子测试的候选人还要接受写作能力测试，并且参加结构化面试。[42]

评价中心

正如我们所知，评价中心是一种将求职者的知识、技能、能力和胜任素质等纳入一系列模拟和练习之中进行评价的方法，这些模拟和练习能够反映候选人正在申请的职位所面临的各种典型的挑战。评价中心可以非常有效地确定一个人的优势与劣势，同时也能准确地预测候选人在某个特定岗位上的可能的工作结果的好坏。[43]评价中心可能产生的歧视性负面影响或者对各种族或性别子群体可能造成的雇用比例不对等的严重程度，因为所采用的练习的不同而存在一定的差异。评价中心经常采用的评价技术包括面试、认知能力测试、人格测试以及情景模拟等。[44]

由于与过去相比，塞斯纳飞机公司（Cessna Aircraft Company）现在只能用更少的员工来完成更多的任务，公司感觉自己很难承受因为做出错误雇用决策而产生的代价。于是，公司希望在做出雇用决策之前，能够更好地了解候选人在未来的可能工作表现。为此，位于密苏里州独立城的一个下属工厂让管理人员参与一个精心设计的角色扮演练习，这个练习模拟出了一位繁忙的高层管理人员在一天当中的真实工作经历。候选人需要在一间办公室中待上12个小时，办公室里有电话、传真机，还有一个塞满了文件和信件的公文筐。在这整整一天的时间里，候选人需要处理这些备忘录和其他各种问题，比如一位愤怒的客户打来的电话等。这种类型的测试是外部评价中心经常使用的典型练习。[45]

正如我们在前文中解释过的那样，由于评价中心与其他很多评价方法相比成本较高，这种评价方法较多地应用于对管理层职位以及更高层职位候选人的评价。评价中心所评价的很多技能和胜任素质也可以通过另外一种途径来加以评价，这就是让员工担任项目团队领导者或委员会主席，为他们提供展示个人管理才能的机会。此外，评价中心适用于多种组织环境，无论是在做出甄选和晋升决策方面，还是在培训、职业发展规划以及改进个人的管理技能等方面，都是非常有用的。

临床评价

临床评价（clinical assessments）依靠训练有素的心理分析师对某个特定职位的候选人的特质、价值观和工作风格等进行客观的分析。在评价过程中可能会开展能力和人格测试、面试、对员工的行为进行直接观察等多种不同类型的活动。临床评价的结论通常会以对候选人进行描述的书面形式呈现，并且可能包含“可以雇用”或“不宜雇用”的明确建议，也可能不包含这样的建议。[46]正如评价中心采用的一系列测试一样，临床评价的成本也较高。因此，该方法也多用于对层级较高职位的候选人进行评价，比如高管或首席执行官等职位，这些职位的职权和对组织的影响力都较大，但其职位描述却非常灵活。在实施临床评价的时候，很多公司有时会请心理分析师去对候选人的优缺点进行评价，帮助企业判断，一旦此人入职可能对组织造成怎样的影响。

九宫格矩阵

九宫格矩阵（nine box matrix）是一种把员工的绩效和发展潜力结合起来进行分析的评价方法。包括美国银行、通用电气公司以及麦德科医疗保健公司（Medco Health Solutions）在内的众多《财富》500强企业都采用各种类型的九宫格矩阵来对管理人员的当前工作绩效和晋升潜力加以分类。在九宫格矩阵的水平方向上一共列出了三种类型的员工现有绩效水平，即优秀、达标、不达标，在垂直方向上则列出了三种类型的绩效发展潜力：可晋升、在现有职位上尚有改善空间、不具备超过本职位的发展潜力。同时具有高绩效和高潜力的员工将会得到最高的排名，接着是同时达到高绩效和有一定潜力的员工以及同时具备绩效达标和有高潜力条件的员工。企业通常会对那些绩效表现和发展潜力都很低的员工进行原因评估，之后，这些员工要么会被降级使用或调整到其他岗位，要么会被请出公司。[47]

需要指出的是，九宫格矩阵的价值取决于评价方法论的质量，而评价方法论决定了员工会被放到其中的哪一个格子之中。九宫格矩阵仅仅是一种展现出公司对于员工所做判断的方法，它本身并不能对员工进行判断。它有助于企业对员工队伍的整体优势有一个了解，但前提是企业必须首先能够对员工做出准确的评价。[48]

职业交叉路口模型

20 世纪 70 年代初，作为一名人力资源顾问和讲师的沃尔特·马勒（Walt Mahler）参与了通用电气公司的继任管理过程设计，在这一过程中他发现，在组织内的不同领导层级上所需要的胜任素质和价值观是存在差异的。[49]马勒认为，当一位成功的领导者走到了组织中的更高领导层级上时，他针对哪些工作最为重要这一问题的认识会发生相应的改变。例如，一位财务经理在管理公司的整体财务职能时，就必须以不同于过去管理某个业务部门时的视角来看待自己的新角色。如果这位业务部门的领导者未能拓展自己的视野，从而将财务视为自己最关键的工作领域，那么，这位领导者即使是对业务工作中的非财务部分，往往也无法处理好。然而，在经过了多年的学习与工作之后，要想改变一个人关于什么是最关键的工作职责的认知，是非常困难的。也就是说，一位领导者的价值观和工作优先顺序必须根据其担任的每一个新岗位有所调整。

职业交叉路口模型的关注点主要在管理类和领导类的职位，而非技术性或专业性的职位。在大多数大型的分权型企业中，工作的自然官僚层级可以划分为六个职业发展阶段，这六个阶段涵盖了一个人从初入职岗位到企业中的最高层职位发展所需要经历的过程，随着阶段的提升，工作的复杂程度也会逐步增加。这六个发展阶段是：

- 起点：管理自己。
- 阶段一：管理他人。
- 阶段二：管理管理人员。
- 阶段三：管理一种职能。
- 阶段四：管理一项业务。
- 阶段五：管理多种业务。
- 阶段六：管理整个公司。

在每一个新的职业发展阶段上，员工都需要具有新的价值观和学习新的技能，同时尽力消除过去的价值观和技能所产生的影响。企业在人才管理方面容易犯的最大错误之一就是，仅仅以员工在当前岗位上的绩效表现为依据来晋升员工，而忽视了他们是否具有在新领导岗位上承担新职责以及接受新价值观的潜力，或者是否做好了这些方面的准备（尽管要达到这些要求可能还需要对他们进行持续的开发和辅导）。有效的继任管理应该能够建立起一支包含众多绩效水平和潜力都很高的人才的储备队伍，从而使企业可以从中选取各层的领导者。因为职业交叉路口模型采取更为长期的视角，所以该模型能够帮助企业基于更广阔的人才基础强化领导人才培养能力，而不是仅仅依赖发现和雇用外部绩效明星来担任企业的各级领导者。

在规模较小的企业中，领导层级的数量通常会较少，但这些领导职位所需的技能却是相似的。这其中一个最为常见的转变就是从仅仅管理自己变为管理他人，而这一点对许多人来说是十分困难的。在一些非常小型的组织中，所有者通常会直接管理所有员工。但在中型组织中却可能会存在一个中层领导者层级，这些管理者或主管是要接受上级管理的。此外，根据组织需要和组织结构的不同，在一些公司中还会设置一些职能经理，所有者只扮演首席执行官的角色。当在小公司中出现领导职位的空缺时，他们往往不大可能有足够数量的员工从中挑选合适的人员，这种情况对于小公司的生存来说显得尤为重要，这是因为，即使只有一位关键员工离开了公司，如果企业不能及时找到合适继任者的话，也足以使这家公司面临困境。

继任管理

继任管理（succession management）是通过系统性地确认、评价与开发组织的领导能力来强化组织绩效的一个持续性过程。[50]继任管理的内容包括持续性的战略性人才规划、退休与留任规划、人才评价与发展等内容。[51]正如我们在前面的章节中曾经解释过的那样，继任管理能够确保一家企业领导力的连续性，防止关键岗位一直空缺，还能避免企业在员工尚未成熟的时候就予以提拔。

继任管理要做的事情远非简单地确定哪些员工应当晋升，它还涉及将公司的人才管理与战略规划加以整合。如果企业未能提前做好充分的准备，则继任管理有时甚至还能直接影响公司的战略选择。举例来说，如果一家地区性的服装零售商正计划将业务扩展至全国各地，那么，拥有大量的管理人才便是开设新店的先决条件。如果公司的继任管理显示本公司面临管理人才供给短缺的情况，则该公司可以将雇用那些具有成为门店管理者潜力的员工作为招募和雇用过程需要实现的关键目标之一。此外，这家公司还可以从外部的其他公司中雇用门店管理人员派往自己的各家新店。否则，企业就只能干脆缩减扩张规模。

简而言之，继任管理会影响组织的长期发展方向和增长态势。考虑到“婴儿潮”一代即将大规模退休，上述情况就变得更为重要。此外，对多元化员工的需求也变得日益重要。正因为如此，很多企业都把员工队伍的多元化纳入继任管理计划之中。[52]例如，好事达保险公司（Allstate）便成功地运用继任管理来确保对于公司的所有关键职位，都面向合格候选人确定并实施了多元化计划。这家保险公司对所有员工在当前职位上的工作技能进行了评价，并通过绘制路线图勾勒出他们需要在企业内部继续发展的胜任素质。随后，这家公司还会确保员工得到了所需的培训，其中包括教练辅导和导师指导、课堂培训以及多样化的职业发展体验等。[53]

尽管继任管理能够加快对离职员工的替换进程，但在空缺职位出现时，被继任管理系统确认为候选人的员工却不能是该职位的唯一候选者。空缺职位的信息最好能够向全体员工公布，为所有的员工都提供申请的机会，以防遗漏了一部分优秀人才。正如我们在本章前面学习到的，需要做到的非常重要的一点是，要确保空缺职位的信息不会成为一个秘密的、员工接触不到的信息。一种显然很不好的情况是，一位合格的员工本来是对这个工作机会感兴趣的，却因为不知道存在这样一个职位空缺而失去了申请的机会。此外，这种情况还有可能给公司带来法律上的麻烦，正如我们在本章前面描述过的可口可乐歧视案一样。在运行良好的情况下，继任规划有助于强化这样一种管理理念，即公司是将员工视为投资者，而不是资产。此外，它还是确保员工留任的关键驱动器，同时还能向利益相关者传递这样一种信号，即公司领导者正在为未来做好各项准备。[54]

继任管理规划（succession management plans）是指导一家公司的继任管理过程的各种书面政策。继任管理规划应当是在企业需要之前就制定好了的，同时也会成为企业的一项绝佳的投资。一项研究发现，从公司外部雇用的首席执行官的薪酬水平是从企业内部提拔起来的首席执行官的几乎三倍。[55]

当麦当劳的首席执行官吉姆·坎塔卢波（Jim Cantalupo）意外离世之后，其继任者在六个小时之后便到位了。然而，在几周后，继任者查理·贝尔（Charlie Bell）被诊断出身患癌症，于是董事会再次从容不迫地确定了新的继任人选，这种情况部分地归功于麦当劳公司成功实施的继任管理规划。[56]与之相对，当国防承包商 L-3 通信公司（L-3 Communications）的首席执行官弗兰克·兰扎（Frank Lanza）突然辞世之后，公司对此毫无准备，董事会花了三天时间才提名了一位首席执行官过渡人选，而业界普遍认为，这家公司的领导力危机使它成为被并购的目标。[57]

需要指出的是，继任管理不仅能够帮助一家公司的未来管理者与高层管理人员提前做好任职准备，还能在公司的领导人才输送管道的上上下下创造一系列的“支线群体”。[58]相反，**人员替换规划**（replacement planning）所关注的仅仅是特定的高层管理职位的后备人选问题。在一个职位出现预料之外的空缺时，人员替换规划确实能为公司快速地确定一位可能的继任者。不过，它对于改善一家公司的长期领导力准备就没太大的帮助了。

建立继任管理体系

当选定需要关注的目标职位之后，继任管理计划的第一步一般是对职位描述进行核查，勾勒出一个人为了在更高的关键职位上完成工作而必须在当前和未来具备的胜任素质、行为以及价值观。例如，如果企业计划将自己的文化转变为服务导向型的，那么就必须将新的客户服务能力添加到职位要求矩阵以及任职资格条件之中。如果该职位需要更多的技术能力，就应当将技术能力增加到该职位的要求中去。随着员工在组织内的职级不断上升，他们需要掌握以下几个方面的新的管理与领导能力：一是履行新职责所需具备的能力；二是决定个人如何开展工作的新的工作时间框架；三是新的工作价值观，或者他们认为哪些工作更为重要或应当更多地在哪些方面付出努力。[59]

第二步，通过正式的评价中心和技能测试或更为非正式的直接上级评价来确定每一位对该职位感兴趣的候选人的优势、劣势与继任准备度。维护技能清单看起来可能是一种很大的负担，但甚为关键。维护技能清单的最大障碍之一在于，负责更新这一系统的管理人员有时候需要大量的时间来对这些信息进行更新。如果这一系统对用户比较友好，同时只有与晋升决策相关的那些信息才会被收集，那么管理人员的负担就可能有所降低。

第三步，针对所有已确认的继任候选人建立旨在持续、系统地对他们进行能力提升的计划。这就要求企业将继任管理视为一个持续性的过程，而不是仅仅每年一次或两次的例行工作。利用对候选人的胜任素质进行评价的信息，企业可以通过有针对性地为候选人提供培训计划与开发机会来帮助他们做好承担关键职位的准备。如果能够让这些候选人知道，他们未来所获得的开发将会在哪些领域为他们做好承担目标职位的准备，那么，在系统性地培养他们将来走上这些岗位所需要的那些胜任素质的过程中，这些人就会成为积极的参与伙伴。正如我们在本章前面解释过的，有些公司允许员工自行去更新个人的信息以确保这些信息更新的及时性和准确性。而这也有助于使员工在继任管理过程中成为积极的参与伙伴。

第四步，制定针对空缺职位来确认合格的内部候选人的计划。在这一步骤上，一个资料完整且更新及时的技能数据库对企业会有极大的帮助。此外，还需要向那些很可能会得到晋升或者希望得到晋升的候选人分配一些工作任务，或者是为他们提供一些其他形式的开发机会。

图 10－2 展示了一个用来对继任候选人进行追踪的数据库。表中展示了客户服务经理皮特·弗赖伊的继任候选池，以及其中的每一个人做好履行这一职位的准备所需要的时间。通过点击每一位继任候选人的名字，企业就能很方便地查看关于这位候选人的胜任素质以及开发需求等方面的详细信息。

职位	当前任职者	离职风险	潜在继任者	继任准备度
客户服务经理	皮特·弗赖伊	中等	埃米·芬恩	3～6个月
			约翰·麦卡锡	6～12个月
			萨拉·梅嫩德斯	3～6个月

优势：领导力，客户服务能力
开发需求：预算管理经验

图 10－2　继任管理数据库

第五步，对公司的继任管理体系进行评价。一家大型企业宣称自己建立了完整的继任管理过程，但是在对这一计划取得成功的数据进行分析之后，却发现该计划并没有为公司提供任何一位高层管理者。很明显，这家企业在晋升决策中使用了一些主观标准，而这会打击员工的士气，增加他们的离职率。[60]

第六步，也是最后一步，就是要持续改进继任管理体系。在组织发生变革时，同时应当对继任计划进行持续的评价和修订。继任管理过程必须是持续的、流动的，能够适应企业面临的经营条件的变化。表 10－2 概括了在建立有效的继任管理体系时需要经历的一系列步骤。

表 10－2　开发继任管理体系的步骤

1. 评价为承担未来的岗位而需要在当前以及未来具备的胜任素质、行为与价值观
2. 评价每位对该职位感兴趣且合格的候选人的优势、劣势以及履职准备度
3. 针对已经确定的所有候选人制定一份系统、持续地提升他们的能力的计划
4. 制定一份计划来识别对空缺职位感兴趣的合格的内部候选人
5. 利用包括通过继任管理计划填补的岗位数量等相关标准对继任管理体系进行评价
6. 持续优化和改进继任管理体系

确保成功的继任管理体系有效的因素

最好的继任管理应当能够在员工个人的职业发展机会和企业面临的长期经营条件之间架

起一座桥梁。[61]例如，如果一个继任管理体系未能为某个特定的职位确定合格的内部候选人，则企业就必须采取相应的措施来弥补这一人才缺口。这时候，企业可能需要到公司外部去寻找人才，也可能会通过对工作进行重新设计来降低人才供给不足的这个岗位对于人才的需求。2012 年时，3/10 的新任首席执行官都是来自企业外部的。[62]而在另一种情形下，继任管理体系又有可能会发现，某个目标职位可以获得对其感兴趣且合格的内部候选人的数量要超过预期，或者是多于现实的需要。了解这种情况之后，企业就可以针对人才过剩的问题设计另外的职业发展通道，从而防止这些人因为未能如愿得到理想的晋升而离开公司。

正如各种评价方法需要达到的要求一样，公平和开放沟通也同样是继任管理的两大关键标准。继任管理的过程必须是不偏不倚的、公开的，而且能够得到公司高层人员的支持。员工应当能够自由表达对于有意向的职位的申请兴趣，而企业也不能强迫员工去申请他们并不感兴趣的职位。继任管理过程还应当符合不同业务部门的实际需要并且便于他们使用。标准化的继任管理过程有助于指导企业朝着满足企业战略需要的方向去进行员工开发，同时通过减少偏袒机会等方式来提升员工对于公平的感觉。

继任管理还应当与其他人力资源管理过程——比如招募、甄选、报酬、培训与绩效管理等——保持一致。例如，如果针对某个特定岗位的现有继任计划发现企业严重缺乏特定人才，则通过对招募与甄选体系的调整就可以将更多人才引入企业之中。最后，要想让继任管理体系高效运转，还需要企业的管理人员参与进来，并且对此过程有所贡献。他们在员工评价、可晋升性评价以及员工开发活动等方面都是至关重要的。表 10－3 提供了关于打造高效的继任管理的一些建议。

表 10－3　继任管理的一些技巧

下面是专家对于创建和维护一个有效的继任管理体系提出的一些建议：

- 使得管理过程简便。确保继任管理的过程符合逻辑且足够简便，从而使繁忙的业务部门经理不会将其视为一种负担。[63]
- 善用科技支持。信息技术有助于企业对员工的开发需要和各种开发活动进行及时的监控和更新。[64]
- 确保继任管理规划与企业的总体经营战略保持一致。如果继任管理规划能够强化企业的各种战略目标的实现，则高层管理人员和直线管理人员都会更加支持这一管理体系。[65]
- 专注于开发。继任管理是一个以开发活动为导向的灵活系统，而不仅仅是关于高潜质员工以及他们未来可能填补的职位的一份清单。[66]
- 高层在继任管理行为方面树立榜样。企业高层管理者不仅要在继任管理行为方面起模范带头作用，同时还要督促直线管理人员负责开发下属员工的技能和知识。[67]
- 将继任管理视为一项关键性的经营活动。由于继任管理在公司的长期经营战略执行方面扮演着重要角色，它应当被视为企业的一项关键活动。[68]

职业规划

职业规划（career planning）是一个持续性的以职业发展为导向的自我评价与目标设定过程。[69]在与组织的继任管理以及劳动力预测过程结合在一起的情况下，职业规划和继任管理可以帮助一家企业满足其在当前和未来的人才需求状况。[70]

在职业规划过程中，企业需要通过兴趣清单、面试、评价中心等方法对员工的目标、偏好、能力等进行评价。接着，还需要将基于人力资源战略和继任规划确定的企业在当前和未来的需要，与员工的才干和工作动机加以对比，从而确定每一位员工与企业之间的匹配度或不匹配度。随后，再确认哪些职业发展机会能够帮助员工培养为达到未来目标而需要具备的那些胜任素质和才干。比如，通用磨坊公司（General Mills）就根据每位员工的专业发展需要、长期愿望以及个人成长潜力等因素，为他们量身定制职业发展计划。[71]

通过将职业规划与继任管理过程加以整合，然后将它们与企业的战略和经营目标联系在一起，企业就可以更好地留住员工，并且使企业的领导职位有更多的候选人才。职业规划能够帮助员工实现个人职业发展兴趣与在当前企业中的现实职业发展机会之间的匹配，这样他们就不必为实现个人的职业目标而离开组织了。例如，金佰利-克拉克公司（Kimberly-Clark）就为员工提供范围大且多元的职业发展通道。通过赋予员工从事交叉职能工作的机会（在不同部门的不同职位上工作的机会）[72]，该公司帮助员工提升了他们的职责等级、专业技术能力以及领导能力，从而帮助员工达成他们的职业发展目标。

与继任管理相似，职业规划也需要与企业未来的预期人才需要保持一致。例如，如果一家企业在未来 10 年中将会采取扩张战略，那么，职业规划就应当帮助这家企业确认目前的哪些员工是希望将来在组织内寻求晋升机会的，从而帮助企业实现其扩张目标。

在很多时候，企业在实施继任管理时，并未让员工知道组织已经发现了他的一些潜质。企业应该让那些高潜质的员工知道自己在组织中的重要地位，并且知道自己已经成为企业关注的潜在晋升人选。而职业规划则可以使这一过程更加便捷，它能够协调员工的个人目标和组织需要之间的关系。例如，哈特福德金融服务集团（Hartford Financial Services Group）就开发了一个专门的网站，使员工和管理者能够通过搜索主题、胜任素质、课程名称等确定员工可以得到的开发机会。员工也可以通过公司的内网在职位族中进行查询，确定可能的职业发展通道，发现自己与这一职业发展通道的期望、职责以及胜任素质要求等方面存在的差距。[73]

正像在继任管理中一样，职业规划过程也应当随着组织和员工需要的变化重新评价和加以改进。因为要想使继任管理与职业规划是有价值的，就必须使员工在组织中工作足够长的时间之后才能实现内部转岗，所以那些员工离职率更低的公司在继任管理与职业规划上进行投资的回报会更大一些。将职业规划与继任管理加以整合的做法可以向员工表明，他们个人的职业发展目标是可以在企业中实现的。

本章中的“技能开发”专栏将会描述一家企业可以如何创建自己的职业发展规划。许多职业开发工具都可用于员工技能组合的扩展与提升，为他们做好竞争组织内其他岗位的准备。这些工具提高了未来的内部招募工作取得成功的概率，它们包括：

● 评价中心。通过模拟员工感兴趣的岗位的情况来帮助员工评价自己是否适合这个岗位。

● 职业咨询和职业发展工作坊。帮助员工理解与本人的愿望和才能最相符的职位有哪些，同时帮助他们获得成功竞争这些职位所需要的各种技能。

● 培训和继续教育。在一种更为正式的教育环境中为员工提供技能方面的培训。专业协会往往是这类继续教育的较好的外部提供者。

● 职位轮换、挑战性的工作任务安排和导师指导。可以以一种不那么正式的方式为员工提供技能开发的机会。

● 学术年假。可以为员工补充能量，为他们提供通过参加工作坊和正式课程或者是旅行的方式来开发技能以及追求新职业兴趣的机会。

● 挑战性和开发性的工作任务安排。可以在员工尚未在新岗位上履职时强化他们的关键胜任素质以及增加任职经验。

➡ 技能开发

制定职业发展规划

职业发展规划应是职业规划过程中的一个重要组成部分。首先，要确定自己的职业发展目标，然后制定一份有助于实现这一目标的行动计划来实现个人和职业方面的成长。职业发展规划通常包括短期和长期职业发展目标，以及为实现这些目标而准备采取的行动、学习的课程、参与的活动以及准备实施的其他一些开发措施。在制定职业发展规划时，可以遵循以下三个步骤：

1. 自我评价。确定自己现有的技能、知识、能力以及个人的职业兴趣。如果你目前对自己的职业发展尚无明确的定位，一些书籍[74]以及如下的一些在线工具可能会对你有所帮助：

● 职业发展测试网（Testing Room）（http：//quintcareers. testingroom. com）：在完成一项自我评价之后，该网站会向你推荐 20～40 个适合你的职位。

● 职业规划网（Career Planner）（www. careerplanner. com）：该网站提供在线职业测试、一对一的职业咨询以及一些免费的职业规划信息、建议与创意。

● 人职匹配网（Bridges Transitions Inc.）（https：//access. bridges. com/auth/login. do? market=adult）：该网站会通过将你自己选定的一些个人特征与职位加以匹配，从而帮助你确定可能的职业选择。

2. 确立目标。基于你的个人兴趣和职业兴趣确定自己的短期职业发展目标与长期职业发展目标。你的职业发展目标可能涉及得到晋升或承担更高的重要职责以及在现在的岗位上发生一些变化。在确定自己的职业发展目标时，可以考虑如下问题[75]：

● 不考虑本年度的情况，你的未来职业发展目标是什么?

● 为了取得未来的成功和职业成长，你希望开发的胜任素质有哪些?

● 你的公司发生了哪些可能会影响你的优先开发目标的变化?

● 列出一系列目标之后，确定其中最为重要的三个目标，然后集中精力去实现它们。

● 寻求反馈，与对你的工作绩效、兴趣和天资等比较熟悉的直接上级或者其他人讨论你的想法，以获得更多的见解。

3. 制定行动计划。评价一下你的现状与目标之间存在的差距，明确你需要开发的那些能力。针对每一个目标确定完成的时间框架，并且明确你将如何来开发这种能力。你的行动计划选择包括在岗培训、正式的教育或培训、导师指导、平级调动以及为开发的目的而接受降级、获得在不同地域或文化中的工作经验、在正式投入一个新领域之前通过接受一项临时性的工作任务安排来进行尝试等。[76]随着你的目标发生改变以及胜任素质的不断开发，你的行动计划可以也应该做出一定的调整。

在上述清单中的最后一项——挑战性和开发性的工作任务安排——是最好的职业发展工具之一。[77]然而，很常见的一种情况却是，很多公司仍然偏向于让那些现在已经能够胜任的员工去承担这些挑战性的工作任务，而不是将其作为一种职业发展来使用。企业之所以不愿意将挑战性的工作任务安排作为职业发展的机会来加以使用，部分原因在于，有些管理人员认为，把员工调来调去，让他们从现在的职位上挪走是得不偿失的。此外，还有一种情况则是，有些企业缺乏技能来明确应当针对哪些人开发哪些方面的技能以及为某种工作任务安排提供什么样的学习机会。[78]

如果员工知道身处一个需要去学习过去并不具备的新技能的环境，他们就会去学习，因此，企业更应当考虑将挑战性的工作任务安排视为职业发展过程的一个组成部分。有些企业建立了用来评估各种项目的开发潜力的正式系统，并且会对处于快速晋升通道之中的员工提供与之相关的任职机会。考克斯通信公司是一家有线电视与通信服务提供商，在该公司的人才审查过程的初期，公司会搜集关于员工的职业发展兴趣以及岗位调整意愿等方面的信息。管理人员通过一系列的审查会议来对自己的员工提供反馈，然后再与员工一起，基于员工的需要制定与项目相适应的开发计划。[79]

图 10－3 提供了关于职业规划的一个范例。

在你分析了自己的才能、兴趣和职业发展目标，并且研究了各种可能的职业之后，你已经做好了制定职业目标以及规划如何实现这些目标的准备。职业规划有助于你确认自己的短期和长期职业发展目标以及哪些活动有助于你在选定的职业中取得成功。

职业发展目标：
成为一名机器人领域的工程师，最终能够设计、规划并监督警用机器人的建造。

基本要求：
1. 工程学学士或硕士学位。
2. 团队工作能力。
3. 创造力。
4. 分析能力。
5. 机械工程与电气工程知识。

现有相关技能与兴趣：
1. 在罗伯特罗尼克公司做过暑期工。
2. 在高中和大学的机器人与工程课程中获得了 A 的成绩。
3. 有在一个团队中工作的经验。
4. 高中的平均分学绩点（GPA）为 3.8（满分 4.0）。
5. 大学的平均学分绩点（GPA）为 3.9（满分 4.0）。

职业规划：
1. 获得弗吉尼亚理工大学的学士学位。
2. 通过大学的职业配置中心获得机器人方向的暑期实习机会，积累相关工作经验。
3. 与五名机器人工程师建立联系。
4. 与属于我的兴趣领域之中的三名本校的机器人工程学教授建立关系。
5. 加入工程学专业学生的校园组织。
6. 加入国家机器人协会。

短期目标：
1. 保持住当前的高学分绩。
2. 以大学班级前 10%的成绩毕业。
3. 取得好的测试分数，并且被优秀机器人方向毕业生计划所接受。
4. 继续在罗伯特罗尼克公司积累相关工作经验。
5. 通过上相关课程来提高自己的创造力与分析能力。

图 10－3 职业规划范例

继任管理与职业规划的整合

一家企业的继任管理与职业规划过程之间应当彻底整合在一起。不仅如此，这两者也应当与企业人力资源管理中的其他职能加以整合。这样做的目的在于确定在现有的人力资源管理实践中，有哪些方面对继任管理和员工发展产生了积极的影响，哪些方面造成了消极影响。例如，如果员工认为某个特定的晋升机会没有太大的吸引力，因为新职位要求的工时更长，需要承担更大的责任，薪酬增长却微乎其微，那么，一旦企业解决了这些方面的问题，则这个职位的吸引力自然就会上升。同样地，如果一家企业通过外部招募与甄选体系未能帮助企业获得有才干的和可晋升的新员工，那么，继任管理与职业开发项目自然也就无米下锅。此时，无论一家企业怎样强调自己会从内部晋升员工，其人才"长板凳"都很可能是空着的。

达美航空公司是一个成功地将继任计划和职业规划管理整合在一起的典范。该公司的人力资源规划过程成功地将员工个人的职业发展兴趣、技能与能力以及他们对本人绩效的自我知觉，与直接上级对他们的绩效以及经验等所做的评价整合在一起，从而对员工的可晋升性、可能的岗位调动、个人优势以及发展需求等进行评价。在绩效审核会议上，会对评价结果进行检验和有效性验证，同时，还会对公司所有高管职位的继任规划进行审查。随后，各级主管人员会向员工提供反馈，与他们共同制定一份合适的开发计划。其中，潜质最高的员工将会获得为期一年的聚焦性的开发以及一些特殊的锻炼机会。达美航空公司的人力资源规划过程所取得的成功，可以通过对照该公司的继任规划来对员工得到晋升的情况、被视为可晋升员工的多样性以及高潜质员工的离职率等进行衡量。[80]高露洁公司则通过绩效管理过程以及员工的个人发展计划来确认公司在当地、地区以及全球层面上的高潜质员工。在考虑为某个职位配备人员时，该公司不仅会考虑经营的需要，同时也会考虑各位候选人的开发需要，为每一位候选人提供丰富工作经验的机会。[81]

公司还需要帮助和鼓励员工来决定希望的职业发展路径。美国礼品公司（American Greetings）会与所有高潜质员工进行面谈，以发现他们对工作中的哪些方面是喜欢的，哪些方面是不喜欢的，以及他们的个人目标是什么。即使对于那些声称自己没有晋升想法的员工，公司也会为之制定开发计划，使他们在当前的职位上能够工作得更加有效。[82]

福陆公司的继任管理与职业发展

由于项目经理是福陆公司的主要收益来源，该公司在对他们进行辅导和职业开发的项目上投入很大。此外，公司还希望每位项目经理能够帮助下一代项目经理获得在岗位上取得成功所需的各种技能和经验。[83]除了个人开发计划以及年度的绩效审议反馈，该公司还通过多种正式和非正式的学习项目来为员工的职业发展提供支持。

福陆公司还确定了 52 个各具特色的职业开发框架，这种框架描述了员工在不同职位族中的职业生涯发展早期、中期以及后期所需具备的胜任素质。从上班第一天起，员工就能了解在每一个职业发展通道上公司要求的以及推荐的培训、阅读、技能和工作经验等方面的信息，以获取在公司内获得职业进步所需的各种技能和经验。[84]

为了针对高级领导力开发和继任管理提供一个长期项目，同时也是出于应急的需要，福陆公司董事会下设的组织和薪酬委员会会针对首席执行官及其他重要高层职位的继任管理问题做好专门规划。公司首席执行官需要向该委员会提交年度报告，对于公司高层管理人员以及承担各种岗位的潜力做出评价。组织和薪酬委员会则会向董事会提交一份年度继任规划报告，其中包括当首席执行官或其他公司高管突然无法履职时可以采取的应急预案。[85]

本章总结

内部员工配置战略的成败在很大程度上取决于内部人才的保留与开发。一家公司在高层职位出现空缺时，如果能够坚持从内部而不是到公司外部去招募人才，则能够获得相对于竞争对手的竞争优势，因为这种做法能够使公司的继任计划得以实现，降低了优秀人才离开公司另谋他职的风险，同时也使公司在关键职位上的任职者离开之后出现长期职位空缺的风险降到了最低。继任管理实践有助于企业确保继任者得到开发，并且在职位空缺出现时能够履行新的职责。通过使人才在组织内的岗位转换更加顺畅，并且实现人才在组织内的最优配置，继任管理和内部招募有助于一家公司实施经营战略，达成各项业务目标。职业规划最好与继任管理相结合来做，这样才能确保员工喜好的职位和职业发展机会与企业希望他们追求的方向相一致。

讨论题

1. 为什么说内部候选人评价的作用不仅限于评价员工到公司内其他职位上的任职潜力？
2. 你认为采用多源评价的做法是否合适？为什么？
3. 在采用九宫格矩阵的情况下，一位工作业绩良好的员工在排名上可能还不如一位正接受开发性拓展任务的业绩一般的员工。你认为这样的结果公平吗？为什么？
4. 既然继任管理非常重要，那么一家公司要怎么样做才能说服其管理人员支持并积极投身于继任管理活动之中呢？
5. 为什么对继任管理与职业规划加以整合非常重要？

案例分析　通用电气公司的继任管理[86]

通用电气公司的领导人才开发以及继任管理体系受到广泛认可。该公司在继任管理方面的最佳范例之一便是该公司前首席执行官杰克·韦尔奇（Jack Welch）是如何奠定并提升了该公司的领导人开发理念、实践以及市场声誉的。韦尔奇在一次演讲中直言：“从现在起，选择我的继任者就是我需要做出的最为重要的决策。”通用电气公司致力于从企业内部选拔领导者的做法，无论是对于公司，还是对于员工，都产生了积极的结果。事实上，由于该公司的这一计划取得了如此的成功，其他的很多全球性企业纷纷加以效仿。

对人才进行评价和开发处于通用电气公司经营战略研讨的一线位置。通用电气的运营系统在整年不断的学习安排中，都会邀请来自公司内部和外部的领导者分享自己的最佳实践，同时产生新的实践创意。通用电气公司的每一个事业部都会针对关键职位制定继任规划。

通用电气公司的继任管理体系较为简单。公司的中层和高层管理人员每两到三年便会接受一次职位调整，而每次职位调整或晋升都经过了一个深思熟虑的开发过程，这一过程能够为管理者提供他们亟须的工作经验以及了解经营中的某些特定元素。这种做法帮助通用电气公司建立了一支知识和经验丰富的管理人员队伍。绩效管理和领导力评价会帮助该公司确定未来的领导人才，然后公司会制定综合性的领导力开发计划来帮助他们为承担更高职务上的工作做好准备。通用电气公司的员工管理系统则会追踪每一位员工取得的进步，并且通过定期地组织继任审查来保证人才通道中有足够的候选人。通用电气公司的事业部领导的首要目标之一是帮助员工成长，使他们在职业发展道路上前进。这些领导人除了需要完成经营目标，还需要达成员工成长和开发方面的目标。

思考题

1. 你认为通用电气公司的继任管理方式适用于所有的企业吗？为什么？
2. 每两到三年就对员工的职位调整一次可能带来的不利之处是什么？
3. 为什么通用电气公司的继任管理做得如此成功？

案例研究作业　切恩公司的战略性员工配置

请参见本书后面的附录来完成本案例研究作业。

第4篇

员工配置系统管理

第11章　候选人选择与雇用
第12章　员工流动管理
第13章　员工配置系统评价及技术

第11章

候选人选择与雇用

学习目标

学习本章之后，你应该能够：

1. 描述将候选人在各种评价方法中的得分加总，从而计算出总成绩的不同方法。
2. 描述可用于做出最终雇用决策的三种不同方法。
3. 探讨会对公司入职邀请函的内容产生影响的几个因素。
4. 描述制作和发出入职邀请函的四种不同策略。
5. 描述公平的几种不同类型，解释为什么候选人的公平感对于员工配置而言非常重要。

开篇案例

海上麦斯服务公司雇用优秀员工的实践

海上麦斯服务公司（Marine Max）是一家经营休闲船以及游艇销售业务的上市公司，其市值高达数十亿美元，拥有50多家零售店。[1]作为在行业中领先的品牌公司，海上麦斯服务公司除了专门销售一些大品牌产品（如Sea Ray、Boston Whaler、Meridian、Hatteras、Grady White与Ferretti Group等），还会向客户提供内容广泛的附加服务，其中包括敬业的送货上门的船长、课堂内以及水上客户培训、专业的逍遥海上巡航、“一口价”的销售模式和完善的售后服务等。[2]

尽管公司规模已经很大，而且业绩也在持续增长，海上麦斯服务公司仍然努力保持高标准的服务以及与客户进行在小公司中才能见到的那种人际互动。为了保持持续性的增长，海上麦斯服务公司的各个岗位上需要的都是那种有热情、有才干、工作动机十足且有领导潜力的员工。[3]不过，这家公司的管理人员也知道，找到此类人才是非常困难的，因此他们想尽办法提升本公司的入职邀请函对于那些优秀人才的吸引力。公司的管理者明白，除了顶级的薪酬，这些人才还对一些隐形福利感兴趣，比如富有挑战性的工作以及取得进步的机会等。[4]现在，海上麦斯服务公司来征求你的建议，怎样才能在不增加无谓的劳动成本的前提下，最好地劝说那些最终入选的顶级人才接受公司的入职邀请。

本书前面的各章重点介绍了员工配置规划、吸引求职者以及对职位候选人进行评价等方面的内容。员工配置过程的下一个阶段则涉及选择和雇用最终候选人的问题。错误雇用决策的成本往往相当于员工薪资的很多倍[5]，这还没有包括将高潜质候选人拱手让给竞争对手所产生的后果，所以，选择雇用哪些人并且劝说他们接受本公司的入职邀请是战略性员工配置过程中非常关键的一环。

假设金融分析师岗位的两名最终候选人在系列测评中得到的分数如下：玛利亚在工作知识测试中的得分为 80 分（满分 100），在结构化面试中的得分为 35 分（满分 50），在旨在评价她与组织的文化和价值观之间的匹配度的人格与价值观测试中得分为 45 分（满分 50）；而皮特在上述各项相应测试中的得分分别为 70 分、45 分以及 35 分。那么，根据以上这些测试分数，公司应该雇用哪一位呢？答案取决于企业如何对每一项测试的赋权以及总分的计算方式。如果各项成绩取平均值的话，玛利亚应该能拿到入职邀请；如果结构化面试的权重大于其他评价方法，则皮特可能是更合适的候选人。不过，如果候选人在工作知识测试中的得分必须要达到 75 分以上的话，皮特就会直接出局。

将候选人在各种评价中的成绩加总的方式有很多种。所有这些加总的方法都是很容易理解的，但需要了解应当如何使用这些方法。此外，你还需了解如何劝说最优秀的候选人加盟本公司。在本章中，我们将会讨论选择候选人的方法以及如何签订雇用合同、发出入职邀请函、进行谈判以及最终达成协议等方面的内容。在学完本章之后，你就能够很好地理解应当怎样最好地挑选最终能获得入职邀请的候选人，以及如何劝说这些候选人成为公司的员工。

挑选候选人

有些候选人实在是太优秀了，因而企业必须阻止他们接受其他公司的入职邀请，这时很多公司会在不对其他潜在候选人进行评估的情况下，直接向这些优秀候选人发出入职邀请。但这种情形较为罕见。一般来说，更为常见的情况就是，企业会将候选人在各种评价中的成绩进行加总，通过对总分的比较来决定雇用哪个人。接下来，我们将讨论如何完成这一过程。

候选人的测试分数加总

将候选人的评价分数进行加总从而使得可以对不同候选人的分数加以比较的方法有两种，即多重障碍法和互补法。

多重障碍法

多重障碍法（multiple hurdles approach）要求候选人在一项评价中必须达到某个特定的成绩才能进入甄选过程的下一个阶段。正如我们在第 9 章中解释过的那样，要求消防员候选人在评价过程的早期阶段就通过力量测试（比如举起 40 磅的重物）是一种很常见的要求。如果候选人缺乏必要的体力，在某项关键性的评价中达不到基本绩效要求，那么也就没有必要继续浪费候选人和公司双方的时间和资源去进一步对他们进行评价了。

美国联邦调查局在雇用特工时便采用了多重障碍法。由于认知能力、解决问题的能力以及决策能力对于特工来说至关重要，联邦调查局要求应聘特工的求职者在进入雇用过程之前，首先必须填写传记式问卷，然后参加认知能力测试以及情境判断测试。[6] 由于多重障碍法的实施成本较高，而且耗时较长，只有当一位员工的绩效不佳给企业带来的成本较高时——例如，此人存在对他人的安全造成威胁的潜在可能性时，才会采用这种方法。

美国运通公司采用了一套包括三部分的多重障碍评价系统，只有在当前阶段的评价中表现优异的候选人，才能进入评价过程的下一阶段。第一轮评价是要求候选人通过公司的网页填写的一份调查问卷。这份问卷对候选人的工作历史、取得的学历以及异地任职的意愿等进行评价。然后，这份问卷的总结性报告将会被发至运通公司的人力资源代表手上，由他们决定哪些求职者可以成为进入第二阶段的候选人。第二阶段是一项耗时 45 分钟的测试，这项测试的目的是确定候选人是否具备经过职业分析人员认定的填补相应职位所必需的个人特征。在第二轮测试中表现较好的候选人将会进入第三个阶段，即受邀参加面试。[7]

互补法

想一想你遇到过的最棒的那些教授，他们是在各方面都很有才能吗？很可能并不是这样。更常见的情况可能是，你喜欢的那些教授实际上拥有各种不同的才干或各种不同的才能组合。例如，某位教授拥有非常出色的讲故事才能，另外一位教授虽然缺少这方面的技能，但讲课同样非常有效，因为这位教授具备对你进行鼓舞和提出挑战的能力。**互补法**（compensatory approach）会将人与人之间的这些差异一并考虑在内。它允许一位候选人用在某些测试中得到的高分来补偿在其他测试中得到的低分。例如，一家公司可能允许某位候选人用成功的工作经验来弥补自己在平均学分绩方面的不足。

具体的互补法实施形式一共有四种。首先，可以让一些了解某个职位的专家来对每一位候选人在各项不同评价中的得分情况和在评价过程中做的笔记以及其他信息进行审查。然后，就可以利用这些职位专家的总体判断来将不同的分数加以整合，确定每一位候选人的总得分。还可以利用这些职位专家的判断来做出最终的雇用决策，或者是决定某位候选人是否可以进入雇用过程的下一个阶段。然而，由于不同的职位专家很可能会采用不同的评价标准，并且赋予每一项评价的权重也各异，在采用这种专家评价法时，很可能会给公司带来较高的法律风险。不过，如果这些职位专家在做出甄选决策方面具有丰富的经验，同时他们对于甄选过程的接受度非常重要，那么，依靠这些职位专家的判断来做出决策也是合适的。

职位专家所得出的评价结果可能与**单一权重法**（unit weighting）一样，也可能不一样。单一权重法在计算一位候选人的总分时，会赋予每一项评价相同的权重。如果一家公司所使用的各种评价工具在预测候选人的未来工作绩效方面具有同等的作用，那么，单一权重法便是有效的。然而，正如我们在第 8 章中已经指出过的，当不同的评价方法所采用的评价尺度不同时，比如面试采用的是从 1～10 分的尺度，而智商测试采用的则是总分为 60 分的评价尺度，那么简单地将各项得分相加得到总分的做法，实际上并没有赋予每一项评价相同的权重。智商测试的权重过高，而面试的权重过低。在这种情况下，就必须首先对原始分数加以标准化处理，然后才能将各项得分相加。

表 11-1 展示了在运用单一权重法时，将原始分数转化为标准分的一个例子。在满分为 100 分的结构化面试中，英格的得分为 89 分，高出平均分 1.5 个标准差；托尼的得分为 60 分，高出平均分 0.4 个标准差。在满分为 40 分的知识测试中，英格的得分为 25 分，高于平均分 1.1 个标准差；托尼的得分为 35 分，高于平均分 1.7 个标准差。在满分为 10 分的评价中心测试中，英格的得分为 6 分，高于平均分 0.9 个标准差；托尼的得分为 7 分，高于平均分 1.1 个标准差。由于每一种评价方法的赋分方法差别很大，有些评价方法的分数取值区间为 1～10 分，而有些评价方法的分数取值区间则是 0～100 分，这样，将候选人的各项原始

成绩直接相加便会造成面试成绩所占权重过高，而评价中心成绩所占权重过低的情况。通过将各项评价的原始成绩进行标准化处理，则不仅可以计算出每一位候选人的总分，而且可以拿这些总分来加以比较。在本例中，尽管英格在知识测试与评价中心测试中的得分低于托尼，但由于她在结构化面试中的优异表现还是使她的总分达到 3.5 分，高于托尼取得的 3.2 分，英格无疑是更合适的候选人。

表 11-1　运用单一权重法对原始分数进行标准化处理后加总

	英格		托尼	
	原始分	标准分	原始分	标准分
结构化面试	89	1.5	60	0.4
知识测试	25	1.1	35	1.7
评价中心	6	0.9	7	1.1
总分		3.5		3.2

合理赋权法（rational weighting）要求专家对每一项评价得分赋予不同的主观权重。职位专家——其中也包括用人部门经理——首先就每一项评价对于预测候选人在将来上岗后取得工作成功的重要性做出自己的主观判断，然后据此分配权重。接着就可以将每一位候选人在各项评价中的得分乘以各项评价方法所占的权重，最后相加便可以得出候选人的总分。这种方法的优点是它认可了不同评价方式得到的分数对于候选人的总分做出贡献的程度存在差异，不过，它要求专家们能够在权重分配上达成一致。此外，也无法保证专家们所做的权重分配确实能够对候选人在未来工作岗位上取得成功的程度做出准确预测。我们在第 10 章中讨论过的临床评价法所采用的便是这种合理赋权法。

统计赋权法（statistical weighting）涉及利用统计技术（比如多元回归）来为每一种评价得分确定不同的权重。多元回归分析是我们最早在第 8 章中讨论过的一种数据分析工具，这种统计技术根据每一种评价方法与候选人上岗后的工作成功度之间的相关性以及各种评价方法之间的内部相关性来确定每一种评价分数的权重。多元回归分析是确定每一种评价方法的权重分配的最为科学的方法。回顾一下，多元回归分析包括类似下面这样一种方程式：

$$\text{总分}=c+(b1\times a1)+(b2\times a2)+(b3\times a3)+\cdots$$

再回顾一下，上式中的 c 是一个常量；b 是每一种评价方法在统计学上的权重，它使一组评价方法的效度达到最大化；而 a 则是候选人在每一项评价中得到的成绩。这种方法对于可以采用的评价方法的数量没有任何限制。例如，如果针对销售人员候选人的回归方程如下所示：

$$\text{总分}=24+(0.20\times\text{认知能力得分})+(0.25\times\text{面试得分})+(0.15\times\text{人格测试得分})$$

一位候选人在以上三项测试中的成绩分别为 70 分、75 分和 50 分，那么，这位候选人的总得分就将是 64.25 分：

$$\text{总分}=24+(0.20\times 70\text{ 分})+(0.25\times 75\text{ 分})+(0.15\times 50\text{ 分})=64.25\text{ 分}$$

这里得出的候选人总分将决定一位候选人能否进入下一个评价阶段，或者是公司是否应向其发出入职邀请。通过这种方法得出的雇用结果往往要比单一权重法以及通过职位专家分配权重的合理赋权法所产生的结果都更好一些。不过，多元回归要想做到精确，就需要人力资源专业人员能够收集到数百人甚至更大规模的候选人样本数据。如果公司没有大样本数据可以用来进行统计分析，单一权重法或合理赋权法可能会更适合。

多重障碍法与互补法的结合

通常情况下，有些任职要求对于承担某个职位来说是必要的，而其他一些任职要求则是彼此之间可以互补的。例如，数据录入职位的候选人必须能够每分钟按照某个最低差错率录入一定数量的词，这些方面的技能要求便可以在最初的评价过程中作为一个拦截候选人的障碍。而候选人的认知能力、工作知识与人格特点等则是互补性的要素。在这种情况下，当候选人扫清了最初的障碍之后，就可以用互补法，对他们在认知能力、工作知识和人格等方面的测试成绩分配不同的权重，然后向总分最高的候选人发出入职邀请。前面提到过的美国联邦调查局特工的甄选过程就是运用此类方法的范例之一。[8]

企业可以采用划定分数线、对候选人进行排序或划分为不同分数段的方式来决定哪些候选人最终可以获得入职邀请。分数线通常是由职位专家根据职位要求来划定，或者是通过一个回归方程来划定。分数线的水平高低主要取决于可以接受的预期最低绩效水平。如果一家公司的人才战略是只雇用最优秀的人才，那么分数线便会很高。相反，如果一家公司的关注点是在短期内填补职位空缺，而不是雇用那些可以在组织中实现长期职业发展的员工，划定一个较低的分数线可能更合适。而如果一家企业追求的是成本领先战略，那么，为了基于已经锁定的薪资水平雇用到员工，划定一个较低的分数线就更为可取。划定一个很高的分数线的问题在于，这种做法会带来一些错误拒绝的结果，因为它会导致企业拒绝掉大量的合格候选人。由于这种情况会增强甄选系统所产生的负面影响，一家公司可能会考虑通过降低分数线来减少在女性和少数族裔候选人中产生的错误拒绝的数量。

划定分数线的方式一共有三种。如果职位专家能够确定一个可接受的最低胜任素质水平，那么便可以将这一水平划定为分数线。如果企业需要快速雇用员工，则会直接将第一个超过此分数线的候选人雇用进来。不过，这种做法会使企业承受一定的风险，因为不雇用这个人，它或许很快就能雇用到另外一位更为合适的候选人。如果一家公司的战略就是雇用最优秀的人才，那么，除非是在员工配置的早期阶段就找到了特别优秀的候选人，否则更合理的做法是先建立一个候选人的人才库，然后再做出最终的雇用决策。

另外一种做法是，将候选人的评价分数进行对比，然后将分数由高到低进行排序。排序法的主要问题之一是，它并不能确保任何一位候选人能够达到或超过最低雇用标准。而划定分数线的做法则可以更好地减少那些虽然不合格却被雇用的人数。企业可以将排序法和划定分数线法的优点结合在一起，即向那些不仅排名最高，而且成绩超过某个分数线的候选人发出入职邀请。

因为排序法可能会给候选人带来一些歧视性负面影响，所以尽管它具有较高的效度和成本有效性，但它并不是在任何条件下都最佳的员工选择方式。在有些时候，划定分数段反而可能是更好的选择。可以回顾一下，在划定分数段的情况下，所有分数处于某个特定的分数段之中的候选人都会被视为成绩相当，因而被划分到同一个等级之中。在考试中，一位得了 98 分的学生和一位得了 93 分的学生最终获得的成绩都是 A。当企业在同一个分数段内雇用员工时，要么随机决定，要么是根据其他一些要素来做决策，这些要素包括企业在遵循《公平就业机会法》或积极的反歧视行动方面所制定的目标、企业为了防止员工离职而从公司内部晋升员工的意愿、候选人的工作经验和语言，等等。分数段的宽度通常是根据我们在第 8 章中描述过的衡量指标的标准误差来决定的[9]，表 11－2 展示了划定分数段的一个实例。

表 11－2　利用分数段法区分候选人

候选人	总分	分数段
埃米	87	1
余	85	
李	79	2
佩德罗	78	
阿米拉	78	
比尔	65	3
蒂姆	63	
林	61	

尽管划定分数段能够帮助企业降低歧视性负面影响，但也并非总能确保发挥这种作用。[10]它也不能弥补公司在招募合格的少数族裔候选人方面存在的不足。不过，这种方法确实能够起到使测量误差所产生的影响最小化的作用。毕竟，总分为 87.3 的候选人就一定比总分为 87.1 分甚至 86 分的候选人更优秀吗？未必。没有任何测试是完美的，候选人的真实得分可能会略高于或略低于他们的实际应得分数。因此，对候选人进行排序的做法并不总能得出最精确的结果或雇用到最优秀的员工。当候选人之间的分数差别较小或测量的标准差较大时，情况尤其如此。

在使用划定分数线法或排序法时，企业还需要做出的另外一个决定是，到底是应该按照成绩由高到低来雇用候选人，还是应该先确定一个最终入选人才库，然后再决定最后雇用哪些人。企业可以根据总分或者在某项特定评价中的得分对这个最终入选人才库进行排序。另外一种做法则是随机确定人选，或者是通过划定分数段来确定最终人选。在确定最终人选以及向哪些人发出入职邀请方面，并不存在最好的方法。但无论如何，企业至少需要将分数线确定在一定的水平上，只有这样才能使新雇用的员工达到或超过在工作中取得成功的最低标准。[11]

谁来做最终雇用决策？

组织心理学家是专门主攻候选人评价和测试构建问题的专家。而人力资源管理专业人员则在员工配置过程方面有一定专长。这些负责制定员工配置政策和程序的专家常常会做出最初的求职者甄选决策，他们掌握着与评价和雇用过程相关的法律或技术方面的信息，或者是知道如何找到这些方面的信息，但实际负责做出最终雇用决策的人往往是用人部门经理。因为用人部门经理会直接监督这些将来被雇用来工作的员工，所以他们也是员工配置过程的主要利益相关者之一，因而应当参与到员工配置政策和程序的制定与评价过程之中。如果员工未来需要从事的工作是在相互依存的团队之中完成，一种也同样常见的情况则是由这些团队来做出最终的雇用决策。

与雇用候选人相关的各项法律

法律问题贯穿雇用过程的始终，在候选人最终选择阶段也不例外。除了我们在第 3 章中讨论过的那些法律问题，参与员工配置的企业人员还需要熟知《公平劳动标准法》（Fair Labor Standards Act，FLSA）、《家庭与医疗休假法》（Family and Medical Leave Act，FM-

LA)、《员工甄选程序规范指南》的相关内容。

《公平劳动标准法》

《公平劳动标准法》[12]对于非豁免性员工的工时数量、加班薪酬支付以及补偿性休假等做出了规定。如果一位求职者因曾经行使过受到《公平劳动标准法》保护的某种权益（比如，要求获得加班薪酬）而未被雇用，则法院可能会判定该公司侵害了求职者的合法权利。

《家庭与医疗休假法》

《家庭与医疗休假法》[13]规定达到一定要求的求职者可以因某些特定的原因享受最长达 12 周的非带薪休假。如果一位求职者因为过去曾经根据《家庭与医疗休假法》的相关规定享受过这种休假而未能得到雇用，则法院可能会判定该公司侵害了求职者的合法权利。例如，联邦上诉法庭就曾判定一家公司违反了此项法律的规定，这家公司之所以没有雇用某位求职者，就是因为听其过去的雇主说她的休假时间太多了。[14]

《员工甄选程序规范指南》

当最终候选人选择过程产生了歧视性负面影响时，《员工甄选程序规范指南》[15]便会对其产生作用。《员工甄选程序规范指南》要求企业要么消除歧视性负面影响，要么能够通过效度研究来证明自己的做法是合理的。《员工甄选程序规范指南》通常规定，企业划定的分数线不应高于新员工熟练履职必需的那种水平。而对于何为最低熟练水平，则由企业决定。《员工甄选程序规范指南》还规定，企业应当明确描述出“确定员工的常规熟练水平的方式以及划定分数线的方式”。

正如我们在前面的章节中解释过的，为了解决歧视性负面影响问题，《员工甄选程序规范指南》还讨论了“替代性程序”的应用问题——这种程序产生的歧视性负面影响更小，但是却能与存在问题的甄选程序具有类似的效度。认知能力测试可能具有较高的预测效度，却会带来较大的歧视性负面影响。而采用结构化面试和工作样本测试却能够在达到相似效度的情况下，不会产生歧视性负面影响。《员工甄选程序规范指南》并不会免除企业的任何积极的反歧视行动义务，对于那些目前尚未采取积极的反歧视行动的企业，《员工甄选程序规范指南》“鼓励采取自愿的积极的反歧视行动方案”。

雇主的多元化偏好

为实现国会在《民权法案》第七章中的意图，即禁止基于种族、肤色、宗教、性别等因素实施歧视，美国公平就业机会委员会鼓励企业采取自愿性的积极的反歧视行动以及多元化的措施，从而改善少数族裔劳动者的就业机会。公平就业机会委员会规定，“为了与法律目的保持一致，企业应当通过调整自己的雇用体系以及管理实践来为受《民权法案》第七章保护的这些劳动者提供灵活安排”。[16]也就是说，为了避免陷入法律纠纷，企业必须谨慎地实施积极的反歧视行动以及多元化方案。[17]

那么，当一家企业希望提高自己的员工队伍结构的多元化程度时，它可以在综合考虑求职者的任职资格与其受保护的个人特征（比如年龄、族裔、性别等）的基础上来做出雇用决策吗？还是说雇用决策只能以候选人的任职资格情况为基础？这方面的一个常见问题是，在最终选择候选人时，法律是否允许企业将这些受保护的个人特征作为决策的考虑因素，以及在何种情况下可以成为合法的考虑因素。在近期涉及公共机构（警察局和大学）的一些法院判决表明，如果有某种“操作性需要”能够证明企业采取自愿的积极的反歧视行动是合理的，那么，在所有能够达到职位最低要求的候选人中，族裔可以成为一个合法的“附加”因素加以考虑。[18]但对于这一判决是否同样适用于私营部门企业，目前尚不得而知。[19]美国最高院对此并未做出明确解释。[20]

然而，法院决不会允许企业选择雇用不合格的少数族裔候选人，而不去雇用合格的非少数族裔候选人。在一个案例中法院就裁定，某个正在裁员的企业不能仅仅因为满足多元化的需要，便选择保留一位黑人员工，而不是留下与之具有同等资历、能力和任职资格的白人员工，即使在这个企业中的黑人员工所占比例存在代表性不足的情况。[21]因此，在将任何受法律保护的个人特征用作员工甄选的决定因素之前，最好是先咨询一下法律顾问。

追求候选人多元化的努力不应该是从雇用过程中的评价阶段才开始。正如我们指出过的那样，如果一家企业并没有招募到合格的多元化候选人，也就是说，没有把这些人吸纳到公司的求职者人才库中，那么，任何甄选体系也无法找到他们。而如果一家公司的招募来源确定以及招募活动能够发现并吸引来合格的多元化候选人，然后再采用歧视性负面影响较小且效度较高的评价体系，便可以很自然地获得多元化的新员工。如果能够成功吸引合格的多元化求职者，企业就没必要再去将任何受保护的个人特征作为候选人选择时的一个额外加分项了。[22]

制作和发出入职邀请函的策略

虽然选择正确的候选人对于企业来说非常重要，而且企业往往在员工配置过程中花费很多时间和金钱，我们却发现，很多企业在设计和发出入职邀请函方面所花的心思少得惊人。当一家企业已经决定向某些求职者发放入职邀请函时，其工作重心就应当从对候选人进行评价，转移到向候选人表达企业对他们的热情期待，并且劝说这些人选择为本企业工作。无论企业发出的入职邀请函是标准版的，还是每一位最终候选人都会因为自己的独特任职条件而收到一封与众不同的入职邀请函，企业都应当对入职邀请函的内容与呈现形式加以考虑。企业发出入职邀请函的目标并不仅仅是使候选人能够接受自己提供的工作机会，还包括增强候选人对公司的忠诚度、提升他们对于加入本公司的激情以及强化公司作为一名雇主的理想形象。不过，需要指出的非常重要的一点是，这也并不意味着要诱使候选人对于本企业或职位产生一种错误的认知。事实上，向候选人展示现实性岗位预览（我们在第 7 章中讨论过的）的最佳时间是在已经向候选人发出了入职邀请函，他们尚未接受入职邀请的时候。[23]

特别是对那些将员工视为一种投资而不是一种固定资产的企业来说，发给最终候选人的入职邀请函应当能够使公司的员工价值主张实现最大化。正如我们在第 4 章中讨论过的，员工价值主张是指员工在为一家特定的企业工作的时候获得的内在报酬与外在报酬之间的平衡。要想把一个职位可以获得的所有报酬都列举出来显然是不太可能的。但无论如何，入职邀请函应当能够与最终候选人的个人需要和价值观产生共鸣，并且能够就对最终候选人来说最为重要的那些报酬做出积极回应。

谷歌公司为了鼓励最优秀的或最聪明的人才加入公司，会向员工提供免费自助餐、免费洗衣房、儿童看护中心、对小狗等宠物友好的办公环境以及在工作现场的医生等方面的福利。此外，谷歌公司的工程师还能将工作时间的 20％投入自己感兴趣的项目之中去。[24]

当然，在向最终候选人实际发出入职邀请函之前，企业最好还是核实一下求职者所提供信息的真实性，在这些信息中包括求职者在学校期间的平均学分绩以及过去的工作经历等。企业还可以做得很明智一点就是，要设法搞清楚候选人在之前所从事的工作中得到的薪酬水平。最后，一种比较好的做法是，企业确定一名备选候选人，以应对准备雇用的第一候选人不接受入职邀请这种被动局面。

制作入职邀请函

在设计邀请函的内容时，职位类型、组织因素、候选人因素、组织外部因素以及法律因素等都会有影响。接下来，我们将逐一讨论这些因素。

职位类型

职位类型会影响入职邀请函中的内容。入职邀请函怎样写，需要考虑准备雇用的是全职员工还是兼职员工，是豁免员工还是非豁免员工，还要考虑职位在组织内的等级等方面的因素。与针对填补高层管理职位者的入职邀请函相比，针对填补低层职位者的入职邀请函通常更为简短，细节也没那么丰富。

组织因素

可能会对入职邀请函产生影响的组织因素包括企业的经营战略、员工配置与薪酬战略和政策、内部公平性要求以及是否存在尽快雇用员工的需要、是否与工会签订了集体合同等。例如，一家采用成本领先战略或运营效率战略的企业很可能会力图压低自己的劳动力成本，因此与那些追求差异化战略或创新战略的公司相比，这种公司就不会愿意让自己的入职邀请函内容变得丰富。企业的入职邀请函内容还会与其薪酬战略联系在一起。例如，如果一家公司的政策就是仅仅发出标准化的入职邀请函——换言之，它不允许在新员工中存在雇用条件方面的差异，那么，入职邀请函的内容就会受到严格限制。在这种情况下会对很多问题做出限制性规定，其中包括用人部门经理能够向最终候选人承诺的薪酬数量。此外，用人部门经理只有在得到组织中的某人允许之后，才能去与候选人确定或协商薪酬水平。

有些公司认为，坚持内部公平性即确保现有员工的各项待遇至少不低于新员工是十分重要的。例如，在千禧年前后，能够用 Java 语言编程的人才出现短缺，很多公司吸引这种人才的方式之一便是向他们提供在很多情况下比现有员工的薪酬和福利水平更高的待遇。这种做法当然会伤害当前员工的感情，挫伤他们的士气，造成更多的员工离职。

有时候，尽管从内部公平性的角度来说，企业不应该向某位候选人提供条件更为优厚的入职邀请函，但给这位候选人提供更高的薪资却是经营必需。例如，企业需要此人领导某个重要项目或者此人具备某种特殊的资质。在短期中，这种做法有助于企业保持员工配置水平，同时满足重要的短期需要。然而，在长期中，如果公司现有的员工威胁说，一旦自己的薪酬不能上涨到与这位新员工相同的水平，他们就会辞职，那么，公司的成本就会大幅上升。

如果一家公司需要尽快填补某个职位空缺的话，它也有可能会提高在入职邀请函中承诺的待遇水平，从而增加候选人接受这份入职邀请的可能性。相反，如果公司可以等待更长的时间，则可能决定发出一份标准化的入职邀请函。与工会签订的集体协议也可以决定雇用关系中的众多条款和具体条件，并影响在入职邀请函中必须包括哪些方面的内容。

候选人因素

与候选人有关的一些因素也会影响入职邀请函的内容。这些因素包括候选人与组织以及职位之间的匹配度、薪酬和其他报酬方面的要求、任职资格与工作经验、过去的总薪酬水平、价值观和个人需要，以及候选人是否已经收到其他公司发出的入职邀请函。如果候选人已经拿到了其他公司发出的条件优厚的入职邀请函，并且需要迅速做出决定，则企业最好是迅速向其发出有吸引力的入职邀请函。有时候，企业为了回应现有员工收到的来自其他公司的入职邀请函，可能会向这类员工重新发出一份入职邀请函（即一份反邀请）。这种反邀请通常至少会提供与竞争对手对等的条件。

组织外部因素

一些外部因素也会影响入职邀请函的内容，这些因素包括劳动力市场紧张状况、某个地区的生活成本、最终候选人被竞争对手雇用的风险及其成本高低、该职位在薪酬以及其他报酬方面的市场水平等。如果最终候选人是一家企业愿意雇用的唯一候选人，那么这家企业很可能会提供更为慷慨的入职邀请，从而提高这位候选人接受公司邀请的可能性。如果候选人所住的地区生活成本较高，有些公司可能就会在入职邀请函中适当提高待遇，以适应这种额外的生活成本。如果某位候选人具备某些方面的技能，一旦此人被公司的竞争对手雇用去，很可能会给本公司的竞争地位造成不利影响，那么这家公司通过入职邀请函中提供的条件来增加对候选人的吸引力就可能是一种具有战略性的举措。例如，当一家著名投资银行的用人部门经理宣布自己刚挖到了竞争对手的最佳销售员时，有人问他："这对我们有什么用呢?"这位用人部门经理马上回答说："我不确定，但我知道，现在他不会再为我们的竞争对手带来 5 000 万美元的销售额了。"[25]

一家公司可以通过薪酬调查、向商业协会咨询、阅读雇用广告以及浏览竞争对手网页等方式，来确定像生活成本以及典型的薪酬水平等这样一些外部因素。商业协会和商业杂志、就业服务机构、各大学就业服务办公室以及候选人收到的其他公司发出的入职邀请函等，都能提供一些可以用来进行比较的薪资信息。表 11－3 列出了在确定市场薪酬水平方面有用的一些网页资源。这些信息可以帮助企业了解市场上较为适当的薪酬水平区间，但对于某个具体的岗位而言，企业仍需自行确定起薪范围以及平均薪酬水平。为了确保起薪的公平性与一致性，企业应当制定一项起薪政策。起薪政策应当具体说明在确定薪资时应当考虑哪些方面的影响因素（比如受教育程度与工作经验等），明确起薪的上限（比如一个职位的薪资区间中值或市场参考点），并且描述还需要满足其他哪些附加条件，其中包括达到内部公平性的要求。此外，在起薪政策中还应当明确起薪在何种情况下可以做出例外安排，其中包括书面记录得到了某位上级或人力资源部门某位代表的书面批准。

表 11－3　确定市场薪酬水平的部分网络资源列表

America's Career Infonet：www. acinet. org
College Grad Job Hunter：www. collegegrad. com
Jobstar：http://jobstar. org
O* Net：http://online. onetcenter. org
Places Rated：www. bestplaces. net
Salaries Review：www. salariesreview. com
Salary. com：www. salary. com
Salary Expert：www. salaryexpert. com
The Riley Guide：www. rileyguide. com
Wageweb：www. wageweb. com

法律因素

公平就业机会与积极的反歧视行动方面的目标是影响入职邀请函内容的两个主要法律因素。如果一家企业制定了积极的反歧视行动计划或积极追求实现员工队伍的多元化程度，那么，该公司在实现这些目标方面取得的进展可能会影响其入职邀请函的具体内容。如果一家公司难以劝说某些来自次级劳动者群体的候选人接受自己的入职邀请，那么，这家公司可能就需要提高入职邀请函中提供的待遇和条件。与此同时，为避免受到与歧视有关的诉讼，企业还需要确保入职邀请函对于各种受保护的特征给出的对待是具有可比性的。

图 11－1 描绘了影响入职邀请函内容的诸多因素。

薪酬决策

那么，你们公司在入职邀请函中准备把薪酬水平具体到何种程度？正如我们已经解释过的，职位类型、公司经营战略、员工配置和雇用政策等，都会对这一决定产生影响。同样，劳动力市场的松紧程度以及候选人所处的境地等组织外部因素也同样可以对这一决定产生影响。一家追求低成本战略的公司可能会向候选人提供相当于或略低于市场水平的薪酬、与员工个人以及公司的绩效挂钩的奖金以及一套标准的福利包。而采用差异化战略的公司，比如年营业额达到 10 亿美元的小型船只经纪和游艇生产商海上麦斯服务公司，则可能会向自己中意的候选人提供高于市场水平的薪酬、更为慷慨的福利包以及其他一些个性化的激励措施，比如公司班车、额外的休假时间或灵活的工作时间安排以及签约奖金等。如果劳动力市场很紧张，很难吸引和雇用到合格的候选人，可能就需要企业提供更高水平的总报酬包和更多的雇用诱导措施。与入职邀请函的标准化程度往往很高的那些入门级职位相比，企业对于领导者和关键岗位发出的入职邀请函往往条件更为优厚和灵活。企业提供的总报酬包应当能够强化自己的人力资源战略和员工配置战略以及公司的雇主形象与声誉。

在设计入职邀请函时需要做出的另外一项重要决策是，提供给候选人的总报酬应当确定在一个较低的水平、与市场相当的水平，还是高于市场的水平，以及是否需要在入职邀请中为未来进一步谈判留出空间。**低水平入职邀请**（low job offer）所提供的总报酬包（其中包括薪酬和福利）的水平要低于市场，它能够使企业的成本控制在尽可能低的水平上。至于入职邀请函中的内容是否可以存在进一步谈判的空间，则因企业而异。尽管追求成本领先战略的企业经常会选择发出成本较低的低水平入职邀请，但这种做法与将员工视为投资者以及鼓励

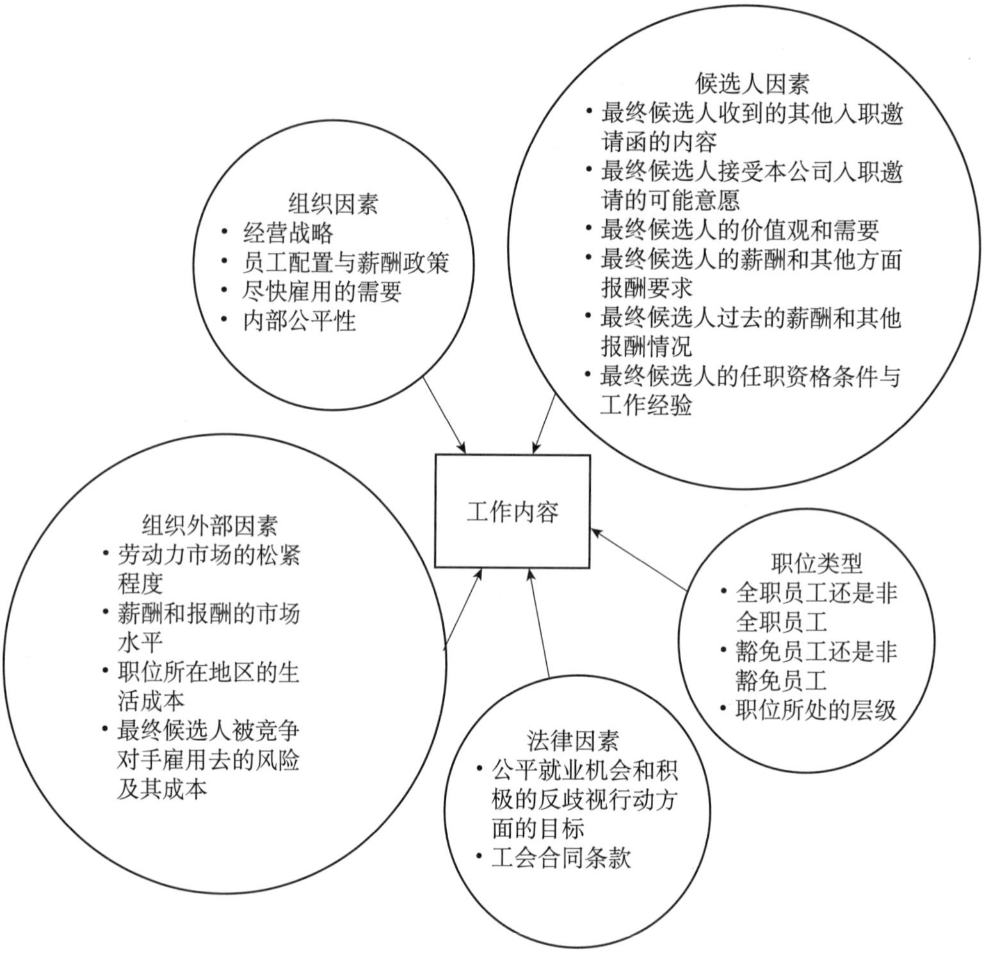

图 11－1　入职邀请函内容的影响因素

员工留在企业中谋求长期职业发展的人才理念相违背。高质量的最终候选人一般是不会接受低水平入职邀请的。因此，此类低水平入职邀请并不适用于关键岗位，尤其不合适那些采用差异化战略或依靠创新谋取竞争优势的企业的，因为这些企业需要顶级人才。因为对于任何企业而言，为领导岗位获得高质量人才都是至关重要的，所以低水平入职邀请对于领导职位的人员雇用通常是无效的。但对于那些员工流动率较高或员工的素质不那么重要的岗位（比如低技能的或临时性的工作）来说，低水平入职邀请也是能够获得一些新员工的，尽管这可能会使公司的雇主形象和声誉受到损害。

竞争性入职邀请（competitive job offer）向候选人提供的是与该职位相对应的具有市场竞争力的总报酬包。换言之，此类入职邀请为某个职位提供的薪资、福利和其他诱导性条件，与竞争对手针对类似岗位的合格候选人所提供的是大致相当的。在这种情况下，入职邀请中所提供的条件是否还有谈判的空间，同样是两种情况都有。尽管竞争性入职邀请不太可能让任何候选人产生不满，但此类入职邀请还是不太可能诱使最优秀的候选人接受公司的邀请。

高水平入职邀请（high job offer）向候选人提供的是高于市场水平的总报酬包。这种入职邀请同样有可以继续谈判的，也有不允许进一步谈判的。高水平入职邀请可以增加公司对于那些看重物质性报酬的候选人的吸引力，同时也能够提升公司的雇主形象与声誉。为了避免这种做法对现有员工的士气产生影响，有些公司更倾向于向新员工发放一次性激励，比如签约奖金，为提高新员工的加薪速度而提前对他们进行绩效评价，以及更为丰厚的搬家补贴等，与此同时，使这些新员工的长期总报酬与现有的员工保持一致。

当一家企业发出的是一份**终极入职邀请**（maximum job offer）时，这家公司向候选人发出的就是最后一份同时也是条件最好的入职邀请了。企业在这种终极入职邀请中会明确指出，这是自己所能提供的最高待遇了，再也没有任何可谈判的余地了。终极入职邀请函可能是低水平的，也可能是竞争性的或高水平的。通过让最终候选人知道公司已经提供了自己能够拿出的一切待遇或相应的做法，实际上是在向候选人表达自身对于候选人的诚挚兴趣，并且希望借此弱化或消除由于入职邀请的条件低于候选人的期望而产生的任何负面感受。当企业想要雇用某人，而此人目前的总报酬超过了企业所能提供的水平时，向其发出一份终极入职邀请是一种不错的策略。

向候选人发出一份高水平的终极入职邀请有助于企业快速填补职位空缺，或者是诱使顶级人才加盟公司。在最终候选人已经收到了其他公司的入职邀请，而且需要在短期内做出决定时，向其发出终极入职邀请是有意义的。但与高水平入职邀请函一样，终极入职邀请可能会导致总报酬包相对较低的现有员工的士气受到损伤。

雇用合同

雇用合同可以是口头形式的，也可以是书面形式的，抑或是两者的结合。书面合同通常会优于口头约定，但即使没有签订书面合同，企业如果违反了自己的口头承诺，也有可能会陷入法律纠纷。根据预防欺诈方面的法律规定，为了保证合同的可执行性，任何无法在一年以内完成或履约的合同都必须以书面形式签订。每一位员工都有一份雇用合同。正如我们在第 3 章中学到的，所谓自由雇用，就是雇用关系双方都可以在不承担任何责任的情况下，在任何时候以任何合法理由终止这种合同关系，因为这种雇用合同并没有明确约定雇用期限。但即使一位员工是以自由雇用方式被企业雇用的，双方并未有任何书面沟通，但双方之间仍然存在口头合同，并且在大多数情况下，这种口头合同具有与书面合同相同的法律上的执行力。书面合同与口头合同的最大区别在于，书面合同的条款要比口头合同更容易得到验证。[26]

具有法律约束力的合同

一旦企业向候选人发出了入职邀请函，候选人接受了入职邀请，并且在使合同生效方面做了充分的“考虑”，则一份具有法律约束力和执行力的雇用合同就产生了。[27]在入职邀请函中一般包含企业承诺提供的相关条款和条件，有时也会包括对接受这份入职邀请提出的一些特别要求，比如最后的截止日期等。在入职邀请函中提供的条款必须清晰而确定，从而使候选人形成这样一种合理的预期：企业是愿意兑现自己在入职邀请函中承诺提供的待遇的。如果仅仅在入职邀请函中告诉候选人“下周来上班吧”，那就太过模糊，难以成为一份有效的入职邀请函。

这里所谓的接受，就是指收到入职邀请的候选人明确表示自己同意入职邀请函中列明的那些条款。接受是指候选人严格接受入职邀请函中所具体列明的条款，而不是提出任何修改意见。如果企业发出的入职邀请函明确要求候选人必须在某个截止日期之前以书面形式进行确认，则候选人必须按时提交书面反馈，这样接受入职邀请函才算有效。“如果年薪增加5 000美元，我就接受入职邀请”这样一种表述就是一种讨价还价，这时就轮到企业方来决定到底是接受还是拒绝还价。

这里所谓的考虑，是指合同双方通过讨价还价谋求调整的过程。换言之，一方需要向另一方转移一部分有价值的东西来换取对方的考虑。合同双方都必须从合同中获得某些利益，同时通过承担某些义务来换取这些利益。通常情况下，这涉及用劳动换取薪酬。

合同的一般内容

雇用合同对终止问题的关注通常要超过对雇用的关注。一份雇用合同的终止条款中可能包括重新谋职援助、职业发展咨询以及补充性福利——比如即使是在员工被解雇之后仍然可以继续参与公司的401（k）退休计划——等方面的内容。但是，如果一家公司已经制定了遣散政策，那就没必要再在雇用合同中约定遣散费的问题了。对于有些候选人来说，雇用合同中的遣散条款至关重要。特别是对于首席执行官而言，他们通常会就“金色降落伞”问题（即在企业终止对他们的雇用时需要支付的包括一大笔遣散费在内的诸多福利）与公司进行谈判。一位首席信息官就根据他通过谈判获得的遣散费来做出工作选择。当一家公司提出一旦不雇用他就会支付相当于三年薪酬总额的遣散费时，他便接受了这份入职邀请，因为在这个职务级别上的高管一般在被解雇时只能得到相当于一年薪酬总额的遣散费。[28]

附加协议

限制性契约（restrictive covenant）是指那些要求一方采取特定行为或禁止实施某种行为的合同条款。为了保持竞争力，许多企业都必须竭力保护自己最为珍贵的资产——人力资本、客户关系以及商业秘密等。[29]几乎所有的公司都会要求能够接触到保密信息的员工以及参与到研发活动中的技术人员签订不得泄露商业秘密的合同。企业通常还会对员工的发明和专利享有权利。这对于那些依靠创新获取竞争优势的公司来说尤为重要，它们需要拥有并保护自己的发明创造。签订保密协议的目的在于禁止现在或过去的员工泄露公司的商业秘密或使用公司的机密数据——比如客户名单——来为竞争对手谋利益。保密协议对于那些依赖创新或所拥有的技术获得竞争优势的公司而言特别重要。保密协议条款的一个范本如下：“在本合同到期或解除之后，（员工姓名）同意尊重（公司名称）的专利、商标和商业秘密的保密性，保证不向任何其他人泄露上述信息。”[30]

保护公司的这些重要资产的另外两种方法是与员工签署邀约禁止和竞业禁止协议。员工在离开一家公司之前有权告知目前的客户自己即将离开现在的公司。而很多公司都会通过在雇用合同中设置一条邀约禁止协议，以阻止正在准备离职的员工为了新雇主的利益而邀约现在公司的客户跟自己走（至于“邀约”的定义，则要视具体情况而定）。不过，一旦员工已经从当前公司离职，通常就可以名正言顺地从原来的公司邀约客户，只要他们在此过程中没有泄露上一家公司的商业秘密。[31]

竞业禁止条款则会规定，一位员工在离职后的一段特定时间内不得加入竞争对手的公司。例如，在亨氏公司公司诱使在金宝汤公司（Campbell Soup）担任高管的丹尼尔·奥尼尔（Daniel O'Neill）跳槽之前，金宝汤公司就已经与奥尼尔签订了竞业禁止协议，禁止其在离职后的 18 个月之内加入竞争对手的公司。由于金宝汤公司并不愿意放奥尼尔走，这两家公司之间达成了一项协议，协议规定，奥尼尔不得在亨氏公司工作 7 个月以上的时间。在奥尼尔担任新职务之后的 11 个月之内，还必须每天做好商业会谈记录（由一位独立审计官负责监管），以保证他不会泄露上一家公司的商业秘密或机密信息。[32]

为了保证协议的法律效力，竞业禁止条款必须尽可能在时间、地理区域以及商业活动类型等方面加以详细描述。在协议中可以包括员工未来不得以兼职形式为竞争对手工作，也不得以其他任意形式与原雇主展开竞争。商业秘密、机密信息、客户名单或公司的独特服务等，一般都是可以受到竞业禁止协议保护的合法商业利益。竞业禁止协议的范例如下：

(1)（员工姓名）同意在为（公司名称）工作期间或者在与该公司解除雇用关系后的（时间，比如 6 个月或 10 年）之内，不得在（公司名称与地点）周围半径（数字）英里范围内从事（业务或服务类型）。

(2) 对于本协议中的竞业禁止目标，竞争被定义为：通过向（员工姓名）在为（公司名称）工作期间属于（公司名称）过去或当前客户的任何个人或组织提供专业服务来邀约客户或接受雇用的行为。[33]

如果竞业禁止协议在时间、地理区域以及商业活动类型等方面的规定过于笼统，一旦受到挑战，就很容易被法院推翻。[34]由于美国各州的规定各异，需要确定企业所在的州对竞业禁止协议的具体规定。尽管竞业禁止协议的执行还存在一些困难，许多公司仍然将雇用合同的此类规定作为一个威慑因素。[35]向正要离职的员工提供一份咨询合同也可以防止他们去为竞争对手工作。

表 11－4 中总结了在一份雇用合同中通常包含的一些内容。

表 11－4　雇用合同的内容

尽管雇用合同的内容因具体的行业和员工而存在差异，但仍然可以将在雇用合同中经常涵盖的内容列举如下[36]： ● 职位名称、职位描述与工作职责。雇用合同应该对岗位及其工作职责进行描述，或者向最终候选人提供一份特定的职位描述作为参考。企业在雇用合同中还应当包括这样的内容：公司可以向新员工分配一些合适的额外工作任务。
● 入职日期。如果候选人需要从原公司辞去目前从事的工作，则入职日期应当至少确定在入职邀请函被接受之日的两周以后。
● 基本薪酬、福利以及奖励性薪酬（如果有的话）。
● 愿意接受雇用的激励。签约奖金、安家费等方面的规定。
● 接受入职邀请函的程序。公司应当明确指出，候选人一旦签署入职邀请函，就意味着其接受了入职邀请函中的所有条款，并接受公司提供的雇用待遇和条件。企业还需要坚持让候选人以书面形式接受入职邀请函。入职邀请函中应当明确截止日期，这样，公司就可以在某位候选人未接受入职邀请函的情况下立即把注意力转向下一位候选人。
● 合同有效期（仅限于有期限的合同）。
● 工作时间。雇用合同中应当通过下列这种表述列出在一个职位上的工作时间："在正常工作日实行 8 小时工作制，工作时间为 9:00～17:00。"当然，对于工作时间的表述也可以更为灵活一些，比如："具体工作时间可能会根据需要进行调整和安排。"
● 免责声明。免责声明以明确的方式对员工的权利——比如就业权——施加了限制，使得雇主保留最终解释权。最常见的免责声明条款之一便是："如雇用合同未对雇用期限做出具体规定，则双方之间属于自由雇用关系。""候选人一旦接受入职邀请函，便意味着本人承认公司并未做出超出入职邀请函内容的其他承诺。"这种表述也是免责声明的一种。

● 对员工的发明与工作产品所拥有的权利。
● 雇用合同终止标准。如果雇用合同并不是自由雇用性质的，在雇用合同中应当明确可以终止合同的具体理由。
● 关于争议处理的解释。要想避免陷入法律诉讼的高额成本，方法之一便是同意一旦将来与员工发生纠纷则愿意接受仲裁。通常情况下，仲裁的速度要比正式的法庭处理程序快得多。

书面的雇用合同可能有很多页，也可能只是寥寥数语。大公司通常只跟高层管理人员签订雇用合同，而对其他的最终候选人仅仅发出入职邀请函，在邀请函中列明双方协商之后达成的条款。[37] **入职邀请函**（offer letter）会以清晰准确的语言对未来的薪酬结构与雇用条件加以说明。入职邀请函通常都是由律师起草并得到他们的批准，在必要时还可以适当修订。图 11－2 中展示了一个入职邀请函范例。

（日期）
亲爱的洛佩兹女士： 欢迎加入 ABC 公司！很荣幸代表 ABC 公司向您发出以下入职邀请函。在此邀请函生效之前，您还需通过药物筛查。
职位名称：
直接上级：
请参见附件中的职位描述。根据公司的薪酬支付政策，在依法扣除税收及其他应扣项之后，公司会以半月薪的方式平均发放总额为 5.5 万美元的年度基本薪酬。在入职两周之内，您的主管将会与您共同制定一份绩效发展计划，确定您需要达成的目标，如果您在入职 90 天内能够圆满达成这些目标，则有资格获得一笔奖金。本年度以及今后各年度的奖金计划（如果有的话），将会根据公司当年确定的计算公式来决定。 正如我们在面试中提到的，ABC 公司会向员工以及符合资格要求的家属提供医疗保险及其他福利计划。在您的薪酬包中包括了公司实施的员工福利计划中覆盖的全部医疗与牙医服务，还包括在入职邀请函中所附的小册子中提到的 401（k）计划与学费报销计划等一些福利。您对这些福利计划的供款数额会由公司每年进行审定。您可以根据每月一天的标准累计享受每年 12 天的带薪假期，其中包括休假、病假、私人紧急事假等。 需要指出的是，您与 ABC 公司之间的雇用关系属于“自由雇用”的性质，这意味着您与公司任何一方都可以在任何时间以任何理由（或不需要理由）在不事先告知对方的情况下终止雇用关系。 一旦您在下面签名，则本邀请函及其所附的所有参考文件即为您与 ABC 公司之间签订的雇用合同的全部内容，在本邀请函中未明确声明的任何其他（无论是书面的，还是口头的）协议、承诺或陈述，在现在和将来均不会对 ABC 公司构成约束。本邀请函的有效期为 10 个工作日，只有在您签署并寄回公司标准竞业禁止协议之后，本雇用合同才会被视为有效。 我们期待您的加入，相信您将会在公司向新市场扩张的过程中发挥关键作用。如果您有任何疑问或需要我们能为您顺利入职提供任何帮助，请务必告知。
签名处： （ABC 公司签章） 日期： （候选人签名） 日期：

图 11－2　入职邀请函范例

资料来源：Adapted from Heathfield, S. M., “Job Offer Letter,” Humanresources. about. com, 2006, http://humanresources. about. com/cs/policysamples/a/joboffer _ 2. htm. 2006; Texas Workforce Commission, Job Offer Letter, 2006, www. twc. state. tx. us/news/efte/job _ offer _ letter. html; HR Document Center, Job Offer Letter—Exempt Position, August 1, 2002, http://service. govdelivery. com/service/document. html? code=HRDOC _ 146.

企业在求职申请表中所做的说明（比如求职者提供虚假信息将会导致员工即使被录用也会被解雇之类的说明）、在员工手册以及其他文件中所做的声明都将被视为具有法律效力的协议。因此，公司应仔细检查这些文件中的表述以确保其一致性，并且在入职邀请函中加入类似于“在本邀请函中未明确声明的任何其他（无论是书面的，还是口头的）协议、承诺或陈述，在现在和将来均不会对公司构成约束”之类的内容。最后，还应该就雇用合同的所有措辞向法律顾问进行咨询。

发出入职邀请函

企业可以用图 11－2 中那种正式的书面信函形式将入职邀请函发给最终候选人。其中列明雇用的条件与待遇，然后询问最终候选人到底是愿意接受入职邀请函，还是予以拒绝。在这种情况下，公司不会再与候选人进行当面接触，也不允许再进行任何谈判。候选人只能在接受和拒绝入职邀请函中选择其一。这种做法适合那些需要雇用很多人的规模较大的公司。例如，因开设了新的分支机构而需要在短期内雇用成百上千名新员工的公司。但这种入职邀请函对于劝说那些还在犹豫不决的候选人接受本公司提供的工作机会成效并不显著。这种书面邀请函也无法起到激发候选人加入公司的热情的作用。

正如我们已经指出过的，入职邀请函的另外一种发出方式是口头告知，包括当面告知或通过电话告知两种形式。在典型的口头发布入职邀请函程序中，人力资源管理者或者用人部门经理一般会首先恭喜候选人通过了公司的一系列测试，并且向候选人表达对于其入职的热切期盼。然后告知候选人关于职位、薪酬、福利以及工作时间等方面的信息，有时还包括在候选人入职之后对他们进行绩效评价并提供绩效加薪的时间。此外，还会询问最终候选人对于接受入职邀请函是否有什么顾虑，或者对于职位本身还有无其他问题。为了说服候选人接受自己的入职邀请函，必须对候选人最看重或最关注的问题给出令人满意的答复。对于候选人提出的希望获得更多信息的要求一定要做出反应。最后，至少要给候选人留出 48 小时的时间来考虑是否接受入职邀请。企业还可以在通过电话发出入职邀请函之后，接着再发出一份正式的书面入职邀请函，这样就可以使候选人确信书面入职邀请函中提供的细节与通过电话传递的信息是吻合的。

谈　判

企业必须针对每一项雇用条款和条件做出一个决定，即是否愿意与候选人就其进行谈判。如果存在谈判空间，则其上限和下限分别是多少。类似地，求职者也会在像薪酬、福利、工作小时数等这样一些关键维度上为自己设定一个可接受的下限。那么，哪些雇用条款是可以谈判的呢？调查发现，绝大多数人力资源管理专业人员都认为薪酬是可以谈判的；大约半数的人力资源管理专业人员认为安家费、灵活的工作时间安排、更早的薪酬审查、带薪休假以及签约奖金是可以谈判的；此外，至少还有 20％的人力资源管理专业人员认为职业发展机会、年终奖和其他奖金、周工作小时数以及教育补助等是可以谈判的。[38]

事实上，人们对于雇用合同的看法在过去 15 年中所发生的变化增强了员工和求职者的谈判力量。韬睿咨询公司（Tower Perrin）的一项研究表明，与过去的员工相比，如今的员工更加精明、掌握的信息更多，同时也更关注自身的利益。[39]这种趋势带来的一个明显结果就是，企业发现自己在与劳动者进行谈判时面临的压力越来越大。薪酬专家爱德华·劳勒（Edward Lawler）就曾指出："组织不得不与大量的员工逐一达成个性化交易的可能性越来越大。当企业面对的是知识型员工和管理人员时尤为如此。而在企业高管这一层面，企业已经做到了与他们签订很难加以比较和评价的个性化合同。"[40]

另一项研究则发现，与公司就入职邀请函展开谈判的学生最终能获得比最初邀请函提供的待遇高出 7%～8%的结果。52%的男性会在拿到入职邀请函后选择与公司进行谈判，但在女性中这一比例仅为 12%。[41]由于未就薪酬进行谈判，许多女性在自己的整个职业生涯中会损失大约 50 万美元的收入。此外，与男性相比，女性会更多地采取合作型谈判风格，尽管两者之间的差别并不算太大。[42]在谈判行为和最终结果方面存在性别差异[43]这一事实不仅对于求职者（尤其是女性求职者）意义非凡，对于企业来说也同样十分重要。由于起薪的确定会部分地受到新员工与企业之间的谈判的影响，男女两性之间的薪酬不平等可能会从一开始就产生并且会随着时间延长而逐渐累积，而这种情况可能最终会使企业陷入性别歧视的诉讼。

现在，越来越多的企业向员工提供可供选择的若干种弹性福利包。一般来说，这些福利包会为员工提供在福利方面的多种选择，其中包括健康保险、牙医保险、伤残保险的覆盖范围等。此外，遣散费、股票期权以及利润分享计划等也是可以谈判的。表 11－5 总结了在入职邀请函中可以谈判的一些常见要素。

表 11－5　入职邀请函中的可谈判要素

● 薪资
● 签约奖金和其他一次性激励措施
● 非薪资性薪酬：绩效奖金、利润分享、递延薪酬、遣散费、股票期权
● 安家费：寻找住处的费用和手续费、临时居住费用、交通费、配偶再就业费用
● 福利：公休假日、病假、事假（休假天数、带薪休假天数以及休假的具体时间等）、参加会议、学费报销、专业会员资格、产品折扣以及短期贷款等
● 特定工作因素：员工首次接受绩效评价以及获得潜在晋升的时间点、职位名称、工作角色与职责、工作地点（可否远程办公）、工作小时数（如果工作时间是可以灵活安排的话）以及入职日期等

与新员工进行谈判

企业对薪资谈判的接受程度受职位、管理者、组织以及价值观等多种因素的影响。大多数入门级职位的薪资是取决于职衔的，即使可以谈判，空间也不会太大。类似地，大多数州政府和联邦政府职位的薪资也是由教育程度和工作经验严格决定的，不存在薪资谈判的余地。然而，对于私营部门中的中层职位来说，在一个特定的薪资浮动范围内进行薪资谈判却是一种普遍现象。例如，一个年薪为 4 万美元的职位所对应的薪资浮动范围可能是 3.6 万～4.4 万美元，企业会允许候选人在这个上下限之间进行谈判。在最终候选人特别优秀的情况下，企业也可能会提供超出薪资浮动范围上限的薪资水平，但这必须事先获得更高级别管理人员的批准。一般来说，层级更高的管理职位和高管职位提供的薪资谈判空间更大。图 11－3展示了某个职位的年薪谈判区域。

<table>
<tr><th></th><th>候选人可接受</th><th>公司可接受</th><th></th></tr>
<tr><td>7 万美元</td><td>√</td><td></td><td></td></tr>
<tr><td>6.5 万美元</td><td>√</td><td>√</td><td rowspan="3">谈判区域介于 5.5 万～7 万美元之间</td></tr>
<tr><td>6.0 万美元</td><td>√</td><td>√</td></tr>
<tr><td>5.5 万美元</td><td>√</td><td>√</td></tr>
<tr><td>5 万美元</td><td></td><td>√</td><td></td></tr>
</table>

图 11－3　薪资谈判区

需要指出的是，在与候选人进行起薪谈判时，企业的管理人员也并不总是努力实现企业利益的最大化。企业管理人员所采取的谈判策略以及想要实现的谈判目标可能会与公司要求并不一致，这取决于一位管理人员雇用候选人的意愿以及他们对最终总薪酬施加影响的动机（或许是为了维护薪酬的内部公平性）强度，而这种情况有时候会给公司带来高额的成本。例如，有些用人部门的经理为了能够雇用到自己中意的候选人或者是缩短谈判的时间，就可能会开出超出必要水平的入职条件。正因为如此，企业在就雇用条件与候选人进行谈判时，就需要设法使用人部门经理的目标与公司的目标保持一致，以确保他们按照公司的要求去进行谈判。如果企业的政策不允许存在薪资弹性，则可以在工作小时数、安家费、签约奖金等方面给予用人部门经理一定的灵活性，则更有可能会使他们以对公司最有利的方式进行谈判。[44]此外，企业对于代表自己与候选人进行谈判的人，还应当根据谈判结果（是否按时完成谈判、是否达成了企业希望的谈判条款以及薪资成本的控制情况等）来提供报酬。[45]

为了成功地就入职条件进行谈判，企业应当把注意力集中在那些对最终候选人最为重要的因素上。如果这位最终候选人是一位需要负担三个孩子上大学的费用的中层管理者，那么钱可能就很重要。但对很多人来说，一些非货币因素，其中包括职业发展机会、学习新技能的机会、社区生活质量、弹性工作时间等，同样也很重要。计算机工程师可能会对能接触到最新的科技激动不已，而刚被解雇的候选人则可能会对工作的保障性最为看重。因此，基于职位报酬分析的内容来向候选人推销各种机会是很有帮助的，尤其是在对最终候选人个人的需要和愿望进行分析之后。[46]本章的“技能开发”专栏为大家提供了一些关于入职邀请函谈判方面的建议。

➡ 技能开发

入职邀请函条款谈判技巧

雇用关系是企业和劳动者之间的持续性关系，因此就入职邀请函中的条款进行谈判就需要达成一个双赢的结果。下面是专家对于如何成为一位有效的谈判者提出的相关建议[47]：

● 不要将谈判视作一种非此即彼的东西或者是建议。谈判是一门妥协的学问。专注于自己的目标，而非一味求胜。

● 确定哪些是你能够放弃的，哪些是你不能放弃的。确定哪些东西对你是最为重要的（例如你的薪资、职业发展机会或者签约奖金），哪些东西是对你不太重要的（比如好听的头衔），同时为每一项关键因素确定一个最低的可接受标准。

● 发现并利用各种杠杆。杠杆是指在谈判中可以用来帮助或阻碍其中一方的任何东西。例如，一家必须尽快雇用员工的企业就处于弱势地位。这时，你就有可能通过谈判获得一份对你更有利的入职邀请函。而手握多份入职邀请函也是你的可用优势之一。

● 控制好自己的情感。谈判可能会激发你的某些情感。因此，你需要不断地提醒自己想要实现的目标，这样有助于你保持一种合理的超然状态，从而使你能更清楚地认识一项交易。

● 了解你的 BATNA。所谓 BATNA，是英语短语“best alternative to a negotiated agreement”（一份谈判协议的最佳备选方案）的缩写。它代表了你在谈判未发生时本应采取的行动，或者是在谈判失败之后你下一步的打算。而谈判的目的则在于确定这样一件事情：与下一个最佳选择相比，能否通过对一项协议的谈判使你的需要获得更好的满足。[48] 当谈判陷入僵局时，你可以告知对方自己准备接受另一家公司的入职邀请函了，或者是直接拒绝对方发出的入职邀请函，这样会有助于你重启谈判进程。

● 花些时间对入职邀请函进行评估。从总体上评估一下入职邀请函的整体价值，其中包括这个职位的各种福利。在谈判之前做好充分的准备，然后一次性提出你的所有要求。如果你总是说“我忘了一些事儿”，会显得你做事缺乏条理，而这可能会使你作为一名员工在公司心目中的形象受到负面影响。

● 现实些。在开始谈判之前，对自身的市场价值、所处的典型薪资区间以及整体福利水平等做一番研究。正如我们说过的那样，与中层职位或高管职位相比，入门职位的薪资谈判空间更小一些。有些公司在入职邀请函中规定的条款灵活性很小，而在有些公司，其灵活性则很大。

● 找一位朋友来练习你的谈判技巧。

● 整理清楚你的技能和成就并做好讨论的准备。如果你能够证明自己为什么会提出某项要求，则企业会更有可能满足你的这项要求。

● 表现出感谢和尊重之意。在谈判刚开始时，简要表达你对公司发给自己的入职邀请函的感谢，具体说明公司给你留下的一些良好印象，强调你与公司和职位之间的匹配性。切忌贪婪或不理性，并且知道应当在何时结束谈判。过分的谈判可能会弱化公司雇用你的意愿。

● 记住一点，雇用关系是持续性的。这种入职谈判是你在公司中的职业发展基石。如果你在谈判中所获无多，则你在整个职业生涯中都将处于不利地位。但如果你的要求过高，则可能在这段雇用关系尚未开始之前便埋下了隐患。

雇用合同的重新谈判

当一位员工的工作职责发生变动时，比如获得晋升或发生公司重组等，针对这位员工的雇用待遇和条件就可能会发生相应的变化。这时就需要对雇用合同进行重新谈判，以反映出这些变化的情况。有些经过重新谈判后形成的雇用合同可能仅仅表现为企业针对雇用待遇和条件变更发出的一封信函，而在另外一些雇用合同中则会包括关于重新谈判的具体条款以及就一位员工的雇用条件进行重新谈判的程序，比如在进行年度绩效评价的时候同时进行。[49]

从法律上来看，企业变更某位员工的雇用合同条款之前，必须首先向员工提供一份变更建议，而员工既可以同意这份建议，也可以不同意。如果员工并不同意公司提出的新的雇用条款，公司可能就要与员工进行谈判。[50] 如果员工并未对公司的建议提出任何异议，则会被视为默认这些条款变更，新的雇用条款对双方就都产生效力。[51]

即使在劳动者和企业之间并不存在一份**明确的雇用合同**（explicit employment contract）（书面的或口头的），**隐含雇用合同**（implicit employment contract）或不表现为书面合同或口头合同的某种共识仍然是可以存在的。[52]大约一半的《财富》500 强公司首席执行官都是基于隐含合同被雇用的。[53]大多数小公司员工在受雇时也并未签署书面雇用合同。虽然明确的雇用合同并不仅仅适用于工会会员，但加入工会的员工——2012 年时美国有 11.3%的员工加入工会——是受到明确的雇用合同管辖的。[54]在有些情况下，当公司违反了与劳动者订立的隐含合同时，工会也会允许自己的成员采取协调一致的行动。[55]隐含雇用合同通常适用于大多数公司中的大多数职位。

尽管书面雇用合同有助于在企业和员工之间达成共识，从而减少日后的纠纷，但真正能向大部分员工提供书面雇用合同的企业却很少。即使员工能够收到一份合同，其中的细节也很少，只是交代在雇用关系中包含的一些基本要素，其中包括职位名称和工作职责、薪资福利以及起薪日期等。通常情况下，书面的雇用合同是针对较高级别职位的任职者的，针对入门职位任职者的较为少见。

由于具有约束力的雇用合同或关于未来薪酬的合同可以是以口头方式约定的，企业在与潜在的新员工进行讨论时一定要特别小心。不要就雇用期限和薪酬等问题向候选人做出任何承诺，除非你确实准备履行这些合同约定。拿到入职邀请函的个人可以委托一个机构——比如代表名人和专业运动员的专业机构——来与企业进行谈判，而企业也同样可以委托某个机构——比如猎头公司和人才搜寻顾问——代表自己与候选人进行谈判。理论上来说，公司的所有员工均是公司的代理人。因此，即使当公司用人部门经理因误解了公司的意图而在入职邀请函中承诺向候选人提供某种较高水平的薪酬，从法律上来说，这种承诺也是有法律约束力的。

达成协议

当最终候选人在谈判结束后仍处于考虑是否接受入职邀请函的时候，企业可以采取的一种比较好的做法是，继续与候选人保持联系，向候选人进一步表达企业想要雇用他们的期望，以确保这些候选人的决策是以事实为依据而不是以猜测为依据做出的。要搞清楚候选人倾向接受的沟通方式（比如通过电话沟通还是通过电子邮件沟通）以及沟通频率。为了防止最终候选人因接收到大量的信息而无所适从，公司人力资源部门的代表要协调好公司中不同的人员（其中包括候选人的潜在同事与部门经理）与候选人之间的电话或电子邮件沟通。在可能的情况下，可以邀请首席执行官亲自给候选人打电话，这种做法会使候选人感觉到公司确实对自己很重视，同时公司的首席执行官对员工是很关心的。

企业在等待一个职位的最终候选人答复时，先不要急于拒绝掉第二顺位候选人。如果将公司的最终答复日期告知过第二顺位候选人，则记得一定要在截止日期之前联系该候选人，让他知道这个职位目前仍然处于空缺状态，并且向其提供最新的截止时间。千万不要让第二顺位或第三顺位候选人感觉到公司仅仅是在安慰他们。对他们一定要保持充分的热情，这是因为他们能够进入雇用过程的这个阶段本身就说明了他们同样也是强有力的最终候选人。即便公司的第一候选人最终接受了入职邀请函，则公司在将来仍然可能会希望雇用后面的这些最终候选人。[56]

思科系统公司的高层管理人员经常会邀请排名靠前的候选人一起外出就餐，以此显示公司对于雇用他们的强烈兴趣。[57]为那些已经收到入职邀请函的高层职位候选人甚至他们的配偶提供一次到工作所在地区游览的机会，也有助于他们了解一旦接受这份入职邀请函，将来过的会是一种什么样的生活。员工希望能够感受到公司对自己的尊重，同时确认公司的确是适合自己的。因此，将公司展现为一个独特的、令人激动的工作场所的做法，也同样有助于促成雇用关系的建立。强调工作本身的卖点、未来的职业发展机会以及推销公司的形象与品牌等做法，也能够提升这份工作机会对最终候选人产生的吸引力。而工作报酬分析则有助于公司确定一个职位最具吸引力的那些特征。

一旦最终候选人接受了入职邀请函，招募官的角色就转变为帮助新员工培养对公司的认同感和责任感，强化他们成功履职的能力。（从对未来雇用新员工有帮助的角度来说，招募官也可以询问一下这些候选人，到底是哪些因素使得他们愿意接受公司的入职邀请函，以及他们与每一家公司接触的感觉和对雇用过程的看法。）许多公司会向新员工发放公司手册、工作资料以及其他一些有助于新员工顺利适应新环境的与职位和公司相关的信息。向新员工发放带有公司名称与徽标的欢迎礼包（其中包括工服和文具等物品）也能使他们感觉到自己的决定是很正确的，同时也有助于他们培养对公司的认同感和责任感。

如果新员工在数月内都无法入职，正如很多大学应届毕业生的情况，那么，让他们的未来同事和部门经理定期与他们保持通话，会有助于保持他们对这个职位的热情。如果新员工住的地方离公司不远，公司还可以主动邀请他们参加公司的各种庆典、会议和其他活动，从而帮助他们为入职做好准备。

为了确认并记录每位新员工的身份和就业资格，雇主还必须填写 I-9 表。[58]员工必须不晚于首个计薪日之前填写好 I-9 表。而企业需要在收到表格以及员工提供的文件之后，在员工的第三个计薪日之前填写好表格中的第二部分内容。如果未能按时完成 I-9 表的填写，则企业可能会受到起诉。I-9 表填写完毕后，企业还必须在新员工入职三年之内或雇用关系解除一年之内（以两者中期限较长者为准）保留好该表格的书面版本或电子副本，以供移民海关执法局（Immigration and Customs Enforcement，ICE）或其他得到授权的联邦机构的问询与调查。

公平感与拒绝

求职者的公平感会影响其对于一家企业的雇用决策所做出的反应，其中包括求职者在接受入职邀请函、向他人推荐这家公司[59]、继续到这家公司来求职以及提起歧视诉讼或其他诉讼等方面的意愿高低。[60]

关注求职者的程序公平感和互动公平感不仅会提高最终候选人接受一份入职邀请函的意愿，而且会在候选人拒绝接受入职邀请函时减少因此可能产生的负面溢出效应。很多拿到入职邀请函的求职者会把工作邀请函及其谈判过程作为进一步评估公司是否真正对自己有兴趣的一种手段，并借此评估一下未来在这家公司中工作会是什么样子。

正如我们在第 7 章中已经学到过的，公平一共有三种类型。[61]分配公平关注的是人们对于得到的结果的公平性认知。例如，与那些没有拿到入职邀请函或得到晋升的候选人相比，获得了这些结果的候选人一般都会觉得企业的雇用结果更为公平。由于一个职位的大多数求职者最终都没能获得这个工作机会，他们的分配公平感通常都会较低。程序公平强调的是人们对于决定最终结果的那些政策和程序的公平性的认知。如果一位求职者认为自己未获得公平晋升机会的主要原因在于部门经理“偏爱”其他候选人，那么此人的程序公平感可能就会很低。公司的甄选程序，特别是甄选方法与职位的相关度、这些甄选方法为候选人提供的展示个人能力的机会以及所提问题的妥当性等，都会影响一位候选人对于程序公平的认识。[62]如果甄选方法看上去与职位并无关系（缺乏表面效度）[63]，或面试官问了不恰当的甚至是违法的问题，则会显著提高候选人的不公平感。[64]简言之，候选人更偏好那些明确、有效、与职位相关且不会对个人造成侵犯的甄选方法。[65]

第三种类型的公平是互动公平，是指候选人感觉到的自己受到尊重和正确的人际对待的程度。例如，如果与候选人进行雇用合同谈判的公司代表看上去不可理喻或对其毫无帮助，则这位候选人的互动公平感可能就会较低。比如，我们认识的一位女性候选人本来已经拿到了一所大学的入职邀请函，而且对于那个教职非常感兴趣，但等到她与系主任就入职邀请函进行谈判时，情况却发生了变化。对于她在谈判中提出的任何要求，这位系主任都简单粗暴地回答“不行，我们做不到”。这位系主任既没有试图与候选人进行谈判，也并未做出任何解释。最终，这位女教授感到非常失望，拒绝了这个工作机会——她刚拿到这份入职邀请函时，还是很兴奋的。

拒绝

企业和求职者都可以拒绝对方，可以是企业拒绝求职者、候选人或最终候选人，反之亦可。

企业拒绝候选人

企业在拒绝候选人时应做事细致并表达出充分的尊重。毕竟，公司在未来某个时候可能还希望雇用目前被拒的这些候选人承担其他职位。此外，正如我们解释过的，企业也不希望因为候选人被拒绝的方式而给自己带来任何负面的溢出效应。有些公司不会向外部候选人解释拒绝他们的具体原因，以免他们将这些原因视为一种歧视。[66]与之相反，有些企业为了降低候选人在被拒后经常会产生的不良感受，反而会选择向外部候选人提供没有选择他们的具体原因，同时对他们提供一些改进的建议。例如，某位大学系主任就曾经向一位被拒的求职者提供过这样的反馈，即此人缺乏这所大学非常看重的一些必要的在非学术机构工作的经历。而这位候选人则非常感谢这位系主任的坦率以及对其提供的职业发展建议。三年之后，这位系主任雇用了这名候选人，因为他已经在大学之外的其他机构获得了足够的工作经验，弥补了过去缺乏的一些技能。对于被拒绝的内部候选人来说，公司可以通过为他们打造开发计划来帮助他们获得相关的经验，从而改进自己的任职条件。

与拒绝外部候选人相比，在拒绝内部候选人时需要做的事情更多，这是因为他们通常对于甄选程序更为了解，而且也对作为对照对象的其他候选人更为熟悉，同时在整个甄选过程中的投入也更大。此外，这些没有被选上或没有得到晋升的候选人将来仍然是公司的员工，并且继续留在原来的职位上。因此，这些被拒绝的内部候选人的反应很可能会对一系列组织产出，包括工作满意度、士气、留任以及绩效等，产生深刻的影响。[67]

为了计算公平就业机会以及积极的反歧视行动方面的数据，比如求职者流量等，一家企业的人力资源管理部门还需要做好关于所有求职者的记录。如果一位被拒的候选人适合企业中的其他职位，或者此人将来可能会被雇用到目前申请的这个职位上，则这些记录就会为企业在未来搜寻和招募预选合格的求职者带来许多便利。值得注意的是，企业不得出于未来招募目的将这些候选人的个人信息录入公司的数据库之中，除非每次操作时都事先征得了候选人的同意。

候选人拒绝企业

当一位候选人拒绝一份入职邀请函时，如果这家企业愿意继续就入职邀请函进行谈判，则发出入职邀请函的企业代表就应当确认，假设公司愿意提供条件更为优厚的入职邀请，这位候选人是否愿意接受新的入职邀请函。如果随后的谈判破裂，企业也应当尽快以尊重的态度向候选人表示感谢。有位人力资源专家指出，很多候选人拒绝入职邀请函的首要原因就是他们认为自己在雇用过程中受到了比较糟糕的对待。虽然候选人在刚开始的时候会给出一个拒绝的理由，但这个理由可能并不真实。这位专家建议，企业可以在六个月以后再去询问这些候选人当初拒绝公司的入职邀请函的真正原因[68]，这个时候他们可能就愿意更为坦诚地与公司讨论自己在招募过程中的经历了。

背信

除非求职者确实愿意信守入职承诺，否则千万不要接受一份入职邀请，哪怕是以口头的形式。所谓**背信**（reneging），就是指一个人在接受了一项契约之后却选择违约，这是一种不道德的行为。许多学校为了有效防止本校毕业生发生背信行为，会威胁毕业生，一旦发生背信行为，则不会再被允许继续与其他校园招募官进行接触，或者不再享有校友特权。[69]企业也不应鼓动候选人背弃与其他公司签订的入职协议。尽管由于候选人个人的健康以及家庭方面的原因，背信有时是不可避免的，但候选人还是应当三思而行。

企业有时也会收回已经向候选人发出的入职邀请函——有时甚至是在候选人已经接受了入职邀请函之后。至于其间的原因，可能是企业的经营环境发生了变化，公司业绩下滑或者发生了公司重组、出售甚至关闭等情况。企业在发出入职邀请函后毁约，一般会向候选人支付一定的违约补偿金。作为企业背信之外的另外一种选择，它还可以推迟候选人的入职时间，并且在此期间向候选人支付部分薪资。此外，企业还可以以顾问或临时员工的身份雇用候选人，然后在可能的情况下尽快将其转正（比如在雇用冻结解除之后）。许多在经济衰退之前向暑期实习生发出入职邀请函的律师事务所，可能到后来发现已经完全没有雇用他们的可能，此时，这些律师事务所可能会选择推迟他们的入职时间，或者是通过向他们发放一次性补偿来解除当初签订的雇用合同。[70]即使是在背信过程中，企业也应当尽力保持坦诚并以充分尊重的方式对待这些新员工，从而适当缓解他们的愤怒与感受到的不公，保护公司名誉与雇主品牌，并且使候选人对未来到本公司工作依然保持兴趣。

海上麦斯服务公司雇用顶级员工的实践

为控制固定人工成本，海上麦斯服务公司需要在不向顶级人才支付过高薪酬的前提下劝说他们接受公司发出的入职邀请函。由于小艇零售业务的成功依赖于客户关系拓展，同时由于该公司专注于打造优质品牌，海上麦斯服务公司始终将吸引、保留和开发员工作为本公司工作的重中之重。这家游艇制造商知道，人才是公司成功的关键，因此它从未间断雇用最优秀的候选人来帮助自己实现预期的增长。[71]为此，海上麦斯服务公司向员工提供高于竞争对手的薪酬以及包括挑战性的工作与发展的机会等在内的各种无形回报。

海上麦斯服务公司努力针对每位候选人的情况量身定制入职邀请函，同时也愿意支付获得这些顶级人才所需的必要成本。但为了避免向员工支付过高的薪酬，这家公司还是会要求候选人提供本人的完整历史薪酬水平记录。海上麦斯服务公司还会根据薪酬调查和市场相关信息来为每一位候选人定制入职邀请函。为了避免支付过高的固定人工成本，该公司采用与绩效挂钩的薪酬制度。为了吸引顶级人才加入公司，该公司有时也会与他们就第一年的有保障绩效奖金的金额展开谈判。不仅如此，为了吸引一些顶级候选人加入公司，海上麦斯服务公司有时还会向他们提供股票期权，而这种做法在行业中并不常见。[72]

对于顶级的服务技术人才，海上麦斯服务公司还允许他们只完成固定数量的工作，并且在他们获得额外的技术资格之后上调其小时工资水平。对于优秀的服务技术人员来说，这就发出了公司待遇丰厚的信号。在该公司提供的标准福利包中包括健康福利、企业匹配供款的 401（k）计划、员工股票购买计划以及员工购船的较大折扣。[73]正是因为海上麦斯服务公司在吸引优秀人才方面的这些灵活做法，它成了行业中的领导者。

本章总结

将候选人在多种评价中得到的成绩进行整合，并且最终选定企业想要雇用的候选人，是有很多方法的。在选择采用何种方法时，具体要看职位的性质、关键的职位因素以及在做出最终选择时让职位专家参与进来的重要性。战略性员工配置体系的质量在很大程度上取决于哪些候选人会最终接受企业发出的入职邀请函并成为公司的员工。无论一家企业的候选人搜寻、招募和评价方法质量如何，如果无法劝说最优秀的候选人加入公司，这个员工配置体系就不能算成功。尽管薪酬通常都会被认为是影响候选人做出工作选择的最重要因素，但在一份入职邀请函中提供的职业发展机会、灵活工作时间安排以及遣散待遇等其他方面的因素，对于很多候选人而言也同样很重要。入职邀请函的内容及其展现形式应当能够强化企业的雇主形象、人才理念、人力资源战略以及员工配置战略。

讨论题

1. 将候选人在各种评价中的得分进行加总的方法，你最愿意采用哪一种？为什么？

2. 如何向某些新员工提供不同于其他新员工的薪酬福利水平，这种做法是否符合伦理道德标准？为什么？

3. 如果你通过电子邮件收到了一封入职邀请函，但未接到公司的任何来电或其他形式的直接联系，你会怎么想？这对于你是否接受这份入职邀请函会有影响吗？

4. 如果你在接受了一份入职邀请函一周之后，又收到了另一家公司发来的极具诱惑力的入职邀请函，你会怎么做？

5. 想一想你曾经收到过的各种不同的入职邀请函，你为什么觉得其中有些邀请函要比其他的更好一些？

案例分析 联邦调查局探员的雇用

联邦调查局（FBI）是美国司法部下辖的六大机构之一，是美国联邦政府的主要犯罪调查机构。联邦调查局探员主要负责对违反联邦法律的个人和组织实施调查，调查范围涵盖有组织犯罪、白领犯罪、金融犯罪、民事侵权、银行抢劫、绑架、恐怖主义、外国间谍、逃犯以及毒品贩运。此外，联邦探员也会与联邦政府、州政府及地方政府的其他执法机构合作办案。联邦调查局探员所从事的工作与美国的国家安全以及全体国民的生活质量息息相关。[74]

为了雇用联邦探员，美国联邦调查局采用了一系列经过效度检验的评价方法。为有效利用这些方法，联邦调查局在做出雇用决策时综合采用了多重障碍法和分数线法[75]：

1. 应聘联邦调查局探员职位的在线申请：通过美国联邦调查局的某个外勤办公室在线提交上来的求职申请先经过一次预审，以判断求职者是否符合该职位的最低任职资格要求[76]，其中包括美国公民身份、年龄、受教育程度、工作经验以及跨地区的流动性。[77]

2. 第一阶段测试[78]：能够通过第二个甄选障碍的求职者将会接受以下三项测试：履历清单测试、逻辑推理测试以及情境判断测试。那些在这些测试中的得分超过预定分数线的候选人将有资格进入下一阶段的测试。

3. 第二阶段测试[79]：只有最具有竞争力的候选人（视联邦调查局的雇用需要而定）才能被安排参加第二阶段的测试。首先会将候选人在结构化面试和笔试中的成绩与一个及格分数线加以对比。只有当候选人在测试中的分数达到或高于这个分数线时才能进入下一阶段的测试。通过了第二阶段测试的候选人将会收到联邦调查局的一份书面通知，告知他们通过了测试，同时有可能会收到联邦调查局发出的有条件录用函（主要取决于候选人的竞争力以及联邦调查局的具体需要）。候选人只有在成功通过体能测试、背景调查以及体检之后，才会收到最终的入职邀请函。

4. 体能测试：候选人要想通过体能测试，必须完成最大数量的一分钟仰卧起坐、300 米计时冲刺跑、最大数量的俯卧撑以及 1.5 英里的计时跑。候选人一共有三次机会通过体能测试。[80]

5. 联邦调查局背景调查：收到联邦调查局发出的有条件录用函的候选人将接受背景调查，其中包括测谎，信用与犯罪记录核查，对候选人的同事、存在个人联系或业务关系的其他人以及前雇主进行访问，受教育经历核查等。最后，要想成为联邦调查局探员，候选人还必须接受联邦调查局实施的高度机密安全调查。[81]

6. 体检：联邦调查局还会对候选人进行全面的体检，以判断候选人的身体状况是否存在会影响他们履行基本工作职能的情况。通过了以上所有这些测试的候选人还将会在联邦调查局学院接受探员课程的培训。

思考题

1. 美国联邦调查局采用多重障碍法甄选探员的优点和缺点分别是什么？

2. 美国联邦调查局采用这种冗长的甄选程序来雇用探员的做法会对你产生吸引力吗？还是说你会因此而拒绝联邦调查局提供给你的工作机会？

3. 美国联邦调查局如何才能提高其选中的候选人接受入职邀请函的概率？

案例研究作业　切恩公司的战略性员工配置

请参考本书后面的附录来完成本案例研究作业。

第 12 章 员工流动管理

学习目标

学习本章之后，你应该能够：

1. 讨论提升新员工社会化的有效性的途径。
2. 描述离职的六种不同类型。
3. 讨论几种不同的员工保留策略。
4. 讨论企业精简人员的几种方式。
5. 描述如何有效解雇一名员工。

开篇案例

希尔顿酒店改进新员工入职管理[1]

希尔顿酒店（Hilton）是一家在全球各地拥有 500 多家酒店的连锁酒店集团，它主要依靠在呼叫中心工作的客房预订专员和客户服务代表来管理酒店的预订工作以及回答客户关心的各种问题。希尔顿集团觉得自己是一家上佳雇主，因为自己向员工提供旅行福利、有很有影响力的公司品牌，同时还可以向部分客户服务代表提供在家工作的福利。但与此同时，希尔顿集团也意识到，这一类员工每年的平均流失率竟然高达 55%，这种情况不仅导致集团产生了高额的成本，同时也使生产率遭受损失。

在对员工离职情况进行深入细致分析之后，希尔顿集团发现，新入职的客房预订专员以及客户服务代表中，大约半数的人都是在入职 90 天之内就离职了。这种新员工在入职后不久就离职的情况表明，希尔顿集团在新员工的甄选和入职管理方面还有很大的改进空间。

假定希尔顿集团现在来征求你的意见，想知道怎样才能降低客房预订专员和客户服务代表在入职早期的离职率，提高他们的保留率和工作绩效。在学习完本章的内容之后，你应该能够提出一些比较好的建议。

战略性员工配置管理着员工进入组织、在组织内流动以及离开组织的整个过程，它不会在候选人接受录用之后就终结。正如我们在前面的章节中提到的那样，一旦候选人决定接受雇用，一家公司人力资源部门的工作重点就应转向强化员工的组织承诺度。即使是像在员工正式入职之前对他们加以跟进这种简单做法都能起到意想不到的作用。一项研究发现，当企业通过电话鼓励尚未入职的新员工保持对新职位的承诺时，最终不入职的人是很少的。[2]

当然，一旦员工正式到公司报到，他们就需要在新职位上“摸清门道”。康宁玻璃公司（Corning Glass Works）发现，与那些没有参与过结构化入职培训的新员工相比，参加过这种培训的新员工在三年之后留在组织中的概率要高出 69%。得州仪器公司（Texas Instruments）也发现，那些在入职过程中受到精心对待的新员工要比其他新员工提前两个月达到充分的生产率要求。[3]一位专家指出：“通过形成完整的新员工入职引导和接纳流程，企业和员工达成目标的可能性都将大大提升。而如果没有这样的新员工入职流程，则失望、员工离职、返工以及顾客满意度低等情况都会出现不必要的增加。”[4]

除了帮助新员工顺利适应组织环境并尽快达到高生产率，企业还有必要管理好员工在组织内部甚至可能在世界各地的不同项目和不同职位之间的流动。员工分流，其中包括解雇、临时解雇和裁员等，则是战略性员工配置和人才管理的另外一个重要组成部分。在本章中，你将会学习如何帮助新员工融入公司和工作群体之中、如何管理人才在公司内的流动以及如何管理好员工分流。在学习完本章之后，你应该就能对人才进入、经历以及离开一家企业的流程有透彻的理解。

新员工入职引导及其社会化

许多组织在雇用新员工方面投入的资金都要超过帮助新员工适应组织并达到高生产率方面所做的投入。绝大多数新员工都希望自己在公司中能有一个好的开始，但要实现这种愿望，还需要一定的帮助。即使是餐饮和酒店业，新员工也需要 90 天的时间才能达到已有员工的生产率水平。[5]就平均情况而言，从组织外部雇用来的新员工要想达到充分的生产率水平，在事务类职位上需要 8 周的适应期，在专业技术职位上需要 20 周的适应期，而在高层管理职位上则需要 26 周以上的适应期。[6]

企业要想给新员工留下好的第一印象，实际上仅有一次机会。如果雇用来的新员工最后并没有留在企业中，那么，最好的人才搜寻、招募和员工配置工作也是没有任何用处的。英特尔公司为了让新员工在入职的第一天就受到热烈欢迎，会让他们首先穿过一条被英特尔视频工作室的相机与摄影机包围的大道，然后让他们上台介绍自己，并且在新同事的掌声环绕下收到公司的欢迎礼包。[7]因为大多数离职都发生在新员工入职后的最初几个月中，所以通过帮助新员工更好地适应公司和工作，就有助于提高新员工的保留率。[8]由于企业是不太可能收回在离职的新员工身上所做的投资的，新员工离职对企业来说是很麻烦的，而且成本高昂。事实上，许多管理者坦言，高离职率是公司成长的最大阻碍。[9]

入职引导（orientation）是一个补充与新员工雇用有关的文件，向他们提供钥匙、身份牌、工位以及电脑、公司电子邮箱地址和电话号码等此类技术设施的过程。在这一过程中，还包括将新员工介绍给其同事（这些同事对于新员工的工作成功至关重要），帮助新员工熟悉自己的工作以及公司的工作政策和相关福利。而向新员工提供入职引导可以缩短他们达到盈亏平衡点的时间，在这一点上，新员工不需要再花企业的钱，而是可以开始为企业的投资带来收益。

咖啡连锁企业星巴克有十分完善的新员工入职引导体系。“第一印象指南”帮助新员工理解自己的工作角色，并确保他们清楚地了解组织对他们的绩效期望。接下来，星巴克支持中心会提供自我指导式的和辅助式的新员工入职引导活动，其中包括一个为期两天的培训计划，该计划会帮助新员工了解公司的使命、历史、未来目标，还包括员工要想干好工作就必须了解的与“咖啡的艺术”有关的产品技能。[10]而在QVC公司（美国最大的电视购物公司，QVC意指质量、价值和便利），新员工入职引导教练会帮助新员工来做一些决策，同时帮助他们建立与公司价值观相一致的关系。[11]

不过，新员工入职引导并不等于培训。培训是向员工提供他们完成工作所需的知识和技能，而新员工入职引导则是为了帮助新员工尽快适应组织并成为其中的一分子。为了使新员工入职引导变得更加有趣，有些公司还会让新员工参加寻宝游戏来收集与公司有关的信息，其中包括公司的财务状况和产品信息等。新员工可以到其他员工那里搜集信息，也可以到公司内网上去搜集。这种做法可以帮助新员工认识更多的同事，同时帮助他们熟悉如何使用公司内网来查找多种信息。技术发展也为新员工入职引导工作提供了更多的便利。有一种软件产品可以使候选人通过一家公司的安全网址浏览并以电子方式签署相关文件。新员工还可以通过该软件查看自己的就业申请表、雇用协议、个人历史陈述和入职邀请函，在签署后的数分钟之内将其返还至公司。这种产品显然既能节约新员工的时间，也能降低公司的行政管理成本。[12]

最有效的新员工入职引导项目不会仅仅关注后勤方面的细节以及如何使新员工尽快达到充分的生产率水平。尽管这些事情确实有助于新员工尽快达到充分的生产率水平，但并不能在新员工与公司之间建立一种情感联系，也不能影响他们的去留选择。美国西南航空公司的新员工入职引导总监这样指出：“如果你想让他们留下来，如果你想让他们投入和敬业，你就需要打‘感情牌’，要想做到这一点，你就需要展示出他们在你这里将会如何变得卓越不凡，并且举例说明他们的同事是怎样变得卓越不凡的，让他们感到自己是备受欢迎的……这些活动不仅能够提高员工的保留概率，而且有助于打造一支备受鼓舞的员工队伍。”[13]

丽思卡尔顿酒店（Ritz-Carlton）的新员工入职引导项目力求同时向员工传递两个方面的信息，这就是“你现在是一家一流精英组织的一分子了”以及“能吸收您加入我们是我们的荣幸”。酒店会通过播放一段视频来描述在一个处于本领域中排名前1%的组织中工作有何不同凡响。随着比尔·盖茨等在各自领域中处于前1%的组织中的代表们的照片在屏幕上不断闪过，“你今天做了什么让你感到自豪的事情?”这样一行字伴随着激动人心的音乐浮现在屏幕上。这段视频的内容让员工认识到这样一个事实，即加入丽思卡尔顿酒店就意味着加入了位于酒店业前1%的组织。[14]

组织社会化（socialization）是指一个人获得作为一名组织成员成功地融入组织所必需的那些态度、行为与知识以及学习组织文化的长期过程，在这一过程中包括的一系列活动或经历可能是有计划的，也可能是无计划的，可能是正式的，也可能是非正式。[15]组织社会化能够帮助新员工理解公司的价值观、工作流程与传统[16]，同时为他们做好融入组织以及建立起建设性工作关系的准备。[17]这一过程对于所有的员工都至关重要，其中也包括那些非全日制员工、临时性员工以及正在组织内被调动到其他职位上去的那些员工。

为了使组织的传统和价值观能够得到传承，一个组织必须教会新员工像更有经验的同事那样看待组织。[18]组织社会化的主要目标是使新员工尽快胜任工作，同时帮助他们熟悉组织文化，而组织文化包括一家公司的规范、价值观、行为模式、仪式、语言以及传统。[19]一个组织的文化为员工解释和理解自己的日常工作经历提供了一个基本框架。组织社会化的最主要功能之一是帮助新员工适应公司的文化。根据著名的社会化研究者约翰·万伦（John Van Maanen）与埃德加·沙因（Edgar Schein）的说法就是[20]：

> 任何组织文化都是由以下要素构成的：长期存在的经验性法则；有助于将组织成员的日常经历有条理地联系起来的一些特殊语言和意识形态；对于已经完成的工作的某些关键方面形成的共同标准；事实上的偏见；社交礼仪和举止榜样；展示组织成员与同事、上级、下级、外部人之间打交道方式的特定习惯与仪式；用来判断某种行为在组织中合适或“明智”的基本常识等。当然，以上所有这些思考模式、感受模式以及行为模式在某种程度上都是碎片化的，而这些模式在一个大型组织内部则可能会形成各种“亚文化”或“局部组织”。

显然，好的组织社会化对于企业和员工的长期成功而言都是大有裨益的。[21]事实上，如果用新员工对自己在组织中应当扮演角色的理解程度来衡量组织的社会化，那么，与那些组织社会化不佳的员工相比，社会化较为成功的员工往往收入更高、满意度更高，对自己的职业更为投入和适应，同时个人身份感也更强。[22]较差的组织社会化将会大大延长新员工的调整适应期，并且显著提高他们的离职率。[23]

当窗帘生产商亨特·道格拉斯公司（Hunter Douglas）改进了自己的组织社会化过程之后，新员工在入职六个月时的离职率由原来的 70%显著地下降到 16%。此外，新员工的出勤率、生产率以及工作质量都上升了。与之相似，百叶窗设计师公司（Designer Blinds）通过改善组织社会化过程，更是使公司的年度员工离职率从原来的 200%下降到了不到 8%。仅此一项就帮助公司将每年的招募预算从过去的 3 万美元降到了仅仅 2 000 美元。[24]

成功的组织社会化项目有助于减弱新员工在进入组织之后遭遇的现实冲击，便于他们做出相应的调整以及融入组织。[25]瓦莱罗能源公司相信有效的雇用过程并不是在员工接受了公司的入职邀请之后就结束了。相反，公司会在候选人接受入职邀请之后继续“强化推销”，从而使新被雇用的员工相信自己做出了正确的选择。在入职第一天举行的新员工入职引导中，瓦莱罗能源公司会介绍在公司里工作的一些基本情况，接着再由公司总裁主持一个为期半天的名为“欢迎来到瓦莱罗”（Welcome to Valero，WTV）的组织社会化盛宴。这场盛宴的前半部分主要介绍“瓦莱罗公司会为你做什么”，后半部分则介绍瓦莱罗公司文化的关键构成要素。[26]

一项研究发现，在组织社会化方面投入的时间和资源最多的企业，往往也是员工敬业度最高的企业。[27]对许多公司来说，**员工敬业度**（employee engagement）（员工参与工作及为工作投入额外努力的意愿程度）已成为竞争优势的重要部分。完成社会化的员工与职位、群体及组织的匹配度都较高，与公司也拥有共同价值认同，其敬业度自然也更高。研究显示，员工敬业度是公司成败的决定因素——忠诚专注的员工必然胜于不那么敬业的员工。[28]

组织社会化的三个阶段

员工的组织社会化是一个可能长达一年的持续过程，新员工在此期间需要适应工作关系以及找到自己在组织中的位置。典型的社会化过程包括以下三个阶段[29]：

1. 预期社会化阶段。新员工在进入公司之前已经通过与公司代表（比如招募官和用人部门经理）之间的接触开始形成自己对于公司和工作的预期。如果企业通过确保所有与招募对象打交道的人都能强化公司文化以及员工的期待，则会有助于提高预期形成阶段的有效性。

2. 遭遇阶段。员工在开始从事一份新工作之后会接受相关培训，并且开始了解公司的文化与各种规范以及如何完成工作。如果新员工的上级主管人员能够帮助他们理解自己承担的角色与职责，同时了解自己可能会遇到的各种压力和问题，那么就会建立起更高质量的工作关系。

3. 确立阶段。当新员工完全适应了自己所从事的工作以及工作关系时，他们便开始对公司的绩效评价以及自己在公司内部的潜在职业发展机会产生兴趣。

组织社会化的选择

不同类型的新员工需要不同的社会化体验。例如，与有一定工作经验的新员工或者是刚刚被晋升、转岗的老员工相比，大学应届毕业生由于工作经验很少甚至几乎没有什么工作经验，就需要内容更为广泛的社会化过程。但企业也要注意不要一下子让新员工接受过多的信息而导致信息过载。表 12-1 中总结出了我们将会在接下来的内容中讨论的关于新员工社会化的多种不同选择。

表 12-1　组织社会化项目的选择

一次性项目与阶梯式项目：是让新员工参与多个短期社会化项目，还是让他们一次性地参与一个较长的社会化项目
集体项目与个人项目：是让新员工共同参与同一个组织社会化项目，还是让他们单独完成一对一的社会化项目
正式项目与非正式项目：是在工作场所之外采用经过专门设计的活动和材料实施的结构化组织社会化项目，还是采用由新员工的同事在工作中以非正式的方式实施的组织社会化项目
顺序项目与随机项目：是采用要求新员工通过一系列明确的步骤获得成员地位的组织社会化项目，还是以随机的形式来开展相关组织社会化活动
固定项目与可变项目：是为新员工设计一个有固定时间表且要求他们在完成一个阶段的社会化之后从一个角色转移到另外一个角色的组织社会化项目，还是采用整个社会化过程并没有连续性的时间表，而且从一个阶段到另外一个阶段的安排并不清晰的组织社会化项目
锦标赛项目与一般竞赛项目：是将每个社会化阶段都当成“淘汰赛”即失败者需要出局（解雇）的组织社会化项目，还是将新员工的所有历史成绩都加以跟踪记录并计算出“平均安打率”的组织社会化项目
连续项目与非连续项目：是让有经验的组织成员担任新员工的榜样或导师来照料和跟踪新员工的每一个脚步的组织社会化项目，还是不提供任何榜样和导师的组织社会化项目
赋予性项目与剥夺性项目：是充分利用新员工的独特技能的组织社会化项目，还是通过社会化过程压制或消除个性的组织社会化项目

一次性项目与阶梯式项目

为了防止出现信息过载，许多企业都采用了分步式或阶梯式方式来实现新员工的组织社会化。在新员工入职的第一天举行一些比较简短的会议，然后在接下来的几周中再举行一些会议，有助于防止新员工遭遇信息过载的问题。尽管仅仅举办一次会议的成本会更低，但在一个组织的不同部门或不同组成部分中分别举行多次会议的做法，有助于新员工更为全面地了解公司的整体构成情况。在这种情况下，企业既可以为每一种组织社会化活动或步骤提供一个需要遵循的完成时间框架，也可以不限定具体的完成时间，由员工视自己的情况而定，既可以要求新员工按照既定的先后顺序来完成这些社会化活动，也可以不按既定顺序完成。

当高通公司在一年中雇用了 2 000 名新员工的时候，它发现自己面临着一个挑战：公司原有的组织社会化项目是一项孤立的活动，一旦新员工离开了教室，这种项目对他们就没有什么影响了。高通公司意识到，必须改变这一现状。它将业务领导、管理人员、人力资源专业人员以及学习专家组织在一个小组内，创建了一个端到端的组织社会化项目和新员工入职引导项目。现在，只要最终候选人接受了高通公司的入职邀请，这些新员工马上就会参加与那些对公司情况非常熟悉的员工所开展的对话、在线培训和课堂培训、得到协助的小组讨论以及由同事提供的导师指导。[30]

集体项目与个人项目

个人社会化（individual socialization）是指对新员工进行单独的社会化。学徒制就是个人社会化项目的一个很好的例子。而**集体社会化**（collective socialization），是指新员工会以集体的形式完成社会化过程，以团队方式共同参与一系列活动。当公司雇用了大量新员工承担同一种特定类型的职位时，集体社会化项目的效果是更好的。比如，公司正处于扩张时期因而雇用了很多新员工的情况。[31]

正式项目与非正式项目

正式社会化（formal socialization）是指在工作场所之外运用专门设计的活动与材料开展的结构化的社会化过程。**非正式社会化**（informal socialization）则是指由新员工的一位同事在完成工作的过程中实施的非结构化的社会化过程。结构化程度高的正式社会化项目能够提高新员工的工作满意度并降低他们的离职率。此外，还能增强新员工的工作主动性。虽然更为结构化的新员工入职引导看起来会在一定程度上限制员工的自由度，但相反的情况也同样存在。这就是结构化的社会化项目能够促进新员工的主动行为，比如积极提问、主动寻求反馈以及与组织内的其他成员之间建立人际关系等。而这些都能提高新员工的工作满意度和组织承诺度。[32]

顺序项目与随机项目

顺序社会化（sequential socialization）是指按照特定的先后顺序或前后步骤实施的社会化过程。而**随机社会化**（random socialization）的实施步骤则是模糊不清的或多变的。成为一名医生的过程一般是顺序性的，而成为一名管理者的过程则常常是随机的。在随机社会化项目中，新员工学习的很可能是自己感兴趣的那些内容。

固定项目与可变项目

顺序社会化和随机社会化关注的是组织社会化的先后顺序问题，而固定社会化和可变社会化关注的则是社会化的时间性问题。在**固定社会化**（fixed socialization）过程中，企业会事先告知新员工试用期的结束日期。而在**可变社会化**（variable socialization）过程中，新员工无法确切地知道自己的试用期在何时结束。此外，在可变社会化项目中，不同员工的试用期长短也不一定是一致的，而这就使得一批新员工抱团的可能性下降。

锦标赛项目与一般竞赛项目

在**锦标赛社会化**（tournament socialization）过程中，社会化的每一阶段都是一场“淘汰赛”，新员工一旦遭遇失败便会被要求离开组织。[33]许多律师事务所都采取此类社会化方式。如果一位管理人员因为绩效未能达到组织期望的标准或未能遵守组织制定的某种规范而受到惩处甚至被开除，那么剩下的员工很快就能学会如何避免落到类似的下场以及注意规避风险。锦标赛社会化项目会扼杀创新，打击风险承担，同时形成一种严密控制的文化以及一支奉行相似规范的同质化员工队伍。[34]由于锦标赛社会化项目会增加员工的不安全感并使他们屈从于权威[35]，它与许多组织的人才管理理念是相违背的。这种组织社会化项目会使一个组织在需要进行组织文化和经营方式变革时，只能进行缓慢的渐进式变革。[36]

而在**一般竞赛社会化**（contest socialization）过程中，社会化的每一阶段都是一场“竞赛”，组织会记录下每位新员工的多次表现情况，并计算出他们在一段时间里的最终“平均安打率”。一个人在社会化过程中的失败仅仅被视为一个学习的过程而已，新员工并不会因此而受到惩罚或遭到解雇。

连续项目与非连续项目

在**连续社会化**（serial socialization）过程中，会有一些能够起到支持作用的组织成员扮演新员工的榜样和导师，新员工则被期望追随导师的脚步。在梅西百货公司与思科系统公司，所有刚入门的新员工都会得到导师指导。[37]而在**非连续社会化**（disjunctive socialization）过程中，新员工则只能完全依靠自己对观察到的组织以及具体情况做出解释。连续社会化有助于保持一个组织的连续性及其历史感，而在非连续社会化过程中，新的组织成员则需要独立塑造个人角色。在一家公司中，当“老人”离职而新人接替其职位时，常常会发生这种非连续社会化过程。例如，这种情况可能发生在一家公司被另外一家公司并购，而另外一家公司派了新的员工和管理人员进入公司的时候。

赋予性项目与剥夺性项目

赋予性社会化（investiture socialization）会强化新员工的自信，让新员工知道公司高层重视他们的知识和个性。当组织希望利用新员工已有的知识与技能时，它常常会使用这种赋予性的策略。赋予性社会化会让新员工知道组织喜欢他们的现有状态，想要充分利用他们的独特技能。与之相反，**剥夺性社会化**（divestiture socialization）则要求新员工在正式成为组织成员之前必须“付出代价”，即剥离自己的个性。许多医学院在学生入学的第一年都会这样做，在军队的新兵训练营中也同样如此。采取剥夺性策略的组织常常是毫不隐讳地要剥离掉新成员原有的行为和态度，代之以组织认可的新的行为和态度。除了对纪律有严格要求的组织，剥夺性社会化进程并不被大多数组织所接受。[38]一项对 237 名律师所做的调查发现，由于剥夺性社会化要求人们做出与自己的是非判断相冲突的行为，这一社会化进程与道德冲突存在正相关关系，而这又有可能带来更高水平的情绪衰竭以及更低的职业成就感。[39]

除了以上这些基本的社会化项目类型，企业在进行组织社会化时，还会在以下这些方面做出选择：

● 组织社会化应该包括哪些内容？哪些人物、政治、文化、语言、工作要求以及工作流程应被讨论？公司历史、经营目标与关键战略目标中的哪些内容应当被包含其中？

● 组织社会化应当让哪些人参与？哪些人应该参与到社会化项目之中——对新员工成功完成工作至关重要的用人部门经理和同事，还是也包括新员工的家人？

● 组织社会化应当运用哪些技术？社会化项目是在网上进行，还是必须让新员工实地参加？

下面，我们将逐一讨论以上三大因素。

组织社会化应当包括哪些内容

除了帮助新员工熟悉公司的政策，有效的组织社会化项目还能够通过帮助新员工了解公司本身以及公司的关键战略目标和工作流程等使他们尽快达到较高的生产率水平，同时促使他们保持加入公司的良好感觉。高盛公司不仅为新员工准备了“入职首日引导”项目，而且会在接下来的 100 天时间里持续向新员工发送一系列的电子邮件，为他们融入公司文化提供建议与帮助。在加入高盛公司 6～12 个月之后，新员工会参加一个由一位公司高层管理人员主持的一日峰会，为新员工提供一个以案例研讨的方式发表自己对于“团队、英才、正直”这一公司价值观的看法的机会。[40]

尽管组织社会化对于组织的新成员最为重要，但无论一位组织成员的工作经验有多少年，对一个工作群体和公司文化的理解对于有效开展工作而言都是至关重要的。员工通过组织社会化应当了解的信息还包括[41]：公司政治，其中包括关于组织的正式或非正式权力结构以及工作关系方面的信息；组织文化，其中包括公司的制度规范、价值观、行为模式、仪式、语言和传统等；组织的目标与政策，其中包括理解维系组织文化的规则与基本原则。组织社会化项目一般是由组织的人力资源专业人员负责。不过，人力资源专业人员应当对新员工的情况进行持续跟踪，注意与新员工的直接上级进行沟通协调，以防止重复提供信息或遗漏相关信息。

组织社会化应当让哪些人参与

有些公司认识到，一个人接受一份新工作会影响其整个家庭。因此，为了帮助新员工更快地适应公司，一些公司会邀请新员工的家人共同参与到组织社会化过程之中。向新员工的家人提供关于工作地点所在地区的相关信息，甚至为他们提供一次单独的家庭导引计划，这些做法都能使新员工更为顺利地完成进入新公司的过渡，同时提升他们的组织承诺度。[42]

对新员工在工作中取得成功有重要影响的员工也应当在组织社会化过程中起到一定的作用。让管理人员对新员工的工作成功承担起责任来，也能够使新员工有更大的机会从一开始便按照正确的方向发展。许多公司的高层领导者都会在员工报到上班的第一天亲自向他们表示欢迎。先锋集团（Vanguard Group）首席执行官杰克·布伦南（Jack Brennan）或执行总裁总是会参加迎接新员工的“欢迎大会”。思科系统公司首席执行官约翰·钱伯斯（John Chambers）则会在新员工入职数月之后与若干个新员工组成的小组举行“钱伯斯对话会”。而微软公司的比尔·盖茨也会亲自主持新员工入职引导中的提问环节。[43]

位于弗吉尼亚州麦克莱恩市的金融服务公司第一资本金融公司（Capital One Financial Corporation）奉行的是差异化战略，基于创新和客户亲密度获得了竞争优势。这家快速成长公司的创新文化[44]对于公司运用精致的测试模型为不同客户准备和定制新的金融产品和服务提供了支持。[45]为了更好地实施这种战略，第一资本金融公司希望新员工能够尽快熟悉工作，并且通过有效的社会化使他们融入公司。为此，该公司设计了一套全新的新员工组织社会化项目，在这个项目中，所有的新员工都要先在两天时间里了解公司，学习公司的历史、规范、价值观以及业务与产品。在新员工入职的前几周中，公司还会为每一名新员工安排一位其工作团队的导师。对于新入职的管理人员，公司还会安排其他部门的一位级别相仿的管理人员作为其“好友”。在这些担任管理人员的新员工入职 6 个月之后，还会接受一次

360 度审议，以确定他们在达到目标以及组织期望方面取得了哪些进步，同时为他们制定持续的开发目标以及相应的开发策略。[46]

组织社会化应当运用哪些技术

国际人才招募机构任仕达北美公司（Randstad North America）新员工的社会化过程长达 16 周，其中包括工作模拟、培训、绩效审查以及知识测试。公司会把新员工取得的进步情况报告给他们的上级主管人员，同时也会要求新员工对组织的社会化过程进行评价。[47]部分组织社会化过程的自动化以及公司内网的使用，使公司在协调和存储与培训、公司福利项目以及合同审批等相关的书面文件和电子邮件方面更为便捷。通过某种自动处理方法，新员工会得到内网登录权限，同时得到员工手册的副本。任仕达北美公司的这一系统会自动管理与组织社会化以及新员工入职引导有关的培训和其他行政事务性工作。[48]公司通过一份在线的合规核查清单对新员工参与的组织社会化活动进行追踪，以确保遵守法律以及执行公司的相关政策。通过及时提醒用人部门经理应当在何时以及以何种方式来同化新下属，这种自动化系统能够提高组织社会化的质量。

一种比较极端的以网络形式进行组织社会化的例子可能是 IBM 的 IBM@Play 系统。IBM@Play 系统是由利用视频游戏技术与 3D 网络环境帮助新员工实现组织社会化的全套培训工具组成的。在印度、中国和美国的 IBM 员工可以使用“阿凡达”或自己的化身在两个网上虚拟世界（PlaneShift 与第二人生）之一中完成入职引导，同时与其他员工建立起导师指导关系。这种网上的环境使得该公司在全世界的新员工入职前都能在一个虚拟的世界中与他人进行交往、互动和分享创意。同时还能在这里学会如何申请员工福利、如何作为国际团队的一员开发软件代码以及如何提高销售技巧。IBM 认为，由于组织社会化更像是视频游戏，员工更愿意承担风险了，思想也更加灵活。[49]太阳微系统公司则通过两个在线的视频游戏为新员工了解公司结构以及历史提供了一种更为有趣的方式。其中的一个游戏中包括了一个带有特定目标的谜题格式以及需要被消灭的“妖怪”，而另一个游戏的故事性更强，节奏也更慢一些。[50]

然而，基于互联网的组织社会化并不一定适用所有的情形。一项调查发现，与员工亲身实地参与一个组织社会化项目相比，那些在电脑上完成的组织社会化项目在人员、政治、目标和组织价值观等方面的社会化水平往往更低一些。[51]

哪些因素会让组织社会化项目更为有效？

有效的组织社会化项目应当能让新员工积极参与其中，鼓励他们提问，使他们清晰地了解自己为了执行公司的经营战略而应当扮演的角色。当然，新员工的直接主管人员也应当参与这一过程，花一些时间帮助新下属尽快熟悉工作。选定一名同事在几天或者数周的时间里与新员工进行配对或成为他们的“伙伴”，也能使新员工的过渡更为顺畅。在公司正式举办的新员工入职引导项目还需要等几周甚至几个月才能开始的时候，这种做法就更为有效了。对此类项目的有效性进行衡量的常见指标包括员工敬业度，员工在入职 30 天、60 天以及 90 天之后的保留率，用人部门经理的满意度等。

帮助新员工融入公司是需要一定时间的，但公司在这方面的投入最终会收获更高的组织承诺度、更快达到充分生产率的状态以及更高的绩效水平。研究发现，以集体方式对新员工实施组织社会化，在特定的时间框架内按照预定好的顺序采用正式的活动和材料实施组织社会化，让新员工能够接触到榜样或者导师，为新员工提供社会支持等，会有助于提升新员工的忠诚度，降低离职率，提高他们的工作满意度以及组织承诺度。[52]美国人力资源管理协会的一项调查发现，83%的受访公司都为新员工设计了正式的入职计划和组织社会化项目。最常用的方式就是以集体或单独的形式为新员工举行的讲习会。11%的公司采用基于计算机的组织社会化方式。[53]调查还发现，1/3 以上的人力资源专业人员表示，他们所在的公司正在加大对这些系统的投资。[54]

不过，令人遗憾的是，很多公司过于关注组织社会化项目的具体内容，忽略了后续的跟踪，也未对这些项目的有效性进行过评估。新员工并不是组织社会化项目的唯一参与者，因此人力资源专业人员就很有必要向这一过程的所有参与者寻求反馈。为此，人力资源专业人员可以在新员工入职一年之后对他们进行访谈，同时向所有参与组织社会化项目的相关人员——比如新员工的直接上级主管和同事——发放调查问卷。对组织社会化项目进行正式、系统的追踪不仅有助于评估项目的有效性，更有助于找到对项目进行进一步完善的领域。[55]接下来，我们将讨论员工的全球流动问题。

全球流动

管理人才在一个组织内部的流动尤其是在全球范围内的流动是战略性员工配置的重要组成部分之一。组织社会化仅仅是员工队伍管理的第一阶段。一旦新员工完成了社会化过程，就需要对他们进行绩效管理了，然后还需要能够留住绩效优秀者，必须制定相应的继任计划。当然，一旦员工出现了离职的情况，上述过程就需要从头到尾再来一遍。

对于全球企业特别是那些追求增长战略的全球企业来说，在员工流动管理中就会涉及国际流动管理的问题。计算机制造商联想集团（Lenovo）将全球人才流动视作其增长的关键因素之一，该公司会将关键领导人在印度、巴西和俄罗斯等不同的市场之间进行调动。[56]在国际制造、运输和建筑供应商英格索兰公司（Ingersoll Rand）中，一个人要想晋升到高层管理职位，就必须有在多个业务部门和地区任职的经历。[57]在达美乐比萨公司（Domino's Pizza），包括首席执行官在内的所有领导者每年都必须参加公司的三大人才峰会，举办这些峰会的目的就是确定各个经营部门的人才需求。为了促进公司的整体成长，一旦某位优秀员工被其他部门需要，原来的部门领导必须放行。[58]

在确定哪些人才应当获得从事国际工作的机会时，很重要的一点是，应当采用正规的流程。无论是对于员工发展来说，还是对公司绩效来说，确认哪些员工愿意接受国际工作安排，他们具备或者需要开发哪些方面的技能以及在国际工作中需要运用哪些技能都是非常重要的。企业不应该简单地询问谁愿意承担国际工作，而是应当首先对员工的技能、流动可能性以及每一项国际任务的战略目标和发展目标进行数据跟踪。强生公司就运用相关技术跟踪公司的人才流动情况，并将其与公司的目标以及人才管理目标进行匹配。这种做法在公司的经营目标发生变化时做出相应的调整是非常有利的。[59]

国际迁移会给员工的个人生活带来巨变，而这也正是公司在说服员工接受国际工作机会时面临的最大挑战之一。为帮助员工适应新的环境，企业可以通过选择一些外派地的专业服务提供商来为员工的赴任做好协助，其中包括帮助解决员工子女就学、住房安置以及员工及其家庭的社区融入等诸多问题。此外，向员工提供移民、税务、技术以及搬家等方面的支持也是至关重要的。当然，仅仅几个月的短期外派任务要比持续一年以上的外派任务对员工造成的干扰会小一些。

外派人员**回任**（repatriation）管理——帮助全球工作任务结束归国的员工重新融入公司本部的工作环境同样十分重要。全球外派任务常常会影响员工的价值观和信念，因此外派回国的员工往往需要一段时间才能重新适应曾经熟悉和感到舒适的环境。此类跨文化回任管理项目同时也会使归国员工的家庭受益。

员工离职管理

许多公司都对自己的低离职率大加吹嘘，但离职率低真的就是好事吗？**最优离职率**（optimal turnover）并不是一家公司能够实现的最低离职率，而是能够产生最高的长期生产率水平以及实现经营改善的离职率。[60]要达到最优离职率，就意味着企业必须理解不同类型离职所产生的财务成本和收益，同时控制好让哪些人走，让哪些人留。员工离职对一家企业而言可能是好事也可能是坏事，关键要看离职的是哪些人。具有优秀领导才能的高绩效员工一旦离职，会使公司因经营收入和未来领导才能的损失而受损严重，但低绩效和低潜质员工的离职则为更为优秀的人才腾出了职位。因此，在评价一家企业因为员工离职而面临的后果时，不能仅仅考虑由于员工离职而必须在随后增加的招募和替换成本，还应当对离职员工的成本和生产率与替代员工的成本与生产率加以比较。[61]谷歌公司为此专门开发了一套预测员工的离职可能性的算法，这种算法甚至能在员工本人还没意识到自己可能要离职的情况下便能预测到他们的离职概率，这就使得谷歌公司能够提前采取措施留住关键员工。[62]

尽管许多管理者都满足于将离职率控制在最低水平，并且将其与行业标杆加以比较，但是仍然有一些管理者已经将离职率管理作为实现员工投入的收益最大化的一种工具来加以使用。餐饮连锁企业苹果蜂公司（Applebee's）认识到，并非所有的离职都具有相同的价值，因此，该公司并不是将整体的员工离职率作为对公司管理人员进行奖励的标准，而只是关注绩效优秀员工的离职率。为了创建绩效驱动型的公司文化并且获得人才竞争优势，苹果蜂公司根据绩效水平高低将员工划分为三类：绩效最佳的前 20%、绩效中等的 60%以及绩效垫底的 20%。该公司假设位于绩效最佳的前 20%之列的领取小时工资的优秀员工离职将会给公司带来人均 2 500 美元的损失，绩效位于中间 60%的员工离职将给公司带来人均1 000 美元的损失，绩效垫底的员工离职给公司带来的损失只有人均 500 美元。正因为如此，该公司就不会为绩效处于最后 20%的垫底员工设定保留目标。相反，该公司专门开发了一套在线软件系统，帮助上至首席执行官下至店长的全体管理人员识别出哪些人是最优秀的员工，并且决定管理人员应当怎样最好地留住他们。[63]

一家公司在雇用和培训员工方面的投资越多，员工离职带来的损失也就越大。2012 年时，雇用一位员工的平均成本已经超过 3 000 美元，企业不愿意看到员工离职就是因为其高昂的成本。[64]像康泰纳零售连锁店这样的公司采取的人力资源战略就是在新员工培训方面进行高额投资，因此，这类公司的员工离职的代价会更大。

尽管高绩效员工离职给公司带来的损失明显高于中等绩效或低绩效员工，但仅有半数的公司关注高绩效员工的离职问题。[65]除了根据员工的绩效高低来跟踪离职问题，根据离职员工的工作年限对离职问题进行跟踪也同样很有意义。对许多公司来说，新员工在入职后的一两年内是离职高峰期，此后的离职率就会大大下降。很多顶级销售公司发现，新员工在入职的头一两年内离职可以成为一种天然的筛选机制。很明显，那些无法达到公司设定的较为苛刻的销售目标的低绩效者会通过自我选择的方式迅速自行离开公司，而那些能留下来的销售人员则很可能是能力更强从而更有可能取得长期成功的人。[66]跟踪新员工离职情况的时间框架可能会因工作和行业的不同而存在差异。在离职率很高的那些行业中，比如在零售业，一个月可能就是对新员工的服务年限进行评估的一个恰当周期；而对于护理行业来说，通常会采用 90 天这个行业标准；其他行业则可能将 6 个月或一年作为评估周期。[67]此外，美国劳工部主持的"职位空缺与劳动力流动率调查"（JOLTS）[68]也会基于自愿原则从公司收集信息，其中包括他们的雇用情况统计信息以及职位空缺、雇用人数、离职人数、临时解雇人数、永久解雇人数和其他类型剥离人数等相关信息。这些信息有助于一家公司预测员工流动情况，同时对劳动力市场的动态做出解释。[69]

离职的类型

不考虑员工在组织内部晋升和转岗的情况——虽然它们也会创造出职位空缺，通常存在六类主要的离职：自愿离职、非自愿离职、功能性离职、功能失调性离职、可避免的离职和不可避免的离职。[70]当员工因个人或职业发展原因自愿选择离开组织时，便出现了**自愿离职**（voluntary turnover）。自愿离职的方式包括书面或口头辞职、不按照组织安排的工作去报到、在休假结束后未按照要求返回工作岗位以及退休等。**非自愿离职**（involuntary turnover）是指组织由于员工个人绩效较差、残疾或死亡，或者是公司出现重组、裁员、并购等情况而要求员工离开组织。**功能性离职**（functional turnover）是指绩效不佳的员工离职。而**功能失调性离职**（dysfunctional turnover）则是指企业本来希望留住的绩效较好的员工出现的离职。**可避免的离职**（avoidable turnover）是指在导致员工离职的根本诱因得到解决之后本可以预防的离职。薪酬过低、员工不满意或工作和生活平衡程度较差等都有可能导致此类离职。关于导致可避免的离职的一些具体因素，我们将会在下一节中进行更为详细的讨论。**不可避免的离职**（unavoidable turnover）是指企业无法避免的员工离职。员工生育孩子、身患重病或面临死亡、因配偶更换工作而不得不搬家等情况都有可能会引发此类离职。组织通常希望减少的是那些自愿离职、功能失调性离职以及可避免的离职。表 12-2 对这些离职的类型进行了总结。

表 12-2　离职的类型

离职类型	描述
自愿离职	员工因个人或职业发展原因自愿选择离开组织
非自愿离职	组织因员工绩效不佳、行为不当或公司重组等原因要求员工离开
功能性离职	绩效不佳的员工离职
功能失调性离职	公司希望留住的绩效优秀员工离职
可避免的离职	企业可预防的离职
不可避免的离职	企业无法避免的离职

自愿离职的原因

人们选择离开组织的原因是多种多样的，其中包括他们认为离开组织之后的结果是什么以及离开组织的难易度。[71]员工对工作和组织的期望与现实之间的落差会给员工带来不满，从而可能会导致他们离职。[72]因此，在招募阶段向候选人提供现实性岗位预览有可能降低此类离职发生的可能性。[73]如果一位员工的岗位职责模糊不清，或者组织给他制定的绩效目标高得不切实际，这位员工就有可能会自愿离职。[74]除了因为受到其他组织提供的更富有挑战性的工作机会或职业发展机会的吸引而离职，薪酬和福利水平过低、得不到组织认同、在组织中缺乏话语权以及感觉遭受不公平对待等因素，也能导致员工自愿离职。[75]尽管一些研究发现，绩效较差的员工比绩效优秀的员工存在更高的辞职倾向[76]，但绩效最好的员工可能会有更高的离职倾向，毕竟他们在组织外部有更好的职业发展机会。[77]

一项对 262 家美国大公司所做的调查以及后来对 1 100 名绩效最优员工所做的补充调查发现，企业和员工在关键人才留在组织内的原因方面是存在分歧的。[78]这些优秀员工将薪酬视为导致离职的三大主要原因之一，而企业却认为晋升机会和职业发展计划才是导致员工离职的主要原因。这样看来，员工看重的东西和企业认为他们看重的东西似乎并不相同。这项调查还发现，86％的公司认为自己在对待员工方面表现不错，但仅有 55％的员工也这么认为。表 12－3 总结了此次调查的结果，从中可以看出企业和员工对员工离职问题的认知存在怎样的差异。

表 12－3 优秀员工离开组织的原因（％）

离职原因	选择该原因的优秀员工所占百分比	选择该原因的企业所占百分比
薪酬	71	45
晋升机会	33	68
工作生活平衡	26	25
工作压力	24	8
职业发展	23	66
医疗健康福利	22	0
通勤距离	18	4
工作本质	18	8
退休福利	17	2
公司文化	13	10
与上级主管或经理的关系	8	31

注：每位受访者可选三个选项，因此各项之和不等于 100。

资料来源：Reprinted with permission. All rights reserved，Towers Watson. For more information，visit towerswatson. com. Agnvall，E.，"Exit with the Click of a Mouse：Exit Interviews Go High-Tech，" *Society for Human Resource Management*，October 2006，www. shrm. org/hrtx/library _ published/nonIC/CMS _ 018960.

与自愿离职相关的另外一个关键因素是当前的宏观经济环境。尽管优秀员工始终会被其他公司所觊觎，但在经济形势向好、工作机会充足时，企业无论是想要留住优秀员工，还是留住绩效较差的员工，都会变得更加困难。而在经济疲软、招人的企业不多时，员工更难离职，离职率一般也更低一些。

离职原因分析

企业除非能够了解员工离职的实际原因，否则是很难阻止离职发生的。员工离职的原因是多种多样的，因此，通过开展**离职访谈**（exit interviews）询问员工到底为什么离职对于搞清楚员工的离职原因就会很有帮助。离职访谈可以帮助企业获得一些信息来改善其当前员工的处境，从而降低未来的离职率。一些新技术可以帮助企业非常便利地实施离职访谈。有些公司向离职员工发送电子邮件，邀请他们参加在线离职访谈。公司领导者可以通过软件查看已经完成了多少份离职调查，浏览在每个月和每一年中的离职统计数据，发现导致员工离职的最主要原因有哪些。企业还可以邀请离职员工对公司管理人员做出更为细致的评价，以便为进一步采取行动提供信息。[79]

在离职访谈中提出的问题应当集中在组织认为自己还可以改进的那些领域。从战略的角度来说，在离职访谈中所提的问题应当能够获得一些有用的信息。比如，这些问题包括“如果让你来解决公司中存在的问题，你会采取哪些行动?”“你能为我们提供参与犯罪行为的那些人的姓名吗?”“为了使你原来从事的工作更令人满意，我们能做些什么?”这类问题能够帮助组织解决一些实际问题，并且有助于组织在未来雇用到与自己更匹配的候选人。[80]

一些企业制定了正式的政策来管理自愿离职员工以及实施离职访谈。UPS 制定了 37 项员工管理原则，并将其纳入一本向公司管理团队发放的政策读本之中，在这些原则中有一条便涉及与前员工之间的关系问题：“无论员工因何种原因离开公司，我们都应表示体谅。我们知道，对前员工的善意和尊重对双方之间在未来的关系是大有裨益的。当一位员工离开公司时，我们寻求在同时考虑到公司和员工双方利益的情况下与员工进行一次友好的讨论。此类讨论可以找到在我们公司的工作环境中乃至整个公司中值得改进的地方。”[81]

有时候，在员工离职一段时间之后再去进行离职访谈可能更为有效。强生公司会对那些令公司深感不该失去的离职员工进行访谈，以了解他们离职的真实原因，在这个过程中它认识到，人们在离职一段时间之后更能无所顾忌地坦诚直言。强生公司在访谈过程中了解到，许多前员工的上级都与这些员工缺乏沟通，这些员工无法感受到公司对他们多么重视。在做完这些访谈之后，强生公司重新雇用了很多过去离职的员工。[82]

有研究表明，最好不要让离职员工的直接上级对他们进行离职访谈，尤其是在他们并未受过关于此类访谈的相关训练时。员工可能不太愿意指出正是直接上级的糟糕管理导致他们离职，即使事实确实如此。此外，离职员工的上级可能会对自己刚离职的下级所说的话做出选择性解读，或者根本就不会把员工所说的话原原本本地告诉企业。

企业可以通过以下措施来提高通过离职访谈获得的信息的效度[83]：

- 让来自公司外部的或某个中立部门（比如人力资源部）的一位代表来收集信息。
- 对访谈者进行培训。
- 运用一份问卷进行离职访谈，这就可以使企业对不同受访者的回答进行系统比较。
- 不要在离职员工还剩下的最后几个工作日中对他们进行访谈，而是在他们离职之后再向他们补充发放一份问卷，甚至用离职调查问卷取代离职访谈。

正如我们在前面的章节中提到过的，有些公司并不会彻底中断与离职的优秀员工之间的联系。相反，他们会为前员工建立一个“校友网络”。贝恩咨询公司（Brain&Co.）就通过挖掘离职员工网络来获得员工推荐。这家公司发现，通过这个渠道获得的新员工与公司文化和需要之间的匹配度更高，而且通常在职时间也比其他员工更长一些。[84]

员工满意度调查可以帮助企业确定哪些问题以及员工不满的哪些方面是可以改善的，这样就可以防止再出现更多的离职。UPS 为了衡量员工满意度和组织氛围，会定期开展“员工关系指数调查”。在这项调查中，所有的员工都有机会以匿名的方式发表意见。调查结果会与全体组织成员分享，公司也会基于员工的反馈对部门层面的管理实践以及组织层面的培训工作做出相应的调整。[85]

制定人才保留策略

尽管绩效不佳员工离职对于组织可能是有利的，但为了成功实现人才管理，也不能仅关注那些绩效表现最优的员工。阿维瓦保险公司（Aviva）采取管理“关键多数人”策略就说明了这一点，该公司并不是将大多数员工放在一边，仅去关注那些高绩效的员工。[86]研究也发现，当顶级人才在一个由多元化的同事所组成的富有活力的内部网络中工作时也会更为有效。[87]年龄、性别和祖籍国不同的员工对于工作的兴趣点以及留在公司工作的原因也各不相同。[88]

因为员工愿意留在一家公司的理由常常与他们加入公司时的理由是相同的，所以提升员工保留率的做法同时也会使公司对求职者更具吸引力。换言之，如果一家公司能够成功地保持员工的满意度和生产率，它也就同时具备了吸引新人才所需的那些东西。此外，一家公司能够留住的优秀员工越多，则需要雇用的新员工就会越少。技术产品与服务提供商 CDW 公司曾经出现过客户经理在入职后两年内离职率过高的问题，对此，公司专门设计了一揽子的新客户经理入职引导项目和培训项目。新入职的客户经理首先会接受为期一天的以公司价值观和目标为重点的新员工入职引导项目，然后再接受一项为期六周的培训。为了帮助潜在候选人更好地理解这份工作，该公司还制作了一段时长 3 分钟的现实性岗位预览视频。视频展示了该公司当前的客户经理工作的情况，描述了他们所扮演的角色、需要承担的工作职责以及所处的工作环境。CDW 公司将这段视频放在了公司的职业发展网站首页上，供候选人在提出求职申请之前在线观看。[89]

制定一项应对员工离职根源的人才保留计划会有助于改善关键员工以及关键职位上的员工的留任。表 12－4 总结了一些常见的人才保留策略，在接下来的部分我们将会逐一对这些内容进行详细讨论。

表 12－4　人才保留策略

提供有挑战性的工作任务：使员工有机会开发技能和学习新东西有助于使员工与企业的关系更为紧密。
明确晋升通道：清晰的职业发展通道有助于留住那些对晋升感兴趣的富有才干的员工。
开发更好的上级：能够得到下属信任的、公正的直接上级能够提升下属的保留率。
提供灵活的工作安排方式：提供灵活的工作安排方式可以通过帮助员工更好地平衡工作与生活之间的关系来提高他们的保留率。
选择合适的办公地点：将公司的办公地址选在合适的地区或者是可能与本公司争夺人才的竞争对手较少的地区。
提供有竞争力的薪酬和福利：向员工提供有竞争力的薪酬和福利有助于提高保留率。
实行管理人员责任制：让管理人员对留住优秀员工、让下属感受到工作的挑战性以及开发下属负责，会有助于提高员工的保留率。
为员工提供支持：与新员工保持联系并帮助他们克服在完成工作时所面临的各种障碍，有助于提高他们的保留率。
制造流动障碍：通过让员工掌握只在本公司有用的特定知识把员工嵌入组织，使他们在公司内的价值大于在公司外的价值，从而降低他们的离职可能性。
培育强大的公司文化：创建一个对于员工极具吸引力的强大公司文化，强化他们的组织承诺度。

提供有挑战性的工作任务

为了在半导体行业中成功地开展竞争，得州仪器公司需要最优秀和最聪明的员工。然而，顶级工程师是很难找到的，为了尽可能留住员工，这家公司对管理人员进行了专门的训练，以确保他们能够让员工感受到工作挑战性和被企业赏识，从而增强组织的凝聚力。公司的管理人员也会定期调整对下属员工的工作安排，以最大限度地利用他们的技能。在得州仪器公司，优秀员工的培养与保留是对管理者的绩效进行审核的重要环节之一。[90]对员工实施交叉培训也有助于开发员工的新技能以及降低离职率。

明确晋升通道

清晰的职业发展通道也能提升员工的保留率，这是因为员工能够更容易地了解自己在组织内花多长时间以及付出怎样的努力才能达到某个层次。为了降低领取小时工资的员工的离职率，干辣椒墨西哥风味快餐公司（Chipotle Mexican Grill）对入门级员工的职业发展通道进行了修正，尽可能多地从内部晋升员工。当公司管理类职位的任职者从内部晋升的比例从原来的 20%上升到 80%之后，员工离职率很快就下降了。[91]正如一位公司员工所说："如果你没有清晰的职业发展通道，优秀人才就不会愿意留在公司里。人们希望知道自己的努力会得到回报，能够通过逐级晋升最终成为决定公司能否取得成功的关键因素。"[92]

开发更好的上级

为员工开发更优秀的上级是员工留任管理的最佳策略之一。这是因为直接上级的行为对于下属的离职有很大的影响。好的上级可以通过为员工营造一个尊重、公平、信任的工作氛围来提振员工士气，舒缓员工压力，提高他们对组织和直接上级的承诺度，并且改进自己的绩效。[93]此外，开发优秀的上级还能减少一家公司可能需要承担的雇用方面的法律责任，因为受到善待的员工是不太可能会起诉公司的。

提供灵活的工作安排方式

为员工提供灵活的工作安排方式也可以提高员工的保留率，这是因为，可以做出选择的工作时间安排有助于员工更好地平衡工作和生活需要。灵活的工作安排方式之一是**职位分享**（job sharing）。职位分享就是指两名以上的员工共同填补一个职位，每位员工都有一个永久性的非全日制岗位，他们会共同分担一个完整职位的工作时间，并且会根据各自承担的工作时间来分配这个职位包含的薪资、休假时间以及福利。既可以将这个职位上的工作职责划分为两份不同的工作，比如每位员工分别负责不同的客户或完全不同的工作任务，也可以是这两位员工共同分担该职位上的工作任务与工作职责，并且协调双方完成的工作。

弹性工作时间（flextime）为员工提供了传统的朝九晚五工作时间模式之外的其他选择。采用弹性工作时间的员工可能会在每周四天时间里每天工作 10 个小时，可能会在周末工作而非在正常的工作日工作，还有可能会缩短午餐时间以提前下班。对于像电话呼叫中心这样的公司来说，这种弹性工作时间就使工作场所能够每天延长开放时间，比如从上午 6 点到下午 7 点，从而更好地服务公司的客户。

远程工作（telecommuting）是指员工在企业提供的正式工作场所之外的其他地点——比如家中——从事工作的情况。在有些情况下，从事远程工作的员工每周还是需要到企业的工作场所去上几天班，而在其余的时间里则可以在家中或其他地点完成工作。而在另外一些情况下，员工则根本不用到工作场所去上班。很多员工需要照看孩子、年迈的父母或参加一些课程的学习，需要有更多的灵活工作时间。对于那些无法按传统工作时间上班的高质量招募对象来说，灵活的工作时间就极具吸引力。

除了能降低离职率及其相关的成本，在远程工作的情况下（当员工是完全在家办公的时候也称居家办公），如果企业因此节省了办公空间，那么还能产生相当大的成本节约。基克鲁公司（J. Crew）、欧迪办公用品公司（Office Depot）、西尔斯公司（Sears）、梅德科医疗公司（Medco Health Solutions）与美国汽车协会（AAA）等都雇用了居家办公的员工。捷蓝航空公司（JetBlue）通过让所有的机票预订专员都从事居家办公，每年可在每名员工身上节省 2 000 美元租金。[94]这家公司的机票预订部门一共有 1 000 名员工，离职率只有 3.5%，而该行业的平均离职率高达 65%。由于这些机票预订专员的离职成本大约占到他们薪资的 30%，捷蓝航空公司机票预订人员的高保留率对于公司的盈亏状况有着显著影响。[95]该公司的年度员工离职成本一度不到与其类似企业的 6%，也就是说，在整个行业的平均离职成本为 608.4 万美元的时候，这家公司的平均离职成本仅为 32.76 万美元！[96]

如果远程办公能使员工的工作满意度上升，则它将能提高员工的生产率。捷蓝航空公司从事居家办公的机票预订专员的生产率平均比行业水平高 30%，这就使这家公司更愿意雇用美国本土的员工，而不是将这些工作外包到劳动力成本更低的其他国家去。而跟这些机票预订人员打交道的客户也能因此不受语言障碍的困扰。[97]事实上，捷蓝航空公司收到的机票预订电话投诉率仅为三万分之一，处于行业最佳水平。如果考虑到开发新客户的时间是维护老客户时间的 6 倍，便可以知道它的这种允许员工居家办公的做法为其节约了一大笔开支。[98]为了缓和居家办公的员工可能产生的隔离感，这家公司采取了以下这样一些措施：所有从事居家办公的机票预订人员每个月都必须至少到捷蓝航空公司设在盐湖城的地区办公室中工作 4 个小时，这就使他们可以与自己的同事和直接上级进行交流，同时还能了解公司的最新动态。[99]

选择合适的办公地点

将办公地点设在与自己存在类似用人需求的公司附近无疑是一种很好的策略。例如，一家设在硅谷的科技公司肯定会比设在北达科他州法格市的科技公司更容易获得自己所需的人才。虽然这种情况也方便了员工跳槽，从而导致企业面临潜在的高离职率，但这同时也使公司能够不断保持自身的活力。然而，正如我们之前曾经解释过的那样，对于那些需要员工在一个项目上工作较长周期的研发型企业来说，高员工离职率就很可能会给公司带来严重的负面影响。此外，从其他公司“挖墙脚”本身也会面临伦理道德以及策略方面的问题。而且，你如果挖了其他公司的墙脚，那你最好也做好被人挖墙脚的准备！

将需要在一个较长的周期内进行研发的部门单独设在某个对本公司员工的技能需求没有那么旺盛的地方，比如郊区，则可以提高员工的保留率，不过，正如我们在前面曾经指出过的，在这种情况下企业在一开始如何吸引候选人加入本公司就会成为一个棘手的问题。尽管如此，这种策略在英特希尔（Intersil）这家半导体公司仍然取得了成功。当半导体行业的整体离职率为 20%时，该公司设在宾夕法尼亚州远郊的研发机构的员工离职率仅为 2%。[100]再如我们在第 6 章中曾经提到过的，当通用电气公司无法找到足够数量愿意到“宾夕法尼亚州沉闷的伊利市”工作的员工时，该公司到刚退役的初级军官群体中去进行员工招募。由于这些人过去常常需要蹲在散兵坑里，肯定会觉得在伊利还是要舒服得多。[101]

提供有竞争力的薪酬和福利

有竞争力的薪酬和福利当然可以帮助公司吸引和留住员工。不过，即使一家企业提供良好的福利，但员工并不理解或并不喜欢这些福利，那么，福利也不太可能对员工保留产生积极的影响。由华信惠悦咨询公司所做的一项分析发现，那些虽然向员工提供了丰厚的福利却并没有与员工就福利问题进行良好沟通的公司，优秀员工的平均离职率为 17%；而那些尽管所提供的福利并不那么丰厚，但是在福利沟通方面却做得很成功的公司，优秀员工的平均离职率只有 12%；如果一家企业能够做到既提供良好的福利，同时还能进行成功的福利沟通，则优秀员工的离职率将会下降到 8%。[102]此外，绩效薪酬计划也有助于降低优秀员工的离职率，提高公司从支付给员工的薪酬中所获得的收益。[103]

第一资本金融公司坚信，要想保证经营战略得到执行，就必须雇用最顶尖的人才。为了吸引和留住这些人才，这家公司制定了一套内容广泛的工作和生活平衡计划。这一计划涵盖了从礼宾服务、健身中心、儿童看护补贴到打折票销售等有助于缓解员工压力和节约员工时间的福利内容。该公司会对每项工作和生活平衡福利的使用情况进行跟踪，并且对所有的福利项目进行成本和收益分析，以确定哪些方面的努力对于公司的目标影响是最大的。公司还会每年对员工进行两次工作场所感受调查——例如，员工对于照明、功能设施、私密性、清洁状况、便利性以及他们所使用的食品服务、休息设施、娱乐设施和会议空间的看法等。第一资本金融公司相信，公司如果能够解决通过调查反映出来的这些问题，则有助于更好地留住员工。[104]

实行管理人员责任制

如果企业要求管理人员对优秀员工的保留负责，要求他们确保自己的下属有清晰和连贯的受控专业成长计划，并且为此支付报酬，那么就会提高管理人员履行这些行为的可能性。此外，针对管理人员设计员工保留方面的培训课程也能提高他们留住员工的能力。但需要记住的是，留住绩效优秀的员工与留住绩效不佳的员工不是一回事儿，留住绩效较差的员工反而会增加企业的成本。

当德勤公司想要降低高绩效员工的流失率时，它通过离职调查数据了解到，工作缺乏灵活性是女员工离职的首要原因，同时也是男员工离职的第二大原因，尽管公司已经设计了包括从远程工作到压缩工作周在内的 69 种灵活的工作安排方式。为此，德勤公司用工作客户化定制计划代替了原来的灵活工作安排方案，即员工可以根据自身的职业发展节奏、工作负担、工作地点/工作日程安排以及需要承担的角色，要求自己的直接上级阶段性地“调高”或“调低”对自己的职业要求。尽管并不是所有的请求都得到了批准，并且其中有 1/3 的请求都是“调低”对自己的工作要求，但员工对于“职业-生活总体匹配度”的满意度却上升了 25%，同时员工的离职率也下降了。[105]

为员工提供支持

帮助员工实现工作与生活的平衡有助于改善他们的保留率。万豪国际集团在降低员工离职率方面一直是整个行业的先锋。该公司专门设计了一个名为“独立之路”的培训项目，其目的是对那些靠领取国家福利为生的人进行培训，然后雇用为自己的员工。在有些地方，这个项目参与者的辞职率有时会比其他员工低50%左右。这个项目的独特结构成功地将从领取福利状态到工作状态转化所需的外部支持和内部支持结合在了一起。万豪酒店的各级主管人员帮助自己的员工管理好自己的职业生活，而万豪酒店的“社会工作者”则帮助员工管理好他们的个人生活。[106]

拥有18家酒店的家族企业索内斯特酒店集团（Sonesta Hotel）设计了一个正式的项目，来帮助新员工在入职最初100天之内更好地融入公司。这个项目的目标是分别在员工入职30天、60天和90天纪念日时重新招募他们一次。在入职30天时，人力资源总监会坐下来与新员工确认他们是否达到了自己的预期以及是否获得了从事工作所需的各种工具。在入职60天时，公司会为员工提供名为“加速器”的入职引导项目，其重点是开发员工的沟通能力和服务能力。公司会听取员工对于培训的反馈，并且会询问员工为取得工作成功还对公司有哪些方面的需要。在入职90天时，新员工会与自己的直接上级有一次正式的会面，共同为来年制定工作目标。[107]

制造流动障碍

流动障碍（mobility barriers）是指那些使员工更难离开组织的因素。流动障碍可以包括以下内容：在未来才能行权的股票期权，这种股票期权要求员工必须留在公司里才能使他们收获充分的经济价值；强化对公司特有的那些流程与程序的培训；塑造竞争对手缺乏的优良工作特质等。制造流动障碍不同于利用经济激励手段鼓励员工留任——这种经济激励的办法其他公司也能提供，它通过使员工掌握仅仅在公司内有价值的特定知识来使员工在公司内的价值大于他们在公司外的价值，从而使员工嵌入组织。如果因员工个人对其工作群体、团队、组织的承诺度较高，使他们的离职成本看上去超过加盟其他组织可能产生的预期收益，则员工离职的可能性便不会太大。[108]

培育强大的公司文化

如果一家公司能够培育出对于员工极具吸引力的强大的公司文化，则员工对于公司的承诺度也会得到强化。巴塔哥尼亚公司（Patagonia）主要生产户外服装与设备，它的目标是以对环境造成最低损害的方式生产出最高质量的产品。该公司设计出了以价值观为基础的使命陈述，这种使命陈述对招募对象和员工都很有吸引力。公司文化的吸引力有助于留住与公司价值观相似的员工。[109]

兼并与收购

在实施了兼并或收购的情况下，一家新公司要想取得经营成功，非常重要的一点就是要留住关键员工并且使他们融入新的组织。增加重要员工留任可能性的方法之一是与这些关键人才签订起到“金手铐”作用的财务协议，从而为他们的流动设置一道障碍。正如我们之前已经讲过的，一整套的经济激励手段，例如提供留任奖金以及在未来生效的股票期权等，都有助于公司留住其核心员工，并且强化他们的承诺以促使并购取得成功。为了防止员工在并购发生时过早地离开，很多公司有时还会针对那些坚持到并购完成才离职的员工支付更高的经济补偿金。这些协议一般都包含在一份正式的书面合同之中，合同中会详细指出，如果员工能够在未来的某个特定时间里继续留在公司，将会获得怎样的经济激励。

兼并和收购会大大增加员工的工作机会不确定性，但优秀员工始终存在其他工作机会选择。因此，非常重要的一点是，如果很多信息是清楚的，那么企业应当清楚地让员工知道自己未来在公司中可能是怎样的处境——他们需要承担哪些工作、他们的工作地点，等等。在并购期间，许多公司都会针对关键员工制定特别的保留策略。

继任管理

正如我们在第 10 章中学到的，继任管理主要是为了将来替换关键职位上的员工以及在公司内建立起人才输送管道做准备。在几乎每一家公司中都会存在一些如果不能得到填补就会给企业带来高额成本的职位。这些职位通常是公司的高层管理职位，但有时其他一些职位可能也同样非常重要。在那些规模较小的公司中，一位员工可能会对整个公司的绩效至关重要。比如，在那些实施创新战略的公司中，研发人员经常就处于这样的地位。而实施客户关系紧密战略的公司同样也可能会面临相似的情形，如果一位负责某位重要客户的员工离职了，则公司与这位客户之间的关系就有可能恶化。

一家公司的**流动政策**（mobility policies）决定了员工在组织内的不同职位之间的流动方式。而在一项流动政策中，则应当清晰地说明员工及其直接上级在员工发展中各自应当承担的责任。一方面，员工可能需要负责确定自己为达到晋升而必须参加的培训项目，然后要求直接上级批准自己用一定的脱产时间去完成相关培训。另一方面，直接上级可能负责为自己的下级提供定期的教练式辅导并提供反馈，对他们接受培训以及获得晋升的准备度做出准确的评价，帮助他们运用并进一步开发在培训中所获得的技能。此外，流动政策还应当就职位空缺的发布规则、职位的任职资格条件以及与职位相关的薪酬福利等做出明确说明。流动政策应设计完善，沟通到位，并且被员工认为是公平的。当然，也并非每一位想要得到晋升或转岗的员工都能得偿所愿。但如果员工认为决定他们是否得到晋升的过程是公平的，则那些未能得到晋升的员工对于组织的敌意便不会那么深，从而也就更愿意留在组织中。

员工再配置

员工再配置（workforce redeployment）涉及将员工从公司内的一个部门调动到另外一个部门，或者是从一个职位调动到另外一个需要找人填补的职位。适用于库存管理、计划和生产最优化的供应链管理基本原则同样适用于员工再配置。对于那些希望实现员工效率最大化的企业来说，员工队伍的最优利用是非常关键的，对于那些实施低成本战略的企业而言，这一点尤为重要。

IBM 的员工管理计划便借用了很多供应链管理的理念，比如产能规划、供求规划、外包等。为了管理 10 万名全球员工以及由其全球服务事业部管理的几乎同等数量的二级承包商，IBM 建立了一个分析架构将公司内部具备的技能和外部所需的技能都罗列出来，然后提供关于公司员工供应链活动的实时状态。这一系统建立了关于员工技能的目录，围绕员工的工作内容、胜任能力以及经验和背景要求等确定了特定的描述要素。[110]一家全球性制药公司则利用劳动力供给链对员工的才干编制目录，以帮助自己更明智地决定何时用自己的员工，何时利用外部承包商。[111]

惠普公司将员工再配置作为一种向员工提供就业安全感的方式。当他们关闭了位于科罗拉多州拉夫兰德市的制造部门时，产生了 400 名冗余员工。于是，他们采取以下措施对员工进行再配置：将部分员工转移到该地区的其他工厂；将部分员工借调给有短期用人需求的其他部门；允许一部分员工在自愿接受降薪的情况下接受其他类型的工作。结果，惠普公司成功地留下了 50%以上的冗余员工。[112]

员工非自愿离职

员工非自愿离职是不可避免的。裁员和解雇是导致员工非自愿离职的两种最常见形式，下面我们将对它们进行逐一讨论。

裁员

裁员（downsizing）是为了提升企业的效率或有效性而永久削减员工人数的过程。[113]如果一家企业希望通过削减官僚层级、赋予那些能留在企业中的员工以更大的决策自主权，以及改善内部沟通等方式来提高组织的灵活性，则裁员无疑是一个不错的选择。此外，裁员也是企业在应对并购、经营收益或市场份额下降、技术和产业变革、重组以及劳动力需求预测不准确等问题时的一种选择。[114]

对许多公司来说，劳动力成本是总成本的很大一部分。因此，私营部门的雇主常常会通过裁员来降低成本、实现股东收益最大化以及在日益全球化的经济中保持竞争力。而公共部门的裁员则通常发生在技术进步使得可以只用更少的人就能完成相同数量的工作时，或者是在政府削减运营预算的情况下。[115]

裁员的类型

如果裁减何种类型的员工没有受到某种集体谈判协议（此类协议通常规定资历最老的工会成员应当被保留下来）的限制，则可以有几种不同的选择裁员对象的方式。整体性裁员要求公司的所有部门都按照相同的比例裁减人员。地区性裁员要求处于特定地理区域的机构裁减人员，这种情况可能发生在某个重要客户流失的情况下。业务性裁员仅仅针对一家公司的某个业务模块实施裁员。此外，裁员还可以针对需要精简的特定职能模块或职能部门，或者是存在人员冗余的某些特定岗位。绩效性裁员针对的是绩效不佳的员工。当裁员是以资历为依据的时候，最晚进入公司的员工将会最先被裁减。而如果降低成本是企业的最主要目的，则以薪资为依据进行裁员就更能够帮助公司达成目标，因为这类裁员锁定的往往是在公司中薪酬最高的那些员工。而在以胜任能力为依据的裁员中，那些具备公司未来需要的胜任能力的员工将被保留下来，那些缺乏这些能力的员工则需要离开公司。如果一家公司主动向员工提供离职激励，比如提前退休或买断计划，那么裁员也可以通过自我选择的方式完成。表 12-5 对以上的裁员方式进行了总结。

表 12-5　裁员对象的选取方式

裁员方式	描述
整体性裁员	公司所有部门都以相同比例裁减人员
地区性裁员	针对特定地区的裁员
业务性裁员	只有某个特定业务领域的员工被裁减（比如与某一产品线有关的员工）

续表

裁员方式	描述
岗位性裁员	针对特定职位（如会计或销售人员）的裁员
职能性裁员	针对特定职能领域的裁员（比如公司人力资源部可能会裁员），通常发生在企业进行组织再设计的时候
绩效性裁员	以绩效不佳的员工为对象的裁员
资历性裁员	最后被雇用的员工最先被裁员
薪资性裁员	以薪酬水平最高的员工为目标的裁员
能力性裁员	那些具备公司未来需要的胜任能力的员工会被保留下来，而缺乏这些能力的员工则会被要求离开公司
自我选择裁员	公司通过向员工提供离职激励，比如提前退休或买断计划，鼓励员工通过自我选择主动离开公司

企业如果想降低裁员带来的负面后果，就必须对裁员工作进行充分的规划。一项关于裁员的标杆对比性研究为我们提供了七大类典型的裁员活动，其中的每一项活动都需要公司做好缜密的规划[116]：

1. 对员工队伍的人口结构特征进行审查，其中包括对员工的年龄、多样性和技能所做的评估，并且预测可能会辞职、被解雇或者退休的员工人数。

2. 对裁员的替代方案进行评估，其中包括实施雇用冻结、允许员工一次性买断、提前退休以及为他们提供再培训或搬家的费用等。

3. 列出每月、每年以及各地区、各经营单位、各职能部门和各职位上需要裁减的员工数量。

4. 实际实施裁员或精简。

5. 对被裁减的员工提供职业转型或再就业帮助。

6. 向留在组织中的员工提供帮助。

7. 确保恰当的再培训项目就位。

裁员的意外后果

很多企业在裁员时常常会产生一些意想不到的后果，其中包括在裁员过程中最有价值员工的自愿离职、效率受损以及雇用和培训新员工遇到困难且成本不菲等。此外，裁员还有可能会造成员工的士气和工作积极性普遍下降，导致员工缺勤增加以及感受到的压力和不确定性增强。特别需要注意的是，企业需要想办法应对“幸存者综合征”的问题，或者解决裁员对留在组织中的那些员工的情感产生的影响。这些感情后遗症包括害怕、愤怒、失望、焦虑以及不信任等，而这些情感会严重威胁公司的生存。这些幸存下来的员工常常会对保住了自己的工作而深感内疚，同时也因为担心在未来同样可能会被解雇而感到惶惶不安。[117]这种状态会增加员工主动辞职的可能性，降低他们的组织承诺度以及灵活性，换言之，他们不太愿意尽自己的努力帮助公司达成其长期目标。[118]

关于裁员对幸存者的实际生产率的影响，目前正反两个方面的证据都有。有些研究表明，那些在裁员中留下来的员工出于“幸存者愧疚”会更努力地工作。[119]而其他一些研究则显示，由于这些幸存员工的不安全感上升，他们的生产率反而出现了下降。[120]一项研究对在长达十年时间里经历过数万人被裁的波音公司员工进行了考察，结果发现，与在裁员中留下来的员工相比，那些被解雇的员工反而更不沮丧，同时喝酒也更少。那些承担着“幸存者愧疚”，同时又不知道自己在下一波裁员中是否会被裁掉的员工所承受的压力才是最大的。[121]

在裁员的过程中，公司股票的价值以及作为雇主的声誉也会受到影响。因此，很多公司在裁员之后往往不得不以更高的薪酬来吸引优秀人才。[122]此外，当一家公司裁减掉的员工开始领取失业保险时，公司将来需要支付的保费也会上升。再有，公司在提供再就业服务、职业发展与简历辅导以及技能培训等方面的支出成本也会上升。裁员的成本主要包括：

- 再就业服务（针对被裁减员工提供的工作培训、就业安置服务以及职业发展辅导）。
- 未来需要交纳的更高水平的失业保险金。
- 经济补偿金。
- 支付员工累积下来但未享受的休假时间应得的报酬。
- 将来雇用和培训新员工的成本。
- 因裁员或精简导致雇主形象受损而不得不承受的更高员工配置成本。

还没有足够的证据能够证明裁员可以带来卓越的长期组织绩效或股东价值的上升。[123]有些研究试图对裁员在中期和长期中产生的作用进行衡量和评价。在裁员的初始阶段，由于需要向被裁减员工提供经济补偿、提前退休福利、再就业服务等，企业一般都要付出极高的成本。因此，企业管理层应事先对裁员进行评估，准备一份关于裁员的成本收益分析，以确定裁员的短期财务影响以及可能在长期中产生的节约或损失。

实施裁员

我们在第 5 章中所学的人力资源规划是决定是否应当实施裁员的关键因素之一。[124]有些公司在经历过裁员阵痛几年之后又不得不重新扩大员工规模。只有在公司的短期与长期目标都已确定，并且裁员确实能够帮助组织实现这些目标时，才应当选择裁员。由于裁员过程充满了伤痛，无论员工对裁员做了多么充分的准备，企业在裁员的时候都应当尽可能以对企业最有利的方式进行。一些公司常常耗时数月甚至数年才完成裁员工作，这种做法会在长期中对员工造成巨大的压力。[125]

在裁员过程中，非常重要的一点是要持续聚焦在组织战略上，企业应不断提醒员工公司重组是改进组织绩效计划的重要组成部分之一，也是确保组织未来取得成功的关键所在。一位专家指出：“在所有组织的战略管理规划中都应当包括一项裁员计划，无论企业是否真的有裁员的计划。一旦做好了这项工作，则当组织因遭遇环境的变化而不得不裁员时，便能提前为裁员过程做好充分的准备。”[126]将公司的发展规划与振兴战略同员工分享也能缓解他们的焦虑感。

出于道德方面的原因，企业需要在实施裁员之前制定好行动计划，以确保公司在裁员中的做法与公司价值观以及人才理念保持一致。如果事先缺乏明确的政策与程序，企业很难在裁员迫在眉睫的时候保证自己能正确行事。由于裁员不可避免地要引起伤痛，公司所做的每一次沟通以及采取的每一项行动都应当与公司的价值观保持一致。如果尊重员工和公开沟通是重要的公司价值观，那么在裁员的过程中做到这两点就特别重要。企业与被裁减员工进行沟通的方式和沟通的内容将会传递这样一个强烈信号，即公司将会如何对待在裁员中幸存下来的员工以及外部的利益相关者。如果公司的潜在供应商、现有投资人或潜在员工了解到公司存在不道德地对待被裁减员工的行为，那么，他们在与公司发生业务联系的时候就会越发谨慎。

在裁员或其他人员精简过程中，公平感都是十分重要的。当皇家飞利浦电子公司不得不解雇大约 3 万员工的时候，就努力以对社会负责的态度完成这项工作。首先，公司持续投入资金向被列入裁员名单的员工提供培训、教育与求职咨询方面的服务。这样做的目的是尽可能地让员工无论是对于留下还是离开都可以接受。正如该公司总裁与首席执行官杰拉德·克莱斯特里（Gerard Kleisterlee）所说："那些留在公司里的员工——尽管他们和那些离开的员工都知道你所做的这一切都是为了组织的健康发展——希望看到离开企业的员工同样能够得到公正的对待。我常说，只要做到己所不欲,勿施于人，你就能把工作干好。"[127]

当裁员被作为整体的组织再造或重组战略的一部分来采用时，可能会起到很好的效果。一项对 531 家曾经裁员过的大公司所做的调查发现，半数以上的公司都实现了降低成本和费用支出的目标，但仅有不到半数的公司实现了提高利润率和生产率以及客户满意度的目标。[128]在其中一个案例中，一家工会化的技术服务型公司希望通过裁员来实施低成本战略，结果在裁员后劳动力成本反而大大高于市场平均水平，这是因为工会签订的集体协议要求公司保留大量资历较长的高薪酬的员工。表 12-6 总结了有效实施裁员的一些最佳做法。

表 12-6　最佳裁员实践

以下内容是关于最佳裁员实践的总结[129]：

- 高层领导者的参与。公司高层领导者应全程参与裁员过程，让员工不仅能够看得见，而且能够找得到。另外很重要的一点是，要让员工相信公司的管理者提供的信息是可靠的。
- 采用频繁的双向沟通。在裁员的过程中，组织应当尽可能频繁地与员工就组织中正在发生的事情进行坦诚、公开的沟通。让人力资源高层管理者和员工代表参与到裁员规划过程的做法，既有助于裁员过程，也有助于就裁员问题开展沟通。
- 专注于改进未来需要的工作流程。这有助于维持那些对公司未来取得成功至关重要的流程。
- 先解雇合同工和临时性员工。为了保护永久性员工的利益，许多企业都与部分员工建立了临时性的合同关系。
- 考虑减少工时以及降低薪酬和福利。这可以防止或推迟裁员的必要，但有可能会降低员工的士气，提高公司希望保留的优秀员工的离职率。
- 尝试提供其他选择。如果有可能且员工愿意，则可以让员工选择主动辞职而不是被企业裁掉。买断和提前退休激励计划也可以让一部分员工在享受全额或稍低的退休金福利的前提下提前退休。
- 向被裁减的员工提供各种帮助。其中包括职业发展咨询、个人事务协助、职业或技能培训以及职业转换培训、搬家帮助、再就业帮助、简历编写帮助、继续使用公司办公设备的权利、带薪休假、儿童看护服务、财务问题咨询以及提供参加人才交流会以及登录求职网站的机会等。
- 不要忽视留下来的员工。企业在实施裁员之后，组织成败取决于留下来的这些员工的表现。一项让员工感觉受到公平和人性化对待的经过周密计划且管理完善的裁员计划，有助于让员工相信组织，并且为组织未来的成功而努力奋斗。

对一次裁员的有效性进行衡量的方式有很多种，其中包括以下内容[130]：

- 达到了公司全职员工人数的既定目标。
- 增加了公司管理人员与员工之间的比例。
- 正常损耗员工人数以及因提前退休激励计划而离职的员工人数。
- 接受买断的员工的人口统计特征。
- 对员工队伍多元化目标产生的影响。

- 满足预算限制的能力。
- 生产率变化。
- 总薪资成本的下降。
- 劳动争议、申诉与诉讼的数量。
- 通过激励计划和职业转换项目自愿离职的员工人数。

临时解雇

临时解雇（layoff）也是精简员工的一种方式，只不过这是一种临时性的雇用关系终止。与将员工永久性地精简掉的裁员不同，企业在业务状况好转时会想重新将此前曾经临时解雇的员工雇用回来。与其他精简人员的方式相比，企业通常不愿意采用临时解雇的方式。与裁员类似，临时解雇有时也是迫于削减预算的压力依法采取的做法，大多数发生在公共部门的临时解雇都是这样。而在其他一些情况下，经济状况不佳也有可能会导致组织采取临时解雇的做法。如果公司员工加入了工会，则与那些资历较浅的工会会员相比，资历较长的工会成员享有获得优先保留的权利。然而，令人遗憾的是，这并不能保证公司留下的员工都具备企业在未来的竞争中获胜所需的那些胜任能力。此外，以资历为依据的临时解雇也会对员工队伍的多元化造成负面影响，这是因为，女性和少数族裔员工的资历通常都不是很长，在临时解雇上会受到更高比例的影响。与裁员一样，临时解雇通常也会对公司的雇主声誉造成负面影响，特别是那些还没来得及建立积极雇主形象的初创公司。[131]

除了需要遵守美国公平就业机会委员会的规定，《反雇用年龄歧视法》以及《员工调整与再培训通知法》也都是在采取临时解雇措施时需要遵守的。《员工调整与再培训通知法》规定，所有雇用人数超过 100 名全职员工的雇主在采取关闭企业或者重大临时性解雇措施时，必须提前 60 天向员工发出通知。[132]

临时解雇的替代方案

除了临时解雇，许多公司也常以其他方式减少员工数量。**人员损耗**（attrition）是指由于员工退休、死亡或辞职而带来的员工人数的正常下降。如果组织在员工自然损耗的同时再采取**冻结雇用**（hiring freeze）的做法，即在有员工离职的情况下不雇用新员工替代离职员工，则只要员工自然损耗的人数足够多并且冻结雇用的时间足够长，便能使员工数量出现显著下降。采取人员自然损耗和冻结雇用的做法可以保护幸存员工的工作机会，但这需要企业制定计划在留下来的员工中对工作进行重新分配，以避免这些幸存的员工在一个时期内的工作负担过重。

提前退休与买断激励是实现人员损耗的比较好的办法，而且这种办法往往也会被员工所接受。很多公司都会将通过冻结雇用节省下来的钱作为用于提前退休与买断激励的资金来源。减少企业用人规模的另外一种方式是鼓励员工在不带薪的情况下离开公司一段时间，尽管员工在离开的这段时间里可享受的福利会有所下降，但公司可以保证员工既定的这段时间结束之后可以重返公司。对于那些需要完成学业、照顾家庭或转换职业的员工而言，这种不带薪暂时离职的选择是具有一定吸引力的。当企业只是希望通过裁员降低成本，而不是必须达到某种强制性的员工人数减少要求时，这种策略可能是一个不错的选择。

将灵活的工作安排——比如本章前面讨论过的远程工作、非全职工作以及职位分享等——与员工保留策略结合在一起，也可以帮助企业在不用临时解雇员工的情况下便能削减员工人数。这种安排能够减少员工的缺勤和离职，增强公司招募和留住员工的能力，同时还能帮助员工实现工作和生活之间的平衡，从而改善他们的健康状况，提振他们的士气，提高他们的生产率。[133]

正如本章前面曾提过的，除了采取临时解雇员工的办法，企业有时还可以将员工再配置到其他有用人需求的部门或岗位上。对员工进行使其掌握多种胜任能力以及胜任多种工作的交叉培训并将他们保留下来，也能更好地帮助他们实现再配置。

企业还可以通过削减员工的工时或降低薪酬来避免临时解雇。在采取这种措施的时候，全体员工实际上共同承担了压缩成本带来的痛苦，却没有员工会因此而失去工作。在经济出现衰退时，赌场经营商永利度假村公司（Wynn Resorts Inc.）为了避免减少工作岗位，下调了位于拉斯维加斯的员工的工资，并且缩减了全职员工每周的工作小时数。[134]

有些企业在降低员工薪酬的同时为他们提供公司股票作为补偿。很多公司还经常依赖临时性员工和合同员工来保护常规的全职员工的工作机会。他们会根据需要随时雇用和解雇这些临时性员工和合同员工。

解雇员工

与在裁员和临时解雇时企业需要一次性地让多位员工离开公司的情况不同，解雇主要是指终结与单个员工之间的雇用关系。尽管大多数管理人员都不喜欢干这种工作，但当员工存在绩效不佳以及行为不端等问题时，解雇员工却是管理工作的一个必要组成部分。如果在解雇员工的时候对员工不够尊重或操作不够专业，则不仅会提高公司陷入法律诉讼的风险，同时还有可能损害公司的雇主形象以及未来的招募能力。一项研究发现，那些觉得在被解雇的过程中受到了公正对待的员工，仅有不到 0.4%的人会提起法律诉讼；而在那些觉得自己受到了“非常不公平”的对待的员工中，15%以上的人会提起法律诉讼。[135]作者曾工作过的一所大学就发生过一个用很糟糕的方式解雇员工的例子，一位项目主任的助理在翻看来年预算时发现自己的职位根本没有被包括在内，她去询问项目主任是否出现了遗漏，得到的答复却是她马上就要失业了。很显然，没有人愿意通过这种方式了解到自己即将失去工作。

当员工违反了公司政策规定或者在工作中发生了其他不当行为——比如违反安全操作规程或者是未能及时更新专业执照，则可能会立即被解雇。此外，如果一位员工长期绩效不佳，也同样有可能被解雇。大部分组织都会对绩效不佳的员工提供某种渐进性惩戒方式，为他们提供一个改进的机会。渐进性惩戒的典型步骤如下：

1. 口头警告。
2. 书面警告。
3. 停职。
4. 解雇。

正如在裁员中一样，企业在做出解雇决定时一定要深思熟虑，切忌冲动，更不能在争吵之后一怒之下就决定解雇员工。在可能的情况下，在直接上级采取行动之前，员工应当获得一次改正问题的机会。对企业有帮助的另外一种做法是，让员工签字证明已经阅读并理解了自己必须遵守的各项公司政策。

在告知员工已经被解雇的时候，管理者的主要任务是以尊重的方式让员工清楚地知道他被解雇的事实以及公司为什么解雇他。在双方会面期间，管理人员要确保自己已经向员工描述了与解雇有关的各方面情况，并且做好向员工解释他到底在哪些方面违反了公司的政策，或者尽管公司已经对他提供了持续性的帮助，但他仍然未能达到工作要求。人力资源专业人员则应撰写一份简单的信函，列明员工被解雇的日期以及企业需要对员工承担的契约性义务，比如支付经济补偿金、继续提供的福利等，其中还包括批准解雇这位员工的管理者的姓名。然后，人力资源专业人员应当将这封信函的副本抄送给被解雇员工的直接上级、薪酬福利部门、公司合规官以及这位员工加入的任何劳工组织，还有员工本人。即使企业和员工之间签订的是自由雇用协议，企业仍需保存所有与解雇有关的文件，并且准确全面地记录解雇员工的原因。[136]

为了防止未来可能出现的法律纠纷，企业可以与被解雇（或被裁员）的员工签订离职协议，在协议中声明员工完全或部分放弃起诉公司的权利。当企业想要终止雇用关系但是并没有解雇员工的充分理由时，此类员工声明可以帮助公司降低未来陷入法律诉讼的可能性。[137]为了使这份协议最为有效，企业和员工双方一般需要进行某种形式的利益交换，通常是公司向离职员工支付高于常规标准经济补偿金。企业应当为员工提供充足的考虑时间，甚至允许他们在签署协议后反悔。最后，还应当允许员工对协议的某些内容进行谈判，以显示这份协议并非公司强迫员工签订的。[138]人力资源专业人员在起草这种离职协议之前应咨询律师的意见。

企业在解雇员工时常犯的错误包括以下几种：在公开场合解雇员工；在员工有过失的情况下解雇员工之后却在推荐信中对员工做出积极的正面评价（这种做法有可能会使公司陷入“不当推荐”的法律诉讼）；试图记录一种子虚乌有的解雇员工的理由；在为员工提供绩效加薪或得出积极的绩效审查结果之后解雇员工；声明负责解雇工作的人本身并不同意公司的解雇决定。而如果企业选择在工作日或工作周结束的时候、员工出差刚回来上班的时候或者员工刚开始度假的时候解雇员工，则陪审团很有可能做出不利于公司的判决。

应对暴力风险

在解雇、临时解雇或裁员过程之中以及结束之后的一段时间里，罢工甚至暴力行为发生的风险是始终存在的。[139]公司的各级主管人员应当能够辨认出一些关于可能的员工暴力行为的预警指标，其中包括在员工身上表现出来的愤怒、沮丧、偏执、退缩或隔离、吸毒与酗酒等。许多公司现在都会对各级主管人员进行专门的培训，以帮助他们识别这些信号。那么员工能控制自己的行为吗？如果不能，这便是一种警告性的信号。管理人员应当注意被解雇员工的同事所做出的反应，倾听他们的焦虑。毕竟，同事往往掌握着员工的直接上级无法掌握的行为。公司应当严肃对待员工发出的所有威胁。员工也有可能需要利用公司的资源，比如员工援助计划。在员工被解雇之后，可能还需要对他们进行相应的监控以及提供咨询。

本章的“技能开发”专栏就解雇员工时进行有效面谈的技巧提供了部分建议。

➡ 技能开发

解雇员工的技巧

解雇员工是每一位管理者工作的一部分。作为一名管理者，无论是否喜欢做这件事情，有时可能都不得不解雇某人。在解雇面谈中，你的主要任务是让员工知道他被解雇了，并且努力使员工起诉公司的可能性最小化。以下是关于如何专业而有效地开展解雇面谈的一些技巧性建议：

- 保持公正、冷静，同时掌控面谈过程；始终对员工表示尊重。
- 倾听员工关于离职补偿的要求，但不要当场做决定；让员工感觉到你倾听了他的想法并且给予了考虑，这样能提升员工的公平感。
- 表达清晰，不要传递自相矛盾的信息。
- 由被解雇引发的震惊可能会使员工完全听不见你在说什么；如果你感觉员工没听见你说的话，那就再说一遍。
- 不要向你刚刚解雇的员工提供职业发展建议。
- 如果员工是被永久解雇的，不要说是被“临时解雇”的，因为这暗示着他还有可能回来上班。
- 在一个私密和中性的地点进行面谈。
- 仅仅传递信息，不要与员工发生争吵；在必要时可以使用事先准备好的一些说法。不要不停地踱步，不要做出承诺，也不要说公司犯了错误。
- 向员工表示同情但不要道歉。
- 讨论解雇生效日期、离职补偿等方面的问题；以书面形式将解雇以及离职补偿等方面的细节记录下来，让员工带走。
- 了解需要遵守的相关法律规定。
- 对解雇面谈的内容进行准确的记录，并向员工提供记录的副本。
- 确保解决归还公司身份牌和钥匙以及员工怎样获得最后的薪酬等实际问题。
- 如有必要，可以请公司安保人员参加，但要让他们保持低调，除非有必要参与。
- 在解雇员工之后告知所有相关方。

希尔顿酒店改善入职管理[140]

希尔顿酒店为了提升电话预约专员和顾客服务代表的保留率，围绕员工为什么愿意留在公司里——其中包括强大的品牌、旅行福利以及居家工作——这样一个主题构建了自己的人才保留策略。希尔顿酒店确定了这些职位的核心工作技能，并对面试考官实施了如何进行结构化面试的培训，其中特别强调了员工保留问题。希尔顿酒店不再将具备相关技术经验作为对求职者的工作要求，而是选择在员工入职后再对他们进行相关培训。这种做法就使得希尔顿酒店的求职者人才库得到扩容，使一些年龄较大但具备其他核心工作技能的求职者也能来应聘，而这些人的离职率一般都更低一些。希尔顿酒店还设计了一套现实性岗位预览来提高在最初求职阶段的自我筛选率，而不是等到员工入职后再离职。

在新员工培训结束之后，每一家希尔顿下属酒店都会委派最优秀的主管人员负责督导这些新雇用来的员工，由他们负责这些新员工在入职 90 天之内的保留工作。培训师和主管人员会根据新员工的表现或偏好来讨论他们的去留可能性，然后决定对哪些人进行辅导，而对哪些人则应当基于糟糕的绩效表现予以解雇。此外，希尔顿酒店为鼓励其他员工欢迎新员工的到来，还会发给新员工独特的彩色徽章。在新员工入职 90 天之后，酒店会再发给他们正式的公司徽章。不仅如此，希尔顿酒店还对电话预约中心的总监制定了新的绩效考核标准，其中包括至少有75%的新员工入职后的工作时间达到90天以上，同时，至少有半数的新员工来自内部员工的推荐——员工保留率较高产生的结果。

希尔顿酒店的员工配置和入职管理流程的优化确实起到了不小的作用。在新员工刚入职的最初四个月中，每个月的员工离职率都下降了至少20%，而包括服务质量、平均通话成本以及来电平均处理时间等在内的业务指标都得到了改善。

本章总结

对人才进入组织、在组织内流动以及离开组织的过程进行管理是战略性员工配置的重要组成部分之一。组织社会化可以帮助新员工准确地理解公司、公司的业务、公司的盈利方式以及公司的规范和文化。通过强化新员工在公司以及经营战略执行中扮演的角色，组织社会化可以帮助新员工以更快的速度达到充分的生产率以及强化公司经营战略的执行。恰当地对新员工实施社会化、留住优秀员工以及管理好绩效不佳的员工或不称职员工的离职率，对于在正确的时间将正确的人配置到正确的岗位上以及强化经营战略执行而言，都是至关重要的。

讨论题

1. 想想你刚加入一家公司时入职的情景。这家公司和同事用什么样的方式对你进行了组织社会化？他们对你进行组织社会化的方式有什么值得改进的地方吗？

2. 你认为应如何利用技术手段来最好地帮助新员工完成组织社会化过程并尽快达到合格的生产率？在哪些情况下应用技术手段来实施组织社会化却未必是一件好事？

3. 哪些因素会让你辞去目前的工作（假定你当前是有工作的）？而组织又能做些什么来留住你呢？

4. 你认为哪种裁员目标选定方式最有效？哪种效果最差？为什么？

5. 如果你不得不解雇一位有暴力倾向的员工，你会怎么做？

案例分析 花园之门公司的学费援助计划

在过去的14年中，花园之门公司（Garden Gate）从一个花园用品的小型地方供应商成长为一个多元化的企业集团，该公司在36个州都有自己的商店，年销售净值达14亿美元。公司目前共有员工26 500人，并且员工人数还在以年平均12%的速度增长。花园之门公司希望在未来的五年中继续保持当前的增长态势。在该公司的人才管理理念中，员工被视为公司的投资者，因此，他们在员工开发和培训方面进行了持续的大力投入。公司制定了比较慷慨的学费报销计划：如果员工在业余时间攻读的学士或硕士学位与他们和直接上级共同制定的职业发展规划相符，则公司会为员工提供慷慨的资助。

去年，公司在学费资助上一共花费了 3.5 万美元，因此，公司在近期决定对这一项目的有效性进行评估。评估的起因是一名叫吉尔·艾瑟斯的员工离职了，这位员工声称，自己是因为在获得了工商管理硕士学位后未能得到晋升而选择离开公司的。吉尔·艾瑟斯的职业发展规划是成为公司在某个地区机构的高级会计，她的绩效评价结果为优秀，同时在会计课程中达到的等级也很高。公司在去年一共有 5 个地区会计经理职位（这是介于吉尔·艾瑟斯现有的职位和其目标职位之间的一个职位）出现空缺被填补上了，但公司并未就这 5 个职位空缺与吉尔·艾瑟斯进行过任何沟通。此外，通过更进一步的调查发现，去年还有 17 名达到学费资助的员工离职了。与吉尔·艾瑟斯的情况一样，这些人离职的首要原因也同样是在获得学位后并没有得到晋升的机会。表 12-7 描述了这 18 名得到了公司的学费资助，但是因没得到晋升而离开公司的员工的基本情况。

表 12-7　18 名员工基本情况列表

姓名	性别	族裔	年龄（岁）	离职前所在职位	得到学费资助获得的学位	离开花园之门公司后得到的职位
乔伊·班迪	男	白人	42	数据处理员	会计学士	会计
卡姆林·唐利	女	白人	33	行政助理	管理学学士	销售经理
劳伦·西亚诺	女	黑人	35	品牌经理	工商管理硕士	地区经理
石慧	女	亚裔	31	法务助理	工商管理硕士	财务分析员
约瑟·迪亚斯	男	拉丁裔	39	行政助理	工商管理硕士	市场营销经理
特雷泽·德伊	女	黑人	28	顾客服务经理	会计学学士	管理培训生
伊达·克洛维	女	拉丁裔	33	行政助理	市场营销学学士	品牌经理
罗恩·布朗	男	黑人	27	项目经理	工商管理硕士	生产经理
玛利亚·柯提娜	女	拉丁裔	45	薪酬分析员	人力资源管理硕士	人力资源经理
戴博·桑迪	女	拉丁裔	24	数据处理员	会计学学士	会计
琳达·文特尔	女	黑人	28	培训讲师	成人教育硕士	培训总监
丹妮·陈	男	白人	24	顾客服务经理	财务学士	财务分析员
米亚·班迪	女	黑人	33	行政助理	市场营销学学士	创意总监
达娜·埃里森	女	白人	38	市场营销分析员	工商管理硕士	财务分析员
查娜·埃姆斯	女	拉丁裔	30	销售经理	广告学学士	会计经理
吉尔·艾瑟斯	女性	黑人	41	会计	工商管理硕士	审计总监
阿莱克·史密斯	男	黑人	26	行政助理	金融学学士	管理培训生
萨利·马西诺	女	白人	28	薪酬事务专员	管理学学士	门店经理

花园之门公司通过对自己的内部雇用政策进行审查之后，确定了内部人才的三大来源，同时也发现了其中存在的一些问题：

1. 公司要求上级提名他们认为能够胜任职位空缺的下属人员，但由于在公司内部存在的空缺职位很多，一些管理人员并不会定期查看公司发布的内部职位公告。

2. 公司的人力资源专业人员通过搜索公司的技能清单数据库来寻找符合职位空缺任职要求的员工，但令人遗憾的是，数据库中的这些信息常常是过时的或者不完整的。

3. 职位空缺所在的部门会推荐它们认为可以被晋升的员工。

4. 花园之门公司的管理层担心不能收回自己在学费资助项目上的大量投资，正在考虑终止这一项目。

思考题

1. 请描述学费资助项目存在的关键问题。

2. 表中的这些信息说明该公司存在什么特定的问题？你建议花园之门公司对此采取何种行动？

3. 花园之门公司应当终止学费资助项目吗？

4. 请设计一项计划来提高从学费资助项目中受益的那些员工的保留率。

案例研究作业 切恩公司的战略性员工配置

请参考本书后面的附录来完成本案例研究作业。

第 13 章 员工配置系统评价及技术

学习目标

学习本章之后，你应该能够：

1. 描述员工配置活动对于求职者、新员工以及组织产生的影响。
2. 解释对员工配置工作进行评价的不同指标类型及其各自最适用的情况。
3. 描述一张针对员工配置工作的平衡计分卡。
4. 解释员工配置数字仪表盘如何能够帮助管理人员监控和优化员工配置过程。
5. 描述员工配置技术如何能够提高员工配置的效率和效果。

开篇案例

欧司朗西尔瓦尼亚公司的员工配置技术[1]

欧司朗西尔瓦尼亚公司是德国欧司朗公司在北美设立的分公司，其总部位于马萨诸塞州的丹弗斯市，一共雇用了 11 000 多名员工。在过去的 100 多年时间里，欧司朗西尔瓦尼亚公司专注于为家庭、企业以及车辆提供照明解决方案。作为一家制造企业，该公司的流程有效性直接决定着公司的经营能否取得成功。

欧司朗西尔瓦尼亚公司每个月都要填补 80 个以上的职位空缺，而公司认为招募工作耗费了大量不必要的时间和成本。该公司的招募官会通过公司网页以及各大求职网站获得候选人通过电子邮件发过来的简历，在经过剪切和粘贴之后，把这些简历发送给用人部门经理。而仅仅是将这些来自电子邮件的简历加以剪切、粘贴并发送给用人部门经理，每周就会花去每位招募官 6～10 个小时的时间。此外，在该公司分布于北美各地的 26 个分支机构中，也缺乏标准的招募流程。

作为联邦政府承包商，欧司朗西尔瓦尼亚公司必须按照美国联邦政府合同合规计划办公室制定的《互联网求职者管理指南》的要求来操作，但如果公司不借助某些技术，是很难满足政府的上述要求的。欧司朗西尔瓦尼亚公司希望能够简化公司的招募流程，并且为北美的 26 个分支机构提供一套通用的招募架构，此外，还希望通过引入外部员工配置服务供应商有效地增加人才来源渠道，并且雇用高质量的员工。

现在，欧司朗西尔瓦尼亚公司就如何引入新技术来帮助公司建立起更为有效的员工配置系统这一问题征询你的意见。在学习完本章的内容之后，你应该能够提出一些比较好的建议。

一般来说，经营战略的执行要比战略的制定更为困难。一项研究发现，在 1 800 家大公司中，90%的公司都制定了详细的战略规划，但只有 1/8 的企业能够最终实现战略目标。[2]为什么只有这么少的企业实现了战略目标呢？未能对绩效进行跟踪是其中的原因之一。[3]另外一个方面的原因则是企业未能明确谁应当对战略执行负责。[4]员工配置功能也同样如此：战略性员工配置的一个关键目标是在正确的时间将拥有正确胜任素质的人匹配到正确的职位上去。但是，要实现这一目标需要对员工配置活动进行持续的监控、追踪以及评价。

只有很少的公司能够基于硬数据而不是传闻的证据来做出与招募和员工配置有关的投资决策。不过，仍然有些公司成功地运用数据在员工配置方面形成了自己的竞争优势。人力资源技术公司思爱普就运用数据分析工具来更好地为公司目标的实现提供支持，在这些分析工具中就包括用来分析招募活动的衡量指标以及针对帮助新员工尽快达成合格生产率而实施的那些学习和开发项目所产生的成果方面的分析。[5]康宁公司则要求招募服务供应商提供月度分析报告，以展示每个月从不同招募来源（其中包括各大型招募网站与细分招募网站）获得的求职者人数以及新雇用的员工人数。这种分析报告有助于康宁公司决定应当在不同的招募来源中分配的预算所占的百分比。康宁公司估计，如果自己不是定期进行此类的数据分析，公司可能会由于在招募来源预算分配方面的错误而导致在招募工作中多投入 50%的经费。[6]

技术的出现也使得对招募流程进行实时监控成为可能，使得及时发现在招募过程中存在的瓶颈或潜在偏见并予以纠正成为可能。一旦有合格的求职者提交求职申请，系统便能马上将他们识别出来，从而迅速向他们发出面试通知。这既能加快雇用进程，同时也能提升求职者的体验。当招募官正在对求职者进行评价时，还可以通过采用求职者跟踪系统来掩藏关于求职者的一些个人细节信息，从而避免招募官的潜在偏见起作用。求职者跟踪系统还能够识别并标记出不同的面试官在发出录用函的比例方面存在的差异。例如，如果一位面试官通过了 50%接受面试的候选人，而另外一位面试官的通过比率仅为 10%，那么，企业就需要调查原因，在必要时对面试官提供培训。[7]

为了使员工配置系统以及在其中的投资实现有效性最大化，对员工配置过程进行评价就是很有必要的。**员工配置评价**（staffing evaluation）可以使一家企业的人力资源部门对自己所做的工作提供有效证明，同时还能说明本部门对于公司的财务盈亏所做出的贡献。确保人力资源部门工作有效的方式之一，就是向公司高层管理人员展示与员工配置工作相关的一些硬数据。对企业的员工配置工作进行衡量和评价也能为公司提供关于各种政策执行状况的反馈。例如，许多公司都声称本公司制定了内部晋升的政策，实际上却并未从公司内部提拔太多的员工。然而，令人遗憾的是，这些公司仍然声称本公司的内部提拔政策取得了成功，因为它们缺乏关于内部晋升比率的系统性信息。此外，正如我们在第 8 章中讨论过的那样，只有那些被衡量过的事情才更有可能受到人们的关注并最终得到解决。[8]这些反馈对于企业完善以及进一步制定自己的员工配置政策和管理实践，对于了解本公司到底在多大程度上达成了理想结果等，都是必不可少的。

技术是员工配置过程中的一项重要工具。技术能够提高人才搜寻、招募和评价工具的可用性和效率。此外，技术还能给候选人带来积极的体验，从而提升公司的雇主品牌，并且帮助候选人更好地了解公司、职位以及职业发展机会。将互联网用于实施面试或管理对求职者的评价，可以节约时间，提高标准化程度，方便对评价工具进行效度估计、开展分析和谋求改进。通过在线或电子管理方式产生的数据还有利于最佳搜寻算法的开发以及发现在员工配置过程中可能产生的歧视性负面影响。

在本书中，我们已经以从不同的视角对员工配置的各个方面进行了讨论。本章的目的不是对它们进行回顾，而是讨论与员工配置系统评价有关的范围更大的一些问题。首先，我们会介绍员工配置所产生的各类成果。接着，会讨论用来对员工配置成果以及整个员工配置系统进行评价的技术和方法。最后，会从员工配置和评价过程的角度来对技术起到的作用加以描述。在学完本章的内容之后，你应当能理解为什么评价对于战略性员工配置是至关重要的，应当如何评价员工配置系统，以及应当如何利用技术改善员工配置系统的效果。

员工配置结果

企业员工配置活动产生的影响会有多么深远？其影响远不止简单的员工雇用和晋升这两个方面。一个组织的员工配置会对公司的求职者、新员工、客户乃至作为整体的组织产生影响。在求职者成为一家企业的员工之前，这家企业的员工配置活动会影响他们求职以及继续留在候选人备选库中的意愿、他们对于职位以及作为雇主的组织的期望、公平感、向他人推荐公司以及接受录用的意愿。即使是在一位候选人已经被雇用之后，战略性员工配置对其产生的影响也不会消失。例如，如果企业在招募和甄选过程中采用的是错误的候选人特征，那么，即使候选人最终接受了公司的录用，成为一名新员工，这位新员工在公司中取得成功的可能性也会大打折扣。这也意味着公司无法得到自己需要的人才及其相关工作活动。糟糕的员工配置工作所产生的负面溢出效应还会影响一家企业在未来成功实施招募的可能性，同时破坏组织的雇主形象。在这种情况下，企业可能需要花更长的时间才能填补职位空缺，员工离职率升高而新员工的质量下降，内部领导人才的供给受损，企业在员工配置方面的投资上所获得的回报下降。

相反，雇用正确的员工会使组织马上就能收获员工为自己做出贡献，而不是被迫花费必要的时间和资源去改变他们的行为方式和思维方式。战略性的员工配置活动还可以通过增加适合得到晋升的员工人数缩短填补职位空缺所需的时间。同时，它还能增加企业在员工配置方面的投资所获得的回报。图 13 - 1 展示了一套设计有效的员工配置系统如何能够产生有助于强化组织有效性的员工配置结果良性循环。类似地，设计不佳的员工配置系统也会产生一种恶性循环，它会使一个组织的扩张努力走上错误的轨道，阻碍组织的战略执行，制约组织的长期盈利能力。当然，像培训、直接上级的管理能力和管理风格、薪酬等其他一些因素也会影响图 13 - 1 中列出的新员工方面的结果。不过，员工配置实践对这些结果产生的影响更为显著，这是因为上面那些因素产生作用的方式都与战略性员工配置存在紧密的联系。

企业的员工配置实践无论是好是坏，都会给组织带来相应的财务后果。例如，如果一个公司中的关键职位持续空缺很长的时间，则这家公司便会因此承担高额的**直接成本**（direct costs）。直接成本是指员工配置活动所产生的直接费用。例如，不当的雇用会导致公司在培训、监管、离职以及生产率损失等方面产生费用。对员工配置活动的直接成本进行衡量和跟踪相对简单一些。

间接成本（indirect costs）是指那些不能直接归因于员工配置活动的成本，比如经营机会的丧失、不能按期完成工作、市场份额下降、成本超标、组织灵活性下降、员工士气下降等。雇用不当所产生的间接成本可能远远高于其直接成本，但衡量起来却更为困难。对员工

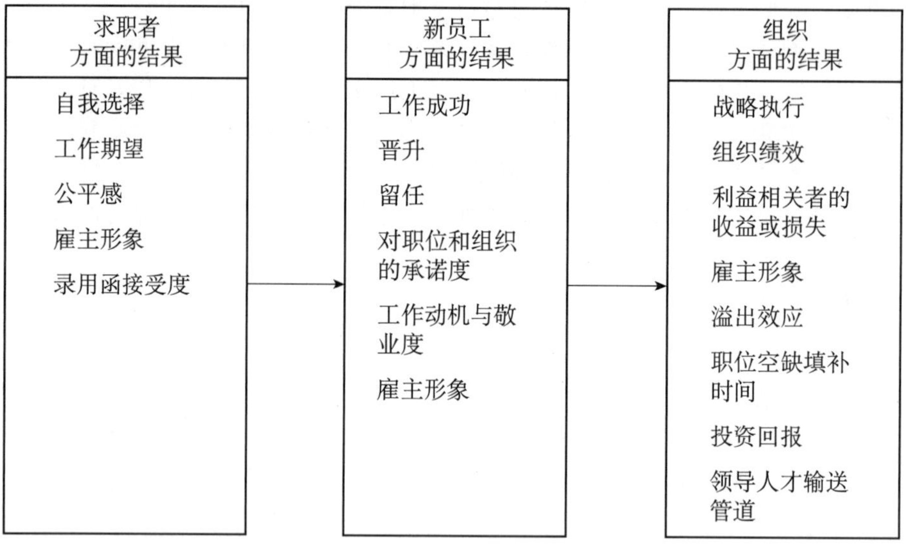

图 13-1　战略性员工配置的结果

配置活动进行评价可以帮助企业计算其员工配置体系的直接成本和间接成本，并找出提高企业在员工配置方面的投资回报率的方法。

员工配置体系评价

我们之前曾说过，对一家企业的员工配置体系进行评价可以使公司客观评估一下自己的各项员工配置实践是否有效，然后采取行动加以改善。正如我们在第 8 章中学到的那样，定期衡量与员工配置有关的各类关键信息片段并且将这些不同的信息片段关联起来的意义重大。而对员工配置数据进行跟踪，然后进行跨时间的比较便是达到这一目的的方法之一。例如，跟踪组织的整体离职率以及各部门和各职位的离职率数据，便能帮助企业确定自己的员工配置总体趋势；此外，对公司员工总人数的跟踪与其他一些要素（比如收入或产量等）结合起来使用也能产生相似的效果。这种做法能够帮助公司发现一个指标是领先于还是滞后于其他指标，从而理解公司的员工配置活动将会如何对公司其他运营领域产生影响。此外，通过确定有意义的发展趋势和要素之间的关系，还有助于一家企业做出更精准的预测以及制定相关行动计划。接下来，我们将讨论关键绩效指标、员工配置衡量指标以及六西格玛（Six Sigma）在改进员工配置中的作用，以及如何实施员工配置过程。

关键绩效指标

要想对员工配置系统进行评价，我们必须首先了解公司的业务战略、人才理念、人力资源战略以及员工配置战略。这些因素决定了对于一家公司来说最为重要的那些员工配置结果。一旦确定了这些员工配置结果，我们便可以设置**关键绩效指标**（key performance indicators，KPI），即对于公司的成功以及长期目标和短期目标的实现至关重要的一些可衡量要素。[9]这些关键绩效指标就是用来对员工配置系统的效果进行评价的多种结果。

为了设计有效的关键绩效指标，企业必须了解哪些要素对于经营来说是重要的以及存在哪些关键性的经营类衡量指标。[10]很多要素都是可以被衡量和加以跟踪的，但只有那些能够带来组织成功的关键绩效指标才是最能强化公司的战略执行的。这些关键绩效指标可能包括像收入增长这样一些财务指标，还有客户满意度、创新以及在全球化方面的努力等一些指标。[11]例如，有一项评价发现，一种新的员工配置系统导致公司雇用的新员工素质更高了，获得收入的速度更快了，因而促进了公司经营收入的增加，这就证明了这种新的员工配置系统对于企业的财务结果做出了贡献。在这个例子中，关键绩效指标便是员工为公司获得的收入，而相关的员工配置方面的评价指标则是新员工的质量以及新员工达成充分生产率所用的时间。在选择关键绩效指标时，非常重要的一点是，要关注能够引导公司取得经营成功的公司文化以及利益相关者的价值观。例如，如果公司已经明确的经营目标是建立一支多元化的员工队伍，那么，很重要的一件事情就是，要识别和跟踪那些在求职队伍中的代表性不足的候选人群体，然后了解哪些是有助于校正这种问题的招募来源。

在对员工配置系统进行评价时，理解滞后性指标和先导性指标是十分重要的。**滞后性指标**（lagging indicator）是指那些在员工配置决策做出之后才能被了解的要素。滞后性指标可以是与一种招募来源的有效性、职位空缺填补时间或者新员工的匹配度、绩效以及可晋升性等有关的衡量指标。滞后性指标虽然可以衡量一套员工配置系统在多个方面的成败，却不能在员工配置过程中帮助公司实现实时改进。也就是说，滞后性指标本身并不能准确地指出企业在员工配置过程中所做的事情是对还是错，也不能指出应当如何加以改善。总的来说，滞后性指标对于员工配置的日常管理没有什么用处，但是可以指出对员工配置系统的哪些领域需要进行分析，同时在搞清楚事实之后加以改进。[12]

跟滞后性指标相反，**先导性指标**（leading indicator）则是领先于员工配置结果或者对其具有预测作用的指标。例如，求职者的质量较差以及平均每个岗位的求职者人数较少等情况的出现通常都会领先于一些负面员工配置结果，比如花费更长时间填补职位空缺、新员工到岗更长时间才能为公司做贡献、新员工的离职率较高等。先导性指标对于监控员工配置的进程非常有用。换言之，先导性指标能够及时向企业提供信息，从而帮助企业在过程之中通过实时调整来改进最终的员工配置结果。例如，如果一家公司的求职者人数和质量低于目标值，这就意味着这家公司在进一步推进员工配置行动之前，应当加大在人才搜寻以及招募方面所做的努力，因为这时候这家公司雇用到质量较差的候选人的风险已经上升了。

有些指标可以同时是先导性指标和滞后性指标。这种情况当然会使对员工配置进行评价变得更加复杂。例如，求职者人数往往被视为职位空缺填补时间的一个先导性指标，但某个岗位吸引的求职者人数也可以是一家公司的雇主形象的一个滞后性指标。表 13-1 描述了一部分指标的员工配置结果。

表 13-1　先导性指标与滞后性指标

员工配置指标	员工配置结果
先导性指标	
雇主形象	求职比率、求职者质量、新员工质量、员工配置的投资回报率
求职者质量	职位空缺填补时间、新员工质量、离职率、用人部门经理满意度、组织的领导力、员工配置的投资回报率
求职者数量	求职者能力的可雇用性、新员工质量、职位空缺填补时间、用人部门经理满意度
滞后性指标	
雇主形象	糟糕的决策、糟糕的员工配置过程、糟糕的招募活动

续表

员工配置指标	员工配置结果
离职率	糟糕的雇用决策、糟糕的招募来源确定、糟糕的招募活动
工作成功	糟糕的规划、招募来源确定以及糟糕的招募和甄选活动

当一个组织没有合适的人对所有的员工配置指标都进行设计、跟踪和分析时，就必须仔细选择那些最能够满足其需要的衡量指标，而组织必须对指标的选择慎之又慎。在一家主要从事医疗设备销售和租赁的拥有 400 名员工的公司中，为保证员工成本被控制在对公司的经营收入和利润比较有利的水平上，人力资源总监及其助理仅仅关注那些最能反映组织文化和战略目标的指标。他们跟踪的以往年数据作为标杆的滞后性指标有四个：公司销售收入与员工成本之比、公司税前净收入与员工成本之比、员工离职率以及人力资源部门的绩效评价结果；跟踪的先导性指标则是缺勤率以及职位空缺填补时间。[13]

对于像美国运通这样的大公司来说，将人员方面的指标与关键绩效指标之间建立起联系可能需要大量的数据支持。美国运通公司密切关注与其关键职位相关的 15～20 项指标，其中包括这些职位出现空缺时的填补时间、在一个岗位得到填补之前公司发出的录用函数量以及员工保留率。公司之所以能够成功地完成这些评价，在很大程度上有赖于其能够利用技术收集相关数据。一家公司的人力资源部门也要与公司的信息技术部门和财务部门开展紧密的合作，才能搜集到相关信息以及对衡量指标进行跟踪。此外，进行员工配置评价的相关部门由于需要处理大量的数据，还需要进行一些试错，并且要有足够的耐心。

员工配置衡量指标

因为人们会关注那些得到衡量的东西，所以谨慎选择关键衡量指标并加以跟踪就有助于员工关注一些关键行为及其所产生的结果。然而，如果关注的信息过多，又很难让员工将注意力放在对公司最为重要的那些衡量指标及其所产生的结果上面。为了对员工配置的结果进行评价，亚美亚通信公司（Avaya）为准备从竞争对手那里挖来的有工作经验的员工人数设定了目标。当员工在公司内部从一个部门调动到另一个部门之后，公司还会将被调动员工的工作绩效与所到部门的平均绩效水平加以比较。公司的一位代表指出："对于大多数公司来说，如果能够留住雇用来的员工，他们便可以说自己的招募工作是成功的。但我们并不满足于此，我们还设定了非常具体的目标。"[14]

美国西南航空公司衡量的关键指标包括雇用一位新员工的平均成本、新员工质量、薪酬、达到充分生产率所需的时间以及高潜质员工的保留率和晋升率，这家公司利用这些衡量指标持续改进员工配置和人才管理过程。例如，如果公司发现某个运营小组的加班小时数超过了平均水平，便会通过降低员工离职率或为该小组增配人员来减少这个小组的加班时间。[15]

员工配置衡量指标可以是长期性的，也可以是短期性的，既可以是效率导向型的，也可以是效果导向型的。接下来，我们将介绍三种不同类型的衡量指标，并讨论应当如何使用这些指标。

长期指标还是短期指标

对衡量指标的跟踪可以是在多个时间区间内。短期衡量指标可以帮助一家企业根据招募结果以及新员工工作成果来对其配置系统进行评价，具体指标包括：

- 各职位或职位族中从不同招募来源和招募官获得的新员工所占百分比。
- 通过不同招募来源和招募官获得的高质量新员工人数。
- 通过不同招募来源和招募官获得的多元化新员工人数。
- 新员工入职所需的平均时间（按职位、招募来源、招募官划分）。
- 新员工达到为组织做贡献的程度所需的平均时间（按职位、招募来源、招募官划分）。

长期衡量指标使企业可以根据新员工在被雇用一段时间之后出现的那些结果对员工配置系统进行评价。这些衡量指标包括：

- 通过不同招募来源和招募官获得的新员工取得工作成功的情况。
- 通过不同招募来源和招募官获得的新员工在组织内的任职时间。
- 通过不同招募来源和招募官获得的新员工的晋升率。

一般来说，短期衡量指标可以作为一家公司在正确的时间将正确的人配置到正确的职位上去执行企业经营战略以及达成近期员工配置目标等情况的先导性指标。而长期衡量指标作为滞后性指标比较有用，最适合用于对一家公司员工配置系统的长期效果进行评价，例如，员工在长期中取得工作成功的情况、离职率以及晋升率等。

员工配置效率指标

员工配置效率（staffing efficiency）是指在员工配置过程中占用的各种资源的数量。对员工配置效率指标进行衡量的目的便是通过最大限度地减少在员工配置过程中占用的资源来对其加以改善——特别是降低雇用成本和员工替换成本。一家公司的雇用成本包括人才搜寻成本、招募成本、甄选成本、推荐奖励、差旅支出、广告费用、对候选人进行评价和背景调查的成本以及在招募过程中发生的餐饮和交通成本。员工替换成本既包括雇用成本，也包括在职位空缺未被填补期间遭受的生产率损失。员工配置效率指标包括人均雇用成本、职位空缺填补时间、全职员工配置专业人员人均处理的求职份数等。此外，许多公司还会将入职管理成本，比如培训成本以及使新员工达到为组织做出贡献的状态所耗费的时间成本等，也计算在内。

在对员工配置效率指标进行跟踪时需要牢记的非常关键一点就是，这些指标不仅必须是有效率的，同时还必须是能够满足公司客户需要的。一方面，如果一家公司的职位空缺填补时间低于某个特定的标杆，则表明这家公司的员工配置效率是比较高的；另一方面，这也可能表明这家公司的用人部门经理并没有花费足够的时间去面试足够多的候选人，从而不能保证雇用来的员工是最优秀的。

计算员工配置效率的方式之一是员工配置成本与新员工薪酬的百分比。这种员工配置效率的计算方式就是用员工配置总成本除以雇用来的新员工的总薪酬，然后再将结果乘以100%。例如，如果一家公司的员工配置效率为12%，那么这就意味着这家公司为了招募到1美元薪酬成本的员工，就需要支出0.12美元，也就是说，这家公司要花12 000美元才能招募到年薪10万美元的员工。[16]而对于一个每年需要雇用400名年薪为4万美元的员工的企业来说，如果它的员工配置效率能够提高2%，那么这家公司每年可以节约32万美元（400×40 000＝16 000 000，2%×16 000 000＝320 000）的成本。通过在人才搜寻、招募和甄选过程中引入更多的技术，很多公司都能很容易地实现这2%的改进。[17]

员工配置效果指标

战略性员工配置并不是简单地雇用大量的人或者是快速且经济地雇用这些人。战略性员工配置的目的是雇用那些能够在职位上取得成功，与公司高度匹配，同时还愿意留在公司里的员工。尽管对一家公司的员工配置系统最初进行评价时主要关注的是效率和成本问题，现在，许多公司已经将关注点转移到了对**员工配置效果**（staffing effectiveness）进行衡量方面。[18]员工配置效果涉及一家公司的员工配置过程在多大程度上满足了公司利益相关者的需要以及对公司的战略执行和绩效做出贡献的程度。员工配置效果指标可以回答这样一些问题："推荐给用人部门经理的最终候选人的数量和水平能够满足他们的要求吗？""雇用体验和速度对于候选人来说是可以接受的吗？"与员工配置效率指标相比，对员工配置效果指标进行衡量和评价的难度更大一些。例如，要想衡量每一位招募官实际填补上的职位空缺数量相对容易（员工配置效率），但对企业来说更为重要的是这些职位填补者是不是正确的人（员工配置效果）。

能够对员工配置效果进行衡量的指标有多种。其中最为明显的一个指标可能就是新员工的工作成功度。工作成功不仅指工作绩效，也包括新员工与工作群体、部门以及整个组织之间的匹配度，以及他们的价值观与组织文化和组织价值观之间的一致性程度。对不同招募来源、招募官以及用人部门经理的上述这些衡量指标进行跟踪，就可以帮助一家公司改善其未来的员工配置工作。而雇用质量则可以反映一家公司是否雇用到了能够达到用人部门经理预定的工作绩效要求的正确人选。新员工取得工作成功是从企业雇用的员工质量达标开始的。在对雇用质量进行评价时，可以采用的指标包括新员工在入职一段时间之后得到的绩效评价等级、用人部门经理满意度调查结果、客观的员工生产率指标、安全率、缺勤率以及离职率等。新员工的质量对于组织绩效来说意义重大。麦肯锡公司在 2001 年发布的关于人才竞争的研究指出，运营类职位上的优秀员工能够使公司的生产率提高 40%；管理类职位上的优秀员工能够使公司利润上升 49%；优秀的销售人员能够给公司带来的销售收入比普通销售员或绩效较差的销售员多 67%。

总的员工保留率或流失率似乎是不错的衡量指标，但是要记住，留下那些绩效不佳的员工实际上是会给公司造成损失的。正如我们在上一章中谈到过的那样，跟踪优秀员工的自愿离职率或绩效最差员工的离职率或许能给企业提供更有意义的信息。分别按照不同的用人部门经理，职能部门或业务单元以及员工所属的种族、性别或年龄段来跟踪每个月的员工离职率并不会花太多的时间，却能为企业提供发现存在员工配置不佳或管理不善的相关信息。对不同招募来源雇用来的员工的离职率进行衡量，则能帮助公司计算出每一个招募来源的投资回报率（ROI）。在 SCT 全球信息技术公司中负责人力资源和组织战略的高级副总裁杰夫·科特尔（Jeff Cottle）便针对不同类型的员工追踪他们的离职率，以评价哪些是可控制的自愿离职，并且搞清楚导致这些自愿离职发生的原因。科特尔指出："我们对于使用这些衡量指标所持的看法……是基于我们的这样一种信念，即人力资本方面的衡量指标与财务方面的衡量指标是有直接联系的。"[19]

对于优秀员工的价值进行评价也可以成为一个非常有用的衡量指标。当一个竞争对手想从得州仪器公司挖走一位优秀的技术员工时，得州仪器公司首先想要做的就是搞清楚这位员工的价值。该公司列出了这位员工曾经为公司贡献的所有创意，同时从专利的角度计算出了这些创意的总价值。结果发现这位员工大概价值 2 500 万美元，因此，该公司认为必须下大力气留住这位员工。得州仪器公司给这名员工发放了数量可观的股票，而股票赠予的方式则可以激励这名员工再为公司工作至少 10 年。不仅如此，公司甚至还为这名员工及其妻子专门安排了一次到某著名高尔夫球场去上为期一周的私人高尔夫球课程[20]。

衡量优秀员工的价值并将其与普通员工的价值进行比较也是一个不错的指标。麦当劳知道，一名优秀的门店经理能够带来的利润要比普通门店经理高出 35%。[21]计算优秀员工价值的做法，还能为一家公司在优秀员工的招募、雇用与保留方面进行更多的投资提供充分的理由。得州仪器公司并不跟踪也不关心公司在雇用关键技术员工方面的成本支出，公司明白，这些员工给公司创造的价值要远远高于公司支付给他们的薪酬，雇用成本在这些员工创造的价值中仅占很小的一部分，因而根本不足为虑。[22]

除了上述这些指标，还有很多指标也是可用的。为了确定公司中的哪些部门正在培养新的人才，思科系统公司采用了一个衡量指标来跟踪员工在公司内部调动的原因，而不是仅仅关注有多少人在公司内部调动。优秀员工总是希望迎接新的挑战，因此公司可以通过跟踪他们在公司内部的调动轨迹来确保管理人员充当人才的“发射平台”，而不是人才囤积者。一旦公司发现了哪些管理人员属于能够“发射”人才者，公司就给予相应的奖励。[23]

瓦莱罗能源公司使用的部分关键员工配置指标如下[24]：

1. 品牌相关指标。瓦莱罗能源公司计算出了依靠公司网页、社区推荐以及非招聘类电视广告来填补职位空缺为公司节约的成本，以此来衡量公司的雇主品牌所具有的价值。根据该公司招募部门的估计，瓦莱罗能源公司的品牌为公司节约的招募成本高达 4 309 005 美元。

2. 员工配置效率指标。瓦莱罗能源公司采用的员工配置效率指标是由一家独立的非专有、非营利性的公司 Staffing. org 开发的，这家公司专门开发标准的人力资源绩效衡量指标。瓦莱罗能源公司用每年的总招募成本除以每年填补的所有职位的总薪酬（即每年从外部雇用的所有新员工在第一年中的基本起薪之和）来计算员工配置效率。员工配置效率介于 5%～9%之间为高效率，高于 16%则属于低效率。[25]但关于员工配置效率高低的这个范围可能会因行业、组织规模以及地区而有所差异。

3. 招募来源指标。瓦莱罗能源公司为各种招募来源设置的一些衡量指标包括：

- 该招募来源的员工配置成本。
- 该招募来源分得的公司预算比例。
- 该招募来源提供的求职者比例。
- 该招募来源填补的职位空缺比例。
- 该招募来源的招募速度。
- 该招募来源的效率。
- 通过该招募来源雇用的新员工在 12 个月内的离职率。
- 该招募来源的可靠性。
- 通过该招募来源填补的职位的平均薪资。

公司内部招募官也根据以上指标进行监控。

投资回报

正如我们在整本书中都在强调的，员工配置成本是一笔投资。这就导致企业在采用衡量指标以及对员工配置活动进行评价时，很容易因过于关注员工配置效率而忽视了员工配置效果。如果仅仅关注以较快的速度和较低的成本雇用足够多的员工——正像很多公司在快速扩张期或劳动力短缺时期所做的那样，那么，这些公司就不太可能会对员工质量方面的要求给予足够的关注。在一段时期，通用电话电子公司（GTE）——现在是威瑞森通信公司（Verizon）的一部分——的人力资源部门在提高效率和降低成本方面承受着很大的压力。为了加快雇用速度，GTE 的招募官不再从大学应届毕业生和有经验的专业人员中招募员工，而是到临时雇用服务机构和求职者数据库中去寻找员工。这种做法确实提高了 GTE 的员工配置效率，其中一个地区分支机构的职位空缺填补时间比该公司的平均水平还少 50%，平均雇用成本也非常低。但很遗憾的是，这个地区的员工离职率是公司平均水平的两倍，客户满意度也出现了下降。与雇用大学应届毕业生和有经验的专业人员不同，临时雇用服务机构和求职者资料库中的人才可选择性低得多。[26]对 GTE 来说，之前尽管员工配置成本更高，填补职位空缺需要的时间更长，但那是一项不错的投资。

在这里需要注意的一点是，如果一个组织追求的唯一目标就是雇用到最高质量的员工，那么其员工配置项目可能就无法提供足够的新员工，或者即使是能够提供足够的员工，成本也会非常高。事实上，组织雇用员工的一般准则都是在能够获得的人才中择优雇用。正如我们曾经解释过的那样，并非所有经营战略都要求所有的职位都必须由最优秀的人才来填补，一家为建筑师提供技术支持的计算机辅助设计公司——建筑支持服务公司（Architectural Support Services）便是这样的一个例子。这家公司在创立不久的时候只雇用最优秀和最聪明的员工，但那些高质量的员工之间出现的内斗导致公司士气低落、离职率高企，公司运营也受到了负面影响。该公司终于认识到，并不是所有的职位都需要由来自顶尖的四年制大学的最优秀毕业生填补，因而开始从社区大学中招募员工。结果，公司收获了一支忠诚度和敬业度大大提升的员工队伍，公司的收益也增加了。[27]这个例子给我们的启发就在于，企业必须在员工配置效率和配置效果之间取得适当的平衡。

一家公司可以单独计算某一项员工配置活动的投资回报率，比如各个不同的招募来源和评价方法的投资回报率，也可以计算作为一个整体的员工配置系统的投资回报率。很多公司并不知道哪个招募来源提供的候选人质量是最高的，而有很多公司则开始对自己的雇用渠道进行科学评价。这种评价有助于一家公司了解自己的不同招募投资所产生的回报高低，从而砍掉那些回报较低的招募来源，并且基于分析结果与外部招募机构通过谈判获得对自己更有利的合同。

尽管讲了这么多，但要对一家公司在总体员工配置上的投资回报率进行评价并非易事。无论如何，只要企业能够认真地进行相关评价，还是能够得出其员工配置活动的效果及其投资回报率的。[28]

六西格玛

六西格玛是摩托罗拉公司在 20 世纪 80 年代开发出来的，这一方法现在已被包括通用电气公司和陶氏化学公司等在内的众多大公司所采用。**六西格玛**（Six Sigma）是利用统计数据衡量和改进业务流程及其结果，力求使其趋于完美的一种数据驱动型质量控制方法。[29]六西格玛的中心原则是通过对缺陷进行衡量、确认并消除误差产生的根源，最终将缺陷降低到接近零的水平。六西格玛最初是在生产环境中被开发出来的，但它的原则和实施过程可以用于改进任何流程，其中包括员工配置。

六西格玛可以用来改进员工配置所产生的一系列结果，其中包括：

- 降低高绩效员工的离职率。
- 提高求职者的质量。
- 改善新员工与公司文化之间的匹配度。
- 缩短填补职位空缺所需的时间。
- 提高企业在员工配置方面的投资回报率。

通用电气公司旗下的医疗系统事业部在开发招募主页时便采用了六西格玛。[30]微软公司则将公司的招募活动与公司在其他领域实施六西格玛的做法结合在一起，甚至特设了一个“质量改善经理”的高级职位来帮助公司改进针对技术型员工的雇用程序。[31]

六西格玛是从绘制一张流程图开始的，通过流程图来界定并以图形方式描绘出需要加以改进的流程。这张包含了整个流程的流程图可以帮助企业确定需要加以分析的重要衡量指标。在确认了系统中存在的任何缺陷的来源之后，接下来就需要制定一套改进方案来消除这些缺陷产生的根源。为了改进员工配置流程的质量，就必须做到两点：一是使员工配置流程中的每一个步骤都在最大程度上确保被甄选出来的候选人符合用人部门经理的要求——而实现这一目标的方式则是在每一个步骤上都应尽可能地将不合格的候选人筛除出去。二是尽可能地提高合格候选人对于职位以及作为雇主的公司的兴趣。图 13 - 2 描绘的就是一张员工配置流程图。

陶氏化学公司将六西格玛运用于公司的全球员工配置流程，以改善员工配置质量及其产出。该公司负责人力资源信息技术的全球总监琼·沃克尔（Jon Walker）这样说道：

> 要想改善企业的员工配置流程，最佳实践和那些已经被证明行之有效的方法是关键。自从我们引入了新的流程和员工配置管理技术之后，我们已经将西格玛提高了至少50%……而西格玛的提高通常会带来财务效率的提高以及成本下降 5%甚至更多。从员工配置管理的角度来说，我们认为，公司之所以能够取得这样的生产率收益，应当归因于我们能够以更快的速度找到合格的候选人，新员工能够在更短的时间内开始为公司做贡献，填补职位空缺的周期缩短了 40%。[32]

当科罗拉多州本地的失业率仅为 2%时，当地的一家制造公司因为无法为每周 7 天、每天 24 小时都必须有人工作的岗位招募到足够多的员工，不得不让公司的熟练工经常加班，而这导致公司必须支付大量的加班工资。于是，该公司在员工配置流程中引入了六西格玛，这时候公司发现，由于整个雇用周期长达五周——提出求职申请一周、进行各种测试一周、面试一周、血液测试一周、收到录用通知一周，很多候选人早就在此之前找到其他工作了。通过绘制流程图和扫除各种障碍，这家制造公司将其雇用周期缩短到了一周，提高了雇用率，减少了员工的加班小时数，也不用再像以前那样在出现职位空缺时向其他员工支付高薪了。[33]

六西格玛以及其他一些质量控制方法并不是仅仅被用于对各种活动进行衡量，它们同时还可以用于理解这些衡量指标背后的影响变量，然后再系统地去控制这些变量。六西格玛中的 DMAIC 流程，即定义（define）、衡量（measure）、分析（analyze）、改善（improve）和控制（control），可以运用于已有的内部流程，而 DMADV 流程，即定义（define）、衡量（measure）、分析（analyze）、设计（design）和验证（verify），则可以有效地运用于新流程的创建。这两种流程的详细内容如下[34]：

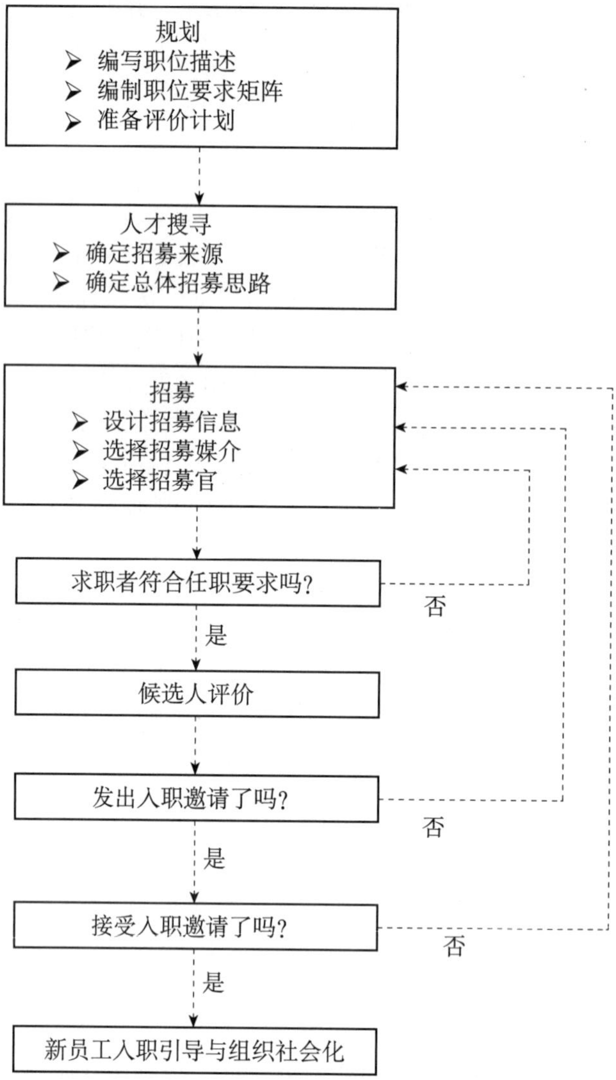

图 13-2　员工配置流程图

DMAIC 流程（定义、衡量、分析、改善和控制）：

● 定义问题。降低企业不愿意看到的高绩效员工的离职水平。

● 衡量。确定对离职进行衡量的关键指标，比如，高绩效员工与低绩效员工的离职率对比。

● 分析。了解导致员工离职的关键因素及其发展趋势，比如，低员工敬业度、员工对上级与薪酬的不满、外部劳动力市场对员工所拥有的技能需求很高等。

● 改善。制定并实施一项计划来应对上述因素。

● 控制。通过实施控制持续性地降低离职率。

DMADV 流程（定义、衡量、分析、设计和验证）：

● 定义项目的目标以及可以让客户感知到的结果，例如提高新雇用员工的质量。

● 衡量。确定用人部门经理的需要，比如，他们需要尽快雇用到高质量的员工。

● 分析人才搜寻、招募、甄选以及发出录用通知的流程。

- 设计员工配置流程以筛除不合格的候选人，并尽可能提高新雇用员工的质量。
- 验证新程序在满足用人部门经理需要方面的绩效表现。

尽管人才搜寻、招募和甄选的某些领域部分更像是一门艺术而不是科学，但只要这一领域的内容是可以被衡量的，六西格玛就有用武之地。例如，一家企业可以通过加大在某些效度较好的甄选工具上的投资来剔除更多的不合格候选人，从而节省为进一步对这些人进行甄选而产生的面试成本和差旅成本。这些甄选工具除了能够降低公司的招募成本，还能改善所雇用的候选人的质量，同时提高员工的保留率。

平衡计分卡

优良的绩效并不仅仅表现在最终的财务结果方面。**平衡计分卡**（balanced scorecard）便是一种可以用于对员工的绩效进行监控、评价和管理，并且通过为员工设定财务目标和非财务目标来使他们的个人绩效与企业的关键经营目标保持一致的工具。[35]换言之，平衡计分卡是要力图在战略目标、运营目标、财务目标以及客户目标四者之间实现平衡。这种方法还有助于管理者监控和评价员工的绩效，并且在必要时及时采取矫正措施。财务结果是一种历史指标。因此，如果在对一家企业的员工配置流程进行评价时，仅仅依靠财务指标会存在局限，因为这种指标仅仅揭示出了这家公司在过去做得怎样，而不是在未来会做得怎样，而对非财务指标——比如求职者和员工对员工配置流程的看法以及用人部门经理对员工配置流程的满意度——进行监控，则能够提醒一家公司在未来的员工配置方面可能会遇到哪些问题。例如，员工满意度的下降可能会促使管理者这样说："由于低员工满意度会导致离职率的上升，并且会损害我们的雇主形象，我们现在就应该马上解决员工满意度下降的问题。"

平衡计分卡可以通过下列方式对企业提供帮助[36]：

- 跟踪和比较企业内的不同业务单元、职能部门以及员工的绩效变化趋势。
- 与其他组织进行对标。
- 确定公司的绩效最优秀员工以及最佳实践。

首先应当设计出公司级别的平衡计分卡，这样就可以界定组织的整体目标和工作日程。接着，各业务单元需要在公司平衡计分卡的指导下设计出本部门的平衡计分卡，从而为组织的更宏大目标和战略提供支持。而一旦各业务单元的平衡计分卡创建起来，各支持部门——其中包括人力资源管理和员工配置部门——就可以设计出本部门的平衡计分卡，以明确本部门需要实现的目标，并且追踪自己在实现这一目标的过程中取得的进步。

员工配置平衡计分卡（balanced staffing scorecard）包括能够给员工配置流程带来价值增值的每一种活动的目标、目标值以及行动计划。通过运用一些电脑软件，比如甲骨文公司开发的平衡计分卡软件包，管理人员可以更方便地对不同业务单元在员工配置方面的绩效加以比较，并且将其与公司的预算、历史数据以及公司同行的绩效进行标杆比较。管理人员通过在自己的电脑上点击任意指标便可以实现对这一指标的更为详细的分析。如果在员工配置流程中存在什么问题，这种系统也可以让员工通过线上合作的方式来分析问题出现的根源，并采取相应的矫正措施。此外，这种软件系统还能帮助管理人员更为直观地了解自己的决策对于公司战略产生的影响。

应当用一家公司的目标和战略来指导其员工配置平衡计分卡的开发。大多数衡量指标都应当重点考察员工配置的有效性——也就是为公司创造价值。少量的指标可以用来考察员工配置的效率以及成本控制。但平衡计分卡中的评价标准选择不能仅基于公司的战略和目标确定，还应当考虑企业可能面临的挑战，比如劳动力市场趋于紧张或者员工队伍的人口结构特征发生变化等。平衡计分卡中的评价标准也可以用于解决企业当前正在面临的任何问题——比如，如果公司在填补关键性的领导类职位方面遇到困难的话。

假设每个没有得到填补的销售代表职位空缺每天会给一家零售商带来 8 000 美元的收入损失。这家公司有大约 2 000 名销售代表，并且在任何时候都平均存在 120 个职位空缺。公司希望尽可能缩短销售代表职位出现空缺的时间长度。此外，销售部门经理与销售代表在销售一线相处的时间会给公司带来 20%的销售收入增长。因此，这家零售商希望管理人员能够在耗费于销售一线的时间与进行招募和候选人面试的时间之间实现很好的平衡。为了保证员工配置的效率，这家公司要求门店经理在雇用一位新员工之前至少要面试 4～7 名候选人。公司还希望能够确保销售人员队伍是多元化的，并且通过对员工离职率的控制来降低员工替换成本以及销售收入的损失。

针对上述情况，这家公司可能会设计出如图 13－3 所示的月度员工配置平衡计分卡。表中第一行的右侧展示了各个门店区域需要被跟踪的绩效指标，每个绩效指标需要达成的具体目标展示在每一列的第二行之中。当一个绩效指标持续达到目标值时，其对应的数据格便显示为中灰色；当这个指标可能出现问题时，对应的数据格显示为浅灰色；而当指标值超出了目标范围时，对应的数据格则会展示为深灰色。该公司对门店经理在雇用员工方面花费的时间以及每雇用一名销售代表进行面试的次数进行跟踪，以此来确保门店经理在招募新员工方面花费了充足的但又不过多的时间。此外，这家公司还跟踪填补一个职位空缺平均需要耗费的时间。如果有很高比例的销售代表职位出现空缺，就传递出了必须采取紧急行动的信号。通过跟踪新员工在第一年中的离职率，可以帮助该公司确定应当在哪些方面采取留住员工的努力。通过跟踪新员工在入职第一年的平均绩效以及新雇用员工的多元化程度等，可以帮助企业确保员工配置实践符合国家公平就业机会委员会的规定以及对员工队伍多元化的承诺提供支持。而任何存在问题的员工队伍人口结构特征则会在方格中被指出。对每个区域的门店员工配置水平进行跟踪，有助于确定公司的员工配置工作是否使各区域门店保持足够数量销售代表。客户服务分数被列在最后一列，这一指标表明，那些在员工配置方面遇到的问题最

门店所在区域	新雇用员工人数	门店经理雇用一名新员工所需的时间	门店经理雇用一名员工平均耗费的面试时间	填补职位空缺所需的时间	新员工入职第一年的离职率	新员工在入职第一年的平均绩效得分	公平就业机会法律遵从	每家门店的员工配置水平	客户服务得分
目标		＜20小时	＜7小时	＜60天	＜15%	＞85	合规	＞90%	＞90
A	120	25	8	75	17	87	是	88	84
B	78	15	5	55	9	84	女性	91	94
C	89	17	4	58	11	92	黑人男性	94	93
D	111	29	6	63	22	76	是	84	85
E	64	15	5	50	14	88	白人	98	97

图 13－3　针对销售代表的月度员工配置平衡计分卡

注：中灰表明处于正常目标范围之内；浅灰表明存在达不到目标的风险；深灰表明当前没有达到目标要求。

大的门店，同时也是在客户服务方面得分最低的门店。在理想情况下，对于平衡计分卡中的任何一个方格，都可以通过点击的方式追溯该区域的更为详细的信息，从而有利于通过更好的诊断来发现任何需要引起关注的问题。

在通常情况下，要想改善一家企业在员工配置方面的衡量指标，其实并不需要大动干戈。可以采取的方法之一便是首先确定某个存在问题的领域，然后再考虑如何采取措施来对其加以改进。例如，如果新员工的离职率过高是个问题，那么便可以按照每一位店长的下属员工的离职情况来对这一问题加以跟踪，然后发现导致新员工离职的原因。接着，反向从过去的员工配置活动中寻找相关信息，确定需要改进的领域，而后采取变革措施并对其结果加以跟踪。如果入职一年后离职的原因是看不到清晰的职业前景，公司可以在招募与社会化的过程中加入岗位预览与职业发展的相关信息，并将职业规划整合至员工的年度绩效讨论中。在以上措施实行后，再追踪新员工的离职率，看看它是否有所下降。如果没有，再次评价离职原因并再次采取相应措施。为理解与解释的方便，这一过程中所使用的指标不应太复杂，指标数量也不宜太多。

诺基亚公司希望所有新员工都能与公司文化之间达成较高的匹配度，并且能够持续学习以及适应公司正处于变化之中的经营需求，为此，该公司要求人力资源部门以及用人部门经理对以下两个方面的匹配度进行仔细的评估：一方面是公司的需要是什么，公司能够为新员工提供些什么；另一方面是每一位新员工的需要是什么，他们想要什么，以及他们能够为公司做出怎样的贡献。诺基亚公司对新员工在入职一年以内的离职率进行跟踪，以帮助公司发现可能存在问题的领域，同时也能指导公司人力资源管理专业人员尽快采取矫正措施来解决背后的问题。诺基亚公司还会通过组建焦点小组的方式或其他方法来对公司在员工配置方面的工作进行更深入的评价，采用这些方法的目的在于确定导致新员工离职率过高的原因。这些原因可能是雇用流程存在问题、用人部门经理能力不足、人力资源管理方面存在问题，也可能是当初夸大了公司以及公司所提供的这些职位的优点。诺基亚公司还会注意小心避免把员工配置衡量指标管得过细。为了强化公司文化，诺基亚公司只是在绩效指标和员工流失指标表明出现了问题时，才会去搜集一些与额外的衡量指标有关的信息。此外，该公司在运用员工配置方面的衡量指标时，还会小心地针对不同的员工人口类型以及不同的问题对指标进行量身定制。[37]

一种比较好的做法是，在实施员工配置评价项目时，逐次展开，而不是一次性地对整个员工配置系统进行全面的评价。最好是一次只对员工配置系统的一个组成部分进行评价，而可以采用的评价方式则是计算出这个要素对于某些关键绩效指标所产生的影响，这些指标包括某个业务单元的生产率、员工留任时间、员工的绩效、劳动力成本以及员工晋升率等。例如，对于一家基于运营卓越这种竞争优势来实现成本领先战略的公司来说，劳动力成本可能就是该公司非常关注的一个指标。这个指标当然就是可以用来跟踪的一个很好的对象。企业还可以跟踪更好的招募、雇用和入职管理带来的直接和间接成本节约以及与职位出现空缺相关的成本，比如支付经济补偿金和失业保险费、加班工资以及雇用临时员工相关的成本。企业还可以将财务部门和运营部门等其他部门吸收进来，帮助企业获得进行评价所需的信息和数据。这一过程可以帮助企业明确员工配置活动对于一些重要的组织结果是有影响的，也有助于证明在员工配置方面加以改进是有必要的，同时还能够扩大评价项目的涉及范围。

非常重要的一点是，应当将员工配置指标与不同的人加以匹配，让这些人在雇用过程中对这些指标负责。例如，诺基亚公司会对新雇用的高层管理人员的绩效进行跟踪，并且与将他们推荐到公司来的招募官或猎头机构加以对应。而对于公司中层级较低的那些职位来说，诺基亚公司则会对新员工的绩效进行跟踪，并且将他们与所在部门的经理以及当初招他们进来的招募官加以对应。[38]

员工配置系统评价中的道德问题

在对员工配置系统进行评价的过程中必须注意伦理道德问题。用来对员工配置系统进行评价所需使用的数据的质量必须很高。因此，每一个负责搜集数据的人都应当努力确保数据的准确性。此外，企业还应当确保员工和求职者个人信息的私密性。员工的所有个人信息，包括他们的绩效信息与薪资信息，都需要加以保密和安全管理。此外，如果企业在搜集这些信息时已经告知求职者或员工这些信息只会被用于指定的用途，那么这些数据便只能用于这些用途。另外，企业还需要认识到，在不同招募官之间进行某些方面的绩效评比可能是不公平的。有些招募工作本来就更难完成，这是由于合格的、多元化的候选人本来就不多，或者是合格候选人在总体上的数量就是不足的。为某些特定的职位族招募员工的工作也有可能更难以完成一些，这是因为与这些职位相关的劳动力存在市场短缺问题，护理职位与长途卡车司机职位便是这方面的两个很好的例子。正因为如此，有专家建议，要想对招募官的绩效进行公平的比较，就应当限定在对同一地区、同一职位族、同一年份的招募绩效进行对比。[39]

技术与员工配置评价

一位专家曾经这样说过："当人才战争蔓延到互联网上时，员工配置技术将会成为决定公司胜败的关键因素。"[40]互联网的确极大地改变了员工配置实践。例如，通过互联网实施在线招募的成本仅仅只有传统的招募广告以及其他传统招募来源的5%。通过在线方式实施招募、求职申请提交以及简历筛选，已经使平均雇用周期从传统的43天减少到了不足两周的时间。[41]像互联网这样的技术已经帮助很多企业得以在世界范围内获得大量的合格求职者。

然而，使用技术并不仅仅意味着利用互联网来搜寻和招募求职者。例如，数据库技术和各种分析软件大大方便了企业在求职者和员工的整个职业生涯中去收集和整理与他们相关的信息。[42]此外，技术的使用还能使公司能更便利地完成员工意见调查，而这种调查会有助于企业对自己的员工配置系统的有效性做出评估。伯纳德·赫德公司（Bernard Hodes）利用QTrac软件来对一家公司在雇主品牌建设和员工配置方面的投资回报率进行评估。这套软件会在新员工入职30天、90天、180天、365天的时候对他们进行多次在线调查。每个时期的调查问题各不相同，这些问题都与新员工在那个时期的情况紧密相关，这种调查可用于找出公司在招募、入职管理、培训以及新员工体验等方面存在的问题，从而帮助企业强化在招募和留住员工方面的有效性。家居建材零售商劳氏公司利用QTrac软件出具的月度报告来改善公司的招募技术和候选人的求职体验。该公司在引入QTrac软件仅仅两个月之后，便根据获得的信息制定了实实在在的计划来改善自己的员工配置流程。[43]

因此，技术既可以帮助企业从效率和效果两个方面来对员工配置功能做出评价，也可以用于改善公司的内部人才管理。下面我们逐一讨论最为常用的一些员工配置技术和工具，其中包括简历筛选软件、求职者跟踪系统和人力资源信息系统及其使用方法。然后，我们还会讨论作为一种非常关键的员工招募技术的公司网站以及数字仪表盘。

简历筛选软件

简历筛选软件可以根据特定的关键词或短语来对简历进行筛选，这样招募官就不需要逐一审读这些简历了。这种软件节约了招募官的大量时间，也使那些在发布职位公告之后会收到数千份简历的公司能够更好地通过互联网来管理自己的招募过程。然而，过度依赖这种软件的问题在于可能会使公司忽视那些并不符合特定标准的优秀人才。正如一位专家所说的那样："在有些情况下，最优秀的候选人可能并不具备某些特定的技能，但他们很快就能学会。"[44]如果企业没有为发现最优秀的候选人而投入足够的时间和资源来对这种软件进行微调，也可能会出现这样一种情况，即招募官手中拿到了堆积如山的与关键词相匹配的简历，但真正拔尖的候选人寥寥无几。[45]

企业在挑选简历筛选软件时一定要慎重——有些软件可能会不成比例地将某些属于被保护群体的求职者排除在外，具体情况取决于软件的工作方式。例如，一家公司之所以被起诉，就是原告认为该公司的简历筛选软件将求职者中的非洲裔美国人都剔除掉了。实际上，简历筛选软件仅仅是识别出那些带有某些关键词或关键短语的简历，并不是删掉那些不符合筛选标准的简历。原告声称，简历筛选软件所采用的这些关键词与非洲裔美国人经常用来传达同样信息时所使用的关键词不一样，因此即使这些非洲裔候选人是合格的也得不到机会。此案很快就和解了，关于该公司所使用的关键词是什么我们并无太多的信息。[46]但无论如何，这个案例还是告诉我们，做一个明智的信息充分的消费者以及了解软件的工作方式是十分重要的。

求职者跟踪系统

求职者跟踪系统（applicant tracking system，ATS）实际上是一个同时带有求职者信息数据库和职位信息数据库的管理软件，它能够使两者之间的匹配变得更加便捷。第一代的求职者跟踪系统仅仅搜集基本的简历信息，所具有的搜索能力也是有限的。而今天的求职者跟踪系统，无论是在一家公司内部使用，还是与招募网站挂钩使用，都能使人力资源管理人员和直线经理监管整个招募和员工配置过程——从挖掘简历到进行基本的简历筛选，再到实施背景调查和做好新员工的入职管理。有些求职者跟踪系统还能生成关于候选人的详细画像，其中包括候选人的教育经历、基本背景、技能、行为特质、工作历史以及薪资要求。PNC 金融服务集团（PNC Financial Services Group）的求职者跟踪系统会自动将现金处理工作经验不到两年的求职者筛除出去，并且会在一天之内向被拒的求职者发送电子邮件，建议他们到本公司求职网站上去搜索更适合的职位。[47]

大企业在求职者跟踪系统上的投入大约占到外部招募预算的 7%。[48]求职者跟踪系统不仅能够降低招募成本，而且能够加速完成招募进程，同时提高公司找到能够帮助组织取得成功的那些求职者的能力。[49]销售人才网（Salesforce. com）开发的基于云端的招募工具 Vana HCM 不仅能够帮助企业编写职位公告、自动处理简历附件、在数千个人才招募网站上发布职位公告，还能通过对各种报告的追踪来发现哪些岗位在过去很难被填补，从而帮助企业在未来的招募工作中分配合适的资源和时间。

求职者跟踪系统还能向管理人员提供面试和甄选方面的指南，甚至能通过在线测试或问卷对求职者进行预筛选。例如，申请成为美国大陆航空公司（Continental Airline）乘务员的求职者在正式提交求职申请之前，必须先在线回答 41 道问题。[50]此外，由于求职者跟踪系统会将候选人的相关数据保存在数据库中，搜索、过滤和整理求职申请的速度更快了，有效性也更高了。这就将招募官的时间解放出来，用于人才搜寻和与候选人进行沟通，并且也会减少企业在填补职位空缺过程中存在的低效率以及耗费的成本和时间。在求职者跟踪系统中通常还包括帮助企业遵从公平就业机会法律的报告工具，以及用于管理企业与求职者之间沟通的相关工具。

求职者跟踪系统通常都是由仁科、思爱普以及甲骨文等这样一些大型软件公司开发出来的，除此之外，人力资源诊断公司（HR Diagnostics）、招募系统公司（RecruitPro）以及雇用之桥公司（Hirebridge）等也有类似的产品。根据这些求职者跟踪系统的复杂程度差异，其成本也从数百美元到数百万美元不等。对最终用户就如何使用这些软件进行培训对于成功使用这些软件是非常关键的，公司除了需要对软件操作人员进行培训，同样重要的还有选择最佳的报告指标以及仔细对该系统各个功能的可用性进行测试等。各种功能之间的整合性越好，则系统的可用性就越强。

吸引并保留高质量的多元化人才对于康尼格拉食品公司（ConAgra Food）实现其持续增长的战略而言是至关重要的。为了使公司的员工配置过程更加具有战略性，康尼格拉食品公司认识到，要想丰富自己的人才储备库并实现多元化，最好的方式之一便是发挥互联网的作用来帮助获得更多的外部候选人。现在，康尼格拉食品公司的求职者跟踪系统会自动保存所有通过互联网投递到公司的求职信和简历，但该公司的人力资源管理人员只会去审查那些经过系统预筛选的简历。这就节约了招募官原来在简历搜索方面耗费的时间。现在，康尼格拉食品公司 50%以上的招募活动和员工配置活动都通过互联网和公司的内部简历数据库进行，与此同时，高质量人才的流入数量也在上升。在康尼格拉食品公司的求职者跟踪系统中包括的一个指标体系，使得该公司能够通过制定可行的行动计划来实现与候选人质量和多元化程度有关的公司招募目标。[51]

根据专家的意见，求职者跟踪系统至少应当能够做到以下几点[52]：

- 扫描简历。
- 自动生成可向被录用的候选人和被拒绝的候选人发送的邮件标签与邮件。
- 生成公平就业机会法律遵从报告。
- 安排面试日程并跟踪面试情况。
- 存储公司的职位描述。
- 根据员工配置活动、招募官、招募来源进行员工配置数据统计。
- 生成职位要求分析。
- 生成员工配置成本分析。
- 生成求职者特征画像。
- 生成电子邮件标签。
- 将管理人员对不同候选人的记录以及员工配置过程在线存储。

图 13-4 展示了人力资源诊断公司开发的求职者跟踪系统的一张界面截图。该系统的主界面显示了雇用过程的每一个阶段的候选人数量，左侧的菜单则通过提供一系列的快速链接方便管理人员查看求职者报告、测试结果以及关于候选人和雇用过程的各种相关信息。

图 13-4 求职者跟踪系统（求职者跟踪系统）的范例

资料来源：From http://www.hr-diagnostics.com., Reprinted with permission from HR Diagnostics.

人力资源信息系统

人力资源信息系统（human resources information system，HRIS）是一套专门用于保存、处理所有人力资源信息并对所有员工及其相关信息加以跟踪的包括软件和相应的支持性计算硬件在内的系统。人力资源信息系统也称人力资源管理系统（HRMS），这些系统已经在为大多数现代企业的人力资源部门提供支持了。人力资源信息系统可以将分散的各个人力资源系统整合在一个能够完成大多数人力资源管理事务的中心化数据库之中[53]，同时还具有一定的报告能力。有些人力资源信息系统甚至能在候选人尚未成为本公司员工的时候便能跟踪他们的动态。较好的人力资源信息系统可用于管理所有的员工信息、分析和报告员工信息、管理求职信和简历，同时还能够为公司做好新员工入职管理提供便利。

人力资源信息系统一般包括每一位员工的以下几个方面的信息[54]：

- 所属部门。
- 职位名称。
- 职位等级。
- 薪资水平。
- 历史薪资。
- 曾任职位。
- 直接上级。
- 已完成培训。

- 特定任职资格条件。
- 族裔。
- 出生日期。
- 残疾状况。
- 是否退伍老兵。
- 护照身份。
- 选择的福利项目。

因为让哪些数据进入人力资源信息系统以及如何对一些数据进行标记可能会存在地区差异和文化差异，所以要想通过人力资源信息系统提供全球统一的报告就会存在难度。正因为存在这种困难，人力资源信息系统有时候会针对不同的地理区域提供不同的技术解决方案。[55]

公司网站

你可能已经注意到，许多公司都在自己的网站上特别开设了一个职业发展机会的专栏，专门向公众介绍本公司可以提供的一些工作机会。事实上，公司网站已经成为大多数学生了解一家公司以及评价自己在该公司中的职业发展机会的主要途径。除了提供关于当前职位空缺的相关信息，公司还可以在职业发展栏目中介绍自己的文化和使命。现在，许多公司都能接受在线求职申请，同时对候选人进行在线预筛选测试。设计水平较高的公司职业发展网站还能够使得面试更为有效，这是因为求职者想要询问的一些基本问题已经可以从网站提供的内容中得到回答，而那些与公司之间的匹配程度较差的人则很有可能在以在线方式了解了公司和工作机会之后，主动退出。

非常关键的一点是，一家公司的职业发展机会页面的链接应该是很容易被发现的，并且一直是可用的。一家保险公司将可以提供的职位机会的链接放在了公司主页的底部，这样，用户就需要将很多无关的历史信息翻上去之后才能看到这个链接，这导致到公司网站来询问职位信息的人数下降了 80%。当然，也有一些公司在搭建自己的职业发展机会页面时会努力以很多创新性的方式来吸引候选人的眼球。[56]高盛公司在 www. goldmansachs. com/careers/index. html 这个网址上设计的交互式职业发展机会页面就是这方面的一个很好的例子。企业可以在职业发展机会页面上占用尽可能多的必要空间，以宣传公司独特的雇主品牌，展示公司的工作机会。该网站提供的搜索功能有助于访问者找到自己心仪的工作机会和工作地点，自我评价测试还可以帮助求职者确定哪些工作机会是最适合他们的。下拉菜单和简历生成器可以帮助求职者用一种标准格式来提供自己的背景信息，从而方便公司对简历进行筛选以及相关信息的保存。

如果一家公司的职业发展机会网站设计得很专业并且很容易浏览，还能帮助公司树立并维护良好的雇主形象。尽管要开发一个优质的公司网站所需的成本很高，但这种成本应当被视为一项长期投资，因而可以被分摊到浏览和使用这个网站的所有人身上。这项投资还有可能缩短企业的雇用时间，并降低与员工配置有关的其他成本。

尽管员工配置技术给企业带来了很多好处，但也会出现一些功能失调的情况或者是一些意想不到的后果。[57]计算机化的招募和员工配置系统使得雇用过程的人情味更弱，灵活性更差，对求职者的吸引和保留率产生了不利的影响。如果某些求职者子群体接触电脑系统的机会较少，或者是不具备操作这些计算机系统的技能，那么，在线招募的方式就很可能会对这些群体带来不利影响。求职者对个人隐私的顾虑有时候也会使他们不太愿意使用电子招募系统。[58]此外，有些调查发现，电子招募系统并不总能吸引来最合格的求职者，反而更能吸引那些经常换工作的人。[59]

下面是专家针对电子化员工配置提出的指导意见[60]：

● 企业不应该将互联网作为唯一的招募来源。

● 电子招募适用于以下情况：需要招募的候选人数量较大；候选人需要受过高等教育；需要将候选人锁定在特定的劳动力市场上（例如高科技员工、寻找兼职工作的学生、寻找全职工作机会的应届毕业生）。

● 电子招募系统应当能够向求职者提供关于公司的特征方面的信息，并且向求职者提供关于公司的现实性岗位预览。

● 公司网站应当宣扬对于大多数新员工都有吸引力的价值观。

● 电子招募系统应当与组织的战略目标保持一致，能够吸引来帮助公司达成战略目标的求职者。

● 应当定期从求职者那里收集信息，询问他们公司网站传递的关于公司及其文化的显性与潜在信息有哪些。

● 为吸引多元化的求职者，电子招募系统应当具有文化敏感性。在可能的情况下可以包含一些特殊的设计（例如，用多种语言表述、提供大字号选项以方便那些视力不佳的求职者）。

● 为保护求职者的隐私，电子招募系统应当处在隐私保护政策的监管之下，这些政策包括规定数据的访问权限，设置数据披露限制，确保仅仅搜集为做出员工配置决策所必要的与职位相关的信息。出于隐私保护方面的原因，关于求职者和员工的所有医疗信息都必须与其他信息分开来单独保存，放在一个管理人员无法看到的地方。

员工配置数字仪表盘

就如同汽车的仪表盘能够向司机提供关于汽车运转状况的信息以及发出危险预警一样，**员工配置数字仪表盘**（digital staffing dashboards）也是运用用户自己选择的绩效衡量指标来展示企业的员工配置活动是否达成目标的一种互动计算机系统。这些员工配置数字仪表盘中所用的指标通常来自员工配置平衡计分卡，也可以包括其他一些指标。数字仪表盘的作用可以用“一图胜千言”来概括：仪表盘以清晰且对用户友好的方式（一般是以图表的形式）展示了大量的数据，也具有良好的交互性，同时还能使用户将上层的一些数据进一步分解为更为详细的报告。与汽车仪表盘一样，数字仪表盘也能够用最能吸引管理人员注意的方式呈现重要信息。例如，如果公司在某项员工配置活动方面预算超标，则与之相关的一张图中就可能会红灯闪烁。塞斯公司（SAS）的战略性绩效管理系统软件就能做到这一点。[61]

员工配置数字仪表盘中可以包含很多信息，包括最优秀招募官的姓名以及他们的绩效、公司现有的职位空缺数量、甄选过程的各个阶段的候选人数量、员工技能清单、离职率、多元化数据、员工配置成本以及其他一些指标。设计完善的数字仪表盘可以帮助企业管理自己的员工队伍，同时还能勾勒出公司在达成公司的战略性和战术性员工配置目标方面取得的进展情况。第一资本金融集团就利用数字仪表盘来找出最优秀的员工。巴尔的摩埃里克森养老社区公司（Erickson Retirement Communities）也利用数字仪表盘来确定哪些分支机构在留住员工方面存在困难，哪些分支机构的员工满意度正在下降。[62]位于芝加哥的西北纪念医院

（Northwestern Memorial Hospital）也利用数字仪表盘来追踪员工离职率、职位空缺数量、雇用新员工数量、求职者被拒的原因以及候选人拒绝接受入职邀请的原因等指标。[63]此外，数字仪表盘还能使员工了解自己的绩效表现。如果一位员工在年终得到的绩效评价结果不佳，这时候他就可能不会感到惊讶和沮丧。[64]数字仪表盘技术适用于不同规模的企业，即使中小型企业也能使用这种技术，这种技术还包含了一套用于保护那些比较敏感的员工信息的保护机制。

荷兰银行（ABN AMRO Bank）是欧洲最大的银行之一，这家银行就通过使用数字仪表盘来更好地理解公司的人力资源政策对于招募和保留员工所产生的影响，同时也为洞察公司员工队伍的未来发展趋势和相关事件提供条件。除了按照年度和季度提供公司的全球人力资源运营概况（比如公司的员工人数和平均薪酬），数字仪表盘的应用还为终端用户更为详细地考察公司的关键绩效指标——比如评价不同年龄段员工的薪酬水平——提供了更多的选择。[65]

图 13-5 展示了针对阿尔法公司（一家虚拟公司）的招募圆桌研究（Recruiting Roundtable Research）开发出的一张招募有效性仪表盘。这个仪表盘使得阿尔法公司能够跟踪雇用质量、候选人转化率、新员工对公司招募有效性的看法、候选人转化影响因素或新员工认为促使他们接受公司入职邀请的原因等各种指标。

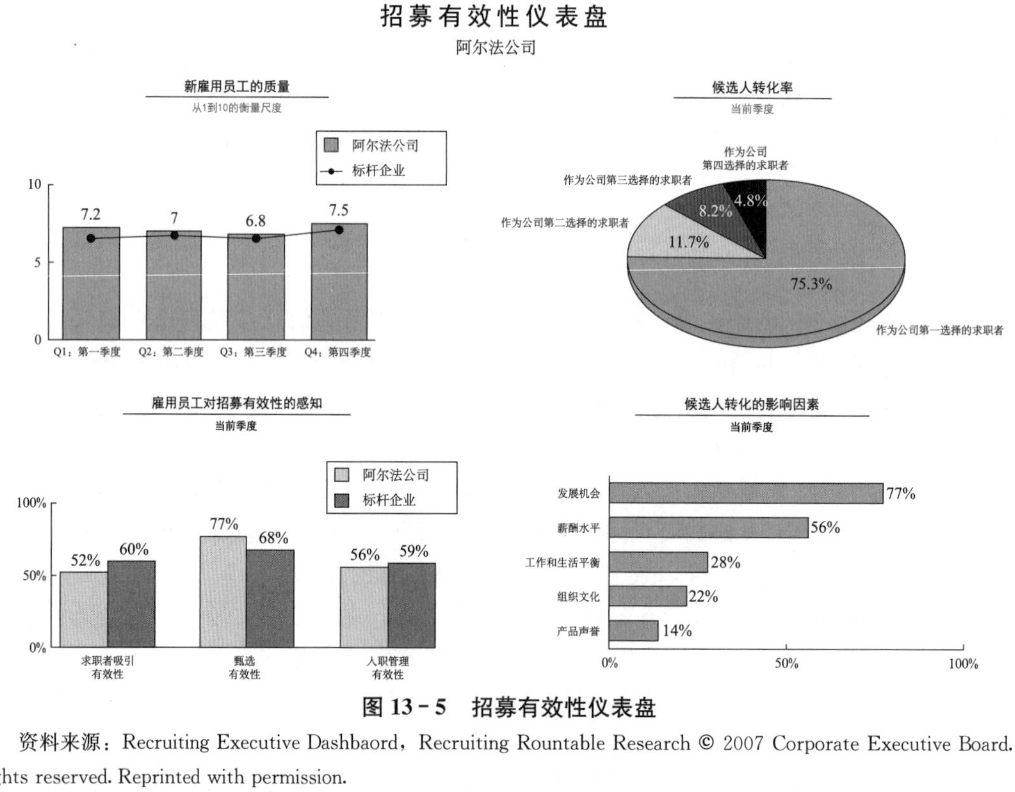

图 13-5　招募有效性仪表盘

资料来源：Recruiting Executive Dashbaord，Recruiting Rountable Research © 2007 Corporate Executive Board. All rights reserved. Reprinted with permission.

能够衡量才能加以管理，所以数字仪表盘可以帮助管理人员把注意力放在那些驱动公司成功的关键要素上。设计有效的数字仪表盘需要事先进行良好的规划。而其应用则需要一定的时间，同时还需要管理人员适当调整自己的管理方式，甚至是对组织文化进行变革。本章中的“技能开发”专栏就数字仪表盘的设计提供了一些建议。

➡ 技能开发

员工配置数字仪表盘的设计

创建数字仪表盘需要时间、专业经验以及对驱动公司成功的那些要素的理解。[66] 以下是对于创建员工配置数字仪表盘提供的一些建议：

1. 找出影响一家公司的员工配置和经营成功的决定因素。这些因素可能包括：[67]

- 关键岗位上的人才深度。
- 新雇用员工在工作中取得成功的程度（其中包括绩效、与组织的匹配度以及晋升率）。
- 优秀员工的招募来源（比如优秀员工所上的那些大学）。
- 从不同招募来源获得的以及由不同管理人员分管的员工的保留率与缺勤率。
- 人均雇用成本。
- 填补一个职位空缺的平均时间。
- 达到充分生产率所需的时间（新员工达到最低产出水平所需的时间）。
- 候选人接受本公司的入职邀请的五大非经济因素。
- 关键职位的空缺百分比。
- 人力资源专业人员向用人部门经理推荐简历所需的时间。
- 求职者从提出求职申请到接受面试所需的时间。
- 从候选人接受完面试到公司发出录用通知所需的时间。
- 雇用质量不佳的个案所占的比例。
- 新员工的多元化比例。
- 求职者与管理人员对于雇用过程的满意度水平。
- 优秀员工离开公司的五大主要原因。
- 优秀员工的离职率。

2. 设置具体目标。每项指标都应当对应一个能够反映公司的经营重点（比如雇用和留住更多的优秀员工或强化内部晋升）或财务回报（比如降低离职率或节约成本）的目标水平或目标浮动范围。[68]

3. 确定信息的重要性顺序。如果数字仪表盘中包括的信息量太大，则有效性就会比较差。因此，企业应当确定哪些衡量指标是关键的，然后把这些指标放到数字仪表盘的页面上去。通过创建能够提供更为详细的信息和更多衡量指标的下拉页面，可以使同一个数字仪表盘上展示的信息量不至于太多。

4. 确定数据的最佳呈现方式。条状图、表格、饼图、曲线图甚至速度表式的图形都可以被用来展示数据。可以通过询问管理人员和员工来确定哪些数据展示形式是最好的。

5. 评价用户对数据的理解。确保用户没有曲解数据，能够快速、清晰地理解所获得的数据。

6. 考虑使其具有动态能力。数字仪表盘所具有的动态能力可以帮助管理人员针对不同的情境和不同的增长预期来做规划。[69]

7. 明确数据录入责任。如果系统所使用的数据并没有被及时、准确地录入，仪表盘便不可能是准确的。[70] 应当对管理人员在数据库维护方面的工作进行评价并提供相应的回报。

欧司朗西尔瓦尼亚公司的员工配置技术[71]

欧司朗西尔瓦尼亚公司采用员工配置技术，自动将职位空缺信息同时发布在面向内部员工和面向外部求职者的职业发展网站上，同时还会发布在五家排名最靠前的招募网站上。网址追踪技术和用来监控结果的员工配置数字仪表盘有助于该公司节约时间，同时增加能够收到的简历数量。

为了应对候选人数量上升的情况，欧司朗西尔瓦尼亚公司还通过在每个职位的求职流程中设置预筛选问题来为自己定制候选人。现在，用人部门经理只要一登录这个系统，便可以一眼看到根据候选人回答问题的得分所做的排名情况。管理人员还可以采用邮件合并模板来与候选人进行沟通以及设计面试。雇用过程中的所有情况都可以跟踪，并且对于招募官和用人部门经理来说都是可见的。此外，通过外部网站和公司内网推荐来的员工的情况也是会被跟踪的。

欧司朗西尔瓦尼亚公司的员工配置数字仪表盘及其内置的报告系统会时刻关注如招募时间、公平就业机会法律遵从等方面的关键数据。系统对雇用过程每个阶段的候选人多元化情况都会进行监控，一旦在雇用过程的某个阶段出现了受保护群体候选人员的数量减少的情况，管理人员便能及时发现。原来需要花数小时才能完成的多元化报告，现在只需要点击四下鼠标便能完成，这无疑节约了大量的时间。

欧司朗西尔瓦尼亚公司声称，由于简历处理的自动化，公司每周能省下 4 000 美元。职位的自动发布与渠道的自动追踪提高了求职者的质量与数量，也使公司的招募时间更加宽裕。在互联网候选人搜索问题上，公司也符合了 OFCCP 的相关要求。现在，用人部门经理在招募过程中的参与度大大提高。欧司朗西尔瓦尼亚公司认为新的员工配置管理系统提升了公司的招募效果。

本章总结

一个令人吃惊的现象是，现在很少有企业会对自己的招募和雇用工作的有效性进行评价，这也使得这方面成为人力资源管理能够为企业的财务收益做出贡献的一个极具潜力的领域。员工配置面临的最大挑战之一是用人部门经理不太愿意使用本书中介绍的这些战略性员工配置系统，尽管这些系统的有效性已经得到证明。管理人员往往觉得他们对人有良好的判断力，因而在决定到哪里去招募员工以及雇用哪些人的时候，情愿相信和运用自己的直觉。企业如果能够理解和运用本书中介绍的这些战略性员工配置流程，那么，在与那些仅仅依靠直觉进行员工配置的公司竞争时，便可以获得战略性员工配置优势。而那些具备这些方面技能的员工配置专家也会比不具备这些技能的同行更有价值。

一个员工配置项目要想有效实现全部目标，通常需要拥有多个员工配置渠道、运用多种方法和多项技能。企业还需要对可用的员工配置方法进行分析和挑选，以找到最适合填补职位空缺的方法。因为员工配置的质量目标和数量目标两者之间的相对重要性会发生变化，所以员工配置职能必须做好相应地调整评价战略的准备。为了对员工配置的有效性进行衡量，必须基于公司战略和公司目标为员工配置设定清晰的目标。

利用统计和软件等工具来对员工配置结果进行分析和预测，是实现员工配置系统的质量和投资回报最大化的重要手段之一。一套员工配置系统要想能够持续不断地为企业输送与其关于成功的独特定义相符合的新员工，做出以数据为基础的决策以及建立一种支持持续评价和改善员工配置系统的组织文化，就必须能够获得为分析和解释这些信息所必需的质量数据，同时对工具及其操作流程进行培训。

今天，随着对人力资源技术需求的增加，企业对于员工配置系统进行评价以及提高其投资回报率的兴趣也与日俱增。在强化员工配置为组织创造的价值以及提高员工配置的效率和有效性方面，技术系统已经成为非常关键的工具。虽然这些软件产品最早主要是被一些大企业采用的，但现在已经有越来越多的中小企业在将软件应用于有效衡量人力资本投资以及跟踪各种人力资源管理衡量指标。[72]

正如我们在第 1 章中谈到并且在本书中一直强调的那样，员工是每一个组织达成绩效和谋求生存的关键。战略性员工配置涉及以一种未来导向和目标牵引的方式管理员工进入组织、在组织内流动以及离开组织的整个过程，这种管理方式应当能够支持企业的经营战略，同时强化组织的有效性。任何一套员工配置系统要想取得成功，规划、衡量以及持续的评价和改进都非常重要。员工配置还必须与组织战略紧密相连，必须能够强化组织的竞争优势。此外，员工配置还必须与人力资源管理的其他职能保持一致，其中包括培训、薪酬和绩效管理等。通过与用人部门经理的合作以及积极影响人才进入组织、在组织内流动以及离开组织这一过程，员工配置专业人员在组织中扮演着重要的战略性角色。

讨论题

1. 有哪些因素可能会阻碍一家企业对员工配置系统进行评价？如何才能扫清这些障碍？

2. 你认为一所大学在对填补讲师职位空缺这项工作的有效性进行评价时，应当采用哪三个指标？

3. 如果你们公司的管理人员不愿意在求职者跟踪系统上投入，你会如何说服他进行这种投资？

4. 作为一位求职者，当你知道一家公司是依靠某种技术手段做出了把你从雇用过程中淘汰掉的决策时，你会有什么感觉？

5. 当你去访问一家潜在雇主的职业发展网站时，你希望看到什么样的信息？

案例分析　贺曼贺卡公司的员工配置评价

成立于 1910 年的贺曼贺卡公司（Hallmark）是美国最大的贺卡生产商，生产绘儿乐蜡笔（Crayola Crayons）的宾尼和史密斯公司（Binney & Smith）也是该公司的下属企业。[73] 该公司采用的是差异化战略和创新战略，通过创造力和情感吸引人们购买公司的产品，这些产品包括文具、聚会用品、相簿、家居装饰品、收藏品、一个有线电视频道和书籍。[74] 贺曼贺卡公司是一家私营企业，年收入超过 40 亿美元，在位于密苏里州堪萨斯市的总部雇用了

3 200 名员工，同时在全球各地还拥有 12 000 名员工。[75]

为了持续不断地雇用优秀人才，贺曼贺卡公司需要利用一种工具来将自己的员工配置活动集中在与公司关系最大的事情上——也就是集中在与经营真正相关的那些标准上，这些标准能够帮助公司持续雇用有助于最好地执行公司战略的高质量员工。[76]然而，贺曼贺卡公司并不希望这一工具太过复杂。为此，贺曼贺卡公司创建了一套员工配置指数来对过去的雇用质量进行评价，以便公司能够更为有效地搜寻和筛选候选人。

每当雇用了一名新员工之后，直线经理就会立刻对这个人的内在能力与意愿做出评价。为避免评价方法复杂到使用者必须具有特定的背景才能理解的程度，贺曼贺卡公司的评价方法比较简单，主要关注公司雇用体系的质量和及时性。[77]对新员工的评价主要包括以下几个等[78]：

1＝一般

2＝较好

3＝好

4＝很好

5＝优秀

在新员工入职 6 个月之后，用人部门经理也会使用相同的 5 级尺度来评价新员工是否达到了公司的期望值。公司还会对那些持续得到最高等级评价的新员工与那些不能得到这种评价的新员工进行比较，从中找出能够使得公司的雇用过程更为有效的影响因素。[79]

一位专家指出，贺曼贺卡公司保持员工配置评价系统尽可能简单，不是过分纠结于数字而是更为关注雇用高质量员工的最终结果，这种做法无疑是正确的。贺曼贺卡公司仅将员工配置指数视为达成结果的一种手段，公司很清楚，最终的员工配置成功并不是能用这些指标来衡量的，而是应当用组织绩效来评价。[80]

思考题

1. 请对贺曼贺卡公司的员工配置指标做出评价。其优点和缺点分别是什么？

2. 你认为贺曼贺卡公司还应当跟踪其他哪些指标？对这些指标应当怎样进行衡量？

3. 哪些原因可能会造成当初被评价为“优秀”的新员工后来却无法达到组织的期望？企业怎样才能帮助新员工充分释放他们的潜能？

案例研究作业　切恩公司的战略性员工配置

请参考本书后面的附录来完成本案例研究作业。

附录
案例研究：切恩公司的战略性员工配置

切恩公司的历史及其组织情况

切恩公司是由瑞恩·切恩（Ryan Chern）和安·切恩（Ann Chern）兄弟在 20 年前刚刚拿到 MBA 学位之后共同创建的一家高档男女时装店。他们计划成立自己的公司很多年了，各自通过在不同的零售店工作花了大量的时间了解零售行业，不断完善自己的商业模式。切恩公司推出的产品组合以及高品质的产品使其迅速获得了成功，并且培育了一批忠实追随者。该公司迅速扩展了产品线，并且在 15 年前开始开设新的商店。瑞恩和安已将他们确定的为客户提供最佳服务、选择机会、质量和价值的基本理念转变成了公司蓬勃发展的业务。这两人现在是切恩公司的联席总裁，瑞恩担任公司的首席执行官，安担任公司的首席运营官。

切恩公司追求的是积极的增长战略。目前，公司在美国东海岸和中西部的 28 个州拥有 140 家商店，一共雇用了 1.9 万名全职员工和兼职员工。提供优质的客户服务一直是切恩公司的主要经营战略，并且已经依靠这一战略将自己与竞争对手区分开来。尽管公司的产品价格很高，但高质量的产品和出色的客户服务仍然使公司获得了成功。由于到不同商店中来的顾客的品位可能会有所不同，该公司在管理方面尽可能采取分权的做法。因此，它在商店经营方面为店长提供了很大的自由度。与此类似，每一家商店中的部门经理也都将自己的部门视为一家小型企业，他们的报酬是与本部门以及本店的总体经营成功程度存在直接关系的。

因为客户服务是该公司经营战略的核心所在，所以它是切恩公司文化的核心组成部分。安和瑞恩认为，客户服务是销售的本质，因为公司的售货员与客户之间是直接接触的，所以他们是公司业绩的核心驱动力。而每家商店中的部门经理和部门经理助理都是为售货员提供销售支持的。切恩公司的每家商店中的部门经理一方面需要向本部门的售货员提供全力支持，另一方面也会得到店长、部门经理助理、采购人员以及整个连锁店的经理的支持。图 A-1 就描绘出了这样的关系。

核心价值观是切恩公司品牌的重要组成部分，同时也是公司文化的基础。该公司的家族所有制使其存在一种让每位员工和客户都受到重视和照顾的愿望。该公司以其强烈且独特的文化而闻名，外界之所以有这种感受，是因为它坚信最好的做生意的方法就是雇用优秀的人才。因此，切恩公司努力辨别和选择正确的人，对他们进行培训，同时为他们提供取得成功所需的各种工具和自主权。而取得成功的员工也将获得高于市场水平的基本薪资和丰厚的奖金。

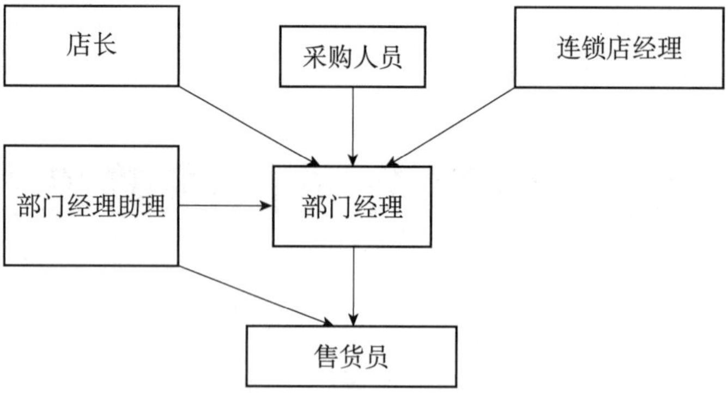

图 A-1　切恩公司员工之间的销售支持关系

切恩公司的管理理念是授权。公司认为，在确保高质量雇用的前提下，可以信任员工，让他们去运用自己的判断力做事。因此，这家公司在工作方式上给予员工很大的自由度。通过努力创造一个公平、积极的环境，并且为每位员工提供取得成功所需的工具和自主权，切恩公司认为已经创造了一种可以让自己的售货员真正取得卓越绩效的环境。实际上，在去年，公司一共有 42 位售货员销售至少 100 万美元的商品——这已经创造了公司的纪录。

由于在客户服务、产品质量和可选择性方面享有很高的声誉，切恩公司在目标客户当中赢得了非常高的品牌认可度。在一些地区性的客户调查中，它一直被评为位居前三名的零售商之一，并且被《财富》杂志评为最适合工作的 100 家公司之一。去年，该公司在《财富》杂志的排行榜上处于第 72 位，而今年则排在第 44 位。它是该榜单上销售额第二高的零售商，仅次于诺德斯特龙。在美国零售联合会（National Retail Federation）进行的客户调查中，切恩公司还连续三年被评为客户服务水平最高的零售商。

除了专注于客户服务、可选择性、质量和价值，切恩公司还在信息技术工具方面进行了大量投资，以改善库存管理，并且帮助售货员与顾客有效地进行交易。该公司最近还采用了一套永续库存系统来帮助采购人员对售货员反馈上来的信息做出更快的反应，同时跟踪库存情况，以快速调整每家商店中的产品组合以及可以提供的服装尺寸。这项技术帮助切恩公司提高了运营效率，降低了成本，为客户增加了价值。

切恩公司的财务状况

切恩公司的财务状况在过去的几年中非常不错。在过去 5 年中，该公司的股价上涨了 134%，营业收入以 9%的年增长率增长。营业收入和净收入均有所增长，因为公司的所有商店在过去 3 年的销售量都是逐年增长的。不断增长的营业收入和净收入为公司提供了进一步扩张的财务基础和稳定性。切恩公司的 5 年增长战略是，每年开设 15 家新店，同时继续以每年 9%的速度保持增长。图 A-2 显示了过去 3 年中公司的营业收入、毛利和净收入变动趋势。

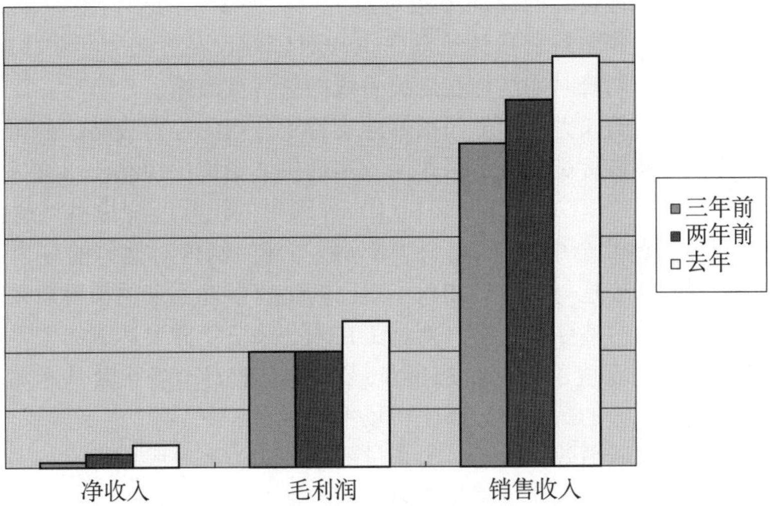

图 A-2　切恩公司在近三年中的销售收入、毛利和净收入

公司良好的财务业绩已经转化为强劲的经营现金流，这就使公司可以将其资金用于业务再投资、回购股票，也可以将部分收益以股息的形式分配给投资者。图 A-3 显示了切恩公司在过去三年中的经营现金流情况。

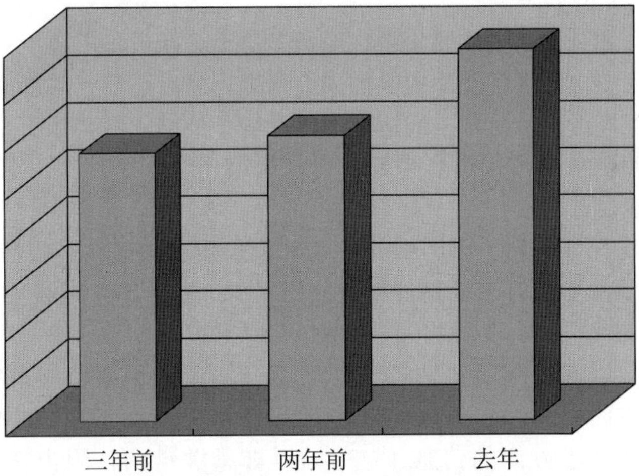

图 A-3　切恩公司在近三年中的现金流情况

切恩公司是依靠公司的盈利而不是承担债务来为扩张提供资金的。公司认为，保守的债务政策和强大的现金流可以有助于使其通过扩展到新市场为股东创造价值。

切恩公司的人力资源状况

切恩公司的每家商店平均有 1 名店长、8 名部门经理、8 名部门经理助理以及大约 100 名全职售货员和 25 名兼职售货员。全职员工会获得丰厚的福利待遇、每年为期两周的带薪休假，并且有资格获得奖金。兼职员工也同样被视为公司的核心员工，也能够获得按比例分配的福利和奖金。因为感觉使用临时员工无益于强化公司文化，所以切恩公司目前不使用任何形式的临时员工。全职售货员的流动率相对稳定，过去 3 年的平均值为 20%。与类似的零售企业相比，该公司的兼职售货员的流动率也相对较低，在过去 3 年中平均为 15%。兼职售货员通常用于在销售高峰时期增加在店面一线的售货员数量。

总的来说，切恩公司的人力资源部门很好地支持了公司的经营战略。公司的薪酬、绩效管理和培训等都旨在促使售货员加快销售速度，实现快速销售。切恩公司售货员的基本薪酬比市场平均水平高 20%，公司对他们在 401（k）计划中的供款匹配最高可达员工基本薪酬的 10%。在售货员获得的奖金中，有 20%的部分是与部门经理对他们的客户服务绩效所做的评价挂钩的，40%的部分是与售货员相对于自己的销售目标实现的销售绩效挂钩的，还有 40%的部分则是基于商店的整体销售额。新员工在入职第一年需要达成的销售目标会有所降低。根据销售额和客户满意度的情况，售货员最多可以赚到相当于其基本薪酬 150%的奖金。切恩公司绩效优秀员工的薪酬要远高于市场平均水平。

公司每半年实施一次的绩效评价会对售货员的主动性、客户服务行为、同事支持行为和领导力进行评价。售货员的基本薪酬增长主要有两种情况，一是基于通货膨胀情况实施的生活成本调薪，二是基于部门经理对售货员的绩效、坚守公司价值观的情况以及在领导力方面所做贡献进行评价的结果，给予 0～10%的调薪。售货员还可以享受包括病假在内的 10 天因私假以及慷慨的健康福利和牙科福利。如果一位售货员向切恩公司推荐了一位候选人，并且此人得到了录用，则在新员工凭借出色的业绩通过了 6 个月的试用期之后，公司会向这位推荐人提供 1 000 美元的伯乐奖。

切恩公司的培训和开发活动主要集中在新员工身上。新员工需要接受为期两天的入职培训。然后，每个人还要接受部门经理提供的岗上培训，最后还需要跟着另外一位售货员观摩学习一周。如果员工连续两个月都未能达到销售配额，他们就需要接受更多的培训；连续四个月未达到销售配额要求的售货员会受到警告；如果连续五个月都未能达到销售配额的要求，则会被公司解雇。

切恩公司的售货员可以利用商店中的技术手段来核实自己在达成销售配额方面的业绩表现。切恩公司期望员工相对来说是“精通技术的”，愿意并且能够快速学习公司的各种系统。很多顾客信息（包括有关顾客过去的购买情况以及时尚偏好方面的信息）都存储在公司的计算机中，以便售货员快速检索。切恩公司还运用技术向采购人员提供有关客户偏好和购买趋势方面的反馈。公司要求售货员必须记录关于客户的要求以及未能得到满足的特定类型服装需求方面的信息。这一点是非常关键的，因为它可以帮助每个部门更好地跟踪库存情况并快速调整产品组合和产品规模，以满足不断变化的客户需求。售货员还可以使用商店中的计算机来查看切恩公司其他商店中的库存情况，以便更好地帮助客户找到所需的产品。

切恩公司面临的竞争

切恩公司的主要竞争对手包括诺德斯特龙、迪拉德百货（Dillard）、巴尼百货（Barney）、内曼-马库斯和萨克斯第五大道（Saks Fifth Avenue）。表 A-1 显示了切恩公司与竞争对手相比较在上一年以及今年的销售额、净收入和员工人数等方面的情况。

表 A-1 切恩公司与竞争对手的业绩对比

项目	切恩	诺德斯特龙	迪拉德百货	巴尼百货	内曼-马库斯	萨克斯第五大道
上年度销售额（百万美元）	3 800	8 111	8 525	326	4 390	2 249
本年度销售额增长率（%）	9.7	9.9	(0.9)	2.3	6.9	8.2
上年度净收入（百万美元）	193.4	672.5	242.2	24.2	247.8	164.2
本年度净收入增长率（%）	9.0	6.9	0.8	(0.6)	6.0	6.4
上年度人数（全职和兼职总人数）	19 000	56 500	54 300	1 400	17 900	11 750
本年度人员增长率（%）	9	2.9	(1.2)	0.9	4.1	3.9

切恩公司售货员通过与客户建立长期关系来执行公司的客户服务战略。售货员只要努力工作、尽力而为，就会感到自己被赋能，并且他们的经营自由度得到了公司的大力支持。切恩公司尽可能去雇用那些具有企业家精神、取得成功的强烈动机以及渴望赚钱的售货员。切恩公司的这些销售人员需要对结果负责，而公司也对结果有很高的期望，这就意味着切恩公司只想雇用那些精英售货员。

切恩公司对于员工的卓越客户服务水平和销售技巧提出的要求不同于大多数其他零售企业。与诸如迪拉德百货和联合百货（Federated Department Stores）这些不太注重客户服务的零售企业相比，内曼-马库斯和诺德斯特龙这样一些高端零售商在雇用售货员方面会与切恩公司展开更为直接的竞争。切恩公司的销售队伍所具有的较高素质使其能够为员工提供在公司内向上发展的大量机会，而这对于一般的零售商而言是很难做到的。切恩公司用内部员工填补了 75%的部门经理和部门经理助理职位，而大多数竞争对手则从公司外部招人来填补管理类职位。在切恩公司现任店长中，有 80%的人担任过公司的售货员。采取内部晋升的做法对公司来说很重要。瑞恩和安都坚信，从内部雇用人员有助于增强公司的文化。

为了提供最优质的客户服务并获得市场份额，切恩公司知道，自己需要雇用合适的售货员。尽管公司的强文化和高品质最初吸引了大量认同公司价值观的有才干的售货员，但当前市场上对有才干的售货员的竞争日趋激烈。结果，切恩公司发现人员配置更加困难，难以留住所需的销售人才。切恩公司的售货员通常是零售行业中表现最好的，因此很难找到。由于雇用合适的售货员的重要性，以及他们寻找期望将来担任这一重要职位的人员越来越难，安和瑞恩决定对如何安排其售货员职位进行战略分析，并寻求您的帮助。

切恩公司的战略性员工配置：各章案例作业安排

在本书每一章的最后都安排了一项适用于该章中讲授的原理的相关案例研究任务。下文给出了完整的任务清单。这些任务是邀请你扮演切恩公司聘请的外部员工配置顾问。你的任务是对该公司应当如何为售货员职位来配置员工进行战略分析。最终的作业要求将每一章的作业组合为一个连贯的报告，其中包括目录和必要的附录。请将你的报告整理成一份提交给该公司的专业咨询报告。切恩公司在地理位置上是很分散的，这就意味着你的报告将会被发送给许多店长，而其中的许多人并不熟悉员工配置的术语和行话。请在编写报告时注意让他们能够理解并采纳你的建议，同时愿意落实你建议他们做出的一些改变。

你可能希望保留一份最终报告的副本，从而向潜在的雇主展示你能够完成何种类型的战略性员工配置工作。

第 1 章：战略性员工配置概述

在本章中，你了解了战略性员工配置过程是受到雇用目标指引的，而雇用目标又是与一个组织的战略和目标联系在一起的。战略性员工配置的目标是使组织能够更好地执行其经营战略。员工配置目标有两类，即过程性目标和结果性目标。过程性目标与雇用过程有关；结果性目标则与雇用活动的结果有关。表 1－2 举例说明了两种不同的员工配置目标，表 1－3 中提出了一些在制定适当的员工配置目标时需要考虑的问题。

你在第 1 章中的咨询任务是帮助切恩公司确定为售货员职位进行员工配置时需要实现的过程性目标和结果性目标。请确保将你的目标与公司的经营战略关联在一起，并且说明为什么每个目标都很重要，公司都应当接受。

第 2 章：经营战略与员工配置战略

在本章中，你了解了公司的经营战略和人才理念是如何影响其人力资源战略，进而影响其员工配置战略的。瑞恩和安在了解这一过程之后认为，切恩公司需要更为正式地明确公司的人才理念，以其来塑造人力资源管理和员工配置战略。他们已就此征询你的建议。

第 2 章以及表 2－4 和表 2－5 应该有助于你确定适用于切恩公司的人才理念、人力资源战略以及员工配置理念的关键组成部分。在提建议时，请务必考虑该公司的经营战略和竞争优势、所处生命周期的阶段以及公司的价值观和文化。你还应当阐明将正确的人配置到切恩公司的售货员职位上是如何为公司创造竞争优势的。

除了确定正式的人才理念、人力资源战略和特定的员工配置战略，你还需要说明切恩公司应当如何一一做出表 2－6 中所列的针对售货员职位的 9 个战略性员工配置决策，并请说明你给出建议的理由。例如，第一个决策是切恩公司应当建立一支核心售货员队伍还是应当建立一支弹性售货员队伍。在你的报告中应当说明切恩公司是否应该专注于核心或弹性员工队伍及专注的程度。请务必说明为什么切恩公司应当接受你的建议。在考虑到本章中讲授的内容以及附录开头提供的切恩公司的信息的基础上，同样针对其他 8 个战略员工配置决策完成同样的过程。

第 3 章：员工配置的法律环境

尽管安和瑞恩始终都很清楚遵守平等就业机会立法以及其他相关雇用法律的重要性，但自从上次公司进行过歧视分析之后已经过去 8 年了。他们要求你评估一下在本公司售货员职位上是否能找到任何性别歧视或种族歧视的证据。第一层次的差别影响分析通常是在公司层面上进行的，但对于切恩公司而言，这需要在商店的层面实施。切恩公司请你专注于公司最大的一家旗舰店，这个旗舰店拥有 140 名全职售货员和 50 名兼职售货员。切恩公司针对所有的店长和部门经理都提供与偏见和多元化有关的培训，而且从未因为实施差别对待而受到起诉。切恩公司知道自己在差别影响方面仍然存在一定的风险，所以请你对全职售货员的雇用数据进行一次分析，以查找可能存在差别影响的证据。

表 A－2、表 A－3 和表 A－4 汇总了在你的分析中需要使用的数据。售货员的流量数据是基于切恩公司旗舰店在过去五年中的员工配置情况得出的。可以通过评价库存和集中度方面的统计数据，运用 4/5 法则来分析这些流量数据。除了进行差别影响分析，请务必推荐一些策略来帮助切恩公司减轻你可能发现的那些歧视。

表 A-2　售货员数据与相关人口数据的对比（%）

职位种类：售货员		
	在当前售货员中的占比	相关人口中可能成为售货员的人的占比
男性	55	60
女性	45	40
白人	20	25
非洲裔	20	25
亚裔	32	25
西班牙裔	28	25

表 A-3　售货员流量数据　　单位：人

	求职者人数	雇用人数
男性	1 000	80
女性	1 400	160
白人	600	55
非洲裔	600	48
亚裔	600	67
西班牙裔	600	50

表 A-4　售货员集中度数据（%）

	售货员	部门经理	店长
男性	55	30	40
女性	45	70	60
白人	20	20	24
非洲裔	20	15	40
亚裔	32	30	16
西班牙裔	28	35	20

第 4 章：战略性职位分析与胜任素质模型构建

参考在本章和案例中提供的信息，通过研究 O* NET（http：//online. onetcenter. org）中的“零售业售货员”职位，并通过对在类似公司（比如萨克斯第五大道、内曼-马库斯和诺德斯特龙等公司）中工作的售货员进行访谈，为切恩公司的售货员职位创建一个职位要求矩阵。在确定工作职责、胜任素质或知识、技能、能力和其他特征（KSAO）时，切记要考虑公司的经营战略和企业文化。请针对每一项 KSAO 来决定是否应建议切恩公司雇用已经具备该特征的人员，还是建议该公司通过培训来开发被雇用者的这种特征。此外，还要尽可能去估计每一种特征相对于其他特征的重要性以及员工在每一种工作职责方面花费的时间。你可能需要做出一些判断才能得出这些问题的答案。稍后运用此信息来确定如何权衡从每位求职者那里获得的评价信息。

请根据在切恩公司案例描述中包含的信息以及你对这类职位的了解，为售货员职位创建一份工作报酬矩阵。如果有可能的话，对在类似公司中工作的售货员进行访谈，以获得更多的关于工作报酬的信息。

第 5 章：员工队伍预测与规划

切恩公司从未审查过其内部劳动力市场。现在公司要求你针对全职售货员实施一次转移分析。它要求你通过进行相关分析来描述在其旗舰店中存在的内部劳动力市场。

请对旗舰店的内部劳动力市场加以总结，并根据表 A-5 中的转移可能性矩阵解释存在的趋势或预测差距。表中的概率是基于三年中的平均年度比率计算出来的。换言之，它们是每年中的平均比率。如果切恩公司想要让其旗舰店拥有 140 名全职售货员，那么公司每年应当从外部雇用多少名全职售货员？

表 A-5　切恩公司旗舰店的转移可能性矩阵（%）

基于过去三年的数据计算出来的转移概率								
职位种类	职位层次	全职售货员	兼职售货员	部门经理	采购员	连锁店经理	离职	当前员工人数（人）
全职售货员	1	**50**	15	5	5	5	20	140
兼职售货员	1	30	**50**	0	5	0	15	30
部门经理	2	6	0	**75**	6	12	20	16
采购员	2	0	0	0	**65**	7	30	15
连锁店经理	2	12	0	0	0	**80**	20	8

一般情况下，这家旗舰店的售货员职位的求职者中有 25%的人会成为候选人，20%的候选人会收到入职邀请函，这些人中有 75%的人会接受入职邀请函。切恩公司的问题是：为了获得你预测出来的新员工人数，公司每年需要获得多少求职者？

切恩公司要求你对售货员的外部劳动力市场进行研究，因为公司担心将来还能不能从外部劳动力市场得到求职者。请选择美国的一个州，使用 O* NET 来研究该州在未来 10 年中对售货员的预期需求。按如下步骤操作：

（1）访问 www. online. onetcenter. org。

（2）搜索编号为 41-2031.00（即零售商店营业员）的职位。

（3）滚动到网页底部，找到“工资和就业趋势（Wages and Employment Trends）”一栏。

（4）从“州和国家（State and National）”下拉菜单中选择一个州，然后单击“开始”(go)。

（5）比较你选择的州和整个美国的零售商店售货员职位的预测就业趋势。

（6）打印搜索结果并将其包含在报告中。

（7）搜索的各州结果页面上还提供了“职业视频”，你可以查看这些信息以获取有关售货员所从事的工作方面的更多信息。

现在，使用美国劳工部劳工统计局网站（www. bls. gov）及你确定的其他资源来研究零售商店售货员的就业趋势。在预测未来的劳动力供给缺口或盈余时，请对上述信息加以考虑。你可能还要考虑技能组合或人口结构方面的问题，并确定是否能够获取在你的目标区域中的技能或人口结构变动趋势方面的信息。

如果你预测出来预期的合格售货员供给数量与切恩公司的预期需求数量之间存在差距，请确定这种差距是暂时性的还是长期性的。然后提供一些建议来说明切恩公司如何才能最好地弥补这一差距。在做这些事情之前，请务必重读第 5 章中的相关内容。

第 6 章：确定招募来源：找到招募对象

切恩公司目前使用六种不同的招募来源寻找售货员职位的求职者：校园招募、员工推荐、公司网站、人才搜寻公司、随机求职者以及本地报纸广告。该公司刚刚完成了对所有这些招募来源的有效性的分析，结果汇总在表 A-6 中。

表 A-6　不同招募来源对于切恩公司招募售货员的有效性分析

	雇用速度（月）	人均雇用成本（美元）	文化匹配性	第一年平均财务回报（美元）	第一年流动率（%）
校园招募	5	4 000	好	30 000	20
员工推荐	2	2 600	非常好	38 000	10
公司网站	2	1 500	好	38 000	20
人才搜寻公司	3	5 200	一般	20 000	15
随机求职者	1	1 500	差	5 000	30
本地报纸广告	2	2 000	差	4 000	25

切恩公司请你将这些招募来源进行重要性排序，以最大限度地提高公司未来开展的雇用行动的有效性。根据你在本案例中阅读的内容，请明确各种员工配置效果的优先顺序，然后根据不同招募来源对于公司售货员职位的员工配置目标最大化所能起到的作用，对这些招募来源进行优先顺序的排列。

瑞恩和安最近听说了很多有关使用互联网来搜寻被动候选人方面的信息。两人都想知道这种技术对售货员职位的员工雇用效果如何。请参考第 6 章中的"技能开发"专栏，选择其中的一个国家或地区。首先，就应当如何更为有效地利用互联网来寻找和招募求职者提供建议。其次，运用互联网进行一次布尔搜索，寻找两名比较有竞争力的售货员职位求职者。正如本章中讨论过的，你可能需要尝试采用不同的搜索引擎和不同的语法。你也可以尝试射线搜索和翻转搜索。例如，你可以尝试在 Yahoo. com 上使用"linkdomain：ffany. org. shoes blog"来建立链接到纽约时尚鞋类协会的博客，并在博客中搜索"shoes"一词。你应当尝试根据自己的想法进行搜索。在最终报告的附录中还应当表明你最终用来进行搜索的各种搜索引擎和搜索词，并提供有关两条潜在求职者的信息。请证明你的建议是合理的。

为了最好地服务于多样化的客户并树立最积极的雇主形象，切恩公司希望雇用多样化的售货员。因此该公司向你询问你如何改善求职者储备池的多样性。

第 7 章：招募

根据在本案例中阅读的材料以及你在第 7 章中学到的知识，为售货员职位制作一份招募指南大纲。其中包括公司的招募政策和程序、预算、活动、时间表、具体负责的员工、相关法律问题以及针对该职位实施招募的步骤等。你没有时间编写一份完整的招募指南。不过，切恩公司仍然请你帮助他们确定在招募指南中应当包含哪些内容。此外，切恩公司还征求你的意见，看公司可以通过采取哪些措施提高求职者对招募流程公正性的感知，减少与之相关的一些负面溢出效应。

切恩公司还希望在潜在求职者中增强自己的雇主品牌。瑞恩和安希望公司能够创建一个更为强大的雇主品牌，因此请你提供一些建议，告诉公司应当建立何种雇主品牌以及如何在整个员工配置过程中持续有效地进行雇主品牌的推广和强化。请提出你的建议，同时解释你建议的方法为何对于切恩公司是有效的。

第 8 章：测量　第 9 章：外部候选人评价

请记住，在编写报告时一定要注意让切恩公司的店长和部门经理能够理解在这两章中讨论的各种衡量指标。这些人并没有员工配置方面或统计学方面的知识。因此，你在报告中讨论的许多概念是这些人不熟悉的。一定要确保在你的报告中充分解释这些概念及其重要性。在完成下面这部分作业（涵盖第 8 章至第 11 章的内容）时，做到这一点显得尤为重要。

切恩公司目前正在为其旗舰店雇用两名售货员，将最初的求职者人数减少到只有 8 名候选人。因为这家店是公司的旗舰店，所以在该店工作的所有售货员都必须在客户服务方面表现出色，并且能够展现公司的价值观，同时，公司还需要新员工能够快速起步。尽管切恩公司经常在新员工培训和开发方面进行投入，但在当前这种情况下，它希望两名新员工能够迅速获得工作成功所需的 KSAO 及胜任素质，还希望新雇用的两位售货员在未来成为管理职位的有力候选人。

瑞恩和安要求你参与评价和雇用过程。切恩公司认为自己雇用的将近 80%的售货员都是成功的，但公司希望这一百分比至少应当达到 85%。瑞恩和安认为，改善公司的评价和甄选系统将会有助于实现这一目标。请借此机会帮助切恩公司开发一套对售货员候选人进行评价和甄选的系统。这是一个试点项目，其目的是考察你在帮助切恩公司改善员工配置流程方面到底是否取得了成功。

公司安排所有 8 名候选人参加一次结构化面试和一个非结构化面试，公司邀请你来参与审查和打分（你可以选择打分，也可以选择不打分；可以采用非结构化面试，也可以不采用）。从初始预算中减去对求职者进行初次筛选的费用以及为每位候选人分别参加两次已经安排好的面试所需的费用之后，这家旗舰店目前还有 4 000 美元的预算可用于此次员工配置活动。这些钱应当怎样花完全由你决定。你还会使用其他评价方法吗？（这两次面试的费用不包括在 4 000 美元预算之中。）

第 8 章需要完成的作业是阅读第 8～11 章的案例任务，并且审阅在本附录末尾提供的 8 位候选人的简历。然后，你还需要制定一份不超过 4 000 美元预算的评价计划。

你开发的对售货员职位求职者进行评价的系统要实现三个方面的目标：

（1）实现评价系统的投资回报率最大化。

（2）使新雇用的售货员在工作中取得成功的可能性最大化（从销售额、流动率和客户服务水平的角度来看）。

（3）使新雇用的售货员与组织文化之间的匹配度最大化（其中包括他们的客户服务导向和领导能力等）。

表 A－7 总结了你可以使用的评价方法及其成本情况。

表 A－7　各种潜在评价方法及其成本

评价方法	评价尺度	成本
认知能力测试（评价候选人的学习、处理和应用信息的能力，语言、空间和数学能力）	典型的分数范围为 85～130（此样本的平均值和标准差分别为 112.5 和 8.02）	每位候选人 70 美元
尽责性（衡量候选人的坚持性、负责性、秩序性、对细节的关注以及成就动机）	可能的分数范围是 1～6（平均值为 4.38，标准差为 1.06）	每位候选人 100 美元
开放性（衡量候选人对于新观念、新情况的开放性和好奇心）	可能的分数范围是 0～60（平均值为 42.50，标准差为 7.07）	每位候选人 30 美元
销售兴趣（衡量候选人对于作为一种职业的销售工作的兴趣；职业兴趣清单）	可能的分数范围是 1～5（平均值为 3.63，标准差为 0.92）	每位候选人 50 美元
失败规避意愿（衡量候选人避免失败的需要以及避免冒险的愿望）	可能的分数范围是 1～4（平均值为 2.88，标准差为 0.83）	每位候选人 30 美元

续表

评价方法	评价尺度	成本
技术能力测试（衡量求职者对于在公司中需要运用的各种技术工具是否能够达到熟练的程度）	可能的分数范围是 0～80（平均值为 58.13，标准差为 7.99）	每位候选人 70 美元
工作知识测试（衡量候选人掌握的销售技巧方面的知识、对有效客户服务实践的理解程度以及对零售行业相关问题的知晓度）	可能的分数范围是 0～50（平均值为 36.88，标准差为 7.04）	每位候选人 150 美元
情境模拟（使用一种模拟工作情境来评价候选人的领导能力、销售能力、判断能力以及客户服务能力）	可能的分数范围是 0～70（平均值为 43.75，标准差为 10.61）	每位候选人 250 美元
诚实性测试（衡量候选人的可信度、诚信度以及诚实度）	可能的分数范围是 1～5（平均值为 3.50，标准差为 0.93）	每位候选人 70 美元
时尚知识测试（衡量候选人掌握适用于各种不同客户的时尚发展趋势、产品样式和面料等方面的知识）	可能的分数范围是 0～60（平均值为 38.75，标准差为 8.76）	每位候选人 50 美元
笔迹分析（衡量候选人的可信度、个人动力、可靠性、社交性以及成就愿望）	可能的分数范围是 0～10（平均值为 5.38，标准差为 3.38）	每位候选人 150 美元

下面这些内容是你为了完成接下来的各部分作业需要做的事情，以及这些作业对应的各章。

1. 制定一项费用不超过剩余的 4 000 美元预算的售货员评价与甄选计划。在你的报告中，请根据在第 8 章中确认的评价方法有效性的决定因素来证明你建议公司使用的甄选系统是正确的。一种评价方法的有效性的决定因素包括：

（1）效度。即一种评价方法对一个人的工作表现中的某种组成部分进行预测的能力。表 9－3 描述了适用于多种不同职位的各种评价工具的典型有效性。查看表 9－3，考虑你通过职位分析或胜任素质模型构建得出的结果，然后确定哪些评价方法最有可能预测出求职者在切恩公司的工作绩效。

（2）投资回报率。一种评价方法能够产生的财务回报超过与使用这种方法相关的成本的程度。

（3）求职者反应。求职者认为一种评价方法与职位相关且公平的程度。

（4）甄选率。较低的甄选率意味着只会雇用很少的求职者，这使得一种评价方法在改善所雇用人员的绩效方面具有最大的影响力。

（5）可用性。组织中的人们愿意并且能够一致且正确地使用一种评价方法的程度。

（6）负面影响。一种评价方法在不对受保护群体中的成员产生歧视的情况下预测出工作绩效和其他重要雇用结果的程度。

2. 在对甄选过程的下一部分即面试进行审查之前，针对每个结构化面试题目设计一份打分规则表，创建一个能够将三个分数组合为一个整体结构化面试分数的公式（参见第 8 章）。这三个结构化面试题目如下：

（1）一位非常恼怒的顾客退还了他在前几周购买的一件损坏了的西服外套，那件外套是他在那天晚上参加活动时要穿的。他非常生气。你会怎么做？

（2）一个人走进你所在的商店，并提到她是刚搬到这个地区来住的，这是她第一次到这家商店来购物。你会如何做才能使她不仅现在就成为商店的顾客，将来也会成为这里的忠实顾客？

（3）因为有两个同事请了病假，现在只有你一个人在上班，这时商店里突然同时走进来五位顾客。你会怎样做？

如果你打算使用非结构化面试来对候选人进行评价（可选方案之一），请根据你对求职者在切恩公司取得成功所需具备的决定因素的了解，为非结构化面试设计一份打分规则表。两种类型面试的打分表都应反映出面试问题或面试所要评价的 KSAO 或胜任素质，而不是问题的答案本身。

3. 在下一堂课之前或在上课的时候将你的评价计划提交给老师。老师将会根据你选择使用的评价方法为你提供面试者的得分（第 9 章）。如果老师同意，你可以在评价计划中运用多重障碍法、补偿法或综合法。

4. 运用面试分数、求职者简历以及在你的评价计划中包含的那些评价方法的得分，确定应当向哪两位求职者发出录取通知，并且将此信息以及你选择这两位求职者的理由提交给老师。给你的首选候选人写一封入职邀请函，此人正在考虑其他两位竞争对手提供的工作机会（第 11 章）。

在案例结束时，你的老师将会为你提供关于两位新员工在工作中取得成功情况的反馈。

现在，你可以开始进行第 1 步的工作。在老师设定的截止日期之前，向老师提交你的评价分数要求，以获得求职者在你选择使用的那些评价方法上的得分。老师需要知道你想要得到哪些评价分数以及你想要对哪些候选人进行评价。你可以根据自己的评价计划，在做出雇用决定之前只进行一轮评价，也可以进行多轮评价。

第 10 章：内部候选人评价

如前所述，75％的切恩公司部门经理和部门经理助理是从售货员晋升上来的，晋升的依据是主管的推荐以及结构化面试的结果。然而，令人遗憾的是，切恩公司最近在对公司的员工流动率数据进行分析之后发现，在原本可能成为部门经理和部门经理助理职位候选人的售货员中，有相当大比例的人已经离开公司了。而离职面谈结果表明，切恩公司在向高潜质售货员传达可能获得的晋升机会以及继任计划意图方面所做的努力还不够。许多售货员说，他们之所以离开，是因为他们看不到有助于他们晋升到自己的目标管理职位的职业生涯规划。目前，公司并未告知那些高潜质的售货员已经被公司确定为未来晋升的人选，因为公司认为，如果明确告知这些人的话，会使那些不在晋升备选名单上的人士气低落。

因为切恩公司的人才理念是从内部晋升，所以它认为可以改善在内部晋升方面的一些做法。公司请你推荐一些方法，以帮助公司识别以及开发那些有潜力的售货员成为部门经理。

第 11 章：候选人选择与雇用

你现在将继续对两名新员工进行评价和甄选。找到一种合理的方法将你在第 9 章的报告中推荐的那些评价方法得到的分数加以合并。切恩公司应该如何选择雇用哪一位候选人？你是建议采用多重障碍法、补偿法，还是综合法？在计算每位候选人的总分时，每个评价分数在其中应该获得什么样的权重？你的职位要求矩阵应该可以帮助您做出这种判断。请基于面试分数、候选人简历以及在你的评价计划中包含的那些评价方法的得分，确定公司应当向两名候选人中的哪一位发出录取通知，并将此信息以及你做出选择的理由提交给老师。另外，请说明你在做出雇用决定之前还希望获得其他哪些方面的信息。

安和瑞恩认为，除了晋升机会，切恩公司能够提供的一些非财务报酬（其中包括新员工能够得到的综合性培训和开发机会以及对他们提供支持的工作氛围等）也尚未能充分地传达到候选人那里。这不仅可以解释为什么一些优秀的售货员离开了公司，也可以解释为什么公司发出的售货员入职邀请函被接受的比率略呈下降趋势。请写一封入职邀请函给你的最佳候选人，此人目前已经拿到了另外两家公司的入职邀请函。你非常想雇用第一候选人，但此人需要一周的时间来决定是否接受另外一份入职邀请。请确保使用你在第 4 章中进行工作报酬分析时获得的信息以及在初始案例描述中包含的相关信息。你也可以使用本附录中提供的关于切恩公司的信息。尽管你想要雇用两名候选人，但只需写一封入职邀请函。

你的老师将为你提供关于选定的两名候选人的工作结果方面的反馈。每位候选人的个人资料均由员工配置专家做出评价，并给出从 1～10 的代表工作成功程度的分数。得分与表 A－8 中列出的每个人给公司带来的财务回报数据相对应（基于新员工的销售业绩以及他们与公司文化的契合度）。

表 A－8　新雇用员工取得的不同工作成功程度对应的第一年财务回报

新员工的工作成功分数	第一年中给公司带来的财务回报（美元）
10	50 000
9	40 000
8	30 000
7	20 000
6	10 000
5	0
4	－10 000
3	－20 000
2	－30 000
1	－40 000

根据你选择雇用的员工对公司实现的财务回报以及评价系统的成本来计算新员工在入职第一年中的投资回报率。除了发生的评价成本，还假设招募以及最初对求职者的筛选给公司带来了 20 000 美元的成本，进行 16 次面试又使公司额外支出了 14 800 美元。你可以计算净回报值，也可以计算投资回报率。如果要计算净回报值，你需要将两名新员工实现的财务回报相加，然后减去甄选系统带来的总成本；要计算投资回报率，你需要将每位新员工的财务回报加总，然后除以这些甄选系统的总成本。请对一种或全部数值的含义加以解释说明。

第 12 章：员工流动管理

切恩公司请你为其新雇用的售货员制定一套新员工入职安排和组织社会化战略。请以表 12－1 作为指南撰写一份报告，提出推荐切恩公司采用的新员工入职安排和组织社会化战略，并解释你提出每条建议的原因。

切恩公司最近完成了针对不同绩效水平的售货员的离职率分析，结果发现员工离职始于绩效水平处于最低的 15%的售货员。它还发现，业绩最高的 10%的售货员完成了公司 20%的销售额。但令人遗憾的是，业绩最好的员工的流失率几乎是业绩较差员工的两倍。安和瑞恩请你针对公司中业绩最佳的售货员制定一份留任计划。那些在商店中工作 18 个月以上的售货员由于与顾客建立起了良好的关系，往往业绩最好。

回想一下，离职面谈中，许多离职的售货员表示，他们离开切恩公司的原因是认为自己缺乏得到晋升的机会。还有几位业绩表现最好的售货员虽然希望继续留在切恩公司，但由于售货员的工作时间是固定的，所以无法充分平衡他们上学和照顾家庭的需要。业绩最好的售货员离职的第三大原因是缺乏培训和发展机会。切恩公司最近开展了一项员工敬业度调查，结果再次确认了上述三个方面的问题是最为紧迫的。不过，切恩公司的售货员对薪酬和福利还是满意的，同时对公司的文化以及部门经理提供的支持也非常满意。

切恩公司一直在稳步增长，但其保守的财务目标也使公司有必要针对可能发生的变化做好准备。切恩公司认为，经济很可能会继续保持强劲的态势，因而会继续推动其扩张战略。但与此同时，公司也希望自己能够为经济降温以及自家产品需求下降的情况做好准备。尽管切恩公司努力保护自己的员工，但它也认识到，在经济不景气的情况下，公司仍然需要通过缩减销售队伍来控制成本。切恩公司请你就裁员战略提供建议，从而使其在必要时能迅速将售货员的人数减少 15%。

第 13 章：员工配置系统评价及技术

切恩公司希望找到一种方法来验证你提出的建议是否有助于它实现以下目标：

1. 吸引更多的多元化合格求职者。

2. 遵守公平就业机会和平权行动准则。

3. 雇用到具有以下特点的售货员：

（1）能够很好地执行公司的经营战略。

（2）销售更多的商品。

（3）与公司顾客建立更高质量的关系。

（4）在公司工作更长的时间。

（5）更适合被晋升到部门经理职位。

（6）强化公司客户服务型文化，使每位员工和顾客都感觉到自己受到了重视和得到了关心。

4. 按照您提出的建议进行的投资能够获得更有意义的正面回报。

为了帮助公司跟踪员工配置绩效，切恩公司请你创建一个数字化的员工配置仪表盘，其中包含店长在售货员的雇用和评价过程中需要注意的五个最重要的员工配置指标。

切恩公司一直都很愿意在有助于绩效改善的技术和工具方面进行投资。公司现在请你推荐一些可以考虑采用的员工配置技术，以提高其员工配置系统的效果和效率。因为公司在财务上比较保守，尽管愿意在一些有说服力的技术方面进行投资，但又不想浪费钱，所以请务必充分解释你的建议，以说服公司考虑采纳这些建议。

在提出了对切恩公司的所有建议之后，请写一份摘要来描述你对公司的总体建议（涵盖第 1～13 章的内容）。这份摘要应当涵盖你发现的最为重要的问题、机会以及对整个项目的主要建议，但篇幅应当简洁（一到两页），请将这份摘要放在报告最前面，突出显示最为重要的建议。

求职者简历

求职者简历一

<table>
<tr><th colspan="2">朱莉娅·麦克奈特</th></tr>
<tr><td>求职目标</td><td>希望所获得的职位能够为本人提供在一个稳定的工作环境中提高本人的办公室事务处理以及客户服务能力的机会。寻找在销售领域的长期职业发展机会。</td></tr>
<tr><td>技能</td><td>优秀的组织能力。较强的领导能力。工作刻苦。在技术和软件使用方面有较强的能力，其中包括数据输入、网站编程以及微软办公软件包的使用等。</td></tr>
<tr><td>教育背景</td><td>康科迪亚高中（Concordia High School）
优秀毕业生</td></tr>
<tr><td>工作经历</td><td>顶点财务公司（Apex Financial）
办公室主任
● 通过计费和月末结算监督会计的工作。
● 管理当地行政团队。
● 接听和转接高级经理的来电。
● 与客户会面以评估他们的需求，将他们引导给合适的服务代理人。
● 根据需要在办公室其他区域提供协助。
哈利巴克·庞蒂亚克港（Port Halliback Pontiac）
新车和二手车销售经理
● 通过与客户互动来展示新车和二手车，以满足他们的需求。
● 处理进货订单，协调货物装运，处理与客户有关的问题。
● 负责管理和跟踪整个经销商的库存配置。
梅西百货
客户服务与销售
● 向顾客展示商品。
● 结账。
● 持续改进销售和服务。</td></tr>
</table>

求职者简历二

亚历克斯·图林

教育背景：
康奈尔大学（Cornell University）人类生态学院纤维科学与服装设计专业

求职目标：获得在零售行业的职业发展

优点：
——积极进取的团队合作伙伴/团队建设者
——忠诚且勤奋
——对销售职业充满兴趣
——能够与客户建立联系
——很强的技术应用能力
——熟悉销售技巧和满足客户需求的各种方法
——极具道德性和诚实性
缺点：
——管理经验有限

——正在了解时尚发展趋势

工作经历：

时尚广场（The Fashion Place）（3年）　　客户销售

- 作为团队成员进行沟通和开展工作
- 持续增加每年的平均销售额和每笔交易达成的销售额
- 通过提供卓越的客户服务并保持客户关系开发和维护广泛的客户群
- 通过了解产品、了解客户的需求并保持积极的态度来实现卓越的销售业绩

西服套装（The Suit Suite）（2年）　　服装销售助理

- 通过展示来自不同设计师的各种不同风格的西服，以及着重强调在不同场合应当如何正确使用配饰，为客户提供可靠的帮助
- 通过下达和跟踪客户订单、在订单到达时与客户取得联系以及在必要时对客户的反馈做出响应，确保达到高水平的客户满意度

大学经历：

康奈尔大学设计联盟

- 在一个由学生经营的专注于纺织品、设计和时装的组织中担任高管委员会成员
- 定期制定和实施与时尚有关的活动以及举办会员活动

本人学习速度很快，能够轻松掌握和应用新的思想、理念、方法和技术。希望从事零售管理工作，只需要有一个能够为贵公司做出贡献的机会。

求职者简历三

维拉·莱维特

求职目标：

谋求在专注于高端客户的零售和营销领域的全职职业发展

教育背景：

密歇根州立大学（Michigan State University）（平均学分绩：3.1/4.0）
艺术学学士，艺术史和视觉文化专业

工作经历：

内曼-马库斯（Neiman Marcus）（2年）　　零售销售助理

- 完成零售环境中可能经历和遇到的每一项职责和任务
- 成功担任临时店长一职
- 与销售团队中的其他人共同创造了成功动力

老海军（Old Navy）（1年）　　零售销售助理

- 在快节奏的零售环境中工作
- 利用时尚知识帮助顾客找到商品、确认价格、检查其他产品库存以及展开促销商品的营销
- 所在店在12个月中有9个月销售量排名第一

校园活动办公室　　新学生入学辅导员

- 做义工
- 为在校园中提供新生入学引导的人员设计和管理培训项目
- 指导直接与新生打交道的引导人员，在必要时为他们提供帮助
- 面向大批新生入学指导人员讲课

大哥哥/大姐姐协会　　导师

- 做义工

- 在需要积极榜样的孩子面前展现镇定、同情和信任
- 提供导师指导以及分享生活经验，以鼓励年轻人设定并努力实现重要的生活目标

专业优势：
- 致力于说服他人采取行动的灵活的团队成员
- 丰富的销售经验
- 可靠、努力
- 对时尚非常感兴趣
- 熟练使用软件应用程序，例如微软办公软件包
- 了解 Visual Basic 软件编程以及 Microsoft Office 中的自动宏的使用

求职者简历四

本杰明・赫希

教育背景：
米尔顿高中（Milton High School）

求职目标：成为贵公司的主要销售代表

个性：
- 随和、友好
- 永不言败的心态
- 良好的工作态度
- 对时尚感兴趣

工作经历：
美元树（Dollar Tree Stores，Inc.）（2 年）　　店长助理
我最初是白班收银员，在很短的时间内就被提升为店长助理。职责包括开店和关店，商店货款的储存，监督最多 10 名员工，管理现金抽屉，每周库存交付以及连锁销售，平衡现金抽屉，以及完成商店中的各种报告。

沃尔玛公司（Wal-Mart，Inc.）（2 年）　　区域经理
我在繁忙的假期中受雇于临时工部门助理。在假期过后不久被提拔到前台现金办公室。职责主要包括处理大量现金、储蓄存款以及商店中的各种报告。最终我被提拔为区域经理。

如您所见，我有四年的零售管理经验。

求职者简历五

克瑞丝・普伦德

求职目标：
通过在市场营销、销售、广告或管理领域担任具有挑战性的全职职位，为贵公司的效率、增长和利润做出贡献

专业优势：
- 在零售环境中以客户为中心的强烈服务意识
- 公认的领导能力
- 对时尚和时尚趋势的深入了解
- 能够设计和执行营销计划和策略

教育背景：
理海大学（Lehigh University）人类学学士

相关工作经验：

蔻驰（Coach）（到目前为1年）　　店长助理
- 成功管理零售团队，作为店长助理取得了非凡的成绩
- 对三位新员工进行了商店政策和程序方面的培训，他们很快就取得了很高水平的绩效

安·泰勒（Ann Taylor）（1年）　　销售助理
- 为一家优质服装公司提供了卓越的客户体验
- 放置各种展示设施
- 管理和存放库存

《未来》杂志（The FUTURE Magazine）（6个月）　　市场营销实习生
- 评价杂志内容
- 开展市场调查
- 维护业务数据库
- 组装媒体套件

Soles（1年）　　连锁客户助理
- 为奢侈品牌鞋公司提供优质的客户体验
- 通过发展信任、建立关系以及增强客户购物体验来培育深层客户网络
- 确保以美观的方式展示商品
- 协助商品目录销售和营销
- 在工作量较大的时期（例如寒假）协助完成工作日程安排和计划

大学书店（6个月）　　采购实习生
- 协助购书者进行购买决策，发出商品订单，与教职人员进行联系
- 收取货物和完成商品采购订单
- 通过有效的商店组织以及适当的商品展示保持良好的客户视觉体验

Telemarket Associates（1年）　　市场销售代表实习生
- 利用极强的人际沟通能力有效地向企业主推销广告机会
- 积累销售经验，其中包括日程安排、保持积极的心态以及实现目标等

体育中心（1年）　　销售助理
- 通过在整个社区分发纪念品来促销当地运动队的服装
- 为体育展览播放音乐
- 在当地体育比赛中进行中场促销

学术项目：
- 为必胜客制定互联网营销计划
- 担任一家高尔夫特许经营零售店的营销团队顾问
- 通过确定纽约市对个人礼宾服务的需求完成市场研究
- 为一家太阳能吸尘器公司制定了一个团队整合营销计划

其他活动：
- 人类居住环境志愿者
- 低收入儿童看护者志愿协调员

求职者简历六

沙龙·西蒙斯

概要：

我是一位在以下几个关键销售领域中拥有五年成功经验的敬业的专业销售高管：客户关系开发、客户群增长、业务管理以及库存控制。

- 出色的沟通和人际交往能力
- 与不同背景的人进行交流的经验
- 强烈的企业家意识
- 卓越的领导力
- 发展客户关系的能力
- 对销售和市场营销类职业的兴趣以及取得成功的意愿

求职目标：

寻找客户或顾客服务方面的职位，并且在这些职位上通过发挥自己的优势来改善客户体验。本人希望获得长期的成长机会，从而提升贵公司的业务并挖掘本人的职业发展潜力。

工作经验：

家具馆（2 年）　　店长助理

- 协助管理一家面积达到 1 200 平方英尺的商店，平均日销售额为 4 100 美元
- 鼓励 7 名员工通过有效的沟通和激励技术实现销售目标
- 根据神秘购物者的评估，在客户服务和产品知识方面在全体员工中排名第一
- 控制库存
- 执行公司发出的连锁经营指令，其中包括地面和橱窗陈设的设计和实施
- 启动新的客户忠诚度计划
- 完成了开店和闭店手续，其中包括计算现金和完成银行存款
- 通过满足客户的需求并解决客户服务问题发展客户关系

维多利亚的秘密内衣店（Vitoria's Secret）（2 年）　　销售员

- 应用“连接、展示、提供”的销售策略实现销售目标
- 按照公司的品牌指南完成常规性的商品销售指令
- 推广维多利亚的秘密的“天使奖励”信用卡计划和优惠活动
- 通过与客户沟通有效告知他们有关产品和服务的信息
- 始终是店中销售效率最高的销售员之一

GAP 公司（1 年）　　销售助理

- 协助客户搜寻产品并不断满足客户需求
- 完成客户交易
- 协助做好库存管理
- 执行橱窗展示要求
- 清洗、标记和整理衣服
- 进行计算机和收银机的操作
- 提供有趣的购物体验

教育背景：

纽约大学（New York University）通信技术学士
平均学分绩：3.85/4.00

个人兴趣：

瑜伽、爵士乐、设计、艺术

求职者简历七

玛丽亚·克鲁兹	
求职目标	在零售管理领域取得职业发展，并将本人的背景应用到戏剧艺术和时尚领域
教育背景	维斯塔兰高中（Vista Lane High School） 纽约新学院（The New School，NYS）：帕森斯设计学院时尚营销学专业
成就	日语精通三级和四级，高级荣誉榜 优异学习成绩，美国国家高中荣誉生会
实习经历	**科尔科山剧院（Mount Korko Theatre）　夏季表演系列助理导演** ● 为夏季剧院开发一系列戏剧作品 ● 协助布景设计和搭建 ● 帮助进行角色设计和辅导演员 ● 创建并应用化妆设计 ● 确定适当的舞台和位置
工作经验	**布鲁克斯兄弟品牌店（Brooks Brothers）（2 年）　销售店员** ● 作为售货员执行新的业务拓展活动，并监督该服装专卖店的销售工作 ● 完成库存管理、销售和客户服务工作 ● 存放货架并管理各部门商品 ● 配合店长保持较高水平的顾客互动和顾客满意度，确保商店的整体运营顺畅 ● 始终达到并超过月度销售目标 **塔吉特公司（Target Corporation）（1 年）　零售店员** ● 重新调整各部门货架并整理商品 ● 对客户进行商品推销，协助他们做出购买决定 **英雄与传奇食品店（Heroes and Legends）（1 年）　熟食店员工** ● 准备三明治、沙拉和甜点 ● 送餐到餐桌 ● 整理、清理和摆放餐桌
社区服务	**帮助无家可归的动物** 照顾动物，清洁笼子
个人活动	跑步、骑自行车、烹饪
个人简介	一个勤奋、诚实、有进取心的人，对将本人的艺术和戏剧感运用于零售领域很感兴趣 一个渴望取得成功并能够发展与客户之间的情感联系的兴趣全面的人和快速学习者
其他	根据要求提供

求职者简历八

帕尔瓦蒂·纳里扬	
求职目标	在零售行业获得稳定的职位，以进一步提高本人在零售管理领域的知识和技能
教育背景	锡拉丘兹大学（Syracuse University）视觉与表演艺术学院 辅修管理学院零售管理专业 平均学分绩：3.4
工作经验	

罗斯曼斯 (Rothmans)	**销售助理（2年）** ● 展示商品，为顾客提供咨询以实施销售，其中包括确定客户需求、推荐产品并协助顾客做出选择 ● 为客户搭配产品并为客户提供建议，确保满足他们的特定需求 ● 大量回头客的个人购物助手；推荐了大量的公司产品 ● 管理客户关系的所有方面，通过建立关系提供全面的优质客户服务
黛莉亚 (Delia's)	**时尚代表（1年）** ● 协助开设和建设新商店 ● 创建多个视觉商品展示 ● 使用策略性销售技巧促进商品销售

个人活动

锡拉丘兹大学零售协会 财务管理员

管理与财务相关的事务，例如处理与银行的业务、收取会员费以及编制电子表格等

图书在版编目（CIP）数据

战略性员工配置：第3版／（美）吉恩·菲利普斯，（美）斯坦·格利著；刘昕译. -- 北京：中国人民大学出版社，2021.5

（人力资源管理译丛）

ISBN 978-7-300-28774-4

Ⅰ.①战…　Ⅱ.①吉…②斯…③刘…　Ⅲ.①企业管理—人力资源管理—研究　Ⅳ.①F272.92

中国版本图书馆CIP数据核字（2020）第248959号

人力资源管理译丛

战略性员工配置（第3版）

［美］吉恩·菲利普斯　斯坦·格利　著

刘　昕　译

Zhanlüexing Yuangong Peizhi

出版发行	中国人民大学出版社		
社　　址	北京中关村大街31号	**邮政编码**	100080
电　　话	010－62511242（总编室）		010－62511770（质管部）
	010－82501766（邮购部）		010－62514148（门市部）
	010－62515195（发行公司）		010－62515275（盗版举报）
网　　址	http://www.crup.com.cn		
经　　销	新华书店		
印　　刷	涿州市星河印刷有限公司		
规　　格	185 mm×260 mm　16开本	**版　　次**	2021年5月第1版
印　　张	27.75 插页1	**印　　次**	2021年5月第1次印刷
字　　数	683 000	**定　　价**	72.00元

Pearson

尊敬的老师：

您好！

为了确保您及时有效地申请培生整体教学资源，请您务必完整填写如下表格，加盖学院的公章后以电子扫描件等形式发我们，我们将会在2～3个工作日内为您处理。

请填写所需教辅的信息：

采用教材			□ 中文版 □ 英文版 □ 双语版
作　者		出版社	
版　次		ISBN	
课程时间	始于　年　月　日	学生人数	
	止于　年　月　日	学生年级	□ 专科 □ 本科 1/2 年级 □ 研究生 □ 本科 3/4 年级

请填写您的个人信息：

学　校			
院系/专业			
姓　名		职　称	□ 助教 □ 讲师 □ 副教授 □ 教授
通信地址/邮编			
手　机		电　话	
传　真			
official email（必填） （eg：×××@ruc. edu. cn）		email （eg：×××@163. com）	
是否愿意接受我们定期的新书讯息通知：　□ 是　□ 否			

系/院主任：________________（签字）

（系 / 院办公室章）

____年____月____日

资源介绍：

——教材、常规教辅资源（PPT、教师手册、题库等）：请访问 www. pearson. com/us/higher-education。　（免费）

——MyLabs/Mastering 系列在线平台：适合老师和学生共同使用；访问需要 Access Code。　（付费）

地址：北京市东城区北三环东路 36 号环球贸易中心 D 座 1208 室（100013）

Please send this form to：copub. hed@pearson. com

Website：www. pearson. com

教师教学服务说明

中国人民大学出版社管理分社以出版经典、高品质的工商管理、统计、市场营销、人力资源管理、运营管理、物流管理、旅游管理等领域的各层次教材为宗旨。

为了更好地为一线教师服务，近年来管理分社着力建设了一批数字化、立体化的网络教学资源。教师可以通过以下方式获得免费下载教学资源的权限：

在中国人民大学出版社网站 www. crup. com. cn 进行注册，注册后进入“会员中心”，在左侧点击“我的教师认证”，填写相关信息，提交后等待审核。我们将在一个工作日内为您开通相关资源的下载权限。

如您急需教学资源或需要其他帮助，请在工作时间与我们联络：

中国人民大学出版社　管理分社

联系电话：010-82501048，62515782，62515735

电子邮箱：glcbfs@crup. com. cn

通讯地址：北京市海淀区中关村大街甲 59 号文化大厦 1501 室（100872）